会计学原理与实务

主 编 顾金龙 王 琴 黄 犟
副主编 顾羽宁 陈文山 陆 珺

东南大学出版社
·南京·

内容简介

本书主要阐述会计学的基本理论、基本知识和基本程序与方法,并通过实务的账务处理操作,培养学生的会计操作技能,使他们能够熟练运用会计准则。本书遵循学术界的共识,未将政府会计核算内容纳入其中。在编纂过程中,直接援引了企业会计准则的具体条款与举例。该书不仅适合经济管理类本科生、研究生作为教材使用,也是备考会计硕士、审计硕士、税务硕士以及初级会计职称考试的理想参考书。

图书在版编目(CIP)数据

会计学原理与实务 / 顾金龙,王琴,黄犟主编.
南京:东南大学出版社,2025.1. -- ISBN 978-7
-5766-1636-1

Ⅰ.F230

中国国家版本馆 CIP 数据核字第 20242FS595 号

责任编辑:张新建　责任校对:子雪莲　封面设计:王　玥　责任印制:周荣虎

会计学原理与实务
Kuaijixue Yuanli Yu Shiwu

主　　编	顾金龙　王　琴　黄　犟
副 主 编	顾羽宁　陈文山　陆　珺
出版发行	东南大学出版社
社　　址	南京四牌楼 2 号　邮编:210096　电话:025-83793330
出 版 人	白云飞
网　　址	http://www.seupress.com
经　　销	全国各地新华书店
印　　刷	广东虎彩云印刷有限公司
开　　本	787 mm×1 092 mm　1/16
印　　张	27.5
字　　数	720 千字
版　　次	2025 年 1 月第 1 版
印　　次	2025 年 1 月第 1 次印刷
书　　号	ISBN 978-7-5766-1636-1
定　　价	80.00 元

本社图书若有印装质量问题,请直接与营销部联系。电话(传真):025-83791830。

目　录

（*号代表为选学内容）

第一章　总论 ·· 1
　　第一节　会计的产生与发展 ·· 1
　　第二节　会计的含义与特征 ·· 3
　　第三节　会计的职能与目标 ·· 5
　　第四节　会计方法 ·· 8
　　第五节　会计准则体系 ·· 10

第二章　会计要素与会计等式 ·· 12
　　第一节　会计对象 ·· 12
　　第二节　会计要素 ·· 14
　　第三节　会计等式 ·· 22

第三章　会计科目与账户 ·· 25
　　第一节　会计科目 ·· 25
　　第二节　账户 ·· 31

第四章　会计记账方法 ·· 33
　　第一节　会计记账方法概述 ·· 33
　　第二节　借贷记账法 ·· 33

第五章　会计凭证 ·· 39
　　第一节　会计凭证概述 ·· 39
　　第二节　原始凭证 ·· 40
　　第三节　记账凭证 ·· 43
　　第四节　会计凭证的传递与保管 ·· 46

第六章　货币资金 ·· 47
　　第一节　库存现金 ·· 47
　　第二节　银行存款 ·· 51
　　第三节　其他货币资金 ·· 60
　*第四节　外币交易 ·· 68

第七章　应收及预付款项 ·· 78
　　第一节　应收票据 ·· 78
　　第二节　应收账款 ·· 83

第三节	预付账款	85
第四节	其他应收款	87
*第五节	应收款项减值	89

第八章　金融资产 … 93

第一节	金融工具概述	93
第二节	金融工具的确认和终止确认	93
第三节	金融资产的分类	95
第四节	金融资产的确认和终止确认	96
第五节	金融资产的计量	97
第六节	交易性金融资产的账务处理	98
*第七节	以摊余成本计量的金融资产	103
*第八节	以公允价值计量且其变动计入其他综合收益的金融资产	106

第九章　存货 … 113

第一节	存货概述	113
第二节	存货的初始计量	114
第三节	存货的后续计量	117
第四节	原材料	120
第五节	自制半成品	128
第六节	委托加工物资	129
第七节	包装物	130
第八节	低值易耗品	133
第九节	库存商品	135
第十节	存货清查	139
*第十一节	存货的减值	141

第十章　固定资产 … 145

第一节	固定资产概述	145
第二节	固定资产的确认和初始计量	146
第三节	固定资产的后续计量	153
第四节	固定资产的处置	159
第五节	固定资产清查	162
*第六节	固定资产减值	163

第十一章　无形资产和其他非流动资产 … 167

第一节	无形资产	167
第二节	无形资产的确认与初始计量	170
第三节	无形资产的后续计量	175
*第四节	无形资产的减值	176

第五节　无形资产的处置与报废 ································ 178
　*　第六节　其他非流动资产 ·· 179

* **第十二章　投资性房地产**　182
　　　第一节　投资性房地产概述 ···································· 182
　　　第二节　投资性房地产的确认和初始计量 ···················· 183
　　　第三节　与投资性房地产有关的后续支出的确认和计量 ····· 186
　　　第四节　投资性房地产的后续计量 ···························· 188
　　　第五节　投资性房地产的转换 ································· 191
　　　第六节　投资性房地产的处置 ································· 195

* **第十三章　长期股权投资**　198
　　　第一节　长期股权投资概述 ···································· 198
　　　第二节　长期股权投资的确认和初始计量 ···················· 199
　　　第三节　长期股权投资的后续计量 ···························· 201
　　　第四节　长期股权投资的减值 ································· 206

* **第十四章　数据资产**　207
　　　第一节　数据资产概述 ··· 207
　　　第二节　数据资产质量的评价方法 ···························· 208
　*　第三节　企业数据资产的会计处理 ···························· 212

第十五章　流动负债　219
　　　第一节　短期借款 ··· 219
　*　第二节　交易性金融负债 ······································· 221
　　　第三节　应付票据 ··· 224
　　　第四节　应付账款 ··· 225
　　　第五节　预收账款 ··· 227
　　　第六节　应付职工薪酬 ··· 228
　　　第七节　应交税费 ··· 238
　　　第八节　应付股利 ··· 260
　　　第九节　应付利息 ··· 261
　　　第十节　其他应付款 ·· 262

* **第十六章　非流动负债**　264
　　　第一节　长期借款 ··· 264
　　　第二节　应付债券 ··· 266
　　　第三节　长期应付款 ·· 271
　　　第四节　预计负债 ··· 273

第十七章 所有者权益 ... 277
第一节 实收资本(股本) ... 277
*第二节 其他权益工具 ... 287
第三节 资本公积 ... 290
*第四节 其他综合收益 ... 293
第五节 留存收益 ... 294

第十八章 收入 ... 300
第一节 收入概述 ... 300
第二节 收入的确认 ... 301
第三节 收入的计量 ... 306
*第四节 合同成本 ... 308
第五节 收入的相关账户设置 ... 310
第六节 收入的主要账务处理 ... 315
*第七节 关于特定交易的会计处理 ... 323
*第八节 政府补助 ... 328

第十九章 费用 ... 338
第一节 费用概述 ... 338
第二节 营业成本 ... 339
第三节 税金及附加 ... 344
第四节 期间费用 ... 345

第二十章 利润 ... 348
第一节 利润概述 ... 348
第二节 营业外收支 ... 349
第三节 所得税会计的基本原理 ... 351
*第四节 资产、负债的计税基础与暂时性差异 ... 353
*第五节 递延所得税资产及负债的确认和计量 ... 361
*第六节 当期所得税 ... 367
*第七节 所得税费用的确认和计量 ... 376
第八节 本年利润 ... 377

*第二十一章 产品成本核算 ... 380
第一节 成本核算的要求和一般程序 ... 380
第二节 成本核算对象和成本项目 ... 380
第三节 要素费用的归集和分配 ... 381
第四节 生产费用在完工产品和在产品之间的归集和分配 ... 387

第二十二章 会计账簿 ... 390
第一节 会计账簿概述 ... 390

  第二节 会计账簿的启用与登记要求 ………………………………………… 393
  第三节 会计账簿的格式和登记方法 ………………………………………… 394
  第四节 对账与结账 …………………………………………………………… 397
  第五节 错账查找与更正的方法 ……………………………………………… 399

第二十三章 账务处理程序 …………………………………………………………… 402
  第一节 账务处理程序概述 …………………………………………………… 402
  第二节 记账凭证账务处理程序 ……………………………………………… 403
  第三节 汇总记账凭证账务处理程序 ………………………………………… 404
  第四节 科目汇总表账务处理程序 …………………………………………… 407

第二十四章 财务会计报告 …………………………………………………………… 409
  第一节 财务会计报告概述 …………………………………………………… 409
  第二节 资产负债表 …………………………………………………………… 412
  第三节 利润表 ………………………………………………………………… 419

主要参考法规 ……………………………………………………………………………… 425

编者后记 …………………………………………………………………………………… 428

第一章 总 论

第一节 会计的产生与发展

会计是一门既古老又年轻的管理学科。说其"古老",是因为会计的产生与发展史源远流长,其历史可以追溯到文明时代之前;说其"年轻",是由于随着人类社会的发展,会计的理论与实践也随之日益丰富和完善,展现出强大的生命力和广阔的发展前途。会计从产生到现在,经历了一个漫长的发展历程,大体可以划分为会计萌芽时期、古代会计、近代会计和现代会计四个阶段。

一、会计的产生

会计是基于人类社会生产活动的需求而产生的。生产活动是人类赖以生存和发展的最基本的实践活动。人们在生产实践活动中,一方面要创造财富,取得一定的劳动成果;另一方面也要发生人力、物力以及财力等方面的劳动耗费。当劳动成果大于劳动耗费时,则社会可以扩大再生产,取得进步;反之,如果劳动成果等于或小于劳动耗费,社会就会停滞不前,甚至会出现倒退。因此,以尽可能少的劳动耗费取得尽可能多的劳动成果是人们的共同愿望。要将劳动成果与劳动耗费进行比较,就必须进行原始的计量和记录行为,这种原始的计量和记录行为就蕴含着会计思想和会计行为的萌芽。

会计在其产生初期是生产职能的一个组成部分,是人们在生产过程中附带地把劳动成果和劳动耗费以及发生的日期进行计量和记录。当时,会计还不是一项独立的工作。随着生产的发展和生产力水平的不断提高,劳动耗费与劳动成果的种类、数量不断增多,单凭头脑记忆已不能满足生产发展的需要。为了更好地管理生产过程,在文字尚未出现的情况下,需要借助于一定的方式、方法来计量和记录有关生产活动,于是便出现了会计的萌芽,即原始的计量和记录行为。原始社会末期的"绘画记事"、"结绳记事"和"刻契记事"等所体现的原始计量记录行为,本质就是"会计"行为。

随着社会生产力的不断发展,对劳动成果和劳动耗费的计量和记录,仅仅靠人们在劳动过程中附带地进行显然满足不了需要了。这时,会计逐渐从生产职能中分离出来,成为由专门人员从事的特殊的、独立的职能。会计逐渐成为一项记录、计算和考核收支的单独工作,并逐渐形成了专门从事这一工作的专职人员。经过会计学家的考证,人类社会在奴隶社会的晚期,随着社会剩余产品的增多,在劳动者之外才出现了一些专门的阶层,他们为生产劳动提供一些辅助工作。在这些专门阶层中,有专门用来记录、报告劳动过程和劳动结果的人员。这一阶层的出现,标志着会计萌芽的产生。这一时期,还没有专门的会计职业与机构,也没有形成一定的会计思想或理论。

二、会计的发展

会计的发展可划分为古代会计、近代会计和现代会计三个阶段。

(一) 古代会计阶段

古代会计是从会计的产生到1494年世界上第一部专门论述借贷复式簿记的书籍《算术、几何、比及比例概要》出现之前的这一阶段,这是会计发展史上最漫长的一段时期。在这一阶段,社会形态经历了原始社会、奴隶社会和封建社会,经济形态以自给自足的自然经济形态为主,社会特征是生产发展缓慢,生产力水平比较低下,商品经济尚不发达,商品货币的交换关系没有全面展开。因此,这一阶段会计的发展自然也十分缓慢。然而文明古国古埃及、古巴比伦、古罗马和古希腊等都留下了对会计活动的记载。

我国有关会计事项记载的文字,最早出现于商朝的甲骨文。据《周礼》记载,西周国家设立"司会"一职对财务收支活动进行"月计岁会"。"会"字有会合和总计财货两种含义,人们从读音上把两种不同的含义区分开来,即读音为"hui"者指会合之"会"字;读音为"kuai"者,便指会计之"会"。"计"字由十和言两个母体字组合而成。"言,心声也",表示数目计算之言,务必讲求真实、正确,不能有任何虚假伪诈;"十"字本身含有将东西南北各方零星分散之物汇合起来进行计算之意。"言"和"十"组成"计",便有将零星分散之财务进行正确计算的含义。西周王朝设司书、职内、职岁和职币四职分理会计业务,其中司书掌管会计账簿,职内掌管收入类账户,职岁掌管财务支出类账户,职币掌管财务结余,并建立了定期财务报表制度、专仓出纳制度、财务稽核等。这表明大约在西周前后,我国初步形成会计工作系统。当时已形成文字叙述式的"单式记账法"。

春秋战国时期,孟子及其弟子万章等著的《孟子·万章下》中:"孔子尝为委吏矣","曰:会计当而已矣。"委吏是一个管粮草的小官,2 500年前孔子总结其库管小吏的职责时说:会计当而已矣。这句话被无数后人视作孔子的早期会计思想,并进行引申解读。其中这个"当"字的解释,可以是适当、恰当。其意义有三:一是核算要适当;二是收支要适当;三是会计人选要适当。其概括了会计的本质与内涵及应当遵循的原则。这一时期产生了一定的会计思想。

(二) 近代会计阶段

近代会计以复式记账法的产生和"簿记论"的问世为标志。1494年,意大利数学家卢卡·帕乔利出版《算术、几何、比及比例概要》,在其第三卷第九部第十一篇"簿记论"中结合数学原理比较系统地介绍了当时在威尼斯最为通行和科学的威尼斯复式记账法的原理和方法,这是借贷复式记账法理论形成的重要标志。人们习惯把复式记账看作现代会计的开始,帕乔利因此也被尊为"现代会计之父"。

从16—19世纪,意大利的复式簿记迅速传播,取得了很大发展。德国、法国、英国等资本主义迅速发展,尤其是英国工业革命的兴起,促使许多专门论述簿记、会计理论等方面书籍的出版,会计知识很快在这些国家普及。1853年,英国在苏格兰成立了世界上第一个会计师专业团体——"爱丁堡会计师协会"。会计开始成为社会性专门职业和通用的商业语言。

(三) 现代会计阶段

美国发生于20世纪20年代末30年代初的经济危机促成了《证券法》和《证券交易法》的颁布及对会计准则系统研究和制定。财务会计准则体系的形成不仅奠定现代会计法制体系和现代会计理论体系的基础,并且促进了传统会计向现代会计的转变。进入20世纪50年代,在会计规范进一步发展的同时,为适应现代管理科学的发展,形成了以全面提高企业经济效益为目的、以决策会计为主要内容的管理会计。1952年,国际会计师联合会正式通过"管理会计"这一专业术语,标志着会计正式划分为财务会计和管理会计两大领域。

经济越发展、会计越重要。经济全球化促进了会计国际化。随着计算机、网络、通信等先进信息技术与传统会计工作的融合,会计信息化不断发展,为企业经济管理、控制决策和经济运行提供实时、全方位的信息。

第二节　会计的含义与特征

一、会计的含义

什么是会计？尽管会计从产生到现在已有几千年的历史,但是,对于这一基本问题,古今中外却一直没有一个明确、统一的说法。究其原因,关键在于人们对会计本质的认识存在着不同的看法,而不同的会计本质观对应着不同的会计含义。针对会计本质问题所展开的理论研究,是20世纪以来会计理论研究中争论最集中且分歧最大的一个方面,至今仍众说纷纭,无法定论。我国会计理论界针对会计本质问题有不同的理解,具有代表性的观点有"管理工具论"、"管理活动论"和"信息系统论"。

(一) 管理工具论

管理工具论是对会计本质的一种认识,认为会计是一种管理经济的工具。这种观点在我国20世纪50至80年代比较流行。管理工具论将会计与会计工作分开讨论,认为会计作为从事会计工作的手段,是一个独立的方法体系,经过人们对长期从事会计实践经验的总结,把它再运用于会计实践,才表现为会计工作。管理工具论认为会计这种独立的方法体系,主要是用来提供微观经济信息的,或者说主要是执行反映职能的;既然会计是一种技术方法,那么它本身就不可能具有管理职能,而只能作为服务于管理的手段而存在,侧重于会计的核算或反映。

(二) 管理活动论

管理活动论认为,会计的本质是一种经济管理活动。它继承了管理工具论的合理内核,吸收了最新的管理科学思想,从而成为在当前国际国内会计学界具有重要影响的观点。将会计作为一种管理活动并使用"会计管理"这一概念在西方管理理论学派中早已存在。"古典管理理论"学派代表人物法约尔把会计活动列为经营的六种职能活动之一;美国人卢瑟·古里克则把会计管理列为管理功能之一;20世纪60年代后出现的"管理经济会计学派"则认为,进行经济分析和建立管理会计制度就是管理。在此之后,我国学者杨纪琬教授、阎达五教授对会计的本质又进行了深入探讨,逐渐形成了较为系统的"会计管理活动论"。杨纪琬教授认为,"会计管理"的概念是建立在"会计是一种管理活动,是一项经济管理工作"这一认识基础上的,通常讲的"会计"就是"会计工作"。阎达五教授认为,会计作为经济管理的组成部分,它的核算和监督内容以及应达到的目的受不同社会制度的制约,"会计管理这个概念绝对不是少数人杜撰出来的,它有充分的理论和实践依据,是会计工作发展的必然产物"。

(三) 信息系统论

信息系统论是会计本质观点的一种,认为会计本质上是一个以提供财务信息为主的经济信息系统。会计信息系统论的思想最早起源于美国会计学家 A. C. 利特尔顿。他在1953年出版的《会计理论结构》一书中指出:"会计是一种特殊门类的信息服务","会计的显著目的在于对一个企业的经济活动提供某种有意义的信息"。20世纪60年代后期,随着信息论、系统论和控制论的发展,美国的会计学界和会计职业界开始倾向于将会计的本质定义为会计信息系统。如1966

年美国会计学会在其发表的《会计基本理论说明书》中明确指出:"实质地说,会计是一个信息系统。"从此,这个概念开始广为流传。20世纪70年代以来,在S.戴维森等学者出版的会计著作中将会计定义为"一个经济信息系统"。我国较早接受会计是一个信息系统的会计学家是余绪缨教授。他于1980年在《要从发展的观点,看会计学的科学属性》一文中首先提出了这一观点。随后的1983年,葛家澍教授、唐予华教授提出:"会计是为提高企业和各单位的经济效益,加强经济管理而建立的一个以提供财务信息为主的经济信息系统。"

纵观学术界提出的"管理工具论"、"管理活动论"和"信息系统论"三种学术观点,可以看出"管理工具论"将会计视为一种技术进行论证;"管理活动论"将会计视为一种工作,从而视为一种管理活动来加以论证;而"信息系统论"将会计视为一种方法予以论证。三者的出发点不同,结论自然也不可能一致。

我们认为,讨论会计的本质,首先应明确"会计"指的是"会计学",还是"会计工作",或是"会计方法"? 在本书中,我们将"会计"界定为"会计工作"。基于这一前提,我们认为"管理活动论"的观点代表了我国会计改革的思路与方向,是对会计本质问题的科学论断,因此,我们倾向于选择"管理活动论"。在"管理活动论"前提下,我们完全有理由认为会计是经济管理的重要组成部分,是以提供经济信息、提高经济效益为目的的一种管理活动。它以货币为主要计量单位,采用一系列专门的程序和方法,反映和监督社会再生产过程中的资金运动。

综上所述,会计是以货币为主要计量单位,对企业、事业、机关等单位或组织的经济活动进行连续、系统、全面的反映和监督的一项经济管理活动。会计在对企业的经济活动进行反映和监督的同时,为会计信息使用者提供决策所需的会计信息。

二、会计的基本特征

(一) 会计是一种经济管理活动

会计是一种经济管理活动,为企业经济管理提供依据资料,而且通过各种方式直接参与经济管理,对经济活动进行核算和监督。从职能属性看,核算和监督本身就是管理活动的内容;从本质属性看,会计本身就是一种管理活动。

会计与经济社会密切相关,并随着经济社会的发展而发展。传统意义上的会计,主要是账务处理,仅限于事后的记账、算账、报账等工作内容,实质上就是簿记。随着社会经济的发展,会计的职能、方法、内涵与外延都发生了很大的变化,会计不再局限于记账、算账、报账,还参与经济管理,进行经营决策,形成了现代意义上的会计,具有更完善的功能、更深刻的内涵和更广泛的服务领域。会计按其报告的对象不同,又有财务会计与管理会计之分,两者的区别见表1-1。

表1-1 财务会计与管理会计的区别

会计报告的对象	信息使用者(侧重)	提供的信息(侧重)	信息状态(侧重)
财务会计 (对外会计)	企业外部关系人(投资者、债权人、潜在的投资者和债权人、上级主管部门、政府部门等)	提供有关财务状况、经营成果和现金流量等有关信息	过去信息,为外部有关各方提供所需数据
管理会计 (对内会计)	企业内部管理者	提供进行经营规划、经营管理、预测决策所需的相关信息	未来信息,为内部管理部门提供所需数据

(二) 会计是一个经济信息系统

会计作为一个经济信息系统,将企业经济活动的数据转化为货币化的会计信息,这些信息是企业内部、外部利益相关者进行相关经济决策的重要依据。人类发明并不断丰富和完善会计的目的在于借助其对经济活动进行控制,提高经济效益。会计将企业分散的经济活动转化成客观、系统的数据,提供相关企业的业绩、问题,以及资产、负债、所有者权益、收入、费用、利润等信息,供有关各方了解企业的基本情况,并作为其决策的依据。在信息系统论看来,人们依靠会计控制经济活动的过程,是依据会计报表提供的信息和相关分析对客观经济活动加以控制的过程,会计本身是一个经济信息系统。

(三) 会计以货币作为主要计量单位

会计除了以货币作为计量单位外,还可以用实物(如公斤、吨、米、台、件等)和劳动(如工作日、工时等)来计量。在会计上,对于各种经济事项,即使已经按实物和劳动量进行了计算和记录,但最终仍需要按货币量度综合加以核算。

(四) 会计具有核算和监督的基本职能

会计的职能是指在经济管理活动中所具有的功能。会计的基本职能表现在两个方面:对经济活动进行会计核算和实施会计监督。

会计一方面要按照会计法规制度的要求,对经济活动进行确认、计量和报告;另一方面要对经济活动的合法性、合理性进行审查。因此,会计核算是会计工作的基础,会计监督是会计工作质量的保证。会计核算和监督贯穿于会计工作的全过程,是会计工作的基本职能,也是会计管理活动的重要表现形式。

(五) 会计采用一系列专门的方法

会计方法是用来核算和监督会计对象,实现会计目标的手段。会计方法具体包括会计核算方法、会计分析方法和会计检查方法等,其中,会计核算方法是最基本的方法。这些方法相互依存、相辅相成,共同形成了一个完整的方法体系。

第三节 会计的职能与目标

一、会计的职能

会计的职能是指会计在经济管理过程中所具有的功能,具体来讲,就是会计是用来做什么的。对于这个问题,马克思曾说过:"过程越是按社会的规模进行,越是失去纯粹个人的性质,作为对过程的控制和观念总结的簿记就越是必要。"可见,马克思把会计的基本职能归纳为核算(观念总结)和监督(过程控制)。

马克思的这一论述十分精辟,现代会计的基本职能仍然可以归纳为核算和监督。随着社会的发展、技术的进步,经济关系的复杂化和经济管理水平的提升,会计的基本职能得到了不断的完善,会计的新职能不断出现。目前,国内会计学界比较认可的是认为会计具有反映经济活动、控制经济过程、评价经营业绩、参与经济决策、预测经济前景等五项职能。其中,反映和控制是最基本的两项职能,而评价经营业绩、参与经济决策、预测经济前景则属于拓展职能。基本职能是拓展职能的基础,拓展职能则是基本职能的延伸和提高,"管理活动论"得到了进一步的体现。

(一) 基本职能

1. 核算职能

会计核算职能,又称会计反映职能,是指会计以货币为主要计量单位,对特定主体的经营活动进行确认、计量和报告。确认是指运用特定会计方法,以文字和金额同时描述某一交易或事项,使其金额反映在特定主体财务报表合计数中的会计程序。计量是指确定会计确认中用以描述某一交易或事项金额的会计程序。报告是指在确认和计量的基础上,将特定主体财务情况、经营成果和现金流量信息以财务报表等形式向会计信息使用者报告。会计核算贯穿于经济活动的全过程,是会计最基本的职能。

2. 监督职能

会计监督职能,又称会计控制职能,是指对特定主体的经济活动和相关会计核算的真实性、合法性和合理性进行审查。

真实性审查是指检查各项会计核算是否根据实际发生的经济业务进行。合法性审查是指审查各项经济业务是否符合国家有关法律制度和是否执行国家有关方针政策,以杜绝违法乱纪行为。合理性审查是指检查各项财务收支是否符合客观经济规律及经营管理方面的要求,保证各项财务收支符合特定的财务收支计划,实现预算目标。

会计监督是一个过程,它分为事前监督、事中监督和事后监督。

事前监督——在经济活动发生前进行的监督;

事中监督——对正在发生的经济活动进行的监督,以纠正偏差和失误;

事后监督——对已经发生的经济活动进行的监督。

3. 会计核算与监督职能的关系

会计核算与会计监督是相辅相成、辩证统一的。会计核算是会计监督的基础,没有核算所提供的各种信息,监督就失去了依据;而会计监督又是会计核算的质量保证,只有核算没有监督,就难以保证核算所提供信息的质量。可见,会计是通过核算为管理提供会计信息,又通过监督直接履行管理职能,两者必须结合起来发挥作用,才能正确、及时、完整地反映经济活动。

(二) 拓展职能

除了前述两个基本职能外,会计还具有评价经营业绩、参与经济决策、预测经济前景等拓展功能。

1. 评价经营业绩

评价经营业绩是指利用财务会计报告等信息,采用适当的方法,对企业一定经营期间的资产运营、财务效益等经营成果,对照相应的评价标准,进行定量及定性对比分析,做出真实、客观、公正的综合评判。

2. 参与经济决策

参与经济决策是指根据财务会计报告等信息,运用定量分析和定性分析方法,对备选方案进行经济可行性分析,为企业生产经营管理提供决策相关的信息。

随着经济的不断发展和人们对会计管理认识的深化,会计职能的内涵和外延也不断地丰富和扩展,使得传统的职能得到不断充实,新的职能又不断派生。这就是说,会计职能并不是一成不变的。

3. 预测经济前景

预测经济前景是指根据财务会计报告等信息,定量或定性地判断和推测经济活动的发展变化规律,以指导和调节经济活动,提高经济效益。

二、会计的目标

(一) 会计目标的含义

会计产生和发展的历史告诉我们,人类在社会实践中运用会计的目的是要借助会计对经济活动进行反映和监督,为经营管理提供财务信息,并考核、评价经营责任,从而取得最大的经济效益。这是由商品个别劳动时间和社会必要劳动时间的不同,以及人力、物力资源的有限性等之间的基本矛盾所决定的。不同经济主体为了追求经济利益,无不利用会计这项经济管理工作。那么,会计能提供些什么信息呢?这就要明确会计的目标是什么。会计目标概括来讲就是会计工作应该达到的要求和目的。具体而言,会计目标就是对会计自身提供经济信息的内容、种类、时间、方式及质量等方面的要求。也就是说,会计目标是要回答会计应干些什么的问题,即对所从事的工作,首先要明确其应符合何时以何种方式提供合乎何种质量的何种信息的要求。

会计目标指明了会计实践活动的目的和方向,同时也明确了会计在经济管理活动中的使命,成为会计发展的导向。制定科学的会计目标,对于把握会计发展的趋势,确定会计未来发展的步骤和措施,调动和借助会计工作者的积极性和创造性,促使会计工作规范化、标准化、系统化以及更好地为社会主义市场经济服务等方面都具有重要的作用。

(二) 关于会计目标的两种学术观点

无论是财务会计理论还是会计实践都要建立在财务会计目标的基础之上。纵观会计理论界对财务会计目标的研究,归纳起来主要有两大观点:"受托责任观"和"决策有用观"。

1. 受托责任观

随着西方工业革命的完成,以公司制为代表的企业形式开始出现并广泛流行。随之而来的便是企业所有权和经营权的分离,资源的所有者和经营者相分离,资源的受托方(资源经营者)接受委托,管理委托方(资源所有者)所支付的资源。委托方关注的是委托财产资源的保值与增值。受托方因此承担合理、有效地管理与应用受托资源的责任,使其尽可能地能够保值增值。受托方有义务及时、完整地向委托方报告其受托资源管理的情况以解脱受托经济责任。委托方则通过相关的法规、合约和惯例等来激励和约束受托方的行为。受托责任观认为,财务会计的目标就是提供企业管理当局(受托者)履行经济管理责任的信息,向所有者(即委托人)报告受托资产的使用、管理情况,以帮助所有者确认或解除受托责任。

2. 决策有用观

持这种观点的学者认为,财务会计的目标就是提供对信息使用者作出决策有用的信息。这主要包括两方面内容:一是关于企业现金流量的信息;二是关于经济业绩及资源变动的信息。决策有用观适用的经济环境是所有权与经营权分离,并且资源的分配是通过资本市场进行的。也就是说,委托方与受托方的关系不是直接建立起来的,而是通过资本市场建立的,这导致了委托方与受托方关系的模糊。

(三) 我国企业会计的目标

受托责任观和决策有用观虽然在财务会计目标的认识上存在差异,但这二者并非矛盾或相互排斥的。会计目标的这两种观点是建立在两种不同的基础之上,它们就像一枚硬币的两面一样被有机地联系起来了,包括我国在内的很多国家(如美国)就明确提到财务报告应提供关于管理层受托责任的信息,以满足报表使用者的决策要求。

第四节　会　计　方　法

一、会计方法体系

会计方法是反映和监督会计对象，完成会计任务的手段。研究和运用会计方法是为了实现会计目标，更好地完成会计任务。

会计方法是从会计实践中总结出来的，并随着社会实践的发展、科学技术的进步以及管理要求的提高而不断发展和完善。会计方法是用来反映和监督会计对象的，由于会计对象多种多样，错综复杂，从而决定了预测、反映、监督、检查和分析会计对象的方法不是单一的方法，而是由一个方法体系构成。随着会计职能的扩展和管理要求的提高，这个方法体系也将持续发展和完善。

会计方法主要是用来反映会计对象的，而会计对象是资金运动，资金运动是一个动态过程，它是由各个具体的经济活动来体现的。会计为了反映资金运动过程，使其按照人们预期的目标运行，必须首先具备提供已经发生或已经完成的经济活动，即历史会计信息的方法体系；会计要利用经济活动的历史信息预测未来，分析和检查过去。因而，会计还要具备反映预计发生的经济活动情况即未来会计信息的方法体系；为了检查、保证历史信息和未来信息的质量，并对检查结果作出评价，会计还必须具备检查的方法体系。长期以来，人们把评价历史信息的方法归结为会计分析的方法。因此，会计对经济活动的管理是通过会计核算方法、会计分析方法以及会计检查方法等来进行的。

会计核算方法是对会计对象进行连续、系统、综合的确认，计量和报告所采用的各种方法的总称，是整个会计方法体系的基础。

会计分析方法主要是利用会计核算的资料，考核并说明各单位经济活动的效果，在分析过去的基础上，提出指导未来经济活动的计划、预算和备选方案，并对它们的报告结果进行分析和评价。

会计检查方法，亦称审计，主要是在会计核算的基础上，检查各单位的经济活动是否合理、合法，会计核算资料是否真实、正确，以及根据会计核算资料编制的未来时期的计划、预算是否可行、有效等。

上述各种会计方法紧密联系，相互依存，相辅相成，形成了一个完整的会计方法体系。其中，会计核算方法是基础，会计分析方法是会计核算方法的继续和发展，会计检查方法是会计核算方法和会计分析方法的保证。

作为广义的会计方法，它们既相互联系，又有相对的独立性。它们所应用的具体方法各不相同，并有各自的工作和研究对象，形成了较独立的学科。学习会计首先应从基础开始，即要从掌握会计核算方法入手。而且，通常所说的会计方法，一般是指狭义的会计方法，即会计的核算方法。本书的会计方法体系指的是会计核算方法。

二、会计核算方法

会计核算方法，是指会计对企事业单位已经发生的经济活动进行连续、系统和全面的反映和监督所采用的方法。一般包括设置会计科目和账户、复式记账、填制和审核会计凭证、登记会计账簿、成本计算、财产清查和编制财务会计报告等专门方法。这七种方法构成了一个完整的、科学的方法体系。

（一）设置会计科目和账户

会计科目是对会计要素的具体内容进行分类核算的项目。设置账户是根据国家统一规定的会计科目和经济管理的要求，科学地建立账号体系的过程。账户具有一定格式和结构，用于分类反映会计要素变动情况及其结果的载体。每个会计账户只能反映一定的经济内容，将会计对象的具体内容划分为若干项目，即为会计科目，据此设置若干个会计账户，就可以使所设置的账户既有分工又有联系地反映整个会计对象的内容，为会计信息使用者提供决策所需要的各种信息。设置会计科目和账户是保证会计核算系统性的专门方法。

（二）复式记账

复式记账是指对于每一笔经济业务，都必须用相等的金额在两个或两个以上相互联系的账户中进行登记，系统地反映会计要素增减变化及其结果的一种记账方法。复式记账有着明显的特点，即它对每项经济业务都必须以相等的金额，在相互关联的两个或两个以上账户中进行登记，使每项经济业务所涉及的两个或两个以上的账户之间产生对应关系；同时，在对应账户中所记录的金额又平行相等；通过账户的对应关系，可以了解经济业务的内容；通过账户的平行关系，可以检查有关经济业务的记录是否正确。复式记账可以相互联系地反映经济业务的全貌，也便于检查账簿记录是否正确。复式记账是会计核算方法体系的核心。

（三）填制和审核会计凭证

填制和审核会计凭证，是为了审查经济业务是否合理、合法，保证登记账簿的会计记录正确、完整而采用的专门方法。会计凭证是记录经济业务、明确经济责任的书面证明，是登记账簿的重要依据。经济业务是否发生、执行和完成，关键看是否取得或填制了会计凭证。取得或填制了会计凭证，就证明该项经济业务已经发生或完成。对已经完成的经济业务还要经过会计部门、会计人员的严格审核，在保证符合有关法律、制度、规定而又正确无误的情况下，才能据以登记账簿。填制和审核凭证是会计信息的"入口"，对于保证账簿记录以及会计报表信息的真实、可靠至关重要。正确填制和审核会计凭证，是进行核算和监督的基础。

（四）登记会计账簿

登记会计账簿简称记账，是以审核无误的会计凭证为依据，在账簿中分类、连续、系统、完整地记录各项经济业务的一种专门方法。账簿是用来全面、连续、系统地记录各项经济业务的簿籍，也是保存会计信息的重要工具。它具有一定的结构、格式，应该根据审核无误的会计凭证序时、分类地进行登记。在账簿中应该开设相应的账户，把所有的经济业务记入账簿中的账户后，还应定期计算和累计各项核算指标，并定期结账和对账，使账证之间、账账之间、账实之间保持一致。账簿所提供的各种信息，是编制会计报表的主要依据。账簿记录所提供的各种核算资料，是编制财务报表的直接依据。

（五）成本计算

成本计算是对生产经营过程中发生的各种生产费用，按照不同的成本计算对象进行归集和分配，进而计算产品的总成本和单位成本的一种专门方法。成本核算通常是指对制造业产品进行的成本计算。例如，按制造业企业供应、生产和销售三个过程分别归集经营所发生的费用，并分别与采购、生产和销售材料、产品的品种、数量联系起来，计算它们的总成本和单位成本。通过成本计算，可以考核和监督企业经营过程中所发生的各项费用是否节约，以便采取措施降低成本，提高经济效益。成本计算对确定生产补偿尺度、正确计算和分配国民收入、制定价格政策等都具有重要作用。产品成本是综合反映企业生产经营活动的一项重要指标。正确进行成本计算,是考核生产经营过程费用支出水平的依据,同时又是确定企业盈亏和制定产品价格的基础,可为企业进行经营决策提供重要依据。

(六) 财产清查

财产清查是指通过对货币资金、实物资产和往来款项等的盘点或核对,确定其实存数,查明账存数与实存数是否相符的一种专门方法。在日常会计核算过程中,为了保证会计信息真实、准确,必须定期或不定期地对各项财产物资、货币资金和应收款项进行清查、盘点和核对。在清查中,如果发现账实不符,应查明原因,调整账簿记录,使账存数额与实存数额保持一致,做到账实相符。通过财产清查,不仅能查明各项财产物资的保管和使用情况,还能及时发现内部控制中的薄弱环节,进而提出有针对性的整改方案。总之,财产清查对于保证会计核算资料的正确性和监督财产的安全与合理使用,以及加强内部控制等都具有重要的作用。

(七) 编制财务会计报告

编制财务会计报告是以会计账簿记录和有关资料为依据,全面、系统地反映企业在某一特定日期的财务状况或某一会计期间的经营成果和现金流量的一种专门方法。编制财务报告是对日常会计核算资料的总结,就是将账簿记录的内容定期地加以分类、整理和汇总,形成会计信息使用者所需要的各种指标,再报送给会计信息使用者,以便其据此作出决策。财务报告所提供的一系列核算指标,是会计信息使用者评价企业管理层受托责任履行情况,以及作出准确判断和决策的重要依据。编制完成财务报告,就意味着这一期间会计核算工作的结束。

上述会计核算的各种专门方法,相互联系,缺一不可,形成一个完整的方法体系。为了科学地组织会计核算,实行有效的日常会计监督,必须全面、相互联系地应用这些专门方法,对日常发生的各项经济业务,都要填制和审核凭证;按照规定的账户,运用复式记账法记入有关账簿;对经营过程中发生的各项费用,应当进行成本计算;一定时期终了,通过财产清查,在账证相符、账账相符、账实相符的基础上,根据账簿记录和相关资料,编制会计报表。

第五节 会计准则体系

一、会计准则的构成

会计准则是会计人员从事会计工作必须遵循的基本原则,是会计核算工作的规范。它是指就经济业务的具体会计处理作出规定,以指导和规范企业的会计核算,保证会计信息的质量。"会计准则"是会计人员从事会计工作的规则和指南。我国已颁布的会计准则有《企业会计准则》、《小企业会计准则》和《事业单位会计准则》。

二、企业会计准则

我国的企业会计准则体系包括基本准则、具体准则、应用指南和解释公告等。基本准则是企业会计准则体系的概念基础,是具体准则、应用指南和解释等的制定依据,地位十分重要。我国企业会计准则体系中,基本准则属于部门规章,具体准则、应用指南和解释公告属于规范性文件。2006年2月15日,财政部发布《企业会计准则》,自2007年1月1日起在上市公司范围内施行,并鼓励其他企业执行。2014年7月23日财政部又对《企业会计准则——基本准则》进行了修改。

三、小企业会计准则

2011年10月18日,财政部发布《小企业会计准则》,要求符合适用条件的小企业自2013年1月1日起执行,并鼓励提前执行。《小企业会计准则》一般适用于在我国境内依法设立、经济规模较小的企业。

四、事业单位会计准则

2012年12月5日,财政部修订发布了《事业单位会计准则》,自2013年1月1日起施行。《事业单位会计准则》的主要特点如下:

1. 事业单位采用收付实现制进行会计核算,部分另有规定的经济业务或事项才能采用权责发生制核算;

2. 事业单位会计要素划分为资产、负债、净资产、收入、支出(或费用)五类;

3. 事业单位的财务报表至少包括资产负债表、收入支出表(或费用表)和财政补助收入支出表。

第二章 会计要素与会计等式

第一节 会计对象

一、会计对象的含义

会计对象是指会计所核算和监督的内容,即会计工作的客体。会计以货币为主要计量单位,对特定会计主体的经济活动进行核算和监督。因此因而会计并不能核算和监督社会再生产过程中的所有经济活动,即凡是特定主体能够以货币表现的经济活动,都是会计核算和监督的内容,也就是会计对象。以货币表现的经济活动通常又称为价值运动或资金运动。会计对象是社会再生产过程中的资金及资金运动。

对于工业企业而言,资金运动的主要有三种表现形式,分别为资金进入企业、资金在企业内的周转以及资金退出企业。资金投入阶段,企业通过吸收投资、银行借入、发行股票或债券来筹集资金,引起企业资金的增加。资金使用阶段,企业用货币资金购买材料,形成储备资金;工人利用自己的生产技术,借助于机器设备对材料进行加工,发生的耗费形成生产资金;产品完工后形成成品资金;将产品销售,收回货款,得到新的货币资金。最后,企业偿还各种债务、上交各种税费和分派利润或股利,以致部分资金退出企业。

二、会计对象的内容

由于单位的组织形式和经济活动的内容不同,不同单位的会计对象具有不同的特点。

(一) 工业企业

会计对象是在企业再生产过程中的资金运动。工业企业进行生产经营活动,首先要用货币资金购买生产设备和材料物资为生产过程做准备,然后将其投入企业生产过程中生产出产品,最后将所生产出来的产品对外出售并收回因出售产品而取得的货币资金。这样,工业企业的资金就陆续经过供应过程、生产过程和销售过程,其形态也随之发生变化。用货币购买生产设备、材料物资时,货币资金转化为固定资金、储备资金;车间生产产品领用材料物资时,储备资金转化为生产资金;将车间加工完毕的产品验收入到成品库后,此时,生产资金转化为成品资金;将产成品出售收回货币资金时,成品资金转化为货币资金。我们把资金从货币资金开始,依次经过储备资金、生产资金、成品资金,最后又回到货币资金这一运动过程叫做资金循环,周而复始的资金循环叫做资金周转。实际上,企业的生产经营过程是周而复始、不间断、循环地进行的,即企业不断地投入原材料、不断地加工产品、不断地销售产品,其资金也是不断循环周转的。

就整个企业的资金运动而言,资金的循环周转还应该包括资金的投入和资金的退出。资金的投入是指资金进入企业。企业进行经营生产活动的前提是首先必须拥有一定数量的资金,投入包括投资者的资金投入和债权人的资金投入。前者构成了企业的所有者权益,后者形成了企业的债权人权益,即企业的负债。投入企业的资金一部分形成流动资产,另一部分形成企业的固定资产等非流动资产。资金的退出是指资金退出企业的资金循环和周转,它包括按法定程序返回投资者的投资、偿还各项债务、上交税费、向所有者分配利润等内容,这是一部分资金离开企业,游离于企业资金运动之外。

资金的投入、运用和退出是资金运动的三个阶段,三者相互支撑,构成一个统一体。没有资金的投入,也就没有资金的循环和周转;没有资金的循环和周转,就没有资金的退出。

综上所述,工业企业企业因资金的投入,循环周转和资金的退出等经济活动而引起的各项财产和资源的增减变化情况,以及企业销售收入的取得和企业纯收入的实现、分配情况,构成了制造业企业会计的具体对象。工业企业资金循环周转过程见图2-1。

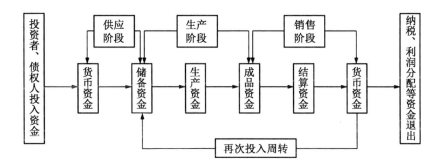

图2-1 工业企业资金循环周转示意图

(二) 商品流通企业

与工业企业相比,商品流通企业的经营活动缺少产品生产环节。商品流通企业的经营过程主要分为商品购进和商品销售两个环节。在前一个环节中,主要是采购商品,此时货币资金转换为商品资金;在后一个环节中,主要是销售商品,此时资金又由商品资金转换为货币资金。在商业企业经营过程中,也要消耗一定的人力、物力和财力,他们表现为商品流通费用。在销售过程中,也会取得销售收入和实现经营成果。因此,商品流通的资金是沿着"货币资金—商品资金—货币资金"的方式运动。商品流通企业资金循环周转过程见图2-2。

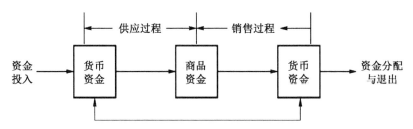

图2-2 商品流通企业资金循环周转示意图

(三) 行政事业单位

行政事业单位为完成国家赋予的任务,同样需要一定数额的资金,但其资金主要来源是国家财政拨款。行政事业单位在正常业务活动过程中,所消耗的人力、物力和财力的货币表现,即为行政费用和业务费用。一般来说,行政事业单位没有或只有很少一部分业务收入,因为费用开支主要是靠国家财政预算拨款。因此,行政事业单位的经济活动一方面按预算从国家财政取得拨入资金;另一方面又按预算以货币资金支付各项费用。其资金运动的形式是:资金拨入—资金付出。由此可见,行政事业单位会计对象的内容就是预算资金及其收支。行政事业单位资金循环周转过程见图2-3。

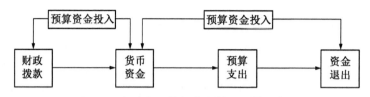

图 2-3 行政事业单位资金循环周转示意图

综上所述,不论是工业企业、商业流通企业,还是行政事业单位都是社会再生产过程中的基层单位,会计反映和监督的对象都是资金及其运动过程,正因为如此,我们可以把会计对象概括为社会再生产过程中的资金运动。

第二节 会 计 要 素

一、会计要素的含义与分类

(一) 会计要素的含义

会计对象是社会再生产过程中的资金运动。但是,这一概念过于抽象,为了进行分类核算,从而提供分门别类的信息,需要对会计对象的具体内容进行适当的分类,于是,会计要素这一概念应运而生。

会计要素是对会计对象进行的基本分类,是会计核算对象的具体化,是对资金运动所作的第二层次划分。对资金运动所划分的大类,就是会计要素。

(二) 会计要素的分类

把会计的对象描述为资金运动是很抽象的。为了使财务会计系统更加科学严密,为财务报告使用者提供更加有用的信息,会计核算和监督的内容应该是详细的,这就要求必须把企业的资金运动进行若干次分类,使之具体化。

我国《企业会计准则》将会计要素划分为资产、负债、所有者权益、收入、费用和利润六大类别,其中,前三类要素表现资金运动的相对静止状态,属于反映财务状况的会计要素,在资产负债表中列示;后三类要素表现资金运动的显著变动状态,属于经营成果的会计要素,在利润表中列示。

二、会计要素的确认

(一) 资产

1. 资产的含义与特征

资产是指过去的交易或者事项形成的、由企业拥有或控制的、预期会给企业带来经济利益的资源。这些资源可以具体表现为各种实物形态,如房屋建筑物、机器设备、原材料等,也可以不具有实物形态,如商标、土地使用权、债权和其他权利。根据定义可知资产有以下三个特征:

(1) 预期会给企业带来经济利益

资产预期会给企业带来经济利益,是指资产直接或间接导致现金和现金等价物流入企业的潜力。已经没有经济价值、不能给企业带来经济利益的项目,不能再确认为企业资产,如已经报废的房屋、设备等。

(2) 企业拥有或者控制的资源

资产作为一项资源,应由企业拥有或者控制,是指企业享有某项资源的所有权,或者虽然不享有该资源的所有权,但该资源能被企业所控制(如融资租入资产),即已经掌握了其实际未来利益和风险。企业融资租入固定资产,在租赁期间,虽然没有所有权,但是实质上控制了该资源,相当于分期付款,属于企业的一项资产。

(3) 资产是由过去的交易或事项形成

资产应当由企业过去的交易或者事项所形成的,过去的交易或者事项包括购买、生产、建造行为或者其他交易或事项。也就是说,资产是过去已经发生的交易或事项所产生的结果,资产必须是现实的资产,而不能是预期的资产。未来交易或事项可能产生的结果不能作为资产确认。只有过去发生的交易或者事项才能增加企业的资产,而不能根据谈判中的交易或计划中的经济业务来确认资产。

2. 资产的确认条件

将一项资源确认为资产,除了需要符合资产的定义,还应同时满足以下两个条件:

(1) 与该资源有关的经济利益很可能流入企业

资产的确认还应与经济利益流入的不确定性程度的判断结合起来。如果根据编制财务报表时所取得的证据,与资源有关的经济利益很可能流入企业,那么就应当将其作为资产予以确认;反之,则不能确认为资产。可能性程度的界定往往需要依赖职业判断。

(2) 该资源的成本或者价值能够可靠地计量

财务会计系统是一个确认、计量和报告的系统,可计量性是所有会计要素确认的重要前提,资产的确认也是如此。只有当有关资源的成本或者价值能够可靠地计量时,资产才能予以确认。可靠计量要求以取得可验证的确凿证据为依据,如果资源的成本或者价值无法可靠计量,则不能确认为资产。如企业计划购入的存货,由于尚未实际发生,不能可靠确定其成本,就不能确认为该企业的资产。

3. 资产的构成

企业的资产按其流动性可分为流动资产和非流动资产两大类。流动资产是指预计在一个正常营业周期中变现、出售或耗用,或者主要为交易目的而持有,或者预计在资产负债表日起一年内(含一年)变现的资产,以及自资产负债表日起一年内交换其他资产或清偿负债的能力不受限制的现金或现金等价物。流动资产主要包括货币资金、交易性金融资产、应收及预付款项、存货等。其中货币资金又包括库存现金、银行存款和其他货币资金;应收及预付项目包括应收票据、应收账款、其他应收款、预付账款、待摊费用等;存货通常是企业数量最大的流动资产,包括原材料、半成品、在产品、库存商品、包装物、低值易耗品等。

非流动资产是指流动资产以外的资产,主要包括长期股权投资、在建工程、固定资产、无形资产等。长期股权投资包括企业持有的对其子公司、合营企业及联营企业的权益性投资以及企业持有的对被投资单位不具有控制、共同控制或重大影响,且在活跃市场中没有报价、公允价值不能可靠计量的权益性投资。固定资产是指为生产商品、提供劳务、出租或者经营管理而持有的,使用寿命超过一个会计年度的有形资产。固定资产一般包括房屋及建筑物、机器设备、运输设备和工具器具等。无形资产是指企业拥有或者控制的没有实物形态的可辨认非货币性资产，包括专利权、非专利技术、商标权、著作权、土地使用权和特许权等。资产要素的内容如图2-4所示。

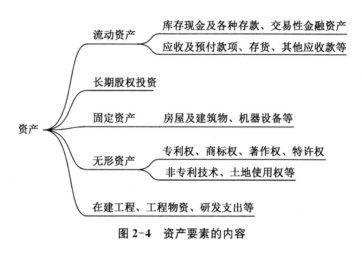

图 2-4 资产要素的内容

值得注意的是，一个正常营业周期是指企业购买用于加工的资产起至实现现金或现金等价物的期间。正常营业周期通常短于一年，在一年内有几个营业周期。但是，也存在正常营业周期超过一年的情况。在这种情况下，与生产循环相关的产成品、应收账款、原材料尽管是超过一年才变现、出售或耗用，仍应作为流动资产。当正常营业周期不能确定时，应当以一年(12个月)作为划分流动资产和非流动资产的标准。

与此同时，判断一项资产属于流动资产还是非流动资产，一定要看它是否符合各种资产的定义。比如汽车是固定资产还是流动资产？一般情况下都将其判断为固定资产，但如果该汽车是用于销售，它就是存货，属于流动资产。

(二) 负债

1. 负债的含义与特征

负债又称债权人权益，是指企业过去的交易或者事项形成的、预期会导致经济利益流出企业的现时义务。根据定义可知有以下三个特征：

(1) 是企业承担的现时义务

现时义务是指企业在现行条件下已承担的义务。而未来发生的交易或者事项形成的义务，不属于现时义务，不得确认为负债。如购买商品款项未付，属于现时的义务，而签订合同下个月赊购商品1万元，不属于现时的义务。现时义务可以是法定义务，也可以是推定义务。法定义务即法定合同义务，是指直接依据法律规定产生的而非由当事人约定的义务。推定义务是指根据企业多年来的习惯做法、公开的承诺或者公开宣布的政策而导致企业将承担的责任。例如，某企业多年来制定一项销售政策，对售出商品提供一定期限内的售后保修服务，该预期将为售出商品提供的保修服务就属于推定义务，应将其确认为一项负债。

(2) 负债的清偿预期会导致经济利益流出企业

只有企业在履行义务时会导致经济利益流出，该现实义务才符合负债的定义。如果不会导致企业经济利益的流出，则不符合负债的定义。清偿负债导致经济利益流出企业的形式多种多样，如用现金偿还或以实物资产偿还、以提供劳务偿还、以部分转移资产部分提供劳务偿还，以及将负债转为所有者权益等。

(3) 是过去的交易或事项产生的

负债应当由过去的交易或事项所形成。换言之,只有过去的交易或事项才形成负债,企业未来发生的承诺、签订的购买合同等交易或事项不形成负债。例如,6月份企业拟于3个月后购入设备一台,设备价款10万元,6月份不能将应付的10万元作为企业负债。

2. 负债的确认条件

将一项现时义务确认为负债,需要符合负债的定义,还需要同时满足以下两个条件:

(1) 与该义务有关的经济利益很可能流出企业

负债的确认应当与经济利益流出的不确定性程度的判断结合起来,如果有确凿证据表明,与现时义务有关的经济利益很可能流出企业,就应当将其作为负债予以确认。

(2) 未来流出的经济利益的金额能够可靠地计量

负债的确认在考虑经济利益流出企业的同时,对于未来流出的经济利益的金额应当能够可靠计量。对于与法定义务有关的经济利益流出金额,通常可以根据合同或者法律规定的金额予以确定,考虑到经济利益流出的金额通常在未来期间,有时未来期间较长,有关金额的计量需要考虑货币时间价值等因素的影响。对于与推定义务有关的经济利益流出金额,企业应当根据履行相关义务所需支出的最佳估计数进行估计,并综合考虑有关货币时间价值、风险等因素的影响。

3. 负债的构成

按照偿还期长短,可以将企业的负债分为流动负债和非流动负债。流动负债是指预计在一个营业周期中偿还,或者主要为交易目的而持有,或者自资产负债表日起一年内(含一年)到期应予以清偿,或者企业无权自主地将清偿推迟至资产负债表日后一年以上的负债。此处一个正常营业周期的界定与流动资产定义中涉及的一个正常营业周期的界定相一致。

流动负债主要包括短期借款、应付票据、应付账款、预收账款、应付职工薪酬、应交税费、应付利息、应付股利等。流动负债以外的负债,应当归类为非流动负债,包括长期借款、应付债券、长期应付款等。

负债要素的内容如图2-5所示。

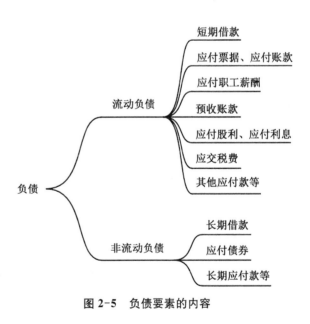

图2-5 负债要素的内容

(三) 所有者权益

1. 所有者权益的含义与特征

所有者权益也称为净资产,是指企业资产扣除负债后由所有者享有的剩余权益。公司的所有者权益又称为股东权益,表明企业归谁所有。所有者权益是所有者对企业资产的剩余索取权,既可以反映所有者投入资本的保值增值情况,又体现了保护债权人权益的理念。所有者权益具有以下三个特征:

(1) 除非发生减资、清算或分配现金股利,企业不需要偿还所有者权益。权益可分为债权人权益(负债)和所有者权益。而债权人的权益优先于所有者权益,即企业的资产必须在保证企业所有的债务得以清偿后,才归所有者所享有。因此,所有者权益在数量上等于企业的全部资产减全部负债后的余额,它是在保证了债权人权益之后的一种收益,即剩余权益。

(2) 企业清算时,只有在清偿所有的负债后,所有者权益才会被返还给所有者。

(3) 所有者凭借所有者权益能够参与企业利润的分配。

2. 所有者权益的确认条件

所有者权益的确认和计量主要取决于资产、负债、收入、费用等其他会计要素的确认和计量。所有者权益即为企业的净资产,在数量上等于企业资产总额扣除债权人权益后的净额,它反映所有者(股东)在企业净资产中享有的经济利益。

3. 所有者权益的构成

所有者权益的来源包括所有者投入的资本、直接计入所有者权益的利得和损失、留存收益等。

所有者投入的资本是指所有者投入企业的资本部分,既包括构成企业注册资本(实收资本或者股本)的部分,也包括投入资本超过注册资本或者股本部分的资本溢价或者股本溢价,这部分投入资本在我国企业会计准则体系中计入了资本公积,并在资产负债表的资本公积项目反映。

直接计入所有者权益的利得和损失,是指不应计入当期损益、会导致所有者权益发生增减变动的、与所有者投入资本或向所有者分配利润无关的利得或损失。利得是指由企业非日常活动中形成的、会导致所有者企业增加的、与所有者投入资本无关的经济利益的流入。损失是指由企业非日常活动所发生的、会导致所有者权益减少的、与向所有者分配利润无关的经济利益的流出。留存收益是盈余公积和未分配利润的统称。盈余公积是指企业从利润中提取的公积金,包括法定盈余公积和任意盈余公积。未分配利润是企业留待以后年度分配的利润或本年度待分配利润。

所有者权益的内容如图 2-6 所示。

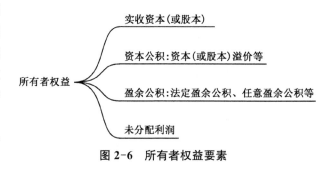

图 2-6 所有者权益要素

(四) 收入

1. 收入的含义与特征

收入是指企业在日常活动中形成的、会导致所有者权益增加的、与所有者投入资本无关的经济利益的总流入。收入具有三个主要特征:

(1) 收入是从企业的日常经济活动中产生的

其中"日常活动"是指企业为完成其经营目标所从事的经常性活动以及与之相关的活动,如销售商品、提供劳务及让渡资产使用权等。明确界定日常活动是为了区分收入与利得,企业的非日常活动所形成的经济利益的流入不能确定为收入,而应当计入利得,如企业报废固定资产的变价收入、受赠的资产等。

(2) 收入会导致所有者权益增加

与收入相关的经济利益的流入应当会导致所有者权益的增加,具体可能表现为企业资产的增加,如销售商品而取得的现金或获得的债权;也可能表现为企业负债的减少,如以商品抵偿债务。不会导致所有者权益增加的经济利益的流入不符合收入的定义,不应确认为收入,如预收客户货款。

(3) 收入是与所有者投入资本无关的经济利益的总流入

收入应当会导致经济利益的流入,从而导致资产的增加或者负债的减少。但是,经济利益的流入有时是所有者投入资本的增加所致,使用者投入资本的增加不应当确认为收入,应当将其直接确认为所有者权益。

2. 收入的确认条件

收入在确认时除了应当符合收入定义外,还应当满足严格的确认条件。因此,收入的确认至少应当符合以下条件:(1)与收入相关的经济利益很可能流入企业;(2)经济利益流入企业的结果会导致企业资产的增加或者负债的减少;(3)经济利益的流入额能够可靠地计量。

3. 收入的构成

收入按经营业务的主次分为主营业务收入和其他业务收入。主营业务收入是由企业的主营业务所带来的收入;其他业务收入是主营业务以外的兼营业务所带来的收入。收入按性质不同分为销售商品收入、提供劳务收入和让渡资产使用权收入。

(五) 费用

1. 费用的含义与特征

费用是指企业在日常活动中发生的、会导致所有者权益减少的、与向所有者分配利润无关的经济利益的总流出。费用具有以下三个主要特征:

(1) 费用是企业在日常活动中发生的

费用必须是企业在其日常活动中所发生的经济利益流出,日常活动的界定与收入定义中涉及的日常活动界定相一致。费用界定为日常活动所发生的,目的是将费用与损失相区分,企业非日常活动所发生的经济利益的流出不能计入费用,而应当计入损失,如自然灾害给企业带来的财产损失。

(2) 费用会导致企业所有者权益的减少

与费用相关的经济利益的流出应当会导致所有者权益的减少,不会导致所有者权益减少的经济利益的流出不符合费用的定义,不应确认为费用。

(3) 费用是与向所有者分配利润无关的经济利益的总流出

费用的发生应当会导致经济利益的流出,从而导致资产的减少或者负债的增加(最终也会导致资产的减少),表现形式包括现金或者现金等价物的流出。企业向所有者分配利润也会导致经济利益的流出,而该经济利益的流出属于投资者投资回报的分配,是所有者权益的直接抵减项目,不应确认为费用,应当将其排除在费用的定义之外。

2. 费用的确认条件

费用的确认除了应当符合定义外,至少应当符合以下条件:(1)与费用相关的经济利益应当很可能流出企业;(2)经济利益流出企业的结果会导致资产的减少或者负债的增加;(3)经济利益的流出额能够可靠计量。

3. 费用的构成

在确认费用时,首先应当划分生产费用与非生产费用的界限。生产费用是指与企业日常生产经营活动有关的费用,如生产产品所发生的原材料费用、人工费用等;非生产费用是指不属于生产费用的费用,如用于构建固定资产多发生的费用,不属于生产费用。其次,应当分清生产费用与产品成本的界限。生产费用与一定的期间相联系,而与生产的产品无关;产品成本与一定品种和数量的产品相联系,通常按经济用途分为直接材料、直接人工和制造费用等成本项目,直接材料和直接人工属于直接费用,制造费用属于间接费用。第三,应当分清生产费用与期间费用的界限。生产费用应当计入生产成本;而期间费用直接计入当期损益。

在确认费用时,对于确认期间费用的费用,必须进一步划分为管理费用、销售费用和财务费用。

对于确认为生产费用的费用,必须根据该费用发生的实际情况分别不同的费用性质将其确认为不同产品所负担的费用;对于几种产品共同发生的费用,必须按受益原则,采用一定方法和程序将其分配计入相关产品的生产成本。

(六) 利润

1. 利润的含义与特征

利润是指企业在一定会计期间的经营成果,是收入和费用配比相抵后的差额。收入大于费用,其净额为盈利;如收入小于费用,其净额则为亏损。通常情况下,如果企业实现了利润,表明企业的所有者权益将增加,业绩得到了提升;反之,如果企业发生了亏损(即利润为负数),表明企业的所有者权益将减少,业绩下降了。利润是评价企业管理层业绩的指标之一,也是投资者等会计信息使用者进行决策时的重要参考。

2. 利润的确认条件

利润的确认主要依赖于收入和费用以及利得和损失的确认,其金额的确定也主要取决于收入、费用、利得、损失金额的计量。

3. 利润的构成

利润包括收入减去费用后的净额、直接计入当期利润的利得和损失等。其中收入减去费用后的净额反映的是企业日常活动的经营业绩,直接计入当期利润的利得和损失,反映的是企业非日常活动的业绩。

直接计入当期利润的利得和损失,是指应当计入当期损益、最终会引起所有者权益增减变动、与所有者投入资本或者向所有者分配利润无关的利得或者损失。

直接计入当期利润的利得和损失在我国会计准则体系中被计入营业务收入和营业外支出,并在利润表中予以反映。严格区分收入和利得、费用和损失,以更加明确企业不同性质的经营业绩。

利润按照构成,可分为营业利润、利润总额和净利润。营业利润即日常活动的利润,是营业收入减去营业成本、营业税费、期间费用(包括销售费用、管理费用和财务费用)、资产减值损失,加上公允价值变动净收益、投资净收益后的金额。利润总额是指营业利润加上营业外收入,减去营业外支出后的金额,即日常利润加上非日常利润。净利润是指利润总额减去所得税费用后的金额,即日常利润加非日常利润减所得税费用。

三、会计要素的计量

会计要素的计量是为了将符合条件的会计要素登记入账并列报于财务报表而确定其金额的过程,包括计量单位和计量属性。企业应当以货币作为主要计量单位,按照规定的会计计量属性进行计量,确定相关金额。

(一) 会计计量属性及其构成

会计计量属性是指会计要素的数量特征或外在表现形式,反映了会计要素金额的确定基础,主要包括历史成本、重置成本、可变现净值、现值和公允价值等。

1. 历史成本（基本计量属性）

历史成本，又称为实际成本，是取得或制造某项财产物资时所实际支付的现金或其等价物。在历史成本计量下，资产按照其购置时支付的现金或者现金等价物的金额，或者按照购置资产时所付出的对价的公允价值计量。负债按照其因承担现时义务而实际收到的款项或者资产的金额，或者承担现时义务的合同金额，或者按照日常活动中为偿还负债预期需要支付的现金或者现金等价物的金额计量。

历史成本计量，要求对企业资产、负债和所有者权益等项目的计量，应当基于经济业务的实际交易成本，而不考虑随后市场价格变动的影响。

2. 重置成本

重置成本又称现行成本，是指按照当前市场条件，重新取得同样一项资产所需支付的现金或现金等价物金额。在重置成本计量下，资产按照现在购买相同或者相似资产所需支付的现金或者现金等价物的金额计量。负债按照现在偿付该项债需支付的现金或者现金等价物的金额计量。

在实际工作中，重置成本多应用于盘盈固定资产的计量等。

3. 可变现净值

可变现净值是指在正常生产经营过程中，以预计售价减去进一步加工成本和预计销售费用以及相关税费后的净值。在可变现净值下，资产按照现在购买相同或者相似资产所需支付的现金或现金等价物的金额扣减该资产至完工时估计将要发生的成本、估计的销售费用以及相关税费后的金额计量。

可变现净值是在不考虑资金时间价值的情况下，计量资产在正常经营过程中可带来的预期净现金流入或流出。可变现净值通常应用于存货资产减值情况下的后续计量。

4. 现值

现值是指对未来现金流量以恰当的折现率进行折现后的价值，是考虑资金时间价值的一种计量属性。在现值计量下，资产按照预计从其持续使用和最终处置中所产生的未来净现金的折现金额计量；负债按照预计期限内需要偿还的未来净现金流出量的折现金额计量。

5. 公允价值

公允价值是指在公平交易中，熟悉情况的交易双方自愿进行资产交换或者债务清偿的金额。在公允价值计量下，资产和负债按照在公平交易中熟悉情况的交易双方自愿进行资产交换或者债务清偿的金额计量。公允价值主要应用于金融资产及以公允价值模式计量的投资性房地产等的计量。

（二）计量属性的运用原则

企业在对会计要素进行计量时，一般应当采用历史成本。采用重置成本、可变现净值、现值、公允价值计量的，应当保证所确定的会计要素金额能够取得并可靠计量。计量属性的理解如表2-1所示。

表 2-1　计量属性的理解

计量属性	对资产的计量	对负债的计量
历史成本	按购置时的金额	按承担现实义务时的金额
重置成本	按现时购买的金额	按现在偿还的金额
可变现净值	按现时销售的金额	—
现值	按照将来时的金额折现	
公允价值	有序交易中出售资产所能收到的价格	有序交易中转移负债所需支付的价格

第三节　会计等式

会计等式又称恒等式、会计基本等式,表明各会计要素之间基本关系的等式。会计对象是社会再生产过程中资金运动,具体表现为会计要素的增减变化。企业发生的每一项交易或者事项,都是资金运动的一个具体过程;资金运动过程必然涉及相应的会计要素。在资金运动过程中,会计要素之间存在一定的相互联系,会计要素之间的这种内在联系;从本质上看,会计等式揭示了会计主体的产权关系和基本财务状况。会计等式是设置账户、复式记账和编制财务报表的理论依据。

一、会计要素的表现形式

按照对会计要素内在联系揭示角度的不同,会计等式可分为资产负债表要素会计等式、利润表要素会计等式和综合会计等式。

(一)资产负债表要素会计等式

任何企业要进行经济活动,都必须拥有一定数量和质量的能给企业带来经济利益的经济资源。企业资产最初来源于两个方面:一是由企业向债权人借入;二是由企业的所有者投入。债权人和所有者将其拥有的资产提供给企业使用,就应该相应地对企业的资产享有一种要求权,这种资产的要求权在会计上成为"权益"。

资产表明企业拥有什么经济资源和拥有多少经济资源,权益表明经济资源的来源渠道,即谁提供了这些经济资源。可见,资产与权益是同一事物的两个不同方面,两者相互依存,不可分割,没有无资产的权益,也没有无权益的资产。因此,资产和权益两者在数量上必然相等,在任何一时点都必然保持恒等的关系,可用公式表示为:

$$资产 = 权益$$

企业的资产来源于企业的债权人和所有者,又分为债权人权益和所有者权益,在会计上归属于债权人的权益即为负债,于是,上式可以写成:

$$资产 = 负债 + 所有者权益$$

或:

$$资产 = 债权人权益 + 所有者权益$$

这一等式反映了某一特定时点企业资产、负债和所有者权益三者的平衡关系,体现了企业资金运动在相对静止状态下的基本内容,是资金运动的静态表现,因此,该等式被称为财务状况等式或静态会计等式,它是复式记账法的理论基础,也是编制资产负债表的依据。

(二)利润表要素会计等式

企业经营的目的是获取收入,实现盈利。企业取得收入的同时,必然要发生相应的费用,通过收入与费用的比较,才能确定一定时期的盈利水平,确定最终经营成果。在不考虑利得和损失的情况下,它们之间的内在联系用公式表述为:

$$收入 - 费用 = 利润(又称第二会计等式)$$

收入、费用、利润等会计要素之间的平衡关系,实际上是利润计量的基本模式,其含义为收入和费用的发生,直接影响企业利润的确定;确定会计期间的收入,与其相关费用进行配比,从而计算出企业的利润总额;利润是收入与相关费用的差额。

这一等式反映了利润的实现过程,因此,也被称为动态会计等式。收入、费用和利润之间的上述关系,是编制利润表的依据。

(三) 综合会计等式

企业经营活动中获得的收入一般会带来资产的流入,产生的费用一般会造成资产的流出或者耗费,而利润则是资产流入和流出的结果,将带来企业资产总额的增加。由于利润只属于企业所有者,利润最终会引起所有者权益或者净资产的增加;反之,若企业发生亏损,将引起资产和净资产的减少。可见,资产、负债、所有者权益、收入、费用、利润六大会计要素之间存在着数量关系和内在联系。由此,可将前面的两个会计等式综合在一起成为扩展的综合会计等式:

$$资产 = 负债 + 所有者权益 + 收入 - 费用$$

或:

$$资产 = 负债 + 所有者权益 + 利润$$

综合会计等式是资金两个不同侧面(资金存在形态与资金来源渠道)的扩展。资产和费用是资金的存在形态,其中费用是被消耗资产的特殊存在形态。负债、所有者权益和收入是资金的来源渠道,负债和所有者权益属于外部资金来源,收入属于自有资金来源。综合会计等式是设置账户、复式记账的依据。

二、经济业务对会计等式的影响

经济业务,又称交易与事项,是指在经济活动中使会计要素发生增减变动的交易或者事项。企业在生产经营过程中,每天都会发生各种各样、纷繁复杂的经济业务,并引起各会计要素增减变动,但各会计要素无论发生怎样的增减变动,都不会影响正常与权益的恒等关系。

企业经济业务按其对"资产=负债+所有者权益"等式的影响不同可以分为以下九种基本类型:

(1) 资产和负债要素同时等额增加

例如:A 公司从银行取得 6 个月期借款 100 000 元,存入公司存款账户。

分析:该经济业务的发生使企业的资产(银行存款)增加 100 000 元,同时使企业的负债(短期借款)增加 100 000 元。由于资产与负债等额增加,不破坏会计基本等式。

(2) 资产和负债要素同时等额减少

例如:A 公司以银行存款 10 000 元偿还前欠某单位账款。

分析:该经济业务的发生,使企业资产(银行存款)减少 10 000 元,使负债(应付账款)减少 10 000 元。由于资产与负债同时等额减少,不破坏会计基本等式。

(3) 资产和所有者权益要素同时等额增加

例如:A 公司收到投资方投入的设备一台,投资合同约定其价值 30 000 元(假定该约定价值公允)。

分析:该经济业务的发生使企业的资产(固定资产)增加 30 000 元,同时使所有者权益(实收资本)增加 30 000 元。由于资产与所有者权益等额增加,不破坏会计基本等式。

(4) 资产和所有者权益要素同时等额减少

例如:A 公司按规定办妥减资手续,退还某投资方的投资 50 000 元,以银行存款支付。

分析:该经济业务的发生,使企业的资产(银行存款)减少 50 000 元,使所有者权益(实收资本)减少 50 000 元。由于资产与权益等额减少,不破坏会计基本等式。

(5) 资产要素内部项目等额有增有减,负债和所有者权益要素不变

例如：A公司从银行提取现金2 000元,以备零星开支之用。

分析：该经济业务的发生,使企业的一项资产(库存现金)增加2 000元,而另一项资产(银行存款)减少2 000元,增减金额相等。由于企业的资产总额不变,权益总额也不变,不破坏会计基本等式。

(6) 负债要素内部项目等额有增有减,资产和所有者权益要素不变

例如：A公司开出并承兑面值为20 000元的商业汇票一份,抵付前欠某单位货款。

分析：该经济业务的发生使企业的一项负债(应付票据)增加20 000元,而另一项负债(应付账款)减少20 000元,增减金额相等。由于企业负债总额、所有者权益总额和资产总额均不变,不破坏会计基本等式。

(7) 所有者权益要素内部项目等额有增有减,资产和负债要素不变

例如：A公司按规定办妥增资手续后,将资本公积20 000元转增实收资本。

分析：该经济业务的发生使企业的一项所有者权益(实收资本)增加20 000元,而另一项所有者权益(资本公积)减少20 000元,增减金额相等。由于所有者权益总额、负债总额和资产总额均不变,不破坏会计基本等式。

(8) 负债要素增加,所有者权益要素等额减少,资产要素不变

例如：A公司按规定分配给投资者利润50 000元,款项尚未支付。

分析：该经济业务的发生,使企业的负债(应付股利)增加50 000元,使所有者权益(未分配利润)减少50 000元,增减金额相等。由于企业权益总额和资产总额均不变,不破坏会计基本等式。

(9) 负债要素减少,所有者权益要素等额增加,资产要素不变

例如：A公司将应付给投资者的股利30 000元,经投资者同意并按规定办妥增资手续后,转作投资者向企业的投资。

分析：该经济业务的发生,使企业的负债(应付股利)减少30 000元,使所有者权益(实收资本)增加30 000元,增减金额相等。由于企业权益总额和资产总额均不变,因此不破坏会计基本等式。经济业务对会计等式的影响见表2-2。

表2-2 经济业务对会计等式的影响

经济业务	资产	负债	所有者权益
第一种类型	增加	增加	
第二种类型	减少	减少	
第三种类型	增加		增加
第四种类型	减少		减少
第五种类型	增加、减少		
第六种类型		增加、减少	
第七种类型			增加、减少
第八种类型		增加	减少
第九种类型		减少	增加

每一项经济业务的发生,都必然引起会计等式的一方或双方有关项目相互联系地发生等量变化,即当涉及会计等式的一方时,有关项目的数额发生相反方向等额变动;而当涉及会计等式的两方时,有关项目的数额必然会发生相同方向的等额变动,但始终不会打破会计等式的平衡关系。

第三章 会计科目与账户

第一节 会计科目

一、会计科目的概念与分类

(一) 会计科目的概念

会计科目(简称科目)是指对会计要素的具体内容进行分类核算的项目。企业会计要素分为六大类,即资产、负债、所有者权益、收入、费用和利润。其中,资产、负债和所有者权益三项会计要素主要反映企业的财务状况;收入、费用和利润三项会计要素主要反映企业的经营成果。会计要素是对会计核算所做的基本分类,经济业务错综复杂,每一类会计要素又包含了很多内容不同、性质各异的项目。按会计要素分类提供的信息是粗略的,不能满足会计信息使用者的需要,有必要在会计要素的基础上进行再分类。通过设置会计科目,将纷繁复杂、性质各异的经济业务加以分类,从而把杂乱、繁多的经济信息梳理成有规律、易理解的经济信息,为生成会计报表做准备,为会计信息的使用者提供科学分类、清晰的会计信息。

会计对象三个层次之间的关系可如图 3-1 表示。

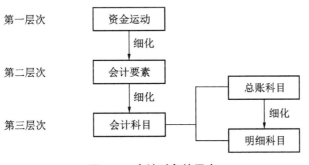

图 3-1 会计对象的层次

会计科目的设置具有重要意义,会计科目是复式记账的基础;会计科目是填制记账凭证的基础;会计科目为成本计算与财产清查提供了前提条件;会计科目为编制会计报表提供了方便。

(二) 会计科目的分类

为满足会计核算和经济管理的要求,必须对会计科目进行必要的分类。会计科目可按其反映的经济内容、所提供信息的详细程度及其统驭关系分类。

1. 按反映的经济内容分类

会计科目按其反映的经济内容(即所归属会计要素)不同,可以分为:资产类科目、负债类科目、所有者权益类科目、共同类科目、成本类科目、损益类科目。会计要素和会计分类的关系如图 3-2 所示。

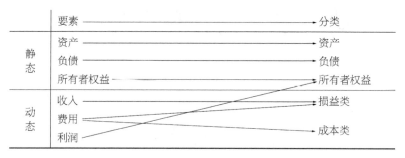

图 3-2 会计要素和会计分类的关系

会计要素分为资产、负债、所有者权益、收入、费用、利润六大类,收入和费用要素的大部分内容属于损益类会计科目,而费用要素中的成本要单分为一类,即成本类会计科目。资产类科目是对资产要素的具体内容进行分类核算的项目。按照资产的流动性分为反映流动资产的科目和反映非流动资产的科目。反映流动资产的科目有"库存现金"、"银行存款"、"原材料"、"应收账款"、"库存商品"等;反映非流动资产的科目有"长期股权投资"、"长期应收款"、"固定资产"、"无形资产"、"长期待摊费用"等。资产类会计科目中,有一些是用来反映资产价值损耗或损失的科目,如"累计折旧"、"累计摊销"、"坏账准备"、"存货跌价准备"等。这些科目反映相应资产的价值损耗或损失,目的是确定资产的账面价值,满足单位资产管理的需要。

负债类科目是对负债要素的具体内容进行分类核算的项目。按负债的偿还期限分为反映流动负债的科目和反映长期负债的科目。反映流动负债的科目有"短期借款"、"应付账款"、"应付职工薪酬"、"应交税费"等;反映长期负债的科目有"长期借款"、"应付债券"、"长期应付款"等。

共同类科目是对资产性质又有负债性质的科目,主要有"清算资金往来"、"外汇买卖"、"衍生工具"、"套期工具"、"被套期项目"。

所有者权益类会计科目是对所有者权益要素的具体内容进行分类核算的项目。按所有者权益的形成和性质可分为反映资本的科目和反映留存收益的科目。反映资本的科目有"实收资本"(或"股本")、"资本公积"等;反映留存收益的科目有"盈余公积"、"本年利润"、"利润分配"等。所有者权益类的"本年利润"科目归属于利润会计要素,由于企业实现利润会增加所有者权益,因而将其作为所有者权益类科目。

成本类会计科目是对产品、劳务成本的构成内容进行分类核算的项目。按成本的不同内容和性质可以分为反映制造成本的科目和反映劳务成本的科目。反映制造成本的科目有"生产成本"、"制造费用";反映劳务成本的科目有"劳务成本"等。

损益类会计科目是对收入、费用要素的具体内容进行分类核算的项目。按损益的不同内容可以分为反映收入的科目和反映费用的科目。反映收入的科目有"主营业务收入"、"其他业务收入"、"营业外收入"等;反映费用的科目有"主营业务成本"、"其他业务成本"、"管理费用"、"财务费用"、"销售费用"、"所得税费用"、"营业外支出"等。损益类科目分别归属于收入要素和费用要素。

2. 按提供信息的详细程度及其统驭关系分类

根据所需提供信息的详细程度及其统驭关系的不同,分设总分类科目和明细分类科目。总分类科目又称总账科目或一级科目,是对会计要素具体内容进行总括分类、提供总括信息的会计科目。如"原材料"、"应收账款"、"应付账款"、"实收资本"等科目,都是总分类科目。

明细分类科目又称明细科目,是对总分类科目作进一步分类,提供更详细、更具体会计信息的科目。如"原材料"科目可按原材料的品种、规格等设置明细科目,分别反映各品种、规格的原材料;"应收账款"科目可按债务人设置明细科目,分别反映应收账款的具体对象及其分布情况等等。如果某一总分类科目所属的明细分类科目较多,可以对明细分类科目再进一步分级设置二级科目或三级科目等。

总分类科目和明细分类科目既有联系又有区别。总分类科目对所属的明细分类科目起着统驭和控制作用,明细分类科目是对其总分类科目的详细和具体说明。二者的区别在于,总分类科目概括地反映了会计对象的具体内容,提供的是总括性指标。而明细分类科目详细地反映了会计对象的具体内容,提供的是比较详细具体的指标。总分类科目与明细分类科目的关系见表 3-1。

表 3-1　会计科目按提供信息的详细程度及其统驭关系分类

总分类科目 (一级科目)	明细分类科目	
	二级科目(子目)	三级科目(细目)
原材料	原料及主要材料	甲材料
		乙材料
	辅助材料	丙材料
	燃料	汽油
		柴油

二、会计科目的设置

(一) 会计科目的设置原则

各单位经济业务活动的具体内容、规模大小和经济业务复杂程度等有所不同,具体设置会计科目时,应考虑结合自身的特点和具体情况,但设置会计科目时都应遵循以下原则:

1. 合法性原则

为了保证会计信息的可比性,所设置的会计科目应当符合国家有关法律法规的规定。

2. 相关性原则

会计科目的设置,应为提供有关各方所需要的会计信息服务,满足对外报告与对内管理的要求,即满足使用者的要求。

3. 实用性原则

企业的组织形式、所处行业、经营内容及业务种类等不同,在会计科目的设置上也应有所区别。在合法性的基础上,应根据企业自身特点,设置符合企业需要的会计科目。

(二) 常用会计科目

在我国《企业会计准则——应用指南》中规定了企业的会计科目,其中常用的会计科目如表 3-2 所示。

表 3-2　企业常用会计科目及其核算内容

序号	编号	名称	核算内容
		一、资产类	
1	1001	库存现金	企业的库存现金

(续表)

序号	编号	名称	核算内容
2	1002	银行存款	企业存放在银行或其他金融机构的各种款项
3	1012	其他货币资金	企业的银行汇票存款、银行本票存款、信用卡存款、信用证保证金存款、存出投资款、外埠存款等其他货币资金
4	1101	交易性金融资产	企业为交易目的所持有的债券投资、股票投资、基金投资等交易性金融资产的公允价值
5	1121	应收票据	企业因销售商品、提供劳务等而收到的商业汇票,包括银行承兑汇票和商业承兑汇票
6	1122	应收账款	企业因销售商品、提供劳务等经营活动应收取的款项
7	1123	预付账款	企业按照合同规定预付的款项。预付款项情况不多的,也可以不设置本科目,将预付的款项直接记入"应付账款"科目
8	1124	合同资产	企业已向客户转让商品而有权收取对价的权利,且该权利取决于时间流逝之外的其他因素
9	1131	应收股利	企业应收取的现金股利和应收取其他单位分配的利润
10	1132	应收利息	企业交易性金融资产、债权投资、其他债权投资等应收取的利息
11	1221	其他应收款	企业除应收票据、应收账款、预付账款、应收股利、应收利息、长期应收款等以外的其他各种应收及暂付款项
12	1231	坏账准备	企业应收款项的坏账准备
13	1401	材料采购	企业采用计划成本进行材料日常核算而购入材料的采购成本
14	1402	在途物资	企业采用实际成本(或进价)进行材料、商品等物资的日常核算、货款已付但尚未验收入库的在途物资的采购成本
15	1403	原材料	企业库存的各种材料的成本
16	1404	材料成本差异	企业采用计划成本进行日常核算材料计划成本与实际成本的差额
17	1405	库存商品	企业库存的各种商品的实际成本(或进价)或计划成本(或售价)
18	1406	发出商品	企业未满足收入确认条件但已发出商品的成本
19	1408	委托加工物资	企业委托外单位加工的各种材料、商品等物资的实际成本
20	1411	周转材料	企业周转材料(包装物和低值易耗品)的计划成本或实际成本
21	1471	存货跌价准备	企业存货的跌价准备
22	1501	债权投资	企业尚未到期收回的债权投资的成本
23	1502	债权投资减值准备	企业债权投资的减值准备
24	1503	其他债权投资	企业持有的其他债权投资的公允价值
25	1511	长期股权投资	企业持有的采用成本法和权益法核算的长期股权投资
26	1512	长期股权投资减值准备	企业长期股权投资的减值准备
27	1521	投资性房地产	企业投资性房地产的成本或公允价值
28	1531	长期应收款	企业超过一年的长期应收款项
29	1532	未实现融资收益	企业分期计入租赁收入或利息收入的未实现融资收益

(续表)

序号	编号	名称	核算内容
30	1601	固定资产	企业持有的固定资产原价
31	1602	累计折旧	企业固定资产的累计折旧
32	1603	固定资产减值准备	企业固定资产的减值准备
33	1604	在建工程	企业自行建造固定资产、更新改造等在建工程发生的支出
34	1605	工程物资	企业为在建工程准备的各项物资的成本
35	1606	固定资产清理	企业因出售、报废、毁损、对外投资、非货币性资产交换、债务重组等原因转出固定资产价值以及在清理过程中发生的费用等
36	1701	无形资产	企业持有的无形资产初始成本,包括专利权、非专利技术、商标权、著作权、土地使用权等
37	1702	累计摊销	企业对使用寿命有限的无形资产计提的累计摊销
38	1703	无形资产减值准备	企业无形资产的减值准备
39	1711	商誉	企业合并中形成的商誉价值
40	1801	长期待摊费用	企业已经发生但应由本期和以后各期负担的分摊期限在1年以上的各项费用
41	1811	递延所得税资产	企业确认的可抵扣暂时性差异产生的递延所得税资产
42	1901	待处理财产损溢	企业清查财产过程中查明的各项财产物资盘盈、盘亏的价值。物资在运输途中发生的非正常短缺与损耗,也通过本科目核算
		二、负债类	
43	2001	短期借款	企业向银行或其他金融机构等借入的期限在1年以下(含1年)的各种借款
44	2201	应付票据	企业购买材料、商品和接受劳务供应等开出、承兑的商业汇票,包括银行承兑汇票和商业承兑汇票
45	2202	应付账款	企业因购买材料、商品和接受劳务等经营活动应支付的款项
46	2203	预收账款	企业按照约定预收的款项。预收款项情况不多的,也可以不设置本科目,将预收的款项直接记入"应收账款"科目
47	2204	合同负债	企业已收或应收客户对价而应向客户转让商品的义务
48	2211	应付职工薪酬	企业根据有关规定应付给职工的各种薪酬
49	2221	应交税费	企业按照税法等规定计算应交纳的各种税费
50	2231	应付利息	企业按照合同约定应支付的利息
51	2232	应付股利	企业已分配的现金股利或利润
52	2241	其他应付款	企业除应付票据、应付账款、预收账款、合同负债、应付职工薪酬、应付利息、应付股利、应交税费等以外的其他各项应付、暂收的款项
53	2401	递延收益	企业确认的应在以后期间计入当期损益的政府补助等
54	2501	长期借款	企业向银行或其他金融机构借入的期限在1年以上(不含1年)的各项借款

(续表)

序号	编号	名称	核算内容
55	2502	应付债券	企业为筹集(长期)资金而发行债券的本金和利息
56	2701	长期应付款	企业除长期借款、应付债券等以外的其他各种长期应付款项
57	2702	未确认融资费用	企业应当分期计入利息费用的未确认融资费用
58	2801	预计负债	企业确认的对外提供担保、未决诉讼、产品质量保证、重组义务、亏损合同等预计的负债
59	2901	递延所得税负债	企业确认的应纳税暂时性差异产生的所得税负债
		三、共同类	(略)
		四、所有者权益	
60	4001	实收资本	企业接受投资者投入的实收资本。股份有限公司应将本科目改为"股本"科目
61	4002	资本公积	企业收到投资者出资额超出其在注册资本或股本中所占份额的部分及其他资本公积
62	4101	盈余公积	企业从净利润中提取的盈余公积
63	4103	本年利润	企业当期实现的净利润(或发生的净亏损)
64	4104	利润分配	企业利润的分配(或亏损的弥补)和历年分配(或弥补)后的余额
65	4201	库存股	企业回购的用于职工期权激励或注销的本公司股票金额
		五、成本类	
66	5001	生产成本	企业进行工业性生产发生的各项生产成本
67	5101	制造费用	企业生产车间为生产产品和提供劳务而发生的各项间接费用
68	5301	研发支出	企业进行研究与开发无形资产过程中发生的各项支出
		六、损益类	
69	6001	主营业务收入	企业确认的销售商品、提供劳务等主营业务的收入
70	6051	其他业务收入	企业确认的除主营业务活动以外的其他经营活动实现的收入
71	6101	公允价值变动损益	企业交易性金融资产以及采用公允价值模式计量的投资性房地产等公允价值变动形成的应计入当期损益的利得或损失
72	6111	投资收益	企业确认的投资收益或投资损失
73	6301	营业外收入	企业发生的各项应计入当期损益的利得
74	6401	主营业务成本	企业确认销售商品、提供劳务等主营业务收入时应结转的成本
75	6402	其他业务成本	企业确认的除主营业务活动以外的其他经营活动所发生的支出
76	6403	税金及附加	企业经营活动发生的消费税、城市维护建设税、资源税、房产税、车船税、土地使用税、印花税和教育费附加等相关税费
77	6601	销售费用	企业销售商品和材料、提供劳务的过程中发生的各种费用
78	6602	管理费用	企业为组织和管理企业生产经营活动所发生的管理费用
79	6603	财务费用	企业为筹集生产经营所需资金等所发生的筹资费用

(续表)

序号	编号	名称	核算内容
80	6701	资产减值损失	企业计提各项资产减值准备所形成的损失
81	6702	信用减值损失	企业对以摊余成本计量的金融资产、租赁应收款和应收账款合同资产等计提的预期信用损失准备
82	6711	营业外支出	企业发生的各项应计入当期损益的损失
83	6801	所得税费用	企业确认的应从当期利润总额中扣除的所得税费用
84	6901	以前年度损益调整	企业本年度发生的调整以前年度损益的事项以及本年度发现的重要前期差错更正涉及调整以前年度损益的事项

第二节 账 户

一、账户的概念与分类

（一）账户的概念

账户是根据会计科目设置的,具有一定格式和结构,用于分类反映会计要素增减变动情况及其结果的载体。设置账户是会计核算的重要方法之一。

设置会计科目,只是对会计要素具体内容进行了科学的分类,确定了每个项目的名称。为了全面、序时、连续、系统地记录由于经济业务的发生而引起的会计要素的增减变动,还必须根据规定的会计科目在账簿中开设账户。

（二）账户的分类

1. 根据提供信息的详细程度及其统驭关系

根据提供信息的详细程度及其统驭关系账户分为总分类账户和明细分类账户。总分类账户又称总账账户或一级账户,是根据总分类科目设置的账户。明细分类账户又称明细账户,是根据明细分类科目设置的账户,明细账提供明细核算资料的指标,是对其总账资料的具体化和补充说明。

总账反映总括情况,明细账反映具体详细情况。两者相互补充,相互制约,相互核对。总账统驭和控制明细账,是明细账的统驭账户。明细账户从属于总账,是总账的从属账户。

2. 根据核算的经济内容

根据核算的经济内容,账户分为资产类账户、负债类账户、所有者权益类账户、成本类账户、损益类账户五类。

3. 根据账户与财务报表的关系

根据账户与财务报表的关系,账户分为资产负债表账户和利润表账户。

二、账户的结构与功能

（一）账户的结构

账户的结构是指用来记录经济业务的账户的组成部分,以及各部门之间的关系,其实质就是在账户中如何反映和记录会计要素的增加和减少的数额,并计算有关会计要素的期末结余数额。

由于各项经济业务所引起会计要素的变动不是增加就是减少,因此,账户至少要记录会计要素"增加"、"减少"和"增减业务变动结果(即余额)"的三个部分构成。账户这一基本结构不会因企业在会计实务中所使用的账户具体格式不同而发生变化。

为便于记录经济业务,账户必须分为左右两方,按相反方向来记录增加额和减少额,即一方登记增加额,另一方登记减少额。就某个具体账户而言,该账户可以左边登记增加额,右边登记减少额,也可以左边登记减少额,右边登记增加额。至于账户的哪一方登记增加额,哪一方登记减少额,则取决于企业所采用的记账方法和所记录的经济内容的性质。

对于一个完整的账户而言,除了必须有反映增加数和减少数两栏外,还应包括其他栏目,以反映其他相关内容。一个完整账户的结构主要包括:(1)账户名称,即会计科目;(2)会计事项发生的日期;(3)凭证号数,即表明账户记录的依据;(4)摘要,即经济业务的简明说明;(5)金额,即增加额、减少额和余额。

账户的基本结构可以简化为"T"字型账户,简称为"T"型账户,如图3-3所示。

图 3-3 账户的基本结构

(二) 账户的功能

账户的功能在于连续、系统、完整地提供企业经济活动中会计要素增减变动及其结果的具体信息,其中,会计要素在特定会计期间增加和减少的金额,分别称为账户的"本期增加发生额"和"本期减少发生额",二者统称为账户的"本期发生额";会计要素在会计期末的增减变动结果,称为账户的"余额",具体表现为期初余额和期末余额,账户本期的期末余额转入下期,即为下期的期初余额。

对于同一账户而言,其期初余额、期末余额、本期增加发生额和本期减少发生额的基本关系为:

$$期末余额 = 期初余额 + 本期增加发生额 - 本期减少发生额$$

三、账户与会计科目的关系

(一) 会计科目和账户的联系

会计科目和账户都是对会计对象具体内容的项目分类,两者核算内容一致,性质相同。会计科目是账户的名称,也是设置账户的依据;账户是会计科目的具体运用,具有一定的结构和格式,并通过其结构反映某项经济内容的增减变动及其余额。

(二) 会计科目与账户的区别

会计科目与账户两者外表形式不同,会计账户必须具有一定的格式和结构,可以连续系统地记录和反映会计要素具体内容的增减变动及结果,会计科目只是对会计对象具体内容分类的项目,其只有名称,本身没有结构,不能提供会计资料。二者发挥作用不同,会计账户是用来具体记录经济业务的工具,会计科目可作为账户的设置依据及会计报表中的项目。

第四章 会计记账方法

第一节 会计记账方法概述

在会计工作中,为有效核算和监督会计要素,我们首先需依据特定原则设定会计科目,并据此开设相应账户。随后,必须采用恰当的记账方法,以确保会计要素的增减变动得以在账户中精准记录。

所谓记账方法,即遵循一定的原理,运用特定的记账符号和计量单位,通过文字和数字的结合,将经济业务所带来的会计要素变化详细登记在相关账户中。

在会计的演进过程中,形成了两种主要的记账方法:单式记账法与复式记账法。

首先,单式记账法,它指的是针对每笔经济业务,仅在单一账户中进行记录的方法。此方法主要聚焦于现金、银行存款以及债权债务的变动,而对于其他财产物资的记录则较为简化。虽然其记账手续简洁,但由于缺乏完整的账户体系和账户间的相互联系与平衡,它并不能全面反映会计要素的动态变化和经济业务的详细情况,从而也不便于对账户记录进行准确性与完整性的核查。

其次,复式记账法,这是一种更为复杂的记账方法。它要求在发生每一笔经济业务时,都必须在两个或更多相关联的账户中以相等金额进行登记。这种方法能够全面而系统地追踪会计要素的增减情况。当今的会计工作普遍采用复式记账法。

复式记账法的优势在于其能够相互关联地记录每笔经济业务,不仅全面反映了经济业务的内容和资金流动的全过程,还提供了试算平衡的功能,从而大大简化了查账和对账的流程。

此外,复式记账法还包含了几种不同的类型,例如借贷记账法、增减记账法和收付记账法等。值得注意的是,借贷记账法目前在国际上得到了广泛应用,并且在我国,《企业会计准则》也明确规定了会计记录应采用借贷记账法。

第二节 借贷记账法

一、借贷记账法的核心原理

(一)借贷记账法的定义

借贷记账法,作为复式记账法的一种,其核心在于运用"借"与"贷"这两个记账符号。

(二)记账符号的解析

在借贷记账法中,"借"与"贷"分别代表账户的左侧与右侧。通常,账户的左侧被称为借方,右侧被称为贷方。这两者的记录方向总是相反的,即一方记录增加,另一方则记录减少。具体"借"或"贷"表示增加还是减少,取决于账户的具体性质。

在借贷记账法的应用中,通常"借"用于表示资产、成本、费用的增加,以及权益、收入的减少;而"贷"则用于表示资产、成本、费用的减少,以及权益、收入的增加。

(三) 记账规则

借贷记账法的记账规则简洁明了,即"有借必有贷,借贷必相等"。这意味着每一笔经济业务的发生,都必须至少涉及两个账户,并在其中一个账户登记"借",另一个账户登记"贷",且金额必须相等。

二、借贷记账法下的账户结构

账户根据其性质,可分为资产类、负债类、所有者权益类、成本类和损益类等。在借贷记账法下,这些账户的基本结构各有特点。

(一) 资产类和成本类账户的结构

对于资产类和成本类账户,其借方主要用于登记增加额,贷方则用于登记减少额。期末余额通常位于借方,但某些账户可能无余额。其期末余额的计算公式为:

$$期末借方余额 = 期初借方余额 + 本期借方发生额 - 本期贷方发生额$$

为了更直观地展示这类账户的结构,我们通常使用"T"字型账户进行表示,如图 4-1 所示。

借方	资产类	贷方
期初余额 本期增加发生额		本期减少发生额
本期借方发生额合计		本期贷方发生额合计
期末余额		

图 4-1 资产和成本类账户结构

(二) 负债与所有者权益类账户的结构

负债类和所有者权益类账户的结构与资产类和成本类账户形成了鲜明的对比。在借贷记账法的框架下,负债类和所有者权益类账户的贷方负责登记增加额,而借方则登记减少额。期末时,这些账户的余额通常位于贷方,但某些特殊情况下也可能没有余额。其期末余额的计算方法为:

$$期末贷方余额 = 期初贷方余额 + 本期贷方发生额 - 本期借方发生额$$

为了直观地展现这类账户的结构,我们同样采用"T"字型账户进行表示,如图 4-2 所示。

借方	负债及所有者权益类	贷方
		期初余额
本期减少发生额		本期增加发生额
本期借方发生额合计		本期贷方发生额合计
		期末余额

图 4-2 负债和所有者权益类账户结构

(三) 损益类账户的结构解析

损益类账户在会计体系中扮演着重要的角色,它们主要包括收入类账户(如主营业务收入、其他业务收入账户)、直接计入当期损益的其他收益类账户(如营业外收入账户)、费用类账户(如管理费用、财务费用账户)以及损失类账户(如营业外支出账户)。

1. 收入类账户的结构

收入类账户的结构与所有者权益类账户相似。其贷方登记收入的增加额,而借方则登记收入的减少额或结转额。在每个会计期末,这些账户中的本期收益净额会被转入"本年利润"账户,以计算本期的损益情况。完成结转后,这些账户通常没有余额。收入类账户的结构可以用"T"字型账户来表示,如图4-3所示。

借方	(收入类)账户名称		贷方
本期减少额	×××	本期增加额	×××
本期转出额	×××		
本期借方发生额合计	×××	本期贷方发生额合计	×××

图 4-3 收入类账户结构

2. 费用类与损失类账户的结构

费用类和损失类账户的结构则与资产类账户相似。在借贷记账法下,这些账户的借方登记费用或损失的增加额,而贷方则登记费用或损失的减少额或结转额。同样地,在每个会计期末,这些账户中的本期费用和损失净额会被转入"本年利润"账户,以计算本期的损益情况。完成结转后,这些账户通常也没有余额。费用和损失类账户的结构同样可以用"T"字型账户来表示,如图4-4所示。

借方	(费用类和损失类)账户名称		贷方
本期增加额	×××	本期减少额	
		本期转出额	×××
本期借方发生额合计	×××	本期贷方发生额合计	×××

图 4-4 费用和损失类账户结构

三、借贷记账法下的账户关联与会计分录解析

(一)账户的对应关系

在借贷记账法的应用中,每笔交易或事项的记录会涉及相关账户之间的关联。这种关联指的是在记录过程中,账户之间形成的借贷对应关系。存在对应关系的账户称为对应账户。

具体来说,当某项经济业务发生时,它会被记录在一个或多个账户的借方,以及另一个或多个账户的贷方。这种"借"记账户和"贷"记账户之间的联系,称为账户的对应关系。这种记录方式有助于我们理解经济业务的实质,追溯其来源与去向,并验证会计处理的合规性。

(二)会计分录的深入解读

1. 会计分录的定义

会计分录,简称分录,是对经济业务中涉及的账户借贷变化进行详细记录的一种方式。它明确标出了每笔经济业务应借应贷的账户名称和金额。在记录经济业务时,为了确保资产、负债和所有者权益等变动的连续性和系统性,以及账户间关联的正确性,我们需要在记入相关账户之前,根据经济业务的原始凭证编制会计分录。实际工作中,会计分录体现于记账凭证。会计分录是由应借应贷方向、对应账户名称及应记金额三大要素构成的。编制会计分录不仅是对经济业务的初步确认和计量,也是后续账簿记录的重要准备。它还能帮助我们检查账簿记录的完整性和正确性。

2. 会计分录的分类

会计分录根据其涉及账户的多少,可分为简单分录和复合分录。简单分录涉及一借一贷的

账户关系,而复合分录则可能包含一借多贷、多借一贷或多借多贷的复杂关系。

3. 编制会计分录的步骤

在运用借贷记账法编制会计分录时,需要遵循以下步骤:

(1) 分析经济业务事项的性质,确定其涉及的是资产(费用、成本)还是权益(收入);
(2) 明确经济业务对哪些要素项目产生了影响,以及这些影响是增加还是减少;
(3) 根据分析结果,确定应借应贷的账户;
(4) 最后,试算借贷账户的准确性和金额的平衡性。

在编制会计分录时,通常遵循先借后贷、上借下贷的格式,每个账户占据一行,借贷金额和账户名称应错位书写,以确保记录的清晰和易于理解。

四、总分类账户与明细分类账户的平行登记

(一) 总分类账户与明细分类账户的内在联系

总分类账户是所属明细分类账户的统驭账户,对所属明细分类账户起着控制作用;明细分类账户则是总分类账户的从属账户,对其所隶属的总分类账户起着辅助作用。两者在核算对象上保持一致,所提供的核算资料互为补充,共同构成完整的会计核算体系。因此,为了保持数据的准确性和一致性,总分类账户与明细分类账户需进行同步记录。

(二) 平行登记的要点

平行登记,即每一项经济业务在会计凭证的指引下,既要记录在总分类账户中,也要在其所属的明细分类账户中予以体现。同步记录的要点如下:

1. 方向一致

在记录同一项经济业务时,总分类账户与明细分类账户的记账方向必须保持一致。如果总分类账户是借方记录,则其所属的明细分类账户也应是借方记录;反之亦然。

2. 时间同步

虽然总分类账户与明细分类账户的具体记录时间可以有所差异,但必须在同一会计期间内完成。这确保了数据的时效性和可比性。

3. 金额相符

总分类账户的金额变动必须与其所属的一个或多个明细分类账户的金额变动总和保持一致。这包括本期发生额和期末余额两个方面。

五、借贷记账法的试算平衡

(一) 试算平衡的意义

试算平衡是确保会计记录准确无误的重要手段。它基于"资产=负债+所有者权益"的恒等关系以及借贷记账法的记账规则,通过对比所有账户的发生额和余额,验证会计记录的正确性。

(二) 试算平衡的分类与方法

试算平衡分为发生额试算平衡和余额试算平衡两种方法。

1. 发生额试算平衡法

发生额试算平衡法基于借贷记账法的"有借必有贷,借贷必相等"原则。通过汇总所有账户的本期借方发生额和贷方发生额,并比较两者是否相等,来校验记录的正确性。如果两者相等,则说明发生额记录无误。

其计算公式为：

$$全部账户本期借方发生额合计 = 全部账户本期贷方发生额合计$$

这一试算方法通常通过编制发生额试算平衡表来实现。

2. 余额试算平衡法

余额试算平衡法基于"资产＝负债＋所有者权益"的会计恒等式。通过汇总所有账户的借方余额和贷方余额，并比较两者是否相等，来校验期末余额的正确性。如果两者相等，则说明余额记录无误。

其计算公式为：

$$全部账户借方期末(初)余额合计 = 全部账户贷方期末(初)余额合计$$

这一试算方法通常通过编制账户余额试算平衡表来实现。其格式如表 4-1 所示。

表 4-1 账户余额试算平衡表

账户名称	借方余额	贷方余额
合计		

以上发生额试算平衡表和余额试算平衡表可以合并在"账户发生额及余额试算平衡表"中进行。发生额及余额试算平衡表，其格式如表 4-2 所示。

表 4-2 总分类账户试算平衡表

2024 年 2 月　　　　　　　　　　　　　　　　　　　　　单位：元

账户名称	期初余额		本期发生额		期末余额	
	借方	贷方	借方	贷方	借方	贷方
库存现金	1 200		120 000		121 200	
银行存款	240 000		120 000	190 000	170 000	
应收账款	94 000				94 000	
原材料	49 000				49 000	
固定资产	186 000				186 000	
无形资产	112 000				112 000	
短期借款		148 000				268 000
应付账款		96 000	160 000	120 000		64 000
应付股利						30 000
长期借款		50 000		30 000		50 000
实收资本		280 000	50 000			450 000
资本公积		8 200		220 000		8 200
盈余公积		10 000		80 000		20 000
利润分配			30 000		30 000	
合计	682 200	682 200	560 000	560 000	826 200	826 200

从表 4-4 中可以看出，所有账户期初借方余额合计 682 200 元与贷方余额合计 682 200 元相等，所有账户本期借方发生额合计 560 000 元与贷方发生额合计 560 000 元相等，所有账户期末借方余额合计 826 200 元与贷方余额合计 826 200 元相等。

在编制试算平衡表时，以下几点需要特别留意：

首先，确保所有账户的余额均已准确无误地列入试算平衡表。因为会计等式涵盖所有六项会计要素，遗漏任何一个账户的余额，都将导致期初或期末的借方与贷方余额合计不相等，从而影响试算结果的准确性。

其次，如果发现试算平衡表上的借贷两方不平衡，那么可以确信账户记录中必然存在错误。此时，需要仔细核查和纠正，直至实现平衡。

最后，需要明确的是，试算平衡仅是一种通过检查借贷金额是否平衡来验证账户记录正确性的方法。即使借贷双方发生额或余额相等，也只能说明账户记录基本正确，但不能完全排除错误的可能性。因为有些错误，如漏记或重记某项经济业务、科目选择不当、借贷方向混淆或双方均出现等额错误等，并不会影响借贷双方的平衡。

因此，当试算不平衡时，可以确定记账存在错误；但试算平衡时，也不能绝对断定记账就完全无误。在实际应用中，应结合其他会计检查和审核方法，全面评估会计记录的准确性和完整性。

第五章 会计凭证

第一节 会计凭证概述

一、会计凭证的定义与重要性

(一) 会计凭证的定义

会计凭证,是记录企业经济业务发生或完成情况的书面证明,是登记会计账簿的依据,还确保了企业经济活动的真实记录与准确反映。

(二) 会计凭证的重要性

会计凭证的填制与审核,不仅是会计核算的核心环节之一,更是确保会计资料真实、完整、可靠的关键。其在企业经济活动中的作用尤为突出。

1. 提供记账依据,确保信息质量

会计凭证作为登记账簿的基础,其记录的信息直接影响会计信息的质量。确保会计凭证的真实、可靠、及时,对于保障会计信息的准确性至关重要。

2. 强化经济责任,健全内部控制

通过会计凭证的签章制度,明确了相关部门和人员的经济责任。这不仅有助于防止舞弊行为,还加强了企业的内部控制,确保经济活动的合规性。

3. 监督经济活动,规范经济运行

会计凭证的审核过程,实质上是对企业经济活动的一次全面检查。它能够揭示经济活动是否符合法律、法规和制度的要求,是否符合计划和预算的进度,是否存在违法乱纪和铺张浪费行为。通过及时发现问题并采取纠正措施,确保了经济活动的规范运行。

二、会计凭证的分类

会计凭证,根据其填制过程和应用目的的不同,主要被划分为两大类:原始凭证与记账凭证。

(一) 原始凭证

原始凭证,也被称为单据,是经济业务发生或完成时直接取得或填制的,用于记录或证明经济业务的实际发生或完成情况的原始凭据。这些单据具有法律效力,是会计核算的初始资料与核心依据。

常见的原始凭证包括:现金收据、采购发票、银行收款单、差旅费报销凭证、产品入库单以及领料单等。然而,请注意,材料或商品的申购单、经济合同、派工单等文件,虽与经济业务相关,但不能直接作为会计核算的原始凭证,它们通常作为原始凭证的补充材料或附件。

(二) 记账凭证

记账凭证,又称记账凭单,是会计人员在审核无误的原始凭证基础上,根据经济业务的具体内容进行分类整理,并据此确定会计分录后填制的会计凭证,它是直接用于登记账簿的依据。

记账凭证依据复式记账法的原理,明确了借贷会计科目及其金额,将原始凭证中的信息转化为会计语言,成为连接原始凭证与账簿的纽带。

记账凭证主要作用在于确定会计分录,进而进行账簿的登记。记账凭证不仅是明细分类账户和总分类账户登记的依据,还能反映经济业务的实际发生或完成情况,监督企业的经济活动,并明确相关人员的责任。

第二节 原始凭证

一、原始凭证的种类

在会计核算中,原始凭证是记录和证明经济业务实际发生或完成情况的书面证明,其种类繁多,根据不同的分类标准,可以将其归为以下几大类。

(一)按来源分类

自制原始凭证是指由本单位内部经办业务的部门和人员,在执行或完成某项经济业务时填制的,仅供单位内部使用的原始凭证。例如仓库保管人员填制的领料单、产品入库单,车间管理人员填制的工时记录单等。

外来原始凭证是指在经济业务发生或完成时,从其他单位或个人直接取得的原始凭证。例如增值税发票、银行进账单、银行结算凭证、火车票、飞机票等。

(二)按填制手续和内容分类

一次凭证是指一次填制完成,只记录一笔经济业务的原始凭证。如收据、领料单、发货单、银行结算凭证等。

累计凭证是指在一定时期内多次记录发生的同类型经济业务的原始凭证。如限额领料单等。

汇总凭证是指对一定时期内反映相同经济业务的多张原始凭证,按照一定标准综合填制的原始凭证。如工资结算汇总表、耗用材料汇总表等。

(三)按格式分类

通用凭证是指由有关部门统一印制,在一定范围内使用的具有统一格式和使用方法的原始凭证。如全国通用的增值税发票、银行转账结算凭证等。

专用凭证是指由单位自行印制,仅在本单位内部使用的原始凭证。如领料单、差旅费报销单、折旧计算表、工资单等。

(四)按经济业务内容分类

款项收付业务凭证是记录现金和银行存款收付业务的凭证,如现金收据、银行存款收支凭证等。

出入库凭证是记录材料、商品等物资出入库情况的凭证,如入库单、出库单、领料单等。

成本费用凭证是记录生产经营过程中各项耗费情况的凭证,如工资单、折旧计算表、材料消耗单等。

购销业务凭证是记录商品购销情况的凭证,如采购发票、销售发票等。

固定资产凭证是记录固定资产增减变动情况的凭证,如固定资产购置凭证、报废凭证等。

以上是原始凭证的主要种类,根据具体企业的经济业务和核算需要,可能还有其他特定类型的原始凭证。

二、原始凭证的基本内容

原始凭证的格式和内容因经济业务和经营管理的不同而有所差异,但其核心要素是保持一致的,这些要素共同构成了原始凭证的基本框架。这些要素包括:

1. 凭证名称:明确标识该原始凭证的种类或类型。
2. 日期:详细记录原始凭证填制的具体日期,以确保时间信息的准确性。
3. 填制单位或人员:清晰标注填制原始凭证的单位名称或填制人的姓名,以明确责任归属。
4. 经办人签名或盖章:经办人员需在原始凭证上签名或盖章,以确认其真实性和有效性。
5. 接受单位名称:明确标明接受该原始凭证的单位名称,即抬头人,确保凭证的流向和用途。
6. 经济业务内容:详细描述原始凭证所反映的经济业务的具体内容,以便后续的会计处理。
7. 数量、单价、金额:详细记录经济业务的数量、单价和金额,为会计核算提供准确的数据支持。

三、原始凭证的填制规范

(一)填制原始凭证的基本要求

1. 记录要真实

在会计工作中,原始凭证的填制是记录经济业务发生或完成情况的基础环节,其准确性和真实性是填制原始凭证的首要原则。所有的记录必须忠实于实际发生的经济业务,确保信息的真实无误。

2. 内容要完整

内容的完整性至关重要。在填制过程中,所有需要填列的项目必须逐项详尽填写,不得有任何遗漏或省略,以确保凭证能够全面反映经济业务的细节。

3. 手续要完备

手续的完备性同样不可忽视。具体而言,单位自制的原始凭证需经过经办单位相关负责人的签名或盖章,以确保其权威性;对外开出的原始凭证必须加盖本单位的公章,以证明其来源的合法性;从外部取得的原始凭证,应确保盖有填制单位的公章,以验证其真实性;而个人取得的原始凭证,则必须有填制人员的签名或盖章,以确认其有效性。

综上所述,完备的手续不仅有助于明确经济责任,还能确保原始凭证的合法性和真实性,为会计核算提供准确、可靠的依据。

4. 书写必须清晰且规范

在填写原始凭证时,应严格遵守书写规范,确保信息的准确传达。

(1) 使用标准汉字。不得使用未经国务院公布的简化汉字,不得任意自造简化字。

(2) 小写金额的正确填写。在填写金额时,应避免连笔书写,确保金额数字的清晰可辨。在金额前需明确标注人民币符号"¥",且符号与数字之间不得留有空隙。金额应精确到角、分,若无角无分,应填写"00"或符号"——";有角无分的,分位应填写"0",同样不使用符号"—"。

(3) 大写金额的规范书写。大写金额一律使用正楷或行书体书写。若大写金额前未印有

"人民币"字样,应手动添加"人民币"三字,并确保与大写金额之间无空隙。大写金额到元或角为止的,应在末尾添加"整"或"正"字,以示金额完整;若有分,则无需添加此类字样。例如,小写金额￥1008.00对应的大写金额为"人民币壹仟零捌元整";而￥208.56对应的大写金额为"人民币贰佰零捌元伍角陆分"。

5. 编号的连续性

原始凭证的编号应连续,不得出现跳号或重复编号的情况,以确保凭证的完整性和可追溯性。

6. 禁止涂改、刮擦、挖补

原始凭证一旦填写完成,不得随意涂改、刮擦或挖补。如发生错误,应由出具单位重新开具或更正,并在更正处加盖出具单位印章。特别是金额错误时,必须重新开具原始凭证,不得在原凭证上进行更正。

7. 填制的及时性

原始凭证的填制应及时进行,以反映经济业务的实时情况。避免事后回忆或拖延填写,确保会计信息的准确性和时效性。

(二)自制原始凭证的填制

自制原始凭证的填制,因其种类和用途的不同,各有特定的填制标准。

1. 一次凭证的填制

在经济业务实际发生或特定任务完成时,相关业务人员应即时填制一次凭证。这类凭证通常用于反映单一的经济业务,或同时记录若干项性质相同的经济业务。

2. 累计凭证的填制与应用

累计凭证是在经济业务每次完成后,由特定人员在同一张凭证上重复填写完成的。这种凭证的特点在于,它能够在一段时间内,持续地、重复地反映同一类型经济业务的进展状态。

在诸多累计凭证中,"限额领料单"是一个典型的例子。该单据在设定的有效期内(通常是一个月)可以重复使用,只要领用材料的数量不超出设定的限额。这张单据的开具,通常是由生产和计划部门基于既定的生产任务及材料消耗标准,针对每种材料用途分别开具,确保一料一单,一式两联。其中,一联交由仓库作为发料的依据,另一联则交由领料部门作为领料凭证。

领料时,领料单位会根据材料的名称、规格,在规定的限额内领取材料,并将实际发放的数量和剩余的限额记录在"限额领料单"上。双方(领料与发料)在单据上签字确认。到了月末,这张单据会汇总出本月的实际发料数量和金额,并转交给会计部门,以便计算材料费用并进行材料减少的核算。

需要强调的是,整个月内,领料量不得超过生产计划部门设定的全月领用限额。若因生产需求增加而需要增加限额,必须经过生产计划部门的批准,并办理相应的追加限额手续。同样,因其他原因导致的超限额用料需求,也需由用料部门向生产计划部门提出申请,待批准后方可追加限额。

3. 汇总凭证的填制

汇总凭证的填制过程涉及相关人员在一定时期内,对反映同类经济业务的原始凭证进行汇总后,再进行填制。这种凭证的特点是仅针对同类型的经济业务进行汇总,不涵盖两类或以上的经济业务。

(三)外来原始凭证的填制规范

当企业与外部单位发生经济业务时,由外部单位的相关人员负责填制外来原始凭证。这些原始凭证通常由税务局等官方机构统一印制,或经税务部门批准后由相关单位自行填制。在填写时,必须加盖出具单位的公章方为有效。对于一式多联的原始凭证,应当使用复写纸进行套写,以确保各联内容的一致性。

四、原始凭证的审核流程

原始凭证的审核工作涵盖多个方面,经过审核的原始凭证,应根据其具体情况进行相应处理:

1. 若原始凭证完全符合规范要求,应及时填制记账凭证并录入账簿。
2. 若原始凭证真实、合法、合理,但内容不完整或填写有误,应退回给相关经办人员,要求其补充完整、更正错误或重新开具,待其完善后再进行正式的会计处理。
3. 对于不真实、不合法的原始凭证,会计机构和会计人员有权拒绝接受,并应立即向单位负责人报告。

第三节 记账凭证

一、记账凭证的分类

记账凭证可以根据不同的维度进行分类。按照其用途,可以分为专用记账凭证和通用记账凭证;按照填列方式,又可分为单式记账凭证和复式记账凭证。

(一) 按用途分类

1. 专用记账凭证

专用记账凭证是专为某一类经济业务设计的记账凭证,如收款凭证、付款凭证和转账凭证,分别针对现金和银行存款的收付款业务及不涉及现金和银行存款的转账业务。

收款凭证:用于记录现金和银行存款的收款业务,是出纳人员根据收入业务的原始凭证填制的,是现金、银行存款等账簿登记的重要依据。

付款凭证:针对现金和银行存款的付款业务,同样由出纳人员根据付出业务的原始凭证填制,是出纳人员支付款项的凭证。为避免重复,如现金与银行之间的划转,通常只填制付款凭证。

转账凭证:用于记录不涉及现金和银行存款的转账业务,根据转账业务的原始凭证填制,是明细账、总账等账簿登记的凭证。

2. 通用记账凭证

通用记账凭证适用于所有经济业务,其格式与转账凭证相似,便于简化会计工作,适用于经济业务较少的单位。

(二) 按填列方式分类

1. 单式记账凭证

单式记账凭证仅填列一项经济业务的一个会计科目及其金额。涉及多个会计科目时,需填制多张凭证。这种方式虽反映内容单一,但便于分工记账和按会计科目汇总。

2. 复式记账凭证

复式记账凭证将每一笔经济业务的所有账户及其发生额都填列在同一张凭证上,全面反映经济业务的账户对应关系,是实际工作中最常用的记账凭证形式。

二、记账凭证的基本内容

记账凭证作为登记账簿的基础,其基本内容应包括:日期、编号、摘要、涉及的会计科目及记账方向、金额、所附原始凭证张数,以及相关人员签名或盖章等。

记账日期:明确标注凭证的填制时间。

凭证编号:确保凭证的唯一性和连续性,方便后续追踪和查询。

业务摘要:简要概述经济业务的主要内容。

会计科目及方向:明确经济业务涉及的会计科目及其记账方向。

金额:准确记录经济业务的金额数据。

原始凭证附注:标明所附原始凭证的张数,确保凭证的完整性。

签名或盖章:由填制、稽核、记账人员及会计机构负责人、会计主管人员签字或盖章,确保凭证的真实性和合法性。

特别提示:对于涉及现金和银行存款的收款、付款业务,记账凭证还应由出纳人员签名或盖章,以确保资金的安全性和准确性。

三、记账凭证的填制要求

记账凭证的填制需基于审核无误的原始凭证或汇总原始凭证。正确地填制可以保证会计信息的准确性。

1. 记账凭证内容必须完整。
2. 记账凭证应连续编号,确保编号的连续性。
3. 书写应清晰、规范,易于阅读。
4. 记账凭证可以根据每一张原始凭证填制,或根据若干张同类原始凭证汇总填制,也可以根据原始凭证汇总表填制,但不得将不同内容和类别的原始凭证汇总填制在一张记账凭证上。
5. 除结账和更正错账可以不附原始凭证外,其他记账凭证必须附有原始凭证。
6. 记账凭证填制完经济业务事项后,如有空行,应当自金额栏最后一笔金额数字下的空行处至合计数上的空行处划线注销。

四、记账凭证发生错误的处理

在会计工作中,记账凭证作为记录经济业务的重要工具,其准确性对于确保会计信息的质量至关重要。然而由于人为因素或操作失误,记账凭证有时会出现错误。以下是针对记账凭证发生错误时的处理方法和建议。

(一)错误类型及处理原则

1. 金额错误,若金额填写错误,但会计科目等其他信息正确,可以采用补充登记法或红字更正法进行处理。

补充登记法:在原凭证基础上,补充填写一个与原凭证相同的草稿凭证,并在相应的金额处填写差额,注明原凭证号码和原来未填金额的项目。

红字更正法:使用红墨水在错误金额上写上正确的金额,并注明原因,同时在凭证旁注明更正号码,并在凭证上方注明更正编号。更正人需签字确认。

2. 会计科目错误,若会计科目填写错误,无论金额是否正确,都应采用红字更正法进行处理。

在错误处使用红墨水写上正确的会计科目,并注明原因,同时在凭证旁注明更正号码,并在凭证上方注明更正编号。更正人需签字确认。

3. 日期、内容摘要等其他信息错误,对于日期、内容摘要等其他非核心信息的错误,若不影响账务的实质正确性,可以直接在错误处画上横线,注明"作废"或"错误",并在旁边重新填写正确的内容。

若错误已影响账务的实质正确性,或涉及重要核算信息(如凭证号、日期等),则应封存原凭证,并在一张新凭证上重新填制正确的内容,并注明"作废"及所做操作。

发现以前年度记账凭证有错误的,应当用蓝色填制一张更正的记账凭证。

(二) 收款凭证的填制

收款凭证,作为记录货币资金收入业务的专用记账凭证,由会计人员依据经过严格审核的原始凭证(如支票存根、现金或银行票据的收款联等)进行编制。在凭证的左上角"借方科目"一栏,根据收款的性质明确填写"库存现金"或"银行存款",并准确标注凭证填制日期。

(三) 付款凭证的填制

付款凭证则是会计人员基于已审核无误的现金和银行存款支付凭证进行填制,用于直接登记现金、银行存款日记账和总分类账。对于涉及"现金"与"银行存款"间转换的经济业务,通常仅填制付款凭证,不再填制收款凭证。

(四) 转账凭证的填制

当业务不涉及库存现金或银行存款的收付时,应使用转账凭证。对于既包含收款或付款业务,又涉及转账业务的综合性业务,应分别填制相应类型的记账凭证。例如,员工出差后报销费用,既涉及现金的收支,又需进行转账处理,此时应分别填制现金收款凭证和转账凭证。

五、记账凭证的审核要点

为确保会计信息的准确性和可靠性,记账凭证在登账前需经严格审核。审核内容主要包括:

1. 真实性验证:检查记账凭证是否基于真实、有效的原始凭证填制,内容是否一致。
2. 完整性检查:核实记账凭证各要素(如日期、编号、摘要、会计科目、金额等)是否填写完整,有无相关人员签章。
3. 科目准确性:确保记账凭证的会计科目选择正确,账户对应关系明确,符合会计准则规定。
4. 金额核对:核对记账凭证金额与原始凭证金额是否一致,计算是否准确,与汇总表金额是否相符。
5. 书写规范性:检查记账凭证的文字和数字是否清晰、工整,更正是否按规定进行。
6. 手续完备性:确认出纳人员在办理业务后是否已在原始凭证上加盖"收讫"或"付讫"戳记,防止重复处理。

对于审核中发现的错误,需及时查明原因,并按规定进行处理和更正。只有经过严格审核无误的记账凭证,方可作为登记账簿的依据。对于尚未入账的错误记账凭证,需重新填制。

第四节　会计凭证的传递与保管

一、会计凭证的传递

会计凭证的传递,即指自会计凭证的获取或填制开始,至其归档保管结束,在单位内部不同部门及人员间所经历的流转过程。为确保传递效率与准确性,需结合经济业务的特性、内部组织架构及人员职责分配,明确各种凭证的传递程序与时间要求。

1. 会计凭证传递的原则

及时性:确保会计凭证在规定的时间内完成传递,以便及时反映经济业务的发生情况。

准确性:在传递过程中,应确保会计凭证的内容和数据的准确性,防止信息失真。

完整性:会计凭证在传递过程中应保持完整,不得遗漏或损坏。

2. 会计凭证传递的流程

初始填制:由会计人员根据经济业务的发生情况填制会计凭证。

内部审核:经过会计主管或财务部门负责人的审核,确保凭证的准确性和合规性。

部门传递:根据经济业务的性质和部门职责,将会计凭证传递给相关部门进行审批或处理。

归档保存:经过审批或处理后的会计凭证,应及时归档保存,以备后续查阅。

二、会计凭证的保管

会计凭证的保管,不仅是对其记账功能的尊重,更是对重要经济档案和历史资料的保护。因此,会计凭证在记账后需进行整理、装订、归档及存查,确保其完整与安全。

为达到上述目的,会计凭证的保管应遵循以下主要方法和要求。

1. 定期装订:会计凭证应定期整理并装订成册,防止散失,确保凭证的完整性。

2. 遗失处理:若从外部单位取得的原始凭证遗失,需获得原签发单位带有公章的证明,并详细注明凭证的相关信息。如无法取得证明,应由经办人员详细记录情况,并经相关负责人批准后作为原始凭证的替代。

3. 封面标注:会计凭证的封面应清晰标注单位名称、凭证种类、张数、号数范围、年度月份等关键信息,并由会计主管及保管人员签章确认。

4. 防止篡改:会计凭证应加贴封条,以防止凭证被非法替换或篡改。

5. 外借与复制:原始凭证不得随意外借,如其他单位确需使用,需经会计主管批准后进行复制,并在专用登记簿上记录相关信息,由双方共同签名盖章。

6. 分类装订:当原始凭证数量较多时,可单独装订,但需在封面注明相关信息,并在所属记账凭证上注明"附件另订"及原始凭证的具体情况,便于查阅。

7. 统一保管:每年装订成册的会计凭证,在年度结束后暂由会计机构保管一年,之后移交至本单位档案机构统一保管。如单位未设立档案机构,应在会计机构内部指定专人进行保管,并确保出纳人员不兼任档案管理工作。

8. 保管期限:严格遵守会计凭证的保管期限规定,期满前不得擅自销毁,确保凭证的长期可查性。

第六章 货币资金

货币资金是指企业拥有的,在企业生产经营过程中处于货币形态的流动资产,货币资金是企业资金运动的起点和终点。任何企业进行生产经营活动都必须拥有一定数额的货币资金,持有货币资金是企业生产经营的前提条件。在流动资产中,货币资金它能够也是唯一能够直接转化为其他任何资产形态的流动资产,因此货币资金在资产负债表中排列在所有资产的首位,其本质就是货币资金流动性最强。根据现行会计制度,按照货币资金存放地点及用途的不同,货币资金分为库存现金、银行存款和其他货币资金,货币资金的核算需要设置库存现金、银行存款和其他货币资金三个账户,分别进行总分类核算和明细分类核算。

第一节 库存现金

一、库存现金

(一) 库存现金的含义与账户

库存现金是指存放于企业财会部门、由出纳人员保管的货币。现金有广义、狭义之分。广义的现金包括各种纸币、硬币、银行活期存款、银行本票、银行汇票等内容,银行定期存款属于投资,不属于现金的范围。狭义的现金仅指企业为满足日常零星开支而存放在财会部门金库中的各种货币,即库存现金。企业置存现金的原因,主要是满足交易性需要、预防性需要和投机性需要,交易性需要是指置存现金以用于日常业务的支付,如支付工资、差旅费等;预防性需要是指置存现金以防发生意外支付,如应付不安全事件;投机性需要是指置存现金用于不寻常的购买机会,如为获利购买有价证券或者投资其他资产。企业发生的舞弊事件绝大多数与现金有关,所以企业要格外重视企业库存现金的核算。企业应当设置现金总账和现金日记账,分别进行企业库存现金的总分类核算和明细分类核算。

1. 账户的性质:资产类账户。
2. 账户的用途:为了反映和监督企业库存现金的收入、支出和结存情况,企业应当设置"库存现金"科目,借方表示库存现金的增加数,贷方表示库存现金的减少数,本科目期末余额在借方,反映企业期末实际持有的库存现金。库存现金总分类账可直接根据有关的收款凭证、付款凭证逐笔登记,也可定期或于月份终了,根据科目汇总表或汇总收付款凭证登记。企业内部周转使用的备用金,在"其他应收款"科目核算,或单独设置"备用金"科目核算,不在"库存现金"科目核算。
3. 明细账的设置:企业应当设置"现金日记账",由出纳人员根据收付款凭证,按照业务发生顺序逐笔登记。每日终了,出纳人员应当计算当日的现金收入合计额、现金支出合计额和结余额,并将结余额与实际库存额核对,做到账款相符。有外币现金的企业,应当分别以人民币和各种外币设置"现金日记账"进行明细核算。

另外,每月终了,将总分类账中库存现金当月借方发生额、贷方发生额以及月末余额分别同现金日记账的当月收入(借方)合计数、当月支出(贷方)合计数和余额相互核对,做到账账相符。

(二) 现金管理制度

《现金管理暂行条例》规定了现金使用的范围、限额和收支等规定。

1. 库存现金的使用范围

凡在银行和其他金融机构(以下简称开户银行)开立账户的机关、团体、部队、企业、事业单位和其他单位(以下简称开户单位),必须依照《现金管理暂行条例》的规定收支和使用现金,接受开户银行的监督。国家鼓励开户单位和个人在经济活动中,采取转账方式进行结算,减少使用现金。开户单位之间的经济往来,除按本条例规定的范围可以使用现金外,应当通过开户银行进行转账结算。

开户单位可以在下列范围内使用现金:(1)职工工资、津贴;(2)个人劳务报酬;(3)根据国家规定颁发给个人的科学技术、文化艺术、体育等各种奖金;(4)各种劳保、福利费用以及国家规定的对个人的其他支出;(5)向个人收购农副产品和其他物资的价款;(6)出差人员必须随身携带的差旅费;(7)结算起点以下的零星支出;(8)中国人民银行确定需要支付现金的其他支出。前款结算起点定为1 000元。结算起点的调整,由中国人民银行确定,报国务院备案。除上述第(5)、(6)项外,开户单位支付给个人的款项,超过使用现金限额的部分,应当以支票或者银行本票支付;确需全额支付现金的,经开户银行审核后,予以支付现金。前款使用现金限额,按本条例第五条第二款的规定执行。

转账结算凭证在经济往来中,具有同现金相同的支付能力。开户单位在销售活动中,不得对现金结算给予比转账结算优惠待遇;不得拒收支票、银行汇票和银行本票。机关、团体、部队、全民所有制和集体所有制企业事业单位购置国家规定的专项控制商品,必须采取转账结算方式,不得使用现金。

2. 库存现金的限额

开户银行应当根据实际需要,核定开户单位3天至5天的日常零星开支所需的库存现金限额。边远地区和交通不便地区的开户单位的库存现金限额,可以多于5天,但不得超过15天的日常零星开支。经核定的库存现金限额,开户单位必须严格遵守。需要增加或者减少库存现金限额的,应当向开户银行提出申请,由开户银行核定。

3. 库存现金收支的规定

开户单位现金收支应当依照下列规定办理:

(1) 开户单位现金收入应当于当日送存开户银行。当日送存确有困难的,由开户银行确定送存时间;

(2) 开户单位支付现金,可以从本单位库存现金限额中支付或者从开户银行提取,不得从本单位的现金收入中直接支付(即坐支)。因特殊情况需要坐支现金的,应当事先报经开户银行审查批准,由开户银行核定坐支范围和限额。

(3) 开户单位从开户银行提取现金,应当写明用途,由本单位财会部门负责人签字盖章,经开户银行审核后,予以支付现金。

(4) 因采购地点不固定,交通不便,生产或者市场急需,抢险救灾以及其他特殊情况必须使用现金的,开户单位应当向开户银行提出申请,由本单位财会部门负责人签字盖章,经开户银行审核后,予以支付现金。

4. 对个体工商户、农村承包经营户的现金收支提供便利

(三) 库存现金的核算

1. 从银行提取现金,根据支票存根所记载的提取金额,借记"库存现金",贷记"银行存款"科

目;将现金存入银行,借记"银行存款"科目,贷记"库存现金"。

【例6-1】 甲公司签发现金支票一张,从开户银行提取现金50 000元备用,根据支票存根填制银行存款付款凭证,甲公司应做如下账务处理:

借:库存现金　　　　　　　　　　　　　　　　　　　　　　　　50 000
　　贷:银行存款　　　　　　　　　　　　　　　　　　　　　　　　　50 000

2. 企业因支付内部职工出差等原因所需的现金,按支出凭证所记载的金额,借记"其他应收款"等科目,贷记"库存现金";收到出差人员交回的差旅费剩余款并结算时,按实际收回的现金,借记"库存现金",按应报销的金额,借记"管理费用"等科目,按实际借出的现金,贷记"其他应收款"科目。

【例6-2】 甲公司技术科程序员王平奉技术科科长指派去异地维修本公司出品的计算机程序系统,预借差旅费8 500元,出纳以库存现金支付并且根据借款手续填制现金付款凭证,甲公司应做如下账务处理:

借:其他应收款——王平　　　　　　　　　　　　　　　　　　　　8 500
　　贷:库存现金　　　　　　　　　　　　　　　　　　　　　　　　　8 500

【例6-3】 一个星期后,程序员王平回单位交回差旅费剩余款并报销结算,出纳根据收到的现金2 500元,以及车票、住宿费和单位制定的出差伙食补贴6 000元,填制现金收款凭证,甲公司应做如下账务处理:

借:库存现金　　　　　　　　　　　　　　　　　　　　　　　　　2 500
　　管理费用　　　　　　　　　　　　　　　　　　　　　　　　　6 000
　　贷:其他应收款——王平　　　　　　　　　　　　　　　　　　　　8 500

3. 企业因其他原因收到现金,借记"库存现金",贷记有关科目;支出现金,借记有关科目,贷记"库存现金"。

【例6-4】 甲公司(一般纳税人)提供计算机技术服务(一般纳税人),收到客户(一般纳税人)以现金支付的劳务费1 500元,增值税税额为195元,甲公司出纳根据开具的增值税专用发票,填制现金收款凭证,会计分录如下:

借:库存现金　　　　　　　　　　　　　　　　　　　　　　　　　1 695
　　贷:主营业务收入　　　　　　　　　　　　　　　　　　　　　　1 500
　　　　应交税费——应交增值税(销项税额)　　　　　　　　　　　　　195

【例6-5】 甲公司给农民工(无银行卡)以现金支付工资20 000元,出纳根据工资结算表,并填制现金付款凭证,会计分录如下:

借:应付职工薪酬　　　　　　　　　　　　　　　　　　　　　　　20 000
　　贷:库存现金　　　　　　　　　　　　　　　　　　　　　　　　20 000

4. 企业内部周转使用的备用金,在"其他应收款"科目核算,或单独设置"备用金"科目核算,不在"库存现金"科目核算。

(四) 现金的清查和检查

现金清查采用实地盘点法,盘点前不通知出纳员(但盘点时,出纳员必须在场),盘点时间最好当天业务没有开始或当天业务结束,由出纳员截止清查时库存现金收付账项并全部登记入账,且结出账面余额。盘点结束应当编制库存现金盘点报告表(表6-1),由盘点人、出纳员及相关人员签名盖章,账实不符时,根据原始凭证"库存现金盘点报告表"调整库存现金账面记录。如果发现库存现金账实不符比较严重,就要根据分析库存现金盘点报告表、库存现金盘点情况和本单位内部管理存在的问题,形成"库存现金报告表",重点分析库存现金管理的不足和提出整改意见,"库存现金盘点报告表"属于原始凭证。每日终了结算库存现金收支、财产清查等发现的有待查明原因的库存现金短缺或溢余,应通过"待处理财产损溢"科目核算。

表 6-1 库存现金盘点报告表
年 月 日

单位名称:				
实存金额	账存金额	盈亏情况		备注
		盘盈数	盘亏数	
处理意见				

会计主管　　　　　　　　　　　会计　　　　　　　　　　　出纳

1. 现金短缺的账务处理

每日终了结算现金收支、财产清查等发现的有待查明原因的现金短缺,应按实际短缺的金额,借记"待处理财产损溢——待处理流动资产损溢"科目,贷记"库存现金"科目。

待查明原因后作如下处理:如属于应由责任人赔偿的部分,借记"其他应收款——应收现金短缺款"科目,属于应由保险公司赔偿的部分,借记"其他应收款——应收保险赔款"科目,贷记"待处理财产损溢——待处理流动资产损溢"科目。

属于无法查明的其他原因,根据管理权限,经批准后处理,借记"管理费用——现金短缺"科目,贷记"待处理财产损溢——待处理流动资产损溢"科目。

【例 6-6】 2024 年 2 月 8 日,甲公司现金盘点时发现库存现金短缺 500 元,经批准需由出纳员张红赔偿 300 元,其余 200 元现金短缺无法查明原因。

(1)盘点时发现库存现金短缺

借:待处理财产损溢——待处理流动资产损溢　　　　　　　　　　　500
　　贷:库存现金　　　　　　　　　　　　　　　　　　　　　　　　500

(2)经查明,属于出纳张红工作不认真导致损失 300 元,其他 200 元查不清原因,报经批准后处理:

借:其他应收款——应收现金短缺款(张红)　　　　　　　　　　　300
　　管理费用——现金短缺　　　　　　　　　　　　　　　　　　　200
　　贷:待处理财产损溢——待处理流动资产损溢　　　　　　　　　　500

2. 现金溢余的账务处理

每日终了结算现金收支、财产清查等发现的有待查明原因的现金溢余,按实际溢余的金额,借记"库存现金",贷记"待处理财产损溢——待处理流动资产损溢"科目。待查明原因后作如下处理:如属于应支付给有关人员或单位的,应借记"待处理财产损溢——待处理流动资产损溢"

科目,贷记"其他应付款——应付现金溢余"科目;属于无法查明原因的现金溢余,经批准后,借记"待处理财产损溢——待处理流动资产损溢"科目,贷记"营业外收入——现金溢余"科目。

【例6-7】 2024年2月28日,甲公司财务部门对库存现金盘点时发现库存现金溢余1 500元,经查明,因来报销的李明遇到隔壁办公室有人找李明办事,把相关原始凭证(金额1 400元)丢下后就临时离开没有回到财务科取现金,出纳做完现金付款凭证并登账后也没有及时将现金交给李明;还有100元无法查明原因。

(1)盘点时发现库存现金溢余

借:库存现金 1 500
  贷:待处理财产损溢——待处理流动资产损溢 1 500

(2)经查明原因报经批准后处理

借:待处理财产损溢——待处理流动资产损溢 1 500
  贷:其他应付款——应付现金溢余(李明) 1 400
    营业外收入——现金溢余 100

第二节 银行存款

一、银行存款的含义与账户

(一)银行存款的含义

银行存款是指企业存入银行或其他金融机构的各种款项。

(二)银行存款的账户

1. 账户的性质:资产类账户。

2. 账户的用途:为了反映和监督企业银行存款的收入、支出和结存情况,企业应当设置"银行存款"科目,本科目借方表示银行存款的增加数,贷方表示银行存款的减少数,期末借方余额,反映企业存在银行或其他金融机构的各种款项。银行存款总账可直接根据收付款凭证逐笔登记,也可定期或于月份终了,根据汇总收付款凭证或科目汇总表登记。

3. 明细账的设置:企业应当按照开户银行和其他金融机构、存款种类等,分别设置"银行存款日记账",由出纳人员根据收付款凭证,按照业务的发生顺序逐笔登记。每日终了,应结出余额。有外币存款的企业,应当分别人民币和各种外币设置"银行存款日记账"进行明细核算。企业发生外币业务时,应将有关外币金额折合为人民币记账。除另有规定外,所有与外币业务有关的账户,应采用业务发生时的汇率,也可以采用业务发生当期期初的汇率折合。期末,各种外币账户(包括外币现金以及以外币结算的债权和债务)的期末余额,应按期末汇率折合为人民币。按照期末汇率折合的人民币金额与原账面人民币金额之间的差额,作为汇兑损益,分别情况处理:筹建期间发生的汇兑损益,计入长期待摊费用;与购建固定资产有关的外币专门借款产生的汇兑损益,按借款费用的处理原则处理;除上述情况外,汇兑损益均计入当期财务费用。因银行结售、购入外汇或不同外币兑换而产生的银行买入、卖出价与折合汇率之间的差额,计入当期财务费用。

二、银行结算账户的相关规定

银行结算账户,是指银行为存款人开立的办理资金收付结算的人民币活期存款账户。这里的存款人是指在中国境内开立银行结算账户的机关、团体、部队、企业、事业单位、其他组织、个体工商户和自然人。银行,是指在中国境内经中国人民银行批准经营支付结算业务的政策性银行、商业银行(含外资独资银行、中外合资银行、外国银行分行)、城市信用合作社、农村信用合作社。银行是支付结算和资金清算的中介机构。凡是独立核算的企业都必须在当地银行开设账户,以办理存款、取款和支付等结算。企业除了按核定限额留存的库存现金外,其余的货币资金都必须存入银行;企业与其他单位之间的一切货币收付业务,除了在规定范围内可以用现金支付的款项外,都必须通过银行办理支付结算。

银行结算账户按存款人分为单位银行结算账户和个人银行结算账户。存款人以单位名称开立的银行结算账户为单位银行结算账户。单位银行结算账户按用途分为基本存款账户、一般存款账户、专用存款账户、临时存款账户。

中国人民银行对下列单位银行结算账户实行核准制度:

1. **基本存款账户**:基本存款账户是指存款人在选择的银行开立的办理日常转账结算和现金收付的账户。企业事业单位可以自主选择一家商业银行的营业场所开立一个办理日常转账结算和现金收付的基本存款账户,但不得开立两个以上的基本存款账户。存款人在银行开立基本存款账户,实行由中国人民银行当地分支机构核发开户许可证制度。

2. **一般存款账户**:一般存款账户是存款人因借款或其他结算需要,在基本存款账户开户银行以外的银行等金融机构开立的银行结算账户。存款人可以在非基本存款账户银行的其他营业机构开设多个一般存款账户,用于处理借款、资金流转等业务,且开设数量不受限制。但这些账户不能在基本存款账户所在的银行开设,并且虽然可以进行现金存款,但不允许现金提取。

3. **临时存款账户**(因注册验资和增资验资开立的除外):存款人为临时机构的,只能在其驻在地开立一个临时存款账户,不得开立其他银行结算账户。存款人在异地从事临时活动的,只能在其临时活动地开立一个临时存款账户。建筑施工及安装单位企业在异地同时承建多个项目的,可根据建筑施工及安装合同开立不超过项目合同个数的临时存款账户。存款人因注册验资或增资验资开立临时存款账户后,需要在临时存款账户有效期届满前退还资金的,应出具工商行政管理部门的证明;无法出具证明的,应于账户有效期届满后办理销户退款手续。

4. **预算单位专用存款账户**:是政府财政部门制定的一种存款账户,专门用于储存政府部门预算的收入和支出,实施预算管理,预算单位应严格按照规定开立和使用银行账户,不得擅自开立银行账户、改变账户用途、将财政拨款转为定期存款、以个人名义存放单位资金、出租出借银行结算账户以及为个人或其他单位提供信用等。

5. 合格境外机构投资者在境内从事证券投资开立的人民币特殊账户和人民币结算资金账户(简称"QFII专用存款账户")。

上述银行结算账户统称核准类银行结算账户。

银行依法为单位、个人在银行开立的基本存款账户、一般存款账户、专用存款账户和临时存款账户的存款保密,维护其资金的自主支配权。对单位银行结算账户的存款和有关资料,除国家法律、行政法规另有规定外,银行有权拒绝任何单位或个人查询。对个人银行结算账户的存款和有关资料,除国家法律另有规定外,银行有权拒绝任何单位或个人查询;银行不代任何单位或者个人冻结、扣款。银行不得停止单位、个人存款的正常支付。

在银行开立存款账户的单位和个人办理支付结算,账户内须有足够的资金保证支付,本办法另有规定的除外。没有开立存款账户的个人向银行交付款项后,也可以通过银行办理支付结算。

单位、个人和银行办理支付结算必须遵守下列原则:恪守信用,履约付款;谁的钱进谁的账,由谁支配;银行不垫款。

三、银行结算方式

《票据法》规定,票据,是指银行汇票、商业汇票、银行本票和支票。

票据的签发、取得和转让,必须具有真实的交易关系和债权债务关系。票据的取得,必须给付对价。但因税收、继承、赠与可以依法无偿取得票据的,不受给付对价的限制。

银行汇票的出票人在票据上的签章,应为经中国人民银行批准使用的该银行汇票专用章加其法定代表人或其授权经办人的签名或者盖章。银行承兑商业汇票、办理商业汇票转贴现、再贴现时的签章,应为经中国人民银行批准使用的该银行汇票专用章加其法定代表人或其授权经办人的签名或者盖章。银行本票的出票人在票据上的签章,应为经中国人民银行批准使用的该银行本票专用章加其法定代表人或其授权经办人的签名或者盖章。单位在票据上的签章,应为该单位的财务专用章或者公章加其法定代表人或者授权的代理人的签名或者盖章。个人在票据上的签章,应为该个人的签名或者盖章。支票的出票人和商业承兑汇票的承兑人在票据上的签章,应为其预留银行的签章。

出票人在票据上的记载事项必须符合《票据法》、《票据管理实施办法》和《支付结算办法》的规定。票据上可以记载《票据法》和《支付结算办法》规定事项以外的其他出票事项,但是该记载事项不具有票据上的效力,银行不负审查责任。

区域性银行汇票仅限于出票人向本区域内的收款人出票,银行本票和支票仅限于出票人向其票据交换区域内的收款人出票。

票据可以背书转让,但填明"现金"字样的银行汇票、银行本票和用于支取现金的支票不得背书转让。区域性银行汇票仅限于在本区域内背书转让。银行本票、支票仅限于在其票据交换区域内背书转让。

区域性银行汇票和银行本票、支票出票人向规定区域以外的收款人出票的,背书人向规定区域以外的被背书人转让票据的,区域外的银行不予受理,但出票人、背书人仍应承担票据责任。

票据背书转让时,由背书人在票据背面签章、记载被背书人名称和背书日期。背书未记载日期的,视为在票据到期日前背书。

持票人委托银行收款或以票据质押的,除按按照规定记载背书外,还应在背书人栏记载"委托收款"或"质押"字样。

票据出票人在票据正面记载"不得转让"字样的,票据不得转让;其直接后手再背书转让的,出票人对其直接后手的被背书人不承担保证责任,对被背书人提示付款或委托收款的票据,银行不予受理。票据背书人在票据背面背书人栏记载"不得转让"字样的,其后手再背书转让的,记载"不得转让"字样的背书人对其后手的被背书人不承担保证责任。

票据被拒绝承兑、拒绝付款或者超过付款提示期限的,不得背书转让。背书转让的,背书人应当承担票据责任。

背书不得附有条件。背书附有条件的,所附条件不具有票据上的效力。

保证人必须按照《票据法》的规定在票据上记载保证事项。保证人为出票人、承兑人保证的，应将保证事项记载在票据的正面；保证人为背书人保证的，应将保证事项记载在票据的背面或粘单上。

已承兑的商业汇票、支票、填明"现金"字样和代理付款人的银行汇票以及填明"现金"字样的银行本票丧失，可以由失票人通知付款人或者代理付款人挂失止付。未填明"现金"字样和代理付款人的银行汇票以及未填明"现金"字样的银行本票丧失，不得挂失止付。允许挂失止付的票据丧失，失票人需要挂失止付的，应填写挂失止付通知书并签章。付款人或者代理付款人在收到挂失止付通知书之前，已经向持票人付款的，不再承担责任。但是，付款人或者代理付款人以恶意或者重大过失付款的除外。

银行汇票的付款地为代理付款人或出票人所在地，银行本票的付款地为出票人所在地，商业汇票的付款地为承兑人所在地，支票的付款地为付款人所在地。

（一）支票

支票是出票人签发的，委托办理支票存款业务的银行或者其他金融机构在见票时无条件支付确定的金额给收款人或者持票人的票据。开立支票存款账户，申请人必须使用其本名，并提交证明其身份的合法证件。开立支票存款账户和领用支票，应当有可靠的资信，并存入一定的资金。开立支票存款账户，申请人应当预留其本名的签名式样和印鉴。

支票可以支取现金，也可以转账，用于转账时，应当在支票正面注明。支票中专门用于支取现金的，可以另行制作现金支票，现金支票只能用于支取现金。支票中专门用于转账的，可以另行制作转账支票，转账支票只能用于转账，不得支取现金。

单位和个人在同一票据交换区域的各种款项结算，均可以使用支票。

支票的出票人，为在经中国人民银行当地分支行批准办理支票业务的银行机构开立可以使用支票的存款账户的单位和个人。签发支票必须记载下列事项：表明"支票"的字样；无条件支付的委托；确定的金额；付款人名称；出票日期；出票人签章。欠缺记载上列事项之一的，支票无效。

支票的付款人为支票上记载的出票人开户银行。

签发支票应使用炭素墨水或墨汁填写，中国人民银行另有规定的除外。

签发现金支票和用于支取现金的普通支票，必须符合国家现金管理的规定。

支票的出票人签发支票的金额不得超过付款时在付款人处实有的存款金额。出票人签发的支票金额超过其付款时在付款人处实有的存款金额的，为空头支票，国家禁止签发空头支票。出票人在付款人处的存款足以支付支票金额时，付款人应当在当日足额付款。

支票的出票人预留银行签章是银行审核支票付款的依据。银行也可以与出票人约定使用支付密码，作为银行审核支付支票金额的条件。支票的出票人不得签发与其预留本名的签名式样或者印鉴不符的支票；使用支付密码的，出票人不得签发支付密码错误的支票。

支票限于见票即付，不得另行记载付款日期。另行记载付款日期的，该记载无效。

出票人签发空头支票、签章与预留银行签章不符的支票、使用支付密码地区，支付密码错误的支票，银行应予以退票，并按票面金额处以百分之五但不低于 1 千元的罚款；持票人有权要求出票人赔偿支票金额 2% 的赔偿金。对屡次签发的，银行应停止其签发支票。

支票的持票人应当自出票日起十日内提示付款。

持票人可以委托开户银行收款或直接向付款人提示付款。用于支取现金的支票仅限于收款人向付款人提示付款。持票人委托开户银行收款的支票,银行应通过票据交换系统收妥后入账。

持票人委托开户银行收款时,应作委托收款背书,在支票背面背书人签章栏签章、记载"委托收款"字样、背书日期,在被背书人栏记载开户银行名称,并将支票和填制的进账单送交开户银行。持票人持用于转账的支票向付款人提示付款时,应在支票背面背书人签章栏签章,并将支票和填制的进账单交送出票人开户银行。收款人持用于支取现金的支票向付款人提示付款时,应在支票背面"收款人签章"处签章,持票人为个人的,还需交验本人身份证件,并在支票背面注明证件名称、号码及发证机关。

出票人在付款人处的存款足以支付支票金额时,付款人应当在见票当日足额付款。

存款人领购支票,必须填写"票据和结算凭证领用单"并签章,签章应与预留银行的签章相符。存款账户结清时,必须将全部剩余空白支票交回银行注销。

收款单位对于收到的支票,应在收到支票的当日填制进账单连同支票送交银行,根据银行盖章退回的进账单第一联和有关的原始凭证填制收款凭证,或根据银行转来由签发人送交银行支票后,经银行审查盖章的进账单第一联和有关的原始凭证填制收款凭证;付款单位对于付出的支票,应根据支票存根和有关原始凭证及时填制付款凭证。

(二) 汇兑

汇兑是汇款人委托银行将其款项支付给收款人的结算方式。

单位和个人的各种款项的结算,均可使用汇兑结算方式。汇兑分为信汇、电汇两种,由汇款人选择使用。

汇兑凭证上记载收款人为个人的,收款人需要到汇入银行领取汇款,汇款人应在汇兑凭证上注明"留行待取"字样;留行待取的汇款,需要指定单位的收款人领取汇款的,应注明收款人的单位名称;信汇凭收款人签章支取的,应在信汇凭证上预留其签章。汇款人确定不得转汇的,应在汇兑凭证备注栏注明"不得转汇"字样。

汇款人和收款人均为个人,需要在汇入银行支取现金的,应在信、电汇凭证的"汇款金额"大写栏,先填写"现金"字样,后填写汇款金额。

汇出银行受理汇款人签发的汇兑凭证,经审查无误后,应及时向汇入银行办理汇款,并向汇款人签发汇款回单。汇款回单只能作为汇出银行受理汇款的依据,不能作为该笔汇款已转入收款人账户的证明。

汇入银行对开立存款账户的收款人,应将汇给其的款项直接转入收款人账户,并向其发出收账通知。收账通知是银行将款项确已收入收款人账户的凭据。

未在银行开立存款账户的收款人,凭信、电汇的取款通知或"留行待取"的,向汇入银行支取款项,必须交验本人的身份证件,在信、电汇凭证上注明证件名称、号码及发证机关,并在"收款人签盖章"处签章;信汇凭签章支取的,收款人的签章必须与预留信汇凭证上的签章相符。银行审查无误后,以收款人的姓名开立应解汇款及临时存款账户,该账户只付不收,付完清户,不计付利息。支取现金的,信、电汇凭证上必须有按规定填明的"现金"字样,才能办理。未填明"现金"字样,需要支取现金的,由汇入银行按照国家现金管理规定审查支付。收款人需要委托他人向汇入银行支取款项的,应在取款通知上签章,注明本人身份证件名称、号码、发证机关和"代理"字样以及代理人姓名。代理人代理取款时,也应在取款通知上签章,注明其身份证件名称、号码及发证机关,并同时交验代理人和被代理人的身份证件。

转账支付的,应由原收款人向银行填制支款凭证,并由本人交验其身份证件办理支付款项。

该账户的款项只能转入单位或个体工商户的存款账户,严禁转入储蓄和信用卡账户。转汇的,应由原收款人向银行填制信、电汇凭证,并由本人交验其身份证件。转汇的收款人必须是原收款人。原汇入银行必须在信、电汇凭证上加盖"转汇"戳记。

汇款人对汇出银行尚未汇出的款项可以申请撤销。申请撤销时,应出具正式函件或本人身份证件及原信、电汇回单。汇出银行查明确未汇出款项的,收回原信、电汇回单,方可办理撤销。汇款人对汇出银行已经汇出的款项可以申请退汇。对在汇入银行开立存款账户的收款人,由汇款人与收款人自行联系退汇;对未在汇入银行开立存款账户的收款人,汇款人应出具正式函件或本人身份证件以及原信、电汇回单,由汇出银行通知汇入银行,经汇入银行核实汇款确未支付,并将款项汇回汇出银行,方可办理退汇。

汇入银行对于收款人拒绝接受的汇款,应即办理退汇。汇入银行对于向收款人发出取款通知,经过2个月无法交付的汇款,应主动办理退汇。

(三) 委托收款

委托收款是收款人委托银行向付款人收取款项的结算方式。单位和个人凭已承兑商业汇票、债券、存单等付款人债务证明办理款项的结算,均可以使用委托收款结算方式。

委托收款在同城、异地均可以使用。

委托收款结算款项的划回方式,分邮寄和电报两种,由收款人选用。

签发委托收款凭证必须记载下列事项:表明"委托收款"的字样;确定的金额;付款人名称;收款人名称;委托收款凭据名称及附寄单证张数;委托日期;收款人签章。欠缺记载上列事项之一的,银行不予受理。

委托收款以银行以外的单位为付款人的,委托收款凭证必须记载付款人开户银行名称;以银行以外的单位或在银行开立存款账户的个人为收款人的,委托收款凭证必须记载收款人开户银行名称;未在银行开立存款账户的个人为收款人的,委托收款凭证必须记载被委托银行名称。欠缺记载的,银行不予受理。

委托:收款人办理委托收款应向银行提交委托收款凭证和有关的债务证明。

付款:银行接到寄来的委托收款凭证及债务证明,审查无误办理付款。以银行为付款人的,银行应在当日将款项主动支付给收款人;以单位为付款人的,银行应及时通知付款人,按照有关办法规定,需要将有关债务证明交给付款人的应交给付款人,并签收。付款人应于接到通知的当日书面通知银行付款。付款人未在接到通知日的次日起3日内通知银行付款的,视同付款人同意付款,银行应于付款人接到通知日的次日起第4日上午开始营业时,将款项划给收款人。付款人提前收到由其付款的债务证明,应通知银行于债务证明的到期日付款。付款人未于接到通知日的次日起3日内通知银行付款,付款人接到通知日的次日起第4日在债务证明到期日之前的,银行应于债务证明到期日将款项划给收款人。银行在办理划款时,付款人存款账户不足支付的,应通过被委托银行向收款人发出未付款项通知书。按照有关办法规定,债务证明留存付款人开户银行的,应将其债务证明连同未付款项通知书邮寄被委托银行转交收款人。

拒绝付款:付款人审查有关债务证明后,对收款人委托收取的款项需要拒绝付款的,可以办理拒绝付款。以银行为付款人的,应自收到委托收款及债务证明的次日起3日内出具拒绝证明连同有关债务证明、凭证寄给被委托银行,转交收款人。以单位为付款人的,应在付款人接到通知日的次日起3日内出具拒绝证明,持有债务证明的,应将其送交开户银行。银行将拒绝证明、债务证明和有关凭证一并寄给被委托银行,转交收款人。

在同城范围内,收款人收取公用事业费或根据国务院的规定,可以使用同城特约委托收款。收取公用事业费,必须具有收付双方事先签订的经济合同,由付款人向开户银行授权,并经开户银行同意,报经中国人民银行当地分支行批准。

收款单位对于托收款项,根据银行的收账通知,据以填制收款凭证;付款单位在收到银行转来的委托收款凭证后,根据委托收款凭证的付款通知和有关的原始凭证,填制付款凭证。如在付款期满前提前付款,应于通知银行付款之日,填制付款凭证。如拒绝付款的,不作账务处理。

(四) 托收承付

托收承付是根据购销合同由收款人发货后委托银行向异地付款人收取款项,由付款人向银行承认付款的结算方式。

使用托收承付结算方式的收款单位和付款单位,必须是国有企业、供销合作社以及经营管理较好,并经开户银行审查同意的城乡集体所有制工业企业。办理托收承付结算的款项,必须是商品交易,以及因商品交易而产生的劳务供应的款项。代销、寄销、赊销商品的款项,不得办理托收承付结算。收付双方使用托收承付结算必须签有购销合同,并在合同上订明使用托收承付结算方式。收付双方办理托收承付结算,必须重合同、守信用。收款人对同一付款人发货托收累计3次收不回货款的,收款人开户银行应暂停收款人向该付款人办理托收;付款人累计3次提出无理拒付的,付款人开户银行应暂停其向外办理托收。

托收承付结算每笔的金额起点为1万元。新华书店系统每笔的金额起点为1千元。托收承付结算款项的划回方法,分邮寄和电报两种,由收款人选用。

签发托收承付凭证必须记载下列事项:表明"托收承付"的字样;确定的金额;付款人名称及账号;收款人名称及账号;付款人开户银行名称;收款人开户银行名称;托收附寄单证张数或册数;合同名称、号码;委托日期;收款人签章;托收承付凭证上欠缺记载上列事项之一的,银行不予受理。

1. 托收:收款人按照签订的购销合同发货后,委托银行办理托收。收款人应将托收凭证并附发运证件或其他符合托收承付结算的有关证明和交易单证送交银行。收款人如需取回发运证件,银行应在托收凭证上加盖"已验发运证件"戳记。收款人开户银行接到托收凭证及其附件后,应当按照托收的范围、条件和托收凭证记载的要求认真进行审查,必要时,还应查验收付款人签订的购销合同。凡不符合要求或违反购销合同发货的,不能办理。审查时间最长不得超过次日。

2. 承付:付款人开户银行收到托收凭证及其附件后,应当及时通知付款人。通知的方法,可以根据具体情况与付款人签订协议,采取付款人来行自取、派人送达、对距离较远的付款人邮寄等。付款人应在承付期内审查核对,安排资金。

承付货款分为验单付款和验货付款两种,由收付双方商量选用,并在合同中明确规定。

(1) 验单付款:验单付款的承付期为3天,从付款人开户银行发出承付通知的次日算起(承付期内遇法定休假日顺延)。付款人在承付期内,未向银行表示拒绝付款,银行即视作承付,并在承付期满的次日(法定休假日顺延)上午银行开始营业时,将款项主动从付款人的账户内付出,按照收款人指定的划款方式,划给收款人。

(2) 验货付款:验货付款的承付期为10天,从运输部门向付款人发出提货通知的次日算起。对收付双方在合同中明确规定,并在托收凭证上注明验货付款期限的,银行从其规定。付款人收到提货通知后,应即向银行交验提货通知。付款人在银行发出承付通知的次日起10天内,未收到提货通知的,应在第10天将货物尚未到达的情况通知银行。在第10天付款人没有通知银行的,银行即视作已经验货,于10天期满的次日上午银行开始营业时,将款项划给收款人;在第10天付款人通知银行货物未到,而以后收到提货通知没有及时送交银行,银行仍按10天期满的次日作为划款日期,并按超过的天数,计扣逾期付款赔偿金。采用验货付款的,收款人必须在托收凭证上加盖明显的"验货付款"字样戳记。托收凭证未注明验货付款,经付款人提出合同证明是验货付款的,银行可按验货付款处理。

不论验单付款还是验货付款,付款人都可以在承付期内提前向银行表示承付,并通知银行提前付款,银行应立即办理划款;因商品的价格、数量或金额变动,付款人应多承付款项的,须在承付期内向银行提出书面通知,银行据以随同当次托收款项划给收款人。付款人不得在承付货款中,扣抵其他款项或以前托收的货款。

拒绝付款:遇下列情况,付款人在承付期内,可向银行提出全部或部分拒绝付款:没有签订购销合同或购销合同未订明托收承付结算方式的款项;未经双方事先达成协议,收款人提前交货或因逾期交货付款人不再需要该项货物的款项;未按合同规定的到货地址发货的款项;代销、寄销、赊销商品的款项;验单付款,发现所列货物的品种、规格、数量、价格与合同规定不符,或货物已到,经查验货物与合同规定或发货清单不符的款项;验货付款,经查验货物与合同规定或与发货清单不符的款项;货款已经支付或计算有错误的款项。不属于上述情况的,付款人不得向银行提出拒绝付款。外贸部门托收进口商品的款项,在承付期内,订货部门除因商品的质量问题不能提出拒绝付款,应当另行向外贸部门提出索赔外,属于上述其他情况,可以向银行提出全部或部分拒绝付款。

付款人对以上情况提出拒绝付款时,必须填写"拒绝付款理由书"并签章,注明拒绝付款理由,涉及合同的应引证合同上的有关条款。属于商品质量问题,需要提出商品检验部门的检验证明;属于商品数量问题,需要提出数量问题的证明及其有关数量的记录;属于外贸部门进口商品,应当提出国家商品检验或运输等部门出具的证明。开户银行必须认真审查拒绝付款理由,查验合同。对于付款人提出拒绝付款的手续不全、依据不足、理由不符合规定和不属于第一百九十三条七种拒绝付款情况的,以及超过承付期拒付和应当部分拒付提为全部拒付的,银行均不得受理,应实行强制扣款。对于军品的拒绝付款,银行不审查拒绝付款理由。银行同意部分或全部拒绝付款的,应在拒绝付款理由书上签注意见。部分拒绝付款,除办理部分付款外,应将拒绝付款理由书连同拒付证明和拒付商品清单邮寄收款人开户银行转交收款人。全部拒绝付款,应将拒绝付款理由书连同拒付证明和有关单证邮寄收款人开户银行转交收款人。

收款单位对于托收款项,根据银行的收账通知和有关的原始凭证,据以填制收款凭证;付款单位对于承付的款项,应于承付时根据托收承付结算凭证的承付支款通知和有关发票账单等原始凭证,据以填制付款凭证。如拒绝付款,属于全部拒付的,不作账务处理;属于部分拒付的,付款部分按上述规定处理,拒付部分不作账务处理。以现金存入银行,应根据银行盖章退回的交款回单及时填制现金付款凭证,据以登记"现金日记账"和"银行存款日记账"(不再填制银行存款收款凭证)。向银行提取现金,根据支票存根填制银行存款付款凭证,据以登记"银行存款日记账"和"现金日记账"(不再填制现金收款凭证)。发生的存款利息,根据银行通知及时填制收款凭证。

四、银行存款的账务处理

企业应当设置银行存款总账和银行存款日记账,分别进行银行存款的总分类核算和明细分类核算。企业应按开户银行和其他金融机构、存款种类等,分别设置"银行存款日记账",由出纳人员根据收付款凭证,按照业务的发生顺序逐笔登记,每日终了应结出余额。

企业将款项存入银行或其他金融机构,借记"银行存款",贷记"库存现金"等有关科目;提取和支出存款,借记"库存现金"等有关科目,贷记"银行存款"。企业应加强对银行存款的管理,并定期对银行存款进行检查,如果有确凿证据表明存在银行或其他金融机构的款项已经部分不能收回,或者全部不能收回的,例如,吸收存款的单位已宣告破产,其破产财产不足以清偿的部分,或者全部不能清偿的,应当作为当期损失,冲减银行存款,借记"营业外支出"科目,贷记"银行存款"。

【例 6-8】 甲公司出纳将超过库存现金限额的款项 5 万元存入开户银行甲公司基本存款账户。根据银行回单,填制现金付款凭证,甲公司应做如下账务处理:

借:银行存款　　　　　　　　　　　　　　　　　　　　　　　　　50 000
　　贷:库存现金　　　　　　　　　　　　　　　　　　　　　　　　50 000

【例 6-9】 甲公司存放在国内某村镇银行的活期存款,因为该银行经营不善倒闭而无法支付存款,经过保险公司赔偿后该笔活期存款仍然损失人民币 50 万元,甲公司应做如下账务处理:

借:营业外支出　　　　　　　　　　　　　　　　　　　　　　　　500 000
　　贷:银行存款　　　　　　　　　　　　　　　　　　　　　　　　500 000

【例 6-10】 甲公司开出转账支票人民币 3 万元,偿还前欠乙公司货款。甲公司应做如下账务处理:

借:应付账款——乙公司　　　　　　　　　　　　　　　　　　　　30 000
　　贷:银行存款　　　　　　　　　　　　　　　　　　　　　　　　30 000

【例 6-11】 甲公司收到丙公司转交来的转账支票 10 万元,用于偿还前欠货款。甲公司应做如下账务处理:

借:银行存款　　　　　　　　　　　　　　　　　　　　　　　　　100 000
　　贷:应收账款——丙公司　　　　　　　　　　　　　　　　　　　100 000

此外,汇兑、委托收款、托收承付等结算方式的账务处理与支票相类似。如果有手续费记入财务费用。

五、银行存款的核对

为了保证银行存款的安全性和会计核算的正确性,"银行存款日记账"应定期与"银行对账单"定期对账,至少每月核对一次。一般分几个方面:(1)确保账证相符:就是将银行存款日记账与银行存款收款凭证、银行存款付款凭证相互核对;(2)确保账账相符:就是将银行存款总账与银行存款日记账相互核对;(3)确保账单相符:就是将银行存款日记账与银行对账单相互核对。

月度终了,企业银行存款日记账账面余额与银行对账单余额之间如有差额,必须逐笔查明原因进行处理,除记账错误外,就是未达账项造成银行对账单余额和银行存款日记账余额两者不符出现异常,这时候就需要按月编制"银行存款余额调节表"调节相符。

所谓未达账项,是指银行与企业之间,由于双方财务凭证传递上的时间差异,一方已收支入账,而另一方尚未收支入账的经济业务。未达账项具体说有四种情况:(1)银行已收款入账但企业尚未收款入账(简称为"银行已收企业未收");(2)银行已付款入账但企业尚未付款入账(简称为"银行已付企业未付");(3)企业已收款入账但银行尚未收款入账(简称为"企业已收银行未收");(4)企业已付款入账但银行尚未付款入账(简称为"企业已付银行未付")。对于未达账项,应编制"银行存款余额调节表"进行调节。调节后,若无记账差错,双方调节后的银行存款余额应该相等,调节后余额既不是银行存款日记账的余额,也不是银行对账单的余额,而是企业实际可以动用的银行存款金额;调节后,双方余额如果仍然不相符,说明可能未达账项没有都查出来,或者记账有错误,需进一步核对未达账项以及更正错账。

需要注意的是,"银行存款余额调节表"只是为了核对账目,不能作为调整银行存款总账或者明细账余额的记账依据,除非记账错误,不需要另外进行账务处理。

【例 6-12】 甲公司 2024 年 2 月 29 日银行存款日记账的余额为 7 500 000 元,银行转来对账单的余额为 5 165 000 元。经出纳逐笔核对,发现以下未达账项:

(1)企业送存其他购货单位还款的银行本票 8 500 000 元,并已登记银行存款增加,但银行尚未记账。

(2)企业开出转账支票 1 205 000 元,并已登记银行存款减少,但持票单位尚未到银行办理转账,银行尚未记账。

(3)企业采用托收承付方式委托银行代收某公司购货款 5 860 000 元,银行已收妥并登记入账,但企业未收到收款通知,尚未记账。

(4)开户银行代企业支付自来水费 900 000 元,银行已登记减少企业银行存款,但企业未收到银行付款通知,尚未记账。

计算结果如表 6-2 所示。

表 6-2　银行存款余额调节表　　　　　　　　　　　　　　　单位:元

项目	金额	项目	金额
企业银行存款日记账余额	7 500 000	银行对账单余额	5 165 000
加:银行已收、企业未收	5 860 000	加:企业已收、银行未收	8 500 000
减:银行已付、企业未付	900 000	减:企业已付、银行未付	1 205 000
调节后的存款余额	12 460 000	调节后的存款余额	12 460 000

第三节　其他货币资金

一、其他货币资金的含义与账户

(一)其他货币资金的含义

其他货币资金是指除货币资金、银行存款以外的等各种其他货币资金。"其他货币资金"科目核算企业的外埠存款、银行汇票存款、银行本票存款、信用卡存款、信用证保证金存款、存出投资款等各种其他货币资金,但是商业汇票属于"应收票据"和"应付票据"核算范围,不在"其他货币资金"科目核算。

(二)其他货币资金的账户

1.账户的性质:资产类账户。

2. 账户的用途：为了反映和监督其他货币资金的收支和结存情况，企业应当设置"其他货币资金"科目，本科目借方登记其他货币资金的增加数，贷方登记其他货币资金的减少数，期末余额在借方，反映企业实际持有的其他货币资金。

3. 明细账的设置："其他货币资金"科目应设置"外埠存款"、"银行汇票"、"银行本票"、"信用卡"、"信用证保证金"、"存出投资款"等明细科目，并按外埠存款的开户银行，银行汇票或银行本票、信用证的收款单位等设置明细账。有信用卡业务的企业应当在"信用卡"明细科目中按开出信用卡的银行和信用卡种类设置明细账。

二、其他货币资金的账务处理

（一）银行汇票存款

汇票是出票人签发的，委托付款人在见票时或者在指定日期无条件支付确定的金额给收款人或者持票人的票据。汇票分为银行汇票和商业汇票。

本书根据票据法的规定，对《支付结算办法》上银行汇票的内容进行了适当的修改，有不同之处，以票据法的规定为准。

银行汇票存款，是指企业为取得银行汇票按规定存入银行的款项。银行汇票是出票银行签发的，由其在见票时按照实际结算金额无条件支付给收款人或者持票人的票据。

单位和个人各种款项结算，均可使用银行汇票。

银行汇票可以用于转账，填明"现金"字样的银行汇票也可以用于支取现金。

银行汇票的出票银行为银行汇票的付款人。出票是指出票人签发票据并将其交付给收款人的票据行为。汇票的出票人必须与付款人具有真实的委托付款关系，并且具有支付汇票金额的可靠资金来源。任何单位不得签发无对价的汇票用以骗取银行或者其他票据当事人的资金。

签发银行汇票必须记载下列事项：表明"银行汇票"的字样；无条件支付的委托；确定的金额；付款人名称；收款人名称；出票日期；出票人签章。汇票上未记载上列规定事项之一的，银行汇票无效。

银行汇票上记载付款日期、付款地、出票地等事项的，应当清楚、明确。汇票上未记载付款日期的，为见票即付。汇票上未记载付款地的，付款人的营业场所、住所或者经常居住地为付款地。汇票上未记载出票地的，出票人的营业场所、住所或者经常居住地为出票地。

付款日期可以按照下列形式之一记载：见票即付；定日付款；出票后定期付款；见票后定期付款。这里规定的付款日期为汇票到期日。

银行汇票的出票和付款，全国范围限于中国人民银行和各商业银行参加"全国联行往来"的银行机构办理。跨系统银行签发的转账银行汇票的付款，应通过同城票据交换将银行汇票和解讫通知提交给同城的有关银行审核支付后抵用。代理付款人不得受理未在本行开立存款账户的持票人为单位直接提交的银行汇票。省、自治区、直辖市内和跨省、市的经济区域内银行汇票的出票和付款，按照有关规定办理。银行汇票的代理付款人是代理本系统出票银行或跨系统签约银行审核支付汇票款项的银行。

银行汇票的提示付款期限自出票日起1个月。持票人超过付款期限提示付款的，代理付款人不予受理。

申请人使用银行汇票，应向出票银行填写"银行汇票申请书"，填明收款人名称、汇票金额、申请人名称、申请日期等事项并签章，签章为其预留银行的签章。

申请人和收款人均为个人,需要使用银行汇票向代理付款人支取现金的,申请人须在"银行汇票申请书"上填明代理付款人名称,在"汇票金额"栏先填写"现金"字样,后填写汇票金额。申请人或者收款人为单位的,不得在"银行汇票申请书"上填明"现金"字样。

出票银行受理银行汇票申请书,收妥款项后签发银行汇票,并用压数机压印出票金额,将银行汇票和解讫通知一并交给申请人。签发转账银行汇票,不得填写代理付款人名称,但由人民银行代理兑付银行汇票的商业银行,向设有分支机构地区签发转账银行汇票的除外。

签发现金银行汇票,申请人和收款人必须均为个人,收妥申请人交存的现金后,在银行汇票"出票金额"栏先填写"现金"字样,后填写出票金额,并填写代理付款人名称。申请人或者收款人为单位的,银行不得为其签发现金银行汇票。

申请人应将银行汇票和解讫通知一并交付给汇票上记明的收款人。收款人受理银行汇票时,应审查下列事项:银行汇票和解讫通知是否齐全、汇票号码和记载的内容是否一致;收款人是否确为本单位或本人;银行汇票是否在提示付款期限内;必须记载的事项是否齐全;出票人签章是否符合规定,是否有压数机压印的出票金额,并与大写出票金额一致;出票金额、出票日期、收款人名称是否更改,更改的其他记载事项是否由原记载人签章证明。

收款人受理申请人交付的银行汇票时,应在出票金额以内,根据实际需要的款项办理结算,并将实际结算金额和多余金额准确、清晰地填入银行汇票和解讫通知的有关栏内。未填明实际结算金额和多余金额或实际结算金额超过出票金额的,银行不予受理。

银行汇票的实际结算金额不得更改,更改实际结算金额的银行汇票无效。

持票人向银行提示付款时,必须同时提交银行汇票和解讫通知,缺少任何一联,银行不予受理。持票人应当按照下列期限提示付款:见票即付的汇票,自出票日起一个月内向付款人提示付款;定日付款、出票后定期付款或者见票后定期付款的汇票,自到期日起十日内向承兑人提示付款。持票人未按照前款规定期限提示付款的,在作出说明后,承兑人或者付款人仍应当继续对持票人承担付款责任。通过委托收款银行或者通过票据交换系统向付款人提示付款的,视同持票人提示付款。持票人依照上述规定提示付款的,付款人必须在当日足额付款。汇票金额为外币的,按照付款日的市场汇价,以人民币支付。汇票当事人对汇票支付的货币种类另有约定的,从其约定。未在银行开立存款账户的个人持票人,可以向选择的任何一家银行机构提示付款。银行审核无误后,将其身份证件复印件留存备查,并以持票人的姓名开立应解汇款及临时存款账户,该账户只付不收,付完清户,不计付利息。

转账支付的,应由原持票人向银行填制支款凭证,并由本人交验其身份证件办理支付款项。该账户的款项只能转入单位或个体工商户的存款账户,严禁转入储蓄和信用卡账户。

支取现金的,银行汇票上必须有出票银行按规定填明的"现金"字样,才能办理。未填明"现金"字样,需要支取现金的,由银行按照国家现金管理规定审查支付。

银行汇票的实际结算金额低于出票金额的,其多余金额由出票银行退交申请人。

申请人缺少解讫通知要求退款的,出票银行应于银行汇票提示付款期满一个月后办理。

银行汇票丧失,失票人可以凭人民法院出具的其享有票据权利的证明,向出票银行请求付款或退款。

收款单位应当将汇票、解讫通知和进账单送交银行,根据银行退回的进账单和有关的原始凭证填制收款凭证;付款单位应在收到银行签发的银行汇票后,根据"银行汇票申请书(存根)"联填制付款凭证。如有多余款项或因汇票超过付款期等原因而退款时,应根据银行的多余款收账通知填制收款凭证。

企业在填送"银行汇票申请书"并将款项交存银行,取得银行汇票后,根据银行盖章退回的申请书存根联,借记"其他货币资金——银行汇票存款",贷记"银行存款"科目。

采购企业使用银行汇票后,根据发票账单等有关凭证,借记"材料采购"(按照计划成本核算)、"在途物资"(按照实际成本核算)或"原材料"、"库存商品"、"应交税费——应交增值税(进项税额)"等科目,贷记"其他货币资金——银行汇票存款";采购完毕如有多余款或因汇票超过付款期等原因而退回款项,根据开户行转来的银行汇票第四联(多余款收账通知),借记"银行存款"科目,贷记"其他货币资金——银行汇票存款"。

销货企业收到银行汇票、填制进账单到开户银行办理款项入账手续时,根据进账单及销货发票等,借记"银行存款"科目,贷记"主营业务收入"、"其他业务收入"、"应交税费——应交增值税(销项税额)"等科目。

【例6-13】 甲公司为增值税一般纳税人,准备向乙公司(一般纳税人)采购一批原材料,2024年2月8日向中国银行(甲公司开户银行)申请办理银行汇票,将款项300 000元交存中国银行转为银行汇票存款。根据中国银行盖章退回的申请书存根联,甲公司应做如下账务处理:

借:其他货币资金——银行汇票   300 000
　　贷:银行存款   300 000

【例6-14】 甲公司2024年2月8日向乙公司采购的原材料发票账单已到,取得的增值税专用发票上的价款为250 000,增值税税额为32 500,物资也已经验收入库,支付的运费为10 000元,增值税税额为900元,根据发票账单,甲公司应做如下账务处理:

借:原材料   260 000
　　应交税费——应交增值税(进项税额)   33 400
　　贷:其他货币资金——银行汇票   293 400

2024年2月18日,甲公司收到退回的银行汇票多余款项时

借:银行存款   6 600
　　贷:其他货币资金——银行汇票   6 600

(二) 银行本票存款

银行本票存款,是指企业为取得银行本票按规定存入银行的款项。银行本票是银行签发的,承诺自己在见票时无条件支付确定的金额给收款人或者持票人的票据。

根据票据法规定,本票是出票人签发的,承诺自己在见票时无条件支付确定的金额给收款人或者持票人的票据。本票分为银行本票和商业本票。《票据法》所称本票,是指银行本票,我国《票据法》和《支付结算办法》都未规定商业本票。

单位和个人在同一票据交换区域需要支付各种款项,均可以使用银行本票。

银行本票可以用于转账,注明"现金"字样的银行本票可以用于支取现金。

银行本票分为不定额本票和定额本票两种。

本票的出票人必须具有支付本票金额的可靠资金来源,并保证支付。银行本票的出票人,为经中国人民银行当地分支行批准办理银行本票业务的银行机构。

签发本票必须记载下列事项:表明"银行本票"的字样;无条件支付的承诺;确定的金额;收款人名称;出票日期;出票人签章。银行本票上欠缺记载上列事项之一的,银行本票无效。

本票上记载付款地、出票地等事项的,应当清楚、明确。本票上未记载付款地的,出票人的营业场所为付款地。本票上未记载出票地的,出票人的营业场所为出票地。

定额银行本票面额为1千元、5千元、1万元和5万元。

银行本票的提示付款期限自出票日起最长不得超过2个月。本票的出票人在持票人提示见票时,必须承担付款的责任。本票的持票人未按照规定期限提示见票的,丧失对出票人以外的前手的追索权。持票人超过付款期限提示付款的,代理付款人不予受理。银行本票的代理付款人是代理出票银行审核支付银行本票款项的银行。

申请人使用银行本票,应向银行填写"银行本票申请书",填明收款人名称、申请人名称、支付金额、申请日期等事项并签章。申请人和收款人均为个人需要支取现金的,应在"支付金额"栏先填写"现金"字样,后填写支付金额。申请人或收款人为单位的,不得申请签发现金银行本票。出票银行受理银行本票申请书,收妥款项签发银行本票。用于转账的,在银行本票上划去"现金"字样;申请人和收款人均为个人需要支取现金的,在银行本票上划去"转账"字样。不定额银行本票用压数机压印出票金额。出票银行在银行本票上签章后交给申请人。申请人或收款人为单位的,银行不得为其签发现金银行本票。申请人应将银行本票交付给本票上记明的收款人。

银行本票丧失,失票人可以凭人民法院出具的其享有票据权利的证明,向出票银行请求付款或退款。

本票的背书、保证、付款行为和追索权的行使,除本章规定外,适用本法有关汇票的规定。本票的出票行为,除上述规定外,适用《票据法》关于汇票的规定。

企业向银行提交"银行本票申请书"并将款项交存银行,取得银行本票后,根据银行盖章退回的申请书存根联,借记"其他货币资金——银行本票存款",贷记"银行存款"科目。企业使用银行本票后,根据发票账单等有关凭证,借记"材料采购"(按照计划成本核算)、"在途物资"(按照实际成本核算)或"原材料"、"库存商品"、"应交税费——应交增值税(进项税额)"等科目,贷记"其他货币资金——银行本票存款"。因本票超过付款期等原因而要求退款时,应当填制进账单一式两联,连同本票一并送交银行,根据银行盖章退回的进账单第一联,借记"银行存款"科目,贷记"其他货币资金——银行本票存款"。

收款单位按规定受理银行本票后,应将本票连同进账单送交银行办理转账,根据银行盖章退回的进账单第一联和有关原始凭证编制收款凭证;付款单位在填送"银行本票申请书"并将款项交存银行,收到银行签发的银行本票后,根据申请书存根联编制付款凭证。企业因银行本票超过付款期限或其他原因要求退款时,在交回本票和填制的进账单经银行审核盖章后,根据进账单第一联编制银行存款收款凭证。

【例6-15】 甲公司为申请取得银行本票,向中国银行填交"银行本票申请书",并将15 000元银行存款转为银行本票存款。甲公司取得中国银行银行本票后,应根据中国银行盖章退回的银行本票申请书存根联填制银行存款付款凭证。甲公司应做如下账务处理:

借:其他货币资金——银行本票 15 000
　　贷:银行存款 15 000

【例6-16】 甲公司(小规模纳税人)生产科用银行本票购买办公用品15 000元。财务部门根据发票账单等有关凭证,甲公司应做如下账务处理:

借：管理费用 15 000
　　贷：其他货币资金——银行本票 15 000

(三) 信用卡存款

信用卡存款是指企业为取得信用卡按照规定存入银行的款项。信用卡为非现金结算的一种支付工具。

根据《银行卡业务管理办法》(1999年1月5日银发〔1999〕17号公布自1999年3月1日起施行),2001年10月1日起施行的《中国人民银行关于调整银行卡跨行交易收费及分配办法的通知》将《银行卡业务管理办法》(第二十五条、第二十六条废止)规定,银行卡,是指由商业银行(含邮政金融机构,下同)向社会发行的具有消费信用、转账结算、存取现金等全部或部分功能的信用支付工具。商业银行未经中国人民银行批准不得发行银行卡。根据《支付结算办法》规定,信用卡是指商业银行向个人和单位发行的,凭以向特约单位购物、消费和向银行存取现金,且具有消费信用的特制载体卡片。

根据《银行卡业务管理办法》结合《支付结算办法》规定,银行卡包括信用卡和借记卡。银行卡按币种不同分为人民币卡、外币卡;按发行对象不同分为单位卡(商务卡)、个人卡;按信息载体不同分为磁条卡、芯片(IC)卡。

信用卡按是否向发卡银行交存备用金分为贷记卡、准贷记卡两类。贷记卡是指发卡银行给予持卡人一定的信用额度,持卡人可在信用额度内先消费、后还款的信用卡。准贷记卡是指持卡人须先按发卡银行要求交存一定金额的备用金,当备用金账户余额不足支付时,可在发卡银行规定的信用额度内透支的信用卡。

单位人民币卡账户的资金一律从其基本存款账户转账存入,不得存取现金,不得将销货收入存入单位卡账户。单位外币卡账户的资金应从其单位的外汇账户转账存入,不得在境内存取外币现钞。其外汇账户应符合下列条件：按照中国人民银行境内外汇账户管理的有关规定开立;其外汇账户收支范围内具有相应的支付内容。

单位人民币卡可办理商品交易和劳务供应款项的结算,但不得透支;超过中国人民银行规定起点的,应当经中国人民银行当地分行办理转汇。单位卡不得用于10万元以上的商品交易、劳务供应款项的结算。单位卡一律不得支取现金。

企业应按规定填制申请表,连同支票和有关资料一并送交发卡银行,根据银行盖章退回的进账单第一联,借记"其他货币资金——信用卡存款",贷记"银行存款"科目。企业用信用卡购物或支付有关费用,收到开户银行转来的信用卡存款的付款凭证及所附发票账单,借记"管理费用"等科目,贷记"其他货币资金——信用卡存款"。企业信用卡在使用过程中,需要向其账户续存资金的,借记"其他货币资金——信用卡存款",贷记"银行存款"科目。企业的持卡人如不需要继续使用信用卡时,应持信用卡主动到发卡银行办理销户,信用卡余额转入企业基本存款账户,借记"银行存款"科目,贷记"其他货币资金——信用卡存款"科目,销卡时也不得提取现金。

【例6-17】 甲公司(小规模纳税人)于2023年2月10日向公司所在地中国银行申领单位人民币卡,向银行交存100 000元。甲公司应做如下账务处理：

借：其他货币资金——信用卡存款 100 000
　　贷：银行存款 100 000

【例 6-18】 2023年2月25日,甲公司用单位卡向某酒店支付业务招待费15 000元,财务部门根据发票账单等有关凭证,甲公司应做如下账务处理:

借:管理费用　　　　　　　　　　　　　　　　　　　　　　　　　15 000
　　贷:其他货币资金——信用卡存款　　　　　　　　　　　　　　　　　　15 000

【例 6-19】 2024年2月25日,甲公司鉴于不再需要继续使用单位卡,到公司所在地中国银行办理销户手续,单位卡余额85 000转入企业基本存款账户。甲公司应做如下账务处理:

借:银行存款　　　　　　　　　　　　　　　　　　　　　　　　　85 000
　　贷:其他货币资金——信用卡存款　　　　　　　　　　　　　　　　　　85 000

(四) 信用证保证金存款

信用证保证金存款,是指采用信用证结算方式的企业为取得信用证按规定存入银行的保证金。

《国内信用证结算办法》规定,信用证,是指开证行依照申请人的申请开出的,凭符合信用证条款的单据支付的付款承诺。这里规定的信用证为不可撤销、不可转让的跟单信用证。《国内信用证结算办法》适用于国内企业之间商品交易的信用证结算。信用证只限于转账结算,不得支取现金。经中国人民银行批准经营结算业务的商业银行总行以及经商业银行总行批准开办信用证结算业务的分支机构,可以办理信用证结算业务。未经批准的银行机构和城市信用合作社、农村信用合作社及其他非银行金融机构不得办理信用证结算业务。

信用证与作为其依据的购销合同相互独立,银行在处理信用证业务时,不受购销合同的约束。一家银行作出的付款、议付或履行信用证项下其他义务的承诺不受申请人与开证行、申请人与受益人之间关系的制约。受益人在任何情况下,不得利用银行之间或申请人与开证行之间的契约关系。在信用证结算中,各有关当事人处理的只是单据,而不是与单据有关的货物及劳务。

开立信用证可以采用信开和电开方式。信开信用证,应由开证行加盖信用证专用章和经办人名章并加编密押,寄送通知行;电开信用证,应由开证行加编密押,以电传方式发送通知行。议付是指信用证指定的议付行在单证相符条件下,扣除议付利息后向受益人给付对价的行为。只审核单据而未付出对价的,不构成议付。议付仅限于延期付款信用证。

企业向银行申请开立信用证,应按规定向银行提交开证申请书、信用证申请人承诺书和购销合同。企业向银行交纳保证金,根据银行退回的进账单第一联,借记"其他货币资金——信用证保证金存款"科目,贷记"银行存款"科目。根据开证行交来的信用证来单通知书及有关单据列明的金额,借记"材料采购"、"在途物资"或"原材料"、"库存商品"、"应交税金——应交增值税(进项税额)"等科目,贷记"其他货币资金——信用卡存款"和"银行存款"科目。

【例 6-20】 甲公司(一般纳税人)于2023年2月10日向公司所在地中国银行申请信用证,向银行交交纳100 000元保证金。甲公司应做如下账务处理:

借:其他货币资金——信用证保证金存款　　　　　　　　　　　　　100 000
　　贷:银行存款　　　　　　　　　　　　　　　　　　　　　　　　　100 000

【例 6-21】 甲公司2024年3月2日使用信用证向乙公司采购的原材料发票账单已到,取得的增值税专用发票上的价款为70 000元,增值税税额为9 100元,物资也已经验收入库,支付的运费为10 000元,增值税税额为900元,根据中国银行交来的信用证来单通知书及发票账单,甲公司应做如下账务处理:

```
借：原材料                                                    80 000
    应交税费——应交增值税（进项税额）                          10 000
    贷：其他货币资金——信用证保证金存款                              90 000
```

【例6-22】 未用完的信用证余额10 000元转回公司所在地中国银行，甲公司应做如下账务处理：

```
借：银行存款                                                  10 000
    贷：其他货币资金——信用证保证金存款                              10 000
```

（五）存出投资款

存出投资款，是指企业已存入证券公司但尚未进行短期投资的现金。

在证券交易所上市的股票、债券、证券投资基金份额等证券及证券衍生品种（以下统称证券）的登记结算，适用《证券登记结算管理办法》。

投资者通过证券账户持有证券，证券账户用于记录投资者持有证券的余额及其变动情况。证券应当记录在证券持有人本人的证券账户内，但依据法律、行政法规和中国证监会的规定，证券记录在名义持有人证券账户内的，从其规定。证券登记结算机构为依法履行职责，可以要求名义持有人提供其名下证券权益拥有人的相关资料。

投资者开立证券账户应当向证券登记结算机构提出申请。所称投资者包括中国公民、中国法人、中国合伙企业及法律、行政法规、中国证监会规章规定的其他投资者。投资者申请开立证券账户应当保证其提交的开户资料真实、准确、完整。

证券登记结算机构可以直接为投资者开立证券账户，也可以委托证券公司代为办理。证券登记结算机构为投资者开立证券账户，应当遵循方便投资者和优化配置账户资源的原则。证券公司代理开立证券账户，应当向证券登记结算机构申请取得开户代理资格。证券公司代理开立证券账户，应当根据证券登记结算机构的业务规则，对投资者提供的有效身份证明文件原件及其他开户资料的真实性、准确性、完整性进行审核，并应当妥善保管相关开户资料，保管期限不得少于20年。

企业向证券公司划出资金时，应按实际划出的金额，借记"其他货币资金——存出投资款"，贷记"银行存款"科目；购买股票、债券等时，按实际发生的金额，借记"交易性金融资产"等科目，贷记"其他货币资金——存出投资款"。该科目具体核算见"交易性金融资产"的核算。

（六）外埠存款

外埠存款，是指企业到外地进行临时或零星采购时，汇往采购地银行开立采购专户的款项。

企业将款项委托当地银行汇往采购地开立专户时，借记"其他货币资金——外埠存款"，贷记"银行存款"科目。收到采购员交来供应单位发票账单等报销凭证时，借记"材料采购"、"在途物资"或"原材料"、"库存商品"、"应交税金——应交增值税（进项税额）"等科目，贷记"其他货币资金——外埠存款"。将多余的外埠存款转回当地银行时，根据银行的收账通知，借记"银行存款"科目，贷记"其他货币资金——外埠存款"。

企业应加强其他货币资金的管理，及时办理结算，对于逾期尚未办理结算的银行汇票、银行本票等，应按规定及时转回，借记"银行存款"科目，贷记"其他货币资金——外埠存款"。企业应严格按照企业会计制度规定核算"其他货币资金"的各项收支业务。

【例6-23】 2024年2月2日，甲公司（一般纳税人）计划在采购地设立采购专户从而在异地采购原材料，在将200 000元委托当地中国银行汇往采购地开立专户时，根据收到的银行汇款凭

证回单联,甲公司应做如下账务处理:

借:其他货币资金——外埠存款　　　　　　　　　　　　　　200 000
　　贷:银行存款　　　　　　　　　　　　　　　　　　　　　　　200 000

【例6-24】 甲公司2024年2月15日通过采购专户向乙公司采购的原材料发票账单已到,取得的增值税专用发票上的价款为150 000元,增值税税额为19 500元,物资也已经验收入库,支付的运费为10 000元,增值税税额为900元,收到采购员交来乙公司(供应单位)发票账单等报销凭证时,甲公司应做如下账务处理:

借:原材料　　　　　　　　　　　　　　　　　　　　　　　　160 000
　　应交税费——应交增值税(进项税额)　　　　　　　　　　　20 400
　　贷:其他货币资金——外埠存款　　　　　　　　　　　　　　180 400

【例6-25】 甲公司将多余的外埠存款转回当地中国银行时,根据中国银行的收账通知,甲公司应做如下账务处理:

借:银行存款　　　　　　　　　　　　　　　　　　　　　　　19 600
　　贷:其他货币资金——外埠存款　　　　　　　　　　　　　　19 600

第四节　外币交易

一、外币交易概述

(一) 外币与外汇

外汇,即国际汇兑,可以从动态和静态两个不同的角度区分外汇的含义。

动态外汇,是指为清偿国际的债权债务,将一国货币兑换成另一国货币的活动或过程。此时,外汇等同于国际结算。静态外汇,指为清偿国际债权债务进行的汇兑活动所凭借的支付手段或支付工具。也就是说动态外汇强调的是活动或过程,而静态外汇强调的是支付手段或支付工具。

静态外汇又有广义与狭义之分。很多国家的外汇管理法规所称的外汇就是广义的外汇。如《中华人民共和国外汇管理条例》(2008)第三条规定,外汇,是指下列以外币表示的可以用作国际清偿的支付手段和资产:(1)外币现钞,包括纸币、铸币;(2)外币支付凭证或者支付工具,包括票据、银行存款凭证、银行卡等;(3)外币有价证券,包括债券、股票等;(4)特别提款权(SDR);(5)其他外汇资产。而狭义的外汇,也就是我们日常生活中所指的外汇,它是指外国货币或以外国货币表示的能用于国际结算的支付手段。

但是,外币与外汇不能划等号,不是所有的外国货币都能成为外汇。一种外币要成为外汇必须要有四个前提条件:(1)自由兑换性,即外币与本币之间能自由兑换;(2)可接受性,即外币被各国普遍地接受和使用;(3)偿还性,外国政府以及货币当局发行保证外汇持有者可以得到偿付;(4)资源性,即这种外币是一种资产,预期会给企业带来经济利益的资源;只有同时满足这四个条件的外币及其所表示的资产才是外汇。

(二) 外币折算准则的适用范围

《企业会计准则第19号——外币折算》(2006)规定,下列各项适用其他相关会计准则:

(1)与购建或生产符合资本化条件的资产相关的外币借款产生的汇兑差额适用《企业会计准则第17号——借款费用》;(2)外币项目的套期适用《企业会计准则第24号——套期保值》;(3)现金流量表中的外币折算适用《企业会计准则第31号——现金流量表》。

(三) 外币交易的内容

外币是企业记账本位币以外的货币。外币交易(也称外币业务),是指以外币计价或者结算的交易,也即是指以记账本位币以外的货币进行的款项收付、往来结算等业务。外币交易包括:(1)买入或者卖出以外币计价的商品或者劳务;(2)借入或者借出外币资金;(3)其他以外币计价或者结算的交易。

二、记账本位币

(一) 记账本位币的定义

在国际上,通行的做法是以一个国家的法定货币作为记账本位币。在我国,人民币是国家法定货币,在我国境内具有广泛的流通性,因此,以法律形式确立了我国境内各单位的会计核算以人民币作为记账本位币,单位实际发生的各种经济业务事项都以人民币作为计量单位进行核算、反映。填制会计凭证、登记会计账簿、编制会计报表,一律以人民币元为单位。对于以外币收支为主的单位,如果要求它们对每一笔外币收支业务折合为人民币记账,同时登记外国货币金额和折合率,将会给会计核算和管理造成极大的不方便。《外币折算准则》(2006)规定,记账本位币,是指企业经营所处的主要经济环境中的货币。企业通常应选择人民币作为记账本位币。业务收支以人民币以外的货币为主的企业,可以按照《外币折算准则》第五条规定选定其中一种货币作为记账本位币。但是,编报的财务报表应当折算为人民币。《中华人民共和国会计法》(2017)第十二条规定,会计核算以人民币为记账本位币。业务收支以人民币以外的货币为主的单位,可以选定其中一种货币作为记账本位币,但是编报的财务会计报告应当折算为人民币。这样以人民币以外的货币来表述,包含了港元、澳门元在记账中的使用。根据这些规定,只要是中华人民共和国的企业,不管其资本来源地如何,也不管企业平时会计核算采用哪种货币作为记账本位币,但是最终编报的财务报表都应当折算为人民币反映,一方面是国家主权的体现,财务报告是国家宏观经济管理的重要资料来源,便于国家相关机构的管理需要;另一方面也是为了便于报表相关利益使用者使用财务报表,也即是投资人、债权人及其他有关方面的会计信息使用者了解一个单位业务活动和经营活动的基本依据。

(二) 企业选定记账本位币时应考虑的因素

企业选定记账本位币,应考虑下列因素:

1. 该货币主要影响商品和劳务的销售价格,通常以该货币进行商品和劳务的计价和结算;
2. 该货币主要影响商品和劳务所需人工、材料和其他费用,通常以该货币进行上述费用的计价和结算;
3. 融资活动获得的货币以及保存从经营活动中收取款项所使用的货币。

(三) 境外经营记账本位币的确定

1. 境外经营的定义

"境外经营"是指企业在境外的子公司、合营企业、联营企业、分支机构。在境内的子公司、合营企业、联营企业、分支机构,采用不同于企业记账本位币的,也视同境外经营。确定境外经营,绝对不是以企业的位置是否在境外或者境内为判定标准,而是要看选定的记账本位币是否与企业的记账本位币一致。

2. 企业选定境外经营的记账本位币,还应当考虑下列因素

(1) 境外经营对其所从事的活动是否拥有很强的自主性;
(2) 境外经营活动中与企业的交易是否在境外经营活动中占有较大比重;
(3) 境外经营活动产生的现金流量是否直接影响企业的现金流量、是否可以随时汇回;
(4) 境外经营活动产生的现金流量是否足以偿还其现有债务和可预期的债务。

(四) 记账本位币的变更

企业记账本位币一经确定,不得随意变更,除非企业经营所处的主要经济环境发生重大变化。"主要经济环境发生重大变化",通常是指企业主要收入和支出现金的环境发生重大变化。

企业因经营所处的主要经济环境发生重大变化,确需变更记账本位币的,应当采用变更当日的即期汇率将所有项目折算为变更后的记账本位币。

三、外币账户

(一) 外币账户

企业在核算外币业务时,应当设置相应的外币账户。外币账户包括外币现金、外币银行存款、以外币结算的债权(如应收票据、应收账款、预付账款等)和债务(如短期借款、应付票据、应付账款、预收账款、合同负债、应付职工薪酬、长期借款等),应当与非外币的各该相同账户分别设置,并分别核算。

(二) 外币业务记账方法

外币业务记账方法有两种:一种是外币统账制,另一种是外币分账制。企业可根据实际情况选择适合自己单位的记账方法。

1. 外币统账制

外币统账制也称为"记账本位币制",是以记账本位币作为统一记账金额的记账方法。在这种记账方法下,所有外币的收支,都应折算为记账本位币进行反映,外币金额只在账上作为补充资料进行反映。我国企业一般应以人民币作为记账本位币,在外币统账制下,当企业发生外币业务时,一般按人民币设立账簿,进行会计记录,外币业务的金额也一律要换算为人民币金额后登账反映,同时须按照外币币种设立二级辅助账户,以反映外币交易的情况。外币统账制适用于涉及外币种类较少,而且外币收支业务不多的企业。本部分均根据我国实际情况主要介绍企业选择外币统账制所进行的外币业务核算。

2. 外币分账制

外币分账制又称原币(专指外币)记账制或分别记账制。在这种记账方法下,企业的记账本位币业务和外币业务均应分别设立账户反映,即有几种币种入账,就应设立几套账户。在发生外币交易时,先按照外币记账,并不需要立即折算为记账本位币(人民币)记账。如果发生两种货币之间的兑换业务,应通过"外币兑换"账户进行账务处理,在资产负债表日,再按一定汇率将各种外币账户的余额折算成人民币编制财务报表。《外币折算准则应用指南》规定,对于外币交易频繁、外币币种较多的金融企业,也可以采用分账制记账方法进行日常核算。资产负债表日,应当按照外币折算准则第十一条的规定对相应的外币账户余额分别货币性项目和非货币性项目进行调整。

采用分账制记账方法,其产生的汇兑差额的处理结果,应当与统账制一致。

(三) 外汇汇率

1. 企业对于发生的外币交易,应当将外币金额折算为记账本位币金额,这里就涉及不同国家间货币的折算比例。

汇率是指一国货币与另一国货币的交换比例,也即汇率是以一国货币表示的另一国货币的相对价格。

2. 汇率的标价方法。汇率有两种不同的标价方法:

(1) 直接标价法。以若干单位的本国货币来表示一定单位的外国货币的标价方法。目前,世界上除了美国和英国外,一般采用直接标价法。但是美国和英国外汇交易的时候,美国采用直接标价法,英国采用间接标价法。

在直接标价法下,当一定数额的外国货币折算的本国货币的数额增大时,说明外币币值上升,本币币值下降,称为外币升值,或本币贬值。反之,当一定数额的外国货币折算成本国货币的数额减少时,称为外币贬值,或本币升值。

(2) 间接标价法。以若干数额的外国货币来表示一定数额本国货币的标价方法。目前,世界上只有美国和英国采用间接标价法。

在间接标价法下,当一定数额的本币折算的外币的数额增大时,说明本币币值上升,外币币值下降,称为本币升值,或外币贬值。反之,则称为本币贬值,或外币升值。

3. 我国企业外币业务会计主要采用现行汇率制度。汇率从银行买卖外汇的角度可分为买入汇率、卖出汇率和中间汇率。

(1) 买入汇率是指银行向客户买入外币时所采用的汇率,也称为"买入价"。

(2) 卖出汇率是指银行向客户出售外币时所采用的汇率,也称为"卖出价"。

(3) 中间汇率是指银行买入汇率与卖出汇率的简单算术平均数,中间汇率也称为"中间价"。也即中间汇率=(买入汇率+卖出汇率)÷2。

从事外汇业务的银行所报出的两个汇价中,通常的习惯做法是,前一个数值较小,后一个数值较大。在直接标价法下,数值较小的为外汇银行"买入价",数值较大的为外汇银行的"卖出价"。而在间接标价法下,数值较大的为外汇银行的"买入价",数值较小的为外汇银行的"卖出价"。

四、外币交易的会计处理

外币交易折算的会计处理主要涉及两个环节,一是在交易日对外币交易进行初始确认,将外币金额折算为记账本位币金额;二是在资产负债表日对相关项目进行折算,因汇率变动产生的差额记入当期损益。

(一) 外币交易发生日的初始确认

外币交易应当在初始确认时,采用交易发生日的即期汇率将外币金额折算为记账本位币金额;也可以采用按照系统合理的方法确定的、与交易发生日即期汇率近似的汇率折算。《外币折算准则应用指南》规定,企业在处理外币交易和对外币财务报表进行折算时,应当采用交易发生日的即期汇率将外币金额折算为记账本位币金额反映;也可以采用按照系统合理的方法确定的、与交易发生日即期汇率近似的汇率折算。

1. 即期汇率

即期汇率,通常是指中国人民银行公布的当日人民币外汇牌价的中间价。企业发生的外币兑换业务或涉及外币兑换的交易事项,应当按照交易实际采用的汇率(即银行买入价或卖出价)折算。

（1）我国外汇汇率由中国人民银行公布市场汇价,即基准汇价(自1995年4月1日起,只公布人民币对美元、日元、港元等三种货币的基准汇价),各外汇指定银行以此为依据,在中国人民银行规定的浮动范围内自行挂牌,对客户买卖外汇。

（2）自2005年7月21日起,人民币汇率不进行一次性重估调整,我国开始实行以市场供求为基础、参考一篮子货币进行调节、有管理的浮动汇率制度。人民币汇率不再盯住单一美元,而是按照我国对外经济发展的实际情况,选择若干种主要货币,赋予相应的权重,组成一个货币篮子,参考一篮子货币进行调节。

（3）自2006年1月4日起,在银行间即期外汇市场上引入询价交易方式(以下简称OTC方式),同时保留撮合方式。银行间外汇市场交易主体既可选择以集中授信、集中竞价的方式交易,也可选择以双边授信、双边清算的方式进行询价交易。同时在银行间外汇市场引入做市商制度,为市场提供流动性。

《关于进一步完善银行间即期外汇市场的公告》(中国人民银行公告2006第1号)规定,自2006年1月4日起,中国人民银行授权中国外汇交易中心于每个工作日上午9时15分对外公布当日人民币对美元、欧元、日元和港币汇率中间价,作为当日银行间即期外汇市场(含OTC方式和撮合方式)以及银行柜台交易汇率的中间价。

引入OTC方式后,人民币兑美元汇率中间价的形成方式将由此前根据银行间外汇市场以撮合方式产生的收盘价确定的方式改进为:中国外汇交易中心于每日银行间外汇市场开盘前向所有银行间外汇市场做市商询价,并将全部做市商报价作为人民币兑美元汇率中间价的计算样本,去掉最高和最低报价后,将剩余做市商报价加权平均,得到当日人民币兑美元汇率中间价,权重由中国外汇交易中心根据报价方在银行间外汇市场的交易量及报价情况等指标综合确定。

人民币兑欧元、日元和港币汇率中间价由中国外汇交易中心分别根据当日人民币兑美元汇率中间价与上午9时国际外汇市场欧元、日元和港币兑美元汇率套算确定。

银行间即期外汇市场人民币对美元等货币交易价的浮动幅度和银行对客户美元挂牌汇价价差幅度仍按现行规定执行。即每日银行间即期外汇市场美元对人民币交易价在中国外汇交易中心公布的美元交易中间价上下千分之三的幅度内浮动,欧元、日元、港币等非美元货币对人民币交易价在中国外汇交易中心公布的非美元货币交易中间价上下3%的幅度内浮动。银行对客户美元现汇挂牌汇价实行最大买卖价差不得超过中国外汇交易中心公布交易中间价的1%的非对称性管理,只要现汇卖出价与买入价之差不超过当日交易中间价的1%、且卖出价与买入价形成的区间包含当日交易中间价即可;银行对客户美元现钞卖出价与买入价之差不得超过交易中间价的4%。银行可在规定价差幅度内自行调整当日美元挂牌价格。

（4）自2015年8月11日起,为增强人民币兑美元汇率中间价的市场化程度和基准性,中国人民银行决定完善人民币兑美元汇率中间价报价。做市商在每日银行间外汇市场开盘前,参考上日银行间外汇市场收盘汇率,综合考虑外汇供求情况以及国际主要货币汇率变化向中国外汇交易中心提供中间价报价。

2. 即期汇率的近似汇率

即期汇率的近似汇率,是指按照系统合理的方法确定的、与交易发生日即期汇率近似的汇率,通常采用当期平均汇率或加权平均汇率等。企业通常应当采用即期汇率进行折算。汇率变动不大的,为简化核算,也可以采用即期汇率的近似汇率进行折算。

3. 远期汇率

远期汇率是指从事外汇买卖的双方在成交时,约定在未来某一确定的日期进行交割外汇时所使用的汇率。

当远期汇率高于即期汇率时,称为升水;当远期汇率低于即期汇率时,称为贴水;当远期汇率和即期汇率相等时,称为平价。

在直接标价法下,远期汇率等于即期汇率＋升水或即期汇率－贴水。

在间接标价法下,远期汇率等于即期汇率－升水或即期汇率＋贴水。

请注意:日常企业可以采用远期汇率订立合同,甚至进行套期交易或者外汇的期货交易等经济活动。但是,在会计实务中,外币交易初始确认时,应当采用交易发生日的即期汇率或者即期汇率的近似汇率(汇率变动不大时)将外币金额折算为记账本位币金额。

【例 6-26】 甲公司(一般纳税人)以人民币为其记账本位币,按照准则规定,其外币交易采用交易日的即期汇率折算。2023 年 5 月 20 日,甲公司从境外的乙公司购入 28 纳米的芯片用于汽车生产,芯片货款 10 000 000 美元(假设买卖双方采用 CIF 价),即包括进口货物的货价、货物运抵我国境内输入地点起卸前的运输费及相关费用、保险费(发生在出口国和进口途中的保险费,但不包括运抵我国输入地点起卸后发生国内运输费用、保险费用以及其他国内费用),2023 年 5 月 20 日的即期汇率为 1 美元＝7.20 人民币元,按照规定应缴纳的进口关税为 5 000 000 人民币元,要求自行计算支付进口的增值税,目前甲公司尚未支付货款,进口关税及增值税税款已由银行存款支付。甲公司应做如下账务处理:

本例中,进口货物完税价格为 10 000 000 美元×7.20 人民币元/美元＝72 000 000 人民币元;

组成计税价格＝关税完税价格＋关税＋消费税,本例中没有消费税,所以,

组成计税价格＝关税完税价格＋关税＝72 000 000＋5 000 000＝77 000 000 人民币元;

进口环节增值税计税依据为组成计税价格,应纳税额＝组成计税价格×税率,所以,

应纳增值税税额＝77 000 000×13%＝10 010 000 人民币元。

借:原材料——芯片 77 000 000
　　应交税费——应交增值税(进项税额) 10 010 000
　　贷:应付账款——乙公司(美元) 72 000 000
　　　　银行存款 15 010 000

【例 6-27】 甲公司为一中外合资企业,以记账本位币为人民币,外币交易采用交易日即期汇率折算。2023 年 5 月 20 日,向德国乙公司销售一批电动汽车,根据该汽车销售合同,货款共计 1 000 000 欧元,假定当日的即期汇率为 1 欧元＝9 人民币元。因出口商品的增值税税率适用零税率,所以不考虑增值税等相关税费,货款尚未收到。甲公司应做如下账务处理:

借:应收账款——乙公司(欧元) 9 000 000
　　贷:主营业务收入——电动汽车 9 000 000

【例 6-28】 承[例 6-27]2023 年 5 月 31 日,甲公司收到汽车销售合同中的货款,并与同日将 1 000 000 欧元到中国银行兑换成人民币,中国银行当日的欧元买入价为 1 欧元＝9.10 人民币元,中间价为 1 欧元＝9.20 人民币元。

本例中,企业与银行发生货币兑换,兑换所用汇率为银行的买入价,而通常记账所用的即期汇率为中间价,由此产生的汇兑差额计入当期财务费用。2023 年 5 月 31 日,甲公司应做如下账务处理:

(1) 收回货款时

借：银行存款——中国银行（欧元） 9 000 000
　　贷：应收账款——乙公司（欧元） 9 000 000

(2) 汇率升值时

借：银行存款——中国银行（欧元） 200 000
　　贷：财务费用——汇兑差额 200 000

(3) 向中国银行出售欧元时

借：银行存款——中国银行（人民币）(1 000 000×9.10) 9 100 000
　　财务费用——汇兑差额 100 000
　　贷：银行存款——中国银行（欧元）(1 000 000×9.20) 9 200 000

（二）资产负债表日或结算日的会计处理

企业在资产负债表日，应当分别按照下列规定对外币货币性项目和外币非货币性项目进行处理：

1. 外币货币性项目

货币性项目，是指企业持有的货币资金和将以固定或可确定的金额收取的资产或者偿付的负债。货币性项目分为货币性资产和货币性负债。货币性资产包括库存现金、银行存款、应收账款、其他应收款、长期应收款等；货币性负债包括短期借款、应付账款、其他应付款、长期借款、应付债券、长期应付款等。

外币货币性项目，采用资产负债表日即期汇率折算。因资产负债表日即期汇率与初始确认时或者前一资产负债表日即期汇率不同而产生的汇兑差额，计入当期损益。

【例6-29】 承[例6-26]2023年5月31日，甲公司尚未向乙公司支付所欠货款，当日即期汇率为1美元=7人民币元（代表美元贬值，人民币升值，甲公司要少付货款）。则对该笔交易产生的外币货币性项目"应付账款"采用期末即期汇率进行折算，折算为记账本位币70 000 000人民币元(10 000 000×7)，与其原记账本位币之差额2 000 000人民币元计入当期损益。甲公司应做如下账务处理：

借：应付账款——乙公司（美元） 2 000 000
　　贷：财务费用——汇兑差额 2 000 000

假定，2023年5月31日，当日即期汇率为1美元=7.3人民币元（代表美元升值，人民币贬值，甲公司要多付货款）。折算为记账本位币73 000 000人民币元(10 000 000×7.3)，甲公司应做如下账务处理：

借：财务费用——汇兑差额 1 000 000
　　贷：应付账款——乙公司（美元） 1 000 000

企业收到投资者以外币投入的资本，无论是否有合同约定汇率，应当采用交易发生日即期汇率折算，不得采用合同约定汇率和即期汇率的近似汇率折算，因此外币投入资本与相应的货币性项目的记账本位币金额之间不产生外币资本折算差额。需要注意的是，虽然"股本"（或"实收资本"）账户的金额不能反映股权比例，但并不改变企业分配和清算的约定比例，这一约定比例通常已经包括在合同当中。

2. 外币非货币性项目

"非货币性项目",是指货币性项目以外的项目,包括存货、长期股权投资、固定资产、无形资产等。

(1) 以成本与可变现净值孰低计量的存货,在以外币购入存货并且该存货在资产负债表日的可变现净值以外币反映的情况下,确定资产负债表日存货价值时应当考虑汇率变动的影响。即①先将可变现净值按资产负债表日即期汇率折算为记账本位币金额,②再与以记账本位币反映的存货成本进行比较,从而确定该项存货的期末价值。

(2) 以历史成本计量的外币非货币性项目,比如,固定资产、无形资产,仍采用交易发生日的即期汇率折算,由于已在交易发生日按当日即期汇率折算,资产负债表日不应改变其原记账本位币金额,不改变其记账本位币金额,不产生汇兑差额。

因为这些项目在取得时已按取得时即期汇率折算了,从而构成这些资产的历史成本,如果再按资产负债表日的即期汇率折算,就会导致按照这些资产计提的固定资产折旧、计提的无形资产摊销和计提的相应资产的减值准备,都必须不断地随这些资产价值发生变动。这与这些取得这些资产的实际情况不符,违背历史成本原则。

(3) 以公允价值计量的外币非货币性项目,期末公允价值以外币反映的,应当先将该外币金额按照公允价值确定当日的即期汇率折算为记账本位币金额,再与原记账本位币金额进行比较。属于交易性金融资产(股票、基金等)的,折算后的记账本位币金额与原记账本位币金额之间的差额应作为公允价值变动损益(含汇率变动),计入当期损益;指定为以公允价值计量且其变动计入其他综合收益的非交易性权益工具投资的,其折算后的记账本位币金额与原记账本位币金额之间的差额应计入其他综合收益。

【例6-30】 甲公司为一国内大型上市公司,其记账本位币为人民币,外币交易采用交易日即期汇率折算。2023年5月10日,以每股10美元的价格购入乙公司B股100 000股,按照《金融工具确认和计量准则》规定划分为交易性金融资产进行核算,5月10日当日汇率为1美元=7人民币元,款项已从中国银行汇款到某证券公司并已经支付。2023年5月31日,乙公司B股市价下降为每股9美元,当日汇率为1美元=7.2人民币元。假定不考虑转让时相关税费比如增值税的影响。甲公司应做如下账户处理:

2023年5月10日,甲公司购入乙公司B股,购入乙公司B股的成本为10×100 000×7=7 000 000人民币元

借:交易性金融资产——乙公司B股——成本 7 000 000
　　贷:其他货币资金——(美元) 7 000 000

交易性金融资产以公允价值计量。由于该项交易性金融资产以外币计价,在资产负债表日,不仅应考虑B股股票市价的波动,还应一并考虑美元与人民币之间汇率变动的影响。上述交易性金融资产在资产负债表日应按6 480 000人民币元(9×100 000×7.2)入账,与原账面价值7 000 000人民币元的差额为520 000人民币元应直接计入公允价值变动损益。这520 000人民币元的差额实际上既包含了甲公司所购乙公司B股股票公允价值(股价)变动的影响,又包含了人民币与美元之间汇率变动的影响。甲公司相关的账务处理为:

借:公允价值变动损益——乙公司B股 520 000
　　贷:交易性金融资产——乙公司B股——公允价值变动 520 000

2023年8月10日,甲公司将所购乙公司B股股票按当日市价每股11美元全部售出,所得价款为1 100 000美元,按当日汇率1美元=7.3人民币元折算为8 030 000人民币元(11×100 000×7.3),与其原账面价值7 000 000人民币元的差额为1 030 000人民币元。对于汇率的变动和股价的变动不进行区分,均作为投资收益进行处理。因此,售出乙公司B股当日,甲公司相关的账务处理为:

借:其他货币资金——(美元)   8 030 000
  交易性金融资产——乙公司B股——公允价值变动   520 000
 贷:交易性金融资产——乙公司B股——成本   7 000 000
   投资收益——出售乙公司B股   1 550 000
借:投资收益——出售乙公司B股   520 000
 贷:公允价值变动损益——乙公司B股   520 000

五、外币财务报表的折算

(一)企业对境外经营的财务报表进行折算应当遵循的规定

企业对境外经营的财务报表进行折算时,应当遵循下列规定:

1. 资产负债表中的资产和负债项目,采用资产负债表日的即期汇率折算,所有者权益项目除"未分配利润"项目外,其他项目采用发生时的即期汇率折算。

2. 利润表中的收入和费用项目,采用交易发生日的即期汇率折算;也可以采用按照系统合理的方法确定的、与交易发生日即期汇率近似的汇率折算。

按照上述第1种、第2种方法折算产生的外币财务报表折算差额,在资产负债表中所有者权益项目下单独列示。比较财务报表的折算比照上述规定处理。

注意 对于实质上构成对境外经营净投资的外币货币性项目,企业编制合并财务报表涉及境外经营的,如有实质上构成对境外经营净投资的外币货币性项目,因汇率变动而产生的汇兑差额,应列入所有者权益"外币报表折算差额"项目;处置境外经营时,计入处置当期损益。

(二)企业对恶性通货膨胀下的境外经营的财务报表,折算时应遵循的规定

1. 恶性通货膨胀经济的判断标准

《外币折算准则》第十三条规定了处于恶性通货膨胀经济中的境外经营的财务报表的折算。恶性通货膨胀经济通常按照以下特征进行判断:

(1)最近3年累计通货膨胀率接近或超过100%;
(2)利率、工资和物价与物价指数挂钩;
(3)公众不是以当地货币、而是以相对稳定的外币为单位作为衡量货币金额的基础;
(4)公众倾向于以非货币性资产或相对稳定的外币来保存自己的财富,持有的当地货币立即用于投资以保持购买力;
(5)即使信用期限很短,赊销、赊购交易仍按补偿信用期预计购买力损失的价格成交。

2. 恶性通货膨胀经济中的境外经营的财务报表的折算规定

企业对处于恶性通货膨胀经济中的境外经营的财务报表,应当按照下列规定进行折算:

(1)对资产负债表项目运用一般物价指数予以重述,对利润表项目运用一般物价指数变动予以重述,再按照最近资产负债表日的即期汇率进行折算。

(2) 在境外经营不再处于恶性通货膨胀经济中时,应当停止重述,按照停止之日的价格水平重述的财务报表进行折算。

(3) 企业在处置境外经营时,应当将资产负债表中所有者权益项目下列示的、与该境外经营相关的外币财务报表折算差额,自所有者权益项目转入处置当期损益;部分处置境外经营的,应当按处置的比例计算处置部分的外币财务报表折算差额,转入处置当期损益。

(4) 企业选定的记账本位币不是人民币的,应当按照《外币折算准则》第十二条规定将其财务报表折算为人民币财务报表。

第七章　应收及预付款项

应收及预付款项是指企业在日常生产经营过程中发生的各项债权,包括应收款项和预付款项。应收款项是指企业在日常生产经营过程中发生的各项债权,包括应收票据、应收账款、应收股利、应收利息、其他应收款等。预付款项则是指企业按照合同规定预付的款项,如预付账款等。企业必须对这些应收款项进行细致的分类和核算,以确保能够准确反映和监督短期债权的产生与回收过程,保证企业这部分资产的安全完整,加速企业流动资金的周转。通过严格的财务管理,企业才能够确保其短期债权得到妥善管理,从而维护其财务健康和运营效率。

第一节　应收票据

一、应收票据概述

应收票据是指企业因销售商品、产品、提供劳务等而收到的商业汇票,包括银行承兑汇票和商业承兑汇票。根据《支付结算办法》,商业汇票是出票人签发的,委托付款人在指定日期无条件支付确定的金额给收款人或者持票人的票据。

(一) 商业汇票的分类

1. 商业汇票按其承兑人不同,分为银行承兑汇票和商业承兑汇票两种

商业汇票分为商业承兑汇票和银行承兑汇票。

商业承兑汇票是指由付款人签发并承兑,或由收款人签发交由付款人承兑的汇票。

银行承兑汇票是指由在承兑银行开立存款账户的存款人(即出票人)签发,由承兑银行承兑的票据。

商业承兑汇票由银行以外的付款人承兑。银行承兑汇票由银行承兑。商业汇票的付款人为承兑人。

在银行开立存款账户的法人以及其他组织之间,必须具有真实的交易关系或债权债务关系,才能使用商业汇票。商业承兑汇票的出票人,为在银行开立存款账户的法人以及其他组织,与付款人具有真实的委托付款关系,具有支付汇票金额的可靠资金来源。

出票人不得签发无对价的商业汇票用以骗取银行或者其他票据当事人的资金。签发商业汇票必须记载下列事项:(1)表明"商业承兑汇票"或"银行承兑汇票"的字样;(2)无条件支付的委托;(3)确定的金额;(4)付款人名称;(5)收款人名称;(6)出票日期;(7)出票人签章。欠缺记载上列事项之一的,商业汇票无效。

商业承兑汇票可以由付款人签发并承兑,也可以由收款人签发交由付款人承兑。银行承兑汇票应由在承兑银行开立存款账户的存款人签发。

商业汇票可以在出票时向付款人提示承兑后使用,也可以在出票后先使用再向付款人提示承兑。定日付款或者出票后定期付款的商业汇票,持票人应当在汇票到期日前向付款人提示承兑。见票后定期付款的汇票,持票人应当自出票日起1个月内向付款人提示承兑。汇票未按照规定期限提示承兑的,持票人丧失对其前手的追索权。

承兑是指汇票付款人承诺在汇票到期日支付汇票金额的票据行为。提示承兑是指持票人向付款人出示汇票,并要求付款人承诺付款的行为。

《票据法》规定,汇票的付款人对向其提示承兑的汇票,应当自收到提示承兑的汇票之日起3日内承兑或者拒绝承兑。付款人收到持票人提示承兑的汇票时,应当向持票人签发收到汇票的回单。回单上应当记明汇票提示承兑日期并签章。根据《支付结算办法》,付款人拒绝承兑的,必须出具拒绝承兑的证明。

付款人承兑汇票的,应当在汇票正面记载"承兑"字样和承兑日期并签章;见票后定期付款的汇票,应当在承兑时记载付款日期。付款人承兑汇票,不得附有条件;承兑附有条件的,视为拒绝承兑。付款人承兑汇票后,应当承担到期付款的责任。

银行承兑汇票的承兑银行,应按票面金额向出票人收取万分之五的手续费。

商业汇票的付款期限,最长不得超过6个月。(1)定日付款的汇票付款期限自出票日起计算,并在汇票上记载具体的到期日。(2)出票后定期付款的汇票付款期限自出票日起按月计算,并在汇票上记载。(3)见票后定期付款的汇票付款期限自承兑或拒绝承兑日起按月计算,并在汇票上记载。

商业汇票的提示付款期限,自汇票到期日起10日。持票人应在提示付款期限内通过开户银行委托收款或直接向付款人提示付款。对异地委托收款的,持票人可匡算邮程,提前通过开户银行委托收款。持票人超过提示付款期限提示付款的,持票人开户银行不予受理。

银行承兑汇票的出票人应于汇票到期前将票款足额交存其开户银行。承兑银行应在汇票到期日或到期日后的见票当日支付票款。承兑银行存在合法抗辩事由拒绝支付的,应自接到商业汇票的次日起3日内,作成拒绝付款证明,连同商业银行承兑汇票邮寄持票人开户银行转交持票人。银行承兑汇票的出票人于汇票到期日未能足额交存票款时,承兑银行除凭票向持票人无条件付款外,对出票人尚未支付的汇票金额按照每天万分之五计收利息。

商业汇票的持票人向银行办理贴现必须具备下列条件:(1)在银行开立存款账户的企业法人以及其他组织;(2)与出票人或者直接前手之间具有真实的商品交易关系;(3)提供与其直接前手之间的增值税发票和商品发运单据复印件。符合条件的商业汇票的持票人可持未到期的商业汇票连同贴现凭证向银行申请贴现。贴现银行可持未到期的商业汇票向其他银行转贴现,也可向中国人民银行申请再贴现。贴现、转贴现、再贴现时,应作成转让背书,并提供贴现申请人与其直接前手之间的增值税发票和商品发运单据复印件。

贴现、转贴现和再贴现的期限从其贴现之日起至汇票到期日止。实付贴现金额按票面金额扣除贴现日至汇票到期前1日的利息计算。承兑人在异地的,贴现、转贴现和再贴现的期限以及贴现利息的计算应另加3天的划款日期。

2. 商业汇票按其是否计息可分为不带息商业汇票和带息商业汇票两种

在我国,一般使用的商业汇票是不带息的商业汇票。在涉外经济业务中,企业有可能会收到国外带息的商业汇票。带息票据与不带息票据其到期值的计算及账务处理也有所不同。不带息票据到期值即票据面值,而带息票据到期值等于票据面值与票据利息之和。

不带息商业汇票是指票据到期时,承兑人只按汇票票面金额(即汇票面值)向收款人或被背书人支付款项的汇票,其票据到期值等于面值。带息商业汇票是指汇票到期时,承兑人应按汇票票面金额加上票面规定利率计算的到期利息向收款人或被背书人支付款项的票据。

二、应收票据的账户

1. 账户的性质：资产类账户。

2. 账户的用途：为了核算因销售商品、提供劳务等而收到的商业汇票，企业应设置"应收票据"科目，借方登记应收票据的票面金额，贷方登记背书转让或到期收回，或因未能收回票款而转作应收账款的应收票据票面金额，期末借方余额反映企业持有的应收票据的票面余额。

3. 明细账的设置：企业应当按照开出、承兑商业汇票的单位进行明细核算。同时企业应当设置"应收票据备查簿"，逐笔登记每一应收票据的种类、号数和出票日期、票面金额、票面利率、交易合同号和付款人、承兑人、背书人的姓名或单位名称、到期日、背书转让日、贴现日期、贴现率和贴现净额、未计提的利息，以及收款日期和收回金额、退票情况等资料，应收票据到期结清票款或退票后，应当在备查簿内逐笔注销。

三、应收票据的账户处理

企业应在收到开出、承兑的商业汇票时，按应收票据的票面价值入账；带息应收票据，应在期末计提利息，计提的利息增加应收票据的账面余额。(1)采用商业承兑汇票方式的，收款单位将要到期的商业承兑汇票连同填制的邮划或电划委托收款凭证，一并送交银行办理转账，根据银行的收账通知，据以填制收款凭证；付款单位在收到银行的付款通知时，据以填制付款凭证；(2)采用银行承兑汇票方式的，收款单位将要到期的银行承兑汇票连同填制的邮划或电划委托收款凭证，一并送交银行办理转账，根据银行的收账通知，据以填制收款凭证。收款单位将未到期的商业汇票向银行申请贴现时，应按规定填制贴现凭证，连同汇票一并送交银行，根据银行的收账通知，据以填制收款凭证。

1. 企业因销售商品、提供劳务等而收到开出、承兑的商业汇票，按商业汇票的票面金额，借记"应收票据"，按实现的营业收入，贷记"主营业务收入"或"其他业务收入"科目，按专用发票上注明的增值税额，贷记"应交税费——应交增值税(销项税额)"科目。

【例7-1】 甲公司(一般纳税人)于2023年4月1日向乙公司(一般纳税人)销售一批本企业生产的商品，货款为200 000元，适用的增值税税率为13%，已经开具增值税专用发票，并经过所在地税务局认证。货物已经发出并已办妥相关的托收手续，货款尚未收到。

借：应收账款　　　　　　　　　　　　　　　　　　　　　　　　 226 000
　　贷：主营业务收入　　　　　　　　　　　　　　　　　　　　　 200 000
　　　　应交税费——应交增值税(销项税额)　　　　　　　　　　　 26 000

2. 企业收到应收票据以抵偿应收账款时，按应收票据面值，借记"应收票据"，贷记"应收账款"科目。如为带息应收票据，应于期末时，按应收票据的票面价值和确定的利率计算计提利息，计提的利息增加应收票据的账面余额，借记"应收票据"，贷记"财务费用"科目。

【例7-2】 承[例7-1]2023年4月10日，甲公司收到乙公司签发并承兑的期限为6个月的商业承兑汇票，面值为226 000元，抵付前欠货款。则甲公司应作如下会计分录：

借：应收票据　　　　　　　　　　　　　　　　　　　　　　　　 226 000
　　贷：应收账款——乙公司　　　　　　　　　　　　　　　　　　 226 000

【例 7-3】 2023 年 10 月 10 日,甲公司到期收回票面金额 226 000 元存入银行。

借:银行存款　　　　　　　　　　　　　　　　　　　　　　　226 000
　贷:应收票据　　　　　　　　　　　　　　　　　　　　　　　　　226 000

3. 企业持未到期的应收票据向银行贴现,应根据银行盖章退回的贴现凭证第四联收账通知,按实际收到的金额(即减去贴现息后的净额),借记"银行存款"科目,按贴现息部分,借记"财务费用"科目,按应收票据的票面余额,贷记"应收票据"。如为带息应收票据,按实际收到的金额,借记"银行存款"科目,按应收票据的账面余额,贷记"应收票据",按其差额,借记或贷记"财务费用"科目。

票据贴现是指持票人把未到期的商业汇票转让给开户银行,贴付一定的利息以取得银行资金的一种借贷行为。票据贴现对于卖方(即收款人)来说,也可以理解为融资行为,就是它是一种以商业汇票为担保的贷款,是一种银行信用。票据贴现涉及贴现利息和银行实付贴现金额(又称为贴现净额)。

有关计算公式为:

$$贴现利息(贴现息)＝票据到期金额×贴现期×贴现利率$$
$$票据到期金额＝票据面值（不带息票据）$$
$$票据到期金额＝票据面值×(1＋票面利率)（带息票据）$$

贴现期通常有两种表示方法:第一种按月计息:即计算时一律以次月的对日为一个月,月末签发的票据,不论月份大小,以到期月份的月末为到期日;第二种按日计息:贴现天数是指自贴现日至票据到期前一日的实际天数,贴现期按银行规定计算,其中的贴现日和到期日,只计算贴现日的一天,而不计算到期日的一天,换句话说通常是指从贴现日至票据到期日前 1 日的天数,这就是"算头不算尾"。

贴现利率有年、月、日利率之分。如需换算成月贴现利率或日贴现利率,按月计息每月统一按 30 天计算,全年按 360 天计算。

$$月贴现利率＝年贴现利率÷12$$
$$日贴现利率(日贴现率)＝月贴现利率÷30＝年贴现利率(年贴现率)÷360$$

贴现率由银行统一制定。

$$贴现净额＝票据到期金额－贴现利息$$

【例 7-4】 承[例 7-2],2023 年 7 月 10 日,假设甲公司想提高货币资金的周转效率,将 10 月 10 日才能到期收回 226 000 元的一张商业承兑汇票向开户银行申请贴现,年贴现率为 6%。

票据到期金额＝226 000
贴现天数＝(22＋31＋30＋10)－1＝92 天
日贴现利率＝6‰÷360
贴现息＝226 000×92×6%÷360＝3 465.30 元
(考虑会计账簿格式和币制改革,保留 2 位小数,分数位为 0)
贴现净额＝226 000－3 465.33＝222 534.70 元

借：银行存款　　　　　　　　　　　　　　　　　　　　　　　　222 534.70
　　财务费用　　　　　　　　　　　　　　　　　　　　　　　　　3 465.30
　　贷：应收票据　　　　　　　　　　　　　　　　　　　　　　　　　　226 000

注意　如果为带息票据，当票面利率大于贴现率，会出现贷记"财务费用"，因为利息收入可以看成是利息支出的抵减项，所以以利息收入必然是冲减财务费用。

4. 企业将持有的应收票据背书转让，以取得所需物资时，按应计入取得物资成本的价值，借记"材料采购"、"在途物资"或"原材料"、"库存商品"等科目，按专用发票上注明的增值税额，借记"应交税金——应交增值税（进项税额）"科目，按应收票据的账面余额，贷记"应收票据"科目，如有差额，借记或贷记"银行存款"等科目。

如为带息应收票据，企业将持有的应收票据背书转让，以取得所需物资时，按应计入取得物资成本的价值，借记"材料采购"、"在途物资"或"原材料"、"库存商品"等科目，按专用发票上注明的增值税额，借记"应交税金——应交增值税（进项税额）"科目，按应收票据的账面余额，贷记"应收票据"科目，按尚未计提的利息，贷记"财务费用"科目，按应收或应付的金额，借记或贷记"银行存款"等科目。

【例 7-5】 承[例 7-2]，2023 年 4 月 15 日，甲公司向丙公司采购 A 材料，价款为 250 000 元，适用的增值税税率为 13%，增值税税额为 32 500，物资已验收入库，支付的运费为 10 000 元，增值税税额为 900 元，丙公司已经开具增值税专用发票，并将运费增值税专用发票一起交给甲公司。经过和丙公司协商，甲公司将从乙公司取得的商业承兑汇票背书转让给丙公司，余款用转账支票支付，根据发票账单和支票存根联，甲公司应编制如下会计分录：

借：原材料　　　　　　　　　　　　　　　　　　　　　　　　　260 000
　　应交税金——应交增值税（进项税额）　　　　　　　　　　　　33 400
　　贷：应收票据　　　　　　　　　　　　　　　　　　　　　　　　　　226 000
　　　　银行存款　　　　　　　　　　　　　　　　　　　　　　　　　　 67 400

【例 7-6】 承[例 7-2][例 7-4]，假设甲公司从乙公司取得的商业承兑汇票为带息票据，票面年利率为 10%，其他与[例 7-2][例 7-5]资料同，甲公司应编制如下会计分录：

$$尚未计提的利息＝票据面值×计息天数×票面日利率$$

计息天数按照"算头不算尾"不计算最后一天。

票面日利率＝票面年利率÷360

尚未计提的利息＝226 000×5×10%÷360＝313.90 元

借：原材料　　　　　　　　　　　　　　　　　　　　　　　　　260 000
　　应交税金——应交增值税（进项税额）　　　　　　　　　　　　33 400
　　贷：应收票据　　　　　　　　　　　　　　　　　　　　　　　　　　226 000
　　　　财务费用　　　　　　　　　　　　　　　　　　　　　　　　　　　313.90
　　　　银行存款　　　　　　　　　　　　　　　　　　　　　　　　　　 67 086.10

5. 应收票据到期，应分别情况处理：

（1）收回应收票据，按实际收到的金额，借记"银行存款"科目，按应收票据的账面余额，贷记"应收票据"，按其差额，贷记"财务费用"科目（未计提利息部分）。

(2) 因付款人无力支付票款,收到银行退回的商业承兑汇票、委托收款凭证、未付票款通知书或拒绝付款证明等,按应收票据的账面余额,借记"应收账款"科目,贷记"应收票据"。(由买卖双方另行协商付款)

(3) 到期不能收回的带息应收票据,转入"应收账款"科目核算后,期末不再计提利息,其所包含的利息,在有关备查簿中进行登记,待实际收到时再冲减收到当期的财务费用。

(4) 贴现的商业承兑汇票到期,因承兑人的银行账户不足支付,申请贴现的企业收到银行退回的应收票据、支款通知和拒绝付款理由书或付款人未付票款通知书时,按所付本息,借记"应收账款"科目,贷记"银行存款"科目;如果申请贴现企业的银行存款账户余额不足,银行作逾期贷款处理时,应按转作贷款的本息,借记"应收账款"科目,贷记"短期借款"科目。

【例7-7】 承[例7-4],2023年10月10日,假如乙公司银行存款账户不足支付甲公司的商业承兑汇票,开户银行将甲公司贴现的商业承兑汇票退回并扣款。甲公司作如下会计分录:

借:应收账款——乙公司　　　　　　　　　　　　　　　　　　　　226 000
　　贷:银行存款　　　　　　　　　　　　　　　　　　　　　　　　　226 000

如果当初办理贴现的是商业承兑汇票,而该商业承兑汇票到期时付款人未能付款,那么收款人的贴现银行因收不到款项而向贴现企业行使追索权。收款人(贴现企业)办理贴现后对于这种或有负债应当在资产负债表附注中予以披露。

【例7-8】 承[例7-4],2023年10月10日,假如乙公司开户银行基本存款账户不足支付甲公司承兑的商业承兑汇票,开户银行将该汇票退回甲公司并扣款,但是甲公司开户银行基本存款账户余额也不足扣款,开户银行通知甲公司作逾期贷款处理。甲公司作如下会计分录:

借:应收账款——乙公司　　　　　　　　　　　　　　　　　　　　226 000
　　贷:短期借款　　　　　　　　　　　　　　　　　　　　　　　　　226 000

6. 企业持有的应收票据不得计提坏账准备,待到期不能收回的应收票据转入应收账款后,再按规定计提坏账准备。但是,如有确凿证据表明企业所持有的未到期应收票据不能够收回或收回的可能性不大时,应将其账面余额转入应收账款,并计提相应的坏账准备。

第二节　应 收 账 款

一、应收账款概述

应收账款是企业因销售商品、产品、提供劳务等经营活动而应向购买方(购货单位或接受劳务单位,也即债务人)应收取的款项。应收账款包括企业应向购买方收取的价款及代购货单位垫付的包装费、运杂费等,也就是说,企业代购货单位垫付包装费、运杂费也应计入应收账款,并通过"应收账款"科目核算。

二、应收账款的账户

1. 账户的性质:资产类账户。

2. 账户的用途:"应收账款"科目核算企业因销售商品、产品、提供劳务等,应向购货单位或接受劳务单位收取的款项。要注意以下几点:(1)从性质上看,应收账款属于一年以内的流动资产的一部分,与非流动资产要区分。因销售商品、产品、提供劳务等,合同或协议价款的收取采用递延方式、实质上具有融资性质的,在"长期应收款"科目核算,不在"应收账款"科目核算。应收账款也不包括长期的债权,如购买长期债券等,虽然这个属于企业的债权,但长期债券属于非流动资产"债权投资"核算。(2)凡不是因销售商品、产品、提供劳务等而发生的应收款项,不应列入应收账款。如代垫职工个人的医药费,代扣代缴职工的个人所得税,应收被投资单位宣告分配的现金股利、应收债券的利息、职工的借款都各自归属于相应科目核算,与"应收账款"无关。(3)应收账款是企业应收购买方的款项,不包括对其他企业付出的各类存出保证金和押金,如项目招投标保证金和租入包装物押金,都应属于"其他应收款"核算。

为了反映和监督应收账款的增减变动及其结存情况,企业应设置"应收账款"科目,"应收账款"科目的借方登记应收账款的增加,贷方登记应收账款的收回及确认的坏账损失,期末余额一般在借方,反映企业尚未收回的应收账款;如果期末余额在贷方,一般则反映企业预收的账款。不单独设置"预收账款"科目的企业,预收的账款也在本科目核算。

3. 明细账的设置:"应收账款"科目应当按照债务人进行明细核算。应收账款企业(保险)按照原保险合同约定应向投保人收取的保费,可将"应收账款"科目改为"应收保费"科目,并按照投保人进行明细核算。企业(银行、证券)应收取的手续费和佣金,可将"应收账款"改为"应收手续费"科目,并按照债务人进行明细核算。

三、应收账款的账务处理

应收账款通常是由企业赊销活动所引起的,因此,应收账款的确认时间与收入的确认标准密切相关,应收账款应于收入实现时确认。应收账款的计价,是指应收账款入账金额的确认,通常情况下,应收账款应依历史成本原则按买卖双方成交时的实际金额计价入账。

1. 企业发生应收账款时,按应收金额,借记"应收账款"科目,按实现的营业收入,贷记"主营业务收入"等科目,按专用发票上注明的增值税额,贷记"应交税费——应交增值税(销项税额)"科目;收回应收账款时,借记"银行存款"等科目,贷记"应收账款"。企业代购货单位垫付的包装费、运杂费,借记"应收账款",贷记"银行存款"等科目;收回代垫费用时,借记"银行存款"科目,贷记"应收账款"。如果企业应收账款改用商业汇票结算,在收到承兑的商业汇票时,按票面价值,借记"应收票据"科目,贷记"应收账款"。

因为涉及的"应收票据"前面都有这些核算内容,所以不再举例。

2. 现金折扣。在商业活动中由于存在商业折扣、现金折扣、销货退回与折让等,使买卖双方交易价格发生变动,从而影响应收账款价值的确定。因为商业折扣、销货退回与折让的核算主要针对营业收入的核算,现金折扣针对的主要是应收账款,所以本部分只介绍现金折扣的核算。

现金折扣,是指企业(债权人)给予客户(债务人)在规定时期内提前付款就能按销售额的一定比率享受折扣的优惠政策(债务扣除)。

在交易日,应收账款和主营业务收入是以总额入账,还是以扣除现金折扣后的净额入账,通常有两种会计处理方法:一是总价法,二是净价法。总价法,是在销售业务发生时,应收账款和销售收入以未扣减现金折扣前的实际售价作为入账价值,确定销售收入金额,现金折扣在实际发生时计入当期损益(财务费用);净价法,是将扣除现金折扣后的金额作为应收账款和销售收入的入账价值。把因客户超过折扣期限付款而多收的款项,视为获得的收入直接冲减财务费用。我国会计实务中规定采用总价法。

现金折扣有两个核心因素：折扣期限、现金折扣率。常用写法比如(2/10,1/20,n/30)就表示债务人能在10天内付款，可享受2%的折扣，10~20天可享受1%的折扣，20~30天则应全额付款，不享受现金折扣的优惠政策。0~10天、10~20天为折扣期限，2%、1%为现金折扣率。现金折扣实质上是一种筹资行为，因此现金折扣确认为筹资费用应该从应收账款中扣减。

【例7-9】 甲公司在2023年5月1日向乙公司销售一批商品，甲公司开出的增值税专用发票上注明的销售价格为100 000元，增值税额为13 000元。为促使客户及早付款，甲公司和乙公司在购销合同中约定，现金折扣条件为：2/10,1/20,n/31。假设不考虑运费因素。甲公司应做如下账务处理：

【例7-10】 2023年5月1日，甲公司销售实现时填制转账凭证确认销售收入。

借：应收账款——乙公司　　　　　　　　　　　　　　　　　　113 000
　　贷：主营业务收入　　　　　　　　　　　　　　　　　　　　100 000
　　　　应交税费——应交增值税(销项税额)　　　　　　　　　　13 000

【例7-11】 如果乙公司在2023年5月5日付清货款，则按销售收入113 000元的2%享受现金折扣2 260元(113 000×2%)，乙公司只需要实际付款110 740元(113 000－2 260)。

借：银行存款　　　　　　　　　　　　　　　　　　　　　　　110 740
　　财务费用——现金折扣　　　　　　　　　　　　　　　　　　2 260
　　贷：应收账款——乙公司　　　　　　　　　　　　　　　　　113 000

因为现金折扣针对的所有应收账款，所以计算现金折扣时必须考虑增值税额，否则会加大现金折扣的计算复杂程度，而且理论上极其不合理。

【例7-12】 如果乙公司在2023年5月19日付清货款，则按销售总价113 000元的1%享受现金折扣1 130元(113 000×1%)，实际付款111 870元(113 000－1 130)。

借：银行存款　　　　　　　　　　　　　　　　　　　　　　　111 870
　　财务费用——现金折扣　　　　　　　　　　　　　　　　　　1 130
　　贷：应收账款——乙公司　　　　　　　　　　　　　　　　　113 000

【例7-13】 如果乙公司在2023年5月31日付清甲公司货款，则按全额付款。

借：银行存款　　　　　　　　　　　　　　　　　　　　　　　113 000
　　贷：应收账款——乙公司　　　　　　　　　　　　　　　　　113 000

第三节　预付账款

一、预付账款概述

预付账款是企业按照购货合同规定预付给供应单位的款项。

按照权责发生制原则，应收账款和预付账款一样，都是企业的流动资产或者短期债权；但是，两者又不完全相同，应收账款是企业因销售商品、产品、提供劳务等，应向购货单位或接受劳务单位收取的款项，而预付账款是企业按照购货合同规定预付给供应单位的款项。

二、预付账款的账户

1. 账户的性质：资产类账户。
2. 账户的用途：为了反映和监督预付账款的增减变动及其结存情况，企业应当设置"预付账款"总账科目，"预付账款"科目借方登记预付的款项，贷方登记收到预购的材料或商品价款，期末借方余额，反映企业实际预付的款项；期末如为贷方余额，反映企业尚未补付的款项。预付款项情况不多的企业，也可以将预付的款项直接记入"应付账款"科目的借方，不设置"预付账款"科目。
3. 明细账的设置："预付账款"科目应按供应单位设置明细账，进行明细核算。

三、预付账款的账务处理

企业因购货而预付的款项，借记"预付账款"科目，贷记"银行存款"科目。收到所购物资时，按应计入购入物资成本的金额，借记"材料采购"、"在途物资"或"原材料"、"库存商品"等科目，按税务局认证的可抵扣的增值税额，借记"应交税费——应交增值税（进项税额）"科目，按应付金额，贷记"预付账款"科目。补付的款项，借记"预付账款"科目，贷记"银行存款"科目；退回多付的款项，借记"银行存款"科目，贷记"预付账款"科目。

预付账款不多的企业，也可以不设"预付账款"科目，而将预付账款业务在"应付账款"科目核算。预付货款时，借记"应付账款"科目，贷记"银行存款"科目；收到所购物资时，按应计入购入物资成本的金额，借记"材料采购"、"在途物资"或"原材料"、"库存商品"等科目，按税务局认证的可抵扣的增值税额，借记"应交税费——应交增值税（进项税额）"科目，按应付金额贷记"应付账款"科目。但在编制会计报表时，由于"预付账款"属于资产，"应付账款"属于负债，因此仍然要将"预付账款"和"应付账款"的金额分开报告。

【例7-14】 甲公司向乙公司采购原材料1 000公斤用于本企业生产商品，每公斤单价25元，所需支付的款项总额25 000元。按照甲乙双方签订的购货合同规定，甲公司需向乙公司预付30%货款，待将来货物验收合格后补付其余货款，为简化教学，假如不考虑运费等其他因素，甲公司应做如下账务处理：

（1）预付30%的货款时。

借：预付账款——乙公司　　　　　　　　　　　　　　　　　　　　　　7 500
　　贷：银行存款　　　　　　　　　　　　　　　　　　　　　　　　　7 500

（2）收到乙公司发来的1 000公斤原材料，材料已验收入库，增值税专用发票上记载的价款为25 000元，增值税税额为3 250元。

借：原材料　　　　　　　　　　　　　　　　　　　　　　　　　　　25 000
　　应交税费——应交增值税（进项税额）　　　　　　　　　　　　　　3 250
　　贷：预付账款——乙公司　　　　　　　　　　　　　　　　　　　28 250

（3）甲公司以转账支票补付余欠货款20 750元。

借：预付账款——乙公司　　　　　　　　　　　　　　　　　　　　　20 750
　　贷：银行存款　　　　　　　　　　　　　　　　　　　　　　　　20 750

企业的预付账款，如有确凿证据表明其不符合预付账款性质，或者因供货单位破产、撤销等原因已无望再收到所购货物的，应将原计入预付账款的金额转入其他应收款。企业应按预计不能收到所购货物的预付账款账面余额,借记"其他应收款——预付账款转入"科目,贷记"预付账款"科目。

除转入"其他应收款"科目的预付账款外,其他预付账款不得计提坏账准备。

第四节 其他应收款

一、其他应收款概述

其他应收款是指企业除应收票据、应收账款、预付账款、长期应收款等以外的其他各种应收、暂付款项。其他应收、暂付款主要包括:

(1) 应收的各种赔款、罚款;
(2) 应收出租包装物租金;
(3) 应向职工收取的各种垫付款项(如代垫的医药费、水电费、房租等);
(4) 不设置"备用金"科目的企业拨出的备用金(向企业各职能科室、车间等拨出的备用金);
(5) 存出保证金,如租入包装物支付的押金;
(6) 已不符合预付账款性质而按规定转入的预付账款;
(7) 其他各种应收、暂付款项。

企业拨出用于投资、购买物资的各种款项,不得在本科目核算。

二、其他应收款的账户

1. 账户的性质:资产类账户。

2. 账户的用途:为了反映和监督其他应收款的增减变动及其结存情况,企业应设置"其他应收款"科目,"其他应收款"科目的借方登记其他各种应收、暂付款项款的增加,贷方登记"其他应收款"的收回及确认的坏账损失,期末余额一般在借方,反映企业应收而尚未收回的其他各种应收、暂付款项款;期末如为贷方余额,反映企业尚未支付的"其他应付款"。

3. 明细账的设置:"其他应收款"科目应当按照其他应收款的项目和对方单位(或个人,即债务人)进行明细核算。

三、其他应收款的账务处理

1. 企业发生其他各种应收款项时,借记"其他应收款",贷记有关科目;收回或转销各种款项时,借记"库存现金"、"银行存款"等科目,贷记"其他应收款"。

2. 实行定额备用金制度的企业,对于领用的备用金应当定期向财务部门报销。备用金也称零用现金。建立备用金制度,目的是简化核算手续。单独设置"备用金"科目的企业,由企业财务部门单独拨给企业内部各单位周转使用的备用金,借记"备用金"科目,贷记"库存现金"或"银行存款"科目。自备用金中支付零星支出,应根据有关的支出凭单,定期编制备用金报销清单,财务部门根据内部各单位提供的备用金报销清单,定期补足备用金,借记"管理费用"等科目,贷记"库存现金"或"银行存款"科目。除了增加或减少拨入的备用金外,使用或报销有关备用金支出时不再通过"备用金"科目核算。

3. 企业其他应收款与其他单位的资产交换,或者以其他资产换入其他单位的其他应收款等,比照"应收账款"科目的相关核算规定进行会计处理。

4. 出口产品或商品按照税法规定应予退回的增值税款,借记"其他应收款"科目,贷记"应交税费——应交增值税(出口退税)"科目。

企业应当定期或者至少于每年年度终了,对其他应收款进行检查,预计其可能发生的坏账损失,并计提坏账准备。企业对于不能收回的其他应收款应当查明原因,追究责任。对确实无法收回的,按照企业的管理权限,经股东会或董事会,或经理(厂长)会议或类似机构批准作为坏账损失,冲销提取的坏账准备。经批准作为坏账的其他应收款,借记"坏账准备"科目,贷记"其他应收款"科目。已确认并转销的坏账损失,如果以后又收回,按实际收回的金额,借记"其他应收款"科目,贷记"坏账准备"科目;同时,借记"银行存款"科目,贷记"其他应收款"科目。

【例7-15】 2023年5月5日,甲公司为本企业职工李红垫付应由李红负担的医药费50 000元(超出医保的部分)。

借:其他应收款——李红　　　　　　　　　　　　　　　　　　50 000
　　贷:银行存款　　　　　　　　　　　　　　　　　　　　　　　　　　50 000

因考虑李红家庭生活困难,本着人道主义原则,甲公司计划下月开始从工资中每月扣除5 000元。下月开始的10个月,甲公司每个月都应编制如下会计分录:

借:应付职工薪酬　　　　　　　　　　　　　　　　　　　　　5 000
　　贷:其他应收款——李红　　　　　　　　　　　　　　　　　　　　5 000

对其他应收款可能发生的坏账损失以及计提坏账准备,见坏账准备部分的核算。

【例7-16】 甲公司未单独设置"备用金"科目的企业,2023年元月初,甲公司财务部门按照单位规定给专设的销售部门拨付备用金5万元,以银行存款支付。

借:备用金　　　　　　　　　　　　　　　　　　　　　　　　50 000
　　贷:银行存款　　　　　　　　　　　　　　　　　　　　　　　　　　50 000

如果以库存现金拨付备用金,就贷记"库存现金"

【例7-17】 承[例7-16]2023年5月末,甲公司专设的销售部门报销差旅费3万元,甲公司按照规定定期补足备用金。(日常使用或者报销有关备用金支出不再通过"备用金"科目核算)

借:销售费用　　　　　　　　　　　　　　　　　　　　　　　30 000
　　贷:银行存款　　　　　　　　　　　　　　　　　　　　　　　　　　30 000

【例7-18】 承[例7-16]2024年3月初,甲公司取消专设销售部门的备用金。

借:银行存款　　　　　　　　　　　　　　　　　　　　　　　50 000
　　贷:备用金　　　　　　　　　　　　　　　　　　　　　　　　　　　50 000

【例7-19】 2024年元月初,乙公司专设的销售部门按照财务制度规定借3万元现金用于出差。(乙公司不单独设置"备用金"科目)

借:其他应收款——备用金　　　　　　　　　　　　　　　　　30 000
　　贷:库存现金　　　　　　　　　　　　　　　　　　　　　　　　　　30 000

【例7-20】 承[例7-19]2024年元月中旬,乙公司专设的销售部门报销差旅费25 000,余款以现金退回。

借：销售费用   25 000
　　库存现金   5 000
　　贷：其他应收款——备用金   30 000

第五节　应收款项减值

一、应收款项减值概述

企业的各项应收款项,可能会因债务单位已撤销、破产、资不抵债、现金流量严重不足、购货人拒付、自然人死亡等主客观原因而无法收回,这类无法收回的应收款项就是坏账。企业因坏账而遭受的损失称为坏账损失。企业应收款项符合下列条件之一的,减除可收回的金额后确认的无法收回的应收款项,作为坏账损失:(1)债务人依法宣告破产、关闭、解散、被撤销,或者被依法注销、吊销营业执照,其清算财产不足清偿的;(2)债务人死亡,或者依法被宣告失踪、死亡,其财产或者遗产不足清偿的;(3)债务人逾期3年以上未清偿,且有确凿证据证明已无力清偿债务的;(4)与债务人达成债务重组协议或法院批准破产重整计划后,无法追偿的;(5)因自然灾害、战争等不可抗力导致无法收回的;(6)国务院财政、税务主管部门规定的其他条件。

企业应当定期或者至少于每年年度终了,对应收款项进行全面检查,分析各项应收款项的可收回性,并预计可能产生的坏账损失。对于没有把握能够收回的应收款项,也即预计可能发生的坏账损失,必须计提坏账准备。企业计提坏账准备的方法由企业自行确定(我国企业会计准则规定,企业只能采用备抵法核算坏账损失,不得采用直接转销法;小企业可以采用直接转销法的除外)。

在备抵法下,企业应当制定计提坏账准备的政策,明确计提坏账准备的范围、提取方法、账龄的划分和提取比例,按照法律、行政法规的规定报有关各方备案,并备置于企业所在地。坏账准备计提方法一经确定,不得随意变更。如需变更,应当在会计报表附注中予以说明。

除有确凿证据表明该项应收款项不能够收回或收回的可能性不大外(如债务单位已撤销、破产、资不抵债、现金流量严重不足、发生严重的自然灾害等导致停产而在短时间内无法偿付债务等,以及3年以上的应收款项),下列各种情况不能全额计提坏账准备:(1)当年发生的应收款项;(2)计划对应收款项进行重组;(3)与关联方发生的应收款项;(4)其他已逾期,但无确凿证据表明不能收回的应收款项。

企业对于不能收回的应收款项应当查明原因,追究责任。对有确凿证据表明确实无法收回的应收款项,如债务单位已撤销、破产、资不抵债、现金流量严重不足等,根据企业的管理权限,经股东大会或董事会,或经理(厂长)办公会或类似机构批准作为坏账损失,冲销提取的坏账准备。

需要注意的是:(1)企业的预付账款,如有确凿证据表明其不符合预付账款性质,或者因供货单位破产、撤销等原因已无望再收到所购货物的,应当将原计入预付账款的金额转入其他应收款,并按规定计提坏账准备,所以企业对于期末时预付账款数额原则上不计提坏账准备;(2)企业持有的未到期应收票据,如有确凿证据证明不能够收回或收回的可能性不大时,应将其账面余额转入应收账款,并计提相应的坏账准备,所以企业对于期末时应收票据数额原则上不计提坏账准备。

二、坏账准备的账户

1. 账户的性质:资产类备抵账户。

2. 账户的用途：为了核算企业因应收款项减值而导致的坏账准备金计提、冲减、转销等情况，企业应设置"坏账准备"科目，"坏账准备"贷方登记当期计提的坏账准备金金额、收回已转销的应收款项而恢复的坏账准备，借方登记实际发生的已确认为坏账损失应予转销的和冲减的坏账准备金（比如多提取的坏账准备金）。余额通常在贷方，反映企业已计提但尚未转销的坏账准备。在期末资产负债表上列作各项应收款项的减项。

3. 明细账的设置：坏账准备应当单独核算，在资产负债表中应收款项按照减去已计提的坏账准备后的净额反映。坏账准备是否设置明细账，国家没有统一的规定，企业应该根据实际情况，确定本企业是不是需要设置明细账。

三、应收款项减值（坏账准备）的账务处理

1. 直接转销法。采用直接转销法时，日常核算不考虑应收款项可能发生的坏账损失，只有当坏账实际发生时，才将坏账损失计入"信用减值损失"，同时直接冲销应收款项。即借记"信用减值损失"科目，贷记"应收账款"等科目。直接转销法的优点是账务处理相对简单，其缺点是不符合权责发生制原则，所以只适合小企业使用。

2. 备抵法。备抵法就是采用一定的方法估计确定当期的信用损失，并且计提坏账准备金，待坏账损失实际发生时，冲销已计提的坏账准备金和相对应的应收款项。备抵法的优点主要是符合权责发生制和谨慎性原则，缺点是对会计人员职业判断的要求比较高，而且由于主观性较强导致对损失的确定不够准确、客观。

（1）按一定方法确定期末的应收款项减值损失，并计提坏账准备金。

坏账准备金的计提方法一般有应收款项余额百分比法、应收款项账龄分析法、销货百分比法、个别认定法四种方法。

应收款项余额百分比法是指根据企业过去的经验来估计坏账损失的一定比例，从而确定计提坏账准备金的数额。企业的应收款项总和与提取比例相乘而得出的坏账估计数额，即为资产负债表上填列的坏账准备金余额。此法简便易行，为大多数企业所采用。

应收款项账龄分析法是指根据过去的应收款项金额编制应收款项账龄分析表来估计坏账准备金的数额。一般来说，应收款项逾期时间越长，无法收回的可能性就越大，但是这种方法工作量比较大。应收款项账龄分析表样式如表 7-1 所示。

表 7-1 应收账款账龄分析表

应收账款账龄	账户数量	金额（万元）	比重（%）
信用期内	60	150	26.32
超过信用期 1 个月内	50	120	21.05
超过信用期 3 个月内	40	100	17.54
超过信用期 6 个月内	30	80	14.04
超过信用期 12 个月内	20	70	12.28
超过信用期 12 个月以上	10	50	8.77
合计	210	570	100

销货百分比法是指根据过去的销售收入来估计坏账准备金的数额,但是这种方法准确率比较低。

个别认定法是指根据过去的某些企业的销售和回款情况来估计坏账准备金的数额,如果客户比较多,工作量也比较大。

在确定坏账准备的计提比例时,企业应当根据以往的经验、债务单位的实际财务状况和现金流量等相关信息予以合理估计;理论上,企业在预计未来现金流量的现值时,应当合理预计未来现金流量并合理选用折现率,但是现实工作中,由于应收款项为流动资产,持有时间较为短暂,而且预计未来现金流量与其现值的计算结果相差并不悬殊,所以对于应收款项减值损失的确认,计算的意义不大,一般不需要对其预计未来现金流量进行折现。

坏账准备可按以下公式计算:

当期应提取的坏账准备＝当期按应收款项计算应提坏账准备金额－坏账准备科目的贷方余额

资产负债表日,企业按应计提的坏账准备金额,借记"信用减值损失"科目,贷记"坏账准备"科目。本期应计提的坏账准备大于其账面余额的,应按其差额计提;应提数小于账面余额的差额,冲减多计提的坏账准备时,应借记"坏账准备"科目,贷记"信用减值损失"科目。

【例 7-21】 2023 年 9 月 30 日,甲公司管理层对应收账款进行减值测试,获知应收账款余额为 1 200 万元(假设不考虑其他应收款项),根据过去的经验以及客户的信用,讨论确定坏账准备的计提比例为 5%,假设以前没有提取过坏账准备金,甲公司应做如下账务处理:

借:信用减值损失　　　　　　　　　　　　　　　　　　　　　　　600 000
　　贷:坏账准备　　　　　　　　　　　　　　　　　　　　　　　　　　600 000

此时"坏账准备"科目贷方余额为 60 万元。

【例 7-22】 承[例 7-21]2023 年 10 月 31 日,甲公司由于增加收账力度,应收账款余额下降到 800 万元,假设坏账准备金的计提比例不变仍为 5%,甲公司应提取 800×5%＝40 万元,但是 2023 年 9 月 30 日已经提取了坏账准备,"坏账准备"科目贷方余额为 60 万元,应冲减多计提的坏账准备 60－40＝20 万元。甲公司应做如下账务处理:

借:坏账准备　　　　　　　　　　　　　　　　　　　　　　　　　200 000
　　贷:信用减值损失　　　　　　　　　　　　　　　　　　　　　　　　200 000

此时"坏账准备"科目贷方余额调整为 40 万元。

【例 7-23】 承[例 7-21]2023 年 11 月 30 日,甲公司由于销售大幅度增加,应收账款余额上升到 1 600 万元,假设坏账准备金的计提比例不变仍为 5%,由于 2023 年 10 月 31 日甲公司"坏账准备"科目为 40 万元,应补提的坏账准备金为 80－40＝40 万元。甲公司应做如下账务处理:

借:信用减值损失　　　　　　　　　　　　　　　　　　　　　　　400 000
　　贷:坏账准备　　　　　　　　　　　　　　　　　　　　　　　　　　400 000

此时"坏账准备"科目贷方余额调整为 80 万元。

(2) 企业确实无法收回的应收款项按管理权限报经批准后作为坏账转销时,应当冲减已计提的坏账准备。企业实际发生坏账损失时,借记"坏账准备"科目,贷记"应收账款"、"其他应收款"、"应收利息"等科目。

已确认并转销的应收款项以后又收回的,应按实际收回的金额,借记"应收账款"、"应收利息"、"其他应收款"等科目,贷记"坏账准备"科目;同时,借记"银行存款"科目,贷记"应收账款"、"应收利息"、"其他应收款"等科目。

【例 7-24】 承[例 7-23]2023 年 12 月初,甲公司发现乙公司的一笔应收账款因乙公司几年来一直无法偿还,导致甲公司实际发生坏账损失 100 000 元,甲公司应做如下账务处理:

借:坏账准备　　　　　　　　　　　　　　　　　　　　　　　100 000
　　贷:应收账款　　　　　　　　　　　　　　　　　　　　　　　　100 000

此时"坏账准备"科目贷方余额为 70 万元。

【例 7-25】 承[例 7-24]2023 年 12 月 25 日,乙公司无法偿还甲公司的应收账款因乙公司贷款到账而还款 100 000 元,甲公司应填制如下会计分录:

借:应收账款　　　　　　　　　　　　　　　　　　　　　　　100 000
　　贷:坏账准备　　　　　　　　　　　　　　　　　　　　　　　　100 000

同时,根据银行进账通知填制银行存款收款凭证。

借:银行存款　　　　　　　　　　　　　　　　　　　　　　　100 000
　　贷:应收账款　　　　　　　　　　　　　　　　　　　　　　　　100 000

此时"坏账准备"科目贷方余额为 80 万元。月底再根据当月的应收账款的余额计算坏账准备金确定应提取应冲回的数额,企业的应收款项总和与提取比例相乘而得出的坏账准备金估计数额,即为资产负债表上填列的坏账准备金余额。

第八章 金融资产

第一节 金融工具概述

金融工具包括金融资产、金融负债和权益工具。

1. 金融工具

金融工具,是指形成一方的金融资产并形成其他方的金融负债或权益工具的合同。合同的形式多种多样,可以采用书面形式,也可以不采用书面形式。实务中的金融工具合同通常采用书面形式。非合同的资产和负债不属于金融工具。

2. 金融资产,是指企业持有的现金、其他方的权益工具以及符合下列条件之一的资产:

(1) 从其他方收取现金或其他金融资产的合同权利。企业的银行存款、应收账款、应收票据和发放的贷款等均属于金融资产。而预付账款不是金融资产,因其产生的未来经济利益是商品或服务,不是收取现金或其他金融资产的权利。

(2) 在潜在有利条件下,与其他方交换金融资产或金融负债的合同权利。例如,企业购入的看涨期权或看跌期权等衍生工具。

(3) 将来须用或可用企业自身权益工具进行结算的非衍生工具合同,且企业根据该合同将收到可变数量的自身权益工具。

(4) 将来须用或可用企业自身权益工具进行结算的衍生工具合同,但以固定数量的自身权益工具交换固定金额的现金或其他金融资产的衍生工具合同除外。

3. 衍生工具,是指属于《金融工具确认和计量准则》范围并同时具备下列特征的金融工具或其他合同:

其价值随特定利率、金融工具价格、商品价格、汇率、价格指数、费率指数、信用等级、信用指数或其他变量的变动而变动,变量为非金融变量(比如特定区域的地震损失指数、特定城市的气温指数等)的,该变量不应与合同的任何一方存在特定关系。

第二节 金融工具的确认和终止确认

一、金融工具的确认

企业成为金融工具合同的一方时,应当确认一项金融资产或金融负债。

对于以常规方式购买或出售金融资产的,企业应当在交易日确认将收到的资产和为此将承担的负债,或者在交易日终止确认已出售的资产,同时确认处置利得或损失以及应向买方收取的应收款项。

以常规方式购买或出售金融资产,是指企业按照合同规定购买或出售金融资产,并且该合同条款规定,企业应当根据通常由法规或市场惯例所确定的时间安排来交付金融资产。

1. 金融资产和金融负债确认条件企业成为金融工具合同的一方时,应当确认一项金融资产或金融负债。

根据此确认条件,企业应将《金融工具确认和计量准则》范围内的衍生工具合同形成的权利或义务,确认为金融资产或金融负债。但是,如果衍生工具涉及金融资产转移,且导致该金融资产转移不符合终止确认条件,则不应将其确认,否则会导致衍生工具形成的权利或义务被重复确认。

企业确认金融资产或金融负债的常见情形如下:

(1) 当企业成为金融工具合同的一方,并因此拥有收取现金的权利或承担支付现金的义务时,应将无条件的应收款项或应付款项确认为金融资产或金融负债。

(2) 因买卖商品或劳务的确定承诺而将获得的资产或将承担的负债,通常直到至少合同一方履约才予以确认。

(3) 适用《金融工具确认和计量准则》(2017)的远期合同,企业应在成为远期合同的一方时(承诺日而不是结算日),确认一项金融资产或金融负债。当企业成为远期合同的一方时,权利和义务的公允价值通常相等,因此该远期合同的公允价值净额为零。如果权利和义务的公允价值净额不为零,则该合同应被确认为一项金融资产或金融负债。

(4) 适用《金融工具确认和计量准则》(2017)的期权合同,企业应在成为该期权合同的一方时,确认一项金融资产或金融负债。

此外,当企业尚未成为合同一方时,即使企业已有计划在未来交易,不管其发生的可能性有多大,都不是企业的金融资产或金融负债。

2. 关于以常规方式购买或出售金融资产以常规方式购买或出售金融资产,是指企业按照合同规定购买或出售金融资产,并且该合同条款规定,企业应当根据通常由法规或市场惯例所确定的时间安排来交付金融资产。如果合同规定或允许对合同价值变动进行净额结算,该合同通常不是以常规方式购买或出售的合同,企业应将其作为衍生工具处理。证券交易所、银行间市场、外汇交易中心等市场发生的证券、外汇买卖交易,通常采用常规方式。以常规方式买卖金融资产,应当按交易日会计进行确认和终止确认。交易日是指企业承诺买入或者卖出金融资产的日期。

二、金融资产的终止确认

金融资产终止确认,是指企业将之前确认的金融资产从其资产负债表中予以转出。金融资产满足下列条件之一的,应当终止确认:

(1) 收取该金融资产现金流量的合同权利终止。例如,企业买入一项期权,企业直到期权到期日仍未行权,那么企业在合同权利到期后应当终止确认该期权形成的金融资产。

(2) 该金融资产已转移,且该转移满足《企业会计准则第 23 号——金融资产转移》关于金融资产终止确认的规定。

(3) 以下情形也会导致金融资产的终止确认:

① 合同的实质性修改。企业与交易对手方修改或者重新议定合同而且构成实质性修改的,将导致企业终止确认原金融资产,同时按照修改后的条款确认一项新金融资产。

② 核销。《企业会计准则第 22 号——金融工具确认和计量》第四十三条规定,企业合理预期不再能够全部或部分收回金融资产合同现金流量时,应当直接减记该金融资产的账面余额。这种减记构成相关金融资产的终止确认。

第三节　金融资产的分类

《金融工具确认和计量准则》(2017)第十六条规定,企业应当根据其管理金融资产的业务模式和金融资产的合同现金流量特征,将金融资产划分为以下三类:
1. 以摊余成本计量的金融资产。
2. 以公允价值计量且其变动计入其他综合收益的金融资产。
3. 以公允价值计量且其变动计入当期损益的金融资产。

一、企业管理金融资产的业务模式

1. 业务模式评估

企业管理金融资产的业务模式,是指企业如何管理其金融资产以产生现金流量。业务模式决定企业所管理金融资产现金流量的来源是收取合同现金流量、出售金融资产还是两者兼有。根据《金融工具确认和计量准则应用指南》(2017)规定,企业确定其管理金融资产的业务模式时,应当注意以下方面:

(1) 企业应当在金融资产组合的层次上确定管理金融资产的业务模式,而不必按照单个金融资产逐项确定业务模式。

(2) 一个企业可能会采用多个业务模式管理其金融资产。

(3) 企业应当以企业关键管理人员决定的对金融资产进行管理的特定业务目标为基础,确定管理金融资产的业务模式。

(4) 企业的业务模式并非企业自愿指定,而是一种客观事实,通常可以从企业为实现其目标而开展的特定活动中得以反映。

(5) 企业不得以按照合理预期不会发生的情形为基础确定管理金融资产的业务模式。

2. 以收取合同现金流量为目标的业务模式

在以收取合同现金流量为目标的业务模式下,企业管理金融资产旨在通过在金融资产存续期内收取合同付款来实现现金流量,而不是通过持有并出售金融资产产生整体回报。

企业在评估金融资产是否属于该业务模式时,应当考虑此前出售此类资产的原因、时间、频率和出售的价值,以及对未来出售的预期。

3. 以收取合同现金流量和出售金融资产为目标的业务模式

在同时以收取合同现金流量和出售金融资产为目标的业务模式下,企业的关键管理人员认为收取合同现金流量和出售金融资产对于实现其管理目标而言都是不可或缺的。

与以收取合同现金流量为目标的业务模式相比,此业务模式涉及的出售通常频率更高、金额更大。

4. 其他业务模式

如果企业管理金融资产的业务模式不是以收取合同现金流量为目标,也不是以收取合同现金流量和出售金融资产为目标,则该企业管理金融资产的业务模式是其他业务模式。

二、金融资产的具体分类

1. 以摊余成本计量的金融资产

金融资产同时符合下列条件的,应当分类为以摊余成本计量的金融资产:

(1) 企业管理该金融资产的业务模式是以收取合同现金流量为目标。

(2) 该金融资产的合同条款规定,在特定日期产生的现金流量,仅为对本金和以未偿付本金金额为基础的利息的支付。

2. 以公允价值计量且其变动计入其他综合收益的金融资产

金融资产同时符合下列条件的,应当分类为以公允价值计量且其变动计入其他综合收益的金融资产:

(1) 企业管理该金融资产的业务模式既以收取合同现金流量为目标又以出售该金融资产为目标。

(2) 该金融资产的合同条款规定,在特定日期产生的现金流量,仅为对本金和以未偿付本金金额为基础的利息的支付。

3. 以公允价值计量且其变动计入当期损益的金融资产

企业常见的下列投资产品通常应当分类为以公允价值计量且其变动计入当期损益的金融资产:

(1) 股票。股票的合同现金流量源自收取被投资企业未来股利分配以及其清算时获得剩余收益的权利。由于股利及获得剩余收益的权利均不符合《金融工具确认和计量准则》关于本金和利息的定义,因此股票不符合本金加利息的合同现金流量特征。在不考虑《金融工具确认和计量准则》第十九条特殊指定的情况下,企业持有的股票应当分类为以公允价值计量且其变动计入当期损益的金融资产。

(2) 基金。常见的股票型基金、债券型基金、货币基金或混合基金,通常投资于动态管理的资产组合,投资者从该类投资中所取得的现金流量既包括投资期间基础资产产生的合同现金流量,也包括处置基础资产的现金流量。基金一般情况下不符合本金加利息的合同现金流量特征。企业持有的基金通常应当分类为以公允价值计量且其变动计入当期损益的金融资产。

(3) 可转换债券。可转换债券除按一般债权类投资的特性到期收回本金、获取约定利息或收益外,还嵌入了一项转股权。通过嵌入衍生工具,企业获得的收益在基本借贷安排的基础上,会产生基于其他因素变动的不确定性。根据《金融工具确认和计量准则》规定,企业持有的可转换债券不再将转股权单独分拆,而是将可转换债券作为一个整体进行评估,由于可转换债券不符合本金加利息的合同现金流量特征,企业持有的可转换债券投资应当分类为以公允价值计量且其变动计入当期损益的金融资产。

此外,在初始确认时,如果能够消除或显著减少会计错配,企业可以将金融资产指定为以公允价值计量且其变动计入当期损益的金融资产。该指定一经作出,不得撤销。

第四节 金融资产的确认和终止确认

一、金融资产的确认

企业成为金融工具合同的一方时,应当确认一项金融资产。

对于以常规方式购买或出售金融资产的,企业应当在交易日确认将收到的资产和为此将承担的负债,或者在交易日终止确认已出售的资产,同时确认处置利得或损失以及应向买方收取的应收款项。

"以常规方式购买或出售金融资产",是指企业按照合同规定购买或出售金融资产,并且该合同条款规定,企业应当根据通常由法规或市场惯例所确定的时间安排来交付金融资产。

二、金融资产的终止确认

金融资产满足下列条件之一的,应当终止确认:
1. 收取该金融资产现金流量的合同权利终止。
2. 该金融资产已转移,且该转移满足《企业会计准则第23号——金融资产转移》关于金融资产终止确认的规定。

《金融工具确认和计量准则》所称金融资产或金融负债终止确认,是指企业将之前确认的金融资产或金融负债从其资产负债表中予以转出。

第五节 金融资产的计量

一、金融资产的初始计量

企业初始确认金融资产,应当按照公允价值计量。

对于以公允价值计量且其变动计入当期损益的金融资产,相关交易费用应当直接计入当期损益;对于其他类别的金融资产,相关交易费用应当计入初始确认金额。但是,企业初始确认的应收账款未包含《企业会计准则第14号——收入》所定义的重大融资成分或根据《企业会计准则第14号——收入》规定不考虑不超过一年的合同中的融资成分的,应当按照该《收入准则》定义的交易价格进行初始计量。

交易费用,是指可直接归属于购买、发行或处置金融工具的增量费用。

增量费用是指企业没有发生购买、发行或处置相关金融工具的情形就不会发生的费用,包括支付给代理机构、咨询公司、券商、证券交易所、政府有关部门等的手续费、佣金、相关税费以及其他必要支出,不包括债券溢价、折价、融资费用、内部管理成本和持有成本等与交易不直接相关的费用。

金融工具初始确认时的公允价值通常指交易价格(即所收到或支付对价的公允价值),但是,如果收到或支付的对价的一部分并非针对该金融工具,该金融工具的公允价值应根据估值技术进行估计。

企业应当根据《企业会计准则第39号——公允价值计量》的规定,确定金融资产和金融负债在初始确认时的公允价值。"公允价值"通常为相关金融资产或金融负债的交易价格。金融资产或金融负债公允价值与交易价格存在差异的,企业应当区别下列情况进行处理:

1. 在初始确认时,金融资产的公允价值依据相同资产或负债在活跃市场上的报价或者以仅使用可观察市场数据的估值技术确定的,企业应当将该公允价值与交易价格之间的差额确认为一项利得或损失。

2. 在初始确认时,金融资产的公允价值以其他方式确定的,企业应当将该公允价值与交易价格之间的差额递延。初始确认后,企业应当根据某一因素在相应会计期间的变动程度将该递延差额确认为相应会计期间的利得或损失。该因素应当仅限于市场参与者对该金融工具定价时将予考虑的因素,包括时间等。企业取得金融资产所支付的价款中包含的已宣告但尚未发放的利息或现金股利,应当单独确认为应收项目处理。

二、金融资产的后续计量

金融资产的后续计量与金融资产的分类密切相关。企业应当对不同类别的金融资产,分别以摊余成本、以公允价值计量且其变动计入其他综合收益或以公允价值计量且其变动计入当期损益进行后续计量。

需要注意的是,企业在对金融资产进行后续计量时,如果一项金融工具以前被确认为一项金融资产并以公允价值计量,而现在它的公允价值低于零,企业应将其确认为一项负债。但对于主合同为资产的混合合同,即使整体公允价值可能低于零,企业应当始终将混合合同整体作为一项金融资产进行分类和计量。

第六节 交易性金融资产的账务处理

一、交易性金融资产的相关账户

(一) 交易性金融资产的账户

交易性金融资产主要是指企业为了近期内出售而持有的金融资产,如企业以赚取差价为目的从二级市场(流通市场)购入的股票、债券、基金等,交易性金融资产持有期间本身就反映了金融资产的公允价值,所以不计提资产的减值损失。企业持有的直接指定为以公允价值计量且其变动计入当期损益的金融资产在"交易性金融资产"科目核算。

1. 账户的性质:资产类账户。
2. 账户的用途:为了核算和监督为企业交易目的所持有的债券投资、股票投资、基金投资等交易性金融资产公允价值的增减变动及结存情况,应设置"交易性金融资产"科目,"交易性金融资产"科目的借方登记交易性金融资产时的初始入账金额即取得成本、资产负债表日其公允价值高于账面余额的差额等;贷方登记企业出售交易性金融资产时转出的成本以及资产负债表日其公允价值低于账面余额的差额。期末借方余额反映企业交易性金融资产的公允价值。
3. 明细账的设置:"交易性金融资产"科目应当按照交易性金融资产的类别和品种,分别"成本"、"公允价值变动"进行明细核算。

(二) 公允价值变动损益账户

"公允价值变动损益"科目核算企业交易性金融资产、交易性金融负债,以及采用公允价值模式计量的投资性房地产、债务重组、非货币交换、衍生工具、套期保值业务等公允价值变动形成的应计入当期损益的利得或损失。企业持有的直接指定为以公允价值计量且其变动计入当期损益的金融资产或金融负债公允价值变动形成的应计入当期损益的利得或损失,也在"公允价值变动损益"科目核算。

1. 账户的性质:损益类账户。
2. 账户的用途:"公允价值变动损益"科目核算企业交易性金融资产、交易性金融负债,以及采用公允价值模式计量的投资性房地产等公允价值变动,应计入当期损益的利得或损失。"公允价值变动损益"科目的贷方登记资产负债表日企业持有的交易性金融资产、交易性金融负债,以及采用公允价值模式计量的投资性房地产、衍生工具、套期保值业务等的公允价值高于账面余额的差额,借方登记资产负债表日企业持有的交易性金融资产等公允价值低于账面余额的差额。

期末结账时,应将"公允价值变动损益"科目余额转入"本年利润"科目,结转后"公允价值变动损益"科目期末无余额。

3. 公允价值变动损益明细账的设置:"公允价值变动损益"科目可按交易性金融资产、交易性金融负债、投资性房地产等项目进行明细核算。

(三) 应收股利账户

应收股利是指企业应收取的现金股利和应收取其他单位分配的利润。

1. 账户的性质：资产类账户。

2. 账户的用途：为了反映和监督应收股利的增减变动及其结存情况,企业应设置"应收股利"科目。"应收股利"科目的借方登记被投资方已宣告发放但尚未领取的现金股利、企业因对外投资所分得的现金股利或利润,贷方登记已经实际收到的现金股利或利润,"应收股利"科目期末借方余额,反映企业尚未收回的现金股利或利润。

3. 明细账的设置:"应收股利"科目应按被投资单位设置明细账,进行明细核算。

(四) 应收利息账户

应收利息是指企业在进行债权投资时,实际支付的价款中包括的那些已经到期但尚未领取的利息金额。

1. 账户的性质：资产类账户。

2. 账户的用途：为了反映和监督应收股利的增减变动及其结存情况,企业应设置"应收利息"科目。"应收利息"科目借方登记应收的利息,贷方登记实际收到的利息,期末借方余额反映企业尚未收回的利息。

3. 明细账的设置:"应收利息"科目应按照借款人或被投资单位进行明细核算。

(五) 投资收益账户

投资收益是指企业对外投资以及出售金融资产所取得的收益,减去发生的投资损失和计提的投资减值准备后的净额。

1. 账户的性质：损益类账户。

2. 账户的用途:"投资收益"科目核算企业对外投资以及出售金融资产等实现的投资收益或投资损失,"投资收益"科目贷方登记企业对外投资以及出售金融资产等实现的投资收益,借方登记企业对外投资以及出售金融资产等投资损失。"投资收益"科目的余额应在期末结转入本年利润科目,但以前年度损益调整科目需结转入利润分配科目,结转后期末一般无余额。

投资收益是指企业对外投资所得的收入(所发生的损失为负数),如企业对外投资取得现金股利收入、债券利息收入以及与其他单位联营所分得的利润等。

3. 明细账的设置：本科目应按被投资单位或者投资项目设置明细账,进行明细核算。

二、交易性金融资产的计量和账务处理

按照财政部《企业会计准则——基本准则》(2014)第四十二条、四十三条会计计量属性规定的公允价值是指在公允价值计量下,资产和负债按照市场参与者在计量日发生的有序交易中,出售资产所能收到或者转移负债所需支付的价格计量。公允价值计量的应当保证所确定的会计要素金额能够取得并可靠计量。

1. 交易性金融资产的取得

企业初始确认金融资产或金融负债,应当按照公允价值计量。对于以公允价值计量且其变

动计入当期损益的金融资产和金融负债,相关交易费用应当直接计入当期损益。对于其他类别的金融资产或金融负债,比如以摊余成本计量的金融资产、以公允价值计量且其变动计入其他综合收益的金融资产,其相关交易费用应当计入初始确认金额。

交易费用,是指可直接归属于购买、发行或处置金融工具的增量费用。增量费用是指企业没有发生购买、发行或处置相关金融工具的情形就不会发生的费用,包括支付给代理机构、咨询公司、券商、证券交易所、政府有关部门等的手续费、佣金、相关税费以及其他必要支出,不包括债券溢价、折价、融资费用、内部管理成本和持有成本等与交易不直接相关的费用。取得交易性金融资产所发生的相关交易费用应当在发生时计入投资收益。

公允价值通常为相关金融资产或金融负债的交易价格。金融资产或金融负债公允价值与交易价格存在差异的,企业应当区别下列情况进行处理:(1)在初始确认时,金融资产或金融负债的公允价值依据相同资产或负债在活跃市场上的报价或者以仅使用可观察市场数据的估值技术确定的,企业应当将该公允价值与交易价格之间的差额确认为一项利得或损失。(2)在初始确认时,金融资产或金融负债的公允价值以其他方式确定的,企业应当将该公允价值与交易价格之间的差额递延。初始确认后,企业应当根据某一因素在相应会计期间的变动程度将该递延差额确认为相应会计期间的利得或损失。该因素应当仅限于市场参与者对该金融工具定价时将予考虑的因素,包括时间等初始确认后,企业应当对不同类别的金融资产,分别以摊余成本、以公允价值计量且其变动计入其他综合收益或以公允价值计量且其变动计入当期损益进行后续计量。

企业取得交易性金融资产时,按其公允价值(不含支付的价款中所包含的、已到付息期但尚未领取的利息或已宣告但尚未发放的现金股利),借记"交易性金融资产——成本"科目,按发生的交易费用,借记"投资收益"科目,对应于交易费用可抵扣的增值税,则借记"应交税费——应交增值税(进项税额)"(增值税税率为6%),按已到付息期但尚未领取的利息或已宣告但尚未发放的现金股利,借记"应收利息"或"应收股利"科目,按实际支付的金额,贷记"其他货币资金"等科目。

【例8-1】 甲公司2022年12月1日以银行存款汇入证券公司的资金账户,并同日购入乙公司已宣告但尚未分派现金股利的股票200 000股,每股成交价15元,其中已宣告但尚未分派的现金股利为0.5元,另支付证券公司开具增值税专用发票上注明的交易费用10 000元和增值税税额为600元,假设乙公司的股权登记日为12月10日,企业于2022年12月20日收到甲公司发放的现金股利。甲公司应做如下账务处理:

(1)购入股票时

借:交易性金融资产——成本　　　　　　　　　　　　　　　　　2 900 000
　　应收股利　　　　　　　　　　　　　　　　　　　　　　　　　100 000
　　投资收益　　　　　　　　　　　　　　　　　　　　　　　　　　10 000
　　应交税费——应交增值税(进项税额)　　　　　　　　　　　　　　 600
　　贷:其他货币资金——存出投资款　　　　　　　　　　　　　　3 010 600

(2)2022年12月20日收到现金股利时

借:其他货币资金——存出投资款　　　　　　　　　　　　　　　　100 000
　　贷:应收股利　　　　　　　　　　　　　　　　　　　　　　　　100 000

2. 交易性金融资产持有期间取得的现金股利和债券利息

持有交易性金融资产期间,被投资单位宣告发放现金股利或在资产负债表日按债券票面利率计算利息时,借记"应收股利"或"应收利息"科目,贷记"投资收益"科目。收到现金股利或债券利息(分期付息、一次还本的债券投资)时,借记"银行存款"科目,贷记"应收股利"或"应收利息"科目。票面利率与实际利率差异较大的,应采用实际利率计算确定债券利息收入。

【例8-2】 2023年7月10日,乙公司宣告发放2023上半年的现金股利每股0.6元,款项已收到。甲公司应做如下账务处理:

(1) 乙公司宣告发放现金股利

借:应收股利　　　　　　　　　　　　　　　　　　　　　　　　　　120 000
　　贷:投资收益　　　　　　　　　　　　　　　　　　　　　　　　　　120 000

(2) 甲公司收到现金股利

借:其他货币资金——存出投资款　　　　　　　　　　　　　　　　　　120 000
　　贷:应收股利　　　　　　　　　　　　　　　　　　　　　　　　　　120 000

3. 资产负债表日,对交易性金融资产按照公允价值计量调整

资产负债表日,交易性金融资产的公允价值与账面余额之间的差额应计入当期损益(公允价值变动损益)。即当交易性金融资产的公允价值高于其账面余额的差额,借记"交易性金融资产——公允价值变动"科目,贷记"公允价值变动损益"科目;当交易性金融资产的公允价值低于其账面余额的差额,借记"公允价值变动损益"科目,贷记"交易性金融资产——公允价值变动"科目。

【例8-3】 承[例8-1]2023年7月31日,甲公司发现2022年12月1日购入的乙公司股票,市场价格下跌到每股12元。甲公司应做如下账务处理:

单位:元

项目	2023年7月31日		
	(1) 账面价值	(2) 公允价值	差额为公允价值变动 (3)=(2)-(1)
交易性金融资产——股票	2 900 000	2 400 000	-500 000
乙公司股票	2 900 000	2 400 000	-500 000
小计	2 900 000	2 400 000	-500 000

差额为正数,计入"交易性金融资产——公允价值变动"的借方,表明交易性金融资产价值上升;差额为负数,计入"交易性金融资产——公允价值变动"的贷方,表明交易性金融资产价值下降。

借:公允价值变动损益　　　　　　　　　　　　　　　　　　　　　　　500 000
　　贷:交易性金融资产——公允价值变动　　　　　　　　　　　　　　　500 000

注意 "交易性金融资产——成本"的账面价值永远不会变化,不会因价格的升降而发生改变,符合历史成本原则,价格升降通过"交易性金融资产——公允价值变动"进行调整,差额计入当期损益(公允价值变动损益),但是"交易性金融资产"的总账账面价值反映的公允价值,也即市场价值。

4. 交易性金融资产的出售

企业出售交易性金融资产，应当按照实际收到的金额，借记"其他货币资金"等科目，按照该证券的账面余额，贷记"交易性金融资产——成本"，贷记或者借记"交易性金融资产——公允价值变动"科目，按照其差额（卖出价扣除买入价），贷记或借记"投资收益"科目。

按照国家税法规定，金融商品转让按照卖出价扣除买入价（不需要扣除已宣告未发放的现金股利和已到付息期未领取的利息）后的余额作为销售额计算增值税，即转让金融商品按盈亏相抵后的余额为销售额，转让该金融资产应缴纳的增值税税额为：（卖出价－买入价）÷（1＋6%）×6%。若相抵后出现负差，可结转下一纳税期与下期转让金融商品销售额互抵，但年末时仍出现负差的，不得转入下一会计年度。

当月月末，转让金融商品如产生转让收益，则按应纳税额，借记"投资收益"等，贷记"应交税费——转让金融商品应交增值税"；如产生转让损失，则按可结转下月抵扣税额：借记"应交税费——转让金融商品应交增值税"，贷记"投资收益"等；年末，如果"应交税费——转让金融商品应交增值税"科目有借方余额，说明本年度的金融商品转让损失无法弥补，且本年度的金融商品转让损失不可转入下年度继续抵减转让金融资产的收益，将"应交税费——转让金融商品应交增值税"科目的借方余额转出，借记"投资收益"等，贷记"应交税费——转让金融商品应交增值税"。

【例 8-4】 2023 年 8 月 1 日，甲公司发现 2022 年 12 月 1 日购入的乙公司股票，市场价格下降趋势有继续扩大的可能，为了减少损失，决定将乙公司股票以每股 11.3 元全部售出，款项已经收回到资金账户，同时计算缴纳增值税。甲公司应做如下账务处理：

(1) 2023 年 8 月 1 日，乙公司债券全部出售时

借：其他货币资金——存出投资款　　　　　　　　　　　　　　2 260 000
　　交易性金融资产——公允价值变动　　　　　　　　　　　　　　500 000
　　投资收益　　　　　　　　　　　　　　　　　　　　　　　　　140 000
　　贷：交易性金融资产——成本　　　　　　　　　　　　　　　2 900 000

(2) 计算缴纳增值税

（卖出价－买入价）＝2 260 000－2 900 000 元＝（－）640 000 元，结转 2023 年 9 月与 2023 年 9 月转让金融商品销售额互抵，但 2023 年年末时仍出现负差的，不得转入 2024 年会计年度。

$$\begin{aligned}
应纳增值税税额 &= （卖出价－买入价）÷（1＋6\%）×6\% \\
&= （-640\,000）÷（1＋6\%）×6\% \\
&= （-）603\,773.50×6\% \\
&= （-）36\,226.40 \text{ 元}
\end{aligned}$$

借：应交税费——转让金融商品应交增值税　　　　　　　　　　　36 226.40
　　贷：投资收益　　　　　　　　　　　　　　　　　　　　　　　36 226.40

(3) 2023 年年末，假设甲公司没有任何金融资产的交易，本年度的金融商品转让损失按规定不能转入 2024 年度继续抵减转让金融资产交易的收益，甲公司应作如下会计分录：

借：投资收益　　　　　　　　　　　　　　　　　　　　　　　　36 226.40
　　贷：应交税费——转让金融商品应交增值税　　　　　　　　　　36 226.40

实际上，经过这样计算，甲公司在乙公司股票的买卖中，因为卖出价小于买入价，所以甲公司实际上没有缴纳增值税。

第七节 以摊余成本计量的金融资产

按照《企业会计准则第22号——金融工具确认和计量应用指南》(2017)规定,将"1501 持有至到期投资"科目改为"1501 债权投资",将"1502 持有至到期投资减值准备"科目改为"1502 债权投资减值准备"。

一、债权投资账户

1. 账户性质:资产类账户。

2. 账户用途:为了核算企业债权投资购入、持有和出售的增减变动,企业应当设置"债权投资"科目,"债权投资"科目借方登记增加的债权投资的金额,也即企业持有的债权投资的取得成本、一次还本付息债券投资在资产负债表日按照票面利率计算确定的应收未收利息等;"债权投资"科目贷方登记减少的债权投资的金额,也即企业出售债权投资时结转的成本等。期末余额在借方,反映企业期末企业以摊余成本计量的债权投资的账面余额。

3. 明细账的设置:"债权投资"科目可按债权投资的类别和品种,分别"面值"、"利息调整"、"应计利息"等进行明细核算。

二、实际利率的含义与组成部分

1. 实际利率

实际利率,是指将金融资产或金融负债在预计存续期的估计未来现金流量折现为该金融资产账面余额(不考虑减值)或该金融负债摊余成本所使用的利率。

2. 经信用调整的实际利率

经信用调整的实际利率,是指将购入或源生的已发生信用减值的金融资产在预计存续期的估计未来现金流量,折现为该金融资产摊余成本的利率。

三、摊余成本

金融资产或金融负债的摊余成本,应当以该金融资产或金融负债的初始确认金额经下列调整确定:

1. 扣除已偿还的本金。
2. 加上或减去采用实际利率法将该初始确认金额与到期日金额之间的差额进行摊销形成的累计摊销额。
3. 扣除计提的累计信用减值准备(仅适用于金融资产)。

实际利率法,是指计算金融资产或金融负债的摊余成本以及将利息收入或利息费用分摊计入各会计期间的方法。对于浮动利率金融资产或浮动利率金融负债,以反映市场利率波动而对现金流量的定期重估将改变实际利率。如果浮动利率金融资产或浮动利率金融负债的初始确认金额等于到期日应收或应付本金的金额,则未来利息付款额的重估通常不会对该资产或负债的账面价值产生重大影响。

以摊余成本计量且不属于任何套期关系的金融资产所产生的利得或损失,应当在终止确认、按照准则规定重分类、按照实际利率法摊销或按照金融工具确认和计量准则规定确认减值时,计入当期损益。

四、债权投资的减值

企业对以摊余成本计量的金融资产和以公允价值计量且其变动计入其他综合收益的金融资产计提信用减值准备时,应当采用"预期信用损失法"。预期信用损失法是指企业依据《企业会计准则》要求,对所承担的预期信用损失进行评估,并依此计提信用风险损失准备的方法。在预期信用损失法下,减值准备的计提不以减值的实际发生为前提,而是以未来可能的违约事件造成的损失的期望债来计量当前(资产负债表日)应当确认的减值准备。

五、债权投资的账务处理

以摊余成本计量的金融资产的会计处理,主要包括该金融资产实际利率的计算、摊余成本的确定、持有期间的收益确认及将其处置时损益的处理。以摊余成本计量的金融资产所产生的利得或损失,应当在终止确认、按照规定重分类、按照实际利率法摊销或确认减值时,计入当期损益。以摊余成本计量的债权投资相关的账务处理如下:

(一) 债权投资的取得

企业取得的以摊余成本计量的债权投资,应按债权投资的面值,借记"债权投资——成本"科目,按支付的价款中包含的已到付息期但尚未领取的利息(票面利率计算确定),借记"应收利息"科目,按实际支付的金额,贷记"银行存款"、"其他货币资金"等科目,按其差额,借记或贷记"债权投资——利息调整"科目。

(二) 债权投资的计息方式

1. 分期付息、一次还本

资产负债表日,以摊余成本计量的债权投资为分期付息、一次还本的,应按票面利率计算确定的应收未收利息,借记"应收利息"科目,按该金融资产摊余成本和实际利率计算确定的利息收入,贷记"投资收益"科目,按其差额,借记或贷记"债权投资—利息调整"科目。

2. 一次还本付息

以摊余成本计量的债权投资为一次还本付息债券投资的,应按票面利率计算确定的应收未收利息,借记"债权投资——应计科息"科目,按该金融资产摊余成本和实际利率计算确定的利息收入,贷记"投资收益"科目,按其差额,借记或贷记"债权投资—利息调整"科目。

(三) 债权投资的收回

出售以摊余成本计量的债权投资,应按实际收到的金额,借记"银行存款"等科目,按其账面余额,贷记"债权投资——成本、应计科息"科目,贷记或借记"债权投资——利息调整"科目,按其差额贷记或借记"投资收益"科目,已经计提信用减值准备的,还应同时结转信用减值准备。

【例8-5】 2018年1月1日,甲公司支付2 000元,在南京证券公司购入乙公司5年期债券,面值2 500元,票面年利率4.72%,按年支付本金和2022年利息的合计数并于在2022年年末一次性支付。假设甲公司在购买该债券时,预计乙公司不会提前赎回发行的该债券,暂不考虑其他因素。甲公司应做如下账务处理:

每年按照票面利率计算收到的利息收入 $2\,500 \times 4.72\% = 118$ 元

计算实际利率 R:

$118 \times (1+R)^{-1} + 118 \times (1-R)^{-2} + 118 \times (1+R)^{-3} + 118 \times (1+R)^{-4} + (118+2\,500) \times (1+$

$R)^{-5}=2\,000$ 元,采用插值法,通过几次测试,计算得出 $R=10\%$。

单位:元(只保留一位小数)

年份	期初摊余成本 (面值)(A)	按照实际利率计算的 利息收入(B=A×10%)	现金流入 (C=每年按照票面利率 计算收到的利息收入)	期末摊余成本 (D=A+B−C)
2018	2 000	200	118	2 082
2019	2 082	208.2	118	2 172.2
2020	2 172.2	217.2	118	2 271.4
2021	2 271.4	227.1	118	2 380.5
2022	2 380.5	237.5*	2 500+118=2 618	0

注:*代表尾数调整:2 500+118−2 380.5=237.5(元)。

(1) 2018年1月1日,购入乙公司债券

借:债权投资——成本　　　　　　　　　　　　　　　　　　　　　　　　2 500
　　贷:银行存款　　　　　　　　　　　　　　　　　　　　　　　　　　2 000
　　　　债券投资——利息调整　　　　　　　　　　　　　　　　　　　　500

(2) 2018年12月31日,确认实际利息收入

借:应收利息　　　　　　　　　　　　　　　　　　　　　　　　　　　　118
　　债权投资——利息调整　　　　　　　　　　　　　　　　　　　　　　82
　　贷:投资收益　　　　　　　　　　　　　　　　　　　　　　　　　　200

收到票面利息

借:银行存款　　　　　　　　　　　　　　　　　　　　　　　　　　　　118
　　贷:应收利息　　　　　　　　　　　　　　　　　　　　　　　　　　118

(3) 2019年12月31日,确认实际利息收入、收到票面利息

借:应收利息　　　　　　　　　　　　　　　　　　　　　　　　　　　　118
　　债权投资——利息调整　　　　　　　　　　　　　　　　　　　　　　90.2
　　贷:投资收益　　　　　　　　　　　　　　　　　　　　　　　　　　208.2

收到票面利息

借:银行存款　　　　　　　　　　　　　　　　　　　　　　　　　　　　118
　　贷:应收利息　　　　　　　　　　　　　　　　　　　　　　　　　　118

(4) 2020年12月31日,确认实际利息收入

借:应收利息　　　　　　　　　　　　　　　　　　　　　　　　　　　　118
　　债权投资——利息调整　　　　　　　　　　　　　　　　　　　　　　99.2
　　贷:投资收益　　　　　　　　　　　　　　　　　　　　　　　　　　217.2

收到票面利息

借:银行存款　　　　　　　　　　　　　　　　　　　　　　　　　　　　118
　　贷:应收利息　　　　　　　　　　　　　　　　　　　　　　　　　　118

(4) 2021 年 12 月 31 日,确认实际利息收入

借:应收利息 118
　　债权投资——利息调整 109.1
　　贷:投资收益 227.1

收到票面利息

借:银行存款 118
　　贷:应收利息 118

(5) 2022 年 12 月 31 日,确认实际利息收入

借:应收利息 118
　　债权投资——利息调整 119.5
　　贷:投资收益 237.5

收到票面利息

借:银行存款 118
　　贷:应收利息 118

收回本金

借:银行存款 2 500
　　贷:债权投资——成本 2 500

第八节　以公允价值计量且其变动计入其他综合收益的金融资产

按照《企业会计准则第 22 号——金融工具确认和计量应用指南》(2017)规定,"1503 其他债权投资"科目核算企业按照《金融工具确认和计量准则》第十八条分类为以公允价值计量且其变动计入其他综合收益的金融资产;"1504 其他权益工具投资"科目核算企业指定为以公允价值计量且其变动计入其他综合收益的非交易性权益工具投资。

一、其他债权投资相关账户

(一) 其他债权投资账户

1. 账户性质:资产类账户。
2. 账户用途:为了核算企业其他债权投资购入、利息调整、公允价值变动以及出售的价值增减变动,企业应当设置"其他债权投资"科目,"其他债权投资"科目借方登记其他债权投资的成本,利息调整,资产负债表日其公允价值高于账面余额的差额,转回的减值损失等;"其他债权投资"科目贷方登记出售其他债权投资时其他债权投资成本的结转,期初需要调整的利息,资产负债表日其公允价值低于账面余额的差额、发生的减值损失等。期末余额在借方,反映企业期末其他债权投资的公允价值。
3. 明细账的设置:"债权投资"科目可按债权投资的类别和品种,分别"面值"、"利息调整"、"应计利息"、"公允价值变动"等进行明细核算。

（二）其他债权投资减值准备账户

1. 账户性质：资产类账户。
2. 账户用途：为了核算企业计提的其他债权投资减值准备，企业应当设置"其他债权投资减值准备"科目，"其他债权投资减值准备"科目贷方登记计提的其他债权投资减值准备金额，借方登记实际发生的其他债权投资减值损失金额和转回的其他债权投资减值准备金额，期末余额在借方，反映企业期末其他债权投资的公允价值。

二、以公允价值计量且其变动计入其他综合收益的金融资产

（一）以公允价值计量且其变动计入其他综合收益的金融资产

以公允价值计量且其变动计入其他综合收益的金融资产所产生的利得或损失，除减值损失或利得和汇兑损益之外，均应当计入其他综合收益，直至该金融资产终止确认或被重分类。但是，采用实际利率法计算的该金融资产的利息应当计入当期损益。该类金融资产计入各期损益的金额应同一直按摊余成本计量而计入各期损益的金额相等。

该金融资产终止确认时，之前计入其他综合收益的累计利得或损失应当从其他综合收益中转出计入当期损益。

（二）以公允价值计量且其变动计入其他综合收益的非交易性权益工具

指定为以公允价值计量且其变动计入其他综合收益的非交易性权益工具投资，除了获得的股利（属于投资成本收回部分的除外）计入当期损益外，其他相关的利得和损失（包括汇兑损益）均应计入其他综合收益，且后续不得转入当期损益。当其终止确认时，之前计入其他综合收益的累计利得或损失应当从其他综合收益中转出，计入留存收益。

企业只有在同时符合下列条件时，才能确认股利收入并计入当期损益：
1. 企业收取股利的权利已经确立；
2. 与股利相关的经济利益很可能流入企业；
3. 股利的金额能够可靠计量。

三、其他债权投资的账务处理

（一）取得其他债权投资

企业取得"其他债权投资"，应按该金融资产投资的面值，借记"其他债权投资——成本"科目，按支付的价款中包含的已到付息期但尚未领取的利息，借记"应收利息"科目，按实际支付的金额，贷记"银行存款"、"其他货币资金"等科目，按其差额，借记或贷记"其他债权投资——利息调整"科目。

（二）其他债权投资的计息方式

1. 分期付息、一次还本

资产负债表日，"其他债权投资"为分期付息、一次还本债券的，应按票面利率计算确定的应收未收利息，借记"应收利息"科目，按债券的摊余成本和实际利率计算确定的利息收入，贷记"投资收益"科目，按其差额，借记或贷记"其他债权投资—利息调整"科目。

2. 一次还本付息

"其他债权投资"为一次还本付息债券的，应按票面利率计算确定的应收未收利息，借记"其他债权投资——应计利息"科目，按债券的摊余成本和实际利率计算确定的利息收入，贷记"投资

收益"科目,按其差额,借记或贷记"其他债权投资——利息调整"科目。

(三) 其他债权投资公允价值的变动

资产负债表日,"其他债权投资"的公允价值高于其账面面余额的差额,借记"其他债权投资——公允价值变动",贷记"其他综合收益——其他债权投资公允价值变动",公允价值低于其账面余额的,做相反的会计分录,借记"其他综合收益——其他债权投资公允价值变动",贷记"其他债权投资——公允价值变动"。

(四) 其他债权投资的减值

在资产负债表日,"其他债权投资"确定发生减值的,应按减记的金额,借记"信用减值损失",贷记"其他综合收益—信用减值准备"科目。

(五) 出售其他债权投资

出售"其他债权投资",应按实际收到的金额,借记"银行存款"等科目,按其账面余额,贷记"其他债权投资——成本、应计利息"科目,贷记或借记"其他债权投资——公允价值变动、利息调整"科目;按应从其他综合收益中转出的公允价值累计变动额,借记或贷记"其他综合收益——其他债权投资公允价值变动"科目;按应从其他综合收益转出的信用减值准备累计金额,借记"其他综合收益——信用减值准备",按其差额,贷记或借记"投资收益"。

【例8-6】 2018年1月1日,甲公司支付2 000元(含交易费用)在南京证券公司购入乙公司5年期债券,面值2 500元,票面年利率4.72%,按年支付利息,本金和2022年利息的合计数在2022年年末一次性支付。甲公司根据《金融工具确认和计量》(2017)规定,其管理该债券的业务模式和该债券的合同现金流量特征,将该债券分类为以公允价值变动计入其他综合收益的金融资产。其他债券的公允价值变动如下:

(1) 2018年12月31日,乙公司债券在活跃市场上的公允价值为2 400元(不含利息)。
(2) 2019年12月31日,乙公司债券在活跃市场上的公允价值为2 600元(不含利息)。
(3) 2020年12月31日,乙公司债券在活跃市场上的公允价值为2 500元(不含利息)。
(4) 2021年12月31日,乙公司债券在活跃市场上的公允价值为2 400元(不含利息)。
(5) 2022年3月15日,通过深圳证券交易所出售了乙公司债券,取得价款2 520元。

假设甲公司在购买该债券时,预计发行方不会提前赎回,暂不考虑其他因素。甲公司应做如下账务处理:

每年应实际支付利息为$2\,500 \times 4.72\% = 118$元

计算实际利率R:

$$118 \times (1+R)^{-1} + 118 \times (1+R)^{-2} + 118 \times (1+R)^{-3} + 118 \times (1+R)^{-4} + (118 + 2\,500) \times (1+R)^{-5} = 2\,000 \text{元}$$

采用插值法,通过几次测试,比如最后用$R=9\%$和$R=11\%$插值计算得出$R=10\%$。

下列表格中:

A为现金流入,A=每年按照票面利率计算收到的利息收入;

B为实际利息收入(投资收益),B=期初摊余成本×实际利率10%;

C为利息调整,C=A−B;

D为摊余成本余额,D=期初摊余成本余额−C;

E为公允价值;

F为公允价值变动额,F=E−D−期初G;

G 为公允价值变动累计额,G=期初 G+F。

日期	A	B	C	D	E	F	G
2018/1/1				2 000	2 000	0	0
2018/12/31	118	200	−82	2 082	2 400	318	318
2019/12/31	118	208.2	−90.2	2 172.2	2 600	109.8	427.8
2020/12/31	118	217.22	−99.22	2 271.42	2 500	−199.22	228.58
2021/12/31	118	227.14	−109.14	2 380.56	2 400	−209.14	19.44

(1) 2018 年 1 月 1 日,购入乙公司债券

借:其他债权投资——成本 2 500
  贷:银行存款 2 000
    其他债权投资——利息调整 500

(2) 2018 年 12 月 31 日,确认债券实际利息收入、收到债券利息以及公允价值变动

借:应收利息 118
  其他债权投资——利息调整 82
  贷:投资收益 200

收到票面利息,

借:银行存款 118
  贷:应收利息 118

确认公允价值变动,

借:其他债权投资——公允价值变动 318
  贷:其他综合收益——其他债权投资公允价值变动 318

(3) 2019 年 12 月 31 日,确认债券实际利息收入、收到债券利息以及公允价值变动

借:应收利息 118
  其他债权投资——利息调整 90.2
  贷:投资收益 208.2

收到票面利息,

借:银行存款 118
  贷:应收利息 118

确认公允价值变动,

借:其他债权投资——公允价值变动 109.8
  贷:其他综合收益——其他债权投资公允价值变动 109.8

(4) 2020 年 12 月 31 日,确认债券实际利息收入、收到债券利息以及公允价值变动

借:应收利息 118
  其他债权投资——利息调整 99.22
  贷:投资收益 217.22

收到票面利息，

借：银行存款 118
　　贷：应收利息 118

确认公允价值变动，

借：其他综合收益——其他债权投资公允价值变动 199.22
　　贷：其他债权投资——公允价值变动 199.22

(5) 2021年12月31日，确认债券实际利息收入、收到债券利息以及公允价值变动

借：应收利息 118
　　其他债权投资——利息调整 109.14
　　贷：投资收益 227.14

收到票面利息，

借：银行存款 118
　　贷：应收利息 118

确认公允价值变动，

借：其他综合收益——其他债权投资公允价值变动 209.14
　　贷：其他债权投资——公允价值变动 209.14

(6) 2022年3月15日，确认出售乙公司债券实现的损益

借：银行存款 2 520
　　其他综合收益——其他债权投资公允价值变动 19.44
　　其他债权投资——利息调整 119.44
　　贷：其他债权投资——成本 2 500
　　　　　　　　　　——公允价值变动 19.44
　　　　投资收益 139.44

按照我国目前的货币制度，本该将分位的数字以零处理，但是因为为了计算清楚，所以仍然保留分位数。

四、其他权益工具

指定为以公允价值计量且其变动计入其他综合收益的非交易性权益工具投资的会计处理，与分类为以公允价值计量且其变动计入其他综合收益的金融资产的会计处理有相同之处，但也有明显不同。相同之处在于，公允价值的后续变动计入其他综合收益。不同之处在于，指定为以公允价值计量且其变动计入其他综合收益的非交易性权益工具投资不需计提减值准备，除了获得的股利收入(作为投资成本部分收回的股利收入除外)计入当期损益外，其他相关的利得和损失(包括汇兑损益)均应当计入其他综合收益，且后续不得转入损益；当终止确认时，之前计入其他综合收益的累计利得或损失应当从其他综合收益中转出，计入留存收益。

(一) 企业取得"其他权益工具投资"

企业取得其他权益工具投资，应按该投资的公允价值与交易费用之和，借记"其他权益工具

投资——成本"科目,支付的价款中包含的已宣告但尚未发放的现金股利(注意,不是股票股利),借记"应收股利"科目,按实际支付的买价,贷记"银行存款"、"其他货币资金"等科目。

(二) "其他权益工具投资"公允价值的变动

资产负债表日,指定为以公允价值计量且其变动计入其他综合收益的非交易性权益工具投资的公允价值高于其账面余额的数额,借记"其他权益工具投资——公允价值变动"科目,贷记"其他综合收益——其他权益工具投资公允价值变动"科目;公允价值低于其账面余额的数额作相反的会计分录,借记"其他综合收益——其他权益工具投资公允价值变动"科目,贷记"其他权益工具投资——公允价值变动"。

(三) 出售"其他权益工具投资"

出售"其他权益工具投资"时,需要考虑:(1)出售所得价款与其账面价值的差额计入留存收益;(2)将原直接计入其他综合收益的公允价值变动的累计额转出,计入留存收益(即"盈余公积"和"利润分配——未分配利润"科目)。也即,应按直接实际收到的金额,借记"银行存款"等科目,按其账面余额,贷记"其他权益工具投资-成本、公允价值变动"科目,按应从其他综合收益中转出的公允价值累计变动额,借记或贷记"其他综合收益——其他权益工具投资公允价值变动"科目,将其差额转入留存收益(即"盈余公积"和"利润分配——未分配利润"科目)。

【例 8-7】 2023 年 2 月 1 日,甲公司支付价款 10 250 元(含交易费用 200 元和已宣告发放现金股利 50 元),购入乙公司发行的股票 1 000 股,占乙公司有表决权股份的 1%。甲公司将其指定为以公允价值计量且其变动计入其他综合收益的非交易性权益工具投资。

(1) 2023 年 2 月 1 日,甲公司购入股票。
(2) 2023 年 3 月 10 日,甲公司收到乙公司发放的现金股利 50 元。
(3) 2023 年 5 月 31 日,确认活跃市场上股票价格为每股 10.5 元。
(4) 2024 年 1 月 10 日,以每股 10.6 元出售乙公司股票。

甲公司应做如下账务处理:

(1) 2023 年 2 月 1 日,甲公司购入股票

借:其他权益工具投资——成本　　　　　　　　　　　　　　　　　10 200
　　应收股利　　　　　　　　　　　　　　　　　　　　　　　　　　50
　　贷:其他货币资金——存出投资款　　　　　　　　　　　　　　　10 250

(2) 2023 年 3 月 10 日,甲公司收到乙公司发放的现金股利 50 元

借:其他货币资金——存出投资款　　　　　　　　　　　　　　　　50
　　贷:应收股利　　　　　　　　　　　　　　　　　　　　　　　　50

(3) 2023 年 5 月 31 日,确认股票价格变动

股票原账面价值为每股 10.2 元(10 200÷1 000),现在股票为每股 10.5 元,需要计入公允价值变动的金额为 300 元。

借:其他权益工具投资——公允价值变动　　　　　　　　　　　　　300
　　贷:其他综合收益——其他权益工具投资公允价值变动　　　　　　300

(4) 2024 年 1 月 10 日,以每股 10.6 元出售乙公司股票,并结转其他综合收益和留存收益

首先将股价的公允价值变动导致增加的其他综合收益的贷方余额 300 元从借方转出结转至

留存收益,因此,

借:其他综合收益——其他权益工具投资公允价值变动　　　300
　　贷:盈余公积——法定盈余公积　　　30
　　　　利润分配——未分配利润　　　270

然后进行出售该股票的账务处理,

借:其他货币资金——存出投资款　　　10 600
　　贷:其他权益工具投资——成本　　　10 200
　　　　其他权益工具投资——公允价值变动　　　300
　　　　盈余公积——法定盈余公积　　　10
　　　　利润分配——未分配利润　　　90

第九章 存 货

第一节 存货概述

一、存货的概念

根据《企业会计准则第1号——存货》规定,存货是指企业在日常活动中持有以备出售的产成品或商品、处在生产过程中的在产品、在生产过程或提供劳务过程中耗用的材料和物料等。消耗性生物资产和通过建造合同归集的存货成本,分别适用《企业会计准则第5号——生物资产》以及适用《企业会计准则第15号——建造合同》,不包含在存货的范围。

存货同时满足下列条件的,才能予以确认:(1)与该存货有关的经济利益很可能流入企业;(2)该存货的成本能够可靠地计量。

二、存货的范围

存货包括的范围,具体来讲:

1. 原材料,是指企业在生产过程中经加工改变其物质形态或性质并构成产品主要实体的各种原料及主要材料、辅助材料、外购半成品(外购件)、修理用备件(备品备件)、包装材料、燃料等。会计上,原料是指没有经过人类加工的物质材料,未经熔炼的铁矿石,农民刚刚采摘的棉花、小麦、水稻等都是原料;材料是指经过人类加工过的物质材料,比如面包房生产蛋糕的面粉就是材料,不过这种区分对于会计核算一般来说意义不大。包装材料是指各种如纸、绳、铁丝、铁皮等材料。

2. 在产品,是指企业正在制造尚未完工的产品。包括正在各个生产工序加工的产品,以及已加工完毕但尚未检验或已检验但尚未办理入库手续的产品。

3. 半成品,是指企业经过一定生产过程并已检验合格交付半成品仓库保管,但尚未制造完工成为产成品,仍需进一步加工的中间产品。

4. 产成品,是指企业已经完成全部生产过程并已验收入库,符合标准规格和技术条件,可以按照合同规定的条件送交订货单位,或者可以作为商品对外销售的产品。

5. 商品,是指企业(批发业、零售业)外购或委托加工完成并已验收入库用于销售的各种商品。

6. 周转材料,是指企业能够多次使用、逐渐转移其价值但仍保持原有形态且不确认为固定资产的材料。主要包括包装物、低值易耗品、建筑企业的钢模板、木模板、脚手架和其他周转使用的材料等,最常见的周转材料就是包装物和低值易耗品。

(1) 包装物是指为了包装本企业的商品而储备的各种包装容器,如桶、箱、瓶、坛、袋等。这里要注意的是,包装物专指各种包装容器,与"原材料"的中包装材料不同。

(2) 低值易耗品是指不能作为固定资产核算的各种用具物品,如工具、管理用具、玻璃器皿、劳动保护用品以及在经营过程中周转使用的容器等。其特点是单位价值较低，或使用期限相对于固定资产较短，在使用过程中保持其原有实物形态基本不变。

7. 委托代销商品，是指企业委托其他单位代销的商品。

需要注意的是：

(1) 企业为建造固定资产等各项工程而储备的各种材料，虽然同属于材料，但其目的是用于建造固定资产等各项工程，不符合存货的定义，不能作为企业的存货进行核算，列为"工程物资"核算。但是如果企业是房地产开发企业，建造的建筑物不是固定资产，而是企业的产品，其各种材料应作为"原材料"核算。

(2) 存货范围的确认，法定所有权是确认企业存货的依据，凡在存货盘存日（资产负债表日）之前），只要法定所有权属于企业的所有存货，不论其存放地点，都应视为本企业存货；委托代销商品，在售出前，法定所有权仍然属于委托方，因此委托代销商品应作为委托方的存货处理。

第二节 存货的初始计量

根据《企业会计准则第1号——存货》规定：存货应当按照成本进行初始计量。这里的"成本"是指存货取得时的实际成本，也称历史成本。存货成本包括采购成本、加工成本和其他成本。应计入存货成本的借款费用，按照《企业会计准则第17号——借款费用》处理。

一、采购成本

存货的采购成本，包括购买价款、相关税费、运输费、装卸费、保险费以及在外购存货过程发生的其他直接费用，不含按照增值税税法规定可以抵扣的增值税进项税额。

存货的购买价款，是指企业购入的材料或商品的发票账单上列明的价款，但因为增值税为价外税，所以采购成本不包括按照规定可以抵扣的增值税税额。

存货的相关税费，是指企业购买存货发生的进口关税、消费税、资源税和不能抵扣的增值税进项税额以及相应的教育费附加等应计入存货采购成本的税费。

其他可归属于存货采购成本的费用，是指存货采购过程中发生的运输费、装卸费、保险费、包装费、仓储费等费用、运输途中的合理损耗、入库前的挑选整理费用和按规定应计入成本的税费以及其他费用。

商品流通企业购入的商品，按照进价和按规定应计入商品成本的税费，采购过程中发生的运输费、装卸费、保险费、包装费、仓储费等费用、运输途中的合理损耗、入库前的挑选整理费用等，作为实际采购成本。但是实务中：(1)商品流通企业在采购商品过程中发生的运输费、装卸费、保险费以及其他可归属于存货采购成本的费用等进货费用，应当计入存货采购成本。也可以先进行归集，期末根据所购商品的存销情况进行分摊。(2)对于已售商品的进货费用，计入当期损益（主营业务成本）。(3)对于未售商品的进货费用，计入期末存货成本。企业采购商品的进货费用金额较小的，可以在发生时直接计入当期损益（销售费用）。

企业在日常核算中采用计划成本法或售价金额法核算的存货成本，实质上也是存货的实际成本。比如，工业企业采用计划成本法，通过"材料成本差异"、"产品成本差异"科目将材料或产成品的计划成本调整为实际成本；商品流通企业采用"售价金额法"，通过"商品进销差价"科目将商品的售价调整为实际成本（进价）。

二、加工成本

存货的加工成本,包括直接人工以及按照一定方法分配的制造费用。企业通过进一步加工取得的存货主要包括产成品、在产品、半成品、委托加工物资等,其成本由采购成本、加工成本构成。存货加工成本,由直接人工和制造费用构成,其实质是企业在进一步加工存货的过程中追加发生的生产成本,但不包括直接由材料存货转移来的价值。

直接人工是指企业在生产产品和提供劳务过程中发生的直接从事产品生产和劳务提供人员的职工薪酬。直接人工和间接人工的划分依据通常是生产工人是否与所生产的产品直接相关(即可否直接确定其服务的产品对象)。

制造费用是指企业为生产产品和提供劳务而发生的各项间接费用。制造费用是一种间接生产成本,包括企业生产部门(如生产车间)管理人员的职工薪酬、折旧费、办公费、水电费、机物料消耗、劳动保护费、季节性和修理期间的停工损失等。企业应当根据制造费用的性质,合理地选择制造费用分配方法。在同一生产过程中,同时生产两种或两种以上的产品,并且每种产品的加工成本不能直接区分的,其加工成本应当按照合理的方法在各种产品之间进行分配。

三、存货的其他成本

存货的其他成本,是指除采购成本、加工成本以外的,使存货达到目前场所和状态所发生的其他支出,如为特定客户设计产品所发生的设计费用等应计入存货成本。

四、提供劳务的成本

企业提供劳务的,所发生的从事劳务提供人员的直接人工和其他直接费用以及可归属的间接费用,计入存货成本。

五、其他方式取得的存货的成本

企业取得存货的其他方式主要包括接受投资者投资、非货币性资产交换、债务重组、企业合并以及存货盘盈等。

1. 投资者投入存货的成本应当按照投资合同或协议约定的价值确定,但合同或协议约定价值不公允的除外。在投资合同或协议约定价值不公允的情况下,按照该项存货的公允价值作为其入账价值。

2. 收获时农产品的成本按照《企业会计准则第 5 号——生物资产》确定存货的成本。

农产品在种植养殖时按照《企业会计准则第 5 号——生物资产》进行核算计量,当收获后农产品就纳入《企业会计准则第 1 号——存货》进行核算。生物资产分为消耗性生物资产、生产性生物资产和公益性生物资产。消耗性生物资产,是指为出售而持有的、或在将来收获为农产品的生物资产,包括生长中的大田作物、蔬菜、用材林以及存栏待售的牲畜等。公益性生物资产,是指以防护、环境保护为主要目的的生物资产,包括防风固沙林、水土保持林和水源涵养林等。生产性生物资产收获的农产品成本,按照产出或采收过程中发生的材料费、人工费和应分摊的间接费用等必要支出计算确定,并采用加权平均法、个别计价法、蓄积量比例法、轮伐期年限法等方法,将其账面价值结转为农产品成本。收获之后的农产品,应当按照《企业会计准则第 1 号——存货》处理。

3. 非货币性资产交换取得的存货的成本按照《企业会计准则第 7 号——非货币性资产交换》确定存货的成本。非货币性资产交换,是指企业主要以固定资产、无形资产、投资性房地产和长期股权投资等非货币性资产进行的交换。该交换不涉及或只涉及少量的货币性资产(即补价)。货币性资产,是指企业持有的货币资金和收取固定或可确定金额的货币资金的权利。非货币性资产,是指货币性资产以外的资产。

以公允价值为基础计量的非货币性资产交换,涉及补价的,应当按照下列规定进行处理:支付补价的,以换出资产的公允价值,加上支付补价的公允价值和应支付的相关税费,作为换入资产的成本,换出资产的公允价值与其账面价值之间的差额计入当期损益。收到补价的,以换出资产的公允价值,减去收到补价的公允价值,加上应支付的相关税费,作为换入资产的成本,换出资产的公允价值与其账面价值之间的差额计入当期损益。

以账面价值为基础计量的非货币性资产交换,涉及补价的,应当按照下列规定进行处理:支付补价的,以换出资产的账面价值,加上支付补价的账面价值和应支付的相关税费,作为换入资产的初始计量金额,不确认损益。收到补价的,以换出资产的账面价值,减去收到补价的公允价值,加上应支付的相关税费,作为换入资产的初始计量金额,不确认损益。

4. 债务重组取得的存货的成本按照《企业会计准则第 12 号——债务重组》确定。

债务重组,是指在不改变交易对手方的情况下,经债权人和债务人协定或法院裁定,就清偿债务的时间、金额或方式等重新达成协议的交易。

债权人的会计处理:以资产清偿债务或者将债务转为权益工具方式进行债务重组的,债权人应当在相关资产符合其定义和确认条件时予以确认。以资产清偿债务方式进行债务重组的,债权人初始确认受让的金融资产以外的资产时,应当按照下列原则以成本计量:存货的成本,包括放弃债权的公允价值和使该资产达到当前位置和状态所发生的可直接归属于该资产的税金、运输费、装卸费、保险费等其他成本。

债务人的会计处理:以资产清偿债务方式进行债务重组的,债务人应当在相关资产和所清偿债务符合终止确认条件时予以终止确认,所清偿债务账面价值与转让资产账面价值之间的差额计入当期损益。

通常情况下,债务重组不属于企业的日常活动,因此债务重组不适用收入准则,不应作为存货的销售处理。所清偿债务账面价值与存货账面价值之间的差额,记入"其他收益"。

5. 企业合并取得的存货的成本按照《企业会计准则第 20 号——企业合并》确定。

企业合并,是指将两个或者两个以上单独的企业合并形成一个报告主体的交易或事项。企业合并分为同一控制下的企业合并和非同一控制下的企业合并。涉及业务的合并比照企业合并准则规定处理。但合并准则不涉及下列企业合并:两方或者两方以上形成合营企业的企业合并;仅通过合同而不是所有权份额将两个或者两个以上单独的企业合并形成一个报告主体的企业合并。

同一控制下的企业合并:参与合并的企业在合并前后均受同一方或相同的多方最终控制且该控制并非暂时性的,为同一控制下的企业合并。同一控制下的企业合并,在合并日取得对其他参与合并企业控制权的一方为合并方,参与合并的其他企业为被合并方。合并方在企业合并中取得的资产和负债,应当按照合并日在被合并方的账面价值计量。合并方取得的净资产账面价值与支付的合并对价账面价值(或发行股份面值总额)的差额,应当调整资本公积;资本公积不足冲减的,调整留存收益。

非同一控制下的企业合并：参与合并的各方在合并前后不受同一方或相同的多方最终控制的，为非同一控制下的企业合并。非同一控制下的企业合并，在购买日取得对其他参与合并企业控制权的一方为购买方，参与合并的其他企业为被购买方。非同一控制下企业合并处理的基本原则是购买法。即将企业合并视为购买企业以一定的价款购进被购买企业的机器设备、存货等资产项目，同时承担该企业的所有负债的行为，从而按合并时的公允价值计量被购买企业的净资产，将投资成本（购买价格）超过净资产公允价值的差额确认为商誉的会计方法。

6. 盘盈的存货应按其重置成本作为入账价值，并通过"待处理财产损溢"科目进行会计处理，按管理权限报经批准后冲减当期管理费用。

7. 接受捐赠的存货，按以下规定确定其实际成本：a. 捐赠方提供了有关凭据（如发票、报关单、有关协议）的，按凭据上标明的金额加上应支付的相关税费，作为实际成本；b. 捐赠方没有提供有关凭据的，按如下顺序确定其实际成本：同类或类似存货存在活跃市场的，按同类或类似存货的市场价格估计的金额，加上应支付的相关税费作为实际成本；同类或类似存货不存在活跃市场的，按所接受捐赠的存货的预计未来现金流量现值，作为实际成本。

六、不计入存货成本的支出

下列费用应当在发生时确认为当期损益，不计入存货成本，而应当在其发生时计入当期损益。

1. 非正常消耗的直接材料、直接人工和制造费用，如果属于企业内部经营管理不善的应在发生时计入"管理费用"；属于自然灾害、意外事故无法得到保险赔偿的计入"营业外支出"。

2. 仓储费用（不包括在生产过程中为达到下一个生产阶段所必需的费用），是指存货在采购验收入库后领用前所发生的仓储费用以及生产完毕交给仓库保管的仓储费用，都应作为"管理费用"计入当期损益；而前面已经讲过采购过程中发生的仓储费用，应计入存货的采购成本；存货在生产过程中为达到下一个生产阶段所必需的仓储费用，应作为存货成本计入"生产成本"。如"老干妈"为使生产的豆腐乳达到规定的产品质量标准而必须发生的仓储费用，应计入豆腐乳的成本，而不应计入当期损益。

3. 不能归属于使存货达到目前场所和状态的其他支出，如采购人员的业务招待费、差旅费等，不能计入存货成本，而是计入当期损益；设计产品发生的设计费用通常作为"管理费用"计入当期损益。

4. 企业采购用于广告营销活动的特定商品，向客户预付货款未取得商品时，应作为预付进行会计处理，待取得相关商品时计入当期损益（销售费用）。企业取得广告营销性质的服务比照该原则进行处理。

第三节 存货的后续计量

存货的后续计量是指发出存货成本的确定。企业应当根据各类存货的实物流转方式、企业管理的要求、存货的性质等实际情况，合理地选择发出存货成本的计量方法，以合理确定当期发出存货的实际成本。对于性质和用途相似的存货，应当采用相同的成本计算方法确定发出存货的成本。对于已售存货，应当将其成本结转为当期损益，相应的存货跌价准备也应当予以结转。

企业发出的存货可以按实际成本核算，也可以按计划成本核算。即使采用计划成本核算，会计期末也应调整为实际成本。

企业根据领用的材料特点,为了简化核算,可以在月末根据"领料单"或"限额领料单"中有关领料单位和部门等加以分类,填制"发料凭证汇总表",据以填制记账凭证登记入账。发出材料实际成本的确定,可以由企业从上述个别计价法、先进先出法、月末一次加权平均法、移动加权平均法等方法中选择,但现行会计准则不允许采用后进先出法确定发出存货的成本。计价方法一经确定,不得随意变更。如需变更,应在附注中予以说明。

一、先进先出法

先进先出法是根据"先入库先发出"的假定这种成本流转次序确定发出存货成本的一种方法。这里的"发出"包括生产耗用或销售。先进先出法的优点是可以随时结转存货发出成本,但缺点是由于收发业务较多且频繁,尤其单价不稳定时,导致工作量较大。在物价持续上升时,期末存货成本接近于市场价格,而发出的存货成本偏低,会高估企业当期利润和库存存货价值;物价下降时,则会低估企业当期利润和库存存货价值。

【例 9-1】 甲公司 2023 年 8 月 A 材料的期初结存数量、单价和金额,收入的数量、单价和金额、发出的数量如表 9-1 所示。

表 9-1　A 材料明细表账　　　　　　　　　　　　单位:元

日期		摘要	收入			发出			结存		
月	日		数量	单价	金额	数量	单价	金额	数量	单价	金额
8	1	期初结存							10 000	25.00	250 000
	5	购入	20 000	23.00	460 000				30 000		
	8	发出				15 000			15 000		
	16	购入	30 000	24.00	720 000				45 000		
	20	发出				40 000			5 000		
	28	购入	50 000	26.00	1 300 000				55 000		
	31	本期合计	100 000	—	2 480 000	55 000	—		55 000		

根据甲公司 A 材料本期收入、发出和结存情况,从表 9-2 可以看出甲公司 A 材料成本的计价顺序,如 8 月 8 日发出的 15 000 个 A 零件,按先进先出法的流转顺序,应先发出期初库存 A 材料 10 000×25.00=250 000 元,再发出 5 000×23.00=115 000 元,其他依次类推。从表 9-2 还可以看出,使用先进先出法得出的发出 A 材料成本和期末 A 材料成本分别为 1 310 000 元和 1 420 000 元。

表 9-2　A 材料明细账　　　　　　　　　　　　单位:元

日期		摘要	收入			发出			结存		
月	日		数量	单价	金额	数量	单价	金额	数量	单价	金额
8	1	期初结存							10 000	25.00	250 000
	5	购入	20 000	23.00	460 000				10 000	25.00	250 000
									20 000	23.00	460 000
	8	发出				10 000	25.00	250 000			
						5 000	23.00	115 000	15 000	23.00	345 000

(续表)

日期		摘要	收入			发出			结存		
月	日		数量	单价	金额	数量	单价	金额	数量	单价	金额
	16	购入	30 000	24.00	720 000				15 000	23.00	345 000
									30 000	24.00	720 000
	20	发出				15 000	23.00	345 000			
						25 000	24.00	600 000	5 000	24.00	120 000
	28	购入	50 000	26.00	1 300 000				5 000	24.00	120 000
									50 000	26.00	1 300 000
	31	本期合计	100 000	—	2 480 000	55 000	—	1 310 000	5 000	24.00	120 000
									50 000	26.00	1 300 000

二、月末一次加权平均法

月末一次加权平均法是在原材料等存货按实际成本进行明细分类核算时,以本月期初存货数量加本月全部的采购数量作为权数,用本月期初存货成本加本月全部采购成本之和除以权数,得出本月存货的加权平均单位成本,从而计算得出本月发出存货及月末存货的成本的一种方法。

采用月末一次加权平均法只在月末一次计算加权平均单价,有利于成本计算工作简化。但由于平时无法从账上提供发出和结存存货的单价及金额,不利于存货成本的日常管理与控制。当然随着会计电算化的实施,原有的缺陷已经消失,所以也是一种简便有效的计量方法。

$$存货单位成本 = \frac{本月期初结存存货成本 + \sum(本月各批采购的实际单位成本 \times 本月各批采购的数量)}{本月期初结存存货数量 + 本月各批采购数量之和}$$

本月发出 A 材料成本 = 本月发出存货数量 × 存货的加权平均单位成本

本月期末结存 A 材料成本 = 期末结存存货数量 × 存货的加权平均单位成本

【例 9-2】 承[例 9-1],假设甲公司采用月末一次加权平均法计算发出 A 零件的成本,则

$$\begin{aligned}
A\ 材料的平均单位成本 &= [10\,000 \times 25 + (20\,000 \times 23 + 30\,000 \times 24 + 50\,000 \times 26)] \div (10\,000 \\
&\quad + 20\,000 + 30\,000 + 50\,000) \\
&= [250\,000 + (460\,000 + 720\,000 + 1\,300\,000)] \div 110\,000 \\
&= 2\,730\,000 \div 110\,000 \\
&= 24.89\ 元
\end{aligned}$$

本月 A 材料发出的成本 = 55 000 × 24.89(元) = 1 365 000 元

本月期末 A 材料结存的成本 = 55 000 × 24.89 = 1 365 000 元

三、移动加权平均法

移动加权平均法是指在每次收货以后,立即根据每次收货的金额加上原有结存存货的金额的合计额,除以每次收货数量与原有结存存货数量的合计数,据以计算加权平均单位成本,作为在下次进货前计算各次发出存货成本依据的一种方法。移动加权平均法有助于企业及时了解存

货收入、发出和结存情况,计算的存货平均单位成本以及发出、结存的存货成本比较接近市场价格。但是每次收货都要计算一次平均单位成本,计算工作量较大,对收发货较频繁的企业不太适用。当然随着会计电算化的实施,与传统的手工记账核算的方式相比,原有缺陷大为改观,所以也是一种有效的计量方法。

$$存货平均单位成本=\frac{原有库存存货的实际成本+本次收货的实际成本}{原有结存存货数量+本次收货数量}$$

$$本次发出存货成本=本次发出存货的数量×移动平均单位成本$$

本月期末结存存货成本=月末结存存货的数量×月末最后一次收货的存货移动平均单位成本

【例 9-3】 承[例 9-1],假设甲公司采用移动加权平均法计算发出 A 材料的成本,则计算如表 9-3 所示。

表 9-3　A 材料明细账　　　　　　　　　　　　　　　　　单位:元

日期		摘要	收入			发出			结存		
月	日		数量	单价	金额	数量	单价	金额	数量	单价	金额
8	1	期初结存							10 000	25.00	250 000
	5	购入	20 000	23.00	460 000				30 000	23.67	710 000
	8	发出				15 000	23.67	355 000	15 000	23.67	355 000
	16	购入	30 000	24.00	720 000				45 000	23.89	1 075 000
	20	发出				40 000	23.89	955 556	5 000	23.89	119 444
	28	购入	50 000	26.00	1 300 000				55 000	25.81	1 419 444
	31	本期合计	100 000	—	2 480 000	55 000	—	1 310 556	55 000	—	1 419 444

四、个别计价法

个别计价法,又称为个别认定法,采用这一方法是假设存货具体项目的实物流转与成本流转相一致,把每一种存货的实际成本作为计算发出存货的成本和期末存货成本的计量基础,逐一辨认各批发出存货、期末存货的购进或生产批别,分别按其购入或生产时所确定的单位成本计算各批发出存货和期末存货成本的方法。

个别计价法适用于不能替代使用的存货、为特定项目专门购入或制造的存货以及提供的劳务,通常采用个别计价法确定发出存货的成本。个别计价法要求具体存货项目有明显的标志,而且数量不多,以及价值较大的珠宝玉石、金银首饰、名贵字画等贵重物品。个别计价法成本计算准确,但在存货收发业务频繁发生时,发出成本需要分辨的工作量较大。

第四节　原　材　料

一、原材料核算的相关账户

原材料核算的相关账户主要有"原材料"、"在途物资"(适用于实际成本核算)、"材料采购"(适用于计划成本核算)、"材料成本差异"(适用于计划成本核算)。

(一) 原材料账户

1. 账户性质：资产类账户。

2. 账户用途：为了核算和监督企业材料收入、发出的增减变动以及结存情况，企业应当设置"原材料"科目，"原材料"科目用来核算企业库存的各种材料，包括原料及主要材料、辅助材料、外购半成品(外购件)、修理用备件(备品备件)、包装材料、燃料等的计划成本或实际成本。"原材料"科目借方登记已验收入库的材料实际成本或计划成本(包括买价和运杂费)，贷方登记发出材料的计划成本或实际成本，期末余额在借方，表示库存材料计划成本或实际成本。

此外，按照规定：(1)委托外单位加工材料、商品的加工成本，直接在"委托加工物资"科目核算，不在本科目核算。(2)企业购入的在建工程所需要的材料、机器设备等，在"工程物资"科目核算，也不在本科目核算。(3)企业购入的低值易耗品以及库存、出租、出借的包装物，分别在"低值易耗品"、"包装物"科目中核算，不包括在"原材料"科目的核算范围内。(4)企业对外进行来料加工装配业务而收到的原材料、零件等，应当单独设置"受托加工来料"备查科目和有关的材料明细账，或者设置备查簿进行登记核算其收发结存数额，不包括在"原材料"科目核算范围内。

3. 明细账的设置："原材料"科目应按材料的保管地点(仓库)、材料的类别、品种和规格设置材料明细账(或材料卡片)。材料明细账根据收料凭证和发料凭证逐笔登记。一个企业至少应有一套有数量和金额的材料明细账。这套明细账可以由财务会计部门登记，也可以由材料仓库的管理人员登记。在后一种情况下，财务会计部门对仓库登记的材料明细账，必须定期稽核，以保证记录正确无误。

(二) 在途物资账户

"在途物资"科目用于企业采用实际成本(进价)进行材料、商品等物资的日常核算，表示企业购入尚未到达或尚未验收入库的各种物资(即在途物资)的采购成本。

1. 账户的性质：资产类账户。

2. 账户的用途：为了核算和监督企业按照实际成本计算的材料收入、发出的增减变动以及结存情况，企业应当设置"在途物资"科目，"在途物资"科目核算企业采用实际成本(或进价)进行材料、商品等物资的日常核算，货款已付尚未验收入库的在途物资的采购成本。"在途物资"科目的借方登记企业购入的在途物资的实际成本，贷方登记验收入库的在途物资的实际成本，期末余额在借方，反映企业在途物资的采购成本。

3. 明细账的设置："在途物资"科目应当按照供应单位和物资品种设置明细账进行明细核算。

(三) 材料采购账户

"材料采购"科目，用来核算企业采用计划成本进行存货(包括包装物、低值易耗品)日常核算而购入存货的采购成本。

1. 账户性质：资产类账户。

2. 账户用途：为了核算和监督企业按照计划成本的材料收入、发出的增减变动以及结存情况，企业应当设置"材料采购"科目，"材料采购"科目借方登记采购材料的实际成本，贷方登记入库材料的计划成本。本科目借方大于贷方表示超支(实际成本＞计划成本)，从"材料采购"科目贷方转入"材料成本差异"科目的借方；贷方大于借方表示节约(实际成本＜计划成本)，从"材料采购"科目借方转入"材料成本差异"科目的贷方；期末为借方余额，反映企业在途材料的采购成本。材料实际成本与计划成本的差异,通过"材料成本差异"科目核算。

3. 明细账的设置:该科目应按供应单位和物资品种设置明细账,进行明细核算。

(四) 材料成本差异账户

1. 账户的性质:资产类账户。

2. 账户的用途:为了核算和反映企业采用计划成本进行日常核算的材料(包括包装物、低值易耗品)实际成本与计划成本的差额,企业应当设置"材料成本差异"账户科目。借方登记材料实际成本大于计划成本的超支差异(超支额)及发出材料应负担的实际成本小于计划成本的节约差异;贷方登记材料实际成本小于计划成本的节约差异(节约额)和发出材料应负担的超支差异;期末借方余额反映企业库存材料的实际成本大于计划成本的差异即超支差异,贷方余额反映企业库存材料的实际成本小于计划成本的差异即节约差异。该科目应当分别"原材料"、"周转材料"等进行明细核算,并分别计算成本差异率。月末,计算本月发出材料应负担的成本差异并进行分摊,根据领用材料的用途计入相关资产的成本或者当期损益,从而将发出材料的计划成本调整为实际成本。

3. 明细账设置:企业根据具体情况,单独设置"材料成本差异"科目,该账户可以分别"原材料"、"周转材料"按照类别或产品名称设置明细账,也可以在"原材料"、"周转材料"等科目下设置"成本差异"明细科目进行核算。

二、原材料的账务处理

企业材料的日常核算,可以采用计划成本,也可以采用实际成本。具体采用哪一种方法,由企业根据具体情况自行决定。

材料品种繁多的企业,一般可以采用计划成本进行日常核算,对于某些品种不多,但占产品成本比重较大的原料或主要材料,也可以单独采用实际成本进行核算。规模较小,材料品种简单,采购业务不多的企业,也可以全部采用实际成本进行材料的日常核算。

采用计划成本进行材料日常核算的企业,材料计划单位成本应当尽可能接近实际,除有特殊情况应当随时调整外,在年度内一般不作变动。

(一) 企业购入原材料的采购成本由下列各项组成

1. 买价;

2. 运杂费(包括运输费、装卸费、保险费、包装费、仓储费等,但不包括按规定根据运输费等的一定比例计算的可抵扣的增值税额);

3. 运输途中的合理损耗;

4. 入库前的挑选整理费用(包括挑选整理中发生的工、费支出和必要的损耗,并减去回收的下脚废料价值);

5. 购入原材料负担的税费(如关税等)和其他费用;

6. 小规模纳税人和购入原材料不能取得增值税专用发票的企业,购入物资支付的不可抵扣的增值税进项税额,计入所购原材料的成本。

以上第1项应当直接计入各种原材料的采购成本,第2、3、4、5项,凡能分清的,可以直接计入各种原材料的采购成本;不能分清的,应按原材料的重量或买价等比例,分摊计入各种原材料的采购成本。

(二) 原材料采用实际成本核算的主要账务处理

企业购入原材料,由于双方协商的支付方式不同,原材料入库的时间与付款的时间可能一致,也可能不一致,在账务处理上也有所区别。

1. 原材料的收入

(1) 发票与材料同时到达

购入原材料与发票账单同时到达,原材料验收入库,同时支付货款和运杂费或开出、承兑商业汇票,借记"原材料"、"库存商品"、"应交税费——应交增值税(进项税额)"等科目,按支付方式,贷记"库存现金"、"银行存款"、"其他货币资金"、"应付票据"等科目。

注意 如果使用现金支付,就贷记"库存现金";如果使用托收承付、汇兑、委托收款、转账支票等付款方式都是贷记"银行存款";如果使用银行汇票、银行本票等付款方式都是贷记"其他货币资金";如果使用商业汇票(银行承兑汇票和商业承兑汇票)支付货款,按应付票据票面价值,贷记"应付票据"科目;由于原材料与发票账单同时到达,原材料验收入库,不存在在途的采购过程,所以核算时直接计入"原材料"科目,不通过"在途物资"科目核算。

【例9-4】 2023年5月8日,甲公司(一般纳税人)从乙公司(一般纳税人)购入A材料500千克,每千克15元,增值税专用发票上载明的价款为7 500元,增值税进项税额975元。全部款项以汇兑方式支付完毕,材料已经到达并验收入库。乙公司根据从供应单位取得的增值税专用发票、银行汇款回单和A材料验收入库单等,假设不考虑银行收取的手续费,以及运输费用等因素,应做如下账务处理:

借:原材料——A材料　　　　　　　　　　　　　　　　　　　　　7 500
　　应交税费——应交增值税(进项税额)　　　　　　　　　　　　　　975
　　贷:银行存款　　　　　　　　　　　　　　　　　　　　　　　　　　8 475

一般通过汇兑方式,银行收取的手续费,作为"财务费用"处理,支付手续费取得银行开具的增值税专用发票,增值税额并入"应交税费——应交增值税(进项税额)"。运输费用作为材料价款的一部分,相应增值税额并入"应交税费——应交增值税(进项税额)"。

(2) 发票已到,材料未到

材料尚未验收入库,按支付的金额,借记"在途物资"、"应交税费——应交增值税(进项税额)"等科目,贷记"库存现金"、"银行存款"、"其他货币资金"、"应付票据"等科目。对于已经付款或已开出、承兑商业汇票,但材料尚未到达或尚未验收入库的采购业务,应通过"在途物资"科目核算;待材料到达验收入库后,再根据收料单,由"在途物资"科目转入"原材料"科目。

【例9-5】 假设2023年5月8日,甲公司(一般纳税人)从乙公司(一般纳税人)购入A材料500千克,每千克15元,增值税专用发票上载明的价款为7 500元,增值税进项税额975元。全部款项以汇兑方式支付完毕,A材料尚在运输途中未能验收入库。假设不考虑银行收取的手续费等其他因素,甲公司根据从乙公司取得的增值税专用发票、银行汇款回单和A材料验收入库单等,以及运输费用,应做如下账务处理:

借:在途物资——A材料　　　　　　　　　　　　　　　　　　　　7 500
　　应交税费——应交增值税(进项税额)　　　　　　　　　　　　　　975
　　贷:银行存款　　　　　　　　　　　　　　　　　　　　　　　　　　8 475

2023年5月28日,上述A材料到达企业并验收入库,结转入库A材料采购成本。甲公司根据材料入库单,应做如下账务处理:

借:原材料——A材料　　　　　　　　　　　　　　　　　　　　　8 475
　　贷:在途物资——A材料　　　　　　　　　　　　　　　　　　　　8 475

(3) 材料已到,发票未到。

如果材料已经验收入库,货款尚未支付,按相关发票凭证上应付的金额,借记"原材料"、"应交税费——应交增值税(进项税额)"等科目,贷记"应付账款"科目。如果月末甲公司仍未收到乙公司的相关发票凭证,无法结算付款,按照暂估价入账,即借记"原材料"科目,贷记"应付账款"等科目。下月初作相反分录或者红字予以冲回,收到发票账单后再编制会计分录。

【例9-6】 假设2023年5月31日,甲公司购买的A材料已收到并验收入库,但31日乙公司发票仍未到达,货款无法支付,因此暂估价格为8 000元。甲公司按材料入库单暂估入账,应做如下账务处理。提示:这里不需要对增值税做任何处理,同时暂估入账这项处理是为了账实相符。

借:原材料——A材料　　　　　　　　　　　　　　　　　　　8 000
　　贷:应付账款——暂估乙公司应付账款　　　　　　　　　　　8 000

6月初,收到发票账单用转账支票支付货款时,对于上月末的暂估应付账款有两种处理方法。

一是甲公司用蓝字作相反分录,作为记账依据:

借:应付账款——暂估乙公司应付账款　　　　　　　　　　　　8 000
　　贷:原材料——A材料　　　　　　　　　　　　　　　　　　8 000

二是用红字冲回,就是在记账凭证上的文字和数字为红字,作为记账依据:

借:原材料——A材料　　　　　　　　　　　　　　　　　　　8 000
　　贷:应付账款——暂估乙公司应付账款　　　　　　　　　　　8 000

然后按正常程序,做会计分录:

借:原材料——A材料　　　　　　　　　　　　　　　　　　　7 500
　　应交税费——应交增值税(进项税额)　　　　　　　　　　　975
　　贷:银行存款　　　　　　　　　　　　　　　　　　　　　　8 475

(4) 材料、发票均到,但货款未付。

如果材料已经验收入库,货款尚未支付,按相关发票凭证上应付的金额,借记"原材料"、"应交税费——应交增值税(进项税额)"等科目,贷记"应付账款"等科目。

【例9-7】 假设2023年5月8日,甲公司(一般纳税人)从乙公司(一般纳税人)购入A材料500千克,每千克15元,增值税专用发票上载明的价款为7 500元,增值税进项税额975元。材料已收到并验收入库,但发票账单未到导致货款尚未支付。甲公司根据从乙公司取得的增值税专用发票、材料入库单,应做如下账务处理:

借:原材料——A材料　　　　　　　　　　　　　　　　　　　7 500
　　应交税费——应交增值税(进项税额)　　　　　　　　　　　975
　　贷:应付账款——乙公司　　　　　　　　　　　　　　　　　8 475

假设2023年5月18日,甲公司开出转账支票支付上述购货款8 475元。甲公司根据转账支票存根,应做如下账务处理:

借:应付账款——乙公司　　　　　　　　　　　　　　　　　　8 475
　　贷:银行存款　　　　　　　　　　　　　　　　　　　　　　8 475

(5) 预付货款情况下,按收到原材料采购成本的金额,借记"在途物资"科目,按专用发票上注明的增值税额,借记"应交税费——应交增值税(进项税额)"科目,按发票账单上注明的应付金额,贷记"预付账款"科目。(见"预付账款"的核算)

(6) 由企业运输部门以自备运输工具,将外购的原材料运回企业,计算购入物资应负担的运输费用时,借记"在途物资",贷记"生产成本"等科目。

(7) 应向供应单位、外部运输机构等收回的原材料短缺或其他应冲减原材料采购成本的赔偿款项,应根据有关的索赔凭证,借记"应付账款"或"其他应收款"科目,贷记"在途物资"科目。因遭受意外灾害发生的损失和尚待查明原因的途中损耗,先记入"待处理财产损溢"科目,查明原因后再作处理。

(8) 小规模纳税人以及购入原材料不能取得增值税专用发票的企业购入原材料,增值税税额计入采购成本,不得作为进项税额抵扣销项税额,借记"在途物资",贷记"银行存款"、"应付账款"、"应付票据"等科目。购入并已验收入库的原材料,借记"原材料"科目,贷记"在途物资"科目。

(9) 自制并已验收入库的原材料,按实际成本,借记"原材料",贷记"生产成本"科目。

此外:①投资者投入的原材料,按实际成本,借记"原材料"科目,按增值税专用发票上注明的增值税额,借记"应交税费——应交增值税(进项税额)"科目,按投资各方确认的价值,贷记"实收资本"(或"股本")等科目,按其差额,贷记"资本公积"科目。②接受捐赠的原材料,借记"原材料",按增值税专用发票上注明的增值税额,借记"应交税金——应交增值税(进项税额)"科目,按其价值,贷记"营业外收入——捐赠利得"科目。至于企业接受的债务人以非现金资产抵偿债务方式取得的原材料,或以应收债权换入的原材料、非货币性交易换入的原材料等方式取得的原材料,在这里不进行讲解。

2. 原材料的发出

(1) 企业生产经营领用原材料,按实际成本,借记"生产成本"(基本生产成本、辅助生产成本)"、"制造费用"、"销售费用"、"管理费用"等科目,贷记"原材料"科目;企业发出委托外单位加工的原材料,按实际成本,借记"委托加工物资"科目,贷记"原材料"科目;基建工程等部门领用的原材料等,借记"在建工程"等科目,按实际成本,贷记"原材料"等科目。

【例9-8】 假设甲公司采用全月一次加权平均法计算发出A材料的成本,2023年8月份基本生产车间领用A材料150 000元,辅助生产车间(五金车间)领用A材料5 000元,车间管理部门领用A材料2 000元,企业行政管理部门领用A材料1 000元,合计158 000元甲公司根据"发料凭证汇总表",甲公司应做如下账务处理:

```
借．生产成本 ——基本生产成本                    150 000
            ——辅助生产成本                      5 000
    制造费用                                    2 000
    管理费用                                    1 000
    贷：原材料——A材料                                   158 000
```

【例9-9】 假设甲公司领用库存A材料用于本企业的在建工程,A材料成本为金额15 000元,甲公司应做如下账务处理:

```
借：在建工程                                    15 000
    贷：原材料——A材料                                    15 000
```

(2) 出售原材料,按已收或应收的价款,借记"银行存款"或"应收账款"等科目,按实现的营业收入,贷记"其他业务收入"科目,按应交的增值税额,贷记"应交税费——应交增值税(销项税额)"科目;月度终了,按出售原材料的实际成本,借记"其他业务成本"科目,贷记"原材料"科目。同时按已计提的存货跌价准备,借记"存货跌价准备"科目,贷记"其他业务成本"科目。

【例 9-10】 假设甲公司出售不需用的 B 材料,该批乙材料的实际成本为 3 000 元,销售金额为 4 000 元,使用的增值税税率为 13%,该批 B 材料已经发出,款项已收到银行通知收妥,甲公司应编制如下会计分录:

借:银行存款   4 520
  贷:其他业务收入   4 000
    应交税费——应交增值税(销项税额)   520

同时,结转该批乙材料的实际成本,

借:其他业务成本   3 000
  贷:原材料——B 材料   3 000

(三) 原材料采用计划成本核算的主要账务处理

原材料采用计划成本核算时,材料的收入、发出和结存,总分类核算和明细分类核算都按照计划成本计价并进行相应的财务处理。材料计划成本与实际成本的差异,通过"材料成本差异"科目核算。月度终了,必须计算本月发出材料应负担的材料成本差异,并根据领用原材料的用途计入相关资产的成本或当期损益,将发出材料的计划成本调整为实际成本。

(1) 原材料的收入

购入并已验收入库的原材料,根据仓库转来的外购收料凭证(包括本月付款或开出承兑商业汇票的上月收料凭证),按计划成本,借记"原材料"科目,贷记"材料采购"科目。将计划成本小于实际成本的差异(超支),借记"材料成本差异"科目,贷记"材料采购"科目;计划成本大于实际成本的差异(节约),作相反的会计分录,即借记"材料采购"科目,贷记"材料成本差异"科目。

【例 9-11】 2023 年 5 月 8 日,甲公司(一般纳税人)从乙公司(一般纳税人)购入 A 材料 500 千克,每千克实际成本 15 元,计划成本为 16 元,增值税专用发票上载明的价款为 7 500 元,增值税进项税额 975 元。全部款项以转账支票方式支付完毕,材料已经到达并验收入库。乙公司根据从供应单位取得的增值税专用发票、支票存根联和 A 材料验收入库单等,假设不考虑运输费用等其他因素,应做如下账务处理:

借:材料采购——A 材料   7 500
  应交税费——应交增值税(进项税额)   975
  贷:银行存款   8 475

【例 9-12】 2023 年 5 月 8 日,甲公司(一般纳税人)从乙公司(一般纳税人)购入的 A 材料验收入库。

借:原材料——A 材料   8 000
  贷:材料采购——A 材料   8 000

同时,确认材料成本差异

借：材料采购——A材料　　　　　　　　　　　　　　　　　　　　500
　　　贷：材料成本差异——A材料　　　　　　　　　　　　　　　　　　500

(2) 原材料的发出

【例9-13】 承[例9-11][例9-12]2023年5月31日，假设甲公司本月发出A材料的成本，2023年8月份基本生产车间领用A材料3 000元，辅助生产车间领用A材料1 000元，车间管理部门领用A材料1 000元，企业行政管理部门领用A材料1 000元，合计6 000元，甲公司根据"发料凭证汇总表"，甲公司应编制如下会计分录：

借：生产成本——基本生产成本　　　　　　　　　　　　　　　　3 000
　　　　　　——辅助生产成本　　　　　　　　　　　　　　　　1 000
　　制造费用　　　　　　　　　　　　　　　　　　　　　　　　1 000
　　管理费用　　　　　　　　　　　　　　　　　　　　　　　　1 000
　　　贷：原材料——A材料　　　　　　　　　　　　　　　　　　　6 000

月末，计算本月发出材料应负担的成本差异并进行分摊。

"材料成本差异"核算企业各种材料的实际成本与计划成本的差异。外购材料的成本差异，应自"材料采购"科目转入"材料成本差异"；自制材料的成本差异，应自"生产成本"科目转入"材料成本差异"科目；委托外单位加工材料的成本差异，应自"委托加工物资"科目转入"材料成本差异"科目。

发生的材料成本差异，实际成本大于计划成本的差异，记入"材料成本差异"科目的借方；实际成本小于计划成本的差异，记入"材料成本差异"科目的贷方。

发出材料应负担的成本差异，必须按月分摊，不得在季末或年末一次计算。发出材料应负担的成本差异，除委托外部加工发出材料可按上月的差异率计算外，都应使用当月的实际差异率；如果上月的成本差异率与本月成本差异率相差不大的，也可按上月的成本差异率计算。计算方法一经确定，不得随意变动。材料成本差异率的计算公式如下：

$$本月材料成本差异率 = \frac{月初结存材料的成本差异 + 本月收入材料的成本差异}{月初结存材料的计划成本 + 本月收入材料的计划成本} \times 100\%$$

上月材料成本差异率 = 月初结存材料的成本差异 ÷ 月初结存材料的计划成本 × 100%

结转发出材料应负担的成本差异，借记"生产成本"、"管理费用"、"营业费用"、"委托加工物资"、"其他业务支出"等科目，贷记"材料成本差异"科目。实际成本大于计划成本的差异，用蓝字登记；实际成本小于计划成本的差异，用红字登记。

"材料成本差异"科目应分别"原材料"、"包装物"、"低值易耗品"等，按照类别或品种进行明细核算，不能使用一个综合差异率。

企业根据具体情况，可以单独设置"材料成本差异"科目，也可以不设置"材料成本差异"科目，在"原材料"、"包装物"、"低值易耗品"等科目内分别设置"成本差异"明细科目核算。

【例9-14】 承[例9-11][例9-12][例9-13]假设2023年5月1日结存A材料的成本差异为超支100元，本月收入A材料的成本差异为节约500元，月初结存材料的计划成本2 500元。

$$本月材料成本差异率 = \frac{月初结存材料的成本差异 + 本月收入材料的成本差异}{月初结存材料的计划成本 + 本月收入材料的计划成本} \times 100\%$$

$$=(100-500)\div(2\,500+7\,500)\times100\%$$
$$=-4\%$$

本月发出甲材料应分摊的成本差异为：$(-4\%)\times6\,000=-240$ 元

甲公司应用红字编制如下会计分录：

借：生产成本——基本生产成本　　　　　　　　　120
　　　　　　——辅助生产成本　　　　　　　　　　40
　　制造费用　　　　　　　　　　　　　　　　　　40
　　管理费用　　　　　　　　　　　　　　　　　　40
　　贷：材料成本差异——A材料　　　　　　　　　　240

第五节　自制半成品

一、自制半成品概念

自制半成品，是指经过一定生产过程并已检验合格交付半成品仓库，但尚未制造完工成为商品产品，仍需继续加工的中间产品。外购的半成品(外购件)应作为原材料处理，不在本科目核算。

二、自制半成品账户

1. 账户性质：资产类账户。

2. 账户用途：为了核算和监督企业自制半成品的收入、发出的增减变动以及结存情况，企业应当设置"自制半成品"科目核算库存的自制半成品的实际成本。"自制半成品"科目借方登记入库自制半成品的实际成本，贷方登记发出自制半成品的实际成本；余额在借方，表示企业期末自制半成品的实际成本。

3. 明细账的设置："自制半成品"账户设置"库存半成品"和"委托加工半成品"明细账。"库存半成品"明细科目，应按自制半成品的类别或品种设置明细账。"委托外部加工自制半成品"明细科目，应按加工单位、自制半成品的类别或品种设置明细账。对于基本生产车间领用后需要按照成本项目分别计入产品成本的自制半成品，并应按规定的成本项目设置专栏。

三、自制半成品的账务处理

1. 已经生产完成并已检验送交半成品库的自制半成品，应按实际成本，借记"自制半成品"，贷记"生产成本"科目。对于从一个车间转给另一个车间继续加工的自制半成品的成本，应在"生产成本"科目核算，不通过"自制半成品"核算。

2. 从半成品库领用自制半成品继续加工时，应按实际成本，借记"生产成本"科目，贷记"自制半成品"。

3. 委托外单位加工的自制半成品，应在"自制半成品"下单独设置"委托外部加工自制半成品"明细科目进行核算。发出加工时，借记"自制半成品"(委托外部加工自制半成品)，贷记"自制半成品"(库存半成品)。支付的外部加工费和运杂费等，借记"自制半成品"(委托外部加工自制

半成品)、"应交税费——应交增值税(进项税额)"等科目,贷记"银行存款"等科目。加工完成并已验收入库的自制半成品,应按加工后的实际成本,借记"自制半成品"(库存半成品),贷记"自制半成品"(委托外部加工自制半成品)。

第六节 委托加工物资

一、委托加工物资的概念

委托加工物资是指企业自己提供主要材料委托外单位加工成具有新的功能,可能会改变原有物资的物理形态或化学性质的材料或包装物、低值易耗品等物资,该物资只是运离企业改变了物资的存放地点,但是其法定所有权属于企业,所以仍然属于企业的存货。在此过程中,委托方一般提供原料和主要材料,受托方只代垫部分辅助材料,并按照委托方的品种、规格、质量、交货期等要求加工货物并收取加工费,如果该物资属于消费税的应纳税范围,受托方要负责代收代交消费税。委托加工物资的成本应当包括加工中实际耗用物资的成本、支付的加工费用及应负担的运杂费、支付的税费等。

二、委托加工物资账户

工业企业可将本科目名称改为"委托加工材料";商品流通企业可将本科目名称改为"委托加工商品"。

1. 账户性质:资产类账户。

2. 账户用途:为了核算企业委托外单位加工的各种物资的增减变动以及结存情况,企业应当设置"委托加工物资"科目核算委托外单位加工的各种物资的实际成本。"委托加工物资"科目借方登记发出委托外单位加工物资的实际成本,以及支付的加工费和往返运杂费、保险费等费用,贷方登记加工完成验收入库的物资的实际成本,期末余额在借方,反映企业期末委托外单位加工但尚未加工完成物资的实际成本和发出加工物资的运杂费等。委托加工物资也可以采用计划成本或售价进行核算、其方法与库存商品相似。

3. 明细账的设置:"委托加工物资"科目应按加工合同、受托加工单位以及加工物资的品种等设置明细科目,进行明细核算,反映加工单位名称、加工合同号数,发出加工物资的名称、数量,发生的加工费用和运杂费,退回剩余物资的数量、实际成本,以及加工完成物资的实际成本等资料。

三、委托加工物资的账务处理

1. 发给外单位加工的物资,按实际成本,借记"委托加工物资"科目,贷记"原材料"、"库存商品"等科目,按计划成本(或售价)核算的企业,还应当按照发出材料同时结转成本差异。企业支付加工费用、应负担的运杂费等,借记"委托加工物资","应交税金——应交增值税(进项税额)"等科目,贷记"银行存款"等科目;需要交纳消费税的委托加工物资,其由受托方代收代交的消费税,分别以下情况处理:

(1) 收回后直接用于销售的,应将受托方代收代交的消费税计入委托加工物资成本,借记"委托加工物资",贷记"应付账款"、"银行存款"等科目;

（2）收回后用于连续生产的,按规定准予抵扣的,按受托方代收代交的消费税,借记"应交税费——应交消费税"科目,贷记"应付账款"、"银行存款"等科目。

2. 加工完成验收入库的物资和剩余的物资,按加工收回物资的实际成本和剩余物资的实际成本,借记"原材料"、"库存商品"等科目(采用计划成本或售价核算的企业,按计划成本或售价记入"原材料"或"库存商品"科目,实际成本与计划成本或售价之间的差异,记入"材料成本差异"或"商品进销差价"科目),贷记"委托加工物资"。

【例 9-15】 甲公司委托乙公司(甲乙双方均为一般纳税人)代为加工一批应交消费税的材料物资(收回后用于连续生产)。甲公司的材料成本为 500 000 元,材料成本差异率为 4%,加工费为 100 000 元,往返运杂费 10 000 元,增值税 900 元,由乙企业代收代交的消费税为 40 000 元,材料已经加工完成,并由甲公司收回验收入库,该批物资计划成本为 650 000 万元,加工费、运杂费以及受托方代收代交的消费税,均以银行存款支付。甲公司采用计划成本进行原材料的核算。甲公司应编制如下会计分录:

（1）发出委托加工材料时:

借：委托加工物资　　　　　　　　　　　　　　　　　　　　　500 000
　　贷：原材料　　　　　　　　　　　　　　　　　　　　　　　　　500 000

（2）结转发出委托加工的材料应分摊的材料成本差异时:

借：委托加工物资　　　　　　　　　　　　　　　　　　　　　20 000
　　贷：材料成本差异　　　　　　　　　　　　　　　　　　　　　　20 000

（3）甲公司已经收到乙公司开具的加工费增值税专用发票,支付商品加工费 100 000 元,增值税税额为 13 000 元;支付乙公司代收代交的交纳的消费税 40 000 元,该商品收回后用于连续生产,消费税可抵扣;往返运杂费 10 000 元,增值税 900 元。款项已全部用转账支票支付。甲公司应编制如下会计分录:

借：委托加工物资　　　　　　　　　　　　　　　　　　　　　110 000
　　应交税费——应交消费税　　　　　　　　　　　　　　　　40 000
　　　　　　　——应交增值税(进项税额)　　　　　　　　　　13 900
　　贷：银行存款　　　　　　　　　　　　　　　　　　　　　　　163 900

（4）甲公司已办理验收入库手续:

借：库存商品　　　　　　　　　　　　　　　　　　　　　　　650 000
　　贷：委托加工物资　　　　　　　　　　　　　　　　　　　　　630 000
　　　　材料成本差异　　　　　　　　　　　　　　　　　　　　　20 000

第七节　包　装　物

一、周转材料和包装物的概念、内容

周转材料,是指企业能够多次使用、逐渐转移其价值但仍保持原有形态不确认为固定资产的材料,周转材料符合固定资产定义和确认条件的,应当作为固定资产核算。为了避免会计科目的使用过分复杂,在实际工作中我们可以不设置总分类账户"周转材料",直接设置"包装物"、"低值易耗品"作为总分类账户。包装物和低值易耗品,一般应当采用一次转销法或者五五摊销法进行摊销;企业(建造承包商)的钢模板、木模板、脚手架和其他周转材料等,可以采用一次转销法、五五摊销法或者分次摊销法进行摊销。

包装物是指为了包装本企业商品而储备的各种包装容器,如桶、箱、瓶、坛、袋等。包括:
1. 生产过程中用于包装产品作为产品组成部分的包装物;
2. 随同商品出售而不单独计价的包装物;
3. 随同商品出售而单独计价的包装物;
4. 出租或出借给购买单位使用的包装物。

但是,下列不在包装物内核算:
1. 各种包装材料,如纸、绳、铁丝、铁皮等,应在"原材料"科目内核算。
2. 用于储存和保管商品、材料而不对外出售的包装物,应按价值大小和使用年限长短,分别在"固定资产"或"低值易耗品"科目核算。
3. 包装物数量不大的企业,可以不设置本科目,将包装物并入"原材料"科目内核算。单独列作企业商品产品的自制包装物,应作为"库存商品"处理,不在"包装物"本科目核算。

二、包装物账户

1. 账户性质:资产类账户。
2. 账户用途:为了反映和监督包装物的收入、发出及其价值转移、结存等情况,企业应当设置"包装物"科目进行核算,"包装物"科目借方登记包装物的增加,贷方登记包装物的减少,"包装物"科目的期末余额,为期末库存未用包装物的实际成本或计划成本和出租、出借,以及库存已用包装物的摊余价值。
3. 明细账的设置:"包装物"科目应按包装物的种类设置明细账,进行明细核算。以后收回已使用过的出租、出借包装物,应加强实物管理,并在备查簿上进行登记。但是出租、出借包装物频繁、数量多、金额大的企业,出租、出借包装物的成本,也可以采用五五摊销法、净值摊销法等方法计算出租、出借包装物的摊销价值,在这种情况下,"包装物"科目应设置"库存未用包装物"、"库存已用包装物"、"出租包装物"、"出借包装物"、"包装物摊销"五个明细科目,进行明细核算。企业应当根据具体情况对包装物、低值易耗品等周转材料采用一次转销法、分期摊销法、分次摊销法或者定额摊销法进行核算。一次转销法一般应限于易腐、易糟的周转材料,于领用时一次计入成本、费用;分期摊销法根据周转材料的预计使用期限分期摊入成本、费用;分次摊销法根据周转材料的预计使用次数摊入成本、费用;定额摊销法根据实际完成的实物工作量和预算定额规定的周转材料消耗定额,计算确认本期摊入成本、费用的金额。

三、包装物的账务处理

1. 购入、自制、委托外单位加工完成验收入库的包装物。企业接受的债务人以非现金资产抵偿债务方式取得的包装物。非货币性交换取得的包装物等,以及对包装物的清查盘点,比照"原材料"科目的相关规定进行会计处理。
2. 生产领用包装物,借记"生产成本"等科目,贷记"包装物";随同商品出售但不单独计价的包装物,借记"销售费用"科目,贷记"包装物";随同商品出售并单独计价的包装物,借记"其他业务支出"科目,贷记"包装物"。

3. 出租、出借包装物,在第一次领用新包装物时,应结转成本,借记"其他业务支出"科目(出租包装物),借记"销售费用"科目(出借包装物),贷记"包装物"。以后收回已使用过的出租、出借包装物,应加强实物管理,并在备查簿上进行登记。

收到出租包装物的租金,借记"库存现金"、"银行存款"等科目,贷记"其他业务收入"、"应交税费——应交增值税(销项税额)"等科目。

收到出租、出借包装物的押金,借记"现金"、"银行存款"等科目,贷记"其他应付款"科目,退回押金作相反会计分录。对于逾期未退包装物,按没收的押金,借记"其他应付款"科目,按应交的增值税,贷记"应交税金——应交增值税(销项税额)"科目,按其差额,贷记"其他业务收入"科目。这部分没收的押金收入应交的消费税等税费,计入其他业务支出,借记"其他业务支出"科目,贷记"应交税费——应交消费税"等科目;对于逾期未退包装物没收的加收的押金,应转作"营业外收入"处理,企业应按加收的押金,借记"其他应付款"科目,按应交的增值税、消费税等税费,贷记"应交税费"等科目,按其差额,贷记"营业外收入——逾期包装物押金没收收入"科目。

出租、出借的包装物,不能使用而报废时,按其残料价值,借记"原材料"等科目,贷记"其他业务支出"(出租包装物)、"销售费用"(出借包装物)等科目。

4. 采用计划成本进行材料日常核算的企业,月度终了,结转生产领用、出售、出租、出借所领用新包装物应分摊的成本差异,借记"生产成本"、"其他业务支出"、"销售费用"等科目,贷记"材料成本差异"科目(实际成本小于计划成本的差异,用红字登记)。

【例9-16】 甲公司的包装物日常采用计划成本核算,包装物采用一次摊销法进行摊销核算发出包装物的成本,材料成本差异率为−3%,甲公司有关包装物发出的经济业务如下,假设不考虑消费税及其他因素,甲公司关于包装物收发应做如下账务处理:

(1) 甲公司生产领用一批包装物,计划成本5 000元。

借:生产成本　　　　　　　　　　　　　　　　　　　　　　5 000
　　贷:包装物　　　　　　　　　　　　　　　　　　　　　　　　　5 000

(2) 甲公司销售产品时,领用单独计价的包装物,其计划成本为1 500元。

借:其他业务成本　　　　　　　　　　　　　　　　　　　　1 500
　　贷:包装物　　　　　　　　　　　　　　　　　　　　　　　　　1 500

注意 因为销售产品时,单独计价的包装物将要作为其他业务收入计算销售收入,因此根据配比原则,其包装物成本应当计入其他业务成本。

(3) 企业销售本公司生产的产品时,领用不单独计价的包装物,其计划成本为3 000元。

借:销售费用　　　　　　　　　　　　　　　　　　　　　　3 000
　　贷:包装物　　　　　　　　　　　　　　　　　　　　　　　　　3 000

(4) 甲公司出租一批全新包装物给乙公司,计划成本为8 000元,收到租金1 000元,增值税额为130元,对方用转账支票支付租金并已存入银行。

借:其他业务成本　　　　　　　　　　　　　　　　　　　　8 000
　　贷:包装物　　　　　　　　　　　　　　　　　　　　　　　　　8 000

同时,收到租金:

借：银行存款　　　　　　　　　　　　　　　　　　　　　　　　　1 130
　　贷：其他业务收入　　　　　　　　　　　　　　　　　　　　　　1 000
　　　　应交税费——应交增值税(销项税额)　　　　　　　　　　　130

(5) 甲公司出借一批全新包装物给乙公司，计划成本为6 000元，收到押金2 000元，押金已收妥存入银行。

借：销售费用　　　　　　　　　　　　　　　　　　　　　　　　　6 000
　　贷：包装物　　　　　　　　　　　　　　　　　　　　　　　　　6 000

收到押金时：

借：银行存款　　　　　　　　　　　　　　　　　　　　　　　　　2 000
　　贷：其他应付款——乙公司　　　　　　　　　　　　　　　　　2 000

(6) 甲公司出借给乙公司的包装物逾期未退，甲公司按合同约定没收其押金2 000元。

借：其他应付款　　　　　　　　　　　　　　　　　　　　　　　　2 000
　　贷：其他业务收入　　　　　　　　　　　　　　　　　　　　　1 769.90
　　　　应交税费——应交增值税(销项税额)　　　　　　　　　　　230.10

(7) 出租包装物收回后，不能继续使用而报废，收回残料入库，价值200元。

借：原材料　　　　　　　　　　　　　　　　　　　　　　　　　　　200
　　贷：其他业务成本　　　　　　　　　　　　　　　　　　　　　　200

(8) 月末，甲公司根据"发料凭证汇总表"，按-3%的材料成本差异率计算结转本月发出包装物应分摊的成本差异640元，按红字做如下分录：

借：生产成本——基本生产成本　　　　　　　　　　　　　　　　150
　　销售费用　　　　　　　　　　　　　　　　　　　　　　　　　270
　　其他业务成本　　　　　　　　　　　　　　　　　　　　　　　285
　　贷：材料成本差异　　　　　　　　　　　　　　　　　　　　　705

第八节　低值易耗品

一、低值易耗品的内容

低值易耗品是指单价在规定限额以下或使用期限不满一年，能经过多次使用而基本保持其物质形态的劳动资料，主要是指不能符合固定资产定义的各种用具物品，如工具(包括一般工具、专用工具)、替换设备、管理用具、玻璃器皿、劳动保护用品，以及在经营过程中周转使用的包装容器和其他用具。这里"在经营过程中周转使用的包装容器"是指"用于储存和保管商品、材料而不对外出售的包装物"，而且不符合固定资产定义，故列为低值易耗品。

二、低值易耗品账户

1. 账户性质：资产类账户。

2. 账户用途：为了反映和监督低值易耗品的收入、发出及其价值转移、结存等情况，企业应当设置"低值易耗品"科目进行核算，"低值易耗品"科目借方登记购入、自制、委托外单位加工完成并已验收入库的低值易耗品的实际成本或计划成本（低值易耗品的增加），贷方登记发出领用的低值易耗品的实际成本或计划成本（低值易耗品的减少），"低值易耗品"科目的期末余额，为期末库存未用包装物的实际成本或计划成本和库存已用包装物的摊余价值。

3. 明细账的设置："低值易耗品"科目应按低值易耗品的类别、品种规格进行数量和金额的明细核算。对在用低值易耗品按使用车间、部门进行数量和金额明细核算的企业，也可以采用"五五摊销法"核算，在这种情况下，本科目应设置"在库低值易耗品"、"在用低值易耗品"、"低值易耗品摊销"三个明细科目进行核算。在用低值易耗品，以及使用部门退回仓库的低值易耗品，应当加强实物管理，并在备查簿上进行登记。

三、低值易耗品的账务处理

1. 购入、自制、委托外单位加工完成并已验收入库的低值易耗品。企业接受的债务人以非现金资产抵偿债务方式取得的低值易耗品、非货币性交换取得的低值易耗品等，以及低值易耗品的清查盘点，比照"原材料"科目的相关规定进行会计处理。

2. 企业应当根据具体情况，对低值易耗品采用一次或者分次摊销的方法。

一次摊销的低值易耗品，在领用时将其全部价值摊入有关的成本费用，借记有关科目，贷记"低值易耗品"科目。报废时，将报废低值易耗品的残料价值作为当月低值易耗品摊销额的减少，冲减有关成本费用，借记"原材料"等科目，贷记"制造费用"、"管理费用"等科目。

如果低值易耗品已经发生毁损、遗失等，不能再继续使用的，应将其账面价值，全部转入当期成本、费用。

3. 采用计划成本核算的企业，月度终了，应结转当月领用低值易耗品应分摊的成本差异，比较"原材料"的核算，通过"材料成本差异"科目，记入有关成本、费用科目。

【例9-17】 甲公司的低值易耗品日常采用计划成本核算，低值易耗品采用五五摊销法进行摊销核算发出低值易耗品的成本，材料成本差异率为3%，2023年2月5日甲公司生产车间从仓库领用专用工具一批，计划成本8 000元。11月30日该批工具报废，报废时的残料作为原材料入库，价值为300元。甲公司有关该批低值易耗品领用、摊销和报废的会计分录为：

（1）2月5日领用工具时

借：低值易耗品——在用　　　　　　　　　　　　　　　　　　8 000
　　贷：低值易耗品——在库　　　　　　　　　　　　　　　　　　8 000

于2月末，结转发出应分摊的成本差异

借：低值易耗品——在用　　　　　　　　　　　　　　　　　　240
　　贷：低值易耗品——在库　　　　　　　　　　　　　　　　　　240

（2）2月份第一次领用时摊销其价值的一半

借：制造费用　　　　　　　　　　　　　　　　　　　　　　　4 120
　　贷：低值易耗品——摊销　　　　　　　　　　　　　　　　　　4 120

(3) 11月30日报废时,再摊销50%的价值

借:制造费用　　　　　　　　　　　　　　　　　　　　　　　　4 120
　　贷:低值易耗品——摊销　　　　　　　　　　　　　　　　　　　　4 120

(4) 残料作为原材料入库

借:原材料　　　　　　　　　　　　　　　　　　　　　　　　　　300
　　贷:制造费用　　　　　　　　　　　　　　　　　　　　　　　　　300
借:低值易耗品——摊销　　　　　　　　　　　　　　　　　　　8 240
　　贷:低值易耗品——在用　　　　　　　　　　　　　　　　　　　　8 240

第九节　库存商品

一、库存商品的概念和内容

库存商品是指企业已经完成全部生产过程并已验收入库合乎标准规格和技术条件,可以按照合同规定的条件送交订货单位,或可以作为商品对外销售的产品以及外购或委托加工完成验收入库用于销售的各种商品。库存商品包括库存的外购商品、自制商品产品、存放在门市部准备出售的商品、发出展览的商品以及寄存在外的或存放在仓库的商品等。企业财务制度还规定:

1. 工业企业接受外来原材料加工制造的代制品和为外单位加工修理的代修品,在制造和修理完成验收入库后,视同企业的产成品,在"库存商品"科目核算。
2. 可以降价出售的不合格品,也在"库存商品"科目核算,但应当与合格商品分开记账。
3. 委托外单位加工的商品,不在"库存商品"科目核算,应当作为"委托加工物资"核算。
4. 已经完成销售手续,但购买单位在月末未提取的库存商品,应作为代管商品处理,单独设置代管商品备查簿,不在"库存商品"科目核算。

二、库存商品账户

1. 账户性质:资产类账户。
2. 账户用途:为了反映和监督库存商品的收入、发出及其结存等情况,企业应当设置"库存商品"科目核算库存的各种商品的实际成本(或进价)或计划成本(或售价)。"库存商品"科目借方登记验收入库的库存商品成本,贷方登记发出的库存商品成本,期末余额在借方,反映企业各种库存商品的实际成本(或进价)或计划成本(或售价)。
3. 明细账的设置:"库存商品"科目应按库存商品的种类、品种和规格设置明细账。存放在本企业所属门市部准备销售的商品,送交展览会展出的商品,以及已发出尚未办理托收手续的商品,都应在本科目下单设明细账进行核算。

三、库存商品的账务处理

(一) 工业企业库存商品的核算

工业企业的库存商品主要指产成品。产成品,是指企业已经完成全部生产过程并已验收入

库合乎标准规格和技术条件,可以按照合同规定的条件送交订货单位,或者可以作为商品对外销售的产品。企业接受外来原材料加工制造的代制品和为外单位加工修理的代修品,制造和修理完成验收入库后,视同企业的产成品,所发生的支出,也在本科目核算。

1. 工业企业的产成品一般应按实际成本进行核算。在这种情况下,产成品的收入、发出和销售,平时只记数量不记金额;月度终了,计算入库产成品的实际成本;对发出和销售的产成品,可以采用先进先出法、加权平均法、移动平均法、个别计价法等方法确定其实际成本。核算方法一经确定,不得随意变更。如需变更,应在会计报表附注中予以说明。

产成品种类比较多的企业,也可以按计划成本进行日常核算,其实际成本与计划成本的差异,可以单独设置"产品成本差异"科目进行核算。在这种情况下,产成品的收入、发出和销售,平时可以用计划成本进行核算,月度终了,计算入库产成品的实际成本,按产成品的计划成本记入本科目,并将实际成本与计划成本的差异记入"产品成本差异"科目,然后再将产品成本差异在发出、销售和结存的产成品之间进行分配。

2. 工业企业生产完成验收入库的产成品,按实际成本,借记"库存商品",贷记"生产成本"等科目;采用计划成本核算的企业,按计划成本,借记"库存商品",按实际成本,贷记"生产成本"等科目,按计划成本与实际成本的差异,借记或贷记"产品成本差异"科目。

3. 企业对外销售产成品,合同、协议约定采用分期收款销售方式的:①发出商品时间时,按实际成本,借记"分期收款发出商品"科目,贷记"库存商品"科目。②对方分期付款时[在每期销售实现(包括第一次收取货款)时],借记"银行存款"、"应收账款"、"应收票据"等科目,贷记"主营业务收入"科目,贷记"应交税费——应交增值税(销项税额)"科目。同时,按商品全部销售成本与全部销售收入的比率,计算出本期应结转的营业成本,借记"主营业务成本"科目,贷记"分期收款发出商品"科目。

4. 采用其他销售方式的产成品,结转成本时,借记"主营业务成本"科目,贷记"库存商品"科目。采用计划成本核算的企业,还应分摊计划成本与实际成本的差异。

注意 "分期收款发出商品"科目核算企业采用分期收款销售方式发出商品的实际成本(或进价)。企业代购买单位垫付的分期收款发出商品的包装费、运杂费,在"应收账款"科目核算,不通过"分期收款发出商品"科目核算。

【例9-18】 甲公司为工业企业,对生产成本采取实际成本核算,2023年5月根据"产品入库汇总表"记载,本月加工完毕已验收入库的X型号零件1 000 000个,该批零件的实际单位成本18元,计18 000 000元,甲公司应作如下会计处理:

借:库存商品——X型号零件　　　　　　　　　　　　　　　　　18 000 000
　　贷:生产成本——基本生产成本(X型号零件)　　　　　　　　　18 000 000

【例9-19】 承[例9-18]2023年5月末,甲公司根据"发出商品汇总表",本月共销售X型号零件40万个,假设不考虑库存商品的其他任何因素,在结转其销售成本时,甲公司应作如下会计处理:

借:主营业务成本　　　　　　　　　　　　　　　　　　　　　　7 200 000
　　贷:库存商品——X型号零件　　　　　　　　　　　　　　　　2 500 000

(二) 商品流通企业库存商品的核算

商品流通企业的库存商品主要指外购或委托加工完成验收入库用于销售的各种商品。

1. 库存商品采用进价核算的企业

(1) 库存商品采用进价核算的企业,购入的商品,在商品到达验收入库后,按商品进价,借记"库存商品"科目,贷记"在途物资"科目;企业委托外单位加工收回的商品,借记"库存商品"科目,贷记"委托加工物资"科目。

(2) 企业销售发出的商品,结转销售成本时,可按先进先出法、加权平均法、移动平均法、个别计价法、毛利率法等方法计算已销商品的销售成本,核算方法一经确定,不得随意变更。如需变更,应在会计报表附注中予以说明。企业结转发出商品的成本,借记"主营业务成本"科目,贷记"库存商品"科目。

毛利率法是根据本期销售净额(主营业务收入－销售退回或折让)乘以上期实际(或本月计划)毛利率匡算本期销售毛利,并计算发出存货成本和期末存货成本的一种方法,本方法常见于商品流通企业。计算公式如下:

本期销售净额＝本期销售收入总额－本期发生的销售折让或销售退回

估计的本期销售毛利＝本期销售净额×上期毛利率

上期毛利率＝(上期销售收入－上期销售成本)÷上期销售收入×100％

估计的本期销售成本＝本期销售净额－估计的本期销售毛利

估计的期末存货成本＝本期期初存货成本＋本期购货成本－估计的本期销售成本

采用这种存货计价方法不需要按照品种计算商品的发出和结存成本,一方面可以减轻会计核算的工作量,也能满足企业对存货管理的需要,此方法主要适合商业批发企业使用。

【例9-20】 假设甲公司为商品流通企业,主要从事商品的批发业务,采用毛利率法计算已销商品的销售成本,2023年4月批发女装收入1 000万元,女装销售成本为800万元,2023年5月女装期初成本为500万元,本期购进女装1 400万元,本期销售收入总额2 200万元,本期销售退回25万元,本期销售折让30万元,甲公司估计的本期女装销售成本和估计的期末女装成本计算如下:

① 女装上期毛利率＝(上期销售收入－上期销售成本)÷上期销售收入×100％
　　　　　　　　＝(1 000－800)÷1 000×100％
　　　　　　　　＝20％

② 本期销售净额＝本期销售收入总额－本期发生的销售折让或销售退回
　　　　　　　＝2 200－25－30
　　　　　　　＝2 145万元

③ 估计的本期销售毛利＝本期销售净额×上期毛利率
　　　　　　　　　　＝2 145×20％
　　　　　　　　　　＝429万元

④ 估计的本期销售成本＝本期销售净额－估计的本期销售毛利
　　　　　　　　　　＝2 145－429
　　　　　　　　　　＝1 716万元

⑤ 估计的期末存货成本＝本期期初存货成本＋本期购货成本－估计的本期销售成本
　　　　　　　　　　＝500＋1 400－1 716
　　　　　　　　　　＝184万元

2. 库存商品采用售价核算(售价金额核算法)的企业

库存商品采用售价核算的企业,为了核算商品流通企业采用售价核算的商品售价与进价之间的差额,企业应设置"商品进销差价"科目,并在月末分摊已销商品的进销差价。"商品进销差价"科目是"库存商品"的备抵科目,功能类似于"材料成本差异"。"商品进销差价"科目应按商品类别或实物负责人设置明细账,进行明细核算。"商品进销差价"科目的借方登记当期销售商品分摊的商品进销差价,贷方登记购入商品的价格与对应销售商品价格的差价确认,本科目的期末贷方余额,反映企业库存商品(也即尚未销售也尚未摊销的商品)的进销差价。

采用这种存货计价方法,因为国家规定要求商品零售价格明码标价,所以比较适合经营的商品种类、品种、规格繁多的商业零售企业。

(1) 库存商品采用售价核算的企业,购入的商品,在商品到达验收入库后,按商品售价,借记"库存商品"科目,按商品进价(实际成本),贷记"在途物资"或"银行存款"等科目,按商品售价与进价的差额,贷记"商品进销差价"科目;企业委托外单位加工收回的商品,按商品售价,借记"库存商品"科目,按委托加工商品的进价(实际成本),贷记"委托加工物资"科目,按商品售价与进价的差异,贷记"商品进销差价"科目。

(2) 企业销售发出的商品,平时结转销售成本时可按商品售价结转,借记"主营业务成本"科目,贷记"库存商品"科目。

月度终了,应按商品进销差价率计算分摊本月已销商品应分摊的进销差价,借记"商品进销差价"科目,贷记"主营业务成本"科目。

已销商品应分摊的进销差价,按以下方法计算:

$$商品进销差价率 = \frac{期初库存商品进销差价 + 本期购入商品进销差价}{期初库存商品售价 + 本期购入商品售价} \times 100\%$$

$$本期销售商品应分摊的商品进销差价 = 本期商品销售收入 \times 商品进销差价率$$

$$本期销售商品的成本 = \frac{本期商品销售收入}{(本月"主营业务收入"科目贷方余额)} - 本期销售商品应分摊的商品进销差价$$

$$期末结存商品的成本 = \frac{期初库存商品的进价成本}{} + \frac{本期购进商品的进价成本}{} - \frac{本期销售商品的成本}{}$$

委托代销商品可用上月的差价率计算应分摊的进销差价;企业的商品进销差价率各月之间比较均衡的,也可采用上月的差价率计算分摊本月已销商品应负担的进销差价。企业无论是采用当月的差价率还是采用上月的差价率计算并分摊进销差价,均应在年度终了,对商品的进销差价进行一次核实(复核)调整。

(3) 企业接受的债务人以非现金资产抵偿债务方式取得的库存商品、非货币性交换取得的库存商品等,比照"原材料"科目的有关规定进行核算。

期末编制资产负债表时,存货项目中的商品存货部分,应根据"库存商品"科目的期末借方余额扣除"商品进销差价"科目的期末贷方余额,即实际成本列示。

【例 9-21】 假设甲公司为商品流通企业,主要从事商品的男装零售业务,采用售价金额核算法计算已销商品的销售成本,2023 年 4 月期初库存男装的进价成本为 1 500 000 元,售价总额为 2 300 000 元,本月购进男装的进价成本为 2 200 000 元,售价总额为 2 600 000 元,甲公司估计的本期男装销售成本和估计的期末男装成本计算如下:

① 期初库存商品进销差价＝2 300 000－1 500 000＝800 000 元

② 本期购入商品进销差价＝2 600 000－2 200 000＝400 000 元

③ 商品进销差价率＝$\dfrac{期初库存商品进销差价＋本期购入商品进销差价}{期初库存商品售价＋本期购入商品售价}$×100%

$\qquad\qquad\qquad$＝(800 000＋400 000)÷(2 300 000＋2 600 000)×100%

$\qquad\qquad\qquad$＝1 200 000÷4 900 000×100%

$\qquad\qquad\qquad$＝24.49%

④ 本期销售商品应分摊的商品进销差价＝本期商品销售收入×商品进销差价率

$\qquad\qquad\qquad\qquad\qquad\qquad\quad$＝2 600 000×24.49%

$\qquad\qquad\qquad\qquad\qquad\qquad\quad$＝636 740 元

⑤ 本期销售商品的成本＝本期商品销售收入－本期销售商品应分摊的商品进销差价

$\qquad\qquad\qquad\qquad$＝2 600 000－636 740

$\qquad\qquad\qquad\qquad$＝1 963 260 元

⑥ 期末结存商品的成本＝期初库存商品的进价成本＋本期购进商品的进价成本

$\qquad\qquad\qquad\quad$－本期销售商品的成本

$\qquad\qquad\qquad\quad$＝1 500 000＋2 200 000－1 963 260

$\qquad\qquad\qquad\quad$＝1 736 740 元

第十节 存 货 清 查

一、存货清查的内容

存货清查是指通过对存货的实地盘点,确定存货的实有数量,并与账面结存数核对,从而确定存货实存数与账面结存数是否相符的一种专门方法。

由于存货的类别、品种、规格繁多、收入、发出也经常发生,难免会出现计量和计算失误,当然存货本身的自身属性也决定了有可能出现自然损耗,甚至遭受自然灾害、意外事故,造成账面结存数与存货实存数两者之间不符的情况,所以企业应填写存货盘点报告表(或者账存实存对照表),及时查明原因,按照规定程序、管理权限报经上级有权部门批准处理。

二、存货数量的确定方法

存货数量的确定方法有实地盘存制和永续盘存制。

1. 永续盘存制

"永续盘存制"又称"账面盘存制",是指企业设置各种存货明细账(数量金额式),根据存货的收入、发出的相关凭证,有序登记存货的收发数量、单价和金额,随时结出账面结存数量、单价和金额。采用永续盘存制,可随时掌握各种存货的收入、发出和结存情况,有利于对企业的存货进行计划和控制。永续盘存制亦要求定期或不定期进行存货的实物盘点,但是会计年度终了,应当进行全面的盘点清查,并编制盘点报告表,由相关责任人签字或者盖章,如有实存数与账面结存数不符应查明原因并在期末及时处理。

2. 实地盘存制

"实地盘存制"又称"定期盘存制",是指企业平时只在存货账簿中登记存货的增加数量,不记减少数量,期末根据存货实物的清点所得的实存数量,倒挤本期存货的减少数量。使用这种方法平时的核算工作比较简便,但缺点是不能随时反映各种存货的收入、发出和结存情况,不能随时结转成本;同时不便于对存货进行计划和控制,所以实地盘存制的实用性较差。

目前,我国会计实务中,在确定存货数量的确定方法时一般采用永续盘存制。但不论采用何种方法,前后各期均应保持一致,不得随意变更。

三、待处理财产损溢账户

1. 账户性质:资产类账户。

2. 账户用途:为了反映企业在清查财产过程中查明的各种财产物资盘盈、盘亏和毁损的价值,企业应当设置"待处理财产损溢"科目,"待处理财产损溢"科目借方登记企业各种财产物资的盘亏、毁损金额及盘盈的转销金额,贷方登记企业各种财产物资的盘盈金额及盘亏的转销金额。企业清查的各种财产物资损溢,应在期末结账前处理完毕,处理前的借方余额,反映企业尚未处理的各种财产的净损失;处理前的贷方余额,反映企业尚未处理的各种财产的净溢余。期末处理后"待处理财产损溢"科目应无余额。物资在运输途中发生的非正常短缺与损耗,也通过"待处理财产损溢"科目核算。

注意,该科目不仅仅是针对存货,还包括其他财产物资,比如货币资金和固定资产等。

3. 明细账的设置:"待处理财产损溢"科目应当设置待处理固定资产损溢和待处理流动资产损溢明细科目进行明细核算。

四、待处理财产损溢的账务处理

根据《企业会计准则第1号——存货》规定,企业发生的存货毁损,应当将处置收入扣除账面价值和相关税费后的金额计入当期损益。存货的账面价值是存货成本扣减累计跌价准备后的金额。存货盘亏造成的损失,应当计入当期损益。根据企业会计制度规定:

1. 盘盈的各种材料、库存商品、固定资产等,借记"原材料"、"库存商品"等科目,贷记"待处理财产损溢"科目。盘亏、毁损的各种材料、库存商品等,借记"待处理财产损溢"科目等科目,贷记"原材料"、"库存商品"、"应交税费——应交增值税(进项税额转出)"等科目。采用计划成本(或售价)核算的,还应当同时结转成本差异。

2. 盘盈、盘亏、毁损的财产,报经批准后处理时:存货的盘盈,借记"待处理财产损溢"科目,贷记"管理费用"科目;存货盘亏、毁损,应当先减去残料价值、可以收回的保险赔偿和过失人的赔偿,借记"原材料"、"其他应收款"等科目,贷记"待处理财产损溢"科目,剩余净损失,属于非常损失部分,借记"营业外支出——非常损失"科目,贷记"待处理财产损溢"科目;属于一般经营损失部分,借记"管理费用"科目,贷记"待处理财产损溢"科目。

3. 物资在运输途中的短缺与损耗,除合理的途耗应当计入物资的采购成本外,能确定由过失人负责的,应当自"在途物资"等科目转入"应付账款"、"其他应收款"等科目,尚待查明原因和需要报经批准才能转销的损失,先通过"待处理财产损溢"科目核算,查明原因后,再分别处理:属于应由供应单位、运输机构、保险公司或其他过失人负责赔偿的损失,借记"应付账款"、"其他应收款"等科目,贷记"待处理财产损溢"科目;属于自然灾害等非常原因造成的损失,应当将减去残料价值和过失人、保险公司赔款后的净损失,借记"营业外支出——非常损失"科目,贷记"待处理财产损溢"科目;属于无法收回的其他损失,借记"管理费用"科目,贷记"待处理财产损溢"科目。

4. 企业清查的各种财产的损溢,应于期末前查明原因,并根据企业的管理权限,经股东大会或董事会,或经理(厂长)会议或类似机构批准后,在期末结账前处理完毕。如清查的各种财产的损溢,在期末结账前尚未经批准的,在对外提供财务会计报告时先按上述规定进行处理,并在会计报表附注中作出说明;如果其后批准处理的金额与已处理的金额不一致的,调整会计报表相关项目的年初数。

【例9-22】 甲公司2023年12月31日,甲公司在存货盘点中发现,原材料中钢材由于仓库保管员收发计量差错盘盈1 980元,甲公司应编制如下会计分录:

(1) 根据盘点报告表,批准处理前:

借:原材料——钢材　　　　　　　　　　　　　　　　　　　　　　　　　　1 980
　　贷:待处理财产损溢——待处理流动资产损溢　　　　　　　　　　　　　　1 980

(2) 根据管理权限,批准处理后:

借:待处理财产损溢——待处理流动资产损溢　　　　　　　　　　　　　　　1 980
　　贷:管理费用　　　　　　　　　　　　　　　　　　　　　　　　　　　　1 980

【例9-23】 甲公司为增值税一般纳税人,2023年7月31日,发现因洪水导致仓库进水原材料面粉毁损100万元,增值税进项税额13万元,应由保险公司赔偿80万元,后又经查明,仓库管理员黎明在洪水暴发前,已经知道仓库地势比较低,可能会产生损失,但是没有及时报告公司采取措施转移货物以避免损失,应当赔偿2万元,假设不考虑存货跌价准备及其他因素,甲公司应编制如下会计分录:

(1) 根据盘点报告表,批准处理前:

借:待处理财产损溢——待处理流动资产损溢　　　　　　　　　　　　　1 130 000
　　贷:原材料　　　　　　　　　　　　　　　　　　　　　　　　　　　1 000 000
　　　　应交税费——应交增值税(进项税额转出)　　　　　　　　　　　　 130 000

(2) 根据管理权限,批准处理后:

借:其他应收款——××保险公司　　　　　　　　　　　　　　　　　　　 800 000
　　　　　　　——黎明　　　　　　　　　　　　　　　　　　　　　　　　 20 000
　　营业外支出——非常损失　　　　　　　　　　　　　　　　　　　　　　310 000
　　贷:待处理财产损溢——待处理流动资产损溢　　　　　　　　　　　　 1 130 000

第十一节　存货的减值

一、存货减值的内容

根据《企业会计准则第1号——存货》规定,资产负债表日,存货按照"成本与可变现净值孰低法"计量。成本与可变现净值孰低法,是指对期末存货按照成本与可变现净值两者之中较低者计价的方法。当存货成本低于可变现净值时,存货按成本计量;当存货成本高于可变现净值时,存货按可变现净值计量,同时按照成本高于可变现净值的差额计提存货跌价准备,计入当期损益。这里所讲的"成本"是指存货的历史成本,即按本章节前面所介绍的以历史成本为基础的存货计价方法(如先进先出法、移动平均法等)计算的期末存货价值。

可变现净值,是指在日常活动中,存货的估计售价减去至完工时估计将要发生的成本、估计的销售费用以及相关税费后的金额。企业确定存货的可变现净值,应当以取得的确凿证据为基础,并且考虑持有存货的目的、资产负债表日后事项的影响等因素。为生产而持有的材料等,用其生产的产成品的可变现净值高于成本的,该材料仍然应当按照成本计量;材料价格的下降表明产成品的可变现净值低于成本的,该材料应当按照可变现净值计量。

1. 确定存货的可变现净值应当以取得的"确凿证据"为基础。

确定存货的可变现净值必须建立在取得的确凿证据的基础上。这里所讲的"确凿证据"是指对确定存货的可变现净值和成本有直接影响的客观证明。存货成本的确凿证据应当以取得外来原始凭证、生产成本明细账等作为确凿证据,如存货的市场销售价格等。

2. 确定存货的可变现净值应当考虑持有存货的目的。

由于企业持有存货的目的不同,确定存货可变现净值的计算方法也不同。企业持有存货的目的通常可以分为持有以备出售或者未来在生产经营过程中生产耗用。

3. 确定存货的可变现净值应当考虑资产负债表日后事项等的影响。

即在确定资产负债表日存货的可变现净值时,不仅要考虑与该存货相关的市场价格和成本变化,而且还应考虑未来的相关事项。

4. 《企业会计准则第1号——存货》应用指南规定,可变现净值的特征表现为存货的预计未来净现金流量,而不是存货的售价或合同价。企业预计的销售存货现金流量,并不完全等于存货的可变现净值。存货在销售过程中可能发生的销售费用和相关税费,以及为达到预定可销售状态还可能发生的加工成本等相关支出,构成现金流入的抵减项目。企业预计的销售存货现金流量,扣除这些抵减项目后,才能确定存货的可变现净值。

5. 企业通常应当按照单个存货项目计提存货跌价准备。对于数量繁多、单价较低的存货,可以按照存货类别计提存货跌价准备。与在同一地区生产和销售的产品系列相关、具有相同或类似最终用途或目的,且难以与其他项目分开计量的存货,可以合并计提存货跌价准备。资产负债表日,企业应当确定存货的可变现净值。以前减记存货价值的影响因素已经消失的,减记的金额应当予以恢复,并在原已计提的存货跌价准备金额内转回,转回的金额计入当期损益。

二、存货跌价准备账户

1. 账户性质:资产类备抵账户。

2. 账户用途:为了反映和监督存货跌价准备的计提、转回和转销情况,企业应当设置"存货跌价准备"科目,"存货跌价准备"科目贷方登记计提的存货跌价准备金额,借方登记实际发生的存货跌价损失金额和转回的存货跌价准备金额,期末余额一般在贷方,反映企业已计提但尚未转销的存货跌价准备。

3. 明细账的设置:本科目可按存货项目或类别进行明细核算。

三、存货跌价准备的账务处理

"存货跌价准备"科目核算企业提取的存货跌价准备。企业应当定期或者至少于每年年度终了,对存货进行全面清查,如由于存货遭受毁损、全部或部分陈旧过时或销售价格低于成本等原因,使存货成本不可收回的部分,应当提取存货跌价准备。

1. 存货跌价准备应按单个存货项目的成本与可变现净值计量,如果某些存货具有类似用途并与在同一地区生产和销售的产品系列相关,且实际上难以将其与该产品系列的其他项目区别开来进行估价的存货,可以合并计量成本与可变现净值;对于数量繁多、单价较低的存货,可以按存货类别计量成本与可变现净值。

当存在以下一项或若干项情况时,应将存货账面价值全部转入当期损益:

(1) 已霉烂变质的存货;

(2) 已过期且无转让价值的存货;

(3) 生产中已不再需要,并且已无使用价值和转让价值的存货;

(4) 其他足以证明已无使用价值和转让价值的存货。

企业当期发生上述情况时,应按存货的账面价值,借记"资产减值损失——计提的存货跌价准备"科目,按已计提的存货跌价准备,借记"存货跌价准备"科目。

2. 当存在下列情况之一时,应当计提存货跌价准备:

(1) 市价持续下跌,并且在可预见的未来无回升的希望;

(2) 企业使用该项原材料生产的产品的成本大于产品的销售价格;

(3) 企业因产品更新换代,原有库存原材料已不适应新产品的需要,而该原材料的市场价格又低于其账面成本;

(4) 因企业所提供的商品或劳务过时或消费者偏好改变而使市场的需求发生变化,导致市场价格逐渐下跌;

(5) 其他足以证明该项存货实质上已经发生减值的情形。

3. 期末,企业计算出存货可变现净值低于成本的差额,借记"资产减值损失——计提的存货跌价准备"科目,贷记"存货跌价准备"科目;如已计提跌价准备的存货的价值以后又得以恢复,应按恢复增加的数额,借记"存货跌价准备",贷记"资产减值损失——计提的存货跌价准备"科目。但是,当已计提跌价准备的存货的价值以后又得以恢复,其冲减的跌价准备金额,应以"存货跌价准备"科目的贷方余额冲减至零为限。

【例9-24】 2023年12月31日,甲公司库存商品A产品的账面金额为150 000元,由于市场不景气需求减少导致价格下跌,预计可变现净值为120 000元。2024年2月29日,由于市场价格略有回升,使得A产品的预计可变现净值为130 000元。2024年3月31日,由于经济政策利好导致市场价格继续回升,使得A产品的预计可变现净值为160 000元,甲公司应作如下会计处理:

(1) 2023年12月31日应计提的存货跌价准备为30 000元

借:资产减值损失——计提的存货跌价准备　　　　　　　　　　　　　30 000
　　贷:存货跌价准备　　　　　　　　　　　　　　　　　　　　　　　　　　30 000

(2) 2024年2月29日,价格回升应转回的存货跌价准备为10 000元

借：存货跌价准备　　　　　　　　　　　　　　　　　　　　　　　　　　10 000
　　贷：资产减值损失——计提的存货跌价准备　　　　　　　　　　　　　　10 000

（3）2024年3月31日，价格继续回升，应转回的存货跌价准备为20 000元

借：存货跌价准备　　　　　　　　　　　　　　　　　　　　　　　　　　20 000
　　贷：资产减值损失——计提的存货跌价准备　　　　　　　　　　　　　　20 000

第十章　固定资产

第一节　固定资产概述

一、固定资产的定义

《企业会计准则第4号——固定资产》规定,固定资产,是指同时具有下列特征的有形资产:为生产商品、提供劳务、出租或经营管理而持有的;使用寿命超过一个会计年度。同时,作为投资性房地产的建筑物、生产性生物资产,应当分别作为投资性房地产、生物资产,不能作为固定资产。

二、固定资产的特征

1. 为生产商品、提供劳务、出租或经营管理而持有的资产。

首先,企业持有固定资产是为了生产商品、提供劳务、出租或经营管理的目的,而不是为了出售,此时,固定资产是企业的劳动工具。

其次,这里的"出租"是指企业以经营租赁方式出租的机器设备,不是指以经营租赁方式出租的建筑物,以经营租赁方式出租的建筑物属于企业的投资性房地产,不属于固定资产。

2. 固定资产是有形资产。固定资产与无形资产相比就是有无实物形态,虽然无形资产持有目的与固定资产类似,使用寿命也会超过一个会计年度,但是由于其没有实物形态,所以不属于固定资产。

3. 固定资产的使用寿命超过一个会计年度。准则规定,使用寿命,是指企业使用固定资产的预计期间,或者该固定资产所能生产产品或提供劳务的数量。该特征表示固定资产是长期资产(非流动资产)从而与流动资产相区别。

4. 固定资产的单价较高。企业所持有的一般工具、替换工具、器量具等低值易耗品和一些包装物等存货,尽管该类资产具有固定资产的某些特征,如使用寿命超过一年,但由于量多价低,通常确认为存货,不能确认为固定资产。

5. 企业由于安全或环保的要求购入设备或者建设的房屋等,确实不能直接给企业带来未来经济利益,甚至还会导致企业的未来负债增加或经济利益的减少,比如可能会增加应付职工薪酬,增加电费使用,增加其他材料物质的使用,也有可能会影响产品生产数量、占用货币资金等,但是有助于企业和社会的可持续发展,所以应当确认为固定资产。

三、固定资产的分类

(一) 按经济用途分类

按固定资产的经济用途分类,可分为生产经营用固定资产和非生产经营用固定资产。

1. 生产经营用固定资产,是指企业为生产商品、提供劳务、出租或经营管理所持有的各种固定资产,如生产经营用的房屋等建筑物、机器设备,以及符合固定资产确认条件的器具、工具等。

2. 非生产经营用固定资产,是指不为生产商品、提供劳务、出租或经营管理所持有的各种固定资产,如集体福利设施是法定公益金所购买,法定所有权属于全体职工,企业只是代为经管,不是企业的固定资产等。

(二) 综合分类

按固定资产的使用情况进行分类,可把企业的固定资产划分为六大类:

1. 使用中类固定资产。
2. 未使用类固定资产。
3. 不需用类固定资产。
4. 租出类固定资产(是专指在经营租赁方式下出租的固定资产,不包括房屋等建筑物,因为出租的房屋等建筑物属于投资性房地产)。
5. 土地类(指历史上已经估价单独入账的土地;因征地而支付的补偿费,应计入与土地有关的房屋、建筑物的价值内,不单独作为土地价值入账;企业取得的土地使用权,应作为"无形资产"不作为"固定资产")。
6. 历史上,融资租入类固定资产(是专指企业以融资租赁方式租入的固定资产,在租赁期内,不管法定使用权是否转移,都应视同自有固定资产进行管理)是属于固定资产范畴。但是自2019年1月1日起施行的《企业会计准则第21号——租赁》(2018)规定,融资租入类固定资产和经营租赁的固定资产对于承租人来说不做区分,统一纳入"使用权资产"科目核算。所以融资租入类固定资产这部分不再属于固定资产核算范围。

企业应当根据固定资产定义,结合本企业的具体情况,制定适合于本企业的固定资产目录、分类方法、每类或每项固定资产的折旧年限和折旧方法,作为进行固定资产核算的依据。企业制定的固定资产目录、分类方法、每类或每项固定资产的预计使用年限、预计净残值、折旧方法等,应当编制成册,并按照管理权限,经股东大会或董事会,或经理(厂长)会议或类似机构批准,按照法律、行政法规的规定报送有关各方备案,同时备置于企业所在地,以供投资者等有关各方查阅。企业已经确定并对外报送,或备置于企业所在地的有关固定资产目录、分类方法、预计净残值、预计使用年限、折旧方法等,一经确定不得随意变更,如需变更,仍然应按照上述程序,经批准后报送有关各方备案,并在会计报表附注中予以说明。

第二节 固定资产的确认和初始计量

一、固定资产的确认

固定资产同时满足下列条件的,才能予以确认:

1. 与该固定资产有关的经济利益很可能流入企业。这主要是通过判断与固定资产法定所有权相关的风险和报酬是否转移到了企业为标准来确定。当然,法定所有权不是判断是否是本企业固定资产的唯一标准,通常,法定所有权已经转移到企业的,即使存放地点不在企业内部,仍然属于企业的固定资产,同理,如果没有取得法定所有权,即使该项固定资产存放在企业,也不能作为企业的固定资产。

2. 该固定资产的成本能够可靠地计量。企业在确定固定资产成本时,一般根据所获得的最新资料,对固定资产的成本进行合理的估计。如果企业能够合理地估计出固定资产的成本,则认为能够可靠地计量该固定资产的成本。

固定资产的各组成部分具有不同使用寿命或者以不同方式为企业提供经济利益,适用不同折旧率或折旧方法的,应当分别将各组成部分确认为单项固定资产。

此外:备品备件和维修设备通常确认为存货,但符合固定资产定义和确认条件的,如企业(民用航空运输)的高价周转件等,应当确认为固定资产;企业(建造承包商)为保证施工和管理的正常进行而购建的各种临时设施;企业购置计算机硬件所附带的、未单独计价的软件,与所购置的计算机硬件一并作为固定资产;企业为开发新产品、新技术购置的符合固定资产定义和确认条件的设备;采用成本模式计量的已出租的建筑物。未作为固定资产管理的工具、器具等,在"包装物"及"低值易耗品"科目核算。

二、固定资产的初始计量

固定资产应当按照成本进行初始计量。

(一)外购的固定资产

外购固定资产的成本包括购买价款、相关税费,以及使固定资产达到预定可使用状态前所发生的可归属于该项资产的运输费、装卸费、安装费和专业人员服务费等。

企业一次性购入多项没有单独标价的固定资产,应按各项固定资产公允价值的比例对总成本进行分配,分别确定各项固定资产的成本。但是如果各项固定资产价款已知,但相关费用(包装费、保险费等)未单独核算,应按各项固定资产公允价值(确定价款)的比例对总费用进行分配,分别确定各项固定资产的成本。

(二)自行建造的固定资产

自行建造固定资产的成本,由建造该项资产达到预定可使用状态前所发生的必要支出作为入账价值。借款费用符合资本化条件的,应计入所建造的固定资产成本,按照《企业会计准则第17号——借款费用》的有关规定处理。

(三)投资者投入的固定资产

投资者投入固定资产的成本应当按照投资合同或协议约定的价值确定入账价值,但合同或协议约定价值不公允的除外。

(四)非货币性资产交换、债务重组、企业合并取得的固定资产

非货币性资产交换、债务重组、企业合并和融资租赁取得的固定资产的成本,应当分别按照《企业会计准则第7号——非货币性资产交换》、《企业会计准则第12号——债务重组》、《企业会计准则第20号——企业合并》和《企业会计准则第21号——租赁》确定。

(五)确定固定资产成本时,应当考虑预计弃置费用因素

特殊行业的特定固定资产,对其进行初始计量时,还应当考虑弃置费用。弃置费用通常是指根据国家法律和行政法规、国际公约等规定,企业承担的环境保护和生态恢复等义务所确定的支出,如油气资产、核电站核设施等的弃置和恢复环境义务。弃置费用的金额与其现值比较,通常相差较大,需要考虑货币时间价值,对于这些特殊行业的特定固定资产,企业应当根据《企业会计准则第13号——或有事项》,按照现值计算确定应计入固定资产成本的金额和相应的预计负债。在固定资产的使用寿命内按照预计负债的摊余成本和实际利率计算确定的利息费用应计入财务费用。油气资产的弃置费用,应当按照《企业会计准则第27号——石油天然气开采》的有关规定处理。一般企业的固定资产发生的报废清理费用不属于弃置费用,应当在发生时作为固定资产处置费用处理。

(六)购置计算机硬件所附带的、未单独计价的软件

企业购置计算机所附带的、未单独计价的软件,与所购置的计算机硬件一并作为固定资产管理。

已达到预定可使用状态但尚未办理竣工决算手续的固定资产,可先按估计价值记账,待确定实际价值后,再进行调整。

三、固定资产核算的相关账户

(一)固定资产账户

1. 账户性质:资产类账户。

2. 账户用途:为了核算企业持有的固定资产原价增减变动,企业应当设置"固定资产"科目,"固定资产"科目借方登记企业增加的固定资产原价,贷方登记企业减少的固定资产原价,期末余额在借方,反映企业期末固定资产的账面原价。

3. 明细账的设置:企业应当设置"固定资产登记簿"和"固定资产卡片",按固定资产类别、使用部门和每项固定资产进行明细核算。

(二)在建工程账户

1. 账户性质:资产类账户。

2. 账户用途:为了核算企业进行基建工程、安装工程、技术改造工程、大修理工程等发生的实际支出,包括需要安装设备的价值支出,企业应当设置"在建工程"科目,"在建工程"科目借方登记企业各项在建工程的实际支出,贷方登记完工工程转出的成本,期末借方余额反映企业尚未达到预定可使用状态的在建工程的成本(企业尚未完工的基建工程发生的各项实际支出)。

3. 明细账设置:"在建工程"科目应按照建筑工程、安装工程、在安装设备、技术改造工程、大修理工程、其他支出等项目设置明细账,进行明细核算。在建工程发生减值的,应在本科目设置"减值准备"明细科目进行核算。

企业应当设置"在建工程其他支出备查簿",专门登记基建项目发生的构成项目概算内容但不通过"在建工程"科目核算的其他支出,包括按照建设项目概算内容购置的不需要安装设备、现成房屋、无形资产以及发生的递延费用等。企业在发生上述支出时,应当通过"固定资产"、"无形资产"和"长期待摊费用"科目核算。但同时应在"在建工程其他支出备查簿"中进行登记。

(三)工程物资账户

"工程物资"科目核算企业为基建工程、更改工程和大修理工程准备的各种物资的实际成本,包括为工程准备的材料、尚未交付安装的需要安装设备的实际成本,以及预付大型设备款和基本建设期间根据项目概算购入为生产准备的工具及器具等的实际成本。

1. 账户性质:资产类账户。

2. 账户用途:为了核算企业为在建工程准备的各种物质的成本,包括工程用材料、尚未安装的设备以及为生产准备的工器具等。企业应当设置"工程物资"科目,"工程物资"科目借方登记企业购入工程物资的成本,贷方登记领用工程物资的成本,期末借方余额,反映企业为在建工程准备的各种物资的成本。

3. 明细账设置:该账户可按"专用材料"、"专用设备"、"预付大型设备款"、"为生产准备的工具及器具"等设置明细账。

（四）累计折旧账户

1. 账户的性质：资产类备抵账户。

2. 账户的用途：为了核算企业固定资产计提的累计折旧，企业应当设置"累计折旧"科目，"累计折旧"科目贷方登记企业计提的固定资产折旧，借方登记处置固定资产转出的累计折旧，期末贷方余额，反映企业固定资产的累计折旧额。

3. 明细账的设置："累计折旧"科目可按固定资产的类别或项目进行明细核算。

（五）固定资产清理账户

1. 账户的性质：资产类账户。

2. 账户的用途：为了核算企业因出售、报废、毁损、对外投资、非货币性资产交换、债务重组等原因转入清理的固定资产价值以及在清理过程中发生的费用和清理收入等，企业应当设置"固定资产清理"科目，"固定资产清理"借方登记转出的固定资产账面价值、清理过程中应支付的相关税费及其他费用，贷方登记固定资产清理完成的处理，期末借方余额，反映企业尚未清理完毕的固定资产清理净损失，期末如为贷方余额，则反映企业尚未清理完毕的固定资产清理净收益。企业以固定资产清偿债务、以固定资产换入其他资产的，也应通过"固定资产清理"科目核算。

3. 明细账的设置："固定资产清理"科目应按被清理的固定资产项目设置明细账，进行明细核算。

四、固定资产初始计量的账务处理

（一）固定资产的取得

固定资产取得时的核算很重要的一项就是关于增值税进项税额的处理。

固定资产的增值税进项税额的处理涉及增值税转型改革。根据对外购固定资产所含增值税税金扣除方式的不同，增值税分为生产型、收入型和消费型三种类型。收入型增值税与生产型和消费型增值税的主要区别在于它们对固定资产的税收处理方法。在生产型增值税体系中，企业购买固定资产时所支付的增值税不得从应纳税额中扣除。相对地，在消费型增值税体系下，企业可以一次性地将购入固定资产的全额价款作为进项税额进行抵扣。收入型增值税则采取了一种折中的方法，只允许企业在计算当期销项税额时，扣除因固定资产折旧而产生的税金部分，这实质上是对国民收入进行征税。目前世界上有140多个实行增值税的国家中，绝大多数国家实行消费型增值税。

1. 外购固定资产

企业外购的固定资产，应按实际支付的购买价款、相关税费（包括企业为取得固定资产而交纳的契税、耕地占用税、车辆购置税以及不可抵扣的增值税进项税额等相关税费），以及使固定资产达到预定可使用状态前所发生的可归属于该项资产的运输费、装卸费、安装费和专业人员服务费等，作为固定资产的取得成本。

（1）企业购入不需要安装的固定资产（含以分期付款方式购入），应按实际支付的购买价款、相关税费（不包括按照税法规定可抵扣的增值税进项税额）以及使固定资产达到预定可使用状态前所发生的可归属于该项资产的运输费、装卸费和专业人员服务费、保险费等，作为固定资产成本，借记"固定资产"科目，按照税法规定可抵扣的增值税进项税额，借记"应交税费——应交增值税（进项税额）"科目，贷记"银行存款"、"长期应付款"等科目。

【例10-1】 甲公司（一般纳税人）购入一套不需安装就可投入生产经营的机器设备，取得的增值税专用发票上注明的设备价款为 100 000 元,增值税额为 13 000 元,另支付装卸费和运输费合计 1 500 元,增值税额为 135 元;包装费 500 元,增值税额为 45 元,装卸费、运输费和包装费均已经取得增值税专用发票(增值税税率为 9%),上述款项也以转账支票支付完毕。甲公司应作如下会计处理:

借:固定资产　　　　　　　　　　　　　　　　　　　　　　　　　102 000
　　应交税费——应交增值税(进项税额)　　　　　　　　　　　　　13 180
　　贷:银行存款　　　　　　　　　　　　　　　　　　　　　　　115 180

如果甲公司为小规模纳税人,该增值税进项税额应计入固定资产成本,以下同。

(2) 购入需要安装的固定资产,应在购入的固定资产取得成本的基础上加上安装、调试成本等,作为购入固定资产的成本,先通过"在建工程"科目核算,待安装完毕达到预定可使用状态时,再由"在建工程"科目转入"固定资产"科目。

【例 10-2】 承[例 10-1]假设该设备为需要安装才能使用的固定资产,乙公司派遣技术工人进行安装,甲公司支付设备安装调试费 5 000 元,增值税额为 450 元,安装调试费已经取得增值税专用发票(增值税税率为 9%),其款项以转账支票支付完毕,该设备经过安装调试也已达到预定可使用状态。甲公司应作如下会计处理:

① 购入设备并支付装卸费、运输费和包装费时

借:在建工程　　　　　　　　　　　　　　　　　　　　　　　　　102 000
　　应交税费——应交增值税(进项税额)　　　　　　　　　　　　　13 180
　　贷:银行存款　　　　　　　　　　　　　　　　　　　　　　　115 180

② 支付安装调试费时

借:在建工程　　　　　　　　　　　　　　　　　　　　　　　　　　5 000
　　应交税费——应交增值税(进项税额)　　　　　　　　　　　　　　 450
　　贷:银行存款　　　　　　　　　　　　　　　　　　　　　　　　5 450

③ 设备安装完毕交付使用时

借:固定资产　　　　　　　　　　　　　　　　　　　　　　　　　107 000
　　贷:在建工程　　　　　　　　　　　　　　　　　　　　　　　107 000

2. 自营工程

自营工程,也即自行建造的固定资产,是指企业自行组织工程物资采购、自行组织施工人员施工的建筑工程和安装工程。实务中,企业较少采用自营方式建造固定资产,多数情况下采用出包方式。

自行建造的固定资产,按建造该项资产达到预定可使用状态前所发生的必要支出,作为固定资产的成本。

企业如有以自营方式建造固定资产购入工程物资时,借记"工程物资"科目,借记"应交税费——应交增值税(进项税额)",贷记"银行存款"等科目。领用工程物资时,借记"在建工程"科目,贷记"工程物资"科目。在建工程领用本企业原材料时,借记"在建工程"科目,贷记"原材料"等科目。在建工程领用本企业生产的商品时,借记"在建工程"科目,贷记"库存商品"、"应交税费——应交增值税(销项税额)"等科目。自营工程发生的其他费用(如分配工程人员工资等),借

记"在建工程"科目,贷记"银行存款"、"应付职工薪酬"等科目。自营工程达到预定可使用状态时,按其成本,借记"固定资产"科目,贷记"在建工程"科目。

在建工程在竣工决算前发生的借款利息,在应付利息日应当根据借款合同利率计算确定的利息费用,借记"在建工程"科目,贷记"应付利息"科目。办理竣工决算后发生的利息费用,在应付利息日,借记"财务费用"科目,贷记"应付利息"等科目。

在建工程在试运转过程中发生的支出,借记"在建工程"科目,贷记"银行存款"等科目;形成的产品或者副产品对外销售或转为库存商品的,借记"银行存款"、"库存商品"等科目,贷记"在建工程"科目。自营工程办理竣工决算,借记"固定资产"科目,贷记"在建工程"科目。

【例10-3】 2023年2月15日,甲公司准备自行建造一幢产成品仓库,2023年7月2日,工程完工并达到预定可使用状态。工程建设期间有关本工程建设的资料如下:

(1) 2月18日,购入工程物资一批,价款为4 000 000元,增值税税额为520 000元,款项以期限为6个月的银行承兑汇票支付,并于20日全部领用。

(2) 3月30日,领用生产用原材料一批,价值为50 000元。(按实际成本核算)

(3) 4月25日,领用本企业生产的产品一批,实际成本为210 000元,税务部门核定的计税价格为300 000元,增值税税率13%。

(4) 5月10日,辅助生产车间为工程建设提供的劳务支出为30 000元。

(5) 6月15日,结算工程人员工资及福利为250 000元。

(6) 7月2日,工程完工达到预定可使用状态并竣工验收完毕。

甲公司应做如下账务处理:

(1) 2月18日,购入工程物资时

借:工程物资 4 000 000
　　应交税费——应交增值税(进项税额) 520 000
　贷:应付票据 4 520 000

(2) 2月20日,领用工程物资时

借:在建工程 4 000 000
　贷:工程物资 4 000 000

(3) 3月30日,领用生产用原材料时

借:在建工程 50 000
　贷:原材料 50 000

如果原材料实行计划成本核算的企业,领用原材料时还应该分摊"材料成本差异"。

(4) 4月25日,领用本企业生产的产品时

借:在建工程 249 000
　贷:库存商品 210 000
　　应交税费——应交增值税(销项税额) 39 000

库存商品采用计划成本或售价的企业,还应当分摊成本差异或商品进销差价。

(5) 5月10日,计算辅助生产车间提供的劳务支出时

借:在建工程 30 000
　贷:生产成本——辅助生产成本 30 000

(6) 6月15日,结算工程人员工资及福利时

借:在建工程 250 000
　　贷:应付职工薪酬 250 000

(7) 7月2日,工程完工达到预定可使用状态并竣工验收完毕时

借:固定资产 4 579 000
　　贷:在建工程 4 579 000

(8) 8月18日,银行承兑汇票到期,支付4 520 000元工程物资款时

借:应付票据 4 520 000
　　贷:银行存款 4 520 000

3. 出包工程

出包工程是指企业通过招投标将工程项目发包给建造承包商,由建造承包商组织施工的建筑工程和安装工程。采用出包方式建造固定资产,企业必须与建造承包商签订建造合同,出包企业(通常称为建设单位,为建造合同的甲方)负责筹集资金和组织管理工程建设,通常是给付工程款就可以。建造承包商(通常称为建造合同的乙方)具体负责建筑和安装工程施工并对施工的工程具体支出进行核算。

在出包方式下,"在建工程"科目主要是核算企业与建造承包商办理工程价款结算情况,企业支付给建造承包商的工程价款作为工程成本,通过"在建工程"科目核算。企业按合理估计的发包工程进度和合同规定向建造承包商结算的进度款,借记"在建工程"、"应交税费——应交增值税(进项税额)"科目,贷记"银行存款"等科目;工程完工收到承包单位提供的账单,工程达到预定可使用状态时,按其成本,借记"固定资产"科目,贷记"在建工程"科目。对固定资产进行改扩建时,应当按照该项固定资产账面价值,借记"在建工程"科目,按照其已计提的累计折旧,借记"累计折旧"科目,按照其原价,贷记"固定资产"科目。在改扩建过程中发生的相关支出,借记"在建工程"科目,贷记相关科目。改扩建完成办理竣工决算,借记"固定资产"科目,贷记"在建工程"科目。

【例10-4】 2024年1月15日,甲公司将本单位生产车间的一栋厂房的土建工程出包给乙公司施工,按照合同约定的工程进度,向乙公司支付40%的首批工程款1 200 000元(合同造价预定为3 000 000元),工程完工后,收到乙公司工程结算单据,补付工程款1 800 000元,4月20日,工程达到预定可使用状态时。假设乙公司使用13%的增值税率(国家规定建筑服务的增值税率为9%),甲公司应做如下会计分录:

(1) 按合同约定进度支付工程款时

借:在建工程 1 200 000
　　应交税费——应交增值税(进项税额) 156 000
　　贷:银行存款 1 356 000

(2) 补付工程款时

借:在建工程 1 800 000
　　应交税费——应交增值税(进项税额) 234 000
　　贷:银行存款 2 034 000

(3) 工程完工并达到预定可使用状态时

借：固定资产　　　　　　　　　　　　　　　　　　　　　　　　　3 000 000
　　贷：在建工程　　　　　　　　　　　　　　　　　　　　　　　　3 000 000

4. 取得投资者投入的固定资产

将自产、委托加工或者购进的货物作为投资，提供给其他单位或者个体工商户，也要缴纳增值税。因此，投资者投入的固定资产，应当按照投资合同或协议约定的价值加上应支付的相关税费，借记"固定资产"或"在建工程"科目、"应交税费——应交增值税（进项税额）"，贷记"实收资本"（或"股本"）、"资本公积"科目。

第三节　固定资产的后续计量

固定资产的后续计量主要包括固定资产折旧的计提、固定资产减值损失的确定，以及固定资产后续支出的计量。

一、固定资产折旧

（一）固定资产折旧概述

折旧从本质上讲是一种耗费，是固定资产在生产经营过程中由于价值逐渐损耗而减少的部分。固定资产损耗分无形损耗和有形损耗两种。无形损耗是指固定资产由于科技进步而引起的价值的损失；有形损耗是指固定资产由于使用和环境的影响而引起的使用功能和价值的损失。对固定资产损耗的价值，应在固定资产的预计寿命内，以计提折旧的方式计入各期成本费用，从而得到价值上的补偿。

企业应当对所有固定资产计提折旧。但是，已提足折旧仍继续使用的固定资产和单独计价入账的土地除外。折旧，是指在固定资产使用寿命内，按照确定的方法对应计折旧额进行系统分摊。应计折旧额，是指应当计提折旧的固定资产的原价扣除其预计净残值后的金额。已计提减值准备的固定资产，还应当扣除已计提的固定资产减值准备累计金额。预计净残值，是指假定固定资产预计使用寿命已满并处于使用寿命终了时的预期状态，企业目前从该项资产处置中获得的扣除预计处置费用后的金额。固定资产的使用寿命是指企业使用固定资产的预计期间。已达到预定可使用状态但尚未办理竣工决算的固定资产，应当按照估计价值确定其成本，并计提折旧；待办理竣工决算后，再按实际成本调整原来的暂估价值，但不需要调整原已计提的折旧额。

企业应当根据固定资产的性质和使用情况，合理确定固定资产的使用寿命和预计净残值。固定资产的使用寿命、预计净残值一经确定，不得随意变更。但是，企业于每年年度终了，对固定资产的使用寿命、预计净残值和折旧方法进行复核的除外。

（二）影响固定资产折旧的基本因素

影响固定资产折旧的基本因素主要有：

1. 固定资产的原值，也即固定资产取得时的入账价值或称为原价；
2. 固定资产的预计净残值；
3. 固定资产的使用寿命。

（三）确定固定资产使用寿命应考虑的因素

企业确定固定资产使用寿命，应当考虑下列因素：

1. 预计生产能力或实物产量；
2. 预计有形损耗和无形损耗；
3. 法律或者类似规定对资产使用的限制。

固定资产应当按月计提折旧，并根据用途计入相关资产的成本或者当期损益。

(四) 企业固定资产计提折旧的范围

企业的下列固定资产应当计提折旧：

1. 房屋和建筑物；
2. 在用的机器设备、仪器仪表、运输工具、工具器具；
3. 季节性停用、大修理停用的固定资产。

已达到预定可使用状态的固定资产，如果尚未办理竣工决算的，应按估计价值暂估入账，并计提折旧；待办理了竣工决算手续后，再按照实际成本调整原来的暂估价值，同时调整原已计提的折旧额。

(五) 企业固定资产不计提折旧的范围

企业的下列固定资产不计提折旧：

1. 房屋、建筑物以外的未使用、不需用固定资产；
2. 已提足折旧继续使用的固定资产；
3. 按规定单独估价作为固定资产入账的土地。

企业因更新改造等原因而调整固定资产价值的，应当根据调整后价值，预计尚可使用年限和净残值，按企业所选用的折旧方法计提折旧。

对于接受捐赠的固定资产，企业应当按照确定的固定资产入账价值、预计尚可使用年限、预计净残值，按企业所选用的折旧方法计提折旧。

(六) 企业固定资产计提折旧的起讫时间

企业一般应按月提取折旧，当月增加的固定资产，当月不提折旧，从下月起计提折旧；当月减少的固定资产，当月照提折旧，从下月起不提折旧。

固定资产提足折旧后，不管能否继续使用，均不再提取折旧；提前报废的固定资产，也不再补提折旧。所谓提足折旧，是指已经提足该项固定资产应提的折旧总额。应提的折旧总额为固定资产原价减去预计残值加上预计清理费用。

(七) 固定资产的折旧方法

固定资产折旧，是指固定资产在其使用寿命内，按照确定的方法在生产经营过程中逐渐损耗而转移到产品或所提供的劳务价值中去的那部分价值。

企业应当根据与固定资产有关的经济利益的预期实现方式，合理选择固定资产折旧方法。可选用的折旧方法包括年限平均法、工作量法、双倍余额递减法和年数总和法等。固定资产的折旧方法一经确定，不得随意变更。如需变更，应当按照程序，经批准后报送有关各方备案，并应在会计报表附注中予以说明。但是，符合《企业会计准则第4号——固定资产》第十九条规定的年终复核除外。

1. 年限平均法

年限平均法是指将固定资产提取的折旧额平均分摊于其使用寿命内的一种方法。在使用寿命内的各个会计期间计提的折旧额都相等，但是折旧的累计额呈直线上升的趋势，因此这种方法又称直线法。年限平均法适用于在各个会计期间使用情况比较均衡一致的固定资产。计算公式分两种方法：

① 固定资产年折旧额＝(固定资产原值－预计残值收入＋预计清理费用)÷固定资产预计使用寿命＝(固定资产原值－预计净残值)÷预计使用寿命固定资产月折旧额＝固定资产年折旧额÷12

或者：

② 年折旧率＝(1－预计净残值率)÷预计使用寿命(年)

　月折旧率＝年折旧率÷12

在会计实务中通常采用第二种方法，也就是每月应计提的折旧额，一般是根据固定资产的原值乘以月折旧率计算的，一旦确定了月折旧率那么月折旧额计算比较简便，采用这种方法计算的每期折旧额都是相等的。

【例 10-5】 2024 年 2 月 29 日，甲公司对生产车间 1 月购买的新机器设备计提折旧，价值为 2 000 000 元，该设备预计使用为年限为 20 年，预计残值收入 10 000 元，预计清理费用 2 000 元，试用年限平均法计算 2 月份的折旧费。则计算如下：

固定资产净残值率＝[(10 000－2 000)÷2 000 000]×100%＝0.4%

年折旧额＝[2 000 000－(10 000－2 000)]÷20＝99 600 元

年折旧率＝(99 600÷2 000 000)×100%＝4.98%

月折旧率＝4.98%÷12＝0.415%

月折旧额＝2 000 000×0.415%＝8 300 元

2. 工作量法

工作量法又称作业量法，是指根据固定资产在使用寿命内所完成的总工作量平均计算折旧的一种方法。这种固定资产在各会计期间的工作量不同，其计提的折旧额也就不相等。

这与年限平均法又有所不同。这种方法适用于损耗程度与工作量成正比例关系的固定资产或者在使用期内不能均衡使用的固定资产，比如机器设备的运转台时、汽车等运输工具的运驶里程。

单位工作量折旧额＝[固定资产原值×(1－预计净残值率)]÷预计总工作量

　　　　　　　＝(固定资产原值－预计净残值)÷预计总工作量

　　　　　　　＝(固定资产原值－预计残值收入＋预计清理费用)÷预计总工作量

月折旧额＝单位工作量折旧额×该项固定资产当月实际完成工作量

【例 10-6】 承[例 10-5]，假设甲公司对这台机器设备采用工作量方法提取折旧，设备寿命周期内的总运转台时为 42 240 台时，2024 年 2 月使用台时为 240 台时，其余资料同，则计算如下：

单位工作量折旧额＝[2 000 000－(10 000－2 000)]÷预计总工作量

　　　　　　　＝1 992 000÷42 240＝47.16 元/台时

2024 年 2 月折旧额＝47.16(元/台时)×240 台时＝11 318.10 元

3. 双倍余额递减法

双倍余额递减法是固定资产加速折旧的一种，其比率是按年限平均法折旧率的两倍，乘以固定资产在每个会计期间的期初账面净值计算折旧的方法。在计算折旧率时通常不考虑固定资产残值,但在实际工作中,企业一般采用简化的办法,在固定资产预计使用寿命来临前两年转换成直线法。

$$年折旧率 = 2 \div 预计使用寿命(年) \times 100\%$$

$$月折旧率 = 年折旧率 \div 12$$

$$月折旧额 = 每月月初固定资产账面净值 \times 月折旧率$$

【例 10-7】 承[例 10-5]假设甲公司按照国家规定可以在 6 年内对这台机器设备采用双倍余额递减法计提折旧,其余资料同,则每年的折旧额计算如下:

双倍直线折旧率 $=(2\div 6)\times 100\% = 33.33\%$

预计净残值 $= 10\,000 - 2\,000 = 8\,000$ 元

当年每月折旧额 = 年折旧额 $\div 12$

双倍余额递减法的折旧计算如表 10-1 所示。

表 10-1 折旧计算表(双倍余额递减法)　　　　　　　　　　单位:元

年次	年初账面净值	折旧率	折旧额	累计折旧额	期末账面净值
1	2 000 000	33.33%	666 600	666 600	1 333 400
2	1 333 400	33.33%	444 422	1 111 022	888 978
3	888 978	33.33%	296 296	1 407 318	592 682
4	592 682	33.33%	197 540	1 604 858	395 142
5	395 142	—	193 571	1 798 429	201 571
6	201 571	—	193 571	1 992 000	8 000

由于第 5 年 $395\,142 \times 33.33\% = 131\,700$ 元

$(395\,142 - 8\,000) \div 2 = 193\,571$ 元

$395\,142 \times 33.33\% < (395\,142 - 8\,000) \div 2$

所以在余下的两年中,用双倍余额递减法计提折旧,不能提足折旧,故改为直线法。

4. 年数总和法

年数总和法是以固定资产的原价减去预计净残值(预计残值收入−预计清理费用)后的余额,乘以逐年递减的分数(折旧率),计算每年固定资产折旧额的一种折旧方法。这种方法每年折旧率、计算的折旧额都呈递减趋势。计算公式如下:

$$尚可使用年数 = (预计使用年数 - 已使用年数)$$

$$预计使用年数总和 = n(n+1) \div 2 (假定固定资产使用年数为 n 年)$$

$$年折旧率 = 尚可使用年数 \div 预计使用年数总和 \times 100\%$$

$$月折旧率 = 年折旧率 \div 12$$

$$年折旧额 = (固定资产原值 - 预计净残值) \times 年折旧率$$

$$月折旧额 = (固定资产原价 - 预计净残值) \times 月折旧率$$

【例 10-8】 承[例 10-5]假设甲公司按照国家规定可以在 6 年内对这台机器设备采用年数总和法计提折旧,其余资料同,则每年的折旧额计算如下:

计提折旧基数＝2 000 000－8 000＝1 992 000 元

年数总和法的折旧计算如表 10-2 所示。

表 10-2 折旧计算表(年数总和法) 单位：元

年次	计提折旧基数 (原值－预计净残值)	折旧率	折旧额	累计折旧额	期末账面净值
1	1 992 000	6/21	569 143	569 143	1 422 857
2	1 992 000	5/21	474 286	1 043 429	948 571
3	1 992 000	4/21	379 428	1 422 857	569 143
4	1 992 000	3/21	284 571	1 707 428	284 572
5	1 992 000	2/21	189 714	1 897 142	94 858
6	1 992 000	1/21	94 858	1 992 000	8 000

《企业会计准则第 4 号——固定资产》第十九条规定，企业至少应当于每年年度终了，对固定资产的使用寿命、预计净残值和折旧方法进行复核。①使用寿命预计数与原先估计数有差异的，应当调整固定资产使用寿命；②预计净残值预计数与原先估计数有差异的，应当调整预计净残值；③与固定资产有关的经济利益预期实现方式有重大改变的，应当改变固定资产折旧方法；④固定资产使用寿命、预计净残值和折旧方法的改变应当作为会计估计变更。

二、固定资产折旧的账务处理

固定资产应当按月计提折旧，计提的折旧应当记入"累计折旧"科目的贷方，并根据用途计入相关资产的成本或者当期损益。也即企业按月计提固定资产折旧，借记"在建工程"企业自行建造(包括自营和出包，但是出包一般不会涉及本企业的固定资产，所以出包时一般也不用计提折旧)、"制造费用"(企业基本生产车间使用的固定资产)、"销售费用"(企业专设的销售部门所使用的固定资产)、"管理费用"(企业管理部门使用的固定资产)、"其他业务成本"(企业经营租出的固定资产)、"研发支出"(企业研究和开发使用的固定资产)等科目，贷记"累计折旧"科目。

固定资产折旧计算表可以由各个企业根据自己的实际情况来决定怎么处理，或者由财务部门编制或者由各使用部门编制，最后由财务部门部门按固定资产使用部门进行汇总，编制出整个企业的固定资产折旧汇总表，据以填制转账凭证登记入账。

【例 10-9】 甲公司 2024 年 3 月份的固定资产折旧计算汇总表如表 10-3 所示。

表 10-3 固定资产折旧计算汇总表

2024 年 3 月 单位：元

使用部门	2月份 计提折旧额	加：2月份增加的固定 资产应计提折旧额	减：2月份减少的固定 资产应计提折旧额	3月份 应计提折旧额
企业行政管理部门	38 000	2 000		40 000
企业专设销售机构	3 000		1 000	2 000
经营租赁出租	800	300		1 100
A 车间	45 000	3 000		48 000

(续表)

使用部门	2月份计提折旧额	加：2月份增加的固定资产应计提折旧额	减：2月份减少的固定资产应计提折旧额	3月份应计提折旧额
B车间	35 000	4 000	2 500	36 500
车间合计	80 000	7 000	2 500	84 500
合计	121 800	9 300	3 500	127 600

注意 当月增加的固定资产，当月不提折旧，从下月起计提折旧；当月减少的固定资产，当月照提折旧，从下月起不提折旧。

借：管理费用　　　　　　　　　　　　　　　　　　40 000
　　销售费用　　　　　　　　　　　　　　　　　　 2 000
　　其他业务成本　　　　　　　　　　　　　　　　 1 100
　　制造费用　　　　　　　　　　　　　　　　　　84 500
　　贷：累计折旧　　　　　　　　　　　　　　　　127 600

三、固定资产的后续支出

固定资产的后续支出是指固定资产在使用过程中发生的更新改造支出、修理费用等。

（一）资本化的后续支出

企业对固定资产进行定期检查发生的大修理费用，有确凿证据表明满足固定资产确认条件的部分，应当资本化计入固定资产成本，不满足固定资产确认条件的应当费用化。

固定资产的更新改造（固定资产的改建，是指改变房屋或者建筑物结构、延长使用年限等）等后续支出，满足固定资产确认条件的，应当计入固定资产成本，如有被替换的部分，应扣除其账面价值、已计提的累计折旧和固定资产减值准备，通过"在建工程"科目进行核算。借记"在建工程"、"累计折旧"、"固定资产减值准备"科目，贷记"固定资产"科目；发生的可资本化的后续支出，借记"在建工程"科目，贷记"银行存款"、"应付账款"、"应付票据"等科目。在固定资产发生的后续支出竣工验收后，借记"固定资产"科目，贷记"在建工程"科目。

（二）费用化的后续支出

不满足固定资产确认条件的固定资产修理费用等，应当在发生时计入当期损益。即涉及企业生产车间和行政管理部门所发生的固定资产修理费用等后续支出计入"管理费用"科目（生产车间的固定资产修理费用等后续支出不是计入"制造费用"科目），企业专设销售机构发生的不可资本化的后续支出计入"销售费用"。

【例10-10】 甲公司对生产车间使用的机器设备进行日常修理，发生修理费3 000元。甲公司应编制如下会计分录：

借：管理费用　　　　　　　　　　　　　　　　　　 3 000
　　贷：银行存款　　　　　　　　　　　　　　　　 3 000

【例10-11】 甲公司原有一栋办公楼，固定资产原价为10 000 000元（含装修费2 000 000元，原折旧年限为20年，该房的折旧率为5%，2013年5月开始计提折旧，因为装修时间已经长达10年，很多设施老化影响正常工作，甲公司在2023年5月决定进行重新装修。经过乙公司装修设计和施工，装修费用为3 000 000元（假设5月一次性支付，款项通过转账支票支付完毕），但原有装修被拆后无残值收入,增值税税率假设为11%(属于建筑服务)2023年8月已经竣工验收完毕交付使用,甲公司应编制如下会计分录:

(1) 2013年5月办公楼的累计折旧金额＝10 000 000×5%×10＝5 000 000元

借:在建工程　　　　　　　　　　　　　　　　　　　　　　5 000 000
　　累计折旧　　　　　　　　　　　　　　　　　　　　　　5 000 000
　　贷:固定资产　　　　　　　　　　　　　　　　　　　　10 000 000

(2) 2013年5月支付装修费3 000 000元

借:在建工程　　　　　　　　　　　　　　　　　　　　　　3 000 000
　　应交税费——应交增值税(进项税额)　　　　　　　　　　330 000
　　贷:银行存款　　　　　　　　　　　　　　　　　　　　3 300 000

(3) 终止确认原有装修费的账面价值＝2 000 000－2 000 000×5%×10＝1 000 000元

借:营业外支出——非流动资产处置损失　　　　　　　　　　1 000 000
　　贷:在建工程　　　　　　　　　　　　　　　　　　　　1 000 000

(4) 竣工验收完毕交付使用

借:固定资产　　　　　　　　　　　　　　　　　　　　　　7 000 000
　　贷:在建工程　　　　　　　　　　　　　　　　　　　　7 000 000

第四节　固定资产的处置

固定资产处置就是指固定资产的终止确认,包括出售、报废、毁损、对外投资、非货币性资产交换、债务重组等。

一、固定资产终止确认的条件

固定资产满足下列条件之一的,应当予以终止确认:

(1) 该固定资产处于处置状态。处于处置状态的固定资产表明固定资产不再用于生产商品、提供劳务、出租或经营管理等正常生产经营活动,因此不再符合固定资产的定义,应予终止确认。

(2) 该固定资产预期通过使用或处置不能产生经济利益。如果一项固定资产预期通过使用或处置不能产生经济利益,也就失去其持有该资产的意义,不再符合固定资产的定义和确认条件,应予终止确认。

企业持有待售的固定资产,应当对其预计净残值进行调整。

企业出售、转让、报废固定资产或发生固定资产毁损,应当将处置收入扣除账面价值和相关税费后的金额计入当期损益。固定资产的账面价值是固定资产成本扣减累计折旧和累计减值准备后的金额。

企业根据规定,对于将发生的固定资产后续支出(满足固定资产确认条件的部分,应当资本化计入固定资产成本,不满足固定资产确认条件的应当费用化)计入固定资产成本的,应当终止确认被替换部分的账面价值。

二、固定资产清理的账务处理

（一）企业固定资产未划归为持有待售类别固定资产而出售、转让、报废、毁损或者生产经营期间报废清理

1. 固定资产因自然灾害等非正常原因(非常损失)导致报废、毁损或者生产经营期间报废清理(非流动资产处置损失)而终止确认的,通过"固定资产清理"科目归集所发生的损益,其产生的利得或损失计入营业外收入或营业外支出,从而计入当期损益。

2. 固定资产因出售、转让等正常原因处置,通过"固定资产清理"科目归集所发生的损益,其产生的利得或损失转入"资产处置损益"科目,计入当期损益。

固定资产处置包括固定资产的出售、报废、毁损、对外投资、非货币性资产交换、债务重组等。处置固定资产应通过"固定资产清理"科目核算,固定资产的账面价值是固定资产成本扣减累计折旧和累计减值准备后的金额。企业通过"固定资产清理"科目核算的出售、转让或报废或毁损而处置的固定资产,其"固定资产清理"科目的会计处理一般经过以下几个步骤:

(1) 固定资产转入清理。企业因出售、转让、报废和毁损、对外投资、非货币性资产交换、债务重组等处置固定资产,按该项固定资产账面价值,借记"固定资产清理"科目,按已计提的累计折旧,借记"累计折旧"科目,原已计提减值准备的,借记"固定资产减值准备"科目,按其账面原价,贷记"固定资产"科目。

(2) 结算清理过程中发生的其他费用以及应支付的相关税费。

根据增值税专用发票,借记"固定资产清理"、"应交税费——应交增值税(进项税额)"等科目,贷记"银行存款"等科目。

(3) 出售固定资产或者出售残料获得收入。

借记"银行存款"等科目,根据增值税专用发票,贷记"固定资产清理"科目,贷记"应交税费——应交增值税(销项税额)"。

(4) 固定资产清理取得残料入库。

按照残料价值,借记"原材料"等科目,贷记"固定资产清理"科目。

(5) 确认应由保险公司或过失人赔偿的损失。

借记"其他应收款"等科目,贷记"固定资产清理"科目。

(6) 结转清理净收益或者净损失时。

① 固定资产清理完成后,"固定资产清理"科目如为借方余额(净损失),由于自然灾害等非正常原因造成的损失,借记"营业外支出——非常损失"科目,贷记"固定资产清理"科目;属于生产经营期间报废清理的处理损失,借记"营业外支出——非流动资产处置损失"科目,贷记"固定资产清理"科目;"固定资产清理"科目如为贷方余额(净收益),借记"固定资产清理"科目,贷记"营业外收入——非流动资产处置利得"科目。

② 因出售、转让等原因处置,"固定资产清理"科目如为借方余额(净损失),借记"资产处置损益",贷记"固定资产清理"科目;"固定资产清理"科目如为贷方余额(净收益),借记"固定资产清理"科目,贷记"资产处置损益"科目。

结转后,"固定资产清理"科目无余额。

【例10-12】 2003年8月,甲公司(一般纳税人)新装修的办公楼因雷电导致火灾造成办公楼被烧毁,原值7 000 000元,假设新装修后已提折旧233 333元,经保险公司核准应赔偿款

5 000 000元,清理中以银行存款支付给具有资质的专门拆除公司清理费用150 000元,增值税税率为9%;残值变价收入500 000元,增值税税率为13%,款项已存入银行。企业应作会计分录:

(1) 注销损毁固定资产账面原值和已提折旧:

借:固定资产清理 6 766 667
　　累计折旧 233 333
　　贷:固定资产——非生产经营用固定资产 7 000 000

(2) 支付清理费用时:

借:固定资产清理 150 000
　　应交税费——应交增值税(进项税额) 13 500
　　贷:银行存款 163 500

(3) 取得残值变价收入时:

借:银行存款 565 000
　　贷:固定资产清理 500 000
　　　　应交税费——应交增值税(销项税额) 65 000

(4) 结转应收保险公司赔偿款时:

借:其他应收款——保险公司 5 000 000
　　贷:固定资产清理 5 000 000

(5) 结转固定资产清理净损失:

借:营业外支出——非常损失 1 416 667
　　贷:固定资产清理 1 416 667

(二) 企业固定资产因出售、转让划归为持有待售类别的固定资产,按照持有待售非流动资产、处置组的规定进行会计处理

1. 确认条件

根据《企业会计准则第42号——持有待售的非流动资产、处置组和终止经营》(2017),固定资产或无形资产等被划分为持有待售类别,应当同时满足下列条件:

(1) 根据类似交易中出售此类资产或处置组的惯例,在当前状况下即可立即出售;

(2) 出售极可能发生,即企业已经就一项出售计划作出决议且获得确定的购买承诺,预计出售将在一年内完成。有关规定要求企业相关权力机构或者监管部门批准后方可出售的,应当已经获得批准。"确定的购买承诺"是指企业与其他方签订的具有法律约束力的购买协议,该协议包含交易价格、时间和足够严厉的违约惩罚等重要条款,使协议出现重大调整或者撤销的可能性极小。

持有待售的非流动资产包括单项资产和处置组,处置组是指一项交易中作为整体通过出售或其他方式一并处置的一组资产组,一个资产组或某个资产组中的一部分。如果处置组是一个资产组,并且按照《企业会计准则第08号——资产减值》的规定将企业合并中取得的商誉分摊至该资产组,或者该处置组是这种资产组中的一项经营,则该处置组应当包括企业合并中取得的商誉。

企业对于持有待售的固定资产,应当调整该项固定资产的预计净残值,使该项固定资产的预计净残值能够反映其公允价值减去处置费用后的金额,但不得超过符合持有待售条件时该项固定资产的原账面价值,原账面价值高于调整后预计净残值的差额,应作为资产减值损失计入当期损益。

2. 持有待售资产的账户处理

"持有待售资产"科目核算持有待售的非流动资产和持有待售的处置组中的资产。"持有待售资产"科目按照资产类别进行明细核算。企业将相关非流动资产或处置组划分为持有待售类别时,借记"持有待售资产"科目,按已计提的累计折旧、累计摊销等,借记"累计折旧"、"累计摊销"等科目,按各项资产账面余额,贷记"固定资产"、"无形资产"、"长期股权投资"、"应收账款"、"商誉"等科目,已计提减值准备的,还应同时结转已计提的减值准备。"持有待售资产"科目期末借方余额,反映企业持有待售的非流动资产和持有待售的处置组中资产的账面余额。

(三) 其他方式减少的固定资产,如以对外投资转出固定资产、固定资产清偿债务换出固定资产、融资租赁等,分别按照债务重组、非货币性资产交换、租赁等的处理原则进行核算

第五节　固定资产清查

一、固定资产清查概述

固定资产是一种单价高、使用寿命较长的有形资产,对一般企业来说,固定资产盘盈、盘亏情况的较为罕见,但是仍然要定期或者至少于每年年末对固定资产进行实地清查盘点,以保证固定资产核算的客观性。在固定资产清查过程中,如果发现盘盈、盘亏的固定资产,应当填制"固定资产盘盈盘亏报告表"。如果清查中发现固定资产的盘盈、盘亏应及时查明原因,在期末结账前按照管理权限的相关程序报经批准后处理完毕。财务部门根据"固定资产盘盈盘亏报告表"调整账面记录,保证账实相符,同时在固定资产卡片作相应注销记录,并登记固定资产登记簿。

企业对固定资产应当定期或者至少每年实地盘点一次。对盘盈、盘亏、毁损的固定资产,应当查明原因,写出书面报告,并根据企业的管理权限,经股东大会或董事会,或经理(厂长)会议或类似机构批准后,在期末结账前处理完毕。盘盈的固定资产,计入"以前年度调整损益";固定资产盘亏或毁损造成的损失,应当计入当期损益,也即盘亏或毁损的固定资产,在减去过失人或者保险公司等赔款和残料价值之后,计入当期"营业外支出"。

如盘盈、盘亏或毁损的固定资产,在期末结账前尚未经批准的,在对外提供财务会计报告时应按上述规定进行处理,并在会计报表附注中作出说明;如果其后批准处理的金额与已处理的金额不一致,应按其差额调整会计报表相关项目的年初数。

二、固定资产清查的账务处理

1. 盘盈时,根据《企业会计准则第 28 号——会计政策、会计估计变更和差错更正》规定,该盘盈固定资产作为前期差错进行处理。按重置成本,借记"固定资产"科目,贷记"以前年度损益调整"科目;因以前年度损益调整增加的所得税费用,借记"以前年度损益调整"科目,贷记"应交税费——应交所得税"科目,结转为留存收益时,借记"以前年度损益调整",贷记"盈余公积"、"利润分配——未分配利润"。

2. 盘亏时,按账面原值减去按该项资产的新旧程度估计的价值损耗后的余额,借记"待处理财产损溢——待处理非流动资产损溢"科目,借记"累计折旧"科目(已提取的折旧数),借记"固定资产减值准备"(如已经提取该项固定资产的减值准备),贷记"固定资产"科目,并且结转不可抵扣的进项税额,贷记"应交税费——应交增值税(进项税额转出)"科目。查明原因并根据企业的管理权限,报经批准转销时:借记"其他应收款"科目(应有相关责任人赔偿的部分),借记"营业外支出"科目(净损失部分),贷记"待处理财产损溢"科目。

【例10-13】 甲公司在2023年10月末财产清查中,发现盘盈刨床一台,财务部门没有入账,其重置成本为20 000元,该公司适用25%的所得税税率,该公司提取法定盈余公积的比例为10%。甲公司应作如下会计分录:

(1) 盘盈刨床时

借:固定资产 20 000
　　贷:以前年度损益调整 20 000

(2) 确定应交纳的所得税时

借:以前年度损益调整 5 000
　　贷:应交税费——应交所得税 5 000

(3) 结转为留存收益时

借:以前年度损益调整 15 000
　　贷:盈余公积——法定盈余公积 1 500
　　　　利润分配——未分配利润 13 500

【例10-14】 甲公司在2023年10月末财产清查中,发现盘亏钻床一台,其账面原值为10 000元,已提折旧2 500元,原购进该钻床时,增值税进项税额为1 300元,该公司未提取该项固定资产的减值准备,盘点后经查明,此项盘亏属于非正常损失。甲公司应作如下会计分录:

(1) 发现盘亏固定资产时

借:待处理财产损溢——待处理非流动资产损溢 7 500
　　累计折旧 2 500
　　贷:固定资产——生产经营用固定资产 10 000

(2) 转出不可以抵扣的进项税额转出额975元

借:待处理财产损溢——待处理非流动资产损溢 975
　　贷:应交税费——应交增值税(进项税额转出) 975

(3) 根据企业的管理权限,报经批准后

借:营业外支出——盘亏损失 8 475
　　贷:待处理财产损溢——待处理非流动资产损溢 8 475

第六节　固定资产减值

一、固定资产减值概述

(一) 资产减值的定义

固定资产减值,是指固定资产的可收回金额低于其账面价值。这里的资产,除了特别规定外,包括单项资产和资产组。资产组,是指企业可以认定的最小资产组合,其产生的现金流入应当基本上独立于其他资产或者资产组产生的现金流入。

(二) 可能发生固定资产减值的认定

企业应当在资产负债表日判断固定资产是否存在可能发生减值的迹象。

存在下列迹象的,表明固定资产可能发生了减值:

1. 固定资产的市价当期大幅度下跌,其跌幅明显高于因时间的推移或者正常使用而预计的下跌。

2. 企业经营所处的经济、技术或者法律等环境以及资产所处的市场在当期或者将在近期发生重大变化,从而对企业产生不利影响。

3. 市场利率或者其他市场投资报酬率在当期已经提高,从而影响企业计算固定资产预计未来现金流量现值的折现率,导致资产可收回金额大幅度降低。

4. 有证据表明固定资产已经陈旧过时或者其实体已经损坏。

5. 固定资产已经或者将被闲置、终止使用或者计划提前处置。

6. 企业内部报告的证据表明固定资产的经济绩效已经低于或者将低于预期,如资产所创造的净现金流量或者实现的营业利润(或者亏损)远远低于(或者高于)预计金额等。

7. 其他表明固定资产可能已经发生减值的迹象。

(三) 固定资产可收回金额的计量

固定资产存在减值迹象的,应当估计其可收回金额。可收回金额应当根据固定资产的公允价值减去处置费用后的净额与固定资产预计未来现金流量的现值两者之间较高者确定。处置费用包括与固定资产处置有关的法律费用、相关税费、搬运费以及为使资产达到可销售状态所发生的直接费用等。

固定资产的公允价值减去处置费用后的净额与资产预计未来现金流量的现值,只要有一项超过了资产的账面价值,就表明固定资产没有发生减值,不需再估计另一项金额。

固定资产的公允价值减去处置费用后的净额,应当根据公平交易中销售协议价格减去可直接归属于该固定资产处置费用的金额确定。

固定资产减值损失确认后,减值资产的折旧或者摊销费用应当在未来期间作相应调整,以使该资产在剩余使用寿命内,系统地分摊调整后的固定资产账面价值(扣除预计净残值)。

资产预计未来现金流量的现值,应当按照资产在持续使用过程中和最终处置时所产生的预计未来现金流量,选择恰当的折现率对其进行折现后的金额加以确定。

(四) 资产减值损失的确定

可收回金额的计量结果表明,固定资产的可收回金额低于其账面价值的,应当将固定资产的账面价值减记至可收回金额,减记的金额确认为资产减值损失,计入当期损益,同时计提相应的固定资产减值准备。

固定资产减值损失确认后,减值资产的折旧或者摊销费用应当在未来期间作相应调整,以使该资产在剩余使用寿命内,系统地分摊调整后的资产账面价值(扣除预计净残值)。

固定资产减值损失一经确认,在以后会计期间不得转回。

(五) 固定资产组的认定及减值处理

有迹象表明一项资产可能发生减值的,企业应当以单项固定资产为基础估计其可收回金额。企业难以对单项固定资产的可收回金额进行估计的,应当以该固定资产所属的资产组为基础确定资产组的可收回金额。

资产组的认定,应当以资产组产生的主要现金流入是否独立于其他固定资产或者资产组的现金流入为依据。同时,在认定资产组时,应当考虑企业管理层管理生产经营活动的方式(如是按照生产线、业务种类还是按照地区或者区域等)和对资产的持续使用或者处置的决策方式等。

几项固定资产的组合生产的产品(或者其他产出)存在活跃市场的,即使部分或者所有这些产品(或者其他产出)均供内部使用,也应当在符合前款规定的情况下,将这几项固定资产的组合认定为一个资产组。

如果该资产组的现金流入受内部转移价格的影响,应当按照企业管理层在公平交易中对未来价格的最佳估计数来确定资产组的未来现金流量。

资产组一经确定,各个会计期间应当保持一致,不得随意变更。

如需变更,企业管理层应当证明该变更是合理的,并根据《资产减值准则》第二十七条的规定在附注中作相应说明。

资产组账面价值的确定基础应当与其可收回金额的确定方式相一致。

资产组的账面价值包括可直接归属于资产组与可以合理和一致地分摊至资产组的固定资产账面价值,通常不应当包括已确认负债的账面价值,但如不考虑该负债金额就无法确定资产组可收回金额的除外。

资产组的可收回金额应当按照该资产组的公允价值减去处置费用后的净额与其预计未来现金流量的现值两者之间较高者确定。

资产组在处置时如要求购买者承担一项负债(如环境恢复负债等)、该负债金额已经确认并计入相关固定资产账面价值,而且企业只能取得包括上述固定资产和负债在内的单一公允价值减去处置费用后的净额的,为了比较资产组的账面价值和可收回金额,在确定资产组的账面价值及其预计未来现金流量的现值时,应当将已确认的负债金额从中扣除。

企业总部资产包括企业集团或其事业部的办公楼、电子数据处理设备等资产。总部资产的显著特征是难以脱离其他资产或者资产组产生独立的现金流入,而且其账面价值难以完全归属于某一资产组。

有迹象表明某项总部资产可能发生减值的,企业应当计算确定该总部资产所归属的资产组或者资产组组合的可收回金额,然后将其与相应的账面价值相比较,据以判断是否需要确认减值损失。

资产组组合,是指由若干个资产组组成的最小资产组组合,包括资产组或者资产组组合,以及按合理方法分摊的总部资产部分。

一、固定资产减值的账务处理

企业的固定资产应当在期末时按照账面价值与可收回金额孰低计量,对可收回金额低于账面价值的差额,应当计提固定资产减值准备。"固定资产减值准备"科目期末贷方余额,反映企业已提取的固定资产减值准备。

企业发生固定资产减值时,借记"资产减值损失——计提的固定资产减值准备"科目,贷记"固定资产减值准备"科目;在固定资产处置时冲销"固定资产减值准备"科目。

【例10-15】 2023年12月31日,甲公司的某生产设备存在可能发生减值的迹象。经计算得知,该机器的可收回金额为25 600 000元,账面价值为28 750 000元,甲公司以前年度未对该生产设备计提过减值准备。

该生产线的可收回金额为 25 600 000 元,账面价值为 28 750 000 元,因为可收回金额,低于账面价值,应计提的固定资产减值准备金额为 3 150 000 元(28 7500 000－25 600 000)。甲公司应作如下会计处理:

借:资产减值损失——固定资产减值损失　　　　　　　　　　　　　　170 000
　　贷:固定资产减值准备　　　　　　　　　　　　　　　　　　　　　　170 000

第十一章　无形资产和其他非流动资产

第一节　无形资产

一、无形资产概述

(一) 无形资产的概念

无形资产是指企业拥有或者控制的没有实物形态的可辨认非货币性资产。

无形资产满足下列条件之一的,符合无形资产定义中的"可辨认性"标准:

(1) 能够从企业中分离或者划分出来,并能单独或者与相关合同、资产或负债一起,用于出售、转移、授予许可、租赁或者交换。

(2) 源自合同性权利或其他法定权利,无论这些权利是否可以从企业或其他权利和义务中转移或者分离。经济交易的双方签订特许权合同而授予另一方的特许使用权以及通过《专利法》、《商标法》等法律规定经过申请获得批准的商标权、专利权等。

(二) 无形资产的特征

无形资产具有下列特征:

1. 无形资产是指企业拥有或者控制的经济资源。企业拥有或者控制的无形资产能给企业带来预期经济利益,一般来自法律所赋予的法定权利,甚至可以采用某种方法或手段来控制未来的经济利益。如企业拥有的客户资源,企业为了建立客户关系付出了艰辛努力而期望这些客户继续与自己进行经济业务的往来,但往往缺乏法定权利进行保护,企业很难对客户关系进行控制,只能作为商业机密,更多时候需要通过契约或反不正当竞争法来进行管理,不能作为企业的无形资产。

2. 无形资产不具有实物形态。无形资产通常表现为技术、权利等能够企业能给企业带来预期经济利益的能力,无形资产引起的预期经济利益可能包括营业收入的增加或营业成本的节约。即使某些无形资产的存在有赖于实物载体,比如,计算机软件需要计算机硬件以及相关设备的传输和储存,但仍然不能改变无形资产本身不具有实物形态的特点。从这个特点看,无形资产区别于固定资产。当然,某些机器设备比如数控机床需要特定的计算机软件才能运行时,该软件是构成机器设备不可或缺的重要组成构件,此时该特定软件应当与该机器设备一起构成固定资产的价值,其进价作为固定资产的成本,反之,该软件不是构成机器设备不可或缺的重要组成构件,应作为无形资产处理。

3. 无形资产是可辨认的。无形资产包括专利权、非专利技术、商标权、著作权、土地使用权等;商誉是企业合并成本大于合并取得被购买方各项可辨认资产、负债公允价值份额的差额,其存在无法与企业自身分离,不具有可辨认性。企业在合并中取得的商誉代表了买方为了从不能单独辨认并具有独立确认条件的资产中获得预期经济利益而支付的对价,但在财务会计上却不符合确认资产的条件,从而无形资产区别于商誉。

企业自创的商誉以及未满足无形资产确认条件的其他项目,不能作为企业的无形资产。

4. 无形资产是非货币性的长期资产。无形资产是长期资产,能够为企业长期使用,在超过企业的一个营业周期内为企业创造经济利益,与货币资金、应收及预付款项、交易性金融资产、存货等流动资产相区别。无形资产是非货币性资产有别于货币性资产的最基本特征是,其在预期的未来能够为企业带来一定的经济利益,但这个经济利益货币金额是不固定的或不可确定的,与货币资金、应收及预付款项、交易性金融资产等货币性资产相区别。

二、无形资产的内容

无形资产的内容与知识产权不完全一样,知识产权的类型主要有两类:一类是著作权(版权),另一类是工业产权(主要包括专利权、商标权)。而无形资产包括专利权、非专利技术、商标权、著作权、土地使用权、特许权等。所以不能说无形资产就是知识产权,无形资产的内容多于知识产权。

(一)专利权

2020年10月17日,根据第十三届全国人民代表大会常务委员会第二十二次会议决定,全国人大常委会第四次修正了《中华人民共和国专利法》,国务院也修改了《中华人民共和国专利法实施细则》,自2024年1月20日起施行。根据《中华人民共和国专利法》和《中华人民共和国专利法实施细则》,专利权是指下列发明创造,包括发明、实用新型和外观设计。发明,是指对产品、方法或者其改进所提出的新的技术方案。实用新型,是指对产品的形状、构造或者其结合所提出的适于实用的新的技术方案。外观设计,是指对产品的整体或者局部的形状、图案或者其结合以及色彩与形状、图案的结合所作出的富有美感并适于工业应用的新设计。

《专利法》规定,发明专利权的期限为二十年,实用新型专利权的期限为十年,外观设计专利权的期限为十五年,均自申请日起计算。对在中国获得上市许可的新药相关发明专利,国务院专利行政部门应专利权人的请求给予专利权期限补偿,补偿期限不超过五年,新药批准上市后总有效专利权期限不超过十四年。

专利权人并不保证一定能给持有者带来经济效益,如有的专利可能会被另外更有经济价值的专利所淘汰等。因此,企业不应将其所拥有的一切专利权都予以资本化,作为无形资产管理和核算。《企业会计准则第6号——无形资产》确定,无形资产预期不能为企业带来经济利益的,应当将该无形资产的账面价值予以转销。

企业从外单位购入的专利权,应按实际支付的价款作为专利权的成本。企业自行开发并按法律程序申请取得的专利权,应按照《企业会计准则第6号——无形资产》确定的金额作为成本。

(二)非专利技术

非专利技术也称为"专有技术"或"技术诀窍"、"技术秘密",是指未经公开也未通过法律程序申请专利权(也可能不符合专利权申请条件而不被授予专利权),从而不能享有法律保护,但是在生产经营活动中经过采用确实能够给企业带来预期经济利益的技术成果和经验。比如,智力活动的规则和方法,某种产品独特的配方,医生对某种疾病的诊断和治疗方法,企业的设计图纸,企业内部的工人技术操作规范、车间工艺流程、管理制度和方法等,非专利技术只能靠自身采取措施进行保护不被公开。

企业的非专利技术,有些是自己开发研究的,有些是根据合同规定从外部购入的。如果是企业自己开发研究的,应将符合《企业会计准则第6号——无形资产》规定的开发支出资本化条件的,确认为无形资产。对于从外部购入的非专利技术,应将实际发生的支出予以资本化,作为无形资产入账。

(三) 商标权

根据2019年4月23日第十三届全国人民代表大会常务委员会第十次会议第四次修正的《中华人民共和国商标法》规定:

注册商标,包括商品商标、服务商标和集体商标、证明商标;商标注册人享有商标专用权,受法律保护。

注册商标的有效期为十年,自核准注册之日起计算。注册商标有效期满,需要继续使用的,商标注册人应当在期满前十二个月内按照规定办理续展手续;在此期间未能办理的,可以给予六个月的宽展期。每次续展注册的有效期为十年,自该商标上一届有效期满次日起计算。期满未办理续展手续的,注销其注册商标。商标局应当对续展注册的商标予以公告。

转让注册商标的,转让人和受让人应当签订转让协议,并共同向商标局提出申请。

企业自创的商标并将其注册登记,所花费用一般不大,是否将其资本化并不重要。能够给拥有者带来获利能力的商标,往往是通过多年的广告宣传和其他传播商标名称的手段,以及客户的信赖等树立起来的。广告费一般不作为商标权的成本,而是在发生时直接计入当期损益。

如果企业购买他人的商标,一次性支出费用较大的,可以将其资本化,作为无形资产管理。这时,应根据购入商标的价款、支付的手续费及有关费用作为商标的成本。

(四) 著作权

著作权又称版权,是指自然人、法人或者非法人组织对文学、艺术和科学作品享有的法定之财产权利和精神权利。2020年11月11日第十三届全国人民代表大会常务委员会第二十三次会议第三次修正的《中华人民共和国著作权法》规定:

著作权法保护的作品,是指文学、艺术和科学领域内具有独创性并能以一定形式表现的智力成果,包括:(1)文字作品;(2)口述作品;(3)音乐、戏剧、曲艺、舞蹈、杂技艺术作品;(4)美术、建筑作品;(5)摄影作品;(6)视听作品;(7)工程设计图、产品设计图、地图、示意图等图形作品和模型作品;(8)计算机软件;(9)符合作品特征的其他智力成果。著作权法不适用于:(1)法律、法规,国家机关的决议、决定、命令和其他具有立法、行政、司法性质的文件,及其官方正式译文;(2)单纯事实消息;(3)历法、通用数表、通用表格和公式。此外,民间文学艺术作品的著作权保护办法由国务院另行规定。

自然人的作品,权利的保护期为作者终生及其死亡后五十年,截止于作者死亡后第五十年的12月31日;法人或者非法人组织的作品、著作权(署名权除外)由法人或者非法人组织享有的职务作品,其发表权的保护期为五十年,截止于作品创作完成后第五十年的12月31日。

(五) 土地使用权

2020年11月29日国务院修订的《中华人民共和国城镇国有土地使用权出让和转让暂行条例》规定,城镇国有土地是指市、县城、建制镇、工矿区范围内属于全民所有的土地。依照本条例的规定取得土地使用权的土地使用者,其使用权在使用年限内可以转让、出租、抵押或者用于其他经济活动,合法权益受国家法律保护。土地使用权出让是指国家以土地所有者的身份将土地使用权在一定年限内让与土地使用者,并由土地使用者向国家支付土地使用权出让金的行为。土地使用权出让应当签订出让合同。土地使用权出让最高年限按下列用途确定:居住用地七十年;工业用地五十年;教育、科技、文化、卫生、体育用地五十年;商业、旅游、娱乐用地四十年;综合或者其他用地五十年。土地使用者在支付全部土地使用权出让金后,应当依照规定办理登记,领取土地使用证,取得土地使用权。《土地管理法》规定,集体经营性建设用地的出租,集体建设用地使用权的出让及其最高年限、转让、互换、出资、赠与、抵押等,参照同类用途的国有建设用地执行。企业依法取得的土地使用权,应将取得时发生的支出资本化,作为土地使用权的成本,记入"无形资产"科目核算。

(六) 特许权

特许权也称经营特许权、专营权,通常有两种形式:一种是指由国家行政机关特别授权,准许某个或几个企业享有某种经营业务的特权,这类似于经济学上的绝对垄断和寡头垄断,如自来水、电力、石油、食用盐、烟草专卖权等专营权,这种垄断往往是因为关系到国家民生的特殊产品,必须要由国家实行一定的控制才能确保其产品质量、服务质量和价格,稳定该类商品的生产和市场物价,达到国家宏观调控的目的;另一种是指企业相互之间通过签订合同,允许另一家企业有期限或者无期限地使用某些特定权利,如允许另一方使用本企业的专利权、商标权、著作权进行经营活动等。

第二节 无形资产的确认与初始计量

一、无形资产的确认

1. 无形资产的确认条件

无形资产同时满足下列条件的,才能予以确认:

(1) 与该无形资产有关的经济利益很可能流入企业;

(2) 该无形资产的成本能够可靠地计量。

企业在判断无形资产产生的经济利益是否很可能流入时,应当对无形资产在预计使用寿命内可能存在的各种经济因素作出合理估计,并且应当有明确证据支持。

2. 企业无形项目的支出,除下列情形外,均应于发生时计入当期损益:(1)符合《企业会计准则第 6 号——无形资产》(2006)规定的确认条件、构成无形资产成本的部分,形成企业的资产,所以不能计入当期损益;(2)非同一控制下企业合并中取得的、不能单独确认为无形资产、构成购买日确认的商誉的部分,因为商誉不可辨认,虽然不能作为无形资产,但是作为长期股权投资的组成部分符合资产的定义,也不能计入当期损益。

3. 企业内部研究开发项目的支出,应当区分研究阶段支出与开发阶段支出。研究是指为获取并理解新的科学或技术知识而进行的独创性的有计划调查。开发是指在进行商业性生产或使用前,将研究成果或其他知识应用于某项计划或设计,以生产出新的或具有实质性改进的材料、装置、产品等。

企业内部研究开发项目研究阶段的支出,应当于发生时计入当期损益(也即管理费用)。

企业内部研究开发项目开发阶段的支出,同时满足下列条件的,才能确认为无形资产:

(1) 完成该无形资产以使其能够使用或出售在技术上具有可行性;

(2) 具有完成该无形资产并使用或出售的意图;

(3) 无形资产产生经济利益的方式,包括能够证明运用该无形资产生产的产品存在市场或无形资产自身存在市场,无形资产将在内部使用的,应当证明其有用性;

(4) 有足够的技术、财务资源和其他资源支持,以完成该无形资产的开发,并有能力使用或出售该无形资产;

(5) 归属于该无形资产开发阶段的支出能够可靠地计量。

企业取得的已作为无形资产确认的正在进行中的研究开发项目,在取得后发生的支出应当按照《企业会计准则第6号——无形资产》(2006)第七条至第九条的规定处理。

企业会计准则也认为,企业自创商誉以及内部产生的品牌、报刊名等,不应确认为无形资产。

二、无形资产的初始计量

无形资产应当按照成本进行初始计量,确定入账价值。

1. 外购无形资产的成本,包括购买价款、相关税费以及直接归属于使该项资产达到预定用途所发生的其他支出。"直接归属于使该项资产达到预定用途所发生的其他支出"是指能够使无形资产达到预定用途所发生的技术服务费等,但不包括为引入新产品进行宣传发生的广告费、管理费用及其他间接费用,更不包括在无形资产已经达到预定用途以后发生的相关费用。

购买无形资产的价款超过正常信用条件延期支付价款,实质上具有融资性质的,无形资产的成本以购买价款的现值为基础确定。也即在购买日,实际支付的价款与购买价款的现值之间的差额,除按照《企业会计准则第17号——借款费用》应予资本化的以外,应当在信用期间内计入当期损益(财务费用)。

2. 自行开发的无形资产,其成本包括自满足《企业会计准则第6号——无形资产》(2006)第四条和第九条规定后至达到预定用途前所发生的支出总额,但是对于以前期间已经费用化的支出不再调整。

3. 投资者投入无形资产的成本,应当按照投资合同或协议约定的价值确定,但合同或协议约定价值不公允的除外。

4. 非货币性资产交换、债务重组、政府补助和企业合并取得的无形资产的成本,应当分别按照《企业会计准则第7号——非货币性资产交换》、《企业会计准则第12号——债务重组》、《企业会计准则第16号——政府补助》和《企业会计准则第20号——企业合并》确定。

三、无形资产的相关账户

1. 无形资产账户

(1) 账户性质:资产类账户。

(2) 账户用途:为了核算企业持有的无形资产成本的取得、摊销,以及报废、处置、结存情况,企业应当设置"无形资产"科目,"无形资产"科目核算企业持有的无形资产成本,借方登记取得无形资产的成本,贷方登记出售无形资产转出的无形资产账面余额,期末借方余额,反映企业无形资产的成本。采用成本模式计量的已出租的土地使用权和持有并准备增值后转让的土地使用权,在"投资性房地产"科目核算,不在"无形资产"科目核算。

(3) 明细账的设置:"无形资产"科目应当按照无形资产的项目设置明细科目进行核算。

2. 累计摊销账户

(1) 账户性质:资产类备抵调整账户。

(2) 账户用途:为了核算企业持有的使用寿命有限的无形资产计提的累计摊销情况,企业应当设置"累计摊销"科目,"累计摊销"科目贷方登记企业计提的无形资产摊销,借方登记处置无形资产转出的累计摊销,期末贷方余额,反映企业无形资产的累计摊销额。作为投资性房地产的采用成本模式计量的土地使用权的累计摊销,也通过本科目核算。

(3) 明细账的设置:"累计摊销"科目应当按照无形资产的项目设置明细科目进行核算。

此外,企业无形资产发生减值的,还应当设置"无形资产减值准备"科目进行核算。

四、无形资产的账务处理

1. 外购无形资产

购入的无形资产,按实际支付的价款,借记"无形资产"、"应交税费——应交增值税(进项税额)"科目,贷记"银行存款"等科目。

2. 分期付款购买无形资产

购买无形资产的价款超过正常信用条件延期支付价款,购买时,借记"无形资产"等科目,按分期付款额,贷记"长期应付款"科目(应付款项的本利和),按其差额,借记"未确认融资费用"科目(利息)。

未确认融资费用是指企业应当分期计入利息费用但目前尚未确认的融资费用。未确认融资费用分期付款的各个期间,一般采用实际利率法分期合理摊销未确认融资费用,分摊时,借记"财务费用"科目,贷记"未确认融资费用"。"未确认融资费用"科目可按债权人和长期应付款项目进行明细核算。"未确认融资费用"科目期末借方余额,反映企业未确认融资费用的摊余价值。资产负债表中"长期应付款"项目,应根据"长期应付款"项目的期末余额减去"未确认融资费用"科目期末余额后的金额填列。

【例 11-1】 甲公司(一般纳税人)从乙公司(一般纳税人)购入一项商标权使用许可,预计使用期为 5 年,共支付价款 100 000 元和增值税额 6 000(增值税税率为 6%),合计 106 000 元,发票账单已收到,款项也已以转账支票支付完毕。甲公司应做如下账务处理:

借:无形资产　　　　　　　　　　　　　　　　　　　　　　　　　100 000
　　应交税费——应交增值税(进项税额)　　　　　　　　　　　　6 000
　　贷:银行存款　　　　　　　　　　　　　　　　　　　　　　　106 000

【例 11-2】 甲公司(一般纳税人)2020 年 2 月 1 日从乙公司(一般纳税人)购买一项专利权,双方经过友好协商,采用分期付款方式支付对价。买卖合同约定,该项专利权总计 1 000 000 元,转让无形资产适用的增值税税率为 6%,增值税税额为 60 000 元,甲公司在接收到乙公司的增值税专用发票后,先支付掉增值税税额 60 000 元,其余款项在每年 1 月 31 日付款情况如下:第一年 500 000 元,第二年 300 000 元,第三年 200 000 元,三年内付清全部款项,假定银行同期贷款利率为 5%。甲公司 2020 年 2 月 1 日,以及 2021 年、2022 年、2023 年三年的 1 月 31 日的有关计算如下:

付款时间	(1) 价款	(2) 现值系数	(3)=(1)×(2) 无形资产现值	(4) 期初长期应付款余额	(5) 期初未确认融资费用余额	(6) 应确认融资费用(计提利息)
第一年	500 000	0.952 4	476 200	1 000 000	78 940	=46 053
第二年	300 000	0.907 0	272 100	500 000	32 887	23 356
第三年	200 000	0.863 8	172 760	200 000	9 531.3	9 531
合计	1 000 000	—	921 060			78 940

现值系数也可以查表:分别为 0.952 4、0.907 0、0.863 8,与计算的结果一样。

无形资产现值 $= 500\,000 \times (1+5\%)^{-1} + 300\,000 \times (1+5\%)^{-2} + 200\,000 \times (1+5\%)^{-3}$

$= 500\,000 \times 0.9524 + 300\,000 \times 0.9070 + 200\,000 \times 0.8638$

$= 476\,200 + 272\,100 + 172\,760$

$= 921\,060 \, 元$

未确认融资费用 = 无形资产价款 - 无形资产现值

$= 1\,000\,000 - 921\,060 = 78\,940 \, 元$

(1) 甲公司 2020 年 2 月 1 日应做如下账务处理：

借：无形资产——专利权　　　　　　　　　　　　　　　921 060
　　应交税费——应交增值税（进项税额）　　　　　　　 60 000
　　未确认融资费用　　　　　　　　　　　　　　　　　 78 940
　　贷：长期应付款　　　　　　　　　　　　　　　　　1 000 000
　　　　银行存款　　　　　　　　　　　　　　　　　　　60 000

(2) 甲公司 2021 年 1 月 31 日计提利息以及应做如下账务处理：

甲公司 2021 年 1 月 31 日采用实际利率法计提利息时应该用"长期应付款"的摊余成本（账面价值）乘以实际利率，即用"长期应付款"的期初余额减去未确认融资费用的期初余额，然后乘以实际利率，而实际利率这里就是折现率。从而公式为：

未确认的融资费用的摊销额 = （长期应付款期初余额 - 未确认融资费用期初余额）× 实际利率，也即当期应该摊销的利息。

2021 年 1 月 31 日应确认的融资费用 $= (1\,000\,000 - 78\,940) \times 5\%$

$= 921\,060 \times 5\% = 46\,053 \, 元$

借：长期应付款　　　　　　　　　　　　　　　　　　　500 000
　　财务费用　　　　　　　　　　　　　　　　　　　　 46 053
　　贷：银行存款　　　　　　　　　　　　　　　　　　500 000
　　　　未确认融资费用　　　　　　　　　　　　　　　 46 053

(3) 甲公司 2022 年 1 月 31 日计提利息时

长期应付款余额为 $1\,000\,000 - 500\,000 = 500\,000 \, 元$

未确认融资费用余额为 $78\,940 - 46\,053 = 32\,887 \, 元$

2022 年 1 月 31 日应确认的融资费用 $= (500\,000 - 32\,887) \times 5\%$

$= 467\,113 \times 5\% = 23\,355.70 \, 元$

借：长期应付款　　　　　　　　　　　　　　　　　　　300 000
　　财务费用　　　　　　　　　　　　　　　　　　　　 23 356
　　贷：银行存款　　　　　　　　　　　　　　　　　　300 000
　　　　未确认融资费用　　　　　　　　　　　　　　　 23 356

(4) 甲公司 2023 年 1 月 31 日计提利息时

长期应付款余额为 $1\,000\,000 - 500\,000 - 300\,000 = 200\,000 \, 元$

未确认融资费用余额为 $78\,940 - 46\,053 - 23\,355.70 = 9\,531 \, 元$

2023 年 1 月 31 日应确认的融资费用就是未确认融资费用余额 9 531 元

借：长期应付款		200 000
财务费用		9 531
贷：银行存款		200 000
未确认融资费用		9 531

3. 自行开发

研发支出，是指在研究与开发过程中所使用固定资产折旧、领用的原材料、直接参与开发人员的工资及福利费、开发过程中发生的租入固定资产的租金以及相关借款费用等。

(1) 自行开发并按法律程序申请取得的无形资产，按照开发该无形资产时耗费的材料、劳务成本、注册费(不产生增值税)、聘请律师费(产生增值税)、按照借款费用的处理原则可以资本化的利息费用等：借记"研发支出——资本化支出"(满足资本化条件)、"研发支出——费用化支出"(不满足资本化条件)、"应交税费——应交增值税(进项税额)"(比如律师服务费发生的增值税)科目，贷记"原材料"、"银行存款"、"应付职工薪酬"等科目。如果企业原材料实行计划成本核算还应分摊材料成本差异。

(2) 研究开发项目达到预定用途并形成无形资产的，应当按照"研发支出——资本化支出"科目的余额，借记"无形资产"科目，贷记"研发支出——资本化支出"科目。

(3) 期(月)末，将"研发支出——费用化支出"(不满足资本化条件)科目归集的金额全部转入"管理费用"科目，借记"管理费用"科目，贷记"研发支出——费用化支出"科目。

(4) 如果无法可靠区分研究阶段的支出和开发阶段的支出，应将其所有发生的全部研发支出一律费用化，计入当期损益("管理费用")。

【例 11-3】 2023 年 3 月 1 日，甲公司研发某项新技术(后未申请注册，属于专有技术)，并且一旦研发成功将降低该公司的产品生产成本。2023 年 8 月 1 日，该项新型技术研发成功并达到预定用途形成无形资产。2023 年 3 月 1 日至 2023 年 8 月 1 日间，研发过程中所发生的直接相关的必要支出情况如下：领用原材料 60 000 元，辅助生产车间人工工资以及福利费 500 000 元，计提设备折旧费 30 000 元，总计 590 000 元，其中，符合资本化条件的支出为 450 000 元。该公司对原材料实行实际成本核算。

① 2023 年 3 月 1 日—2023 年 8 月 1 日间发生研发费用

借：研发支出——资本化支出		450 000
——费用化支出		140 000
贷：原材料		60 000
累计折旧		30 000
应付职工薪酬		500 000

② 2023 年 8 月 1 日结转资本化支出以及费用化支出

借：无形资产		450 000
贷：研发支出——资本化支出		450 000
借：管理费用		140 000
贷：研发支出——费用化支出		140 000

第三节　无形资产的后续计量

一、无形资产使用寿命的确定

企业应当于取得无形资产时分析判断其使用寿命。

1. 无形资产的使用寿命为有限的,应当估计该使用寿命的年限或者构成使用寿命的产量等类似计量单位数量。某些无形资产的取得源自合同性权利或其他法定权利(比如国家授予专利的年限),其使用寿命不应当超过合同性权利或其他法定权利的年限。但如果企业使用该无形资产的预期年限小于合同性权利或其他法定权利规定年限的,则应当按照企业预期使用年限确定其使用寿命。

2. 无法预见无形资产为企业带来经济利益期限的,应当视为使用寿命不确定的无形资产。

二、无形资产的摊销

(一) 无形资产摊销的方法

《无形资产准则》(2006)规定了无形资产的摊销方法。

1. 使用寿命有限的无形资产,其应摊销金额应当在使用寿命内系统合理摊销。企业摊销无形资产,应当自无形资产可供使用时起,至不再作为无形资产确认时止。无形资产摊销方法包括年限平均法(即直线法)、生产总量法等。企业选择的无形资产摊销方法,应当反映与该项无形资产有关的经济利益的预期实现方式,无法可靠确定预期实现方式的,应当采用直线法摊销。无形资产的摊销金额一般应当计入当期损益("管理费用"或者"其他业务成本"等科目),其他会计准则另有规定的除外。

2. 无形资产的应摊销金额为其成本扣除预计残值后的金额。已计提减值准备的无形资产,还应扣除已计提的无形资产减值准备累计金额。使用寿命有限的无形资产,其残值应当视为零,但下列情况除外:(1)有第三方承诺在无形资产使用寿命结束时购买该无形资产。(2)可以根据活跃市场得到预计残值信息,并且该市场在无形资产使用寿命结束时很可能存在。

3. 使用寿命不确定的无形资产不应摊销。企业至少应当于每年年度终了,对使用寿命有限的无形资产的使用寿命及摊销方法进行复核。无形资产的使用寿命及摊销方法与以前估计不同的,应当改变摊销期限和摊销方法。企业应当在每个会计期间对使用寿命不确定的无形资产的使用寿命进行复核。如果有证据表明无形资产的使用寿命是有限的,应估计其使用寿命,并按《企业会计准则第6号——无形资产》(2006)规定处理。

(二) 无形资产摊销的账务处理

企业应对使用寿命有限的无形资产,根据其使用寿命,采用一定的摊销方法,按月计提无形资产摊销。企业按月计提无形资产摊销,应借记"管理费用"、"其他业务成本"等科目,贷记"累计摊销"科目。

【例11-4】 2023年5月,甲公司发生了下列无形资产的业务:

(1) 通过合同购买了乙公司的注册商标权,成本为360 000元,合同规定受益年限为10年;

(2) 将其自行开发完成的技术诀窍出租给丙公司,成本为240 000元,双方约定的租赁期限为5年。

(3) 甲公司应计算并做如下账务处理：

① 甲公司每月应摊销经营特许权成本 3 000 元(360 000÷10÷12)；

② 甲公司每月应摊销技术诀窍成本 4 000 元(240 000÷5÷12)

借：管理费用　　　　　　　　　　　　　　　　　　　　　　　　3 000
　　其他业务成本　　　　　　　　　　　　　　　　　　　　　　4 000
　　　贷：累计摊销　　　　　　　　　　　　　　　　　　　　　　　7 000

注意　无形资产计提摊销额，这一点与固定资产计提折旧不同，当月增加的无形资产，当月开始摊销；当月减少的无形资产，当月不再摊销，也即"算头不算尾"。而当月增加的固定资产，当月不计提折旧，从次月起计提折旧；当月减少的固定资产，当月仍计提折旧，从次月起不计提折旧，也即"算尾不算头"。

第四节　无形资产的减值

无形资产的减值，应当按照《企业会计准则第 8 号——资产减值》处理。

一、无形资产减值准备概述

根据可获得的相关信息进行判断，在有确凿证据证明，无法预见该无形资产能够在确定的期间内为企业带来经济利益，因此无法合理估计无形资产的使用寿命，应将无形资产视为使用寿命不确定。对于使用寿命不确定的无形资产，在持有期间内不应摊销，但应当至少在每年年度终了按照《企业会计准则第 8 号——资产减值》的有关规定进行减值测试。一旦减值测试表明已发生减值，则需要计提相应的减值准备。

无形资产应按单项项目计提减值准备。企业应当定期或者至少于每年年度终了，检查各项无形资产预计给企业带来未来经济利益的能力，对预计可收回金额低于其账面价值的，应当计提减值准备。

当存在下列一项或若干项情况时，应当将该项无形资产的账面价值全部转入当期损益(管理费用)，借记"管理费用"科目，贷记"无形资产"科目：(1)某项无形资产已被其他新技术等所替代，并且该项无形资产已无使用价值和转让价值；(2)某项无形资产已超过法律保护期限，并且已不能为企业带来经济利益；(3)其他足以证明某项无形资产已经丧失了使用价值和转让价值的情形。

当存在下列一项或若干项情况时，应当计提无形资产减值准备：(1)某项无形资产已被其他新技术等所替代，使其为企业创造经济利益的能力受到重大不利影响；(2)某项无形资产的市价在当期大幅下跌，在剩余摊销年限内预期不会恢复；(3)某项无形资产已超过法律保护期限，但仍然具有部分使用价值；(4)其他足以证明某项无形资产实质上已经发生了减值的情形。

无形资产减值损失一经确认，在以后会计期间不得转回。

二、无形资产减值准备的账户

1. 账户性质：资产类备抵账户。
2. 账户用途：为了核算企业持有的无形资产因减值而计提的减值准备增减变动情况，企业应当设置"无形资产减值准备"科目,"无形资产减值准备"科目贷方登记按无形资产可收回金额低于其账面价值的差额计提的减值准备,借方登记因无形资产处置而转销的减值准备,"无形资产减值准备"科目期末贷方余额,反映企业已经提取的无形资产减值准备。

3. 明细账的设置:"无形资产减值准备"科目应当按照无形资产的项目设置明细科目进行核算。

三、无形资产减值准备的账务处理

企业的无形资产应当按照账面价值与可收回金额孰低计量,可收回金额低于账面价值的差额,计提无形资产减值准备。具体账务处理为:借记"资产减值损失"科目,贷记"无形资产减值准备"科目。

【例 11-5】 2023 年 3 月 1 日,甲公司经过数年研发获得的某项食品加工发酵技术诀窍达到预定可使用状态,累计研究阶段支出为 60 000 元(用银行存款支付),累计开发支出为 300 000 元(其中符合资本化条件的支出为 260 000 元),其中原材料领用 140 000 元,基本生产车间人员工资以及福利费 150 000 元,使用专项设备计提的折旧为 10 000 元。有关证据表明,根据市场结构、产品生命周期等方面情况综合判断,该项食品加工发酵技术诀窍将在不确定的期间内为企业带来经济利益。因此该项食品加工技术发酵诀窍被视为使用寿命不确定,按照准则规定,使用寿命不确定的无形资产在持有期间内不应进行摊销。2023 年 12 月 28 日,甲公司对该项技术诀窍按照资产减值的原则进行无形资产减值测试,经测试表明其已发生减值。2023 年 12 月 31 日,该项技术诀窍的可收回金额为 180 000 元。

甲公司的账务处理为:

(1) 2023 年 3 月 1 日,发酵技术诀窍达到预定可使用状态时发生的研发费用:

借:研发支出——资本化支出 260 000
    ——费用化支出 40 000
    管理费用 60 000
  贷:银行存款 60 000
    原材料 140 000
    累计折旧 10 000
    应付职工薪酬 150 000

同时,

借:无形资产——非专利技术 260 000
    管理费用 40 000
  贷:研发支出——资本化支出 260 000
    ——费用化支出 40 000

(2) 2023 年 12 月 31 日,减值测试表明,发酵技术诀窍可收回金额为 180 000 元,需计入资产减值损失 800 000 元(260 000－180 000)

借:资产减值损失——非专利技术 800 000
  贷:无形资产减值准备——非专利技术 800 000

第五节 无形资产的处置与报废

一、无形资产处置

无形资产的处置，主要是指无形资产的出售、对外出租、对外捐赠，或无法为企业带来未来经济利益时，应予终止确认并转销。企业出售无形资产，应当将取得的价款与该无形资产账面价值的差额计入当期损益。无形资产预期不能为企业带来经济利益的，应当将该无形资产的账面价值予以转销。

1. 出售无形资产的账务处理

企业出售无形资产时，应按实际收到的转让收入金额，借记"银行存款"、"其他应收款"、"应交税费——应交增值税（进项税额）"（实际支付相关费用的可抵扣进行税额）等科目，按已计提的累计摊销，借记"累计摊销"科目，原已计提减值准备的，借记"无形资产减值准备"科目，按应支付的增值税，贷记"应交税费——应交增值税（销项税额）"等科目，按其账面余额，贷记"无形资产"科目，按其差额，借记或贷记"资产处置损益"科目。

【例11-6】 2023年4月，甲公司（一般纳税人）出售一项专利权给乙公司（一般纳税人），所得价款为800 000元，假设应交纳的增值税为54 000元，已经开具增值税专用发票交给乙公司，款项已接到银行通知收款入账，该专利权账面成本为1 200 000元，出售时已摊销金额为160 000元，已计提的减值准备为30 000元，假设暂不考虑其他因素，甲公司应计算并做如下账务处理：

```
借：银行存款                                854 000
    累计摊销                                160 000
    无形资产减值准备                         30 000
    资产处置损益                            210 000
    贷：无形资产                                    1 200 000
        应交税费——应交增值税（销项税额）            54 000
```

2. 出租无形资产的账务处理

企业出租无形资产所取得的租金收入，借记"银行存款"等科目，贷记"其他业务收入"、"应交税费——应交增值税（销项税额）"等科目；结转出租无形资产的成本时，借记"其他业务成本"科目，贷记"无形资产"科目。

【例11-7】 2023年4月，甲公司（一般纳税人）出租某项注册商标权使用许可给乙公司（一般纳税人），使用期限为5年，出租所得使用许可收入为800 000元，假设应交纳的增值税为54 000元，已经开具增值税专用发票交给乙公司，款项已接到银行通知收款入账。该项商标权账面成本为500 000元，出租时已摊销金额为150 000元，假设暂不考虑其他因素，甲公司应计算并做如下账务处理：

（1）确认所取得的转让商标使用权收入

```
借：银行存款                                854 000
    贷：其他业务收入                                800 000
        应交税费——应交增值税（销项税额）            54 000
```

（2）甲公司每年对转让商标使用权结转的摊销额(500 000－150 000)÷5＝70 000元

借：其他业务成本　　　　　　　　　　　　　　　　　　　　　70 000
　　贷：累计摊销　　　　　　　　　　　　　　　　　　　　　　　　70 000

二、无形资产报废

无形资产预期不能为企业带来经济利益的，则不再符合无形资产的定义，应当将该无形资产的账面价值终止确认报废并予以转销，其账面价值转作当期损益(营业外支出——处置非流动资产损失)。转销时，应按已计提的累计摊销，借记"累计摊销"、"无形资产减值准备"(如已计提减值准备的)科目；按其账面余额，贷记"无形资产"科目；按其差额借记"营业外支出——处置非流动资产损失"科目。

【例11-8】　甲公司拥有一项专利权，过去一直采用直线法进行摊销的成本结转，预计使用期限为10年。据市场调查，现该项专利技术生产的产品已被具有更多新功能的新产品取代导致没有市场，预期没有任何可能再为企业带来经济利益，因此甲公司管理层决定予以报废。转销时，该项专利技术的账面成本为3 000 000元，已摊销3年计900 000元，累计计提减值准备150 000元，假设不考虑净残值等其他相关因素。甲公司应计算并做如下账务处理：

借：累计摊销　　　　　　　　　　　　　　　　　　　　　　　900 000
　　无形资产减值准备——专利权　　　　　　　　　　　　　　 150 000
　　营业外支出——处置非流动资产损失　　　　　　　　　　　1 950 000
　　贷：无形资产——专利权　　　　　　　　　　　　　　　　　3 000 000

第六节　其他非流动资产

其他资产是指除货币资金、交易性金融资产、应收及预付款项、存货、长期股权投资、固定资产、投资性房地产、债权投资、无形资产等以外的资产，如长期应收款、长期待摊费用等。

一、长期应收款

（一）长期应收款概念

长期应收款是指企业的长期应收款项，包括融资租赁产生的应收款项、采用递延方式具有融资性质的销售商品和提供劳务等产生的应收款项等。实质上构成对被投资单位净投资的长期权益，也通过"长期应收款"科目核算。

（二）长期应收款账户

1. 账户性质：资产类账户。
2. 账户用途：为了核算企业长期应收款项增减变动情况，企业应当设置"长期应收款"科目，"长期应收款"科目借方登记融资租赁产生的应收款项、采用递延方式具有融资性质的销售商品和提供劳务等产生的应收款项等，贷方登记已经收回的长期应收款项，期末借方余额，反映企业尚未收回的长期应收款项。
3. 明细账的设置："长期应收款"科目可按债务人设置明细账，进行明细核算。

（三）长期应收款的主要账务处理

1. 出租人融资租赁产生的应收租赁款，在租赁期开始日，应按租赁开始日最低租赁收款额与初始直接费用之和,借记本科目,按未担保余值,借记"未担保余值"科目,按融资租赁资产的公允价值(最低租赁收款额和未担保余值的现值之和),贷记"融资租赁资产"科目,按融资租赁资产的公允价值与账面价值的差额,借记"营业外支出"科目或贷记"营业外收入"科目,按发生的初始直接费用,贷记"银行存款"等科目,按其差额,贷记"未实现融资收益"科目。

2. 采用递延方式分期收款销售商品或提供劳务等经营活动产生的长期应收款,满足收入确认条件的,按应收的合同或协议价款,借记本科目,按应收合同或协议价款的公允价值(折现值),贷记"主营业务收入"等科目,按其差额,贷记"未实现融资收益"科目。涉及增值税的,还应进行相应的处理。

3. 如有实质上构成对被投资单位净投资的长期权益,被投资单位发生的净亏损应由本企业承担的部分,在"长期股权投资"的账面价值减记至零以后,还需承担的投资损失,应以本科目中实质上构成了对被投资单位净投资的长期权益部分账面价值减记至零为限,继续确认投资损失,借记"投资收益"科目,贷记本科目。除上述已确认投资损失外,投资合同或协议中约定仍应承担的损失,确认为预计负债。

二、长期待摊费用

(一) 长期待摊费用的概念

长期待摊费用是指企业已经发生但应由本期和以后各期负担的分摊期限在一年以上的各项费用,如已足额提取折旧的固定资产的改建支出、固定资产大修理支出,以及摊销期限在 1 年以上的其他待摊费用。固定资产的大修理支出,是指同时符合下列条件的支出:修理支出达到取得固定资产时的计税基础 50% 以上;修理后固定资产的使用年限延长 2 年以上。

(二) 长期待摊费用账户

1. 账户性质:资产类账户。

2. 账户用途:为了核算企业长期待摊费用的增减变动情况,企业应当设置"长期待摊费用"科目,"长期待摊费用"科目借方登记企业已预付但尚未摊销的费用。贷方登记由各期负担摊销的费用。期末余额在借方,表示已支付但尚未摊销(超过一年)的费用。

3. "长期待摊费用"科目应按费用的种类设置明细账,进行明细核算,并在会计报表附注中按照费用项目披露其摊余价值,摊销期限、摊销方式等。"长期待摊费用"科目期末借方余额,反映企业尚未摊销的各项长期待摊费用的摊余价值。

(三) 长期待摊费用的账务处理

长期待摊费用通常在费用项目的受益期限内分期平均摊销,如若不能保证使以后的会计期间受益,应将尚未摊销的摊余价值转入当期损益。

本应当由本期负担的借款利息、租金等,不得作为"长期待摊费用"处理。如果新开办企业发生的开办费,列入"管理费用"科目,也不在"长期待摊费用"科目核算。

固定资产大修理支出采取待摊方法的,实际发生的大修理支出应当按照固定资产尚可使用年限或者大修理间隔期分期平均摊销。租入固定资产改良支出应当在租赁期限与租赁资产尚可使用年限两者孰短的期限内平均摊销;其他长期待摊费用应当在受益期内平均摊销。

企业发生的长期待摊费用,借记"长期待摊费用"科目,贷记"银行存款"、"原材料"等科目。摊销时,借记"管理费用"、"销售费用"、"制造费用"等科目,贷记"长期待摊费用"科目。

【例 11-9】 甲公司对自有的生产车间厂房进行大修理 480 000 元,大修间隔期为 4 年。

甲公司应做如下账务处理：

借：长期待摊费用——生产车间大修理支出　　　　　　　　　　　　　　480 000
　　贷：银行存款　　　　　　　　　　　　　　　　　　　　　　　　　　480 000

上述大修理支出按修理间隔期 4 年内平均摊销，每月摊销 10 000 元(480 000÷4÷12)，会计分录如下：

借：制造费用　　　　　　　　　　　　　　　　　　　　　　　　　　　10 000
　　贷：长期待摊费用——生产车间大修理支出　　　　　　　　　　　　　10 000

第十二章 投资性房地产

房地产通常是房屋(土地上的房屋等建筑物及构筑物)、土地及其法定权利的统称。《宪法》第十条规定,"城市的土地属于国家所有。农村和城市郊区的土地,除由法律规定属于国家所有的以外,属于集体所有;土地的使用权可以依照法律的规定转让。一切使用土地的组织和个人必须合理地利用土地"。在我国,土地的所有权归全民所有或归属集体所有,任何企业都只能取得土地使用权而非所有权,投资性房地产核算中的土地是仅指土地使用权,但是这里的土地使用权仅仅是以经营租赁方式出租的土地使用权,其他自用的土地使用权在无形资产内核算。

第一节 投资性房地产概述

一、投资性房地产的概念

《企业会计准则第3号——投资性房地产》(2006)规定:投资性房地产是指为赚取租金或资本增值,或两者兼有而持有的房地产,包括已出租的土地使用权、持有并准备增值后转让的土地使用权、已出租的建筑物。投资性房地产应当能够单独计量和出售。

二、投资性房地产的范围

(一) 已出租的土地使用权

已出租的土地使用权,是指以经营租赁方式出租的土地使用权,用于出租的土地使用权是指企业通过出让或转让方式取得的土地使用权。

土地使用权出让是指国家以土地所有者的身份将土地使用权在一定年限内让与土地使用者,并由土地使用者向国家支付土地使用权出让金的行为。

土地使用权转让是指土地使用者将土地使用权再转移的行为,包括出售、交换和赠与。

(二) 持有并准备增值后转让的土地使用权

持有并准备增值后转让的土地使用权,是指企业取得的、准备增值后转让的土地使用权。按照国家有关规定认定的闲置土地,不属于持有并准备增值后转让的土地使用权。

闲置土地,是指国有建设用地使用权人超过国有建设用地使用权有偿使用合同或者划拨决定书约定、规定的动工开发日期满1年未动工开发的国有建设用地。已动工开发但开发建设用地面积占应动工开发建设用地总面积不足1/3或者已投资额占总投资额不足25%,中止开发建设满1年的国有建设用地,也可以认定为闲置土地。

(三) 已出租的建筑物

已出租的建筑物是指以经营租赁方式出租的建筑物,也是指企业拥有产权的建筑物,包括自行建造或开发活动完成后用于出租的建筑物以及正在建造或开发过程中将来用于出租的建筑物。

此外:(1)企业将建筑物出租,按租赁协议向承租人提供的相关辅助服务在整个协议中不重大的,如企业将办公楼出租并向承租人提供保安、维修等辅助服务,应当将该建筑物确认为投资性房地产。(2)某项房地产,部分用于赚取租金或资本增值、部分用于生产商品、提供劳务或经营管理,能够单独计量和出售的、用于赚取租金或资本增值的部分,应当确认为投资性房地产。

三、投资性房地产的特征

(一) 投资性房地产本质上是让渡资产使用权的行为

投资性房地产的主要形式是出租土地使用权和出租建筑物,其目的是获得房地产租金,而房地产租金就是让渡资产使用权取得的使用费收入,这本质上就是属于一种让渡资产使用权行为,所以投资性房地产与自用的房地产在目的上不一样。

(二) 投资性房地产处于出租状态或待出租状态

投资性房地产总是处于出租状态或待出租状态,不是为了满足日常的生产经营活动所持有,所以其用途、状态与自用的厂房、办公楼等作为生产经营场所的房地产以及房地产开发企业用于销售的房地产(存货)是不同的。

四、下列不属于投资性房地产的范围

(一) 企业自用房地产;
(二) 作为存货的房地产;
(三) 企业代建的房地产;
(四) 投资性房地产的租金收入和售后租回;
(五) 某项房地产,部分用于赚取租金或资本增值、部分用于生产商品、提供劳务或经营管理,不能够单独计量和出售的、用于赚取租金或资本增值的部分;
(六) 企业拥有并自行经营的旅馆饭店;
(七) 企业以经营租赁方式租入再转租的建筑物。

第二节 投资性房地产的确认和初始计量

一、投资性房地产的确认

《企业会计准则第3号——投资性房地产》(2006)规定了投资性房地产的确认和初始计量。

(一) 投资性房地产的确认条件

投资性房地产同时满足下列条件的,才能予以确认:
1. 与该投资性房地产有关的经济利益很可能流入企业;
2. 该投资性房地产的成本能够可靠地计量。

(二) 投资性房地产的相关账户

为了反映和监督投资性房地产的初始取得成本及其计量、后续支出及其计量、处置、报废等增减变动情况,企业应当设置与"投资性房地产"以及有关的一系列账户,"投资性房地产累计折旧"(针对的是建筑物)、"投资性房地产累计摊销"(针对的是土地使用权)、"投资性房地产减值准备"、"公允价值变动损益"、"其他业务收入"、"其他业务成本"等科目进行核算。但是因为那些相关账户有的在以前的内容中,比如"公允价值变动损益"科目在"交易性金融资产"核算中出现过,

有的在以后的内容中,比如"其他业务收入"、"其他业务成本"核算中会专门讲解,所以本部分只考虑"投资性房地产"、"投资性房地产累计折旧"或"投资性房地产累计摊销"、"投资性房地产减值准备"四个科目。如果是房地产开发企业,房地产作为企业主营业务的,应当设置"主营业务收入"和"主营业务成本"科目进行核算。

1. 投资性房地产

(1) 账户性质：资产类账户。

(2) 账户用途：为了反映和监督核算投资性房地产的价值(包括采用成本模式计量的投资性房地产和采用公允价值模式计量的投资性房地产),对投资性房地产的取得、后续计量、处置等情况核算,企业应当设置"投资性房地产"科目,"投资性房地产"科目借方登记企业投资性房地产的取得成本、资产负债表日其公允价值高于账面余额的差额等,贷方登记资产负债表日其公允价值低于账面余额的差额、处置投资性房地产时结转的成本和公允价值变动等。期末借方余额,反映企业投资性房地产的价值。

(3) 明细账的设置：企业应当按照投资性房地产类别和项目进行明细核算。采用公允价值模式计量的投资性房地产,还应当分别"成本"和"公允价值变动"进行明细核算。

2. 投资性房地产累计折旧或投资性房地产累计摊销科目

采用成本模式计量的投资性房地产的累计折旧或累计摊销,可以单独设置"投资性房地产累计折旧"或"投资性房地产累计摊销"科目,比照"累计折旧"、"累计摊销"等科目进行处理。

注意 采用成本模式计量的投资性房地产发生减值的,可以单独设置"投资性房地产减值准备"科目,比照"固定资产减值准备"等科目进行处理。

二、投资性房地产的初始计量

投资性房地产应当按照成本进行初始计量。企业取得(外购或自行建造)投资性房地产,不管是按照成本模式计量还是按照公允价值模式计量都应当按照取得时的实际成本进行初始计量。

(一) 外购取得的投资性房地产

关于企业外购房地产的时间确认,只有在购入的同时就开始对外出租或用于资本增值,才能作为投资性房地产加以确认。如果企业购入房地产,自用一段时间之后再改为出租或用于资本增值的,按照准则关于投资性房地产转换的规定进行账务处理。外购投资性房地产的实际成本,包括购买价款、相关税费和可直接归属于该资产的其他支出。房地产的入账价值中的"相关税费",主要是指企业为取得房地产而交纳的契税、耕地占用税,包括不能抵扣的增值税税额等相关税费。

(二) 自行建造等取得的投资性房地产

企业自行建造的房地产,只有在自行建造达到预定可使用状态的同时就开始对外出租或用于资本增值,才能将自行建造的房地产确认为投资性房地产。如果自行建造的房地产,自用一段时间之后再改为出租或用于资本增值的,按照准则关于投资性房地产转换的规定进行账务处理。自行建造投资性房地产的成本,由建造该项资产达到预定可使用状态前所发生的必要支出作为入账价值,包括土地开发费用、建筑成本费、安装成本费、应予以资本化的借款费用、支付的其他直接费用和需要分摊的间接费用等。建造过程中发生的非正常性毁损的损失,直接计入当期损益(营业外支出—非正常损失),不计入建造成本。

(三) 以其他方式取得的投资性房地产的成本,按照相关会计准则的规定确定

三、投资性房地产的账务处理

采用成本模式计量的投资性房地产比照固定资产或无形资产进行核算。

(一) 外购取得投资性房地产时,按照取得时的实际成本进行初始计量,借记"投资性房地产"科目(后续采用成本模式核算)或"投资性房地产——成本"科目(后续采用公允价值模式核算)、"应交税费——应交增值税(进项税额)"贷记"银行存款"等科目。

如果是小规模纳税人购入的投资性房地产,该增值税进项税额计入投资性房地产成本;如果是一般纳税人购入的来自小规模纳税人的房地产,按照征收率计算的增值税也计入投资性房地产成本,都不得作为进项税额进行抵扣。

(二) 自行建造时,借记"在建工程"、"应交税费——应交增值税(进项税额)"等科目,贷记"银行存款"、"应付职工薪酬"、"工程物资"等科目,比较自行建造(自营或者出包)固定资产进行核算;建造完工达到可预定可使用状态时,应按投资性房地产准则确定的成本,借记"投资性房地产"科目(后续采用成本模式核算)或"投资性房地产——成本"科目(后续采用公允价值模式核算),贷记"在建工程"、"开发产品"科目。

房地产开发企业的"开发产品",类似于"库存商品"科目,属于房地产开发企业的存货。

【例 12-1】 2023 年 2 月初,甲公司(一般纳税人,后续采用成本模式核算)与乙公司(一般纳税人)签订了经营租赁合同,双方约定,由甲公司向丙公司(一般纳税人)购入一栋办公楼用于出租给乙公司,租赁日从甲公司购买之日起计算,为期 10 年。甲公司购买后直接将这栋办公楼出租给乙公司,假设没有发生后续支出等其他相关的支出和税费因素,2 月 20 日,甲企业购入办公楼,实际支付价款 10 000 000 元,增值税额 900 000 元,甲公司支付的款项通过转账支票支付完毕,也已收到丙公司开具的增值税专用发票。甲公司应做如下账务处理:

借:投资性房地产　　　　　　　　　　　　　　　　　　　　　　　10 000 000
　　应交税费——应交增值税(进项税额)　　　　　　　　　　　　　　 900 000
　　贷:银行存款　　　　　　　　　　　　　　　　　　　　　　　　10 900 000

【例 12-2】 2023 年 3 月初,甲公司(一般纳税人,后续采用公允价值模式核算)通过政府招标拍卖到一块土地,该块土地使用权的成本为 150 万元(预计使用年限 50 年,按照直线法摊销);并同时出包给某建筑商帮助建设一栋办公楼,造价为 800 万元,增值税为 72 万元,土地使用权和办公楼都能够单独计量、出售,已收到某建筑商开具的增值税专用发票,上述款项也已以银行存款支付。2023 年 11 月初,在房屋即将达到预定可使用状态时,与乙公司签订了经营租赁合同约定,在房屋完工后交付立即出租给乙公司开设教育培训机构。甲公司应做如下账务处理:

(1) 2023 年 3 月初,政府出让土地时

借:无形资产——土地使用权　　　　　　　　　　　　　　　　　　 1 500 000
　　贷:银行存款　　　　　　　　　　　　　　　　　　　　　　　　 1 500 000

3—11 月每月计提累计摊销 150÷50÷12=2 500 元

借:其他业务成本　　　　　　　　　　　　　　　　　　　　　　　　　2 500
　　贷:累计摊销　　　　　　　　　　　　　　　　　　　　　　　　　　2 500

(2) 开工建设办公楼时

借：在建工程　　　　　　　　　　　　　　　　　　　　　　8 000 000
　　应交税费——应交增值税（进项税额）　　　　　　　　　　720 000
　　贷：银行存款　　　　　　　　　　　　　　　　　　　　　　　8 720 000

(3) 将办公楼及土地使用权出一并租给乙公司

借：投资性房地产——成本　　　　　　　　　　　　　　　　8 000 000
　　贷：在建工程　　　　　　　　　　　　　　　　　　　　　　　8 000 000
借：投资性房地产——成本　　　　　　　　　　　　　　　　1 480 000
　　累计摊销　　　　　　　　　　　　　　　　　　　　　　　　20 000
　　贷：无形资产——土地使用权　　　　　　　　　　　　　　　　1 500 000

注意　公允价值模式下，该土地使用权转换为投资性房地产后不再计提累计摊销，但是3—11月期间8个月，3月开始计提，11月不计提，每月必须计提累计摊销2 500元。

第三节　与投资性房地产有关的后续支出的确认和计量

一、与投资性房地产有关的后续支出的确认和计量

与投资性房地产有关的后续支出，满足《企业会计准则第3号——投资性房地产》(2006)的投资性房地产确认条件的，应当计入投资性房地产成本；不满足准则规定的确认条件的，应当在发生时计入当期损益。

1. 资本化的后续支出

企业对投资性房地产进行改建、扩建或装修支出满足投资性房地产确认条件的，应当将其资本化，计入投资性房地产成本。对某项投资性房地产为了提高效能进行改扩建等再开发，而且未来仍然作为投资性房地产的，在再开发期间应继续将其作为投资性房地产，再开发期间该项投资性房地产不需要计提折旧或摊销。

2. 费用化的后续支出

与投资性房地产有关的后续支出，不满足投资性房地产确认条件的，应当在发生时计入当期损益(其他业务成本)。

二、投资性房地产有关后续支出的账务处理

(一) 资本化后续支出的账务处理

1. 后续采用成本模式核算

投资性房地产进行改良或装修时，一般通过"投资性房地——在建"科目归集改扩建的费用，按该项投资性房地产的账面余额，借记"投资性房地——在建"、"投资性房地产累计折旧"、"投资性房地产减值准备"等科目，按该项投资性房地产的成本，贷记"投资性房地产"科目。

发生改扩建支出时，借记"投资性房地产——在建"、"应交税费——应交增值税(进项税额)"等科目，贷：银行存款(或应付账款、应付票据、其他货币资金、原材料、应付职工薪酬)等科目。

工程完成达到可使用状态后。改良或装修工程完工达到预定可使用状态后,,转入"投资

性房地产"科目,借记"投资性房地产"科目,贷记"投资性房地——在建"科目。当然企业通过"在建工程"归集费用也是可以的,在这里"在建工程"与"投资性房地——在建"科目的功能一样。

【例 12-3】 2023 年 5 月,甲公司(一般纳税人,后续继续采用成本计量模式进行核算)与乙公司(一般纳税人)的一项办公楼经营租赁合同即将到期。该办公楼原价为 1 200 000 元,预计使用年限为 20 年,已计提折旧 5 年,每年 60 000 元,共计 300 000 元。甲公司决定在租赁期满后对该厂房进行改扩建,并与乙公司又签订了经营租赁合同,约定该办公楼自改扩建完工时继续将出租给乙公司。2023 年 8 月,该厂房改扩建工程完工,已收到某建筑商开具的增值税专用发票,共发生支出 200 000 元,增值税税额 18 000 元,上述款项也已以银行存款支付。甲公司即日按照租赁合同将办公楼交给乙公司使用,假定不考虑甲公司提取减值准备等其他因素,甲公司应做如下账务处理:

(1) 转入改扩建时

借:投资性房地产——在建　　　　　　　　　　　　　　　　900 000
　　投资性房地产累计折旧　　　　　　　　　　　　　　　　300 000
　　贷:投资性房地产　　　　　　　　　　　　　　　　　　　　　　1 200 000

(2) 发生改扩建支出时

借:投资性房地产——在建　　　　　　　　　　　　　　　　200 000
　　应交税费——应交增值税(进项税额)　　　　　　　　　　18 000
　　贷:银行存款　　　　　　　　　　　　　　　　　　　　　　　　218 000

(3) 工程改扩建支出结束达到预定可使用状态时

借:投资性房地产　　　　　　　　　　　　　　　　　　　　1 100 000
　　贷:投资性房地产——在建　　　　　　　　　　　　　　　　　1 100 000

2. 后续采用公允价值模式核算

因为采用公允价值模式计量的,并不对投资性房地产计提折旧或进行摊销,也不计提减值准备,所以投资性房地产进行改良或装修时,应按该项投资性房地产的账面余额,借记"投资性房地产——在建"或"在建工程"科目,按该项投资性房地产的成本,贷记"投资性房地产——成本"等科目,按该项投资性房地产的公允价值变动,贷记或借记"投资性房地产——公允价值变动"科目。在这里不需要考虑"公允价值变动损益",仅仅是"投资性房地产"科目借方余额的账面价值结转进入"投资性房地产——在建",因为以前在出现公允价值变动的时候已经对"公允价值变动损益"进行过财务处理。

发生改扩建支出时,借记"投资性房地产——在建"或"在建工程"、"应交税费——应交增值税(进项税额)"科目,贷:银行存款(或应付账款、应付票据、其他货币资金、原材料、应付职工薪酬)等科目。

改良或装修工程完工达到预定可使用状态后,借记"投资性房地产——成本"科目,贷记"投资性房地产——在建"或"在建工程"科目。

投资性房地产资本化的后续支出两种计量模式的区别在于:成本模式涉及"投资性房地产累计折旧",而公允价值模式则不会涉及"投资性房地产累计折旧";公允价值模式会涉及公允价值变动,而成本模式则不会涉及公允价值变动。

【例12-4】 2023年5月,甲公司(一般纳税人,后续采用公允价值模式进行核算。注意:会计准则不允许公允价值模式转为成本模式核算)与乙公司(一般纳税人)的一项办公楼经营租赁合同即将到期。该办公楼"投资性房地产——成本"科目借方余额为1 200 000元,"投资性房地产——公允价值变动"科目贷方余额为150 000元,甲公司决定在租赁期满后对该厂房进行改扩建,并与乙公司又签订了经营租赁合同,约定该办公楼自改扩建完工时继续将出租给乙公司。2023年8月,该厂房改扩建工程完工,已收到某建筑商开具的增值税专用发票,共发生支出200 000元,增值税税额18 000元,上述款项也已以银行存款支付。甲公司即日按照租赁合同将办公楼交给乙公司使用,假定不考虑其他因素,甲公司应做如下账务处理:

(1) 转入改扩建时

借:投资性房地产——在建　　　　　　　　　　　　　　　　1 050 000
　　投资性房地产——公允价值变动　　　　　　　　　　　　　150 000
　　贷:投资性房地产——成本　　　　　　　　　　　　　　　　　　1 200 000

(2) 发生改扩建支出时

借:投资性房地产——在建　　　　　　　　　　　　　　　　200 000
　　应交税费——应交增值税(进项税额)　　　　　　　　　　　18 000
　　贷:银行存款　　　　　　　　　　　　　　　　　　　　　　　　218 000

(3) 工程改扩建支出结束达到预定可使用状态时

借:投资性房地产——成本　　　　　　　　　　　　　　　　1 250 000
　　贷:投资性房地产——在建　　　　　　　　　　　　　　　　　　1 250 000

(二) 费用化后续支出账务处理

费用化后续支出主要是指企业对投资性房地产进行日常维护发生一些细微支出。企业在发生投资性房地产费用化的后续支出时,借记"其他业务成本"、"应交税费——应交增值税(进项税额)"等科目,贷记"银行存款"等科目。

【例12-5】 甲公司(一般纳税人)对已出租的门面房进行日常建筑维修,发生维修费用20 000元,增值税税额1 800元。增值税专用发票已经收到,款项已用转账支票支付,甲公司应做如下账务处理:

借:其他业务成本　　　　　　　　　　　　　　　　　　　　20 000
　　应交税费——应交增值税(进项税额)　　　　　　　　　　　1 800
　　贷:银行存款　　　　　　　　　　　　　　　　　　　　　　　　21 800

第四节　投资性房地产的后续计量

一、成本计量模式或公允价值计量模式的选择由企业自主确定

企业通常应当在资产负债表中采用成本模式对投资性房地产进行后续计量,也可采用公允价值模式对投资性房地产进行后续计量。但同一企业只能采用一种模式对所有投资性房地产进行后续计量,不得同时采用两种计量模式。

成本模式转为公允价值模式的,应当作为会计政策变更处理,计量模式变更时公允价值与账面价值之间的差额,调整期初留存收益(盈余公积和未分配利润)。

二、采用成本模式对投资性房地产进行后续计量

在成本模式下,应当按照《企业会计准则第 4 号——固定资产》和《企业会计准则第 6 号——无形资产》的规定,对投资性房地产进行计量,计提折旧或摊销。存在减值迹象的,应当按照《企业会计准则第 8 号——资产减值》的规定进行处理。

三、采用公允价值模式对投资性房地产进行后续计量

(一) 公允价值模式计量是附有条件的

有确凿证据表明投资性房地产的公允价值能够持续可靠取得的,可以对投资性房地产采用公允价值模式进行后续计量。采用公允价值模式计量的投资性房地产,应当同时满足下列条件:

1. 投资性房地产所在地有活跃的房地产交易市场;所在地,通常是指投资性房地产所在的城市。对于大中型城市,应当为投资性房地产所在的城区。

2. 企业能够从活跃的房地产交易市场上取得同类或类似房地产的市场价格及其他相关信息,从而对投资性房地产的公允价值作出合理的估计。

同类或类似的房地产,对建筑物而言,是指所处地理位置和地理环境相同、性质相同、结构类型相同或相近、新旧程度相同或相近、可使用状况相同或相近的建筑物;对土地使用权而言,是指同一城区、同一位置区域、所处地理环境相同或相近、可使用状况相同或相近的土地。

(二) 公允价值模式计量时折旧或摊销的处理

采用公允价值模式计量的,不对投资性房地产计提折旧或进行摊销,应当以资产负债表日投资性房地产的公允价值为基础调整其账面价值,公允价值与原账面价值之间的差额计入当期损益(公允价值变动损益)。

(三) 投资性房地产的计量模式转换的限制

企业对投资性房地产的计量模式一经确定,不得随意变更。成本模式转为公允价值模式的,应当作为会计政策变更,按照《企业会计准则第 28 号——会计政策、会计估计变更和差错更正》处理。

已采用公允价值模式计量的投资性房地产,不得从公允价值模式转为成本模式。

四、投资性房地产后续计量的账务处理

(一) 采用成本模式进行后续计量的投资性房地产

采用成本模式进行后续计量的投资性房地产,应当按照固定资产或无形资产的有关规定,按期(月)对投资性房地产计提折旧或进行摊销。

1. 投资性房地产属于建筑物的,与固定资产计提折旧的核算一致,当月增加,当月不计提折旧;当月减少,当月照提折旧。计提折旧时,借记"其他业务成本"等科目,贷记"投资性房地产累计折旧"科目。

2. 投资性房地产属于土地使用权的,与无形资产计提摊销的核算一致,当月增加,当月开始摊销;当月减少,当月不再计提摊销。计提摊销时,借记"其他业务成本"等科目,贷记"投资性房地产累计摊销"科目。

3. 取得的租金收入,借记"银行存款"或"其他应收款"等科目,贷记"其他业务收入"、"应交税费——应交增值税(销项税额)"等科目。

4. 投资性房地产存在减值迹象的,经减值测试后确定发生减值的,应当计提减值准备,借记"资产减值损失"科目,贷记"投资性房地产减值准备"科目。

已经计提减值准备的投资性房地产,其减值损失在以后的会计期间不得转回。

【例 12-6】 2023 年 8 月,甲公司(一般纳税人,后续继续采用成本计量模式进行核算)与乙公司(一般纳税人)的一项办公楼经营租赁合同,合同期限为 5 年,每月收取租金 10 000 元,增值税额 900 元,租金尚未收到。甲公司于 8 月 10 日按照租赁合同将办公楼交给乙公司使用,甲公司采用直线法计折旧,该办公楼账面价值为 1 100 000 元,预计继续使用年限为 20 年(不考虑净残值),8 月 31 日经过减值测试,发现该项办公楼存在减值迹象,经减值测试后确定发生减值 50 000 元,假定不考虑其他因素,甲公司应做如下账务处理:

(1) 8 月不提取折旧,从 9 月开始计提折旧,每月 4 583 元(1 100 000÷20÷12)。

借:其他业务成本　　　　　　　　　　　　　　　　　　　　　　　4 583
　　贷:投资性房地产累计折旧　　　　　　　　　　　　　　　　　　4 583

(2) 8 月末确认租金收入

借:其他应收款　　　　　　　　　　　　　　　　　　　　　　　　10 900
　　贷:其他业务收入　　　　　　　　　　　　　　　　　　　　　　10 000
　　　　应交税费——应交增值税(销项税额)　　　　　　　　　　　　900

(3) 8 月 31 日计提减值准备

借:资产减值损失——计提的投资性房地产减值准备　　　　　　　　50 000
　　贷:投资性房地产减值准备　　　　　　　　　　　　　　　　　　50 000

(二) 采用公允价值模式进行后续计量的投资性房地产

1. 投资性房地产后续计量采用公允价值模式的,不计提折旧或进行摊销。
2. 企业应当以资产负债表日的公允价值为基础,调整其账面余额。

资产负债表日,投资性房地产的公允价值高于其账面余额的差额,借记"投资性房地产——公允价值变动"科目,贷记"公允价值变动损益"科目;公允价值低于其账面余额的差额则做相反的会计分录,借记"公允价值变动损益"科目,贷记"投资性房地产——公允价值变动"科目(这方面的核算与"交易性金融资产"几乎一致)。

3. 取得的租金收入,借记"银行存款"或"其他应收款"科目,贷记"其他业务收入"、"应交税费——应交增值税(销项税额)"等科目。

【例 12-7】 2023 年 8 月,甲公司(一般纳税人,后续采用公允价值模式进行计量)与乙公司(一般纳税人)的一项办公楼经营租赁合同,合同期限为 5 年,每月收取租金 10 000 元,增值税额 900 元,款项已经收妥入账。甲公司于 8 月 10 日按照租赁合同将办公楼交给乙公司使用,甲公司 9 月 30 日(资产负债表日),8 月末该项办公楼账面价值为 1 250 000 元,而有确凿证据表明并经过活跃的房地产市场估计,公允价值高于其账面余额 50 000 元,假定不考虑其他因素,甲公司应做如下账务处理:

(1) 8月取得的租金收入

借：银行存款　　　　　　　　　　　　　　　　　　　　　　　　　　　　10 900
　　贷：其他业务收入　　　　　　　　　　　　　　　　　　　　　　　　　　　10 000
　　　　应交税费——应交增值税(销项税额)　　　　　　　　　　　　　　　　　900

(2) 9月30日(资产负债表日)，调整该项办公楼账面价值

借：投资性房地产——公允价值变动　　　　　　　　　　　　　　　　　　　50 000
　　贷：公允价值变动损益　　　　　　　　　　　　　　　　　　　　　　　　　50 000

第五节　投资性房地产的转换

投资性房地产的"转换"不是指成本计量模式或公允价值计量模式的转换，而是因房地产用途发生改变而对房地产进行的重新分类，即投资性房地产转换为其他资产或者将其他资产转换为投资性房地产。

一、投资性房地产重新分类的条件

企业有确凿证据表明房地产用途发生改变，满足下列条件之一的，应当将投资性房地产转换为其他资产或者将其他资产转换为投资性房地产。

(一) 投资性房地产转换为其他资产：投资性房地产开始自用

投资性房地产开始自用，是指投资性房地产转为自用房地产。其转换日为房地产达到自用状态，企业开始将房地产用于生产商品、提供劳务或者经营管理的日期。

(二) 下列属于将其他资产转换为投资性房地产

1. 作为存货的房地产(主要是房地产开发企业)，改为出租。
2. 自用土地使用权停止自用，用于赚取租金或资本增值。
3. 自用建筑物停止自用，改为出租。

作为存货的房地产改为出租，或者自用建筑物、自用土地使用权停止自用改为出租，其转换日为租赁期开始日。

二、房地产重新分类的计量

(一) 在成本模式下入账价值的认定

在成本模式下，转换日前后的入账价值不存在差额，应当将房地产转换前的账面价值作为转换后的入账价值。

(二) 公允价值模式下入账价值的认定

1. 采用公允价值模式计量的投资性房地产转换为自用房地产时，转换日前后因为公允价值与原账面价值之间有可能存在差额，应当以其转换当日的公允价值作为自用房地产的账面价值，公允价值与原账面价值的差额计入当期损益(公允价值变动损益)。

2. 自用房地产或存货转换为采用公允价值模式计量的投资性房地产时，该项投资性房地产应当按照转换日的公允价值计量。转换日的投资性房地产公允价值小于原账面价值的，其差额计入当期损益(即借记"公允价值变动损益")。转换日的投资性房地产公允价值大于原账面价值

的,其差额贷记"其他综合收益",即计入所有者权益。处置该项投资性房地产时,原计入所有者权益(其他综合收益)的部分应当转入处置当期损益(即"其他业务成本")。

三、投资性房地产转换的账务处理

(一)在成本模式下,投资性房地产转换的账务处理

1. 企业将投资性房地产(建筑物、土地使用权)转为自用

企业将投资性房地产转为自用时,应按该项投资性房地产在转换日的账面余额,借记"固定资产"、"无形资产——土地使用权",按该项投资性房地产的成本(账面余额),贷记"投资性房地产"科目;按已计提的折旧或摊销额,借记"投资性房地产累计折旧"、"投资性房地产累计摊销"科目,贷记"累计折旧"或"累计摊销"科目;原已计提减值准备的,借记"投资性房地产减值准备"科目,贷记"固定资产减值准备"或"无形资产减值准备"科目。

【例 12-8】 2023年10月1日,甲公司将出租给丁公司的土地收回自用,准备用于建造厂房供本企业生产商品,在转换前该项土地曾采用成本模式计量,其账面价值为5 000 000元,截止转换日已累计已提摊销2 000 000元。甲公司的账务处理如下:

借:无形资产——土地使用权　　　　　　　　　　　　　　　5 000 000
　　投资性房地产累计摊销　　　　　　　　　　　　　　　　2 000 000
　贷:投资性房地产——土地使用权　　　　　　　　　　　　　5 000 000
　　　累计摊销　　　　　　　　　　　　　　　　　　　　　2 000 000

2. 房地产开发企业将投资性房地产转换为存货

企业将投资性房地产转换为存货时,应当按照该项投资性房地产在转换日的账面价值,借记"开发产品"科目,按照已计提的折旧或摊销,借记"投资性房地产累计折旧"或"投资性房地产累计摊销"、"投资性房地产减值准备"(原已计提减值准备的)科目,按其账面余额,贷记"投资性房地产"科目。

【例12-9】 2023年3月1日,南京市某房地产开发公司将对外出租给某商业银行的办公楼收归自用,从而将成本计量模式的投资性房地产转换为企业的存货(库存产品)进行会计核算并管理,在转换日之前,已经计提投资性房地产累计折旧1 000 000元,计提了投资性房地产减值准备500 000元,投资性房地产的账面余额为5 000 000元,该房地产公司的账务处理如下:

借:开发产品　　　　　　　　　　　　　　　　　　　　　　3 500 000
　　投资性房地产累计折旧　　　　　　　　　　　　　　　　1 000 000
　　投资性房地产减值准备　　　　　　　　　　　　　　　　　500 000
　贷:投资性房地产　　　　　　　　　　　　　　　　　　　　5 000 000

3. 企业将自用的房地产转换为投资性房地产(建筑物、土地使用权)

企业将自用的建筑物、土地使用权转换为投资性房地产的,应当按照其在转换日的原价、累计折旧等,借记"投资性房地产"、"累计折旧"或"累计摊销"、"固定资产减值准备"或"无形资产减值准备"(已计提固定资产或无形资产减值准备的)等科目,按其账面余额,贷记"固定资产"或"无形资产——土地使用权"科目。

注意 这里自用的建筑物、土地使用权原来作为企业的"固定资产"或"无形资产——土地使用权",假如已经提取过"累计折旧"或"累计摊销"、"固定资产减值准备"或"无形资产减值准备"

的,需要同时结转。

【例12-10】 2023年7月,甲公司计划将一栋不需用的闲置办公楼出租给乙公司,转换为成本计量模式的投资性房地产。该办公楼能够单独计量和出售,原账面价值为50 000 000元,已经计提折旧10 000 000元,并已经计提固定资产减值准备4 500 000元,甲公司的账务处理如下:

借:投资性房地产　　　　　　　　　　　　　　　　　　　　　35 500 000
　　累计折旧　　　　　　　　　　　　　　　　　　　　　　　　10 000 000
　　固定资产减值准备　　　　　　　　　　　　　　　　　　　　 4 500 000
　　贷:固定资产　　　　　　　　　　　　　　　　　　　　　　　　　　　50 000 000

4. 房地产开发企业将存货转换为投资性房地产

房地产开发企业将作为存货的房地产转换为投资性房地产的,应当按照该项存货在转换日的账面余额,借记"投资性房地产"科目(后续计量采用成本模式)、"存货跌价准备"(已计提存货跌价准备的),按照其账面余额,贷记"开发产品"科目。

注意 这里房地产是房地产开发企业的存货不是固定资产,所以原来就不存在提取折旧或摊销问题,当然也不存在折旧或摊销的结转问题。

【例12-11】 2023年10月,南京市某房地产开发公司开发的办公楼10 000 000元,从开发开始一直作为企业的存货(库存产品)进行会计核算并管理,截止到2023年10月末已经计提存货跌价准备2 000 000元,现在准备对外出租给乙公司,转作成本计量模式的投资性房地产。该房地产开发公司的账务处理如下:

借:投资性房地产　　　　　　　　　　　　　　　　　　　　　 8 000 000
　　存货跌价准备　　　　　　　　　　　　　　　　　　　　　　 2 000 000
　　贷:开发产品　　　　　　　　　　　　　　　　　　　　　　　　　　10 000 000

(二) 公允价值模式下,投资性房地产转换的账务处理

1. 企业将投资性房地产(建筑物、土地使用权)转为自用

将采用公允价值模式计量的投资性房地产转为自用时,应按该项投资性房地产在转换日的公允价值,借记"固定资产"、"无形资产——土地使用权"科目,按该项投资性房地产的成本,贷记"投资性房地产——成本"科目,按该项投资性房地产的公允价值变动,贷记或借记"投资性房地产——公允价值变动"科目,按其差额,贷记或借记"公允价值变动损益"科目。

【例12-12】 2023年10月1日,甲公司将出租给丁公司的土地收回自用,准备用于建造厂房供本企业生产商品,在转换前该项土地曾采用公允价值模式计量,其账面价值为5 000 000元,截止转换日该项投资性房地产的公允价值变动为借方余额200 000元。甲公司的账务处理如下:

借:无形资产——土地使用权　　　　　　　　　　　　　　　　 5 000 000
　　公允价值变动损益　　　　　　　　　　　　　　　　　　　　　 200 000
　　贷:投资性房地产——成本(土地使用权)　　　　　　　　　　　　　5 000 000
　　　　投资性房地产——公允价值变动　　　　　　　　　　　　　　　　200 000

2. 房地产开发企业将投资性房地产转换为存货

企业将投资性房地产转换为存货时,应当按照该项投资性房地产在转换日的账面价值,借记"开发产品"科目,按该项投资性房地产的成本,贷记"投资性房地产——成本"科目,按该项投资性房地产的公允价值变动,贷记或借记"投资性房地产——公允价值变动"科目,按其差额,贷记或借记"公允价值变动损益"科目。

【例 12-13】 2023 年 3 月 1 日,南京市某房地产开发公司将对外出租给某商业银行的办公楼收归不再出租作为自己的存货,从而将公允价值模式计量的投资性房地产转换为企业的存货(库存产品)进行会计核算并管理,投资性房地产的账面余额为 5 000 000 元,截止到转换日该项投资性房地产的公允价值变动为贷方余额 200 000 元。该房地产公司的账务处理如下:

  借:开发产品   5 000 000
    投资性房地产——公允价值变动   200 000
    贷:投资性房地产——成本   5 000 000
      公允价值变动损益   200 000

3. 企业将自用房地产转换为投资性房地产(土地使用权或建筑物)

将自用房地产土地使用权或建筑物转换为投资性房地产,应按该项土地使用权或建筑物在转换日的公允价值,借记"投资性房地产——成本"科目,"累计折旧"或"累计摊销"科目(按已计提的累计折旧或累计摊销),借记"固定资产减值准备"或"无形资产减值准备"科目(原已计提减值准备的),按其账面余额,贷记"固定资产"或"无形资产——土地使用权"科目,按照其差额,贷记"其他综合收益"科目(贷方差额情况下)或借记"公允价值变动损益"科目(借方余额情况下)。

【例 12-14】 2023 年 7 月,甲公司计划将一栋不需用的闲置办公楼出租给乙公司,转换为成本计量模式的投资性房地产。该办公楼能够单独计量和出售,原账面价值为 50 000 000 元,已经计提折旧 10 000 000 元,也已计提固定资产减值准备 4 500 000 元,而经过活跃的房地产交易市场公允价值取得信息,该项办公楼的公允价值为 42 000 000 元,甲公司的账务处理如下:

  借:投资性房地产——成本   42 000 000
    累计折旧   10 000 000
    固定资产减值准备   4 500 000
    贷:固定资产   50 000 000
      其他综合收益   6 500 000

4. 企业将存货转换为投资性房地产

房地产开发企业将作为存货的房地产转换为投资性房地产的,应当按照该项存货在转换日的公允价值,借记"投资性房地产——成本"科目、"存货跌价准备"(原已计提跌价准备的)科目,按照其账面余额,贷记"开发产品"科目,同时,转换日的公允价值小于账面价值的,按其差额,借记"公允价值变动损益"科目(借方余额情况下);转换日的公允价值大于账面价值的,按其差额,贷记"其他综合收益"科目(贷方差额情况下)。待该项投资性房地产处理时,因转换计入"其他综合收益"科目的部分应转入当期损益(其他业务成本)。

【例 12-15】 2023 年 10 月,南京市某房地产开发公司开发的办公楼 10 000 000 元,从开发开始一直作为企业的存货(库存产品)进行会计核算并管理,截止到 2023 年 10 月末已经计提存货跌价准备 1 000 000 元,现在准备对外出租给乙公司,转作公允价值计量模式的投资性房地产。而经过活跃的房地产交易市场公允价值取得信息,该项办公楼的公允价值为 6 500 000 元,该房地产开发公司的账务处理如下:

```
借:投资性房地产——成本                                    6 500 000
    存货跌价准备                                         1 000 000
    公允价值变动损益                                      2 500 000
  贷:开发产品                                                      10 000 000
```

第六节　投资性房地产的处置

一、投资性房地产的处置条件

当投资性房地产被处置,或者永久退出使用且预计不能从其处置中取得经济利益时,应当终止确认该项投资性房地产。

二、投资性房地产处置和报废的账务处理

企业出售、转让、报废投资性房地产或者发生投资性房地产毁损,应当将处置收入扣除其账面价值和相关税费后的金额计入当期损益。出售、转让取得收入,一般纳税人以9%的增值税税率、简易计税时以3%的征收率计算缴纳增值税。

(一)企业出售、转让投资性房地产(成本模式计量)时的处理

1. 取得收入

应当按照实际收到的金额,借记"银行存款"、"应收票据"或"其他应收款"科目,贷记"其他业务收入"、"应交税费——应交增值税(销项税额)"或"应交税费——应交增值税——简易计税"科目。

2. 结转成本、收益

出售、转让时,按照该项投资性房地产的账面价值扣除累计折旧、累计摊销或减值准备后的余额,借记"其他业务成本"科目,按照该项投资性房地产的累计折旧或累计摊销,借记"投资性房地产累计折旧"或"投资性房地产累计摊销"科目,已计提减值准备的,还应同时结转减值准备,借记"投资性房地产减值准备"科目,按照该项投资性房地产的账面余额,贷记"投资性房地产"科目。

【例12-16】 甲公司(一般纳税人)一栋钢结构厂房(包括土地使用权)曾经被确认为采用成本模式计量的投资性房地产,并出租给丙公司即将到期,2023年3月,租期届满后,甲公司计划将该厂房(包括土地使用权)出售给乙公司(一般纳税人),合同总价款为10 000 000元(其中房屋作价4 000 000元,土地使用权作价6 000 000元),厂房和土地使用权均适用9%的增值税税率,因乙公司暂时资金紧张,双方协商同意乙公司用为期6个月的不带息银行承兑汇票付清款项,乙公司在甲公司的协助下也随之办理了不动产产权证。出售时,该栋厂房的成本为6 000 000元,已计提折旧3 000 000元,该土地使用权的成本为5 000 000元,已计提摊销2 000 000元,厂房(包括土地使用权)已经计提房地产减值准备1 000 000元,假定不考虑其他因素的影响,甲公司应做如下账务处理:

(1)取得收入

```
借:应收票据                                           10 900 000
  贷:其他业务收入                                              10 000 000
      应交税费——应交增值税(销项税额)                            900 000
```

(2) 结转成本

借：其他业务成本	5 000 000
投资性房地产累计折旧	3 000 000
投资性房地产累计摊销	2 000 000
投资性房地产减值准备	1 000 000
贷：投资性房地产——厂房	6 000 000
——土地使用权	5 000 000

(二) 企业出售、转让投资性房地产(公允价值模式计量)时的处理

1. 取得收入

应当按照实际收到的金额，借记"银行存款"、"应收票据"或"其他应收款"科目，贷记"其他业务收入"、"应交税费——应交增值税(销项税额)"或"应交税费——应交增值税——简易计税"科目。取得收入的核算与出售、转让成本模式计量的投资性房地产完全一样。

2. 结转成本、收益

(1) 按照该项投资性房地产的账面余额，借记"其他业务成本"科目，按照其成本，贷记"投资性房地产——成本"科目，按照其累计公允价值变动，贷记或借记"投资性房地产——公允价值变动"科目。(2) 同时，按照原计入该项投资性房地产的公允价值变动，借记或贷记"公允价值变动损益"科目，贷记或借记"其他业务成本"科目。(3) 如果存在原转换日计入其他综合收益的金额，也一并结转。按照该项投资性房地产在转换日计入"其他综合收益"的金额，借记"其他综合收益"科目，贷记"其他业务成本"科目。

【例12-17】 甲公司(一般纳税人)一栋钢结构厂房(包括土地使用权)曾经被确认为采用公允价值模式计量的投资性房地产，并出租给丙公司即将到期，2023年3月，租期届满后，甲公司计划将该厂房(包括土地使用权)出售给乙公司(一般纳税人)，合同总价款为10 000 000元(其中房屋作价4 000 000元，土地使用权作价6 000 000元)，增值税税额900 000元，因乙公司暂时资金紧张，双方协商同意乙公司用为期6个月的不带息银行承兑汇票付清款项，乙公司在甲公司的协助下也随之办理了不动产产权证。出售时，该栋厂房的成本为6 000 000元，该土地使用权的成本为5 000 000元，厂房和土地使用权的公允价值变动为贷方余额80 000元，原转换日计入其他综合收益的金额为50 000元。假定不考虑契税等其他因素的影响，甲公司应做如下账务处理：

(1) 取得收入

借：应收票据	10 900 000
贷：其他业务收入	10 000 000
应交税费——应交增值税(销项税额)	900 000

(2) 结转成本

借：其他业务成本	10 920 000
投资性房地产——公允价值变动	80 000
贷：投资性房地产——成本(厂房)	6 000 000
——成本(土地使用权)	5 000 000

(3) 结转投资性房地产的公允价值变动损益

借：其他业务成本	80 000
贷：公允价值变动损益	80 000

(4) 结转原转换日计入其他综合收益的金额 50 000 元

借：其他综合收益 50 000
　　贷：其他业务成本 50 000

(三) 投资性房地产报废或毁损

1. 报废投资性房地产（成本模式计量）时的处理

报废或毁损投资性房地产时，借记"待处理财产损溢——待处理非流动资产损溢"、"投资性房地产累计折旧（或摊销）"、"投资性房地产减值准备"，按照账面余额，贷记"投资性房地产"；按照管理权限报经批准后处理，借记"原材料"或"银行存款"（残值收入）、"其他应收款"（可向保险公司和个人得到的赔偿款）、"其他业务成本"（按差额）等科目，贷记"待处理财产损溢——待处理非流动资产损溢"。

【例 12-18】 甲公司采用成本模式计量其投资性房地产。现有一栋用于出租的办公楼因年久失修且无法经济修复（即如果修复经济上也不合理），决定进行报废处理。该办公楼的原值为 800 万元，已计提折旧 400 万元，并计提了减值准备 50 万元。报废时，企业从残值处理中获得了 20 万元，款项已经存入银行，并向保险公司申请获得 30 万元的赔偿款（已经收到）。假设不考虑其他因素，根据上述资料，甲公司应做如下账务处理：

(1) 报废投资性房地产时，初始确认损失的分录

借：待处理财产损溢——待处理非流动资产损溢 3 500 000
　　投资性房地产累计折旧 4 000 000
　　投资性房地产减值准备 500 000
　　贷：投资性房地产 8 000 000

(2) 收到残值收入及预计保险赔偿款

借：银行存款 500 000
　　其他业务成本 3 000 000
　　贷：待处理财产损溢——待处理非流动资产损溢 3 500 000

2. 报废投资性房地产（公允价值模式计量）时的处理

报废或毁损投资性房地产时，借记"待处理财产损溢——待处理非流动资产损溢"，按照账面余额，贷记"投资性房地产——成本"，借记或贷记"投资性房地产——公允价值变动"；按照管理权限报经批准后处理，借记"原材料"或"银行存款"（残值收入）、"其他应收款"（可向保险公司和个人得到的赔偿款）、"其他业务成本"（按差额）等科目，贷记"待处理财产损溢——待处理非流动资产损溢"。

第十三章 长期股权投资

第一节 长期股权投资概述

一、长期股权投资的概念

投资是企业为了获得收益或实现资本增值向被投资单位投放资金的经济行为。企业对外进行的投资,可以有不同的分类。从性质上划分,可以分为债权性投资与权益性投资等。权益性投资按对被投资单位的影响程度划分,可以分为对子公司投资、对合营企业投资和对联营企业投资等。

长期股权投资,是指投资方对被投资单位实施控制、重大影响的权益性投资,以及对其合营企业的权益性投资。

长期股权投资的披露,适用《企业会计准则第41号——在其他主体中权益的披露》。

二、长期股权投资的内容

1. 企业持有的能够对被投资单位实施控制的权益性投资,即对子公司投资

控制,是指投资方拥有对被投资单位的权力,通过参与被投资单位的相关活动而享有可变回报,并且有能力运用对被投资单位的权力影响其回报金额。从定义上看,投资方实现控制,必须具备三项基本条件:(1)是投资方拥有对被投资方的权力;(2)是必须参与被投资方的相关活动从而享有可变回报;(3)是有能力运用对被投资方的权力影响其回报金额。

母公司,是指控制一个或一个以上主体(含企业、被投资单位中可分割的部分,以及企业所控制的结构化主体等)的主体。子公司,是指被母公司控制的主体。结构化主体是指在确定其控制方时没有将表决权或类似权利作为决定因素而设计的主体。

2. 企业持有的能够对被投资单位施加重大影响的权益性投资,即对联营企业投资

重大影响,是指对一个企业的财务和经营政策有参与决策的权力,但并不能够控制或者与其他方一起共同控制这些政策的制定。实务中,较为常见的重大影响体现为在被投资单位的董事会或类似权力机构中派有代表,通过在被投资单位财务和经营决策制定过程中的发言权实施重大影响。投资方直接或通过子公司间接持有被投资单位20%以上但低于50%的表决权时,一般认为对被投资单位具有重大影响,除非有明确的证据表明该种情况下不能参与被投资单位的生产经营决策,不形成重大影响。

3. 企业持有的能够与其他合营方一同对被投资单位实施共同控制的权益性投资,即对合营企业投资

(1) 合营安排的判断依据及特征

合营安排,是指一项由两个或两个以上的参与方共同控制的安排。

合营安排具有下列特征:

① 各参与方均受到该安排的约束；

② 两个或两个以上的参与方对该安排实施共同控制。任何一个参与方都不能够单独控制该安排，对该安排具有共同控制的任何一个参与方均能够阻止其他参与方或参与方组合单独控制该安排。

合营安排不要求所有参与方都对该安排实施共同控制。合营安排参与方既包括对合营安排享有共同控制的参与方（即合营方），也包括对合营安排不享有共同控制的参与方。

(2) 合营安排的认定和分类

共同控制，是指按照相关约定对某项安排所共有的控制，并且该安排的相关活动必须经过分享控制权的参与方一致同意后才能决策。所称"相关活动"，是指对某项安排的回报产生重大影响的活动。

合营安排分为共同经营和合营企业。

① 共同经营，是指合营方享有该安排相关资产且承担该安排相关负债的合营安排。

② 合营企业，是指合营方仅对该安排的净资产享有权利的合营安排。

4. 企业对被投资单位不具有控制、共同控制或重大影响，且在活跃市场中没有报价、公允价值不能可靠计量的权益性投资

除上述情况以外，企业持有的其他权益性投资，应当按照《企业会计准则第22号——金融工具确认和计量》的规定处理。

三、长期股权投资的账户

1. 账户性质：资产类账户。

2. 账户用途：为了反映和监督企业长期股权投资的取得、持有和处置等情况，企业应当设置"长期股权投资"科目。"长期股权投资"科目借方登记长期股权投资取得时的初始投资成本以及采用权益法核算时按被投资单位实现的净收益、其他综合收益和其他权益变动等计算的应分享的份额，贷方登记处置长期股权投资的账面余额或采用权益法核算时被投资单位宣告分派现金股利或利润时企业按持股比例计算应享有的份额，及按被投资单位发生的净亏损、其他综合收益和其他权益变动等计算的应分担的份额，期末借方余额，反映企业持有的长期股权投资的价值。

3. 明细账的设置："长期股权投资"科目应当按照被投资单位进行明细核算。长期股权投资核算采用权益法的，应当分别"投资成本"、"损益调整"、"其他综合收益"、"其他权益变动"进行明细核算。

第二节 长期股权投资的确认和初始计量

一、长期股权投资的确认条件

长期股权投资的确认，是指投资方能够在投资方（通常为购买方或合并方）账簿和报表中确认对被投资方股权投资的起始时点。长期股权投资的确认肯定要符合资产的定义，但是企业会计准则体系中对于联营、合营企业投资的确认没有明确的规定，仅就母公司对子公司投资的确认时点进行了明确规定,所以会计实务中,对于联营企业、合营企业的投资通常是依据权责发生制,参照母公司对子公司的确认条件进行确认,即购买方(或合并方)应于购买日(或合并日)确认对子公司的长期股权投资。

二、长期股权投资的初始计量

1. 同一控制下的企业合并

(1) 合并方以支付现金、转让非现金资产或承担债务方式作为合并对价的,应当在合并日按照被合并方所有者权益在最终控制方合并财务报表中的账面价值的份额作为长期股权投资的初始投资成本。长期股权投资初始投资成本与支付的现金、转让的非现金资产以及所承担债务账面价值之间的差额,应当调整资本公积;资本公积不足冲减的,调整留存收益。

(2) 合并方以发行权益性证券作为合并对价的,应当在合并日按照被合并方所有者权益在最终控制方合并财务报表中的账面价值的份额作为长期股权投资的初始投资成本。按照发行股份的面值总额作为股本,长期股权投资初始投资成本与所发行股份面值总额之间的差额,应当调整资本公积;资本公积不足冲减的,调整留存收益。

2. 非同一控制下的企业合并

购买方在购买日应当按照《企业会计准则第20号——企业合并》的有关规定确定的合并成本作为长期股权投资的初始投资成本。合并方或购买方为企业合并发生的审计、法律服务、评估咨询等中介费用以及其他相关管理费用,应当于发生时计入当期损益。

3. 其他方式

其他方式是指企业合并以外的方式取得的长期股权投资,应当按照下列规定确定其初始投资成本。

(1) 以支付现金取得的长期股权投资,应当按照实际支付的购买价款作为初始投资成本。初始投资成本包括与取得长期股权投资直接相关的费用、税金(不包括可以抵扣的增值税)及其他必要支出。

(2) 以发行权益性证券取得的长期股权投资,应当按照发行权益性证券的公允价值作为初始投资成本。与发行权益行证券直接相关的费用,应当按照《企业会计准则第37号——金融工具列报》的有关规定确定。

(3) 通过非货币性资产交换取得的长期股权投资,其初始投资成本应当按照《企业会计准则第7号——非货币性资产交换》的有关规定确定。

(4) 通过债务重组取得的长期股权投资,其初始投资成本应当按照《企业会计准则第12号——债务重组》的有关规定确定。

三、长期股权投资初始计量的账务处理

(一) 同一控制下的企业合并的账务处理

1. 合并方以支付现金、转让非现金资产或承担债务方式作为合并对价的,应在合并日按取得被合并方所有者权益在最终控制方合并财务报表中的账面价值的份额,借记"长期股权投资(投资成本)"科目,按应享有被投资单位已宣告但尚未发放的现金股利或利润,借记"应收股利"科目,按支付的合并对价的账面价值,贷记或借记有关资产、负债科目,按其差额,贷记"资本公积——资本溢价(有限责任公司)或股本溢价(股份有限公司,下同)"科目;如为借方差额,借记

"资本公积——资本溢价或股本溢价"科目,资本公积(资本溢价或股本溢价)不足冲减的,应依次借记"盈余公积"、"利润分配——未分配利润"科目。

2. 合并方以发行权益性证券作为合并对价的,应当在合并日按照被合并方所有者权益在最终控制方合并财务报表的账面价值的份额,借记"长期股权投资(投资成本)"科目,按照发行股份的面值总额,贷记"股本",按其差额,贷记"资本公积(资本溢价或股本溢价)"科目;如为借方差额,借记"资本公积——资本溢价或股本溢价"科目,资本公积(资本溢价或股本溢价)不足冲减的,应依次借记"盈余公积"、"利润分配——未分配利润"科目。

(二) 非同一控制下企业合并

1. 购买方以支付现金、转让非现金资产或承担债务方式等作为合并对价的,应在购买日按照《企业会计准则第20号——企业合并》确定的合并成本,借记本科目(投资成本),按付出的合并对价的账面价值,贷记或借记有关资产、负债科目,按发生的直接相关费用(如资产处置费用),贷记"银行存款"等科目,按其差额,贷记"主营业务收入"、"营业外收入"、"投资收益"等科目或借记"管理费用"、"营业外支出"、"主营业务成本"等科目。

2. 购买方以发行权益性证券作为合并对价的,应在购买日按照发行的权益性证券的公允价值,借记本科目(投资成本),按照发行的权益性证券的面值总额,贷记"股本",按其差额,贷记"资本公积——资本溢价或股本溢价"。企业为合并发生的审计、法律服务、评估咨询等中介费用以及其他相关管理费用,应当于发生时借记"管理费用"科目,贷记"银行存款"等科目。

(三) 以非企业合并方式形成的长期股权投资

以支付现金、非现金资产等其他方式取得的长期股权投资,应按现金、非现金货币性资产的公允价值或按照《企业会计准则第7号——非货币性资产交换》、《企业会计准则第12号——债务重组》的有关规定确定的初始投资成本,借记本科目,贷记"银行存款"等科目,贷记"营业外收入"或借记"营业外支出"等处置非现金资产相关的科目。

第三节 长期股权投资的后续计量

一、成本法和权益法的适用范围

(一) 成本法的适用范围

投资方能够对被投资单位实施控制的长期股权投资也即子公司投资应当采用成本法核算。

采用成本法核算的长期股权投资应当按照初始投资成本计价。追加或收回投资应当调整长期股权投资的成本。被投资单位宣告分派的现金股利或利润,应当确认为当期投资收益。

(二) 权益法的适用范围

投资方对联营企业和合营企业的长期股权投资,应当采用权益法核算。

二、长期股权投资(成本法核算)的账务处理

1. 长期股权投资的成本法适用于企业持有的、能够对被投资单位实施控制的长期股权投资。长期股权投资采用成本法核算的,应按被投资单位宣告发放的现金股利或利润中属于本企业的部分,借记"应收股利"科目,贷记"投资收益"科目。

2. 需要注意的几个问题

(1) 追加投资时的处理

初始投资或追加投资时，按照初始投资或追加投资时的成本增加长期股权投资的账面价值。

(2) 已宣告但尚未发放的现金股利或利润时的处理

按照《企业会计准则解释第3号》，对于已宣告但尚未发放的现金股利或利润，这与投资前或投资后的时间点没有关系，都是属于投资方由于被投资方实现了净利润(已经是扣除了所得税费用后)而得到的利润分配，投资方都应当按照投资份额获得被投资方宣告发放的现金股利或利润，投资方此时均应当确认为投资收益，同时母公司亦应当应考虑某项长期股权投资是否发生减值。

(3) 母公司从子公司获得股票股利时的处理

子公司以股票股利的形式将未分配利润或盈余公积转增实收资本(股本)，因为投资方并未从子公司取得实际的现金流，仅仅是被投资方自身在所有者权益范围内所进行的结构调整，这属于子公司自身权益结构的重分类，投资方在被投资方企业按照持股比例计算享有的份额自始至终就未发生变化，投资方不应确认相关的投资收益，因而不应进行财务处理，但是被投资方应该进行财务处理。

在成本法下，母公司从子公司获得的现金股利或利润应确认为投资收益，但是母公司从子公司获得的对于股票股利，则不应进行财务处理。取得长期股权投资时，如果实际支付的价款中包含有已宣告但尚未分派的现金股利或利润，应借记"应收股利"科目，不记入"长期股权投资"科目。

3. 长期期权投资的处置

处置长期股权投资，长期股权投资账面价值与实际取得价款之间的差额，应当计入当期投资损益，如果已经计提长期股权投资减值准备的并应同时结转。

出售、转让投资长期股权投资时，应当按照实际收到的金额，借记"其他货币资金"或"银行存款"等科目，按照原已计提的长期股权投资减值准备，借记"长期股权投资减值准备"科目，按照该项长期股权投资的账面余额，贷记"长期股权投资"科目，按照已宣告但尚未领取的现金股利或利润，贷记"应收股利"科目，按照其差额，贷记或借记"投资收益"科目。

【例13-1】 甲公司(一般纳税人)2022年12月25日在深圳证券交易所购买上市公司格力股份的股票500 000股作为长期股权投资，买入价为每股25元(包含有每股0.5元的已宣告但尚未发放的现金股利)，支付证券公司手续费8 000元，增值税480元；甲公司2023年3月5日收到格力股份分来的已宣告但尚未发放的现金股利250 000元；2023年7月15日收到格力股份分派的2023年上半年的利润分红300 000元；2024年3月15日，甲公司以每股28元的价格出售格力股份的股票500 000股，其中包含已宣告但尚未领取的现金股利200 000元，同时计算缴纳转让金融产品需要缴纳的增值税；假设证券公司手续费为10 000元，增值税600元，已经取得增值税专用发票。扣除相关税费后其余款已收妥入账；原已计提的长期股权投资减值准备450 000元随之结转。甲公司应做如下账务处理：

(1) 计算初始投资成本与购入股票

股票成交价12 500 000元(500 000×25)

加：手续费8 000元

减：已宣告但尚未发放的现金股利250 000元(500 000×0.5)

另支付增值税 480 元

借：长期股权投资——格力股份	12 258 000
应收股利——格力股份	250 000
应交税费——应交增值税(进项税额)	480
贷：其他货币资金——存出投资款	12 508 480

(2) 甲公司 2023 年 3 月 5 日收到格力股份分来的已宣告但尚未发放的现金股利 250 000 元

借：其他货币资金——存出投资款	250 000
贷：应收股利——格力股份	250 000

(3) 甲公司 2023 年 7 月 15 日收到格力股份分派的 2023 年上半年的利润分红 300 000 元

借：应收股利	300 000
贷：投资收益	300 000

(4) 2024 年 3 月 15 日，甲公司以每股 28 元的价格出售格力股份，并结转减值准备

① 出售股票

借：其他货币资金——存出投资款	14 000 000
长期股权投资减值准备	450 000
贷：长期股权投资——格力股份	12 258 000
投资收益	2 192 000

② 出售股票时证券公司收取的手续费根据证券公司开具的增值税专用发票

借：投资收益	10 000
应交税费——应交增值税	600
贷：其他货币资金——存出投资款	10 600

③ 计算出售股票应缴纳的增值税

应缴纳的增值税 =（卖出价－买入价）÷(1＋6％)×6％
　　　　　　　=500 000(28－25)÷(1＋6％)×6％
　　　　　　　=84 905.70 元

借：投资收益	84 905.70
贷：应交税费——转让金融商品应交增值税	84 905.70

三、长期股权投资(权益法核算)的账务处理

权益法是指长期股权投资的投资成本按照初始计量后，在长期股权投资持有期间内，投资方需要根据被投资方所有者权益的变动情况和份额调整投资方自身账面价值的方法。

企业的长期股权投资采用权益法核算的，应当分别下列情况进行处理。

1. 长期股权投资取得时初始投资成本的确认并调整

长期股权投资的初始投资成本大于投资时应享有被投资单位可辨认净资产公允价值份额的(表明多花钱)，不调整已确认的初始投资成本；长期股权投资的初始投资成本小于投资时应享有被投资单位可辨认净资产公允价值份额的(表明少花钱)，应按其差额，借记"长期股权投资(投资成本)"科目，贷记"营业外收入"科目。也就是说多花钱了不调整初始投资成本，少花钱了就要作

为营业外收入。

【例 13-2】 甲公司于 2021 年 10 月 1 日取得乙公司 40% 的股权,支付价款 6 000 万元。取得投资时被投资单位净资产账面价值为 12 000 万元(假定被投资单位各项可辨认资产、负债的公允价值与其账面价值相同)。在乙公司的生产经营决策过程中,所有股东均按持股比例行使表决权。甲公司取得投资时,应进行以下账务处理:

甲公司因能够对乙公司施加重大影响,甲公司对乙公司的投资应当采用权益法核算。

借:长期股权投资——投资成本　　　　　　　　　　　　　　　　60 000 000
　　贷:银行存款　　　　　　　　　　　　　　　　　　　　　　　60 000 000

长期股权投资的初始投资成本 6 000 万元大于取得投资时应享有被投资单位可辨认净资产公允价值的份额 4 800 万元(12 000×40%)两者之间的差额不调整长期股权投资的账面价值。

如果本例中在取得投资时被投资单位可辨认净资产的公允价值为 18 000 万元,甲公司按持股比例 40% 计算确定应享有的份额为 7 200 万元,则甲公司的初始投资成本与应享有乙公司可辨认净资产公允价值份额之间的差额 1 200 万元应计入取得投资当期的营业外收入,甲公司取得投资时,应进行以下账务处理:

借:长期股权投资——投资成本　　　　　　　　　　　　　　　　60 000 000
　　贷:银行存款　　　　　　　　　　　　　　　　　　　　　　　60 000 000

同时,调整长期股权投资初始投资成本:

借:长期股权投资——投资成本　　　　　　　　　　　　　　　　12 000 000
　　贷:营业外收入　　　　　　　　　　　　　　　　　　　　　　12 000 000

2. 投资损益以及超额亏损的处理

(1) 资产负债表日,企业应按被投资单位实现的净利润(以取得投资时被投资单位可辨认净资产的公允价值为基础计算)中企业享有的份额,借记"长期股权投资(损益调整)"科目,贷记"投资收益"科目。

(2) 被投资单位发生净亏损做相反的会计分录,即借记"投资收益"科目,贷记"长期股权投资(损益调整)"科目。但以"长期股权投资"科目的账面价值减记至零为限;还需承担的投资损失,应将其他实质上构成对被投资单位净投资的"长期应收款"等的账面价值减记至零为限,借记"投资收益"科目,贷记"长期应收款"等科目;除按照以上步骤已确认的损失外,因投资合同或协议约定导致投资方需要承担额外义务的损失,应确认为当期损失,同时确认预计负债,借记"投资收益"科目,贷记"预计负债"科目。除上述情况仍未确认的应分担被投资单位的损失,应在账外备查登记。发生亏损的被投资单位以后实现净利润的,应按与上述相反的顺序进行处理。

这里有三个需要厘清的概念:

① "长期股权投资"科目的账面价值减记至零为限的理解。因为根据"长期股权投资"科目明细账的设置要求,应当按照被投资单位进行明细核算。长期股权投资核算采用权益法的,应当分别"投资成本"、"损益调整"、"其他综合收益"、"其他权益变动"进行明细核算。所以这里"长期股权投资"科目的账面价值减记至零为限必须明确其科目,是指"长期股权投资——对××单位投资"这个明细科目,这就很明确只是针对××单位投资的账面价值减记至零为限,而与其他单位的投资无关,从而规定了减记的空间范围,对不同会计主体的投资要分开核算,与账户设置的"按照被投资单位设置明细账"相吻合。

② "账面价值减至零"的理解。因为权益法核算时,需要"长期股权投资——对××单位投资"下设置"投资成本"、"损益调整"、"其他综合收益"、"其他权益变动"四个明细科目,"账面价值减至零"即意味着"对××单位投资"的这四个明细科目余额合计数为零。

③ "其他实质上构成对被投资单位净投资的'长期应收款'等"的理解。"其他实质上构成对被投资单位净投资的'长期应收款'等"通常是指投资方对被投资方的长期债权,该债权没有明确的期限,也无明确收款计划(并非产生于商品购销等日常活动),同时在可预见的未来时间段内也不准备收回,这样实质上就构成了对被投资方的净投资。但是,该类长期权益不包括投资方与被投资方之间因销售商品、提供劳务等日常经营活动所产生的长期债权。

采用权益法核算的长期股权投资,在处置该项投资时,采用与被投资单位直接处置相关资产或负债相同的基础,按相应比例对原计入其他综合收益的部分进行会计处理。

【例13-3】 承[例13-2],2021年10月31日,甲公司获得确切依据,乙公司盈利1 500万元,甲公司按照比例应当享有净利润600万元(1 500×40%),甲公司应进行以下账务处理:

借:长期股权投资——损益调整　　　　　　　　　　　　　　　　　6 000 000
　　贷:投资收益　　　　　　　　　　　　　　　　　　　　　　　　　6 000 000

【例13-4】 承[例13-2],2022年10月31日,甲公司获得确切依据,乙公司由于国外出现了战争的不可抗力事件,导致乙公司原在某外国的投资出现净损失30 000万元,甲公司的损失为12 000万元,(30 000×40%)大于6 600万元(6 000+600),出现超额损失5 400万元,甲公司对乙公司的投资账面价值确认投资损失后减记至零。甲公司应进行以下账务处理:

借:投资收益　　　　　　　　　　　　　　　　　　　　　　　　　66 000 000
　　贷:长期股权投资——损益调整　　　　　　　　　　　　　　　　66 000 000

如果没有其他实质上构成对乙公司的净投资的长期权益项目,超额损失5 400(12 000－6 600)万元在账外进行备查登记

假如,以前在甲公司账上持有应收乙公司的长期应收款1 000万元,甲公司应进行以下账务处理:

借:投资收益　　　　　　　　　　　　　　　　　　　　　　　　　10 000 000
　　贷:长期应收款　　　　　　　　　　　　　　　　　　　　　　　10 000 000

(3) 取得现金股利或利润的处理。

取得长期股权投资后,被投资单位宣告发放现金股利或利润时,企业计算应分得的部分,借记"应收股利"科目,贷记"长期股权投资(损益调整)"本科目。

收到被投资单位发放的股票股利,不进行账务处理。但应在备查簿中进行登记注明在除权日增加的股数,以反映在被投资方股份的变化情况。

(4) 发生亏损的被投资单位以后实现净利润的,企业计算应享有的份额,如有未确认投资损失的,应先弥补未确认的投资损失,弥补损失后仍有余额的,依次借记"长期应收款"科目和"长期股权投资(损益调整)"科目,贷记"投资收益"科目。

【例13-5】 假设乙公司的上述国外投资得到国外某保险公司的赔偿20 000万元,由于甲公司的份额为40%,故享有8 000万元(20 000×40%)。甲公司应进行以下账务处理:

借:长期应收款　　　　　　　　　　　　　　　　　　　　　　　　10 000 000
　　长期期权投资——损益调整　　　　　　　　　　　　　　　　　70 000 000
　　贷:投资收益　　　　　　　　　　　　　　　　　　　　　　　　80 000 000

(5) 对被投资方其他综合收益变动、所有者权益其他变动的处理。

投资方在长期股权投资持有期间,被投资方除净损益、利润分配以外的其他综合收益变动和所有者权益的其他变动,比如被投资方因接受其他股东的资本性投入而导致的资本公积变动,投资方按持股比例与被投资方所有者权益的其他变动计算的归属于本企业的份额部分,同时增加或减少资本公积(其他资本公积)。借记"长期股权投资——其他综合收益"科目,贷记"其他综合收益"和"资本公积——其他资本公积"科目。这里所讲的"其他综合收益",是指投资方根据其他会计准则规定未在当期损益中确认的各项利得和损失。

【例 13-6】 甲公司持有乙公司 40%的股份,并在乙公司派驻有两名董事参与日常经营活动以及经营决策,能够对乙公司施加重大影响。2023 年 9 月 10 日,乙公司将作为存货的房地产转换为以公允价值模式计量的投资性房地产,转换日公允价值大于账面价值 2 500 万元,假设不考虑其他因素,甲公司应做以下账务处理:

按权益法核算甲公司应确认的其他综合收益=2 500×40%=1 000 万元

借:长期股权投资——其他综合收益   10 000 000
  贷:其他综合收益   10 000 000

第四节 长期股权投资的减值

投资方对子公司、联营企业及合营企业投资时,应当长期关注长期股权投资的账面价值是否大于享有被投资单位所有者权益账面价值的份额等类似情况。存在减值迹象的,投资方应当按照《企业会计准则第 8 号——资产减值》对长期股权投资进行减值测试,确定其可收回金额后,如果可收回金额低于长期股权投资账面价值的,应当计提减值准备。长期股权投资的减值准备在提取以后,一律不允许转回。

第十四章 数据资产

第一节 数据资产概述

一、数据资产的定义与属性

数据资产是指特定主体合法拥有或者控制的,能进行货币计量的,且能带来直接或者间接经济利益的数据资源。数据资产的基本状况通常包括数据名称、数据来源、数据规模、产生时间、更新时间、数据类型、呈现形式、时效性、应用范围等。数据资产具有信息属性、法律属性、价值属性等。

(一) 信息属性

数据资产的信息属性主要包括数据名称、数据结构、数据字典、数据规模、数据周期、产生频率及存储方式等。

(二) 法律属性

数据资产的法律属性主要包括授权主体信息、产权持有人信息,以及权利路径、权利类型、权利范围、权利期限、权利限制等权利信息。

(三) 价值属性

数据资产的价值属性主要包括数据覆盖地域、数据所属行业、数据成本信息、数据应用场景、数据质量、数据稀缺性及可替代性等。

二、数据资产的特征

数据资产具有非实体性、依托性、多样性、可共享性、可加工性、价值易变性等特征。

(一) 非实体性

非实体性是指数据资产无实物形态,虽然需要依托实物载体,但决定数据资产价值的是数据本身。数据资产的非实体性也衍生出数据资产的无消耗性,即其不会因为使用频率的增加而磨损、消耗。这一点与其他传统无形资产相似。

(二) 依托性

依托性是指数据资产必须存储在一定的介质里,介质的种类多种多样,例如,纸、磁盘、磁带、光盘、硬盘等,甚至可以是化学介质或者生物介质。同一数据资产可以以不同形式同时存在于多种介质。

(三) 多样性

数据的表现形式多种多样,可以是数字、表格、图像、声音、视频、文字、光电信号、化学反应,甚至是生物信息等。数据资产的多样性,还表现在数据与数据处理技术的融合,形成融合形态数据资产。例如,数据库技术与数据,数字媒体与数字制作特技等融合产生的数据资产。多样的信息可以通过不同的方法进行互相转换,从而满足不同数据消费者的需求。该多样性表现在数据消费者上,则是使用方式的不确定性。不同数据类型拥有不同的处理方式,同一数据资产也可以有多种使用方式。数据应用的不确定性,导致数据资产的价值变化波动较大。

(四) 价值易变性

价值易变性是指数据资产的价值易发生变化,其价值随应用场景、用户数量、使用频率等的变化而变化。也即数据资产的价值受多种不同因素影响,这些因素随时间的推移不断变化,某些数据当前看来可能没有价值,但随着时代进步可能会产生更大的价值。另外,随着技术的进步或者同类数据库的发展,可能会导致数据资产出现无形损耗,表现为价值降低。

(五) 可共享性

可共享性是指在权限可控的前提下,数据资产可以被复制,能够被多个主体共享和应用。

(六) 可加工性

可加工性是指数据资产可以被维护、更新、补充、增加数据量;也可以被删除、合并、归集,消除冗余;还可以被分析、提炼、挖掘,加工得到更深层次的数据资源;还可以改变其状态及形态。

三、数据资产价值的影响因素

影响数据资产价值的因素有成本因素、场景因素、市场因素和质量因素。

(一) 成本因素

成本因素包括形成数据资产所涉及的前期费用、直接成本、间接成本、机会成本和相关税费等。

(二) 场景因素

场景因素包括数据资产相应的使用范围、应用场景、商业模式、市场前景、财务预测和应用风险等。

(三) 市场因素

市场因素包括数据资产相关的主要交易市场、市场活跃程度、市场参与者和市场供求关系等。

(四) 质量因素

质量因素包括数据的准确性、一致性、完整性、规范性、时效性和可访问性等。

第二节 数据资产质量的评价方法

对于数据资产质量,应采取恰当方式执行数据质量评价程序或者获得数据质量的评价结果,必要时可以利用第三方专业机构出具的数据质量评价专业报告或者其他形式的数据质量评价专业意见等。

数据质量评价采用的方法包括但不限于层次分析法、模糊综合评价法和德尔菲法等。同一数据资产在不同的应用场景下,通常会发挥不同的价值。相关专业人员应当通过委托人、相关当事人等提供或者自主收集等方式,了解数据资产的具体应用场景,选择和使用恰当的价值类型。

确定数据资产价值的评估方法包括收益法、成本法和市场法三种基本方法及其衍生方法。对于数据资产评估,数据资产价值评估专业人员应当根据评估目的、评估对象、价值类型、资料收集等情况,分析上述三种基本方法的适用性,选择评估方法,不可机械地按某种模式或者某种顺序进行选择。对同一数据资产采用多种评估方法时,应当对所获得的各种测算结果进行分析,说明两种以上评估方法结果的差异及其原因和最终确定评估结论的理由。

一、收益法

收益法是通过预计数据资产带来的收益估计其价值。这种方法在实际中比较容易操作。该方法是目前对数据资产评估比较容易接受的一种方法。虽然目前使用数据资产直接取得收益的情况比较少,但根据数据交易中心提供的交易数据,还是能够对部分企业数据资产的收益进行了解。

采用收益法评估数据资产时应当考虑:

1. 根据数据资产的历史应用情况及未来应用前景,结合应用或者拟应用数据资产的企业经营状况,重点分析数据资产经济收益的可预测性,考虑收益法的适用性。

2. 保持预期收益口径与数据权利类型口径一致。

3 在估算数据资产带来的预期收益时,根据适用性可以选择采用直接收益预测、分成收益预测、超额收益预测和增量收益预测等方式。

4. 区分数据资产和其他资产所获得的收益,分析与之有关的预期变动、收益期限、与收益有关的成本费用、配套资产、现金流量、风险因素。

5. 根据数据资产应用过程中的管理风险、流通风险、数据安全风险、监管风险等因素估算折现率。

6. 保持折现率口径与预期收益口径一致。

7. 综合考虑数据资产的法律有效期限、相关合同有效期限、数据资产的更新时间、数据资产的时效性、数据资产的权利状况以及相关产品生命周期等因素,合理确定经济寿命或者收益期限,并关注数据资产在收益期限内的贡献情况。

8. 收益法评估数据资产时,数据资产作为经营资产直接或者间接产生收益,其价值实现方式包括数据分析、数据挖掘、应用开发等。收益法较真实、准确地反映了数据资产本金化的价值,更容易被交易各方所接受。

收益法评估的基本计算公式为:

$$P = \sum_{t=1}^{n} F_t \frac{1}{(1+i)^t}$$

其中:P 为评估值;F_t 为数据资产未来第 t 个收益期的收益额;n 为剩余经济寿命期;t 为未来第 t 年;i 为折现率。

根据收益法基本公式,在获取数据资产相关信息的基础上,根据该数据资产或者类似数据资产的历史应用情况以及未来应用前景,结合数据资产应用的商业模式,重点分析数据资产经济收益的可预测性,考虑收益法的适用性。

二、成本法

成本法是根据形成数据资产的成本进行评估。尽管无形资产的成本和价值先天具有弱对应性且其成本具有不完整性,但一些数据资产应用成本法评估其价值存在一定合理性。

采用成本法评估数据资产时应当考虑:

1. 根据形成数据资产所需的全部投入,分析数据资产价值与成本的相关程度,考虑成本法的适用性。

2. 确定数据资产的重置成本,包括前期费用、直接成本、间接成本、机会成本和相关税费等;也即数据资产的重置成本包括合理的成本、利润和相关税费。

3. 确定数据资产价值调整系数,例如:对于需要进行质量因素调整的数据资产,可以结合相应质量因素综合确定调整系数;对于可以直接确定剩余经济寿命的数据资产,也可以结合剩余经济寿命确定调整系数。

4. 成本法的计算公式。对于成本法,数据资产的价值由该资产的重置成本扣减各项贬值确定。其基本计算公式为:评估值=重置成本×(1−贬值率)或者评估值=重置成本−功能性贬值−经济性贬值。

在传统无形资产成本法的基础上,可以综合考虑数据资产的成本与预期使用溢价,加入数据资产价值影响因素对资产价值进行修正,建立一种数据资产价值评估成本法模型。成本法模型的表达式为:

$$P = TC \times (1+R) \times U$$

其中:P 为评估值;TC 为数据资产总成本;R 为数据资产成本投资回报率;U 为数据效用。

在上述评估模型中,数据资产总成本 TC 表示数据资产从产生到评估基准日所发生的总成本。数据资产总成本可以通过系统开发委托合同和实际支出进行计算,主要包括建设成本、运维成本和管理成本三类,并且不同的数据资产所包含的建设费用和运维费用的比例是不同的。因此,每一个评估项对数据资产价值产生多大的影响,必须给出一个比较合理的权重。其中建设成本是指数据规划、采集获取、数据确认、数据描述等方面的内容;运维成本包含着数据存储、数据整合、知识发现等评价指标;管理成本主要由人力成本、间接成本以及服务外包成本构成。

在上述评估模型中,数据效用 U 是影响数据价值实现因素的集合,用于修正数据资产成本投资回报率 R。数据质量、数据基数、数据流通以及数据价值实现风险均会对数据效用 U 产生影响。定义数据效用的表达式为:

$$U = \beta \alpha (1+L)(1-R)$$

其中:α 为数据质量系数;β 为数据流通系数;L 为数据垄断系数;R 为数据价值实现风险系数。

(1) 数据质量系数 α

数据质量是指数据固有质量,可以通过对数据完整性、数据准确性和数据有效性三方面设立约束规则,利用统计分析数据是否满足约束规则完成量化。基于统计学的思想,数据质量为满足要求的数据在数据系统中的百分比。数据质量的评价办法由数据模块、规则模块和评价模块三者组成。

数据模块是数据资产价值评估的对象,即待评估数据资产的合集。

规则模块用于生成数据的检验标准,即数据的约束规则。约束规则应当根据具体的业务内容和数据自身规则(如值域约束和语法约束)提炼出基本约束,并归纳形成规则库。在对数据质量进行评价时,约束规则是对数据进行检测的依据。

评价模块是数据质量评估办法的关键模块,目的是利用规则模块中的约束规则对数据进行检验并分析汇总。各个规则模块获取的结果需要加权汇总以获得最终的数据质量系数。

(2) 数据流通系数 β

数据资产按流通类型可以分为开放数据、公开数据、共享数据和非共享数据四类。因此,在考察数据流通效率时,首先通过可流通数据量占总数据量的比重确定数据对外开放共享程度;然后,考虑到不同的数据流通类型对数据接受者范围的影响,需要将数据传播系数考虑进来。传播系数是指数据的传播广度,即数据在网络中被他人接受的总人次,可以通过查看系统访问量、网站访问量获得。数据流通系数表示为:

$$数据流通系数 = (传播系数 \times 可流通的数据量) \div 总数据量$$
$$= (a \times 开放数据量 + b \times 公开数据量 + c \times 共享数据量) \div 总数据量$$

其中,a、b、c 分别为开放、公开和共享三种数据流通类型的传播系数,非共享数据流通限制过强,对整体流通效率影响忽略不计。

(3) 数据垄断系数 L

数据资产的垄断程度是由数据基数决定,即该数据资产所拥有的数据量占该类型数据总量的比例,可以通过某类别数据在整个行业领域内的数据占比衡量,即通过比较同类数据总量来确定。数据垄断系数表示为:

$$数据垄断系数 = 系统数据量 \div 行业总数据量$$

数据是现实事物的客观描述。衡量某种数据的垄断性不仅受限于所属行业,还可能与其所处的地域相关。

(4) 数据价值实现风险系数 R

在数据价值链上的各个环节都存在影响数据价值实现的风险。数据价值实现风险分为数据管理风险、数据流通风险、增值开发风险和数据安全风险四个二级指标和设备故障、数据描述不当、系统不兼容、政策影响、应用需求、数据开发水平、数据泄露、数据损坏八个三级指标。由于数据资产价值实现环节较多且评估过程复杂,可以采用专家打分法与层次分析法获得其风险系数。

三、市场法

市场法是根据相同或者相似的数据资产的近期或者往期成交价格,通过对比分析,评估数据资产价值的方法。根据数据资产价值的影响因素,可以利用市场法对不同属性的数据资产的价值进行对比和分析调整,反映出被评估数据资产的价值。

采用市场法评估数据资产时应当考虑:

1. 考虑该数据资产或者类似数据资产是否存在合法合规的、活跃的公开交易市场,是否存在适当数量的可比案例,考虑市场法的适用性。

2. 根据该数据资产的特点,选择合适的可比案例,例如:选择数据权利类型、数据交易市场及交易方式、数据规模、应用领域、应用区域及剩余年限等相同或者近似的数据资产。

3. 对比该数据资产与可比案例的差异,确定调整系数,并将调整后的结果汇总分析得出被评估数据资产的价值。通常情况下需要考虑质量差异调整、供求差异调整、期日差异调整、容量差异调整以及其他差异调整等。

执行数据资产评估业务,选用市场法的前提条件是具有公开并活跃的交易市场。

市场法通过以下公式中的因素修正评估数据资产价值：被评估数据资产的价值＝可比案例数据资产的价值×技术修正系数×价值密度修正系数×期日修正系数×容量修正系数×其他修正系数。

使用市场法执行数据资产评估业务时，应当收集足够的可比交易案例，并根据数据资产特性对交易信息进行必要调整，调整参数一般可以包括技术修正系数、价值密度修正系数、期日修正系数、容量修正系数和其他修正系数。

其中，技术修正系数主要考虑因技术因素带来的数据资产价值差异，通常包括数据获取、数据存储、数据加工、数据挖掘、数据保护、数据共享等因素。

期日修正系数主要考虑评估基准日与可比案例交易日期的不同带来的数据资产价值差异。一般来说，离评估基准日越近，越能反应相近商业环境下的成交价，其价值差异越小。期日修正系数的基本公式为：期日修正系数＝评估基准日价格指数/可比案例交易日价格指数。

容量修正系数主要考虑不同数据容量带来的数据资产价值差异，其基本逻辑为：一般情况下，价值密度接近时，容量越大，数据资产总价值越高。容量修正系数的基本公式为：

$$容量修正系数＝评估对象的容量÷可比案例的容量$$

四、数据资产评估报告的编制

鉴于我国数据资产的产权还没有专门的法律法规予以明确，在编制数据资产评估报告时，可以就数据资产的来源、加工、形成进行描述，关注资产评估相关准则对评估对象产权描述的规定。

在编制数据资产评估报告时，不得违法披露数据资产涉及的国家安全、商业秘密、个人隐私等数据。

编制数据资产评估报告需要反映数据资产的特点，通常包括下列内容：

1. 评估对象的详细情况，通常包括数据资产的名称、来源、数据规模、产生时间、更新时间、数据类型、呈现形式、时效性、应用范围、权利属性、使用权具体形式以及法律状态等；
2. 数据资产应用的商业模式；
3. 对影响数据资产价值的基本因素、法律因素、经济因素的分析过程；
4. 使用的评估假设和前提条件；
5. 数据资产的许可使用、转让、诉讼和质押情况；
6. 有关评估方法的主要内容，包括评估方法的选取及其理由，评估方法中的运算和逻辑推理公式，各重要参数的来源、分析、比较与测算过程，对测算结果进行分析并形成评估结论的过程；
7. 其他必要信息。

第三节 企业数据资产的会计处理

为规范企业数据资源相关会计处理，强化相关会计信息披露，根据《中华人民共和国会计法》和企业会计准则等相关规定，2023年8月1日财政部发布了《企业数据资源相关会计处理暂行规定》(财会〔2023〕11号)，自2024年1月1日起施行。

一、关于适用范围

本规定适用于企业按照企业会计准则相关规定确认为无形资产或存货等资产类别的数据资源,以及企业合法拥有或控制的、预期会给企业带来经济利益的、但由于不满足企业会计准则相关资产确认条件而未确认为资产的数据资源的相关会计处理。

二、关于数据资源会计处理适用的准则

企业应当按照企业会计准则相关规定,根据数据资源的持有目的、形成方式、业务模式,以及与数据资源有关的经济利益的预期消耗方式等,对数据资源相关交易和事项进行会计确认、计量和报告。

1. 企业使用的数据资源,符合《企业会计准则第6号——无形资产》(财会〔2006〕3号,以下简称无形资产准则)规定的定义和确认条件的,应当确认为无形资产。

【例14-1】 甲公司为科技企业,在2024年1月1日开发了一项新的软件技术,该技术能够显著提高企业的生产效率。甲公司为此投入了研发成本共计500万元。该技术是甲公司自主研发的,具有原创性,并且已经获得了专利权,专利权有效期为10年。该技术预计在未来5年内每年能够为甲公司增加收入300万元。该技术的成本可以可靠地计量,并且甲公司已经制定了明确的摊销计划。

根据无形资产准则,无形资产是指企业拥有或控制的、不具有实物形态的、长期使用的、预期能够为企业带来经济利益的非货币性资产。应该将该软件技术确认为无形资产。理由如下:该技术为企业带来经济利益的潜力,符合无形资产的定义;该技术的成本可以可靠地计量,满足无形资产的确认条件;该技术具有法律保护,增加了其确认为无形资产的合理性;初始计量金额为500万元。根据无形资产准则,建议甲公司采用直线法对该无形资产进行摊销,每年摊销金额为100万元(500万元÷5年)。

2. 企业应当对确认为无形资产的数据资源进行初始计量、后续计量、处置和报废等相关会计处理。

其中,企业通过外购方式取得确认为无形资产的数据资源,其成本包括购买价款、相关税费,直接归属于使该项无形资产达到预定用途所发生的数据脱敏、清洗、标注、整合、分析、可视化等加工过程所发生的有关支出,以及数据权属鉴证、质量评估、登记结算、安全管理等费用。企业通过外购方式取得数据采集、脱敏、清洗、标注、整合、分析、可视化等服务所发生的有关支出,不符合无形资产准则规定的无形资产定义和确认条件的,应当根据用途计入当期损益。

企业内部数据资源研究开发项目的支出,应当区分研究阶段支出与开发阶段支出。研究阶段的支出,应当于发生时计入当期损益。开发阶段的支出,满足《无形资产准则》第九条规定的有关条件的,才能确认为无形资产。

企业在对确认为无形资产的数据资源的使用寿命进行估计时,应当考虑无形资产准则应用指南规定的因素,并重点关注数据资源相关业务模式、权利限制、更新频率和时效性、有关产品或技术迭代、同类竞品等因素。

【例14-2】 B公司(一般纳税人)通过外购方式获得了一项数据资源,该资源用于分析市场趋势,以提高公司决策的准确性。B公司为此支付了购买价款200万元,相关税费10万元,以及

数据脱敏、清洗、标注等加工过程的费用共计 50 万元;B 公司还支付了数据权属鉴证、质量评估、登记结算、安全管理等费用共计 30 万元。此外,购买时支付增值税 17.4 万元(税率为 6%),全部款项已经支付完毕。假设符合无形资产定义和确认条件,B 公司应进行如下账务处理:

B 公司应将该数据资源的成本进行初始计量,包括购买价款、相关税费以及为使该数据资源达到预定用途所发生的加工过程费用和相关服务费用。因此,该数据资源的初始计量金额为 200 万元(购买价款)+10 万元(相关税费)+50 万元(加工过程费用)+30 万元(服务费用)=290 万元。

借:无形资产 2 900 000
　　应交税费——应交增值税(进项税额) 174 000
　贷:银行存款 3 074 000

假设不符合无形资产定义和确认条件,B 公司应进行如下账务处理:

借:管理费用 2 900 000
　　应交税费——应交增值税(进项税额) 174 000
　贷:银行存款 3 074 000

3. 企业在持有确认为无形资产的数据资源期间,利用数据资源对客户提供服务的,应当按照无形资产准则、无形资产准则应用指南等规定,将无形资产的摊销金额计入当期损益或相关资产成本;同时,企业应当按照《企业会计准则第 14 号——收入》(财会〔2017〕22 号,以下简称收入准则)等规定确认相关收入。

除上述情形外,企业利用数据资源对客户提供服务的,应当按照收入准则等规定确认相关收入,符合有关条件的应当确认合同履约成本。

【例 14-3】 C 公司(一般纳税人)是一家提供数据分析服务(主营业务)的公司,其资产中有一项数据资源,该数据资源已被确认为无形资产。2024 年 1 月 1 日,该数据资源的账面原值为 500 万元,预计使用年限为 10 年,采用直线法进行摊销。C 公司利用该数据资源为不同客户提供定制化的数据分析服务。假设:(1)C 公司 2024 年全年为 A 客户提供服务,根据服务合同,C 公司确认了 300 万元的收入。(2)2024 年末,C 公司对数据资源进行减值测试,发现其可回收金额为 400 万元。C 公司应做如下账务处理:

(1)确认收入

借:银行存款 3 180 000
　贷:主营业务收入 3 000 000
　　　应交税费——应交增值税(销项税额) 180 000

2024 年数据资源的摊销金额计算:

年摊销金额=账面原值÷预计使用年限=500 万元÷10 年=50 万元

借:主营业务成本 500 000
　贷:无形资产累计摊销 500 000

(2)账面价值=账面原值-累计摊销=500 万元-(50 万元×年份数),假设这是第一年,累计摊销为 50 万元,账面价值为 450 万元。

无形资产的减值损失=账面价值-可回收金额=450 万元-400 万元=50 万元

借：资产减值损失 500 000
    贷：无形资产减值准备 500 000

4. 企业日常活动中持有、最终目的用于出售的数据资源，符合《企业会计准则第 1 号——存货》（财会〔2006〕3 号，以下简称存货准则）规定的定义和确认条件的，应当确认为存货。

【例 14-4】D 公司是一家数据科技公司，其业务包括收集、整理和销售数据资源。2024 年 1 月，E 公司通过市场调研和数据挖掘，收集了一批具有商业价值的数据资源，准备在随后的月份中进行销售。这批数据资源的成本为 200 万元，包括数据采集、整理和初步分析的费用。E 公司预计这批数据资源将在 2024 年内出售，并且符合存货准则中存货的定义和确认条件，因此应当对该批数据资源确认为存货。

5. 企业应当按照存货准则、《〈企业会计准则第 1 号——存货〉应用指南》（财会〔2006〕18 号）等规定，对确认为存货的数据资源进行初始计量、后续计量等相关会计处理。

其中，企业通过外购方式取得确认为存货的数据资源，其采购成本包括购买价款、相关税费、保险费，以及数据权属鉴证、质量评估、登记结算、安全管理等所发生的其他可归属于存货采购成本的费用。企业通过数据加工取得确认为存货的数据资源，其成本包括采购成本、数据采集、脱敏、清洗、标注、整合、分析、可视化等加工成本和使存货达到目前场所和状态所发生的其他支出。

【例 14-5】E 公司（一般纳税人）是一家专门从事数据服务的公司，其业务模式包括外购和加工数据资源，然后将其出售给客户。为了简化核算，假设 E 公司采用实际成本进行存货的核算。2024 年 1 月，E 公司进行了以下活动：(1)外购数据资源。E 公司用银行存款外购了一批数据资源，从卖方取得增值税专用发票，发票载明购买价款为 100 万元，增值税税额为 13 万元，另保险费为 2 万元，数据权属鉴证、价值和质量评估费用为 8 万元（这些费用暂不考虑增值税）。(2)数据加工。E 公司对购买的数据资源进行了进一步的加工，包括数据脱敏、清洗、标注等，这些加工成本总计为 30 万元。(3)2024 年年末，对该批数据资产进行资产减值测试，需要计提存货跌价准备 10 万元。E 公司应做如下账务处理：

(1) 外购数据资源的初始计量，金额为外购数据资源的总成本

借：原材料——数据资源 1 100 000
    应交税费——应交增值税（进项税额） 130 000
    贷：银行存款 1 230 000

(2) 数据加工成本的处理

① 领用数据进行加工

借：生产成本 1 100 000
    贷：原材料——数据资源 1 100 000

② 发生加工成本

借：生产成本 300 000
    贷：应付职工薪酬 300 000

③ 加工完毕验收入库

借：库存商品 1 400 000
    贷：生产成本 1 400 000

(3) 存货的减值

E公司需要定期对存货进行评估,以确定是否需要计提存货跌价准备。

假设E公司在年末对存货进行评估,发现由于市场需求下降,存货的可变现净值低于账面价值,需要计提存货跌价准备10万元。

借:资产减值损失　　　　　　　　　　　　　　　　　　　　　　　　　100 000
　　贷:存货跌价准备　　　　　　　　　　　　　　　　　　　　　　　　100 000

6. 企业出售确认为存货的数据资源,应当按照存货准则将其成本结转为当期损益;同时,企业应当按照收入准则等规定确认相关收入。

【例14-6】 承[例14-5]假设E公司在2024年6月出售了这批数据资源,取得销售收入350万元(不含增值税),并收取了相应的增值税45.5万元(350万元×13%)。

会计分录如下:

借:银行存款　　　　　　　　　　　　　　　　　　　　　　　　　　3 955 000
　　贷:主营业务收入　　　　　　　　　　　　　　　　　　　　　　　3 500 000
　　　　应交税费——应交增值税(销项税额)　　　　　　　　　　　　　455 000

结转销售成本,并冲减存货跌价准备:

借:主营业务成本　　　　　　　　　　　　　　　　　　　　　　　　1 300 000
　　存货跌价准备　　　　　　　　　　　　　　　　　　　　　　　　　100 000
　　贷:库存商品——数据资源　　　　　　　　　　　　　　　　　　　1 400 000

7. 企业出售未确认为资产的数据资源,应当按照收入准则等规定确认相关收入。

【例14-7】 甲公司(一般纳税人)出售了一项数据资源给乙公司(一般纳税人),甲公司在开发该工具过程中发生了2 000元的直接成本,即与此次交易相关的成本和费用为2 000元,甲乙双方交易金额为10 000元,假设增值税率为13%,企业A已经收到了全部含税款项,即11 300元。假定不考虑其他因素,甲公司应做如下账务处理:

(1) 甲公司在确认收入时

借:银行存款　　　　　　　　　　　　　　　　　　　　　　　　　　　　11 300
　　贷:主营业务收入(或其他业务收入)　　　　　　　　　　　　　　　　10 000
　　　　应交税费——应交增值税(销项税额)　　　　　　　　　　　　　　　1 300

(2) 甲公司结转实际发生的成本

借:主营业务成本(或其他业务成本)　　　　　　　　　　　　　　　　　　2 000
　　贷:研发支出　　　　　　　　　　　　　　　　　　　　　　　　　　　2 000

三、关于列示和披露要求

(一) 资产负债表相关列示

企业在编制资产负债表时,应当根据重要性原则并结合本企业的实际情况,在"存货"项目下增设"其中:数据资源项目,反映资产负债表日确认为存货的数据资源的期末账面价值;在"无形资产"项目下增设"其中:数据资源"项目,反映资产负债表日确认为无形资产的数据资源的期末账面价值;在"开发支出"项目下增设"其中:数据资源"项目,反映资产负债表日正在进行数据资源研究开发项目满足资本化条件的支出金额。

(二) 相关披露

企业应当按照相关企业会计准则及本规定等,在会计报表附注中对数据资源相关会计信息进行披露。

1. 确认为无形资产的数据资源相关披露

(1) 企业应当按照外购无形资产、自行开发无形资产等类别,对确认为无形资产的数据资源(以下简称数据资源无形资产)相关会计信息进行披露,并可以在此基础上根据实际情况对类别进行拆分。

(2) 对于使用寿命有限的数据资源无形资产,企业应当披露其使用寿命的估计情况及摊销方法;对于使用寿命不确定的数据资源无形资产,企业应当披露其账面价值及使用寿命不确定的判断依据。

(3) 企业应当按照《企业会计准则第28号——会计政策、会计估计变更和差错更正》(财会〔2006〕3号)的规定,披露对数据资源无形资产的摊销期、摊销方法或残值的变更内容、原因以及对当期和未来期间的影响数。

(4) 企业应当单独披露对企业财务报表具有重要影响的单项数据资源无形资产的内容、账面价值和剩余摊销期限。

(5) 企业应当披露所有权或使用权受到限制的数据资源无形资产,以及用于担保的数据资源无形资产的账面价值、当期摊销额等情况。

(6) 企业应当披露计入当期损益和确认为无形资产的数据资源研究开发支出金额。

(7) 企业应当按照《企业会计准则第8号——资产减值》(财会〔2006〕3号)等规定,披露与数据资源无形资产减值有关的信息。

(8) 企业应当按照《企业会计准则第42号——持有待售的非流动资产、处置组和终止经营》(财会〔2017〕13号)等规定,披露划分为持有待售类别的数据资源无形资产有关信息。

2. 确认为存货的数据资源相关披露

(1) 企业应当按照外购存货、自行加工存货等类别,对确认为存货的数据资源(以下简称数据资源存货)相关会计信息进行披露,并可以在此基础上根据实际情况对类别进行拆分。

(2) 企业应当披露确定发出数据资源存货成本所采用的方法。

(3) 企业应当披露数据资源存货可变现净值的确定依据、存货跌价准备的计提方法、当期计提的存货跌价准备的金额、当期转回的存货跌价准备的金额,以及计提和转回的有关情况。

(4) 企业应当单独披露对企业财务报表具有重要影响的单项数据资源存货的内容、账面价值和可变现净值。

(5) 企业应当披露所有权或使用权受到限制的数据资源存货,以及用于担保的数据资源存货的账面价值等情况。

3. 其他披露要求

企业对数据资源进行评估且评估结果对企业财务报表具有重要影响的,应当披露评估依据的信息来源,评估结论成立的假设前提和限制条件,评估方法的选择,各重要参数的来源、分析、比较与测算过程等信息。

企业可以根据实际情况,自愿披露数据资源(含未作为无形资产或存货确认的数据资源)下列相关信息:

(1) 数据资源的应用场景或业务模式、对企业创造价值的影响方式，与数据资源应用场景相关的宏观经济和行业领域前景等。

(2) 用于形成相关数据资源的原始数据的类型、规模、来源、权属、质量等信息。

(3) 企业对数据资源的加工维护和安全保护情况，以及相关人才、关键技术等的持有和投入情况。

(4) 数据资源的应用情况，包括数据资源相关产品或服务等的运营应用、作价出资、流通交易、服务计费方式等情况。

(5) 重大交易事项中涉及的数据资源对该交易事项的影响及风险分析，重大交易事项包括但不限于企业的经营活动、投融资活动、质押融资、关联方及关联交易、承诺事项、或有事项、债务重组、资产置换等。

(6) 数据资源相关权利的失效情况及失效事由、对企业的影响及风险分析等，如数据资源已确认为资产的，还包括相关资产的账面原值及累计摊销、减值准备或跌价准备、失效部分的会计处理。

(7) 数据资源转让、许可或应用所涉及的地域限制、领域限制及法律法规限制等权利限制。

(8) 企业认为有必要披露的其他数据资源相关信息。

四、附则

《企业数据资源相关会计处理暂行规定》(财会〔2023〕11号)自2024年1月1日起施行。企业应当采用未来适用法执行本规定，本规定施行前已经费用化计入损益的数据资源相关支出不再调整。

第十五章 流动负债

第一节 短期借款

企业的资金筹集按资金的来源可以划分为负债筹资和所有者权益筹资,负债筹资主要包括企业向债权人(主要是指银行和非银行金融机构)借入的资金和商品、劳务买卖过程形成的结算资金等。当企业自有流动资金不足,难以满足企业日常生产经营活动时,可以通过从银行或其他金融机构以借款的方式筹集资金,并按借款合同约定的利率、期限等支付利息、到期归还借款。短期借款是指企业向银行或其他金融机构等借入的期限在1年以下(含1年)的各种借款。长期借款是指企业向银行或其他金融机构等借入的期限在1年以上(不含1年)的各种借款。企业借入短期资金时,一方面资产(银行存款)增加,另一方面负债(短期借款或长期借款)也相应增加。归还借款时,一方面资产(银行存款)减少,另一方面负债(短期借款或长期借款)也相应减少。

《企业会计准则第17号——借款费用》(2006)第二条规定,借款费用,是指企业因借款而发生的利息及其他相关成本。企业发生的借款费用,可直接归属于符合资本化条件的资产的购建或者生产的,应当予以资本化,计入相关资产成本;其他借款费用,应当在发生时根据其发生额确认为费用,计入当期损益。符合资本化条件的资产,是指需要经过相当长时间的购建或者生产活动才能达到预定可使用或者可销售状态的固定资产、投资性房地产和存货等资产。企业财务制度规定,企业为筹集生产经营所需资金等而发生的筹资费用,包括利息支出(减利息收入)、本币与外币折算时的汇兑差额以及相关的手续费、企业结算过程中发生的现金折扣或收到的现金折扣等都通过财务费用核算(为购建或生产满足资本化条件的资产发生的应予资本化借款费用,在"在建工程"、"制造费用"等科目核算,不在财务费用科目核算)。

一、短期借款账户

1. 账户的性质:负债类账户。

2. 账户的用途:为了核算和监督企业向银行或其他金融机构等借入的期限在1年以下(含1年)的各种借款,企业应当设置"短期借款"科目。"短期借款"科目贷方登记取得短期借款本金的金额,借方登记偿还短期借款的本金金额,"短期借款"科目期末贷方余额,反映企业尚未偿还的短期借款的本金。企业向银行或其他金融机构等借入的期限在1年以上的各种借款,在"长期借款"科目核算。

3. 明细账的设置:企业可按借款种类、债权人(贷款人)和币种设置明细科目进行明细核算。

二、短期借款的账务处理

企业借入短期借款应支付利息。在实际工作中,如果短期借款利息是按期支付的,如按季度支付利息,或者利息是在借款到期时连同本金一起归还,并且其数额较大的,企业应采用月末预提方式进行短期借款利息的核算。短期借款利息属于筹资费用,应当于发生时直接计入当期财务费用。企业借入的各种短期借款,借记"银行存款"科目,贷记"短期借款"科目;在资产负债表日,应按实际利率计算确定的短期借款利息的金额,借记"财务费用"等科目,贷记"应付利息"、"银行存款"等科目。实际利率与合同约定的名义利率差异不大的,也可以采用合同约定的名义利率计算确定利息费用。实际支付利息时,借记"应付利息"科目,贷记"银行存款"科目。短期借款到期偿还本金时,企业应借记"短期借款"科目,贷记"银行存款"科目。

【例 15-1】 2023 年 4 月 1 日甲公司从中国银行借入为期 6 个月的临时借款 100 万元,年利率 6%,每季度付息一次,到期一次还本。甲公司应编制如下会计分录:

借:银行存款　　　　　　　　　　　　　　　　　　　　　1 000 000
　　贷:短期借款——中国银行　　　　　　　　　　　　　　　　1 000 000

【例 15-2】 2023 年 4 月 30 日,甲公司提取 4 月份借款利息 1 000 000×6%÷12＝5 000 元。编制如下会计分录:

借:财务费用　　　　　　　　　　　　　　　　　　　　　　5 000
　　贷:应付利息　　　　　　　　　　　　　　　　　　　　　　5 000

【例 15-3】 2023 年 5 月 31 日,甲公司对利息采取与 4 月相同的账务处理。

借:财务费用　　　　　　　　　　　　　　　　　　　　　　5 000
　　贷:应付利息　　　　　　　　　　　　　　　　　　　　　　5 000

【例 15-4】 2023 年 6 月 30 日,甲公司对利息作如下处理。

借:财务费用　　　　　　　　　　　　　　　5 000(6 月计提的利息)
　　应付利息　　　　　　　　　　　　10 000(4、5 月两个月预提的利息)
　　贷:银行存款　　　　　　　　　　　　　　　　　　　　　　15 000

【例 15-5】 2023 年 7 月 31 日和 8 月 31 日,与 4、5 月两个月预提利息作同样的会计分录。

【例 15-6】 2023 年 9 月 30 日,甲公司还款。

借:财务费用　　　　　　　　　　　　　　　5 000(9 月计提的利息)
　　应付利息　　　　　　　　　　　　10 000(7、8 月两个月预提的利息)
　　短期借款　　　　　　　　　　　　　　　　　　　　　　1 000 000
　　贷:银行存款　　　　　　　　　　　　　　　　　　　　　1 015 000

【例 15-7】 2023 年 4 月 1 日甲公司从中国银行借入为期 6 个月的临时借款 100 万元,年利率 6%,采用到期一次还本付息方式。甲公司应编制如下会计分录:

借:银行存款　　　　　　　　　　　　　　　　　　　　　1 000 000
　　贷:短期借款——中国银行　　　　　　　　　　　　　　　　1 000 000

【例 15-8】 2023 年 4、5、6、7、8 月 5 个月,每个月均预提利息。

借:财务费用　　　　　　　　　　　　　　　　　　　　　　5 000
　　贷:应付利息　　　　　　　　　　　　　　　　　　　　　　5 000

【例 15-9】 2023 年 9 月 30 日,甲公司还本付息。

借:财务费用　　　　　　　　　　　　　　　　5 000(9 月计提的利息)
　　应付利息　　　　　　　　　　　　　25 000(4、5、6、7、8 月 5 个月预提的利息)
　　短期借款　　　　　　　　　　　　　　　　　　　　　　　1 000 000
　　贷:银行存款　　　　　　　　　　　　　　　　　　　　　　1 030 000

第二节　交易性金融负债

金融负债,是指企业符合下列条件之一的负债:

(一) 向其他方交付现金或其他金融资产的合同义务。

(二) 在潜在不利条件下,与其他方交换金融资产或金融负债的合同义务。

(三) 将来须用或可用企业自身权益工具进行结算的非衍生工具合同,且企业根据该合同将交付可变数量的自身权益工具。

(四) 将来须用或可用企业自身权益工具进行结算的衍生工具合同,但以固定数量的自身权益工具交换固定金额的现金或其他金融资产的衍生工具合同除外。

一、金融负债的确认和终止确认

(一) 金融负债的确认

企业成为金融工具合同的一方时,应当确认一项金融资产或金融负债。

对于以常规方式出售金融资产的,企业应当在交易日确认将收到的资产和为此将承担的负债,或者在交易日终止确认已出售的资产,同时确认处置利得或损失以及应向买方收取的应收款项。

"以常规方式购买或出售金融资产",是指企业按照合同规定购买或出售金融资产,并且该合同条款规定,企业应当根据通常由法规或市场惯例所确定的时间安排来交付金融资产。

(二) 金融负债的终止确认

《金融工具确认和计量准则》所称金融负债终止确认,是指企业将之前确认的金融负债从其资产负债表中予以转出。

(三) 新金融负债的确认和终止确认

金融负债(或其一部分)的现时义务已经解除的,企业应当终止确认该金融负债(或该部分金融负债)。

企业(借入方)与借出方之间签订协议,以承担新金融负债方式替换原金融负债,且新金融负债与原金融负债的合同条款实质上不同的,企业应当终止确认原金融负债,同时确认一项新金融负债。

企业对原金融负债(或其一部分)的合同条款做出实质性修改的,应当终止确认原金融负债,同时按照修改后的条款确认一项新金融负债。

(四) 金融负债的处置

金融负债(或其一部分)终止确认的,企业应当将其账面价值与支付的对价(包括转出的非现金资产或承担的负债)之间的差额,计入当期损益。

（五）企业回购金融负债

企业回购金融负债一部分的,应当按照继续确认部分和终止确认部分在回购日各自的公允价值占整体公允价值的比例,对该金融负债整体的账面价值进行分配。分配给终止确认部分的账面价值与支付的对价(包括转出的非现金资产或承担的负债)之间的差额,应当计入当期损益。

二、金融负债的初始计量

企业初始确认金融负债,应当按照公允价值计量。

对于以公允价值计量且其变动计入当期损益的金融负债(即交易性金融负债)相关交易费用应当直接计入当期损益;对于其他类别的金融负债,相关交易费用应当计入初始确认金额。

金融工具初始确认时的公允价值通常指交易价格(即所收到或支付对价的公允价值),但是,如果收到或支付的对价的一部分并非针对该金融工具,该金融工具的公允价值应根据估值技术进行估计。"公允价值"通常为相关金融负债的交易价格金融负债公允价值与交易价格存在差异的,企业应当区别下列情况进行处理:

1. 在初始确认时,金融负债的公允价值依据相同负债在活跃市场上的报价或者仅使用可观察市场数据的估值技术确定的,企业应当将该公允价值与交易价格之间的差额确认为一项利得或损失。

2. 在初始确认时,金融负债的公允价值以其他方式确定的,企业应当将该公允价值与交易价格之间的差额递延。

三、交易性金融负债的账户

（一）交易性金融负债的含义

交易性金融负债是指企业持有的以公允价值计量且其变动计入当期损益的金融负债和直接指定为以公允价值计量且其变动计入当期损益的金融负债。"衍生金融负债"在"衍生工具"科目核算不在本科目核算。

（二）交易性金融负债的账户

1. 账户的性质：负债类账户。

2. 账户的用途：为了核算企业的企业承担的交易性金融负债价值的增减变动情况,企业应当设置"交易性金融负债"科目。"交易性金融负债"科目贷方登记发行的交易性金融负债本金、公允价值高于账面余额的部分以及应计利息,借方登记偿还的交易性金融负债本金、公允价值低于账面余额的部分以及应计利息,期末贷方余额,反映企业承担的交易性金融负债的公允价值。

3. 明细账的设置："交易性金融负债"科目可按金融负债类别,分别"本金"、"应计利息"、"公允价值变动"等进行明细核算。企业持有的指定为以公允价值计量且其变动计入当期损益的金融负债可在本科目下单设"指定类"明细科目核算。

四、交易性金融负债的账务处理

1. 企业承担交易性金融负债时,应按实际收到的金额,借记"银行存款"等科目,按发生的交易费用,借记"投资收益"科目,按交易性金融负债的公允价值,贷记"交易性金融负债"科目(本金)。

2. 在承担交易性金融负债的期间,可以将按票面或合同利率计算的利息计入投资收益,借记"投资收益"科目,贷记"交易性金融负债(应计利息)"科目;也可以不单独确认前述利息,而通过"交易性金融负债(公允价值变动)"科目汇总反映包含利息的交易性金融负债的公允价值变化。

3. 资产负债表日,交易性金融负债的公允价值高于账面余额的差额,借记"公允价值变动损益"科目,贷记"交易性金融负债(公允价值变动)"科目,公允价值低于账面余额的,根据差额做相反分录。

4. 出售交易性金融负债时,应按金融负债的账面余额,借记或贷记"交易性金融负债(本金、应计利息、公允价值变动)"科目,按实际支付的金额,贷记"银行存款"等科目,按其差额,贷记或借记"投资收益"科目。

【例15-10】 甲公司是一家上市公司,2022年1月1日,甲公司发行了一项短期融资券,面值为5 000万元,期限为5年,年利率为5%,每年支付利息,到期还本。该融资券被分类为交易性金融负债。2022年12月31日,该融资券的公允价值为5 200万元。2023年12月31日,由于市场利率变动,该融资券的公允价值下降至4 800万元。2024年1月1日,甲公司支付4 900万元回购该融资券,假设不考虑其他相关税费和交易成本。甲公司应做如下账务处理:

(1) 2022年1月1日发行融资券时

借:银行存款　　　　　　　　　　　　　　　　　　　　　　　　　　　　50 000 000
　　贷:交易性金融负债——本金　　　　　　　　　　　　　　　　　　　50 000 000

(2) 2022年12月31日年末公允价值变动为200万元

由于公允价值高于账面余额,说明企业未来需要承担更多的债务。

借:公允价值变动损益　　　　　　　　　　　　　　　　　　　　　　　　2 000 000
　　贷:交易性金融负债——公允价值变动　　　　　　　　　　　　　　　2 000 000

同时,需要处理2022年一年的利息支出

按年利率5%计算,利息为5 000万元×5%=250万元。

借:投资收益　　　　　　　　　　　　　　　　　　　　　　　　　　　　2 500 000
　　贷:交易性金融负债——应计利息　　　　　　　　　　　　　　　　　2 500 000

实际支付利息时

借:交易性金融负债——应计利息　　　　　　　　　　　　　　　　　　　2 500 000
　　贷:银行存款　　　　　　　　　　　　　　　　　　　　　　　　　　2 500 000

(3) 2023年12月31日年末公允价值变动为400万元

借:交易性金融负债——公允价值变动　　　　　　　　　　　　　　　　　4 000 000
　　贷:公允价值变动损益　　　　　　　　　　　　　　　　　　　　　　4 000 000

同时,需要处理2023年一年的利息支出

按年利率5%计算,利息为5 000万元×5%=250万元。

借:投资收益　　　　　　　　　　　　　　　　　　　　　　　　　　　　2 500 000
　　贷:交易性金融负债——应计利息　　　　　　　　　　　　　　　　　2 500 000

实际支付利息时

借：交易性金融负债——应计利息　　　　　　　　　　　　　　　　　2 500 000
　　　贷：银行存款　　　　　　　　　　　　　　　　　　　　　　　　2 500 000

(4) 2024年1月1日回购融资券

借：交易性金融负债——本金　　　　　　　　　　　　　　　　　　50 000 000
　　投资收益　　　　　　　　　　　　　　　　　　　　　　　　　 1 000 000
　　　贷：银行存款　　　　　　　　　　　　　　　　　　　　　　　 49 000 000
　　　　　交易性金融负债——公允价值变动　　　　　　　　　　　　　2 000 000

这样，甲公司完成了对交易性金融负债从发行到回购的完整账务处理。

第三节　应付票据

一、应付票据概述

应付票据是指企业购买材料、商品和接受劳务供应等而开出、承兑的商业汇票，包括商业承兑汇票和银行承兑汇票。我国商业汇票的付款期限不超过6个月，因此，企业应将应付票据作为流动负债进行核算。

企业应当设置"应付票据备查簿"，详细登记每一商业汇票的种类、号数和出票日期、到期日、票面余额、交易合同号和收款人姓名或单位名称以及付款日期和金额等资料。应付票据到期结清时，应当在备查簿内逐笔注销。

二、应付票据账户

1. 账户的性质：负债类账户。

2. 账户的用途：为了核算和监督企业应付票据的发生、偿付等情况，企业应设置"应付票据"科目，"应付票据"科目贷方登记开出、承兑汇票的面值及带息票据的预提利息，借方登记支付票据的金额，期末余额在贷方，表示企业尚未偿还的商业汇票的票面金额。

3. 明细账的设置：企业一般应按照债权人设置明细科目进行明细核算。

三、应付票据的主要账务处理

1. 企业开出、承兑商业汇票或以承兑商业汇票抵付货款、应付账款时，借记"材料采购"、"在途物资"、"原材料"、"库存商品"、"应付账款"、"应交税费——应交增值税(进项税额)"等科目，贷记"应付票据"科目。

2. 支付银行承兑汇票的手续费，借记"财务费用"科目，贷记"银行存款"、"库存现金"科目。

3. 应付商业承兑汇票到期，如企业无力支付票款，按应付票据的票面价值，借记"应付票据"科目，贷记"应付账款"科目。应付银行承兑汇票到期，如企业无力支付票款，应借记"应付票据"科目，贷记"短期借款"科目。

【例15-11】甲公司(一般纳税人)，原材料按实际成本核算，该单位发生下列经济业务：

(1) 2022年3月15日，甲公司购入原材料一批，发票账单以及到达，增值税专用发票上注明的价款为100 000元，增值税额为13 000元，原材料也已到达并已验收入库。甲公司开出并经开户银行承兑的商业汇票一张,面值为113 000元、期限为3个月。

(2) 甲公司交纳银行承兑手续费100元,增值税13元。6月15日该商业汇票到期,甲公司通知其开户银行以银行存款支付票款。

甲公司应做如下账务处理:

(1) 甲公司购入材料时开出并承兑商业汇票

借:原材料　　　　　　　　　　　　　　　　　　　　　　　100 000
　　应交税费——应交增值税(进项税额)　　　　　　　　　　13 000
　　贷:应付票据　　　　　　　　　　　　　　　　　　　　　　　113 000

(2) 甲公司支付给银行商业汇票的承兑手续费

借:财务费用　　　　　　　　　　　　　　　　　　　　　　　100
　　应交税费——应交增值税(进项税额)　　　　　　　　　　13
　　贷:银行存款　　　　　　　　　　　　　　　　　　　　　　　113

(3) 6月15日,甲公司支付票款

借:应付票据　　　　　　　　　　　　　　　　　　　　　　　113 000
　　贷:银行存款　　　　　　　　　　　　　　　　　　　　　　　113 000

第四节　应付账款

一、应付账款概述

应付账款是指企业因购买材料、商品或接受劳务供应等经营活动而应付给供应单位的款项。应付账款一般应在与所购买物资所有权相关的主要风险和报酬已经转移,或者所购买的劳务已经接受时确认。应付账款附有现金折扣的,应按照扣除现金折扣前的应付款总额入账。因在折扣期限内付款而获得的现金折扣,应在偿付应付账款时冲减财务费用。

企业应通过"应付账款"科目,核算应付账款的发生、偿还、转销等情况。该科目贷方登记企业购买材料、商品和接受劳务等而发生的应付账款,借方登记偿还的应付账款,或开出商业汇票抵付应付账款的款项,或已冲销的无法支付的应付账款,余额一般在贷方,表示企业尚未支付的应付账款余额。应付账款如果有借方余额,反映企业的预付账款。

二、应付账款账户

1. 账户的性质:负债类账户。

2. 账户的用途:为了核算和监督企业应付账款的发生、偿还、转销等情况,企业应设置"应付账款"科目,"应付账款"科目贷方登记企业购买材料、商品和接受劳务等而发生的应付账款,借方登记偿还的应付账款,或开出商业汇票抵付应付账款的款项,或已冲销的无法支付的应付账款,余额一般在贷方,表示期末企业尚未支付的应付账款余额。应付账款如果有借方余额,反映期末企业的预付账款。

3. 明细账的设置:"应付账款"科目一般应按照债权人设置明细科目进行明细核算。

三、应付账款的主要账务处理

企业购入材料、商品或接受劳务等所产生的应付账款,应按应付金额入账。

1. 企业购入材料、商品等验收入库,但货款尚未支付,根据有关凭证(发票账单、随货同行发票上记载的实际价款或暂估价值),借记"材料采购"、"在途物资"、"原材料"等科目,按可抵扣的增值税额,借记"应交税费——应交增值税(进项税额)"等科目,按应付的价款,贷记"应付账款"科目。

2. 企业外购电力、燃气等动力一般通过"应付账款"科目核算,即在每月付款时先作暂付款处理,借记"应付账款"科目,贷记"银行存款"等科目;月末按照外购动力的用途借记"生产成本"、"制造费用"和"管理费用"等科目,贷记"应付账款"科目。

3. 企业偿还应付账款或开出商业汇票抵付应付账款时,借记"应付账款"科目,贷记"银行存款"、"应付票据"等科目。

4. 应付账款一般在较短期限内支付,但有时由于债权单位撤销或其他原因而使应付账款无法清偿。企业应将确实无法支付的应付账款予以转销,按其账面余额计入营业外收入,借记"应付账款"科目,贷记"营业外收入"科目。

【例 15-12】 甲公司(一般纳税人),原材料按实际成本核算,该单位发生下列经济业务:

(1) 2022 年 3 月 15 日,甲公司从乙公司(一般纳税人)购入原材料一批,发票账单已经到达,增值税专用发票上注明的价款为 100 000 元,增值税额为 13 000 元,原材料也已到达并已验收入库。甲公司因资金紧张,暂时未付货款。假定根据买卖合同约定,甲公司如在 10 天内付清货款,将获得 1% 的现金折扣(假定计算现金折扣时需考虑增值税)。甲公司应做如下账务处理:

(1) 甲公司购入材料时

借:原材料 100 000
　　应交税费——应交增值税(进项税额) 13 000
　　贷:应付账款 113 000

(2) 甲公司根据合同约定在 10 天内付款并获得的现金折扣

借:应付账款 113 000
　　贷:银行存款 101 700
　　　　财务费用 11 300

【例 15-13】 2022 年 5 月 20 日,甲公司(一般纳税人)收到银行转来供电部门收费单据,支付电费 50 000 元,增值税税额 6 500 元。资产负债表日,甲公司经过计算,本月电费 50 000 元中,企业行政管理部门电费 5 000 元,车间管理部门电费 15 000 元,生产车间电费 30 000 元,款项尚未支付。甲公司应做如下账务处理:

(1) 银行代扣外购电费

借:应付账款 50 000
　　应交税费——应交增值税(进项税额) 6 500
　　贷:银行存款 56 500

（2）月末分配外购电费

借：管理费用　　　　　　　　　　　　　　　　　　　　　　　　　　5 000
　　制造费用　　　　　　　　　　　　　　　　　　　　　　　　　　15 000
　　生产成本　　　　　　　　　　　　　　　　　　　　　　　　　　30 000
　贷：应付账款　　　　　　　　　　　　　　　　　　　　　　　　　50 000

【例 15-14】 2022 年 6 月 30 日，甲公司有确凿证据证明客户丙公司已经注销无法支付，甲公司所欠丙公司的应付账款为 3 000 元应予转销。甲公司应做如下账务处理：

借：应付账款　　　　　　　　　　　　　　　　　　　　　　　　　3 000
　贷：营业外收入　　　　　　　　　　　　　　　　　　　　　　　3 000

第五节　预收账款

一、预收账款概述

预收账款是指企业按照合同规定向购货单位预收的款项。预收账款情况不多的企业，也可以将预收的款项直接记入"应收账款"科目的贷方，不设"预收账款"科目。预收账款情况不多的企业，可以不单独设置"预收账款"科目，其所发生的预收账款，可通过"应收账款"科目核算，也即将预收的款项直接记入"应收账款"科目。

二、预收账款的账户

1. 账户的性质：负债类账户。
2. 账户的用途：为了核算和监督企业预收账款的发生、偿还等情况，企业应设置"预收账款"科目，"预收账款"科目贷方登记发生的预收账款数额和购货单位补付账款的数额，借方登记企业向购货方发货后冲销的预收账款数额和退回购货方多付账款的数额；期末贷方余额，反映企业向购货单位预收的款项；期末如为借方余额，反映企业应由购货单位补付的款项。
3. 明细账的设置："预收账款"科目一般应当按照购货单位设置明细账，进行明细核算。

三、预收账款的主要账务处理

1. 企业向购货单位预收的款项，借记"银行存款"科目，贷记"预收账款"科目；销售实现时，按实现的收入和应交的增值税销项税额，借记"预收账款"科目，按实现的营业收入，贷记"主营业务收入"科目，按照增值税专用发票上注明的增值税税额，贷记"应交税费——应交增值税（销项税额）"等科目。
2. 购货单位补付的款项，借记"银行存款"科目，贷记"预收账款"科目；退回多付的款项，做相反的会计分录。

【例 15-15】 2022 年 5 月 10 日，甲公司（一般纳税人）根据销售合同向乙公司出售一批笔记本电脑，价款金额为 200 000 元，增值税额为 26 000 元。根据合同规定，乙公司在合同签订后应当立即向甲公司预付 60% 的货款，剩余货款在交货后付清。2022 年 5 月 15 日，甲公司收到乙公司预付货款 135 600 元存入银行，5 月 20 日，甲公司将货物发运到乙公司并开具增值税专用发

票,乙公司验收货物后付清了余款。甲公司应做如下账务处理:

(1) 甲公司收到乙公司的预付货款

借:银行存款　　　　　　　　　　　　　　　　　　　　　　　135 600
　　贷:预收账款——乙公司　　　　　　　　　　　　　　　　　　135 600

(2) 甲公司确认销售收入

借:预收账款——乙公司　　　　　　　　　　　　　　　　　　　226 600
　　贷:主营业务收入　　　　　　　　　　　　　　　　　　　　　200 000
　　　　应交税费——应交增值税(销项税额)　　　　　　　　　　　26 000

(3) 甲公司收到乙公司的补付货款

借:银行存款　　　　　　　　　　　　　　　　　　　　　　　904 000
　　贷:预收账款——乙公司　　　　　　　　　　　　　　　　　　904 000

第六节　应付职工薪酬

一、职工和职工薪酬的定义

(一) 职工的定义

职工,是指与企业订立劳动合同的所有人员,含全职、兼职和临时职工,也包括虽未与企业订立劳动合同但由企业正式任命的人员。

(二) 职工薪酬的定义与分类

职工薪酬,是指企业为获得职工提供的服务或解除劳动关系而给予的各种形式的报酬或补偿。企业提供给职工配偶、子女、受赡养人、已故员工遗属及其他受益人等的福利,也属于职工薪酬。职工薪酬主要包括短期薪酬、离职后福利、辞退福利和其他长期职工福利。

1. 短期薪酬

短期薪酬,是指企业预期在职工提供相关服务的年度报告期间结束后十二个月内将全部予以支付的职工薪酬,因解除与职工的劳动关系给予的补偿除外。因解除与职工的劳动关系给予的补偿属于辞退福利的范畴。短期薪酬具体包括:

(1) 职工工资、奖金、津贴和补贴,是指企业按照构成工资总额的计时工资、计件工资、支付给职工的超额劳动报酬等的劳动报酬,为了补偿职工特殊或额外的劳动消耗和因其他特殊原因支付给职工的津贴,以及为了保证职工工资水平不受物价影响支付给职工的物价补贴等。其中,企业按照短期奖金计划向职工发放的奖金属于短期薪酬,按照长期奖金计划向职工发放的奖金属于其他长期职工福利。

(2) 职工福利费,是指企业向职工提供的生活困难补助、丧葬补助费、抚恤费、职工异地安家费、防暑降温费等职工福利支出。

(3) 医疗保险费、工伤保险费和生育保险费等社会保险费,是指企业按照国家规定的基准和比例计算,向社会保险经办机构缴存的医疗保险费、工伤保险费和生育保险费。

(4) 住房公积金,是指企业按照国家规定的基准和比例计算,向住房公积金管理机构缴存的住房公积金。

（5）工会经费和职工教育经费，是指企业为了改善职工文化生活、为职工学习先进技术和提高文化水平和业务素质，用于开展工会活动和职工教育及职业技能培训等相关支出。

（6）短期带薪缺勤，是指企业支付工资或提供补偿的职工缺勤，即职工虽然缺勤但企业仍向其支付报酬的安排，包括年休假、病假、婚假、产假、丧假、探亲假等。长期带薪缺勤属于其他长期职工福利。

（7）短期利润分享计划，是指因职工提供服务而与职工达成的基于利润或其他经营成果提供薪酬的协议。长期利润分享计划属于其他长期职工福利。

（8）其他短期薪酬，是指除上述薪酬以外的其他为获得职工提供的服务而给予的短期薪酬。

2. 离职后福利

离职后福利，是指企业为获得职工提供的服务而在职工退休或与企业解除劳动关系后，提供的各种形式的报酬和福利，属于短期薪酬和辞退福利的除外。

3. 辞退福利

辞退福利，是指企业在职工劳动合同到期之前解除与职工的劳动关系，或者为鼓励职工自愿接受裁减而给予职工的补偿。辞退福利主要包括：

辞退福利通常采取解除劳动关系时一次性支付补偿的方式，也采取在职工不再为企业带来经济利益后，将职工工资支付到辞退后未来某一期间的方式。

职工在正常退休时获得的养老金，是其与企业签订的劳动合同到期时，或者职工达到了国家规定的退休年龄时获得的退休后生活补偿金额，引发补偿的事项是职工在职时提供的服务，而不是退休本身，因此，企业应当在职工提供服务的会计期间进行养老金的确认和计量。另外，职工虽然没有与企业解除劳动合同，但未来不再为企业提供服务，不能为企业带来经济利益，企业承诺提供实质上具有辞退福利性质的经济补偿的，如发生"内退"的情况，在其正式退休日期之前应当比照辞退福利处理，在其正式退休日期之后，应当按照离职后福利处理。

4. 其他长期职工福利

其他长期职工福利，是指除短期薪酬、离职后福利、辞退福利之外所有的职工薪酬，包括长期带薪缺勤、长期残疾福利、长期利润分享计划等。

二、应付职工薪酬的账户

1. 账户的性质：负债类账户。

2. 账户的用途：为了核算和监督企业应付职工薪酬的计提、结算、使用等情况，企业应设置"应付职工薪酬"科目，"应付职工薪酬"科目的贷方登记已分配计入有关成本费用项目的职工薪酬的数额，借方登记实际发放职工薪酬的数额，包括扣还的款项等；该科目期末贷方余额，反映企业应付未付的职工薪酬。

3. 明细账的设置："应付职工薪酬"科目一般应按照"工资、奖金、津贴和补贴"、"职工福利费"、"非货币性福利"、"社会保险费"、"住房公积金"、"工会经费和职工教育经费"、"带薪缺勤"、"利润分享计划"、"设定提存计划"、"设定受益计划义务"、"辞退福利"等项目设置明细账进行明细核算。

三、短期薪酬的确认、计量与账务处理

（一）货币性职工薪酬

1. 企业发生的职工工资、津贴和补贴

企业应当在职工为其提供服务的会计期间，将实际发生的短期薪酬确认为负债，并计入当期

损益,其他会计准则要求或允许计入资产成本的除外。

企业发生的职工工资、津贴和补贴等短期薪酬,应当根据职工提供服务情况和工资标准等计算应计入职工薪酬的工资总额,并按照受益对象计入当期损益或相关资产成本,借记"在建工程"、"生产成本"、"制造费用"、"管理费用"、"销售费用"、"研发支出"等科目,贷记"应付职工薪酬"科目。具体来说:

(1) 应由生产产品、提供劳务负担的职工薪酬,计入产品成本或劳务成本。其中,生产工人的职工薪酬应借记"生产成本"科目,贷记"应付职工薪酬"科目;生产的车间管理人员的职工薪酬属于间接费用,应借记"制造费用"科目,贷记"应付职工薪酬"科目。当企业采用计件工资制时,生产工人的职工薪酬属于直接费用,应直接计入有关产品的成本。当企业采用计时工资制时,对于只生产一种产品的生产工人的职工薪酬也属于直接费用,应直接计入产品成本;对于同时生产多种产品的生产工人的职工薪酬,则需采用一定的分配标准(实际生产工时或定额生产工时)分配计入产品成本。

(2) 应由在建工程、研发支出负担的职工薪酬,计入建造固定资产或无形资产成本。

(3) 除上述两种情况之外的其他职工薪酬应计入当期损益。如企业行政管理部门人员和专设销售机构销售人员的职工薪酬均属于期间费用,应分别借记"管理费用"、"销售费用"等科目,贷记"应付职工薪酬"科目。

发放时,借记"应付职工薪酬"科目,贷记"银行存款"等科目。企业从应付职工薪酬中扣还的各种款项(代垫的家属药费、个人所得税等),借记"应付职工薪酬"科目,贷记"银行存款"、"库存现金"、"其他应收款"、"应交税费——应交个人所得税"等科目。实务中,企业一般在每月发放工资前,根据"工资费用分配汇总表"中的"实发金额"栏的合计数,通过开户银行支付给职工或从开户银行提取现金,然后再向职工发放。

企业按照有关规定向职工支付工资、奖金、津贴、补贴等,借记"应付职工薪酬——工资、奖金、津贴和补贴"科目,贷记"银行存款"、"库存现金"等科目;

【例15-16】 甲公司2022年9月份应付职工薪酬总额为320 000元,"工资费用分配汇总表"列示的车间生产工人工资260 000元,车间管理人员工资20 000元,厂部行政管理人员工资15 000元,专设销售机构人员工资25 000元。并且收回代垫的职工医药费3 000元,依照税法规定代扣个人所得税6 000元,假定不考虑其他因素,甲公司应做如下账务处理:

(1) 根据"工资费用分配汇总表",计算本月应发工资

借:生产成本	260 000
制造费用	20 000
管理费用	15 000
销售费用	25 000
贷:应付职工薪酬	320 000

(2) 收回代垫费用和代扣个人所得税

借:应付职工薪酬——工资、奖金、津贴和补贴	9 000
贷:应交税费——应交个人所得税	6 000
其他应收款——代垫医药费	3 000

(3) 实际发放工资分两种形式:

① 使用现金发放

Ⅰ. 提取现金发放工资

借：库存现金 311 000
　　贷：银行存款 311 000

Ⅱ. 实际发放工资

借：应付职工薪酬——工资、奖金、津贴和补贴 311 000
　　贷：库存现金 311 000

② 使用银行转账发放工资

借：应付职工薪酬——工资、奖金、津贴和补贴 311 000
　　贷：银行存款 311 000

2. 企业发生的职工福利费

企业发生的职工福利费，应当在实际发生时根据实际发生额计入当期损益或相关资产成本，借记"在建工程"、"生产成本"、"制造费用"、"管理费用"、"销售费用"、"研发支出"等科目，贷记"应付职工薪酬——职工福利费"科目。职工福利费为非货币性福利的，应当按照公允价值计量。

【例15-17】 甲公司为一生产玩具的小型工业企业，下设一所职工食堂，为了改善职工伙食，根据职工早班、中班以及夜班吃饭人数、市场物价等历史经验数据等对本公司附属食堂进行伙食补贴，整个公司在岗职工共计80人（其中管理部门10人，生产车间60人，车间管理部门4人，专设的销售机构6人），每个职工每月需补贴食堂400元。2022年9月份甲公司应做如下账务处理：

（1）2022年9月份计算伙食补贴

借：生产成本 24 000
　　制造费用 1 600
　　管理费用 4 000
　　销售费用 2 400
　　贷：应付职工薪酬——职工福利费 32 000

（2）支付伙食补贴给食堂

借：应付职工薪酬——职工福利费 32 000
　　贷：银行存款 32 000

3. 企业为职工缴纳的医疗、工伤、生育、失业等社会保险费和住房公积金，以及按规定提取的工会经费和职工教育经费

企业为职工缴纳的医疗保险费、工伤保险费、生育保险费等社会保险费和住房公积金，以及按规定提取的工会经费和职工教育经费，应当在职工为其提供服务的会计期间，根据规定的计提基础和计提比例计算确定相应的职工薪酬金额，并确认相应负债，计入当期损益或相关资产成本，借记"在建工程"、"生产成本"、"制造费用"、"管理费用"、"销售费用"、"研发支出"等科目，贷记"应付职工薪酬"科目。

① 医疗保险。基本医疗保险费由用人单位和职工共同缴纳。用人单位缴费率应控制在职工工资总额的6%左右，职工缴费率一般为本人工资收入的2%。具体缴费比例由各统筹地区根据实际情况确定。随着经济发展，用人单位和职工缴费率可作相应调整。

灵活就业已与用人单位建立明确劳动关系的灵活就业人员,按照用人单位参加基本医疗保险的方法缴费参保;其他灵活就业人员,以个人身份缴费参保。

【例15-18】 承[例15-16]甲公司2022年9月份分别按照职工工资总额的6%计提医疗保险费并按照个人工资2%代扣代缴医疗保险费。

(1) 计提医疗保险费时

借:生产成本	15 600
制造费用	1 200
管理费用	900
销售费用	1 500
贷:应付职工薪酬——医疗保险费	19 200

(2) 应由企业代扣代缴职工个人负担的医疗保险费

借:应付职工薪酬——医疗保险费	6 400
贷:其他应付款——医疗保险费	6 400

(3) 实际上交医疗保险费

借:应付职工薪酬——医疗保险费	19 200
其他应付款——医疗保险费	6 400
贷:银行存款	25 600

② 工伤保险。根据《人力资源社会保障部 财政部关于调整工伤保险费率政策的通知》(人社部发〔2015〕71号)自2015年10月1日起,调整现行工伤保险费率政策。按照《国民经济行业分类》(GB/T 4754—2017)对行业的划分,根据不同行业的工伤风险程度,由低到高,依次将行业工伤风险类别划分为一类至八类:不同工伤风险类别的行业执行不同的工伤保险行业基准费率。各行业工伤风险类别对应的全国工伤保险行业基准费率为,一类至八类分别控制在该行业用人单位职工工资总额的0.2%、0.4%、0.7%、0.9%、1.1%、1.3%、1.6%、1.9%左右。

【例15-19】 承[例15-16]甲公司2022年9月份按照职工工资总额的1.9%计提并上交工伤保险费。

(1) 计提工伤保险费

借:生产成本	4 940
制造费用	380
管理费用	285
销售费用	475
贷:应付职工薪酬——工伤保险费	6 080

(2) 上交工伤保险费

借:应付职工薪酬——工伤保险费	6 080
贷:银行存款	6 080

③ 生育保险。生育保险基金是由用人单位缴纳,职工个人不缴纳生育保险费。生育保险费的提取比例由当地人民政府根据计划生育人数生育津贴、生育医疗费等项费用确定,并可根据支出情况适时调整,但最高不得超过工资总额的1%。2015年10月1日规定,生育保险基金合理

结存量相当于 6 至 9 个月待遇支付额。凡是统筹地区基金累计结余超过 9 个月支付额的,都应下调生育保险基金费率,调整到用人单位职工工资总额的 0.5% 以内。

【例 15-20】 承[例 15-15]甲公司 2022 年 9 月份按照职工工资总额的 0.5% 计提并上交生育保险费。

(1) 计提工伤保险费

借:生产成本	1 300
制造费用	100
管理费用	75
销售费用	125
贷:应付职工薪酬——生育保险费	1 600

(2) 上交生育保险费

借:应付职工薪酬——生育保险费	1 600
贷:银行存款	1 600

④ 失业保险。城镇企业事业单位按照本单位工资总额的 2% 缴纳失业保险费。城镇企业事业单位职工按照本人工资的 1% 缴纳失业保险费。城镇企业事业单位招用的农民合同制工人本人不缴纳失业保险费。失业保险费的征缴范围不再以户籍为限制。

【例 15-21】 承[例 15-15]甲公司 2022 年 9 月份分别按照职工工资总额的 2% 计提失业保险费并按照个人工资 1% 代扣代缴失业保险费。

(1) 计提失业保险费时

借:生产成本	5 200
制造费用	400
管理费用	300
销售费用	500
贷:应付职工薪酬——失业保险费	6 400

(2) 应由企业代扣代缴职工个人负担的失业保险费

借:应付职工薪酬——失业保险费	3 200
贷:其他应付款——失业保险费	3 200

(3) 实际上交医疗保险费

借:应付职工薪酬——失业保险费	6 400
其他应付款——失业保险费	3 200
贷:银行存款	9 600

⑤ 住房公积金。职工和单位住房公积金的缴存比例均不得低于职工上一年度月平均工资的 5%;有条件的城市,可以适当提高缴存比例。具体缴存比例由住房公积金管理委员会拟订,经本级人民政府审核后,报省、自治区、直辖市人民政府批准。

住房公积金的账务处理与医疗保险费以及失业保险费的账务处理基本相同。

⑥ 工会经费。建立工会组织的用人单位,按每月全部职工工资总额的 2% 向工会拨缴经费。

企业的工会经费一般应当分别按照职工工资总额的2%的计提标准,计量应付职工薪酬(工会经费)义务金额和应相应计入成本费用的薪酬。

工会经费的计提和上交的账务处理与生育保险费等账务处理基本相同。

⑦ 职工教育经费。职工教育经费一般应当分别按照职工工资总额的1.5%的计提标准足额提取,从业人员技术素质要求高、培训任务重、经济效益较好的企业可按2.5%提取,列入成本开支。

职工教育经费计提的账务处理与上述费用的账务处理基本相同。

(二) 非货币性职工薪酬

非货币性短期薪酬是指企业用非货币性资产支付给职工的薪酬(福利),主要包括:如企业以自产产品发放给职工作为福利;企业以外购商品发放给职工作为福利;企业将拥有的资产无偿提供给职工使用,比如将本单位自建宿舍或租入的宿舍提供给职工免费居住;企业为职工设立卫生所、医院或招标其他医疗机构无偿提供医疗保健服务,比如体检;向职工提供企业支付了补贴的商品或服务等。

企业向职工提供非货币性福利的,应当按照公允价值计量。

1. 企业以自产的产品作为非货币性福利提供给职工的,应当根据受益对象,按照该产品的公允价值和相关税费确定职工薪酬金额,并计入当期损益或相关资产成本,同时确认应付职工薪酬。借记"在建工程"、"生产成本"、"制造费用"、"管理费用"、"销售费用"、"研发支出"等科目,贷记"应付职工薪酬——非货币性福利"科目。

相关收入的确认、销售成本的结转以及相关税费的处理,与企业正常商品销售的会计处理相同。

2. 将企业拥有的房屋等资产无偿提供给职工使用的,应当根据受益对象,将该住房每期应计提的折旧计入相关资产成本或当期损益,同时确认应付职工薪酬,借记"在建工程"、"生产成本"、"制造费用"、"管理费用"、"销售费用"、"研发支出"等科目,贷记"应付职工薪酬——非货币性福利"科目。同时,借记"应付职工薪酬——非货币性福利"科目,贷记"累计折旧"科目。

3. 租赁住房等资产供职工无偿使用的,应当根据受益对象,将每期应付的租金计入相关资产成本或当期损益,并确认应付职工薪酬,借记"在建工程"、"生产成本"、"制造费用"、"管理费用"、"销售费用"、"研发支出"等科目,贷记"应付职工薪酬——非货币性福利"科目。难以认定受益对象的非货币性福利(如提供给职工的免费午餐或者通勤车),直接计入当期损益和应付职工薪酬。

4. 企业以外购的商品作为非货币性福利提供给职工的,应当按照该商品的公允价值和相关税费确定职工薪酬的金额,并计入当期损益或相关资产成本。

【例15-22】 甲公司(一般纳税人,适用的增值税税率为13%)为食品生产企业,全企业共有职工1 000名。2023年9月25日,甲公司决定以其生产的月饼和蛋糕发放给公司职工作为国庆节和中秋节双节福利。每份福利市场价为400元(不含增值税),成本为200元。甲公司已开具了增值税专用发票视同销售入账。假定1 000名职工中,管理人员50名,专设的销售机构人员200名,车间管理人员50名,生产车间工人700名,甲公司于9月26日将月饼和蛋糕发放给全体职工。假定不考虑其他因素,甲公司应做如下账务处理:

甲公司计算月饼和蛋糕的销售收入总额及其增值税(销项税额)如下:

月饼和蛋糕的销售收入总额=1 000×400=400 000元

增值税销项税额＝400 000×13％＝52 000 元
应当计入管理费用的职工薪酬金额＝50×400＝20 000 元
应当计入销售费用的职工薪酬金额＝200×400＝80 000 元
应当计入制造费用的职工薪酬金额＝50×400＝20 000 元
应当计入生产成本的职工薪酬金额＝700×400＝280 000 元

① 发放福利

借：管理费用 20 000
　　销售费用 80 000
　　制造费用 20 000
　　生产成本 280 000
　　　贷：应付职工薪酬——非货币性福利 400 000

② 视同销售

借：应付职工薪酬——非货币性福利 452 000
　　　贷：主营业务收入 400 000
　　　　　应交税费——应交增值税(销项税额) 52 000

③ 结转成本 20 万元(1 000×200)

借：主营业务成本 200 000
　　　贷：库存商品 200 000

【例 15-23】 2023 年 8 月,甲公司为本公司董事长和总经理各提供一辆汽车免费使用,假定每辆奥迪 A6 汽车价值 45 万元,计划使用 10 年,假定不考虑使用期末固定资产清理费用和残值等其他相关因素,采用直线法摊销折旧费,每月计提折旧费 3 750 元,甲公司做如下账务处理：

(1) 确认提供汽车的非货币性福利

借：管理费用 7 500
　　　贷：应付职工薪酬——非货币性福利 7 500

(2) 同时,结转成本

借：应付职工薪酬——非货币性福利 7 500
　　　贷：累计折旧 7 500

【例 15-24】 2023 年 8 月,甲公司为本公司两名来自外省的技术工人租赁两套宿舍,月租金为每套 3 000 元。

借：生产成本 6 000
　　　贷：应付职工薪酬——非货币性福利 6 000

(三) 短期带薪缺勤

带薪缺勤应当根据其性质及其职工享有的权利,分为累积带薪缺勤和非累积带薪缺勤两类。

累积带薪缺勤,是指带薪缺勤权利可以结转下期的带薪缺勤,本期尚未用完的带薪缺勤权利可以在未来期间使用。非累积带薪缺勤,是指带薪缺勤权利不能结转下期的带薪缺勤,本期尚未用完的带薪缺勤权利将予以取消,并且职工离开企业时也无权获得现金支付。

1. 累积带薪缺勤及其会计处理

累积带薪缺勤,是指带薪权利可以结转下期的带薪缺勤,本期尚未用完的带薪缺勤权利可以在未来期间使用。职工在离开企业时能够获得现金支付的,企业应当确认企业必须支付的、职工全部累积未使用权利的金额。企业应当根据资产负债表日因累积未使用权利而导致的预期支付的追加金额,作为累积带薪缺勤费用进行预计。借记"管理费用",贷记"应付职工薪酬——累积带薪缺勤"。如果职工均未享受累积未使用的带薪年休假,则冲回上年度确认的费用,借记"应付职工薪酬——累积带薪缺勤"科目,贷记"管理费用"科目。

【例 15-25】 本例采用《企业会计准则第 9 号——职工薪酬应用指南》(2014)的例题。甲公司共有 2 000 名职工,从 2014 年 1 月 1 日起,该企业实行累积带薪缺勤制度。该制度规定,每个职工每年可享受 5 个工作日带薪年休假,未使用的年休假只能向后结转一个公历年度,超过 1 年未使用的权利作废,在职工离开企业时也无权获得现金支付;职工休年假时,首先使用当年可享受的权利,再从上年结转的带薪年休假中扣除。

2014 年 12 月 31 日,甲公司预计 2015 年有 1 900 名职工将享受 5 天的带薪年休假,剩余 100 名职工每人将平均享受 6 天半年休假,假定这 100 名职工全部为总部各部门经理,该企业平均每名职工每个工作日工资为 300 元。不考虑其他相关因素。2014 年 12 月 31 日,甲公司应编制如下会计分录:

甲公司在 2014 年 12 月 31 应当预计由于职工累积未使用的带薪年休假权利而导致的预期支付的金额,即相当于 150 天[100×(6.5-5)天]的年休假工资金额 45 000 元(150×300)。

借:管理费用   45 000
    贷:应付职工薪酬——带薪缺勤——短期带薪缺勤——累积带薪缺勤   45 000

2. 非累积带薪缺勤及其会计处理

非累积带薪缺勤,是指带薪权利不能结转下期的带薪缺勤,本期尚未用完的带薪缺勤权利将予以取消,并且职工离开企业时也无权获得现金支付。我国企业职工休婚假、产假、丧假、探亲假、病假期间的工资通常属于非累积带薪缺勤。由于职工提供服务本身不能增加其能够享受的福利金额,企业在职工未缺勤时不应当计提相关费用和负债。为此,职工薪酬准则规定,企业应当在职工实际发生缺勤的会计期间确认与非累积带薪缺勤相关的职工薪酬。企业确认职工享有的与非累积带薪缺勤权利相关的薪酬,视同职工出勤确认的当期损益或相关资产成本。通常情况下,与非累积带薪缺勤相关的职工薪酬已经包括在企业每期向职工发放的工资等薪酬中,因此,不必额外作相应的账务处理。

(四)短期利润分享计划(或奖金计划)的确认、计量和账务处理

短期利润分享计划同时满足下列条件的,企业应当确认相关的应付职工薪酬,并计入当期损益或相关资产成本:企业因过去事项导致现在具有支付职工薪酬的法定义务或推定义务;因利润分享计划所产生的应付职工薪酬义务能够可靠估计。属于下列三种情形之一的,视为义务金额能够可靠估计:

(1)在财务报告批准报出之前企业已确定应支付的薪酬金额。
(2)该短期利润分享计划的正式条款中包括确定薪酬金额的方式。
(3)过去的惯例为企业确定推定义务金额提供了明显证据。

职工只有在企业工作一段特定期间才能分享利润的,企业在计量利润分享计划产生的应付职工薪酬时,应当反映职工因离职而无法享受利润分享计划福利的可能性。

如果企业在职工为其提供相关服务的年度报告期间结束后十二个月内,不需要全部支付利润分享计划产生的应付职工薪酬,该利润分享计划应当适用职工薪酬准则其他长期职工福利的有关规定。企业根据经营业绩或职工贡献等情况提取的奖金,属于奖金计划,应当比照短期利润分享计划进行处理。

【例 15-26】 甲公司于 2023 年初制订和实施了一项短期利润分享计划,以对公司管理层进行利润分享的激励。该计划规定,公司全年的净利润指标为 5 000 万元,如果在公司管理层的努力下完成的净利润超过 5 000 万元,公司管理层将可以分享超过 5 000 万元净利润部分的 20% 作为额外报酬。假定至 2023 年 12 月 31 日,甲公司全年实际完成净利润 6 000 万元。假定不考虑离职等其他因素,则丙公司管理层按照利润分享计划可以分享利润 200 万元[(6 000－5 000)×20%]作为其额外的薪酬。

甲公司 2023 年 12 月 31 日的相关账务处理如下:

借:管理费用　　　　　　　　　　　　　　　　　　　　　　　2 000 000
　　贷:应付职工薪酬——利润分享计划　　　　　　　　　　　　　　2 000 000

(五)设定提存计划的确认、计量和账务处理

职工应当参加职工基本养老保险,由用人单位和职工按照国家规定共同缴纳基本养老保险费。从 2006 年 1 月 1 日起,个人账户的规模统一由本人缴费工资的 11% 调整为 8%,单位缴费不再划入个人账户。国家规定从 2019 年 5 月 1 日起用人单位按照不超过工资总额的 20% 降至 16% 缴纳基本养老保险费,个人则按照本人工资的 8% 缴纳基本养老保险费。国有企业、事业单位职工参加基本养老保险前,视同缴费年限期间应当缴纳的基本养老保险费由政府承担。

资产负债表日,企业为换取职工在会计期间提供的服务而应向单独主体缴存的提存金,确认为应付职工薪酬,并计入当期损益或相关资产成本,借记"在建工程"、"生产成本"、"制造费用"、"管理费用"、"销售费用"、"研发支出"等科目,贷记"应付职工薪酬——设定提存计划"科目。

【例 15-27】 承[例 15-15]2023 年 9 月份,甲公司于根据南京市人力资源和社会保障局规定,按照职工工资总额的 12% 计提基本养老保险费,并按照 8% 的比例代扣代缴个人账户的基本养老保险费,款项已经缴存南京市人力资源和社会保障局。甲公司应做如下账务处理:

(1)计提基本养老保险费

借:生产成本　　　　　　　　　　　　　　　　　　　　　　　31 200
　　制造费用　　　　　　　　　　　　　　　　　　　　　　　2 400
　　管理费用　　　　　　　　　　　　　　　　　　　　　　　1 800
　　销售费用　　　　　　　　　　　　　　　　　　　　　　　3 000
　　贷:应付职工薪酬——设定提存计划(基本养老保险费)　　　　　38 400

(2)代扣代缴个人账户的基本养老保险费

借:应付职工薪酬——基本养老保险费　　　　　　　　　　　　　25 600
　　贷:其他应付款——基本养老保险费　　　　　　　　　　　　　25 600

(3) 实际上交基本养老保险费

借：应付职工薪酬——设定提存计划（基本养老保险费）　　　　　　38 400
　　其他应付款——基本养老保险费　　　　　　　　　　　　　　25 600
　　贷：银行存款　　　　　　　　　　　　　　　　　　　　　　64 000

四、离职后福利的确认和计量

离职后福利是指在企业与职工签订的劳动合同未到期之前，企业由于种种原因需要提前终止劳动合同而辞退员工，根据劳动合同，企业需要提供一笔资金作为对被辞退员工的补偿。离职后福利是为了保障员工在离职后的生活和权益，离职后福利是员工在离职前与公司签订的劳动合同中约定的一项权益，其性质更接近于一种补偿或保障。离职后福利通常是根据员工在公司的工作年限、离职原因和公司政策等因素确定的。

职工正常退休时获得的养老金等离职后福利，是职工与企业签订的劳动合同到期或者职工达到了国家规定的退休年龄时，获得的离职后生活补偿金额。企业给予补偿的事项是职工在职时提供的服务而不是退休本身，因此，企业应当在职工提供服务的会计期间对离职后福利进行确认和计量。

五、辞退福利的确认和计量

辞退福利，是指企业在职工劳动合同到期之前解除与职工的劳动关系，或者为鼓励职工自愿接受裁减而给予职工的补偿。由于导致义务产生的事项是终止雇佣而不是为获得职工的服务，企业应当将辞退福利作为单独一类职工薪酬进行会计处理。

企业在确定提供的经济补偿是否为辞退福利时，应当区分辞退福利和正常退休养老金。辞退福利是在职工与企业签订的劳动合同到期前，企业根据法律与职工本人或职工代表（如工会）签订的协议，或者基于商业惯例，承诺当其提前终止对职工的雇佣关系时支付的补偿，引发补偿的事项是辞退。

对于职工虽然没有与企业解除劳动合同，但未来不再为企业提供服务，不能为企业带来经济利益，企业承诺提供实质上具有辞退福利性质的经济补偿的，如发生"内退"的情况，在其正式退休日期之前应当比照辞退福利处理，在其正式退休日期之后，应当按照离职后福利处理。

企业向职工提供辞退福利的，应当在企业不能单方面撤回因解除劳动关系计划或裁减建议所提供的辞退福利时、企业确认涉及支付辞退福利的重组相关的成本或费用时两者孰早日，确认辞退福利产生的职工薪酬负债，并计入当期损益。

第七节　应交税费

一、应交税费概述

"应交税费"科目用于核算企业按照税法等规定计算应交纳的各种税费，包括增值税、消费税、企业所得税、城市维护建设税、教育费附加、资源税、土地增值税、环境保护税、房产税、土地使用税、车船使用税、矿产资源补偿费、烟叶税等。企业代扣代缴的个人所得税等，也通过本科目核算。不需要预计缴纳的税金,比如"印花税",不在"应交税费"科目核算(注意:财政部、税务总局于 2023 年 8 月 27 日规定,自 2023 年 8 月 28 日起,证券交易印花税实施减半征收)。本节重点讲解最常见的增值税、消费税、城市维护建设税、教育费附加。

二、应交税费的账户

1. 账户的性质:负债类账户。
2. 账户的用途:为了核算和监督企业各种税费的应交、交纳等情况,企业应当设置"应交税费"科目,"应交税费"科目贷方登记应交纳的各种税费等,借方登记实际交纳的税费;期末余额一般在贷方,反映企业尚未交纳的税费,期末余额如在借方,反映企业多交或尚未抵扣的税费。
3. 明细账的设置:"应交税费"科目按应交的税费项目设置明细科目进行明细核算。

三、应交增值税

增值税是在我国境内销售货物、服务、无形资产、不动产以及进口货物的单位和个人,就其销售货物、服务、无形资产、不动产(以下统称应税交易)的增值额和货物进口金额为计税依据而课征的一种流转税。

(一) 增值税概述

2016 年 5 月 1 日起,在全国范围内全面推开"营改增"试点,将建筑业、房地产业、金融业、生活服务业等全部营业税纳税人纳入试点范围,由缴纳营业税改为缴纳增值税。2017 年 11 月 19 日国务院发布了《关于废止〈中华人民共和国营业税暂行条例〉和修改〈中华人民共和国增值税暂行条例〉的决定》(国务院令第 691 号),正式结束了营业税的历史使命。之后又逐步发布了诸多"营改增"的具体实施办法和措施。比如,2017 年国家取消 13% 税率将四档税率简并为三档,2018 年、2019 年连续降低增值税税率,将 17% 的标准税率降为 13%,同时扩大进项税的抵扣范围、建立期末留抵退税制度,在基本建立现代增值税制度的同时,实现了所有行业税负"只减不增",大幅降低纳税人税收负担。

2024 年 12 月 25 日第十四届全国人民代表大会常务委员会第十三次会议通过了《中华人民共和国增值税法》,增值税法自 2026 年 1 月 1 日起施行,《中华人民共和国增值税暂行条例》同时废止。

(二) 增值税的纳税人

在中华人民共和国境内(以下简称境内)销售货物、服务、无形资产、不动产(以下称应税交易),以及进口货物的单位和个人(包括个体工商户),为增值税的纳税人,应当依照增值税法规定缴纳增值税。销售货物、服务、无形资产、不动产,是指有偿转让货物、不动产的所有权,有偿提供服务,有偿转让无形资产的所有权或者使用权。

(三) 增值税的征税范围

增值税的征税范围为销售货物、服务、无形资产、不动产。

销售货物、服务、无形资产、不动产,是指有偿转让货物、不动产的所有权,有偿提供服务,有偿转让无形资产的所有权或者使用权。

1. 应税交易

在境内发生应税交易,是指下列情形:

(1)销售货物的,货物的起运地或者所在地在境内;

(2)销售或者租赁不动产、转让自然资源使用权的,不动产、自然资源所在地在境内;

(3)销售金融商品的,金融商品在境内发行,或者销售方为境内单位和个人;

(4)除以上第(2)项、第(3)项规定外,销售服务、无形资产的,服务、无形资产在境内消费,或者销售方为境内单位和个人。

2. 视同应税交易。

有下列情形之一的,视同应税交易,应当依照增值税法规定缴纳增值税:

(1)单位和个体工商户将自产或者委托加工的货物用于集体福利或者个人消费;

(2)单位和个体工商户无偿转让货物;

(3)单位和个人无偿转让无形资产、不动产或者金融商品。

3. 下列不属于应税交易。

有下列情形之一的,不属于应税交易,不征收增值税:

(1)员工为受雇单位或者雇主提供取得工资、薪金的服务;

(2)收取行政事业性收费、政府性基金;

(3)依照法律规定被征收、征用而取得补偿;

(4)取得存款利息收入。

(四) 一般纳税人与小规模纳税人的登记

年应税销售额超过财政部、国家税务总局规定的小规模纳税人标准(以下简称"规定标准")的,应当向主管税务机关办理一般纳税人登记。

年应税销售额,是指纳税人在连续不超过12个月或四个季度的经营期内累计应征增值税销售额,包括纳税申报销售额、稽查查补销售额、纳税评估调整销售额。

销售服务、无形资产或者不动产(以下简称"应税行为")有扣除项目的纳税人,其应税行为年应税销售额按未扣除之前的销售额计算。纳税人偶然发生的销售无形资产、转让不动产的销售额,不计入应税行为年应税销售额。

年应税销售额未超过规定标准的纳税人,会计核算健全,能够提供准确税务资料的,可以向主管税务机关办理一般纳税人登记。会计核算健全,是指能够按照国家统一的会计制度规定设置账簿,根据合法、有效凭证进行核算。

下列纳税人不办理一般纳税人登记:(1)按照政策规定,选择按照小规模纳税人纳税的;(2)年应税销售额超过规定标准的其他个人。

小规模纳税人,是指年应征增值税销售额未超过五百万元的纳税人。小规模纳税人会计核算健全,能够提供准确税务资料的,可以向主管税务机关办理登记,按照增值税法规定的一般计税方法计算缴纳增值税。根据国民经济和社会发展的需要,国务院可以对小规模纳税人的标准作出调整,报全国人民代表大会常务委员会备案。会计核算不健全是指不能正确核算增值税的销项税额、进项税额和应纳税额。根据《增值税小规模纳税人标准为年应征增值税销售额500万元及以下》(财税〔2018〕33号)规定,增值税小规模纳税人标准为年应征增值税销售额500万元及以下。

应税销售额超过小规模纳税人标准的其他个人按小规模纳税人纳税;非企业性单位、不经常发生应税行为的企业可选择按小规模纳税人纳税。

财政部、税务总局2023年规定:(1)对月销售额10万元以下(含本数)的增值税小规模纳税人,免征增值税。(2)增值税小规模纳税人适用3%征收率的应税销售收入,减按1%征收率征收增值税;适用3%预征率的预缴增值税项目,减按1%预征率预缴增值税。

(五) 增值税税率及适用范围

《增值税法》第十条规定,增值税的税率分别为13%、9%、6%和零税率。

1. 13%税率适用范围

纳税人销售货物、加工修理修配服务、有形动产租赁服务或者进口货物,除按规定适用9%税率的货物以外,适用13%的基本税率。采取填埋、焚烧等方式进行专业化处理后产生货物,且货物归属委托方的,受托方属于提供"加工劳务",其收取的处理费用适用13%的税率。

2. 9%税率适用范围

自2019年4月1日起,纳税人销售交通运输、邮政、基础电信、建筑、不动产租赁服务,销售不动产,转让土地使用权,销售或者进口下列货物,税率为9%:

(1) 农产品、食用植物油、食用盐。

对增值税一般纳税人购进农产品,扣除率为9%;购进用于生产或者委托加工13%税率货物的农产品,扣除率为10%。

(2) 自来水、暖气、冷气、热水、煤气、石油液化气、天然气、二甲醚、沼气、居民用煤炭制品。

(3) 图书、报纸、杂志、音像制品、电子出版物。

国内印刷企业承印的经新闻出版主管部门批准印刷且采用国际标准书号编序的境外图书,属于《增值税法》第十条规定的"图书",适用9%的增值税税率。

(4) 饲料、化肥、农药、农机、农膜。

3. 6%税率适用范围

纳税人销售增值电信服务、金融服务、现代服务(不动产租赁除外)、生活服务以及销售无形资产(转让土地使用权除外),税率为6%。

4. 零税率适用范围

纳税人出口货物,税率为零,国务院另有规定的除外。境内单位和个人跨境销售国务院规定范围内的服务、无形资产,税率为零。

5. 简易计税的征收率为3%

6. 兼营应税交易的税率、征收率以及优惠项目

增值税法规定,纳税人发生两项以上应税交易涉及不同税率、征收率的,应当分别核算适用不同税率、征收率的销售额;未分别核算的,从高适用税率。纳税人发生一项应税交易涉及两个以上税率、征收率的,按照应税交易的主要业务适用税率、征收率。纳税人兼营增值税优惠项目的,应当单独核算增值税优惠项目的销售额;未单独核算的项目,不得享受税收优惠。

(六) 增值税的计税方法

增值税为价外税,应税交易的销售额不包括增值税税额。增值税税额,应当按照国务院的规定在交易凭证上单独列明。

增值税的计税方法分为一般计税方法和简易计税方法。

纳税人发生应税交易,应当按照一般计税方法,通过销项税额抵扣进项税额计算应纳税额的方式,计算缴纳增值税;增值税法另有规定的除外。小规模纳税人可以按照销售额和征收率计算应纳税额的简易计税方法,计算缴纳增值税。中外合作开采海洋石油、天然气增值税的计税方法等,按照国务院的有关规定执行。

1. 一般计税方法

在我国一般纳税人采用购进扣税法计算当期增值税应纳税额,购进扣税法指以税法规定的扣除项目的购进金额为计税依据计算应扣税额和应纳税额的一种方法。其特点是,只要是本期购入的扣除项目均在本期商品、劳务或服务等销售计税时计算扣税。即先按当期销售额和适用税率计算出销项税额,然后对当期购进项目向对方支付的税款进行抵扣,从而间接算出当期的应纳税额。其计算公式如下:

$$当期应纳税额 = 当期销项税额 - 当期进项税额$$

(1) "销项税额"是指纳税人发生应税交易,按照销售额乘以增值税法规定的税率计算的增值税额。销项税额计算公式:

$$销项税额 = 销售额 \times 税率$$

销售额是指纳税人发生应税交易取得的与之相关的价款,包括货币和非货币形式的经济利益对应的全部价款,不包括按照一般计税方法计算的销项税额和按照简易计税方法计算的应纳税额。销售额以人民币计算。纳税人以人民币以外的货币结算销售额的,应当折合成人民币计算。增值税法规定的视同应税交易以及销售额为非货币形式的,纳税人应当按照市场价格确定销售额。销售额明显偏低或者偏高且无正当理由的,税务机关可以依照《中华人民共和国税收征收管理法》和有关行政法规的规定核定销售额。

对于一般纳税人发生的应税销售行为,采用销售额和销项税额合并定价方法的,按下列公式计算销售额:

$$不含税销售额 = 含税销售额 \div (1 + 税率)$$

销售额以人民币计算。纳税人以人民币以外的货币结算销售额的,应当折合成人民币计算。纳税人销售货物或者应税劳务的价格明显偏低并无正当理由的,由主管税务机关核定其销售额。

(2) "进项税额"是指纳税人购进货物、服务、无形资产、不动产支付或者负担的增值税额。纳税人应当凭法律、行政法规或者国务院规定的增值税扣税凭证从销项税额中抵扣进项税额。

下列进项税额准予从销项税额中抵扣:

① 从销售方取得的增值税专用发票(含税控机动车销售统一发票)上注明的增值税额。

② 从海关取得的海关进口增值税专用缴款书上注明的增值税额。

③ 购进农产品,除取得增值税专用发票或者海关进口增值税专用缴款书外,按照农产品收购发票或者销售发票上注明的农产品买价和9%的扣除率计算的进项税额;如果用于生产销售或者委托加工适用13%增值税税率的农产品,按照农产品收购发票或者销售发票上注明的农产品买价和10%的扣除率计算的进项税额。

$$进项税额计算公式:进项税额 = 买价 \times 扣除率$$

④ 从境外单位或者个人购进服务、无形资产和不动产,从税务机关或者境内代理人取得的解缴税款的中华人民共和国税收缴款凭证(简称"税收缴款凭证")上注明的增值税额。

准予抵扣的项目和扣除率的调整,由国务院决定。

当期销项税额小于当期进项税额不足抵扣时,其不足部分可以结转下期继续抵扣。

但是,下列进项税额不得从销项税额中抵扣:

① 适用简易计税方法计税项目对应的进项税额;

② 免征增值税项目对应的进项税额;

③ 非正常损失项目对应的进项税额；

④ 购进并用于集体福利或者个人消费的货物、服务、无形资产、不动产对应的进项税额；

⑤ 购进并直接用于消费的餐饮服务、居民日常服务和娱乐服务对应的进项税额；

⑥ 国务院规定的其他进项税额。

2. 简易计税方法

简易计税方法是指按照销售额和增值税征收率计算税额，且不得抵扣进项税额的计税方法。应纳税额计算公式：

$$应纳税额＝销售额\times征收率$$

按简易计税方法计税的"销售额"不包括其应纳的增值税税额，如果纳税人采用销售额和应纳增值税税额合并定价方法的，按照下列公式计算销售额：

$$销售额＝含税销售额\div(1＋征收率)$$

一般纳税人采用一般计税方法；小规模纳税人一般采用简易计税办法；一般纳税人特定的应税销售行为（属于财政部和国家税务总局规定的）也可以选择简易计税办法，但是不得抵扣进项税额，而且简易计税办法一经选择，36个月内不得变更。

（七）下列项目免征增值税

1. 农业生产者销售的自产农产品，农业机耕、排灌、病虫害防治、植物保护、农牧保险以及相关技术培训业务，家禽、牲畜、水生动物的配种和疾病防治；

2. 医疗机构提供的医疗服务；

3. 古旧图书，自然人销售的自己使用过的物品；

4. 直接用于科学研究、科学试验和教学的进口仪器、设备；

5. 外国政府、国际组织无偿援助的进口物资和设备；

6. 由残疾人的组织直接进口供残疾人专用的物品，残疾人个人提供的服务；

7. 托儿所、幼儿园、养老机构、残疾人服务机构提供的育养服务，婚姻介绍服务，殡葬服务；

8. 学校提供的学历教育服务，学生勤工俭学提供的服务；

9. 纪念馆、博物馆、文化馆、文物保护单位管理机构、美术馆、展览馆、书画院、图书馆举办文化活动的门票收入，宗教场所举办文化、宗教活动的门票收入。

前款规定的免税项目具体标准由国务院规定。

（八）增值税的账务处理

1. 会计科目及专栏设置

增值税一般纳税人应当在"应交税费"科目下设置"应交增值税"、"未交增值税"、"预交增值税"、"待抵扣进项税额"、"待认证进项税额"、"待转销项税额"、"简易计税"、"转让金融商品应交增值税"、"代扣代交增值税"等明细科目。

（1）增值税一般纳税人应在"应交增值税"明细账内设置"进项税额"、"销项税额抵减"、"已交税金"、"转出未交增值税"、"减免税款"、"出口抵减内销产品应纳税额"、"销项税额"、"出口退税"、"进项税额转出"、"转出多交增值税"等专栏。其中：

① "进项税额"专栏，记录一般纳税人购进货物、加工修理修配劳务、服务、无形资产或不动产而支付或负担的、准予从当期销项税额中抵扣的增值税额；

②"销项税额抵减"专栏,记录一般纳税人按照现行增值税制度规定因扣减销售额而减少的销项税额;

③"已交税金"专栏,记录一般纳税人当月已交纳的应交增值税额;

④"转出未交增值税"和"转出多交增值税"专栏,分别记录一般纳税人月度终了转出当月应交未交或多交的增值税额;

⑤"减免税款"专栏,记录一般纳税人按现行增值税制度规定准予减免的增值税额;

⑥"出口抵减内销产品应纳税额"专栏,记录实行"免、抵、退"办法的一般纳税人按规定计算的出口货物的进项税抵减内销产品的应纳税额;

⑦"销项税额"专栏,记录一般纳税人销售货物、加工修理修配劳务、服务、无形资产或不动产应收取的增值税额;

⑧"出口退税"专栏,记录一般纳税人出口货物、加工修理修配劳务、服务、无形资产按规定退回的增值税额;

⑨"进项税额转出"专栏,记录一般纳税人购进货物、加工修理修配劳务、服务、无形资产或不动产等发生非正常损失以及其他原因而不应从销项税额中抵扣、按规定转出的进项税额。

(2)"未交增值税"明细科目,核算一般纳税人月度终了从"应交增值税"或"预交增值税"明细科目转入当月应交未交、多交或预缴的增值税额,以及当月交纳以前期间未交的增值税额。

(3)"预交增值税"明细科目,核算一般纳税人转让不动产、提供不动产经营租赁服务、提供建筑服务、采用预收款方式销售自行开发的房地产项目等,以及其他按现行增值税制度规定应预缴的增值税额。

(4)"待抵扣进项税额"明细科目,核算一般纳税人已取得增值税扣税凭证并经税务机关认证,按照现行增值税制度规定准予以后期间从销项税额中抵扣的进项税额。

(5)"待认证进项税额"明细科目,核算一般纳税人由于未经税务机关认证而不得从当期销项税额中抵扣的进项税额。包括:一般纳税人已取得增值税扣税凭证、按照现行增值税制度规定准予从销项税额中抵扣,但尚未经税务机关认证的进项税额;一般纳税人已申请稽核但尚未取得稽核相符结果的海关缴款书进项税额。

(6)"待转销项税额"明细科目,核算一般纳税人销售货物、加工修理修配劳务、服务、无形资产或不动产,已确认相关收入(或利得)但尚未发生增值税纳税义务而需于以后期间确认为销项税额的增值税额。

(7)"简易计税"明细科目,核算一般纳税人采用简易计税方法发生的增值税计提、扣减、预缴、缴纳等业务。

(8)"转让金融商品应交增值税"明细科目,核算增值税纳税人转让金融商品发生的增值税额。

(9)"代扣代交增值税"明细科目,核算纳税人购进在境内未设经营机构的境外单位或个人在境内的应税行为代扣代缴的增值税。

小规模纳税人只需在"应交税费"科目下设置"应交增值税"明细科目,不需要设置上述专栏及除"转让金融商品应交增值税"、"代扣代交增值税"外的明细科目。

2. 账务处理

(1)一般纳税人取得资产或接受劳务等业务的账务处理。

① 采购等业务进项税额允许抵扣的账务处理。一般纳税人购进货物、加工修理修配劳务、服务、无形资产或不动产,按应计入相关成本费用或资产的金额,借记"材料采购"(采用计划成本

核算)、"在途物资"(采用实际成本核算)或"原材料"、"库存商品"、"生产成本"、"无形资产"、"固定资产"、"管理费用"等科目,按当月已认证的可抵扣增值税额,借记"应交税费——应交增值税(进项税额)"科目,按当月未认证的可抵扣增值税额,借记"应交税费——待认证进项税额"科目,按应付或实际支付的金额,贷记"应付账款"、"应付票据"、"银行存款"等科目。发生退货的,如原增值税专用发票已做认证,应根据税务机关开具的红字增值税专用发票做相反的会计分录;如原增值税专用发票未做认证,应将发票退回并做相反的会计分录。

【例 15-28】 2023 年 9 月 10 日,甲公司(一般纳税人)从乙公司购入包装材料一批,已经取得增值税专用发票并经过税务机关认证,发票上注明的价款为 100 000 元,增值税额 13 000 元,因包装材料尚未到达所以未能验收入库,价款和增值税额合计 113 000 已用转账支票支付,假定甲公司采用实际成本对原材料进行核算,也不考虑运费等相关因素。甲公司的账务处理如下:

借:在途物资   100 000
    应交税费——应交增值税(进项税额)   13 000
    贷:银行存款   113 000

假定甲公司对原材料采用计划成本核算,计划成本为 110 000 元,则甲公司的账务处理如下:

借:材料采购   100 000
    应交税费——应交增值税(进项税额)   13 000
    贷:银行存款   113 000

待包装材料到达并验收入库后应分别作如下处理:
采用实际成本对原材料进行核算:

借:原材料   100 000
    贷:在途物资   100 000

采用计划成本对原材料进行核算:

借:原材料   120 000
    贷:材料采购   100 000
        材料成本差异   10 000

【例 15-29】 2023 年 9 月 15 日,甲公司(一般纳税人)购入免税农产品用于深加工产品(适用增值税率 13%的产品),农产品收购发票上的价款 100 000 元,增值税税法规定的扣除率为 10%(一般情况下为 9%,具体见增值税税率的规定),该批农产品因尚未到达也未验收入库,货款已按照协议规定用银行汇票支付。甲公司的账务处理如下:

借:在途物资   90 000
    应交税费——应交增值税(进项税额)   10 000
    贷:其他货币资金——银行汇票   100 000

② 货物等已验收入库但尚未取得增值税扣税凭证的账务处理。一般纳税人购进的货物等已到达并验收入库,但尚未收到增值税扣税凭证并未付款的,应在月末按货物清单或相关合同协议上的价格暂估入账,不需要将增值税的进项税额暂估入账。下月初,用红字冲销原暂估入账金额,待取得相关增值税扣税凭证并经认证后,按应计入相关成本费用或资产的金额,借记"原材料"、"库存商品"、"固定资产"、"无形资产"等科目,按可抵扣的增值税额,借记"应交税费——应

交增值税(进项税额)"科目,按应付金额,贷记"应付账款"等科目。

【例 15-30】 承[例 15-27],2023 年 9 月 30 日,甲公司(一般纳税人)购入包装材料的发票账单未收到,款项未付,但材料已经验收入库,暂估价款为 90 000 元,假定按照采用实际成本对原材料进行核算。甲公司的账务处理如下:

借:原材料　　　　　　　　　　　　　　　　　　　　　　　　　　90 000
　　贷:应付账款——暂估应付账款　　　　　　　　　　　　　　　　　　90 000

下月初红字冲回

借:原材料　　　　　　　　　　　　　　　　　　　　　　　　　　90 000
　　贷:应付账款——暂估应付账款　　　　　　　　　　　　　　　　　　90 000

待收到发票账单后,付清货款

借:原材料　　　　　　　　　　　　　　　　　　　　　　　　　　100 000
　　应交税费——应交增值税(进项税额)　　　　　　　　　　　　　　　13 000
　　贷:银行存款　　　　　　　　　　　　　　　　　　　　　　　　113 000

③ 采购等业务进项税额不得抵扣的账务处理。一般纳税人购进货物、加工修理修配劳务、服务、无形资产或不动产,用于简易计税方法计税项目、免征增值税项目、集体福利或个人消费等,其进项税额按照现行增值税制度规定不得从销项税额中抵扣的,取得增值税专用发票时,应借记相关成本费用或资产科目,借记"应交税费——待认证进项税额"科目,贷记"银行存款"、"应付账款"等科目,经税务机关认证后,应借记相关成本费用或资产科目,贷记"应交税费——应交增值税(进项税额转出)"科目。

因发生非正常损失或改变用途等,原已计入进项税额、待抵扣进项税额或待认证进项税额,但按现行增值税制度规定不得从销项税额中抵扣的,借记"待处理财产损溢"、"应付职工薪酬"、"固定资产"、"无形资产"等科目,贷记"应交税费——应交增值税(进项税额转出)"、"应交税费——待抵扣进项税额"或"应交税费——待认证进项税额"科目;原不得抵扣且未抵扣进项税额的固定资产、无形资产等,因改变用途等用于允许抵扣进项税额的应税项目的,应按允许抵扣的进项税额,借记"应交税费——应交增值税(进项税额)"科目,贷记"固定资产"、"无形资产"等科目。固定资产、无形资产等经上述调整后,应按调整后的账面价值在剩余尚可使用寿命内计提折旧或摊销。属于转作待处理财产损失的进项税额,应与遭受非常损失的购进货物、在产品或库存商品、固定资产、无形资产的成本一并处理。

一般纳税人购进时已全额计提进项税额的货物或服务等转用于不动产在建工程的,对于结转以后期间的进项税额,应借记"应交税费——待抵扣进项税额"科目,贷记"应交税费——应交增值税(进项税额转出)"科目。

【例 15-31】 2023 年 9 月 30 日,甲公司(一般纳税人)领用原材料为本企业所属的职工宿舍进行简易维修,该批原材料的价款为 10 000 元,进项税额为 1 300 元,甲公司的账务处理如下:

借:应付职工薪酬——非货币性福利　　　　　　　　　　　　　　　11 300
　　贷:原材料　　　　　　　　　　　　　　　　　　　　　　　　10 000
　　　　应交税费——应交增值税(进项税额转出)　　　　　　　　　　1 300

【例 15-32】 2023 年 8 月 10 日,甲公司(一般纳税人)因洪水浸泡导致毁损产成品一批,其

实际成本 8 000 元,经过确认该批产成品耗用的外购材料损失的增值税为 1 040 元。甲公司的账务处理如下:

借:待处理财产损溢——待处理流动资产损溢　　　　　　　　　　　　9 040
　　贷:库存商品　　　　　　　　　　　　　　　　　　　　　　　　　8 000
　　　　应交税费——应交增值税(进项税额转出)　　　　　　　　　　1 040

【例 15-33】 甲公司是一家生产汽车配件的公司,2023 年元月 15 日,甲公司决定外购笔记本电脑作为春节福利发放给公司 1 000 名职工,每台笔记本电脑的售价为 5 000 元,增值税 650 元,发票账单和货物均已到达,款项已用银行存款支付,增值税专用发票尚未取得税务机关认证。甲公司的账务处理如下:

ⅰ. 购入时

借:库存商品　　　　　　　　　　　　　　　　　　　　　　　　　5 000 000
　　应交税费——待认证进项税额　　　　　　　　　　　　　　　　　 650 000
　　贷:银行存款　　　　　　　　　　　　　　　　　　　　　　　　5 650 000

ⅱ. 经过税务机关认证不可抵扣时

借:应交税费——应交增值税(进项税额)　　　　　　　　　　　　　 650 000
　　贷:应交税费——待认证进项税额　　　　　　　　　　　　　　　 650 000

同时,

借:库存商品——笔记本电脑　　　　　　　　　　　　　　　　　　　 650 000
　　贷:应交税费——应交增值税(进项税额转出)　　　　　　　　　　 650 000

ⅲ. 发放福利时

借:应付职工薪酬——非货币性福利　　　　　　　　　　　　　　　　5 650 000
　　贷:库存商品——笔记本电脑　　　　　　　　　　　　　　　　　5 650 000

(2) 一般纳税人销售等业务的账务处理。

① 销售业务的账务处理。企业销售货物、加工修理修配劳务、服务、无形资产或不动产,应当按应收或已收的金额,借记"应收账款"、"应收票据"、"银行存款"等科目,按取得的收入金额,贷记"主营业务收入"、"其他业务收入"、"固定资产清理"、"工程结算"等科目,按现行增值税制度规定计算的销项税额(或采用简易计税方法计算的应纳增值税额),贷记"应交税费——应交增值税(销项税额)"或"应交税费——简易计税"科目。发生销售退回的,应根据按规定开具的红字增值税专用发票做相反的会计分录。

按照制度确认收入或利得的时点早于按照增值税制度确认增值税纳税义务发生时点的,应将相关销项税额计入"应交税费——待转销项税额"科目,待实际发生纳税义务时再转入"应交税费——应交增值税(销项税额)"或"应交税费——简易计税"科目。按照增值税制度确认增值税纳税义务发生时点早于按照国家统一的会计制度确认收入或利得的时点的,应将应纳增值税额,借记"应收账款"科目,贷记"应交税费——应交增值税(销项税额)"或"应交税费——简易计税"科目,按照国家统一的会计制度确认收入或利得时,应按扣除增值税销项税额后的金额确认收入。

【例 15-34】 甲公司(一般纳税人)销售一批电子产品,不含税销售价款 500 000 元,按规定

应收取的增值税额 65 000 元,提货单和增值税专用发票已交给买方,款项尚未收到。甲公司的账务处理如下:

借:应收账款 565 000
　　贷:主营业务收入 500 000
　　　　应交税费——应交增值税(销项税额) 65 000

② 视同销售的账务处理。企业发生税法上视同销售的行为,如企业将自产或委托加工的货物用于非应税项目、集体福利或个人消费,将自产、委托加工或购买的货物作为投资、分配给股东或投资者、无偿赠送他人等。应当按照企业会计准则制度相关规定进行相应的会计处理,并按照现行增值税制度规定计算的销项税额(或采用简易计税方法计算的应纳增值税额),借记"在建工程"、"长期股权投资"、"应付职工薪酬"、"营业外支出"、"利润分配"等科目,贷记"应交税费——应交增值税(销项税额)"或"应交税费——简易计税"科目。

【例 15-35】 甲公司(一般纳税人)将自己生产的产品捐赠给红十字会。该批产品的成本为 200 000 元,市场上不含税销售价(计税价格)为 300 000 元,增值税税率为 13%。甲公司的账务处理如下:

借:营业外支出 239 000
　　贷:库存商品 200 000
　　　　应交税费——应交增值税(销项税额) 39 000

企业捐赠自己生产的产品的销项税额=300 000×13%=39 000 元

③ 出口退税的账务处理。为核算纳税人出口货物应收取的出口退税款,设置"应收出口退税款"科目,该科目借方反映销售出口货物按规定向税务机关申报应退回的增值税、消费税等,贷方反映实际收到的出口货物应退回的增值税、消费税等。期末借方余额,反映尚未收到的应退税额。

④ 交纳增值税的账务处理。

ⅰ.交纳当月应交增值税的账务处理。企业交纳当月应交的增值税,借记"应交税费——应交增值税(已交税金)"科目,贷记"银行存款"科目。

【例 15-36】 甲公司(一般纳税人)以银行存款交纳本月增值税 128 500 元。甲公司的账务处理如下:

借:应交税费——应交增值税(已交税金) 128 500
　　贷:银行存款 128 500

ⅱ.交纳以前期间未交增值税的账务处理。企业交纳以前期间未交的增值税,借记"应交税费——未交增值税"科目,贷记"银行存款"科目。

ⅲ.预缴增值税的账务处理。企业预缴增值税时,借记"应交税费——预交增值税"科目,贷记"银行存款"科目。月末,企业应将"预交增值税"明细科目余额转入"未交增值税"明细科目,借记"应交税费——未交增值税"科目,贷记"应交税费——预交增值税"科目。房地产开发企业等在预缴增值税后,应直至纳税义务发生时方可从"应交税费——预交增值税"科目结转至"应交税费——未交增值税"科目。

ⅳ.减免增值税的账务处理。对于当期直接减免的增值税,借记"应交税金——应交增值税

(减免税款)"科目,贷记损益类相关科目。

⑤ 增值税税控系统专用设备和技术维护费用抵减增值税税额的账务处理。根据《关于增值税税控系统专用设备和技术维护费用抵减增值税税额有关政策的通知》(财税〔2012〕15号),增值税纳税人初次购买增值税税控系统专用设备(包括分开票机)支付的费用,可凭购买增值税税控系统专用设备取得的增值税专用发票,在增值税应纳税额中全额抵减(抵减额为价税合计额),不足抵减的可结转下期继续抵减。增值税纳税人非初次购买增值税税控系统专用设备支付的费用,由其自行负担,不得在增值税应纳税额中抵减。

增值税税控系统包括增值税防伪税控系统、货物运输业增值税专用发票税控系统、机动车销售统一发票税控系统和公路、内河货物运输业发票税控系统。增值税防伪税控系统的专用设备包括金税卡、IC卡、读卡器或金税盘和报税盘;货物运输业增值税专用发票税控系统专用设备包括税控盘和报税盘;机动车销售统一发票税控系统和公路、内河货物运输业发票税控系统专用设备包括税控盘和传输盘。

增值税纳税人缴纳的技术维护费,可凭技术维护服务单位开具的技术维护费发票,在增值税应纳税额中全额抵减,不足抵减的可结转下期继续抵减。技术维护费按照价格主管部门核定的标准执行。

增值税纳税人初次购买增值税税控系统取得专用设备并支付价款时,借记"固定资产",贷记"银行存款"、"应付账款"等科目。

按现行增值税制度规定,企业初次购买增值税税控系统专用设备支付的费用以及缴纳的技术维护费允许在增值税应纳税额中全额抵减的,按规定抵减的增值税应纳税额,借记"应交税费——应交增值税(减免税款)"(小规模纳税人借记"应交税费——应交增值税"科目)科目,贷记"管理费用"等科目。

⑥ 月末转出多交增值税和未交增值税的账务处理。月度终了,企业应当将当月应交未交或多交的增值税自"应交增值税"明细科目转入"未交增值税"明细科目。对于当月应交未交的增值税,借记"应交税费——应交增值税(转出未交增值税)"科目,贷记"应交税费——未交增值税"科目;对于当月多交的增值税,借记"应交税费——未交增值税"科目,贷记"应交税费——应交增值税(转出多交增值税)"科目。

【例15-37】 2023年10月31日,甲公司(一般纳税人)将尚未交纳的增值税税款30 000元进行转账。甲公司的账务处理如下:

借:应交税费——应交增值税(转出未交增值税)　　　　　　　　　　　30 000
　　贷:应交税费——未交增值税　　　　　　　　　　　　　　　　　　　　30 000

11月5日,甲公司以银行存款交纳10月未交的增值税税款

借:应交税费——未交增值税　　　　　　　　　　　　　　　　　　　　30 000
　　贷:银行存款　　　　　　　　　　　　　　　　　　　　　　　　　　　30 000

(3) 小规模纳税人的账务处理。

① 小规模纳税人购买货物、应税服务或应税行为,取得增值税专用发票上注明的增值税,一律不得作为进项税额抵扣,应计入相关成本费用或资产,不通过"应交税费——应交增值税"科目核算。

小规模纳税企业只需在"应交税费"科目下设置"应交增值税"明细科目,此时"应交税费——

应交增值税"科目,应采用三栏式账户,不需要在"应交增值税"明细科目中设置专栏,"应交税费——应交增值税"科目贷方登记应交纳的增值税,借方登记已交纳的增值税;期末贷方余额为尚未交纳的增值税,借方余额为多交纳的增值税。也可以根据业务需要可以设置"转让金融商品应交增值税"、"代扣代交增值税"等明细科目。

② 小规模纳税人的销售额不包括其应纳税额。小规模纳税人发生应税销售行为,实行按照销售额和征收率计算应纳税额的简易办法,并不得抵扣进项税额。应纳税额计算公式:

$$应纳税额 = 销售额 \times 征收率$$

小规模纳税人应当按照不含税销售额和规定的增值税征收率计算交纳增值税,销售货物、应税服务或应税行为时只能开具普通发票,不能开具增值税专用发票。但如果小规模纳税人向一般纳税人销售货物、应税服务或应税行为,购货方要求销货方提供增值税专用发票时,税务机关可以为其代开增值税专用发票。

③ 小规模纳税人销售货物采用销售额和应纳增值税税额合并定价的方法向客户结算款项时应将其换算为不含税销售额,计算公式为:

$$销售额 = 含税销售额 \div (1 + 征收率)$$

小规模纳税人增值税征收率为3%,国务院另有规定的除外。

④ 小规模纳税人因销售货物退回或者折让退还给购买方的销售额,应从发生销售货物退回或者折让当期的销售额中扣减。

小规模纳税人购买物资、服务、无形资产或不动产,取得增值税专用发票上注明的增值税应计入相关成本费用或资产,不通过"应交税费——应交增值税"科目核算。借记相关成本费用或资产,贷记"银行存款"、"其他货币资金"、"应付票据"或"应付账款"等科目。小规模纳税人销售货物、加工修理修配劳务、服务、无形资产或不动产,应当按照应收或者已收的金额,借记"应收账款"、"应收票据"、"银行存款"等科目,按取得的不含税销售收入金额,贷记"主营业务收入"、"其他业务收入"、"固定资产清理"等科目;按现行增值税法规定的税率计算的应纳增值税税额,贷记"应交税费——应交增值税"科目。发生销售退回的,应按照规定开具的红字增值税专用发票做相反的会计分录。

【例15-38】 丙公司(小规模纳税人)购入一批包装物,取得的增值税专用发票中注明价款10 000元,增值税额1 300元,款项以银行本票支付,材料已验收入库,假定丙公司对包装物按实际成本进行核算,不考虑其他价外费用等因素。丙公司的账务处理如下:

本例中,丙公司(小规模纳税人)购进包装物时支付的增值税1 300元,直接计入该批包装物的成本。

借:周转材料——包装物 11 300
　　贷:其他货币资金——银行本票 11 300

【例15-39】 丙公司(小规模纳税人)销售本公司生产的蛋糕一批,开出的增值税普通发票中注明的货款(含税)为20 600元,增值税征收率为3%,款项已存入银行。丙公司的账务处理如下:

不含税销售额 = 含税销售额 ÷ (1+征收率) = 20 600 ÷ (1+3%) = 20 000元
应交纳的增值税额 = 不含税销售额 × 征收率 = 20 000 × 3% = 600元

借：银行存款　　　　　　　　　　　　　　　　　　　　　　　　　20 600
　　贷：主营业务收入　　　　　　　　　　　　　　　　　　　　　　　20 000
　　　　应交税费——应交增值税　　　　　　　　　　　　　　　　　　　 600

【例 15-40】 承[例 15-38]，月末，丙公司(小规模纳税人)按照税务局要求以银行存款上交增值税税款 600 元。丙公司的账务处理如下：

借：应交税费——应交增值税　　　　　　　　　　　　　　　　　　　 600
　　贷：银行存款　　　　　　　　　　　　　　　　　　　　　　　　　 600

2023 年 8 月 1 日，财政部、税务总局规定，对月销售额 10 万元以下(含本数)的增值税小规模纳税人，免征增值税。增值税小规模纳税人适用 3% 征收率的应税销售收入，减按 1% 征收率征收增值税；适用 3% 预征率的预缴增值税项目，减按 1% 预征率预缴增值税。该政策执行至 2027 年 12 月 31 日。

增值税小规模纳税人以 1 个月为 1 个纳税期的，月销售额未超过 10 万元。以 1 个季度为 1 个纳税期的，季度销售额未超过 30 万元。增值税小规模纳税人发生增值税应税销售行为，合计月销售额超过 10 万元，但扣除本期发生的销售不动产的销售额后未超过 10 万元的，其销售货物、劳务、服务、无形资产取得的销售额免征增值税。适用增值税差额征税政策的增值税小规模纳税人，以差额后的销售额确定是否可以享受上述免征增值税政策。其他个人采取一次性收取租金形式出租不动产取得的租金收入，可在对应的租赁期内平均分摊，分摊后的月租金收入未超过 10 万元的，免征增值税。按照现行规定应当预缴增值税税款的小规模纳税人，凡在预缴地实现的月销售额未超过 10 万元的，当期无需预缴税款。

(4) 购买方作为扣缴义务人的账务处理。

按照现行增值税制度规定，境外单位或个人在境内发生应税行为，在境内未设有经营机构的，以购买方为增值税扣缴义务人。

境内一般纳税人购进服务、无形资产或不动产，按应计入相关成本费用或资产的金额，借记"生产成本"、"无形资产"、"固定资产"、"管理费用"等科目，按可抵扣的增值税额，借记"应交税费——进项税额"科目(小规模纳税人应借记相关成本费用或资产科目)，按应付或实际支付的金额，贷记"应付账款"等科目，按应代扣代缴的增值税额，贷记"应交税费——代扣代交增值税"科目。实际缴纳代扣代缴增值税时，按代扣代缴的增值税额，借记"应交税费——代扣代交增值税"科目，贷记"银行存款"科目。

(5) 差额征税的账务处理。

根据规定，对于企业发生的某些业务，比如金融商品转让；经纪代理服务；融资租赁；融资性售后回租；一般纳税人提供客运场站服务；试点纳税人提供旅游服务；选择简易计税方法提供建筑服务；航空运输企业提供运输服务；劳务派遣服务、安全保护服务；人力资源外包；物业管理服务中收取自来水水费；签证代理服务；航空运输销售代理企业提供机票代理服务；转让 2016 年 4 月 30 日前取得的土地使用权等，无法通过抵扣机制避免重复征税的，应采用差额征税方式计算交纳增值税。

一般纳税人的不含税销售额＝(取得的全部含税价款和价外费用－支付给其他单位或个人的含税价款)÷(1＋应税服务适用的增值税税率或征收率)。

小规模纳税人的不含税销售额＝(取得的全部含税价款和价外费用－支付给其他单位或个

人的含税价款)÷(1+征收率)。

① 企业发生相关成本费用允许扣减销售额的账务处理。按现行增值税制度规定企业发生相关成本费用允许扣减销售额的,发生成本费用时,按应付或实际支付的金额,借记"主营业务成本"、"存货"、"工程施工"等科目,贷记"应付账款"、"应付票据"、"银行存款"等科目。待取得合规增值税扣税凭证且纳税义务发生时,按照允许抵扣的税额,借记"应交税费——应交增值税(销项税额抵减)"或"应交税费——简易计税"科目(小规模纳税人应借记"应交税费——应交增值税"科目),贷记"主营业务成本"、"存货"、"工程施工"等科目。

【例15-41】 甲公司(一般纳税人)为旅游公司,采用差额征税方式核算应该交纳的增值税,2023年7月15日,甲公司接待了南京中学的师生前往昆明旅游的中学夏令营团体服务,并向该学校收取价款40万元(含增值税),全部款项收妥入账,同时,支付给昆明地陪旅行社(一般纳税人)相关费用合计25万元,甲公司和昆明地陪旅行社都已经开出增值税专用发票,甲公司应做如下账务处理:

甲公司不含税销售额＝400 000÷(1+6%)＝377 358.50 元

增值税税额为 400 000－377 358.50＝22 641.50 元

昆明地陪旅行社不含税销售额＝250 000÷(1+6%)＝235 849.10 元

增值税税额为 250 000－235 849.10＝14 150.90 元

甲公司允许扣减销售额而减少的销项税额＝22 641.50－14 150.90＝8 490.60 元

(1) 确认旅游服务收入

借:银行存款　　　　　　　　　　　　　　　　　　　　　　　　　400 000
　　贷:主营业务收入　　　　　　　　　　　　　　　　　　　　　　377 358.50
　　　　应交税费——应交增值税(销项税额)　　　　　　　　　　　　22 641.50

(2) 支付旅游费用

借:主营业务成本　　　　　　　　　　　　　　　　　　　　　　　　250 000
　　贷:银行存款　　　　　　　　　　　　　　　　　　　　　　　　250 0000

(3) 根据增值税扣税凭证抵减销项税额并调整成本

借:应交税费——应交增值税(销项税额抵减)　　　　　　　　　　　　8 490.60
　　贷:主营业务成本　　　　　　　　　　　　　　　　　　　　　　8 490.60

② 金融商品转让的会计处理规定。金融商品转让,按照卖出价扣除买入价后的余额为销售额。转让金融商品出现的正负差,按盈亏相抵后的余额为销售额。若相抵后出现负差,可结转下一纳税期与下期转让金融商品销售额相抵,但年末时仍出现负差的,不得转入下一个会计年度。金融商品的买入价,可以选择按照加权平均法或者移动加权平均法进行核算,选择后36个月内不得变更。

金融商品转让,不得开具增值税专用发票。金融商品转让按规定以盈亏相抵后的余额作为销售额进行账务处理。金融商品实际转让月末,如产生转让收益,则按应纳税额借记"投资收益"等科目,贷记"应交税费——转让金融商品应交增值税"科目;如产生转让损失,则按可结转下月抵扣税额,借记"应交税费——转让金融商品应交增值税"科目,贷记"投资收益"等科目。交纳增值税时,应借记"应交税费——转让金融商品应交增值税"科目,贷记"银行存款"科目。年末,本科目如有借方余额,则借记"投资收益"等科目,贷记"应交税费——转让金融商品应交增值税"科目。该例题可参阅"交易性金融资产"核算的举例。

(6) 关于小微企业免征增值税的会计处理规定。

小微企业在取得销售收入时,应当按照税法的规定计算应交增值税,并确认为应交税费,在达到增值税制度规定的免征增值税条件时,将有关应交增值税转入当期损益,即,应借记"应交税金——应交增值税(减免税款)"科目,贷记"营业外收入"。

(7) 小微企业和制造业等行业留抵退税的优惠政策。

2022年3月21日,财政部和税务总局明确了小微企业和制造业等行业留抵退税政策。

① 2022年的留抵退税。新政有三大特点:一是聚焦"小微企业和重点支持行业";二是"增量留抵和存量留抵"并退;三是"制度性、一次性和阶段性"安排并举。具体来说,新政主要包括两大类:一是小微企业留抵退税政策,即在2022年对所有行业符合条件的小微企业,一次性退还存量留抵税额,并按月退还增量留抵税额;二是制造业等行业留抵退税政策,对"制造业"、"科学研究和技术服务业"、"电力、热力、燃气及水生产和供应业"、"交通运输、仓储和邮政业"、"软件和信息技术服务业"、"生态保护和环境治理业"六个行业符合条件的企业,一次性退还存量留抵税额,并按月全额退还增量留抵税额。

② 关于留抵退税新政适用主体的确定。为切实保障留抵退税政策落地落实,坚持规范统一和全覆盖的原则,留抵退税政策中采用了上述两个标准中的"营业收入"和"资产总额"两个指标来确定企业规模。同时,对这两个标准中未设置"营业收入"或"资产总额"指标的行业,以及未纳入两个标准划型的行业,明确划型标准如下:微型企业标准为增值税销售额(年)100万元以下(不含100万元);小型企业标准为增值税销售额(年)2 000万元以下(不含2 000万元);中型企业标准为增值税销售额(年)1亿元以下(不含1亿元)。

③ 关于留抵退税基本条件。2022年留抵退税新政延续了先进制造业增量留抵退税政策的基本退税条件,即需要同时满足以下四项条件:(1)纳税信用等级为A级或者B级;(2)申请退税前36个月未发生骗取留抵退税、骗取出口退税或虚开增值税专用发票情形;(3)申请退税前36个月未因偷税被税务机关处罚两次及以上;(4)2019年4月1日起未享受即征即退、先征后返(退)政策。

老政策《财政部 税务总局 海关总署关于深化增值税改革有关政策的公告》(2019年第39号)规定的普遍性留抵退税政策继续实施,相较于新政策,老政策除需同时符合这四项条件外,仍需要满足"连续六个月增量留抵税额大于零,且第六个月不低于50万元"的退税门槛要求。

④ 关于留抵退税额的计算。一是关于存量留抵税额和增量留抵税额。允许退还的留抵税额,是以留抵税额的余额为基础进行计算的,留抵税额包括增量留抵税额和存量留抵税额。存量留抵税额,是指留抵退税制度实施前纳税人形成的留抵税额。增量留抵税额,是指留抵退税制度实施后,即2019年4月1日以后纳税人新增加的留抵税额。可退还的留抵税额,以纳税人当期的增量留抵税额或者存量留抵税额,乘以进项构成比例,即计算出纳税人当期可退还的增量留抵税额或者存量留抵税额。

⑤ 与即征即退、先征后返(退)政策衔接。按照现行规定,纳税人不能同时适用留抵退税政策和即征即退、先征后返(退)政策,也就是说,享受过即征即退、先征后返(退)的,不得申请留抵退税;已获得留抵退税的,也不得再享受即征即退、先征后返(退)。这里需要强调的是,第一,纳税人需在2022年10月31日前完成全部已退税款的缴回。第二,纳税人必须在将需缴回的留抵

退税款全部解缴入库以后,才能转入进项税额继续抵扣;未全部缴回入库的,不得转入继续抵扣。

所谓"即征即退"指按税法规定缴纳的税款,由税务机关在征税时部分或全部退还纳税人的一种税收优惠。即税务机关将应征的增值税收入库后,及时退还。"先征后退"是指对生产企业在货物报关出口并在财务上作销售的当期先按增值税有关规定征税,然后由企业凭有关退税单证按月报主管税务机关根据国家出口退税政策的规定办理退税。先征后返指按税法规定缴纳的税款,由税务机关征收入库后,再由税务机关按规定的程序给予部分或全部退税的一种税收优惠。

四、应交消费税

(一)消费税概述

1. 消费税概念与征收方法

消费税是指对在我国境内生产、委托加工和进口应税消费品的单位和个人,就其特定消费品和消费行为按流转额交纳的一种间接税。

2. 消费税征收方法

消费税有三种征收方法:消费税实行从价定率、从量定额,或者从价定率和从量定额复合计税(以下简称复合计税)的办法计算应纳税额。

① 从量定额就是国家对消费品规定单位税额,用消费品的数量乘以消费品单位税额计算税额的计税方法;

② 从价定率就是国家对消费品规定比例税率,用消费品的价格乘以消费品的比例税率计算税额的计税方法;

③ 复合计税方法就是国家对消费品规定从量定额和从价定率相结合的计税方法,主要是适用于卷烟、白酒。

3. 消费税纳税环节

纳税人生产的应税消费品,于纳税人销售时纳税。纳税人自产自用的应税消费品,用于连续生产应税消费品的,不纳税;用于其他方面的,于移送使用时纳税。"连续生产应税消费品",是指纳税人将自产自用的应税消费品作为直接材料生产最终应税消费品,自产自用应税消费品构成最终应税消费品的实体。"用于其他方面",是指纳税人将自产自用应税消费品用于生产非应税消费品、在建工程、管理部门、非生产机构、提供劳务、馈赠、赞助、集资、广告、样品、职工福利、奖励等方面。

委托加工的应税消费品,除受托方为个人外,由受托方在向委托方交货时代收代缴税款。委托加工的应税消费品,委托方用于连续生产应税消费品的,所纳税款准予按规定抵扣。"委托加工的应税消费品",是指由委托方提供原料和主要材料,受托方只收取加工费和代垫部分辅助材料加工的应税消费品。

对于由受托方提供原材料生产的应税消费品,或者受托方先将原材料卖给委托方,然后再接受加工的应税消费品,以及由受托方以委托方名义购进原材料生产的应税消费品,不论在财务上是否作销售处理,都不得作为委托加工应税消费品,而应当按照销售自制应税消费品缴纳消费税。委托加工的应税消费品直接出售的,不再缴纳消费税。

委托个人加工的应税消费品,由委托方收回后缴纳消费税。

进口的应税消费品,于报关进口时纳税。

4. 消费税应纳税额计算公式

实行从价定率办法计算的应纳税额＝销售额×比例税率

实行从量定额办法计算的应纳税额＝销售数量×定额税率

实行复合计税办法计算的应纳税额＝应税消费品的销售数量×定额税率＋应税消费品的销售额×比例税率

5. 销售额的认定

纳税人销售的应税消费品,以人民币计算销售额。纳税人以人民币以外的货币结算销售额的,应当折合成人民币计算。

销售额为纳税人销售应税消费品向购买方收取的全部价款和价外费用。

这里的"全部价款"是指不包括应向购货方收取的增值税税款的价款,如果纳税人应税消费品的销售额中未扣除增值税税款或者因不得开具增值税专用发票而发生价款和增值税税款合并收取的,在计算消费税时,应当换算为不含增值税税款的销售额。其换算公式为:

应税消费品的销售额＝含增值税的销售额÷(1＋增值税税率或者征收率)

我们可以看到这里的"销售额"以及"价外费用"与增值税里的概念完全一致。因为消费税与增值税的计税价格也是完全一致的。

应税消费品连同包装物销售的,无论包装物是否单独计价以及在会计上如何核算,均应并入应税消费品的销售额中缴纳消费税。如果包装物不作价随同产品销售,而是收取押金,此项押金则不应并入应税消费品的销售额中征税。但对因逾期未收回的包装物不再退还的或者已收取的时间超过12个月的押金,应并入应税消费品的销售额,按照应税消费品的适用税率缴纳消费税。

对既作价随同应税消费品销售,又另外收取押金的包装物的押金,凡纳税人在规定的期限内没有退还的,均应并入应税消费品的销售额,按照应税消费品的适用税率缴纳消费税。

对纳税人出口应税消费品,免征消费税;国务院另有规定的除外。出口应税消费品的免税办法,由国务院财政、税务主管部门规定。消费税由税务机关征收,进口的应税消费品的消费税由海关代征。个人携带或者邮寄进境的应税消费品的消费税,连同关税一并计征。具体办法由国务院关税税则委员会会同有关部门制定。

(二) 消费税的账户

为了核算和监督应交消费税的发生、交纳情况,企业应在"应交税费"科目下设置"应交消费税"明细科目,"应交消费税"科目的贷方登记应交纳的消费税,借方登记已交纳的消费税。期末贷方余额为尚未交纳的消费税,期末借方余额为多交纳的消费税。

(三) 消费税的账务处理

1. 销售应税消费品

企业销售应税消费品应交的消费说,应借记"税金及附加"科目,贷记"应交税费——应交消费税"科目。

【例15-42】 甲公司(一般纳税人)销售给乙公司自己生产的甲类卷烟,价款20 000 000元(不含增值税),每条价格1 000元,总数20 000条香烟,该类卷烟每条10包,每包20支香烟,适用的消费税税率为45%加0.003元/支,款项已经存入银行,假定该批卷烟的进项税额为500 000元,要求计算该公司的应交纳的增值税和消费税,甲公司应做如下账务处理:

(1) 计算增值税

当期销项税额＝不含税销售额×增值税税率
$$=20\,000\,000\times13\%=2\,600\,000\;元$$

当期应纳增值税税额＝当期销项税额－当期进项税额
$$=2\,600\,000-500\,000=2\,100\,000\;元$$

借：银行存款	22 600 000	
贷：主营业务收入		20 000 000
应交税费——应交增值税(销项税额)		2 600 000

(2) 计算消费税(本题属于采用复合计税方法)

应纳消费税额＝20 000 000×45%＋20 000×10×20×0.003
$$=9\,012\,000\;元$$

借：税金及附加	9 012 000	
贷：应交税费——应交消费税		9 012 000

(3) 月末交纳当月的增值税和消费税

借：应交税费——应交增值税(已交税金)	2 100 000	
——应交消费税	9 012 000	
贷：银行存款		11 112 000

2. 自产自用应税消费品

企业将生产的应税消费品用于在建工程等非生产机构时，按规定应交纳的消费税，借记"在建工程"等科目，贷记"应交税费——应交消费税"科目。

【例15-43】 甲公司(一般纳税人)为中石化的炼油厂，其新建一座厂房的在建工程领用自产0号柴油200吨，每吨不含税市场销售价为1 000元，合计200 000元，柴油的成本为100 000元，生产该批柴油购进原油的进项税额为10 400元，柴油适用的消费税税率为定额税率0.10元/升，假定根据密度计算柴油每吨为1 176升，试计算应交纳的增值税和消费税，并用银行存款交纳上述增值税和消费税，甲公司应做如下账务处理：

(1) 计算增值税

当期销项税额＝不含税销售额×增值税税率＝200 000×13%＝26 000 元

当期应纳增值税税额＝当期销项税额－当期进项税额＝26 000－10 400＝15 600 元

应纳消费税额＝200×1 176×0.10＝23 520 元

借：在建工程	149 520	
贷：库存商品		100 000
应交税费——应交增值税(销项税额)		26 000
——应交消费税		23 520

(2) 实际交纳增值税和消费税

借：应交税费——应交增值税(已交税金)	15 600	
——应交消费税	23 520	
贷：银行存款		39 120

3. 委托加工应税消费品

企业如有应交消费税的委托加工物资，一般应由受托方代收代交税款，受托方按照应交税款金额，借记"应收账款"、"银行存款"等科目，贷记"应交税费——应交消费税"科目。受托加工或翻新改制金银首饰按照规定由受托方交纳消费税。

委托加工物资收回后，直接用于销售的，应将受托方代收代交的消费税计入委托加工物资的成本，借记"委托加工物资"等科目，贷记"应付账款"、"银行存款"等科目；委托加工物资收回后用于连续生产应税消费品的，按规定准予抵扣的，应按已由受托方代收代交的消费税，借记"应交税费——应交消费税"科目，贷记"应付账款"、"银行存款"等科目。

该部分例题见"委托加工物资"的核算。

4. 进口应税消费品

进口应税消费品是指按照《中华人民共和国消费税暂行条例》和实施细则规定的在生产销售、移送、进口时应当缴纳消费税的消费品。进口的应税消费品，于报关进口时由海关代征进口环节的消费税。

进口的应税消费品，按照组成计税价格计算纳税。

① 实行从价定率办法计算纳税的组成计税价格计算公式：

$$组成计税价格=(关税完税价格+关税)\div(1-消费税比例税率)$$

"关税完税价格"是指海关核定的关税计税价格。

$$应纳消费税税额=组成计税价格\times 消费税比例税率$$

② 实行从价定率和从量定额复合计税办法计算纳税的组成计税价格计算公式：

$$组成计税价格=(关税完税价格+关税+进口数量\times 消费税定额税率)\div(1-消费税比例税率)$$

$$应纳消费税税额=组成计税价格\times 消费税税率+应税消费品进口数量\times 消费税定额税额$$

企业进口应税物资在进口环节应交的消费税，计入该项物资的成本，借记"在途物资"、"材料采购"、"原材料"、"库存商品"、"固定资产"等科目，贷记"银行存款"科目。

【例15-44】 甲公司（一般纳税人）2023年12月从国外进口一批需要交纳消费税的高档化妆品，该商品完税价格2 000 000元，按照规定缴纳关税50 000元，假定该批化妆品适用的消费税税率为30%，增值税税率为13%，试计算进口环节需要交纳的消费税，采购的商品已经验收入库，货款和税款都已经用银行存款支付。甲公司应做如下账务处理：

组成计税价格=（关税完税价格+关税）÷（1-消费税比例税率）

=（2 000 000+50 000）÷（1-30%）

=2 928 571.40 元

应纳消费税税额=组成计税价格×消费税比例税率=2 928 571.40×30%=878 571.40 元

海关进口增值税专用缴款书上注明的消费税税额即为此应纳消费税税额。

进口化妆品的入账成本=2 000 000+50 000+878 571.40=2 928 571.40 元

应纳增值税税额=（关税完税价格+关税+消费税）×增值税税率

=（2 000 000+50 000+878 571.40）×13%

=380 714.30 元

借：库存商品 2 928 571.40
　　　应交税费——应交增值税（进项税额） 380 714.30
　　贷：银行存款 3 309 285.70

同时，应交纳消费税

借：应交税费——应交消费税 878 571.40
　　贷：银行存款 878 571.40

5. 免征消费税的出口应税消费品

对纳税人出口应税消费品，免征消费税；国务院另有规定的除外。出口应税消费品的免税办法，由国务院财政、税务主管部门规定。

经过认定的出口企业及其他单位，应在规定的增值税纳税申报期内向主管税务机关申报增值税退（免）税和免税、消费税退（免）税和免税。委托出口的货物，由委托方申报增值税退（免）税和免税、消费税退（免）税和免税。输入特殊区域的水电气，由作为购买方的特殊区域内生产企业申报退税。

对于免征消费的出口应税消费品分别不同情况进行账务处理：

(1) 属于生产企业直接出口应税消费品或通过外贸企业出口应税消费品，按规定直接予以免税的，可以不计算应交消费税也不作账务处理。

(2) 属于委托外贸企业代理出口应税消费品的生产企业，应在计算消费税时，按应交消费税税额，借记"应收账款"科目，贷记"应交税费——应交消费税"科目。

应税消费品出口收到外贸企业退回的税金时，借记"银行存款"科目，贷记"应收账款"科目。发生退关、退货而补交已退的消费税，作相反的会计分录。

(3) 通过外贸企业出口应税消费品，按规定对消费税实行先征后退的，会计核算方法如下：①生产企业委托出口应税消费品，产生销售收入时，借记"银行存款"，贷记"主营业务收入"，注意，出口商品增值税实行零税率。②计算应交消费税时，借记"应收账款"，贷记"应交税费——应交消费税"。③生产企业收到外贸企业代为退回的消费税时，借记"银行存款"，贷记"应收账款"，如果发生退关、退货，需要补交已退消费税时，则作相反的会计分录。

(4) 对于非出口业务实行即征即退、先征后退、先征税后返还的消费税，企业应于实际收到退回的消费税款时，进行账务处理，借记"银行存款"，贷记"税金及附加"。

五、应交城市维护建设税

（一）城市维护建设税概述

自2023年1月1日至2027年12月31日，对增值税小规模纳税人、小型微利企业和个体工商户减半征收资源税(不含水资源税)、城市维护建设税、房产税、城镇土地使用税、印花税(不含证券交易印花税)、耕地占用税和教育费附加、地方教育附加。

城市维护建设税是以增值税、消费税为计税依据征收的一种附加税。

1. 城市维护建设税的计税依据

城市维护建设税以纳税人依法实际缴纳的增值税、消费税税额为计税依据。城市维护建设税的计税依据应当按照规定扣除期末留抵退税退还的增值税税额。城市维护建设税计税依据的具体确定办法，由国务院依据本法和有关税收法律、行政法规规定，报全国人民代表大会常务委员会备案。

对进口货物或者境外单位和个人向境内销售劳务、服务、无形资产缴纳的增值税、消费税税额,不征收城市维护建设税。

2. 城市维护建设税税率

城市维护建设税税率如下:

(1) 纳税人所在地在市区的,税率为百分之七;

(2) 纳税人所在地在县城、镇的,税率为百分之五;

(3) 纳税人所在地不在市区、县城或者镇的,税率为百分之一。

"纳税人所在地",是指纳税人住所地或者与纳税人生产经营活动相关的其他地点,具体地点由省、自治区、直辖市确定。

3. 城市维护建设税的计算公式

城市维护建设税的应纳税额按照计税依据乘以具体适用税率计算。公式为:

$$应纳税额 = (应交增值税 + 应交消费税) \times 适用税率$$

(二) 城市维护建设税的账务处理

企业应交的城市维护建设税,借记"税金及附加"等科目,贷记"应交税费——应交城市维护建设税"科目。

实际交纳城市维护建设税,借记"应交税费——应交城市维护建设税"科目,贷记"银行存款"科目。

【例 15-45】 甲公司(一般纳税人)地处设区市的市区,2023 年 12 月实际应上交增值税 200 000 元,消费税 15 000 元,甲公司应做如下账务处理:

(1) 计算应交的城市维护建设税

应交的城市维护建设税 =(200 000+15 000)×7%=15 050(元)

借:税金及附加   15 050
  贷:应交税费——应交城市维护建设税   15 050

(2) 用银行存款上交城市维护建设税时

借:应交税费——应交城市维护建设税   15 050
  贷:银行存款   15 050

六、应交教育费附加和地方教育附加

(一) 教育费附加和地方教育附加概述

教育费附加和地方教育附加是为了发展教育事业对缴纳增值税、消费税的单位和个人,就其实际缴纳的税额为计算依据征收的一种附加费。

1. 教育费附加,以各单位和个人实际缴纳的增值税加消费税的税额为计征依据,教育费附加率为 3%,分别与增值税、消费税同时缴纳。除国务院另有规定者外,任何地区、部门不得擅自提高或者降低教育费附加率。

教育费附加由税务机关负责征收。对海关进口的产品征收的增值税、消费税,不征收教育费附加。

2. 地方教育附加征收标准统一为单位和个人(包括外商投资企业、外国企业及外籍个人)实

际缴纳的增值税、消费税税额的2%。

教育费附加和地方教育附加的计算公式为：

应交教育费附加或地方教育附加＝实际缴纳的增值税、消费税×征收比率(3%或2%)

(二) 教育费附加和地方教育附加的账务处理

企业按规定计算出应交纳的教育费附加,借记"税金及附加"等科目,贷记"应交税费——应交教育费附加"科目。

实际交纳教育费附加,借记"应交税费——应交教育费附加"科目,贷记"银行存款"科目。

【例15-46】 甲公司2023年12月实际缴纳增值税1 000 000元、消费税400 000元,按税法规定计算企业应缴纳的教育费附加和地方教育附加。甲公司应做如下账务处理：

计算应交的教育费附加和地方教育附加：

应交教育费附加＝(实际缴纳的增值税＋实际缴纳的消费税)×征收比率
　　　　　　　＝(1 000 000＋400 000)×3%＝42 000元

应交地方教育附加＝(实际缴纳的增值税＋实际缴纳的消费税)×征收比率
　　　　　　　　＝(1 000 000＋400 000)×2%＝28 000元

借：税金及附加　　　　　　　　　　　　　　　　　　　　　　　　70 000
　　贷：应交税费——应交教育费附加　　　　　　　　　　　　　　　　42 000
　　　　　　　　——应交地方教育费附加　　　　　　　　　　　　　　28 000

第八节　应付股利

一、应付股利概述

应付股利是指企业根据股东大会,或类似机构审议批准的利润分配方案确定分配给投资者的现金股利或利润。企业分配的股票股利,不通过本科目核算。企业董事会或类似机构通过的利润分配方案中拟分配的现金股利或利润,不做账务处理,但应在附注中披露。

二、应付股利账户

1. 账户的性质：负债类账户。

2. 账户的用途：为了核算和监督企业应付股利的发生、支付情况,企业应设置"应付股利"科目,"应付股利"科目贷方登记应支付的现金股利或利润；借方登记实际支付的现金股利或利润；期末余额在贷方,反映企业应付未付的现金股利或利润。

3. 明细账的设置："应付股利"科目应按照投资者设置明细科目进行明细核算。

三、应付股利的主要账务处理

1. 企业应根据股东会或类似机构通过的利润分配方案,按应支付的现金股利或利润,借记"利润分配——应付现金股利或利润"科目,贷记"应付股利"科目。

2. 实际支付现金股利或利润,借记"应付股利"科目,贷记"银行存款"、"库存现金"等科目。

【例15-47】 甲公司(有限责任公司)有A、B、C、D四个股东,分别占注册资本的20%、30%、35%和15%。2023年度甲公司实现净利润500 000元,经过股东会批准,决定2023年分配股利

200 000元。股利已用银行存款转账支付。甲公司应做如下账务处理：

（1）确认应付投资者利润时

借：利润分配——应付现金股利或利润　　　　　　　　　　　　　　200 000
　　贷：应付股利——A股东　　　　　　　　　　　　　　　　　　　　40 000
　　　　　　　　——B股东　　　　　　　　　　　　　　　　　　　　60 000
　　　　　　　　——C股东　　　　　　　　　　　　　　　　　　　　70 000
　　　　　　　　——D股东　　　　　　　　　　　　　　　　　　　　30 000

（2）支付投资者利润时

借：应付股利——A股东　　　　　　　　　　　　　　　　　　　　　40 000
　　　　　　——B股东　　　　　　　　　　　　　　　　　　　　　　60 000
　　　　　　——C股东　　　　　　　　　　　　　　　　　　　　　　70 000
　　　　　　——D股东　　　　　　　　　　　　　　　　　　　　　　30 000
　　贷：银行存款　　　　　　　　　　　　　　　　　　　　　　　　200 000

第九节　应付利息

一、应付利息概述

应付利息是指企业按照合同约定应支付的利息，包括短期借款、分期付息到期还本的长期借款、企业债券等应支付的利息。

二、应付利息账户

1. 账户的性质：负债类账户。

2. 账户的用途：为了核算和监督企业应付利息的发生、支付情况，企业应设置"应付利息"科目，该科目贷方登记按照合同约定计算的应付利息；借方登记实际支付的利息，期末贷方余额反映企业按照合同约定应支付但尚未支付的利息。

3. 明细账的设置：本科目一般应按照债权人设置明细科目进行明细核算。

三、应付利息的主要账务处理

1. 企业采用合同约定的名义利率计算确定利息费用时，应按合同约定的名义利率计算确定的应付利息的金额，借记"财务费用"、"制造费用"、"在建工程"、"研发支出"等科目，贷记"应付利息"科目。

2. 采用实际利率计算确定利息费用时，应按摊余成本和实际利率计算确定的利息费用，借记"在建工程"、"制造费用"、"财务费用"、"研发支出"等科目，按合同约定的名义利率计算确定的应付利息的金额，贷记"应付利息"科目，按其差额，借记或贷记"长期借款——利息调整"等科目。

3. 实际支付利息时，借记"应付利息"科目，贷记"银行存款"等科目。

【例15-48】　2020年1月1日，甲公司从中国银行借入3年期"每年付息，到期一次还本"的长期借款1 000 000元，借款合同约定年利率为6%，假定该借款不符合资本化条件也不采用实际利率计算。甲公司应做如下账务处理：

(1) 2020 年 1 月 1 日,甲公司借入款项时

借:银行存款　　　　　　　　　　　　　　　　　　　　　　　1 000 000
　　贷:长期借款　　　　　　　　　　　　　　　　　　　　　　　　1 000 000

(2) 2020 年 12 月 31 日计提利息并支付利息时

2020 年 12 月 31 日应计提的利息＝1 000 000×6‰＝60 000 元

借:财务费用　　　　　　　　　　　　　　　　　　　　　　　　60 000
　　贷:应付利息　　　　　　　　　　　　　　　　　　　　　　　　60 000

2020 年 12 月 31 日实际支付利息时

借:应付利息　　　　　　　　　　　　　　　　　　　　　　　　60 000
　　贷:银行存款　　　　　　　　　　　　　　　　　　　　　　　　60 000

(3) 2021 年 12 月 31 日,如同 2020 年 12 月 31 日一样的账务处理

(4) 2022 年 12 月 31 日,一次性偿还本金以及 2022 年的利息

借:财务费用　　　　　　　　　　　　　　　　　　　　　　　　60 000
　　长期借款　　　　　　　　　　　　　　　　　　　　　　　 1 000 000
　　贷:银行存款　　　　　　　　　　　　　　　　　　　　　　　1 060 000

注意:采用一次性还本付息方式的例题核算见"长期借款"的核算。

第十节　其他应付款

一、其他应付款概述

企业除了短期借款、应付账款、预收账款、应付票据、应交税费、应付利息、应付股利、应付职工薪酬等以外,还会发生一些经营活动以外的其他各项应付、暂收其他单位或个人的款项,具体包括:(1)应付经营租入固定资产和包装物租金(含预付的租金);(2)职工未按期领取的工资;(3)存入保证金(如收入包装物押金等);(4)应付、暂收所属单位、个人的款项;(5)其他应付、暂收款项。

二、其他应付款账户

1. 账户的性质:负债类账户。

2. 账户的用途:为了核算和监督企业其他应付款的发生、偿还等增减变动及其结存情况,企业应设置"其他应付款"科目,"其他应付款"科目贷方登记发生的各种应付、暂收款项;借方登记偿还或转销的各种应付、暂收款项;期末余额在贷方,反映企业尚未支付的其他应付款项。

3. 明细账的设置:"其他应付款"科目应按应付和暂收款项的类别和单位或个人设置明细账,进行明细核算。

三、其他应付款的主要账务处理

1. 发生的各种应付、暂收款项,借记"银行存款"、"管理费用"等科目,贷记"其他应付款"科目;

2. 支付时,借记"其他应付款"科目,贷记"银行存款"等科目。

【例 15-49】 2022 年 10 月,甲公司按照合同约定出租一批包装物给乙公司,时间为 6 个月,已经收到乙公司交来的押金 8 500 元存入银行。2023 年 3 月末,出租期满,乙公司退回包装物,甲公司如数退回包装物押金。甲公司应作如下账务处理:

(1) 2022 年 10 月,甲公司收到押金时

借:银行存款　　　　　　　　　　　　　　　　　　　　　　　　8 500
　　贷:其他应付款——存入保证金　　　　　　　　　　　　　　　　　8 500

(2) 乙公司退回押金时

借:其他应付款——存入保证金　　　　　　　　　　　　　　　　8 500
　　贷:银行存款　　　　　　　　　　　　　　　　　　　　　　　　8 500

第十六章　非流动负债

非流动负债又称为长期负债,是指偿还期在1年或者超过1年的一个营业周期以上的负债,包括长期借款、应付债券、长期应付款、预计负债等。各项非流动负债应当分别进行核算,并在资产负债表中分列项目反映。将于1年内到期偿还的长期负债,在资产负债表中应当作为一项流动负债,单独反映。

第一节　长期借款

一、长期借款概述

长期借款是指企业向银行或其他金融机构借入的期限在1年以上(不含1年)的各项借款。

二、长期借款的账户

1. 账户的性质:负债类账户。
2. 账户的用途:为了核算和监督企业长期借款的取得、利息确认以及归还本息等情况,企业应设置"长期借款"科目,"长期借款"科目贷方登记长期借款本息的增加额;借方登记偿还的长期借款本息额;期末余额在贷方,反映企业尚未偿还的长期借款。
3. 明细账的设置:"长期借款"科目可按照贷款单位和贷款种类设置明细账,分别"本金"、"利息调整"等进行明细核算。

三、长期借款的账务处理

1. 取得借款

企业借入各种长期借款时,按实际收到的款项,借记"银行存款"科目,贷记"长期借款——本金"科目;按借贷双方之间的差额,借记"长期借款——利息调整"科目。

【例16-1】 2020年3月15日,甲公司(一般纳税人),从银行借入期限为3年的一笔资金1 000 000元,借款合同约定借款的年利率为6%,按照单利计算到期一次还本付息,所借款项已经到账存入银行。甲公司用该借款购买一台需安装的机器设备,该设备不含税价款为860 000元,增值税税额111 800元,安装费为24 955元,增值税额为3 245元,设备到达并安装后即投入使用。(假定不考虑运费等其他因素)甲公司应做如下账务处理:

(1)取得借款

借:银行存款　　　　　　　　　　　　　　　　　　　　　　　　1 000 000
　　贷:长期借款——本金　　　　　　　　　　　　　　　　　　　　1 000 000

(2)支付设备款

借:在建工程　　　　　　　　　　　　　　　　　　　　　　　　　860 000
　　应交税费——应交增值税(进项税额)　　　　　　　　　　　　　111 800
　　贷:银行存款　　　　　　　　　　　　　　　　　　　　　　　　971 800

(3) 支付设备安装费

借：在建工程   24 955
    应交税费——应交增值税(进项税额)   3 245
    贷：银行存款   28 200

(4) 设备安装完毕达到预定可使用状态

借：固定资产   884 955
    贷：在建工程   884 955

2. 资产负债表日计算确定长期借款的利息

在资产负债表日，企业应按长期借款的摊余成本和实际利率计算确定长期借款的利息费用，实际利率与合同利率差异较小的，也可以采用借款合同约定的利率计算确定利息费用。

(1) 长期借款按合同利率计算确定的应付未付利息，如果属于分期付息，到期一次还本的，记入"应付利息"科目。

(2) 长期借款按合同利率计算确定的应付未付利息，如果属于到期一次还本付息的，记入"长期借款——应计利息"科目。

长期借款计算确定的利息费用，应当按以下原则计入有关成本、费用：属于筹建期间的，计入管理费用；属于生产经营期间的，如果长期借款用于购建固定资产等符合资本化条件的资产，在资产尚未达到预定可使用状态前，所发生的利息支出数应当资本化，计入在建工程等相关资产成本，资产达到预定可使用状态后发生的利息支出，以及按规定不予资本化的利息支出，计入财务费用。账务处理为借记"在建工程"、"制造费用"、"财务费用"、"研发支出"等科目，贷记"应付利息"科目(分期付息，到期还本)或"长期借款——应计利息"科目(到期一次还本付息)，按其差额，贷记"长期借款——利息调整"科目。

【例 16-2】 承[例 16-1]2020 年 3 月 31 日，甲公司计提 3 月份长期借款的利息。甲公司应做如下账务处理：

因为该机器设备达到预定可使用状态后发生的利息支出，无法予以资本化按规定计入财务费用。

2020 年 3 月 31 日计提的长期借款利息 = 1 000 000 × 6% ÷ 12 = 5 000 元

借：财务费用   5 000
    贷：长期借款——应计利息   5 000

2020 年 4 月至 2023 年 2 月每月末预提利息分录同上。

3. 归还长期借款

企业归还长期借款，按归还的长期借款本金，借记"长期借款——本金"科目，按转销的利息调整金额，贷记"长期借款——利息调整"科目，按实际归还的款项，贷记"银行存款"科目，按借贷双方之间的差额，借记"在建工程"、"财务费用"、"制造费用"、"研发支出"等科目。按归还的利息，借记"应付利息"或"长期借款——应计利息"科目，贷记"银行存款"科目。

【例 16-3】 承[例 16-1][例 16-2]2023 年 3 月 31 日，借款合同三年期满，甲公司归还长期借款 1 000 000 元和所有利息(注意，最后一期利息直接计入财务费用，不再需要通过"长期借款——应计利息"核算)。

本例以前共 35 个月计提的利息为 $1\,000\,000 \times 6\% \div 12 \times 35 = 175\,000$ 元 此即"长期借款——应计利息"的贷方累计数额。

借：财务费用　　　　　　　　　　　　　　　　　　　　　　5 000
　　长期借款——本金　　　　　　　　　　　　　　　　　1 000 000
　　　　　　——应计利息　　　　　　　　　　　　　　　　175 000
　　贷：银行存款　　　　　　　　　　　　　　　　　　　　1 180 00

第二节　应付债券

一、公司债券概述

(一) 公司债券的含义

公司债券，是指公司依照法定程序发行、约定在一定期限还本付息的有价证券。

(二) 公司债券的发行条件

2023 年 10 月 12 日中国证券监督管理委员会第 6 次委务会议审议通过了《公司债券发行与交易管理办法》，自 2023 年 10 月 20 日公布之日起施行。2021 年 2 月 26 日发布的《公司债券发行与交易管理办法》(证监会令第 180 号)同时废止。

公开发行公司债券，应当符合下列条件：

1. 具备健全且运行良好的组织机构；
2. 最近三年平均可分配利润足以支付公司债券一年的利息；
3. 具有合理的资产负债结构和正常的现金流量；
4. 国务院规定的其他条件。

公开发行公司债券筹集的资金，必须按照公司债券募集办法所列资金用途使用；改变资金用途，必须经债券持有人会议作出决议。公开发行公司债券筹集的资金，不得用于弥补亏损和非生产性支出。

上市公司发行可转换为股票的公司债券，除应当符合上述规定的条件外，还应当遵守"具有持续经营能力"规定。但是，按照公司债券募集办法，上市公司通过收购本公司股份的方式进行公司债券转换的除外。

(三) 不得再次公开发行公司债券的情形

有下列情形之一的，不得再次公开发行公司债券：

1. 对已公开发行的公司债券或者其他债务有违约或者延迟支付本息的事实，仍处于继续状态；
2. 违反《证券法》规定，改变公开发行公司债券所募资金的用途。

(四) 公司债券的转让

公司债券可以转让，转让价格由转让人与受让人约定。公司债券在证券交易所上市交易的，按照证券交易所的交易规则转让。

1. 记名公司债券，由债券持有人以背书方式或者法律、行政法规规定的其他方式转让；转让后由公司将受让人的姓名或者名称及住所记载于公司债券存根簿。

2. 无记名公司债券的转让,由债券持有人将该债券交付给受让人后即发生转让的效力。

(五) 可转换公司债券

上市公司经股东会决议可以发行可转换为股票的公司债券,并在公司债券募集办法中规定具体的转换办法。上市公司发行可转换为股票的公司债券,应当报国务院证券监督管理机构核准。发行可转换为股票的公司债券,应当在债券上标明可转换公司债券字样,并在公司债券存根簿上载明可转换公司债券的数额。发行可转换为股票的公司债券的,公司应当按照其转换办法向债券持有人换发股票,但债券持有人对转换股票或者不转换股票有选择权。

(六) 公司债券的发行价格

债券的发行价格有三种:

1. 按债券面值发行;是指按照票面价值发行,就是债券利率等于市场利率。

2. 按低于债券面值折价发行;如果债券利率小于市场利率,则由于未来利息少计,导致债券内在价值小而应采用折价发行。也可以说,折价是公司以后各期少付利息而预先给投资者的补偿。

3. 按高于债券面值溢价发行。如果债券利率大于市场利率,则由于未来利息多计,导致债券内在价值大而应采用溢价发行,也可以说,溢价是公司以后各期多付利息而事先得到的补偿。

债券溢价或折价不是债券发行企业的收益或损失,而是发行债券企业在债券存续期内对利息费用的一种调整。

4. 债券发行价格计算公式

(1) 每年末支付利息,到期一次还本方式:

$$债券发行价格 = 债券面值 \times 现值系数(按市场利率和债券期限计算)$$
$$+ 债券应付年利息(按票面利率计算)$$
$$\times 年金现值系数(按市场利率和债券期限计算)$$

(2) 到期一次还本付息方式:

$$\text{债券发行价格} = \text{债券到期本利和(按票面利率和期限计算)} \times \text{现值系数(按市场利率和债券期限计算)}$$

二、应付债券的账户

1. 账户的性质:负债类账户。

2. 账户的用途:为了核算和监督企业各种债券的发行、计提利息、还本付息等情况,企业应设置"应付债券"科目,"应付债券"科目贷方登记应付债券的本金和利息,借方登记已经偿还的债券本金和利息,期末余额在贷方,反映企业尚未偿还的长期债务。"应付债券"科目核算企业为筹集长期资金而实际发行的债券及应付的利息,发行1年期及1年期以下的短期债券,应当另设"应付短期债券"科目核算。

3. 明细账的设置:"应付债券"科目应当按照"面值"、"利息调整"、"应计利息"等设置明细账进行明细核算。企业发行的可转换公司债券,应在本科目设置"可转换公司债券"明细科目进行核算。企业应当设置"企业债券备查簿",详细登记每一企业债券的票面金额,债券票面利率、还本付息期限与方式、发行总额、发行日期和编号、委托代售单位、转换股份等资料。企业债券到期结清时,应当在备查簿内逐笔注销。

三、应付债券的主要账务处理

1. 企业发行债券时,无论是按面值发行,还是溢价发行或折价发行,均按实际收到的金额,借记"银行存款"、"库存现金"等科目,按债券票面金额,贷记"应付债券——面值"科目,按实际收到的金额与票面金额之间的差额,贷记或借记"应付债券——利息调整"科目。

【例 16-4】 某公司于 2019 年 1 月 1 日溢价发行了 5 年期面值为 1 000 万元公司债券,票面年利率为 $r=8\%$,市场利率(实际利率)为 $i=5\%$,采用分期付息(假设这里是按年),到期一次还本的发行方式。假定公司发行债券募集的资金专门用于建造本企业的办公楼,办公楼从 2019 年 1 月 1 日开工建造,于 2023 年底完工,竣工验收完毕达到预定可使用状态。(假定不考虑交易费用、税费等其他因素),根据上述情况,甲公司应作如下账务处理:

债券应付年利息=债券面值×票面年利率=10 000 000×$r(r=8\%)$=800 000 元

2019 年 1 月 1 日甲公司该债券发行价格

=债券发行价格=债券面值×现值系数(按市场利率和债券期限计算)

　　+债券应付年利息(按票面利率计算)×年金现值系数(按市场利率和债券期限计算)

=10 000 000×$\{1 \div (1+i)^5\}$+800 000×$\{[1-(1+i)^{-5}] \div i\}$

=10 000 000×0.783 5+800 000×4.329 5

=7 835 000+3 463 600

=11 298 600 元

这里,现值系数和年金现值系数既可计算,也可以直接查现值系数表和年金现值系数表。

2019 年 1 月 1 日发行债券时

借:银行存款　　　　　　　　　　　　　　　　　　　　　　　11 298 600

　　贷:应付债券——面值　　　　　　　　　　　　　　　　　　　10 000 000

　　　　　　　——利息调整　　　　　　　　　　　　　　　　　　1 298 600

2. 利息调整的摊销。发行长期债券的企业,应按期计提利息。对于按面值发行的债券,在每期采用票面利率计算计提利息时,应当按照与长期借款相一致的原则计入有关成本费用,借记"在建工程"、"制造费用"、"财务费用"、"研发支出"等科目;利息调整应在债券存续期间内采用实际利率法进行摊销。实际利率法是指按照应付债券的实际利率计算其摊余成本及各期利息费用的方法;实际利率是指将应付债券在债券存续期间的未来现金流量,折现为该债券当前账面价值所使用的利率。应付债券按实际利率计算确定的利息费用,应按照与长期借款相一致的原则计入有关成本、费用,实际利率与票面利率(合同约定的名义利率)差异较小时也可按票面利率。

(1) 资产负债表日,对于分期付息、一次还本的债券,企业应按应付债券的摊余成本和实际利率计算确定的债券利息费用,借记"在建工程"、"制造费用"、"财务费用"、"研发支出"等科目,按票面利率计算确定的应付未付利息,贷记"应付利息"科目,按其差额,借记或贷记"应付债券——利息调整"科目。

(2) 资产负债表日,对于一次还本付息的债券,应于资产负债表日按摊余成本和实际利率计算确定的债券利息费用,借记"在建工程"、"制造费用"、"财务费用"、"研发支出"等科目,按票面利率计算确定的应付未付利息,贷记"应付债券——应计利息"科目,按其差额,借记或贷记"应付债券——利息调整"科目。

3. 债券还本付息。长期债券到期,企业支付债券本息时,借记"应付债券——面值"和"应付债券——应计利息"、"应付利息"等科目,贷记"银行存款"等科目。

(1) 采用分期付息、一次还本方式的,在每期支付利息时,借记"应付利息"科目,贷记"银行存款"科目;债券到期偿还本金并支付最后一期利息时,借记"应付债券——面值""在建工程"、"财务费用"、"制造费用"、"研发支出"等科目,贷记"银行存款"科目,按借贷双方之间的差额,借记或贷记"应付债券——利息调整"科目。

(2) 采用一次还本付息方式的,企业应于债券到期支付债券本息时,借记"应付债券——面值、应计利息"科目,贷记"银行存款"科目。

4. 企业发行的可转换公司债券,应当在初始确认时将其包含的负债成分和权益成分进行分拆,将负债成分确认为应付债券,将权益成分确认为其他权益工具。在对负债成分和权益成分进行分拆时,应当先对负债成分的未来现金流量进行折现确定负债成分的初始确认金额,再按发行价格总额扣除负债成分初始确认金额后的金额确定权益成分的初始确认金额。发行可转换公司债券发生的交易费用,应当在负债成分和权益成分之间按照各自的相对公允价值进行分摊。

企业应按实际收到的款项,借记"银行存款"等科目,按可转换公司债券包含的负债成分面值,贷记"应付债券——可转换公司债券(面值)"科目,按权益成分的公允价值贷记"其他权益工具"科目,按借贷双方之间的差额,借记或贷记"应付债券——可转换公司债券(利息调整)"科目。

企业发行附有赎回选择权的可转换公司债券,其在赎回日可能支付的利息补偿金,即债券约定赎回期届满日应当支付的利息减去应付债券票面利息的差额,应当在债券发行日至债券约定赎回届满日期间计提应付利息,计提的应付利息,分别计入相关资产成本或财务费用。

未转换股份的可转换公司债券到期还本付息,应当比照上述一般长期债券进行处理。

【例 16-5】 某公司于 2019 年 1 月 1 日溢价发行了 5 年期面值为 1 000 万元公司债券,票面年利率为 $r=8\%$,市场利率(实际利率)为 $i=5\%$,采用分期付息(假设这里是按年),到期一次还本的发行方式。假定公司发行债券募集的资金专门用于建造本企业的办公楼,办公楼从 2019 年 1 月 1 日开工建造,于 2023 年底完工,竣工验收完毕达到预定可使用状态。(假定不考虑交易费用、税费等其他因素),根据上述情况,甲公司应作如下账务处理:

债券应付年利息=债券面值×票面年利率=10 000 000×r($r=8\%$)=800 000 元

2019 年 1 月 1 日甲公司该债券发行价格

=债券发行价格=债券面值×现值系数(按市场利率和债券期限计算)

　　+债券应付年利息(按票面利率计算)×年金现值系数(按市场利率和债券期限计算)

=10 000 000×$\{1\div(1+i)^5\}$+800 000×$\{[1-(1+i)^{-5}]\div i\}$

=10 000 000×0.783 5+800 000×4.329 5

=7 835 000+3 463 600

=11 298 600 元

这里,现值系数和年金现值系数既可计算,也可以直接查现值系数表和年金现值系数表。

(1) 2019 年 1 月 1 日发行债券时

借：银行存款 11 298 600
　　贷：应付债券——面值 10 000 000
　　　　　　　　——利息调整 1 298 600

年份	期初公司债券余额(A)	每年支付利息（按照8%）(B)	实际利息（按照5%）(C)	每年摊销的利息调整(D) D=B−C	期末债券摊销成本(E) E=A+C−B
2019	11 298 600	800 000	564 930	235 070	11 063 530
2020	11 063 530	800 000	553 176.5	246 823.5	10 816 706.5
2021	10 816 706.5	800 000	540 835.3	259 164.7	1 055 7541.8
2022	10 557 541.8	800 000	527 877.1	272 122.9	10 285 418.9
2023	10 285 418.9	800 000	514 581.1**	285 418.9	10 000 000

514 581.1**为调整数，为了计算方便，表格中数字都保留一位小数。

（2）2019年12月31日，计算利息费用时

借：在建工程 564 930
　　应付债券——利息调整 235 070
　　贷：应付利息 800 000

（3）2020年12月31日，计算利息费用时

借：在建工程 553 176.5
　　应付债券——利息调整 246 823.5
　　贷：应付利息 800 000

（4）2021年12月31日，计算利息费用时

借：在建工程 540 835.3
　　应付债券——利息调整 259 164.7
　　贷：应付利息 800 000

（5）2022年12月31日，计算利息费用时

借：在建工程 527 877.1
　　应付债券——利息调整 272 122.9
　　贷：应付利息 800 000

注意：2019年，2020年，2021年，2022年，每年支付利息时

借：应付利息 800 000
　　贷：银行存款 800 000

（6）2023年12月31日，最后一次计算利息费用并且还本付息时

借：在建工程 514 581.1
　　应付债券——面值 10 000 000
　　　　　　　——利息调整 285 418.9
　　贷：银行存款 10 800 000

第三节 长期应付款

一、长期应付款概述

长期应付款是指企业除长期借款和应付债券以外的其他各种长期应付款项,主要有应付补偿贸易引进设备款、采用分期付款方式购入固定资产和无形资产发生的应付账款等,但是需要注意的是,根据《企业会计准则第 21 号——租赁》(2018)(在境内外同时上市的企业以及在境外上市并采用国际财务报告准则或企业会计准则编制财务报表的企业,自 2019 年 1 月 1 日起施行;其他执行企业会计准则的企业自 2021 年 1 月 1 日起施行。)规定,今后对于承租人取消了经营租赁和融资租赁的区分,在租赁期开始日,承租人应当对租赁确认"使用权资产"和"租赁负债"进行会计核算,应付融资租赁费不再通过"长期应付款"科目核算。

二、长期应付款的账户

1. 账户的性质:负债类账户。

2. 账户的用途:为了核算和监督企业以分期付款方式购入固定资产、无形资产时应付的款项及偿还情况,企业应设置"长期应付款"科目,"长期应付款"科目贷方反映应付的长期应付款项;借方反映偿还的长期应付款项;期末贷方余额,反映企业应付未付的长期应付款项。

3. 明细账的设置:"长期应付款"科目可按长期应付款的种类和债权人设置明细科目进行明细核算。

三、长期应付款的账务处理

1. 企业购买资产有可能延期支付有关价款。如果延期支付的购买价款超过正常信用条件,实质上具有融资性质的,所购资产的成本应当以延期支付购买价款的现值为基础确定。实际支付的价款与购买价款的现值之间的差额,应当在信用期间内采用实际利率法进行摊销,计入相关资产成本或当期损益。具体来说,企业购入资产超过正常信用条件延期付款实质上具有融资性质时,应按购买价款的现值,借记"固定资产"、"在建工程"、"无形资产"、"研发支出"等科目,按应支付的价款总额,贷记"长期应付款"科目,按其差额,借记"未确认融资费用"科目。

2. 按期支付价款时,借记"长期应付款"科目,贷记"银行存款"科目。

3. 企业在信用期间内采用实际利率法摊销未确认融资费用,应按摊销额,借记"在建工程"、"财务费用"、"研发支出"等科目,贷记"未确认融资费用"科目。

【例 16-6】 甲公司 2019 年 1 月 1 日以分期付款方式购入一台不需要安装的设备,已经收到乙公司开出的增值税专用发票,发票上注明的设备不含税买价为 4 000 000 元,增值税税额为 520 000 元,价税合计 4 520 000 元,购销合同约定的购买日首付款 1 000 000 元和增值税税款 520 000 元,1 520 000 元已经以银行存款转账汇出,余款分三年平均每年年末支付 1 000 000 元,于 2022 年 12 月 31 日付清全部设备款,假设银行同期贷款利率为 5%。根据上述经济业务,甲公司应作如下账务处理:

(1) 2019 年 1 月 1 日购入时

分期付款的应付本金＝每期分期付款 1 000 000 元的年金现值
$$=1\,000\,000\times(P/A,3,5\%)$$
$$=1\,000\,000\times2.723\,2=2\,723\,200\;元$$

设备价款的现值＝1 000 000＋2 723 200＝3 723 200 元

未确认融资费用＝4 000 000－4 243 200＝276 800 元

借：固定资产	3 723 200
应交税费——应交增值税(进项税额)	520 000
未确认融资费用	276 800
贷：长期应付款	3 000 000
银行存款	1 520 000

(2) 每年末支付价款、采用实际利率法分摊未确认融资费用(元)

日期	每期付款金额	确认的融资费用	应付本金减少额	应付本金余额
①	②	③＝期初⑤×5%	④＝②－③	期末⑤＝⑤－④
				2 723 200
2019-12-31	1 000 000	136 160	863 840	1 859 360
2020-12-31	1 000 000	92 968	907 032	952 328
2021-12-31	1 000 000	47 672	952 328	0
合计	3 000 000	276 800	2 723 200	

(3) 2020 年 12 月 31 日，支付第一期欠款

借：长期应付款	1 000 000
贷：银行存款	1 000 000
借：财务费用	136 160
贷：未确认融资费用	136 160

(4) 2021 年 12 月 31 日，支付第二期欠款

借：长期应付款	1 000 000
贷：银行存款	1 000 000
借：财务费用	92 968
贷：未确认融资费用	92 968

(5) 2022 年 12 月 31 日，支付最后一笔尾款

借：长期应付款	1 000 000
贷：银行存款	1 000 000
借：财务费用	47 672
贷：未确认融资费用	47 672

第四节 预计负债

一、预计负债概述

(一) 或有事项的概念和范围

或有事项,是指过去的交易或者事项形成的,其结果须由某些未来事项的发生或不发生才能决定的不确定事项。常见的或有事项主要包括未决诉讼或仲裁、债务担保、产品质量保证(含产品安全保证)、承诺、亏损合同、重组义务、环境污染整治、已贴现商业承兑汇票、预计的辞退福利、弃置费用等等。

职工薪酬、建造合同、所得税、企业合并、租赁、原保险合同和再保险合同等形成的或有事项,适用其他相关会计准则。

(二) 或有事项的特征

1. 由过去交易或事项形成,是指或有事项的现存状况是过去交易或事项引起的客观存在。

或有事项是经济交易或者经济事项而导致未来的不确定性,但在会计处理过程中存在的不确定性并不都形成或有事项。比如,未决诉讼虽然是正在进行中的诉讼,但该诉讼是企业因过去的经济行为导致起诉其他单位或被其他单位起诉。这是现存的一种状况而不是未来将要发生的事项。未来可能发生的自然灾害、交通事故、经营亏损等,不属于或有事项。

2. 结果具有不确定性,是指或有事项的结果是否发生具有不确定性,或者或有事项的结果预计将会发生,但发生的具体时间或金额具有不确定性。比如,债务担保事项的担保方到期是否承担和履行连带责任,需要根据债务到期时被担保方能否按时还款加以确定。这一事项的结果在担保协议达成时具有不确定性。固定资产折旧,因为固定资产的原价本身是确定的,其价值也是逐步转移到产品或劳务、服务的价值中去,这也基本是确定的,因而固定资产折旧不是或有事项。其他如计提的坏账准备、存货跌价准备、长期投资减值准备、固定资产减值准备、无形资产减值准备等,均不属于或有事项。

3. 由未来事项决定,是指或有事项的结果只能由未来不确定事项的发生或不发生才能决定。比如,债务担保事项只有在被担保方到期无力还款时企业(担保方)才履行连带责任。

二、或有事项的确认和计量

(一) 或有事项的确认条件

与或有事项相关的义务同时满足下列条件的,应当确认为预计负债。

1. 该义务是企业承担的现时义务

该义务是企业承担的现时义务,是指企业没有其他现实的选择,只能履行该义务,如法律要求企业必须履行、有关各方合理预期企业应当履行等。

这里的"义务"既包括法定义务也包括推定义务。法定义务,是指因合同、法律法规等产生的义务,通常是依照法律、法规必须履行的责任。比如,由于企业与其他企业签订买卖合同产生的交货义务,就属于法定义务,又比如从事采矿、建筑、危险品生产等高危行业,按照国家相关规定必须提取的安全生产费,也属于法定义务。推定义务,是指因企业的特定行为而产生的义务。"特定行为",是指企业以往的习惯做法、已公开的声明或承诺等经营行为。

2. 履行该义务很可能导致经济利益流出企业

履行该义务很可能导致经济利益流出企业,通常是指履行与或有事项相关的现时义务时,导致经济利益流出企业的可能性超过50%。履行或有事项相关义务导致经济利益流出的可能性,结果的可能性对应的概率区间通常按照下列情况加以判断:

基本确定:大于95%但小于100%;很可能:大于50%但小于或等于95%;可能:大于5%但小于或等于50%;极小可能:大于0但小于或等于5%。

(二) 或有事项的初始计量

预计负债应当按照履行相关现时义务所需支出的最佳估计数进行初始计量。

1. 最佳估计数的确定

最佳估计数的确定分两种情况考虑:

(1) 所需支出存在一个连续范围,且该范围内各种结果发生的可能性相同的,最佳估计数应当按照该范围内的中间值确定。即最佳估计数应按该范围的上、下限金额的平均数确定。

(2) 在其他情况下,最佳估计数应当分别下列情况处理:

① 或有事项涉及单个项目的,按照最可能发生金额确定。

② 或有事项涉及多个项目的,按照各种可能结果及相关概率计算确定。

2. 预期可获得补偿的处理

企业清偿预计负债所需支出全部或部分预期由第三方补偿的,补偿金额只有在基本确定能够收到时才能作为资产单独确认。确认的补偿金额不应当超过预计负债的账面价值。例如,公司发生洪水或者火灾等可以从保险公司获得的赔偿。

3. 预计负债的计量需要考虑的因素

企业在确定最佳估计数时,应当综合考虑:

① 风险和不确定性。

② 货币时间价值等因素。

③ 未来事项。

4. 承担重组义务时预计负债的确认

重组是指企业制定和控制的,将显著改变企业组织形式、经营范围或经营方式的计划实施行为。

(1) 属于重组的事项主要包括:

① 出售或终止企业的部分经营业务。

② 对企业的组织结构进行较大调整。

③ 关闭企业的部分营业场所,或将营业活动由一个国家或地区迁移到其他国家或地区。

(2) 企业承担的重组义务满足确认为预计负债规定的,应当确认预计负债。

① 重组义务满足确认为预计负债的规定条件。

② 有详细、正式的重组计划,包括重组涉及的业务、主要地点、需要补偿的职工人数及其岗位性质、预计重组支出、计划实施时间等。

③ 该重组计划已对外公告。重组,是指企业制定和控制的,将显著改变企业组织形式、经营范围或经营方式的计划实施行为。

企业应当按照与重组有关的直接支出确定预计负债金额,计入当期损益。直接支出不包括留用职工岗前培训、市场推广、新系统和营销网络投入等支出。

5. 企业不应当就未来经营亏损确认预计负债

待执行合同变成亏损合同的,该亏损合同产生的义务满足确认为预计负债规定的,应当确认为预计负债。待执行合同,是指合同各方尚未履行任何合同义务,或部分地履行了同等义务的合同。亏损合同,是指履行合同义务不可避免会发生的成本超过预期经济利益的合同。

6. 企业不应当确认或有负债和或有资产

或有负债,是指过去的交易或者事项形成的潜在义务,其存在须通过未来不确定事项的发生或不发生予以证实;或过去的交易或者事项形成的现时义务,履行该义务不是很可能导致经济利益流出企业或该义务的金额不能可靠计量。或有资产,是指过去的交易或者事项形成的潜在资产,其存在须通过未来不确定事项的发生或不发生予以证实。

(三) 或有事项的后续计量

企业应当在资产负债表日对预计负债的账面价值进行复核。有确凿证据表明该账面价值不能真实反映当前最佳估计数的,应当按照当前最佳估计数对该账面价值进行调整。

三、预计负债账户

1. 账户的性质:负债类账户。

2. 账户的用途:为了核算和监督企业各项预计负债的发生和偿还情况,企业应设置"预计负债"科目,"预计负债"科目贷方登记发生并确认的预计负债的金额,借方登记偿还的实际发生的费用以及预计负债的冲销额,期末余额在贷方,反映企业已预计尚未支付的债务。

3. 明细账的设置:"预计负债"科目应按预计负债的项目或性质,比如"预计产品质量保证损失"、"预计未决诉讼损失"、"预计担保损失"、"预计重组损失"等设置明细账,进行明细核算。

四、预计负债的主要账务处理

企业应按照规定的项目,以及确认标准,合理地计提各项很可能发生的负债。

1. 企业发生预计负债时

(1) 满足预计负债确认条件的对外提供债务担保、未决诉讼、未决仲裁、重组义务产生的预计负债,应按确定的金额,借记"营业外支出"科目,贷记"预计负债——预计担保损失、预计未决诉讼损失、预计重组损失"。

【例16-7】 2021年9月10日,甲公司从乙公司购入一批原材料,价税合计100万元,原约定在2021年12月31日前付清货款,后因与乙公司出现其他经济纠纷,暂未付账款,双方协商没有结果,故2022年8月1日乙公司根据合同约定向人民法院申请诉讼,甲公司与聘请的律师对此仲裁案件进行分析,认为如无特殊情况,甲公司很可能败诉,不仅要偿还货款,还需要承担拖延货款按照同期银行利率计算的利息8万元~10万元,甚至还要承担对方的诉讼费5万元等费用。甲公司应做如下账务处理:

赔偿利息预计(80 000+100 000)÷2=90 000元

借:营业外支出   140 000
  贷:预计负债——预计未决诉讼损失   140 000

(2) 根据或有事项准则确认的由产品质量保证产生的预计负债,应按确定的金额,借记"销售费用"科目,贷记"预计负债——预计产品质量保证损失"。

【例16-8】 某公司本月销售空调1 000万元,根据出售时签订的产品质量保证(含产品安全保证)条款的规定,产品售出三年内,如发生质量问题(包括产品本身质量问题、安装质量、使用问题),企业将负责免费修理,三年后则零件费、修理费都由客户负责。根据公司历年销售的大数据分析,三年内如果出现安装质量问题则发生的零件费、修理费为销售额的3%,而出现使用问题则发生的修理费为销售额的2%。根据公司历年销售产品数据预测,本年度售出的产品中有99.5%不会发生产品本身质量问题,有0.1%的可能性将发生安装质量问题,有0.4%的可能性将发生使用问题(但是公司依然本着为客户之上理念,费用由公司承担)。据此,本月该公司应确认的负债金额(最佳估计数)为:(10 000 000×3%)×0.1%+(10 000 000×2%)×0.4%=1 100元。

借:销售费用 1 100
　　贷:预计负债——预计产品质量保证损失 1 100

(3) 根据固定资产准则确认的由弃置义务产生的弃置费用,应按确定的金额,借记"固定资产"、"财务费用"(按弃置费用计算确定各期应负担的利息费用)等科目,贷记"预计负债——预计弃置费用"。

(4) 投资合同或协议中约定在被投资单位出现超额亏损,投资企业需要承担额外损失的,企业应在"长期股权投资"科目以及其他实质上构成投资的长期权益账面价值均减记至零的情况下,对于按照投资合同或协议规定仍然需要承担的损失金额,借记"投资收益"科目,贷记"预计负债"。

(5) 资产负债表日,企业对预计负债的账面价值进行复核后,有确凿证据表明该账面价值不能真实反映当前最佳估计数的,应当按照当前最佳估计数对该账面价值进行调整。调整增加的预计负债,借记有关科目,贷记"预计负债";调整减少的预计负债,做相反的会计分录。

【例16-9】 承[例16-7]2022年12月31日,甲公司对预计负债的账面价值进行复核,根据法院审理一审情况,应当冲减调整预计负债10 000元。

借:预计负债——预计未决诉讼损失 10 000
　　贷:营业外支出 10 000

2. 实际偿付的预计负债,借记"预计负债"科目,贷记"银行存款"等科目

【例16-10】 承[例16-7]2022年3月16日,甲公司根据法院审理一审判决,不准备继续上诉,决定执行法院判决,支付货款和预计负债130 000元。

借:预计负债——预计未决诉讼损失 130 000
　　应付账款 1 000 000
　　贷:银行存款 1 130 000

第十七章　所有者权益

所有者权益是指企业资产扣除负债后由所有者享有的剩余权益。公司的所有者权益又称为股东权益。所有者权益主要包括实收资本(或者股本)、资本公积、盈余公积和未分配利润等，其中，盈余公积和未分配利润统称为留存收益。

所有者权益的来源包括所有者投入的资本、直接计入所有者权益的利得和损失、留存收益等。

直接计入所有者权益的利得和损失，是指不应计入当期损益、会导致所有者权益发生增减变动的、与所有者投入资本或者向所有者分配利润无关的利得或者损失。比如指定为以公允价值计量且其变动计入其他综合收益的金融资产，其公允变动计入其他综合收益，如果出售获得利得也是计入留存收益，只会影响所有者权益但不会影响当期损益。利得是指由企业非日常活动所形成的、会导致所有者权益增加的、与所有者投入资本无关的经济利益的流入。损失是指由企业非日常活动所发生的、会导致所有者权益减少的、与向所有者分配利润无关的经济利益的流出。所有者权益金额取决于资产和负债的计量。所有者权益项目应当列入资产负债表。

第一节　实收资本(股本)

一、实收资本概述

(一) 企业的组织形式

根据企业的组织形式，可以把我国企业分为独资企业、合伙企业、公司制企业三种。

1. 独资企业

独资企业是指依照《个人独资企业法》(在中国境内设立，由一个自然人投资，财产为投资人个人所有，投资人以其个人财产对企业债务承担无限责任的经营实体。

2. 合伙企业

合伙企业，是指自然人、法人和其他组织依照本法在中国境内设立的普通合伙企业和有限合伙企业。普通合伙企业由普通合伙人组成，合伙人对合伙企业债务承担无限连带责任。《合伙企业法》对普通合伙人承担责任的形式有特别规定的，从其规定。有限合伙企业由普通合伙人和有限合伙人组成，普通合伙人对合伙企业债务承担无限连带责任，有限合伙人以其认缴的出资额为限对合伙企业债务承担责任。

3. 公司制企业

公司，是指依照《公司法》在中华人民共和国境内设立的有限责任公司和股份有限公司。公司是企业法人，有独立的法人财产，享有法人财产权。公司以其全部财产对公司的债务承担责任。有限责任公司的股东以其认缴的出资额为限对公司承担责任；股份有限公司的股东以其认购的股份为限对公司承担责任。

此外，中国还有一种特殊的经济组织个体工商户。根据《促进个体工商户发展条例》(2022)规定，有经营能力的公民在中华人民共和国境内从事工商业经营，依法登记为个体工商户的，适用本条例。个体工商户可以个人经营，也可以家庭经营。

个体工商户的债务,个人经营的,以个人财产承担;家庭经营的,以家庭财产承担;无法区分的,以家庭财产承担。所以,从法律上来说,个体工商户并不是企业,个体工商户要想转登记为企业,必须达到独资企业、合伙企业、公司的法定条件。

(二) 实收资本概念

企业的实收资本是指投资者按照企业章程,或合同、协议的约定,实际投入企业的资本。

(三) 公司制企业注册资本的法律规定。

《公司登记管理条例》第十四条规定(2016年2月16日第三次修订),股东不得以劳务、信用、自然人姓名、商誉、特许经营权或者设定担保的财产等作价出资。

1. 有限责任公司注册资本的法律规定

有限责任公司的注册资本为在公司登记机关登记的全体股东认缴的出资额。全体股东认缴的出资额由股东按照公司章程的规定自公司成立之日起五年内缴足。法律、行政法规以及国务院决定对有限责任公司注册资本实缴、注册资本最低限额、股东出资期限另有规定的,从其规定。

股东可以用货币出资,也可以用实物、知识产权、土地使用权、股权、债权等可以用货币估价并可以依法转让的非货币财产作价出资;但是,法律、行政法规规定不得作为出资的财产除外。对作为出资的非货币财产应当评估作价,核实财产,不得高估或者低估作价。法律、行政法规对评估作价有规定的,从其规定。

2. 股份有限公司注册资本的法律规定

设立股份有限公司,可以采取发起设立或者募集设立的方式。

发起设立,是指由发起人认购设立公司时应发行的全部股份而设立公司。

募集设立,是指由发起人认购设立公司时应发行股份的一部分,其余股份向特定对象募集或者向社会公开募集而设立公司。

以发起设立方式设立股份有限公司的,发起人应当认足公司章程规定的公司设立时应发行的股份。以募集设立方式设立股份有限公司的,发起人认购的股份不得少于公司章程规定的公司设立时应发行股份总数的百分之三十五;但是,法律、行政法规另有规定的,从其规定。发起人应当在公司成立前按照其认购的股份全额缴纳股款。

二、实收资本(或股本)的账户

1. 账户的性质:所有者权益类账户。

2. 账户的用途:为了核算和监督企业接受投资者投入的实收资本增减变动情况,企业应当设置"实收资本(股本)"科目。"实收资本"科目适用于有限责任公司以及合伙制企业、独资企业,"股本"科目适用于股份有限责任公司。

"实收资本(股本)"科目贷方登记所有者投入的注册资本增加额,借方登记注册资本减少额,期末余额在贷方,反映期末企业实收资本(股本)数额。企业收到投资者超过其在注册资本或股本中所占份额的部分,作为资本溢价或股本溢价,在"资本公积"科目核算,不在"实收资本(股本)"科目核算。

3. 明细账的设置:"实收资本(股本)"账户应当按投资者设置明细账进行明细核算。

三、实收资本的账务处理

(一) 一般企业实收资本(股本)的账务处理

一般企业实收资本应按以下规定进行计量:

(1) 投资者以现金投入的资本,应当以实际收到或者存入企业开户银行的金额作为实收资本入账。实际收到或者存入企业开户银行的金额超过其在该企业注册资本中所占份额的部分,计入资本公积。

(2) 投资者以非现金资产投入的资本,应按投资各方确认的价值作为实收资本入账。为首次发行股票而接受投资者投入的无形资产,应按该项无形资产在投资方的账面价值入账。

(3) 投资者投入的外币,合同没有约定汇率的,按收到出资额当日的汇率折合;合同约定汇率的,按合同约定的汇率折合,因汇率不同产生的折合差额,作为资本公积处理。

(4) 中外合作经营企业依照有关法律、法规的规定,在合作期间归还投资者投资的,对已归还的投资应当单独核算,并在资产负债表中作为实收资本的减项单独反映。

此外,公司的股本应当在核定的股本总额及核定的股份总额的范围内发行股票取得。公司发行的股票,发行取得的收入,应按其面值作为股本,超过面值的部分,作为股本溢价,计入资本公积。境外上市公司以及在境内发行外资股的公司,按确定的人民币股票面值和核定的股份总额的乘积计算的金额,作为股本入账,按收到股款当日的汇率折合的人民币金额与按人民币计算的股票面值总额的差额,作为资本公积处理。

具体来说,企业收到所有者投入企业的资本后,应根据有关原始凭证,分别不同的出资方式进行账务处理。

1. 投资者投入现金资产

当收到投资者投入现金,这里的现金是广义的现金,不是"库存现金"的含义,还包括银行存款、应收票据等货币性流动资产。企业应在实际收到款项并存入开户银行时,借记"银行存款"科目,贷记"实收资本——××股东"科目;若收到的金额超过按约定比例计算的其在注册资本中所占的份额部分,其超额部分作为资本溢价,应贷记"资本公积——资本溢价"科目。发行股票相关的手续费、佣金等交易费用,如果是溢价发行股票的,应从溢价中抵扣,冲减资本公积(股本溢价);无溢价发行股票或溢价金额不足以抵扣的,应将不足抵扣的部分冲减盈余公积和未分配利润。

【例17-1】 2020年12月1日,甲、乙、丙、丁四投资者共同投资设立A公司(有限责任公司),注册资本为5 000 000元,按照章程的规定,甲、乙、丙、丁的投资比例分别为51%、20%、15%和14%,出资额为一次性缴足,假设甲多交了50万,款项都已收妥存入银行。A公司应做如下账务处理:

借:银行存款　　　　　　　　　　　　　　　　　　　　　　　　　5 500 000
　　贷:实收资本——甲股东　　　　　　　　　　　　　　　　　　　2 550 000
　　　　　　　——乙股东　　　　　　　　　　　　　　　　　　　1 000 000
　　　　　　　——丙股东　　　　　　　　　　　　　　　　　　　　 750 000
　　　　　　　——丁股东　　　　　　　　　　　　　　　　　　　　 700 000
　　　　资本公积——资本溢价　　　　　　　　　　　　　　　　　　 500 000

【例17-2】 A公司(股份有限公司,一般纳税人)发行普通股1 000 000股,每股面值10元,每股发行价格12元。假定股票发行圆满成功,款项已从证券公司收到存入开户银行,发行过程中手续费和佣金已经收到证券公司开具的增值税专用发票,手续费和佣金合计为600 000元,增值税额为36 000元。假定不考虑其他因素,A公司应做如下账务处理:

实际收到的发行股款为 $1\,000\,000 \times 12 - 636\,000 = 11\,364\,000$ 元

应记入"资本公积"科目的金额为 $1\,000\,000×12-1\,000\,000×10-600\,000=1\,400\,000$ 元

借：银行存款	11 364 000
应交税费——应交增值税(进项税额)	36 000
贷：股本	10 000 000
资本公积——资本溢价	1 400 000

2. 投资者投入存货

企业收到以存货投入的资本，应按投资合同约定的价值确定固定资产价值(但投资合同约定价值不公允的除外)和在注册资本中应享有的份额。

(1) 当收到投资者以原材料(按实际成本核算)等存货出资时，则按该存货的计划成本，借记"原材料"等科目，按增值税专用发票上注明的增值税额，借记"应交税费——应交增值税(进项税额)"科目，按投资合同约定的价值，贷记"实收资本"、"资本公积"科目。

(2) 当收到投资者以原材料(按计划成本核算)等存货出资时，则按该存货的计划成本，借记"原材料"等科目，按增值税专用发票上注明的增值税额，借记"应交税费——应交增值税(进项税额)"科目，按投资合同约定的价值，贷记"实收资本"、"资本公积"科目，按计划成本与投资合同约定的价值之间的差额，借记或贷记"材料成本差异"等科目。

【例 17-3】 B公司(一般纳税人)为新设有限责任公司，原材料采用计划成本核算，甲投资者投入原材料，投资合同约定价值为 1 000 000 元(公允价值)，该批原材料的增值税进项税额为 130 000 元，该投资者开具增值税专用发票并已支付增值税税款，该批原材料的计划成本为 1 100 000 万元，原材料已验收入库。B公司应做如下账务处理：

借：原材料	1 100 000
应交税费——应交增值税(进项税额)	130 000
贷：实收资本——B公司	1 000 000
资本公积	130 000
材料成本差异	100 000

3. 投资者投入固定资产

企业收到以固定资产(房屋、建筑物、机器设备)投入的资本，应按投资合同约定的价值确定固定资产价值(但投资合同约定价值不公允的除外)和在注册资本中应享有的份额。

【例 17-4】 C公司(一般纳税人)为新设有限责任公司，于设立时收到某投资者B公司作为资本投入的一栋办公大楼(不需要装修)，可以直接投入使用，合同约定该办公大楼的价值为 15 000 000 元，增值税进项税额为 1 950 000 元，该投资者开具增值税专用发票并已支付增值税税款，经投资者一致约定，C公司接受乙公司的投入资本为 16 000 000 元(公允价值)。假定不考虑其他因素。C公司应做如下账务处理：

借：固定资产	15 000 000
应交税费——应交增值税(进项税额)	1 950 000
贷：实收资本——B公司	16 000 000
资本公积	950 000

4. 投资者投入无形资产

企业收到以无形资产方式投入的资本，应按投资合同约定的价值确定无形资产价值(但投资

合同约定价值不公允的除外)和在注册资本中应享有的份额。

【例17-5】 D公司(有限责任公司)于设立时收到某投资者B公司的一项商标权作为资本投入,该商标权经投资合同约定价值为200 000元,假定投资合同约定的价值与公允价值相符,不考虑其他因素。D公司应做如下账务处理:

借:无形资产——商标权　　　　　　　　　　　　　　　　　　200 000
　　贷:实收资本——B公司　　　　　　　　　　　　　　　　　　　200 000

(二) 公司增加注册资本

1. 公司增加注册资本的法律规定

股东会批准的利润分配方案中分配的股票股利,应在办理增资手续后,借记"利润分配"科目,贷记"股本"科目。要注意的是,根据《中华人民共和国公司法》,现今不论是股份有限公司还是有限责任公司,其权力机构都称为股东会。

《公司法》规定,公司的公积金用于弥补公司的亏损、扩大公司生产经营或者转为增加公司注册资本。公积金弥补公司亏损,应当先使用任意公积金和法定公积金;仍不能弥补的,可以按照规定使用资本公积金。法定公积金转为增加注册资本时,所留存的该项公积金不得少于转增前公司注册资本的百分之二十五。有限责任公司增加注册资本时,股东在同等条件下有权优先按照实缴的出资比例认缴出资。但是,全体股东约定不按照出资比例优先认缴出资的除外。股份有限公司为增加注册资本发行新股时,股东不享有优先认购权,公司章程另有规定或者股东会决议决定股东享有优先认购权的除外。有限责任公司增加注册资本时,股东认缴新增资本的出资,依照设立有限责任公司缴纳出资的有关规定执行。股份有限公司为增加注册资本发行新股时,股东认购新股,依照设立股份有限公司缴纳股款的有关规定执行。

2. 公司增加注册资本的账务处理

(1) 通常公司增加注册资本主要有三个途径:接受原投资者追加投资或者新投资者投资、用资本公积转增资本和盈余公积转增资本。

① 接受原投资者追加投资或者新投资者投资。企业接受原投资者追加投资或者新投资者投资,借记"库存现金"、"银行存款"、"原材料"、"固定资产"、"无形资产"等科目,贷记"实收资本"或"股本"等科目。若投入的金额超过按合同约定比例计算的其在注册资本中所占的份额部分,其超过部分的差额作为资本溢价,贷记"资本公积——资本溢价或股本溢价"科目。

【例17-6】 承[例17-1]2022年12月1日,甲、乙、丙、丁四投资者共同投资设立的A公司(有限责任公司)在经营两年后,市场规模不断扩大,为适应市场需要扩大生产经营规模,经A公司股东会议决议,批准同意增加注册资本1 000 000元。A公司应做如下账务处理:

借:银行存款　　　　　　　　　　　　　　　　　　　　　　1 000 000
　　贷:实收资本——甲股东　　　　　　　　　　　　　　　　　　510 000
　　　　　　　　——乙股东　　　　　　　　　　　　　　　　　　200 000
　　　　　　　　——丙股东　　　　　　　　　　　　　　　　　　150 000
　　　　　　　　——丁股东　　　　　　　　　　　　　　　　　　140 000

② 资本公积转增资本。资本公积转增资本应借记"资本公积——资本溢价或股本溢价"科目,贷记"实收资本"或"股本"科目。

【例17-7】 承[例17-1]假定A公司股东会议决议,按原出资比例将资本公积500 000元转增资本。A公司应做如下账务处理:

借:资本公积　　　　　　　　　　　　　　　　　　　　　　　500 000
　　贷:实收资本——甲股东　　　　　　　　　　　　　　　　　255 000
　　　　　　　——乙股东　　　　　　　　　　　　　　　　　100 000
　　　　　　　——丙股东　　　　　　　　　　　　　　　　　 75 000
　　　　　　　——丁股东　　　　　　　　　　　　　　　　　 70 000

③ 盈余公积转增资本。盈余公积转增资本应借记"盈余公积"科目,贷记"实收资本"或"股本"科目。

要注意的是,资本公积和盈余公积皆属所有者权益类,转增资本时,企业如为独资企业直接结转;如为公司制企业,还应考虑按原投资者所持股份同比例增加各投资者的股权。

【例17-8】 承[例17-1]假定A公司股东会议决议,按原出资比例将盈余公积500 000元转增资本。A公司应做如下账务处理:

借:盈余公积
　　贷:实收资本——甲股东　　　　　　　　　　　　　　　　　255 000
　　　　　　　——乙股东　　　　　　　　　　　　　　　　　100 000
　　　　　　　——丙股东　　　　　　　　　　　　　　　　　 75 000
　　　　　　　——丁股东　　　　　　　　　　　　　　　　　 70 000

(2) 股份有限公司发放股票股利

要注意的是,因为有限责任公司不发行股票,当然也不存在发放现金股利和股票股利的问题,只存在发放利润,因此发放股票股利这个问题是股份有限公司的专属。

股份有限公司采用发放股票股利增加注册资本的,在发放股票股利时,一般按照股东在注册资本中原持有的股份比例分配,但是如股东所持股份按比例分配的股利不足一股时,实务中常用的处理方法是:第一方法是用现金股利取代股票股利,不足一股的直接用现金支付;第二种方法是股东之间可以相互转让股份凑足为整股,再支付股票股利,但是这样比较难以实行,相对来说,还是第一种方法简单易行。

采取股票股利时,通常由公司将股东应得的股利金额转入资本金,发行与此相等金额的新股票,按股东的持股比例进行分派。股东会批准的利润分配方案中分配的股票股利,应在办理增加注册资本的手续后,借记"利润分配——转作股本的股利"科目,贷记"股本"科目。

(3) 可转换公司债券转换为股票

我国发行可转换公司债券采取记名式无纸化发行方式。可转换公司债券转换为股票的选择权属于债权持有人。企业发行的可转换公司债券在"应付债券"科目下应当设置"可转换公司债券"明细科目核算。

① 企业在发行可转换债券时,需在初始确认阶段将债券分解为负债和权益两个部分。首先,利用债券的实际利率对未来的现金流量进行现值计算,以确定负债成分的账面价值。接着,从债券的总发行价格中减去负债成分的现值,从而得出权益成分的金额,并将这部分确认为"其他权益工具"。这一过程确保了负债和权益成分能够按照其各自的公允价值被分别记录。

② 发行可转换公司债所发生的交易费用,应当按照公允价值在负债成分和权益成分之间进行分摊。企业发行可转换公司债,应按实际收到的款项,借记"银行存款"等科目,按可转换公司债券包含的负债成分,贷记"应付债券——可转换公司债券(面值)"科目,按照应付债券的权益成分,贷记"其他权益工具"科目,按借贷双方之间的差额,借记或贷记"应付债券——可转换公司债券(利息调整)"科目。

③ 每年支付利息时候,借记"财务费用",贷记"应付利息",借记或贷记"应付债券——可转换公司债券(利息调整)"科目;实际支付利息时,借记"应付利息",贷记"银行存款"。

④ 当可转换公司债券持有人行使转换权利,将其持有的债券转换为股票,借记"应付债券——可转换公司债券(面值)"、"其他权益工具"科目,贷记"股本"、"资本公积——股本溢价"科目,借记或贷记"应付债券——可转换公司债券(利息调整)"科目。

【例 17-9】 甲公司 2019 年 1 月 1 日按面值发行三年期可转换公司债券,每年年末付息、到期一次还本的债券,面值总额为 2 000 万元,实际收款 2 250 万元,票面年利率为 3%,实际利率为 6%。2020 年 1 月 2 日,某债券持有人将其持有的 2 000 万元(面值)本公司可转换债券转换为 10 万股普通股(每股面值 20 元)。甲公司按实际利率法确认利息费用。[查表年金现值系数(P/A,6%,3)=2.673 0,现值系数(P/F,6%,3)=0.839 6]。

① 债券发行时

应付债券(面值)=2 000 万元

应付债券的负债成分=应付债券面值×票面年利率×年金现值系数+应付债券面值×现值系数=2 000×3%×2.673 0+2 000×0.839 6=160.38+1 679.2=1 839.58 万元。

应付债券的权益成分=实际收款-应付债券的负债成分=2 250-1 839.58=410.42 万元。

应付债券(利息调整)=应付债券面值-应付债券的负债成分=2 000-1 839.58=160.42 万元

② 2019 年计算利息时

2019 年实际利息=应付债券的负债成分×实际利率=1 839.58×6%=110.37 万元,列入财务费用。

2019 年应付利息(票面利息)=应付债券(面值)×票面利率=2 000×3%=60 万元

2019 年"应付债券——可转换公司债券(利息调整)"=110.37-60=50.37 万元

③ 债券转股票时

应付债券的账面价值=应付债券的负债成分×(1+实际利率)-应付债券面值×票面年利率=1 839.58×(1+6%)-2 000×3%=1 949.95-60=1 889.95 万元。

确认"资本公积——股本溢价"的金额=(应付债券的账面价值+应付债券的权益成分)-普通股面值=(410.42+1 889.95)-200=2 100.37 万元

(1) 发行债券时的账务处理:

借:银行存款　　　　　　　　　　　　　　　　　　　　　　　　　22 500 000
　　应付债券——可转换公司债券(利息调整)　　　　　　　　　　　 1 624 200
　　贷:应付债券——可转换公司债券(面值)　　　　　　　　　　　　20 000 000
　　　　其他权益工具　　　　　　　　　　　　　　　　　　　　　　 4 104 200

(2) 2019 年账务处理

借：财务费用　　　　　　　　　　　　　　　　　　　1 103 700
　　贷：应付利息　　　　　　　　　　　　　　　　　　　600 000
　　　　应付债券——可转换公司债券（利息调整）　　　503 700

实际支付利息

借：应付利息　　　　　　　　　　　　　　　　　　　　600 000
　　贷：银行存款　　　　　　　　　　　　　　　　　　　600 000

(3) 应付债券转换为股票时

借：应付债券——可转换公司债券（面值）　　　　　20 000 000
　　其他权益工具　　　　　　　　　　　　　　　　　4 104 200
　　贷：股本　　　　　　　　　　　　　　　　　　　2 000 000
　　　　应付债券——可转换公司债券（利息调整）　　1 100 500
　　　　资本公积——股本溢价　　　　　　　　　　 21 003 700

(4) 企业将重组债务转为资本

企业将重组债务转为资本的，应按重组债务的账面价值，借记"应付账款"等科目，按债权人因放弃债权而享有本企业股份的面值总额，贷记"实收资本"或"股本"科目，按股份的公允价值总额与相应的实收资本或股本之间的差额，贷记或借记"资本公积——资本溢价或股本溢价"科目，按其差额，贷记"投资收益"科目。在历史上曾经一度把计入"投资收益"的金额计入"营业外收入——债务重组利得"。

(5) 以权益结算的股份支付

企业以权益结算的股份支付换取职工或其他方提供服务的，应在行权日，按实际行权的权益工具数量计算确定的金额，借记"资本公积——其他资本公积"科目，按应计入实收资本或股本的金额，贷记"实收资本（或股本）"科目，按其差额，贷记"资本公积——资本溢价或股本溢价"科目。

【例 17-10】 甲公司（上市公司）为了激励员工，公司决定实施一项以权益结算的股份支付计划。根据该计划，公司将向符合条件的员工授予股票期权，允许他们在将来以固定价格购买公司股票。2023 年 1 月 1 日，公司向 100 名重要职位的员工每人授予了 1 000 份股票期权，行权价格为每股 10 元。这些期权将在一年后，即 2024 年 1 月 1 日可行权，届时如果员工选择行权，则可以按照每股 10 元的价格购买公司股票。假设至 2024 年 1 月 1 日，公司股票的市场价格为每股 15 元。所有 100 名员工均选择在行权日行权，公司股票面值为每股 1 元。甲公司在员工行权时的账务处理：

确定行权时的股份支付金额：由于每股市场价格为 15 元，行权价格为 10 元，每股的差额为 5 元。

100 名员工每人行权 1 000 股，总的股份支付金额为 $100 \times 1\,000 \times (15-10) = 500\,000$ 元，反映因股份支付产生的资本溢价。该金额计入"资本公积——其他资本公积"科目

"实收资本（或股本）"科目，金额为 100 000 元（100 名员工×1 000 股×每股面值 1 元），反映因行权而增加的股本。

"资本公积——资本溢价或股本溢价"科目，金额为 400 000 元（500 000 元－100 000 元），反

映行权产生的资本溢价。

借：资本公积——其他资本公积　　　　　　　　　　　　　500 000
　　贷：股本　　　　　　　　　　　　　　　　　　　　　　100 000
　　　　资本公积——股本溢价　　　　　　　　　　　　　　400 000

（三）公司减少注册资本

1. 公司减少注册资本的法律规定

企业减少注册资本需获股东会或者股东会的特别决议，需按法定程序报经批准的还要经过批准。企业注册资本的原因大体有两种：一是企业出现重大亏损而目前无法根本改变现状，需要通过减少注册资本弥补亏损；二是企业因资本使用过度超过企业的承受能力而减少注册资本，一般要发还股款。

公司减少注册资本，应当按照股东出资或者持有股份的比例相应减少出资额或者股份，法律另有规定、有限责任公司全体股东另有约定或者股份有限公司章程另有规定的除外。

《公司法》规定，公积金弥补公司亏损，应当先使用任意公积金和法定公积金；仍不能弥补的，可以按照规定使用资本公积金。弥补亏损后，仍有亏损的，可以减少注册资本弥补亏损。减少注册资本弥补亏损的，公司不得向股东分配，也不得免除股东缴纳出资或者股款的义务。

公司依照规定减少注册资本后，在法定公积金和任意公积金累计额达到公司注册资本百分之五十前，不得分配利润。

2. 公司减少注册资本的账务处理

企业按法定程序报经批准减少注册资本的，要分一般企业、有限责任公司和股份有限公司两种情况分别处理。

（1）有限责任公司和一般企业，应按实际支付的金额，借记"实收资本"科目，贷记"库存现金"、"银行存款"等科目，其账务处理比较简单。

【例17-11】 甲公司（有限责任公司）2021年8月31日的实收资本为5 000 000元，经股东会批准，减少注册资本1 000 000元，假定不考虑其他因素，甲公司的账务处理如下：

借：实收资本　　　　　　　　　　　　　　　　　　　　　1 000 000
　　贷：银行存款　　　　　　　　　　　　　　　　　　　　1 000 000

（2）股份有限公司采用收购本企业股票方式减少注册资本的，因减少注册资本而回购本公司股份的，应按实际支付的金额，借记"库存股"科目，贷记"银行存款"等科目。此时同时要区分两种情况进行处理：

① 注销库存股时，如果回购价大于对应的股本面值的金额，这说明回购价多付出了比账面还高的价值，公司付出的代价大，应按股票面值和注销股数计算的股票面值总额，借记"股本"科目，按注销库存股的账面余额，贷记"库存股"科目，按其差额，冲减股票发行时原计入资本公积的溢价部分，借记"资本公积——股本溢价"科目，股本溢价不足冲减的，还应依次借记"盈余公积"、"利润分配——未分配利润"等科目。

【例17-12】 甲公司（股份有限公司）2021年8月31日的股本为20 000 000股，面值为5元，资本公积（股本溢价）1 500 000元，盈余公积800 000元。经股东会批准，甲公司决定按每股6元的价格用现金回购本公司股票1 000 000股并注销。假定不考虑其他因素，甲公司的账务处理如下：

甲公司注销的库存股成本＝1 000 000×6＝6 000 000元

(1) 甲公司回购本公司股票时

借：库存股	6 000 000	
贷：银行存款		6 000 000

(2) 甲公司注销本公司股票时

应冲减的资本公积＝1 000 000×6－1 000 000×5＝1 000 000元

借：股本	5 000 000	
资本公积——股本溢价	1 000 000	
贷：库存股		6 000 000

假定甲公司以8元的价格回购公司股票，甲公司的账务处理如下：

甲公司注销的库存股成本＝1 000 000×8＝8 000 000元

(1) 甲公司回购本公司股票时

借：库存股	8 000 000	
贷：银行存款		8 000 000

(2) 甲公司注销本公司股票时

应冲减的资本公积＝1 500 000元

应冲减的盈余公积＝800 000元

应冲减的未分配利润＝700 000元

借：股本	5 000 000	
资本公积——股本溢价	1 500 000	
盈余公积	800 000	
利润分配——未分配利润	700 000	
贷：库存股		8 000 000

② 注销库存股时，如果回购价大于对应的股本面值的金额，这说明回购价少付出了比账面还低的价值，公司付出的代价小，应按股票面值和注销股数计算的股票面值总额，借记"股本"科目，按注销库存股的账面余额，贷记"库存股"科目，所注销库存股的账面余额与所冲减股本的差额作为增加资本公积(股本溢价)处理，贷记"资本公积——股本溢价"科目。

【例17-13】 承[例17-12]假定：甲公司以4元的价格回购公司股票，甲公司的账务处理如下：

甲公司注销的库存股成本＝1 000 000×4＝4 000 000元

(1) 甲公司回购本公司股票时

借：库存股	4 000 000	
贷：银行存款		4 000 000

(2) 甲公司注销本公司股票时

应增加的资本公积＝1 000 000×5－1 000 000×4＝1 000 000元

借：股本	5 000 000	
贷：库存股		4 000 000
资本公积——股本溢价		1 000 000

第二节 其他权益工具

一、其他权益工具概述

根据《金融负债与权益工具的区分及相关会计处理规定》(财会〔2014〕13号)规定,金融负债与权益工具的区分企业应当按照金融工具准则的规定,根据所发行金融工具的合同条款及其所反映的经济实质而非仅以法律形式,结合金融资产、金融负债和权益工具的定义,在初始确认时将该金融工具或其组成部分分类为金融资产、金融负债或权益工具。

(一) 权益工具的定义

权益工具是指能证明拥有某个企业在扣除所有负债后的资产中的剩余权益的合同。权益工具是金融工具中形成股权的一类工具,一般指股权投资,如长期股权投资,交易性金融资产(股票)等等。企业发行的金融工具同时满足下列条件的,符合权益工具的定义,应当将该金融工具分类为权益工具:

1. 该金融工具应当不包括交付现金或其他金融资产给其他方,或在潜在不利条件下与其他方交换金融资产或金融负债的合同义务。

2. 将来须用或可用企业自身权益工具(如作为实收资本或股本的普通股)结算该金融工具。如为非衍生工具(如可转换优先股),该金融工具应当不包括交付可变数量的自身权益工具进行结算的合同义务;如为衍生工具(如认股权证等),企业只能通过以固定数量的自身权益工具交换固定金额的现金或其他金融资产结算该金融工具。

企业自身权益工具不包括应按照《企业会计准则第37号——金融工具列报》(2017)分类为权益工具的金融工具,也不包括本身就要求在未来收取或交付企业自身权益工具的合同。

企业对全部现有同类别非衍生自身权益工具的持有方同比例发行配股权、期权或认股权证,使之有权按比例以固定金额的任何货币换取固定数量的该企业自身权益工具的,该类配股权、期权或认股权证应当分类为权益工具。其中,企业自身权益工具不包括应当按照《企业会计准则第37号——金融工具列报》分类为权益工具的可回售工具或发行方仅在清算时才有义务向另一方按比例交付其净资产的金融工具,也不包括本身就要求在未来收取或交付企业自身权益工具的合同。

其他权益工具是指经相关监管部门批准,企业发行的除普通股(作为"实收资本"或"股本")以外的归类为权益工具的各种金融工具,主要包括企业发行的优先股、永续债(例如长期限含权中期票据)、认股权、可转换公司债券等金融工具。

(二) 金融负债与权益工具的区分

金融负债与权益工具的区分企业应当按照金融工具准则的规定,根据所发行金融工具的合同条款及其所反映的经济实质而非仅以法律形式,结合金融资产、金融负债和权益工具的定义,在初始确认时将该金融工具或其组成部分分类为金融资产、金融负债或权益工具。

二、投资方购入金融工具的分类

金融工具投资方(持有人)考虑持有的金融工具或其组成部分是权益工具还是债务工具投资时,应当遵循金融工具确认和计量准则和本规定的相关要求,通常应当与发行方对金融工具的权益或负债属性的分类保持一致。例如,对于发行方归类为权益工具的非衍生金融工具,投资方通常应当将其归类为权益工具投资。

三、金融工具的主要会计处理

(一) 金融工具会计处理的基本原则

企业发行的金融工具应当按照金融工具准则和《金融负债与权益工具的区分及相关会计处理规定》进行初始确认和计量;其后,于每个资产负债表日计提利息或分派股利,按照相关具体企业会计准则进行处理。即企业应当以所发行金融工具的分类为基础,确定该工具利息支出或股利分配等的会计处理。对于归类为权益工具的金融工具,无论其名称中是否包含"债",其利息支出或股利分配都应当作为发行企业的利润分配,其回购、注销等作为权益的变动处理;对于归类为金融负债的金融工具,无论其名称中是否包含"股",其利息支出或股利分配原则上按照借款费用进行处理,其回购或赎回产生的利得或损失等计入当期损益。

发行方发行金融工具,其发生的手续费、佣金等交易费用,如分类为债务工具且以摊余成本计量的,应当计入所发行工具的初始计量金额;如分类为权益工具的,应当从权益中扣除。

(二) 科目设置

金融工具发行方应当设置下列会计科目,对发行的金融工具进行会计核算。

1. 发行方对于归类为金融负债的金融工具在"应付债券"科目核算。"应付债券"科目应当按照发行的金融工具种类进行明细核算,并在各类工具中按"面值"、"利息调整"、"应计利息"设置明细账,进行明细核算(发行方发行的符合流动负债特征并归类为流动负债的金融工具,以相关流动性质的负债类科目进行核算)。

对于需要拆分且形成衍生金融负债或衍生金融资产的,应将拆分的衍生金融负债或衍生金融资产按照其公允价值在"衍生工具"科目核算。对于发行的且嵌入了非紧密相关的衍生金融资产或衍生金融负债的金融工具,如果发行方选择将其整体指定为以公允价值计量且其变动计入当期损益的,则应将发行的金融工具的整体在"交易性金融负债"等科目核算。

2. 在所有者权益类科目中增设"其他权益工具"科目,核算企业发行的除普通股以外的归类为权益工具的各种金融工具。本科目应按发行金融工具的种类等进行明细核算。

企业应当在资产负债表"实收资本"项目和"资本公积"项目之间增设"其他权益工具"项目,反映企业发行的除普通股以外分类为权益工具的金融工具的账面价值,并在"其他权益工具"项目下增设"其中:优先股"和"永续债"两个项目,分别反映企业发行的分类为权益工具的优先股和永续债的账面价值。在"应付债券"项目下增设"其中:优先股"和"永续债"两个项目,分别反映企业发行的分类为金融负债的优先股和永续债的账面价值。如属流动负债的,应当比照上述原则在流动负债类相关项目列报。

(三) 主要账务处理

1. 发行方的账务处理

(1) 发行方发行的金融工具归类为债务工具并以摊余成本计量的,应按实际收到的金额,借记"银行存款"等科目,按债务工具的面值,贷记"应付债券——优先股、永续债等(面值)"科目,按其差额,贷记或借记"应付债券——优先股、永续债等(利息调整)"科目。

在该工具存续期间,计提利息并对账面的利息调整进行调整等的会计处理,按照《金融工具确认和计量准则》中有关金融负债按摊余成本后续计量的规定进行会计处理。

(2) 发行方发行的金融工具归类为权益工具的,应按实际收到的金额,借记"银行存款"等科目,贷记"其他权益工具——优先股、永续债"科目。

分类为权益工具的金融工具,在存续期间分派股利(含分类为权益工具的工具所产生的利息,下同)的,作为利润分配处理。发行方应根据经批准的股利分配方案,按应分配给金融工具持有者的股利金额,借记"利润分配——应付优先股股利、应付永续债利息等"科目,贷记"应付股利——优先股股利、永续债利息等"科目。

(3) 发行方发行的金融工具为复合金融工具的,应按实际收到的金额,借记"银行存款"等科目,按金融工具的面值,贷记"应付债券——优先股、永续债(面值)等"科目,按负债成分的公允价值与金融工具面值之间的差额,借记或贷记"应付债券——优先股、永续债等(利息调整)"科目,按实际收到的金额扣除负债成分的公允价值后的金额,贷记"其他权益工具——优先股、永续债等"科目。

发行复合金融工具发生的交易费用,应当在负债成分和权益成分之间按照各自占总发行价款的比例进行分摊。与多项交易相关的共同交易费用,应当在合理的基础上,采用与其他类似交易一致的方法,在各项交易之间进行分摊。

(4) 发行的金融工具本身是衍生金融负债或衍生金融资产或者内嵌了衍生金融负债或衍生金融资产的,按照《金融工具确认和计量准则》中有关衍生工具的规定进行处理。

(5) 由于发行的金融工具原合同条款约定的条件或事项随着时间的推移或经济环境的改变而发生变化,导致原归类为权益工具的金融工具重分类为金融负债的,应当于重分类日,按该工具的账面价值,借记"其他权益工具——优先股、永续债等"科目,按该工具的面值,贷记"应付债券——优先股、永续债等(面值)"科目,按该工具的公允价值与面值之间的差额,借记或贷记"应付债券——优先股、永续债等(利息调整)"科目,按该工具的公允价值与账面价值的差额,贷记或借记"资本公积——资本溢价(或股本溢价)"科目,如资本公积不够冲减的,依次冲减盈余公积和未分配利润。发行方以重分类日计算的实际利率作为应付债券后续计量利息调整等的基础。

因发行的金融工具原合同条款约定的条件或事项随着时间的推移或经济环境的改变而发生变化,导致原归类为金融负债的金融工具重分类为权益工具的,应于重分类日,按金融负债的面值,借记"应付债券——优先股、永续债等(面值)"科目,按利息调整余额,借记或贷记"应付债券——优先股、永续债等(利息调整)"科目,按金融负债的账面价值,贷记"其他权益工具——优先股、永续债等"科目。

(6) 发行方按合同条款约定赎回所发行的除普通股以外的分类为权益工具的金融工具,按赎回价格,借记"库存股——其他权益工具"科目,贷记"银行存款"等科目;注销所购回的金融工具,按该工具对应的其他权益工具的账面价值,借记"其他权益工具"科目,按该工具的赎回价格,贷记"库存股——其他权益工具"科目,按其差额,借记或贷记"资本公积——资本溢价(或股本溢价)"科目,如资本公积不够冲减的,依次冲减盈余公积和未分配利润。

发行方按合同条款约定赎回所发行的分类为金融负债的金融具,按该工具赎回日的账面价值,借记"应付债券"等科目,按赎回价格,贷记"银行存款"等科目,按其差额,借记或贷记"财务费用"科目。

(7) 发行方按合同条款约定将发行的除普通股以外的金融工具转换为普通股的,按该工具对应的金融负债或其他权益工具的账面价值,借记"应付债券"、"其他权益工具"等科目,按普通股的面值,贷记"实收资本(或股本)"科目,按其差额,贷记"资本公积——资本溢价(或股本溢价)"科目(如转股时金融工具的账面价值不足转换为1股普通股而以现金或其他金融资产支付的,还需按支付的现金或其他金融资产的金额,贷记"银行存款"等科目)。

2. 投资方的账务处理

投资方购买发行方发行的金融工具,应当按照《金融工具确认和计量准则》及本规定进行分类和计量。

如果投资方因持有发行方发行的金融工具而对发行方拥有控制、共同控制或重大影响的,按照《企业会计准则第2号——长期股权投资》和《企业会计准则第20号——企业合并》进行确认和计量;投资方需编制合并财务报表的,按照《企业会计准则第33号——合并财务报表》的规定编制合并财务报表。

四、对每股收益计算的影响

企业应当按照《企业会计准则第34号——每股收益》的规定计算每股收益。企业存在发行在外的除普通股以外的金融工具的,在计算每股收益时,应当按照以下原则处理:

(一)基本每股收益的计算

在计算基本每股收益时,基本每股收益中的分子,即归属于普通股股东的净利润不应包含其他权益工具的股利或利息,其中,对于发行的不可累积优先股等其他权益工具应扣除当期宣告发放的股利,对于发行的累积优先股等其他权益工具,无论当期是否宣告发放股利,均应予以扣除。

基本每股收益计算中的分母,为发行在外普通股的加权平均股数。

对于同普通股股东一起参加剩余利润分配的其他权益工具,在计算普通股每股收益时,归属于普通股股东的净利润不应包含根据可参加机制计算的应归属于其他权益工具持有者的净利润。

(二)稀释每股收益的计算

企业发行的金融工具中包含转股条款的,即存在潜在稀释性的,在计算稀释每股收益时考虑的因素与企业发行可转换公司债券、认股权证相同。

第三节 资本公积

一、资本公积概述

(一)资本公积概念和内容

资本公积是所有者权益的重要组成部分,是指企业收到投资者投资额超出其在注册资本(或股本)中所占的份额以及直接计入所有者权益的利得和损失等。

(二)资本公积的形成原因

形成资本溢价(或股本溢价)的原因有企业接受投资者投入的资本(溢价发行股票、投资者超额缴入资本)、可转换公司债券持有人行使转换权利、将债务转为资本等。

其他资本公积是指除净损益、其他综合收益和利润分配以外所有者权益的其他变动。如企业的长期股权投资采用权益法核算时,因被投资单位除净损益、其他综合收益和利润分配以外所有者权益的其他变动,投资企业按应享有份额而增加或减少的资本公积。

(三) 资本公积的用途

公司以超过股票票面金额的发行价格发行股份所得的溢价款、发行无面额股所得股款未计入注册资本的金额以及国务院财政部门规定列入资本公积金的其他项目,应当列为公司资本公积金。公积金弥补公司亏损,应当先使用任意公积金和法定公积金;仍不能弥补的,可以按照规定使用资本公积金。

二、资本公积账户

1. 账户的性质:所有者权益类账户。

2. 账户的用途:为了核算企业资本公积的增减变动和结余情况,企业应当设置"资本公积"科目。"资本公积"科目贷方登记资本公积金的增加额,借方登记资本公积金的减少额,期末余额在贷方,反映企业期末资本公积金的结余数额。

3. 明细账的设置:"资本公积"一般应当设置"资本(或股本)溢价"、"其他资本公积"明细科目核算。

三、资本公积的账务处理

(一) 投资者投入资本设立企业形成的资本溢价或股本溢价

当收到投资者投入现金,应在实际收到或者存入企业开户银行时,按实际收到的金额,借记"银行存款";投资者以实物资产投资的,应在办理实物所有权转移手续时(无抵押情况),借记"原材料"、"固定资产"等科目;投资者以无形资产投资的,应按照合同、协议或公司章程的规定移交有关产权凭证(无质押情况)时,"无形资产"等科目,按其在注册资本或股本中所占份额,贷记"实收资本(股本)"科目,若投入的金额超过按合同、协议或公司章程约定比例计算的其在注册资本中所占的份额部分,其超过部分的差额作为资本溢价,贷记"资本公积——资本溢价或股本溢价"科目,但是注意股份有限公司在发行股票时,我国法律只允许面值或者溢价发行,不允许折价发行,在采用溢价发行股票的情况下,企业应将相当于股票面值的部分记入"股本"科目后,其余部分在扣除发行手续费、佣金等发行费用后记入"资本公积——股本溢价"科目。

【例 17-14】 2020 年 5 月,甲、乙两位投资者各自投资 300 000 元设立 ABC 公司(有限责任公司),三年后,经股东会同意,ABC 公司计划引入第三位投资者加入,注册资本增加到 1 000 000 元,考虑到前期公司经营的业绩以及所有者权益的增加情况,根据 ABC 公司和丙投资者达成一致的投资合同,丙投资者必须缴入现金 400 000 元,才能享有该公司 1/3 的股份,丙投资者已按照合同约定交纳投资款至 ABC 公司的基本存款账户。ABC 公司应做如下账务处理:

借:银行存款　　　　　　　　　　　　　　　　　　　400 000
　　贷:实收资本——丙股东　　　　　　　　　　　　　　300 000
　　　　资本公积——资本溢价　　　　　　　　　　　　　100 000

【例 17-15】 2022 年 5 月,ABC 公司(股份有限公司)按照公司法和证券发行条例规定,公开募集股份发行了每股面值 5 元的普通股 10 000 000 股,每股发行价格为 6 元。ABC 公司与证券公司约定,按发行收入的 2% 收取佣金和手续费,证券公司负责开具增值税发票,发票账单已经收到,发行的股款也已存入 ABC 公司的基本存款账户。ABC 公司应做如下账务处理:

证券公司收入的佣金和手续费 = $10\,000\,000 \times 6 \times 2\% = 1\,200\,000$ 元

证券公司收入的佣金和手续费交纳的增值税＝10 000 000×6×2‰×6%＝72 000 元
ABC 公司收到的实际发行收入＝10 000 000×6－1 200 000－72 000＝58 728 000 元
应记入"资本公积"科目的金额为 10 000 000×6－10 000 000×5－1 200 000＝8 800 000 元

借：银行存款　　　　　　　　　　　　　　　　　　　　　　　　　58 728 000
　　应交税费——应交增值税(进项税额)　　　　　　　　　　　　　　72 000
　贷：股本　　　　　　　　　　　　　　　　　　　　　　　　　　　50 000 000
　　　资本公积——资本溢价　　　　　　　　　　　　　　　　　　　　8 800 000

(二) 其他资本公积

其他资本公积，是指除资本溢价(或股本溢价)以外所形成的资本公积。

1. 采用权益法核算的长期股权投资

长期股权投资采用权益法核算的，在持股比例不变的情况下，被投资单位除净损益、其他综合收益和利润分配以外的所有者权益的其他变动，投资企业按持股比例计算应享有的份额，增加或减少长期股权投资的账面价值，借记或贷记"长期股权投资—其他权益变动"科目，同时贷记或借记资本公积(其他资本公积)。

处置采用权益法核算的长期股权投资，还应结转原记入资本公积的相关金额，除不能转入损益的项目外，借记或贷记"资本公积(其他资本公积)"科目，贷记或借记"投资收益"科目。该部分例题见长期股权投资权益法核算。

2. 以权益结算的股份支付

(1) 以权益结算的股份支付概述

根据《企业会计准则第 11 号——股份支付》(2006)规定，股份支付是指企业为获取职工和其他方提供服务而授予权益工具或者承担以权益工具为基础确定的负债的交易。企业授予职工期权、认股权证等衍生工具或其他权益工具，对职工进行激励或补偿，以换取职工提供的服务，实质上属于职工薪酬的组成部分。

典型的股份支付通常涉及授予、可行权、行权和出售四个主要环节。

根据《企业会计准则第 11 号——股份支付应用指南》(2006)规定，股份支付的确认和计量，应当以真实、完整、有效的股份支付协议为基础。

除了立即可行权的股份支付外，无论权益结算的股份支付或者现金结算的股份支付，企业在授予日都不进行会计处理。

授予日是指股份支付协议获得批准的日期。其中"获得批准"，是指企业与职工或其他方就股份支付的协议条款和条件已达成一致，该协议获得股东会或类似机构的批准。

对于权益结算的股份支付，在可行权日之后不再对已确认的成本费用和所有者权益总额进行调整。企业应在行权日根据行权情况，确认股本和股本溢价，同时结转等待期内确认的资本公积(其他资本公积)。

按照股份支付准则对职工权益结算股份支付的规定，企业应当在等待期内每个资产负债表日按照权益工具在授予日的公允价值，将取得的职工服务计入成本费用，同时增加资本公积(其他资本公积)。

企业以回购股份形式奖励本企业职工的，属于权益结算的股份支付，应当进行以下处理：

① 回购股份

企业回购股份时,应当按照回购股份的全部支出作为库存股处理,同时进行备查登记。

② 确认成本费用

按照股份支付准则对职工权益结算股份支付的规定,企业应当在等待期内每个资产负债表日按照权益工具在授予日的公允价值,将取得的职工服务计入成本费用,同时增加资本公积(其他资本公积)。

③ 职工行权

企业应于职工行权购买本企业股份收到价款时,转销交付职工的库存股成本和等待期内资本公积(其他资本公积)累计金额,同时,按照其差额调整资本公积(股本溢价)。

(2) 以权益结算的股份支付的财务处理

以权益结算的股份支付换取职工或其他方提供服务的,应按照确定的金额,借记"管理费用"等科目,贷记"资本公积(其他资本公积)"科目。在行权日,应按实际行权的权益工具数量计算确定的金额,借记"资本公积(其他资本公积)"科目,按计入实收资本或股本的金额,贷记"实收资本"或"股本"科目,按其差额,贷记"资本公积(资本溢价或股本溢价)"科目。

(三) 资本公积转增资本

公司的公积金用于弥补公司的亏损、扩大公司生产经营或者转为增加公司注册资本。公积金弥补公司亏损,应当先使用任意公积金和法定公积金;仍不能弥补的,可以按照规定使用资本公积金。

法定公积金转为增加注册资本时,所留存的该项公积金不得少于转增前公司注册资本的百分之二十五。

用资本公积转增资本时,应冲减资本公积,同时按照转增前的实收资本(或股本)的结构或比例,将转增的金额计入"实收资本",(或股本)科目下各所有者的明细分类账。

第四节 其他综合收益

其他综合收益,是指企业根据其他会计准则规定未在当期损益中确认的各项利得和损失,包括以后会计期间不能重分类进损益的其他综合收益和以后会计期间满足规定条件时将重分类进损益的其他综合收益两类。

一、以后会计期间不能重分类进损益的其他综合收益项目

以后会计期间不能重分类进损益的其他综合收益项目,主要包括:

1. 重新计量设定受益计划净负债或净资产导致的变动。

2. 按权益法核算因被投资单位重新计量设定受益计划净负债或净资产变动导致的权益变动,投资企业按持股比例计算确认的该部分其他综合收益项目在以后会计期间不可以重分类进损益。

3. 投资企业按持股比例计算确认的该部分其他综合收益项目。

4. 按照《企业会计准则第22号——金融工具确认和计量》(2017)第十九条规定,分类为以摊余成本计量的金融资产和以公允价值计量且其变动计入其他综合收益的金融资产之外的金融资产,企业应当将其分类为以公允价值计量且其变动计入当期损益的金融资产。在初始确

认时,企业可以将非交易性权益工具投资指定为以公允价值计量且其变动计入其他综合收益的金融资产,并按照《金融工具确认和计量准则》第六十五条规定确认股利收入。该指定一经做出,不得撤销。即当该类非交易性权益工具终止确认时原计入其他综合收益的公允价值变动损益不得重分类进损益。

企业在非同一控制下的企业合并中确认的或有对价构成金融资产的,该金融资产应当分类为以公允价值计量且其变动计入当期损益的金融资产,不得指定为以公允价值计量且其变动计入其他综合收益的金融资产。

二、以后会计期间有满足规定条件时将重分类进损益的其他综合收益项目

以后会计期间有满足规定条件时将重分类进损益的其他综合收益项目,主要包括:

1. 根据《企业会计准则第22号——金融工具确认和计量》(2017)第十八条规定,金融资产符合条件的,应当分类为以公允价值计量且其变动计入其他综合收益的金融资产。

2. 企业将一项以公允价值计量且其变动计入其他综合收益的金融资产重分类为以公允价值计量且其变动计入当期损益的金融资产的,应当继续以公允价值计量该金融资产。同时,企业应当将之前计入其他综合收益的累计利得或损失从其他综合收益转入当期损益。

3. 采用权益法核算的长期股权投资。

4. 存货或自用房地产转换为投资性房地产。

5. 现金流量套期工具产生的利得或损失中属于有效套期的部分。

6. 外币财务报表折算差额。

第五节 留存收益

一、留存收益概述

留存收益是指企业从历年实现的利润中提取或形成的留存于企业的内部积累,留存收益包括法定盈余公积、任意盈余公积及未分配利润(外商投资企业的储备基金、企业发展基金、利润归还投资等项目的核算截止到2024年12月31日)。

企业当期实现的净利润,加上年初未分配利润(或减去年初末弥补亏损)和其他转入后的余额,为可供分配的利润。可供分配的利润按下列顺序分配:

1. 提取法定盈余公积,可供分配的利润减去提取的法定盈余公积后,为可供投资者分配的利润。可供投资者分配的利润,按下列顺序分配。

2. 应付优先股股利,是指企业按照利润分配方案分配给优先股股东的现金股利。

3. 提取任意盈余公积,是指企业按规定提取的任意盈余公积。

4. 应付普通股股利,是指企业按照利润分配方案分配给普通股股东的现金股利。企业分配给投资者的利润,也在本项目核算。

5. 转作资本(或股本)的普通股股利,是指企业按照利润分配方案以分派股票股利的形式转作的资本(或股本)。企业以利润转增的资本,也在本项目核算。

可供投资者分配的利润,经过上述分配后,为未分配利润(或未弥补亏损)。未分配利润可留待以后年度进行分配。企业如发生亏损,可以按规定由以后年度利润进行弥补。

企业未分配的利润(或未弥补的亏损)应当在资产负债表的所有者权益项目中单独反映。

企业实现的利润和利润分配应当分别核算,利润构成及利润分配各项目应当设置明细账,进行明细核算。企业提取的法定盈余公积、分配的优先股股利、提取的任意盈余公积、分配的普通股股利、转作资本(或股本)的普通股股利,以及年初未分配利润(或未弥补亏损)、期末未分配利润(或来弥补亏损)等,均应当在利润分配表中分别列项予以反映。

利润分配是指企业根据国家有关规定和企业章程、投资者协议等,对企业当年可供分配的利润所进行的分配。

$$可供分配的利润 = 当年实现的净利润(或净亏损) + 年初未分配利润(或-年初未弥补亏损) + 其他转入$$

二、利润分配账户

1. 账户的性质:所有者权益类账户。
2. 账户的用途:为了核算企业一定期间内净利润的分配(或亏损的弥补)和历年分配(或弥补)以及历年结存的未分配利润(或未弥补亏损)情况,企业应当设置"利润分配"科目。"利润分配"科目贷方登记用盈余公积弥补的亏损额等其他转入数以及年末从"本年利润"账户转入的全年实现的净利润额,借方登记实际分配的利润额,包括提取的盈余公积金和分配给投资人的利润以及年末从"本年利润"账户转入的全年累计亏损额,期末余额如果在贷方,表示未分配利润额。期末余额如果在借方,表示未弥补的亏损额。
3. 明细账的设置:"利润分配"应当设置"提取法定盈余公积"、"提取任意盈余公积"、"应付现金股利或利润"、"转作股本的股利"、"盈余公积补亏"和"未分配利润"等明细账进行明细核算。

三、利润分配的账务处理

(一) 净利润转入利润分配

会计期末,企业应将实现的净利润转入"利润分配"科目,即借记"本年利润"科目,贷记"利润分配——未分配利润"科目。如企业当年发生亏损,则应借记"利润分配——未分配利润"科目,贷记"本年利润"科目。"利润分配——未分配利润"明细科目余额表示历年累积的未分配利润或未弥补的亏损。在资产负债表日后,企业应根据批准的利润分配方案进行分配或弥补亏损。

1. 将净利润转入利润分配

【例17-16】 甲公司(有限责任公司)2023年年初未分配利润为0元,本年实现净利润1 500 000元,现结转本年实现的净利润,假定不考虑其他因素。甲公司应做如下账务处理:

借:本年利润 1 500 000
    贷:利润分配——未分配利润 1 500 000

2. 弥补以前年度亏损

弥补以前年度亏损可以用实现的税前利润弥补亏损,即税前补亏;5年后则利用净利润弥补亏损,即税后补亏。

注意 在用未分配利润弥补亏损时,不需编写会计分录。

(二) 分配现金股利或利润以及股票股利

企业经股东会或类似机构决议,分配给股东或投资者的现金股利或利润,借记"利润分配(应付现金股利或利润)"科目,贷记"应付股利"科目。

【例17-17】 承[例17-16]甲公司本年按净利润的10%提取法定盈余公积金150 000元,宣告发放现金股利600 000元,假定不考虑其他因素。甲公司应做如下账务处理:

借:利润分配——提取法定盈余公积	150 000
——应付现金股利	600 000
贷:盈余公积	150 000
应付股利	600 000

经股东会或类似机构决议,分配给股东的股票股利,应在办理增资手续后,借记"利润分配(转作股本的股利)"科目,贷记"股本"科目。如其有差额,贷记"资本公积——股本溢价"科目。

年度终了,企业应将全年实现的净利润,自"本年利润"科目转入"利润分配"科目,借记"本年利润"科目,贷记"利润分配(未分配利润)"科目,为净亏损的,做相反的会计分录;同时,将"利润分配"科目所属其他明细科目的余额转入"利润分配"科目的"未分配利润"明细科目。结转后,本科目除"未分配利润"明细科目外,其他明细科目应无余额。

【例17-18】 承[例17-16][例17-17]甲公司将"利润分配"科目所属其他明细科目的余额结转至"未分配利润"明细科目。

借:利润分配——未分配利润	750 000
贷:利润分配——提取法定盈余公积	150 000
——应付现金股利	600 000

结转后,如果"利润分配(未分配利润)"科目为贷方余额,表示企业历年积存的未分配的利润;如果余额在借方,则表示历年积存的未弥补的亏损。

本例中,"利润分配(未分配利润)"明细科目为贷方余额750 000元(净利润1 500 000元－提取法定盈余公积金150 000元－应付现金股利600 000元),此即为甲公司历年积存的未分配的利润。

四、盈余公积概述

企业会计制度规定,一般企业和股份有限公司的盈余公积包括以下内容。

(1) 法定盈余公积,是指企业按照规定的比例从净利润中提取的盈余公积;

(2) 任意盈余公积,是指企业经股东会或类似机构批准按照规定的比例从净利润中提取的盈余公积。

要注意的是,新《公司法》已经取消了法定公益金的规定。

企业的盈余公积可以用于弥补亏损、转增资本(或股本)。符合规定条件的企业,也可以用盈余公积分派现金股利。

公司分配当年税后利润时,应当提取利润的百分之十列入公司法定公积金。公司法定公积金累计额为公司注册资本的百分之五十以上的,可以不再提取。公司的法定公积金不足以弥补以前年度亏损的,在依照规定提取法定公积金之前,应当先用当年利润弥补亏损。公司从税后利润中提取法定公积金后,经股东会决议,还可以从税后利润中提取任意公积金。公司弥补亏损和提取公积金后所余税后利润,有限责任公司按照股东实缴的出资比例分配利润,全体股东约定不按照出资比例分配利润的除外;股份有限公司按照股东所持有的股份比例分配利润,公司章程另有规定的除外。公司持有的本公司股份不得分配利润。

五、盈余公积金的用途

企业提取的法定盈余公积金和任意盈余公积金可以用于以下三个方面：

1. 弥补亏损

对于公司的利润分配方案和弥补亏损方案，董事会只是负责制订方案，而股东会是审议批准方案，批准方案真正的决定权在于股东会。同样该规定适用于股份有限公司股东会和董事会。

亏损，是指企业依照《企业所得税法》和《企业所得税法实施条例》的规定将每一纳税年度的收入总额减除不征税收入、免税收入和各项扣除后小于零的数额。

值得注意的是，如果年初未分配利润余额为正数（即以前年度未分配利润有盈余），在计算提取法定盈余公积的基数时，不应包括企业年初未分配利润；如果年初未分配利润余额为负数（即以前年度有亏损），应先弥补以前年度亏损再提取盈余公积。

企业弥补亏损的方法有几种：

（1）用以后年度税前利润弥补亏损

企业纳税年度发生的亏损，准予向以后年度结转，用以后年度的所得弥补，但结转年限最长不得超过五年。也就是说，对于纳税年度的亏损可以由以后年度的税前利润弥补。

（2）用以后年度税后利润弥补

即指税前利润弥补期限最长为五年，如果五年期内仍然不能由税前利润弥补全部亏损，剩余亏损额必须转为税后利润弥补，从而确保国家企业所得税的征收。

（3）用盈余公积补亏

公司的公积金用于弥补公司的亏损、扩大公司生产经营或者转为增加公司注册资本。公积金弥补公司亏损，应当先使用任意公积金和法定公积金；仍不能弥补的，可以按照规定使用资本公积金。也就是说，公积金弥补公司亏损的顺序是先使用任意公积金和法定公积金，在前两者不足以弥补的情况下才动用资本公积金弥补亏损。

（4）减少注册资本

公司依照上面几种弥补亏损的方式后，仍有亏损的，可以减少注册资本弥补亏损。减少注册资本弥补亏损的，公司不得向股东分配，也不得免除股东缴纳出资或者股款的义务。

2. 转增资本（股本）

不管有限责任公司还是股份有限公司，增加或者减少注册资本都需要股东会决议批准。

法定公积金转为增加注册资本时，所留存的该项公积金不得少于转增前公司注册资本的百分之二十五，这说明，法定公积金可以转增注册资本，但是对于保留的法定公积金余额有限制，是不低于增资前注册资本的百分之二十五。

3. 盈余公积用于分配现金股利或利润

企业分配现金股利或利润应以实现一定的净利润为前提，无净利润实现时，原则上不分配。但有时，企业为了维护企业信誉等原因，经股东会特别决议，也可用部分盈余公积分配少量股利。

六、盈余公积的账户

1. 账户的性质：所有者权益类账户。
2. 账户的用途：为了核算和监督企业从净利润中提取的盈余公积提取和使用的增减变动以

及结余情况,企业应当设置"盈余公积"科目。"盈余公积"科目贷方登记按照规定提取的法定公积金数额,借方登记转增资本和弥补亏损导致的实际减少额即反映盈余公积的使用情况,期末余额在贷方,反映期末企业盈余公积的结余数额。

3. 明细账的设置:"盈余公积"科目应当分别"法定盈余公积"、"任意盈余公积"进行明细核算。

七、盈余公积金的账务处理

(一) 提取盈余公积金

企业按规定提取的盈余公积,借记"利润分配(提取法定盈余公积、提取任意盈余公积)"科目,贷记"盈余公积(法定盈余公积、任意盈余公积)"科目。

【例17-19】 甲公司(有限责任公司)2023年实现净利润为1 000 000元,经股东会批准,甲公司的法定盈余公积金按2023年净利润的10%提取。假定年初未分配利润为0,不考虑其他因素,甲公司的账务处理如下:

本年提取盈余公积金额=1 000 000×10%=100 000元

借:利润分配——提取法定盈余公积　　　　　　　　　　　　　　　　100 000
　　贷:盈余公积——法定盈余公积　　　　　　　　　　　　　　　　　　100 000

假定2023年年初未分配利润的余额为负数(即以前年度有亏损),那么应该先进行弥补亏损,有余额后才能提取法定盈余公积金。

(二) 盈余公积补亏或转增资本

企业经股东会或类似机构决议,用盈余公积弥补亏损或转增资本,借记"盈余公积"科目,贷记"利润分配——盈余公积补亏"、"实收资本"或"股本"科目。

【例17-20】 乙公司(有限责任公司)2023年初未分配利润的余额为-4 000 000元,经股东会决议批准,用以前年度提取的盈余公积金4 000 000元(因为2023年还没有提取盈余公积金)弥补2022年亏损,假定不考虑其他因素,甲公司的账务处理如下:

借:盈余公积——法定盈余公积　　　　　　　　　　　　　　　　4 000 000
　　贷:利润分配——盈余公积补亏　　　　　　　　　　　　　　　　　4 000 000

【例17-21】 丙公司(股份有限公司)因扩大经营规模需要,经股东会批准,丙公司将盈余公积10 000 000元转增股本。假定本例暂不考虑股东的持股比例等其他因素,丙公司的账务处理如下:

借:盈余公积　　　　　　　　　　　　　　　　　　　　　　　10 000 000
　　贷:股本　　　　　　　　　　　　　　　　　　　　　　　　　10 000 000

(三) 用盈余公积发放现金股利或利润、派送新股

企业在用盈余公积弥补亏损后,如果仍有结余,经股东会决议批准,用于发放现金股利或利润时,应当借记"盈余公积"科目,贷记"应付股利"科目。此外,股份有限公司经股东会决议,可用盈余公积派送新股,按派送新股计算的金额,借记"盈余公积"科目,按股票面值和派送新股总数计算的股票面值总额,贷记"股本"科目,按其差额,贷记"资本公积——股本溢价"科目。

【例17-22】 2023年12月末,甲公司(股份有限公司)由于多种原因发生小规模亏损,考虑到公司股票信誉,经股东会决议批准,按股票面值的3‰分配现金股利,用历年结存的法定公积金支付。假设该公司发行在外的普通股股票为3 000万股,每股票面价值为2元,甲公司应做如下账务处理:

本次用于发放股利的盈余公积为1 800 000元(2×3‰×3 000)。

(1) 宣告分派股利时

借:盈余公积——法定盈余公积　　　　　　　　　　　　　　　　1 800 000
　　贷:应付股利　　　　　　　　　　　　　　　　　　　　　　　　1 800 000

(2) 支付股利时

借:应付股利　　　　　　　　　　　　　　　　　　　　　　　　　1 800 000
　　贷:银行存款　　　　　　　　　　　　　　　　　　　　　　　　1 800 000

假定甲公司以未分配利润和盈余公积发放现金股利,属于以未分配利润发放现金股利的部分应记入"利润分配——应付现金股利"科目。

【例17-23】 2023年12月末,甲公司(股份有限公司)按10送2的方案用盈余公积派送新股,证券市场上该股票公允价值为每股12元,股票票面价值为2元,派送前的普通股总数为20 000 000股,本次派送新股总数为4 000 000股。在派送新股中,48 000 000元全部来源于法定盈余公积金。

借:盈余公积——法定盈余公积　　　　　　　　　　　　　　　　48 000 000
　　贷:股本——普通股　　　　　　　　　　　　　　　　　　　　 8 000 000
　　　　资本公积——股本溢价　　　　　　　　　　　　　　　　　40 000 000

第十八章 收　　入

第一节　收入概述

一、收入的定义

(一) 收入的定义

收入是指企业在日常活动中形成的、会导致所有者权益增加的、与所有者投入资本无关的经济利益的总流入。"日常活动"是指企业为完成其经营目标所从事的经常性活动以及与之相关的其他活动。

(二) 收入准则的适用范围

《企业会计准则第14号——收入》适用于所有与客户之间的合同，不涉及企业对外出租资产收取的租金、进行债权投资收取的利息、进行股权投资取得的现金股利、保险合同取得的保费收入等。企业以存货换取客户的存货、固定资产、无形资产以及长期股权投资等，按照收入准则有关内容进行会计处理；其他非货币性资产交换，按照《企业会计准则第7号——非货币资产交换》进行会计处理。企业处置固定资产、无形资产等的，在确定处置时点以及计量处置损益时，按照收入准则有关内容进行会计处理。除非特别说明，收入准则所称商品，既包括商品，也包括服务。

(三) 客户和合同的定义

客户，是指与企业订立合同以向该企业购买其日常活动产出的商品或服务(以下简称"商品")并支付对价的一方。

合同，是指双方或多方之间订立有法律约束力的权利义务的协议。合同有书面形式、口头形式以及其他形式。

二、收入的分类

(一) 收入按企业从事日常活动的性质不同，分为商品销售收入、提供劳务收入和让渡资产使用权收入

1. 商品销售收入：企业通过销售其生产或购入的商品所实现的收入，包括但不限于为销售而生产的产品、为转售而购进的商品，以及作为存货的原材料、包装物等，均被视为商品销售收入的来源。

2. 提供劳务以及服务收入：企业通过提供各类劳务以及服务活动，如旅游、运输、咨询、代理、培训、产品安装等所取得的收入，这些活动为企业带来经济利益的流入。

3. 让渡资产使用权收入：指企业通过出让其资产使用权获得的经济利益，包括但不限于利息收入和使用费收入。利息收入通常涉及金融企业对外贷款的利息，以及同业往来的利息。使用费收入则主要来源于无形资产如商标权、专利权、专营权、版权的使用权转让。此外，企业出租固定资产所收取的租金、债权投资的利息收入、股权投资的现金股利等，也属于此类收入。值得注意的是,此类收入不包括资产处置收益或投资收益,如固定资产、无形资产、债权投资或股权投资的净收益。

(二) 收入按企业经营业务的主次不同,分为主营业务收入和其他业务收入

1. 主营业务收入。企业通过其主要经营活动实现的收入,这些活动是企业完成其经营目标的经常性活动。不同行业的企业,其主营业务收入的来源各有不同,如工业企业可能包括销售商品、提供工业性劳务等,而咨询公司则主要通过提供咨询服务实现收入。企业的主营业务收入和相关成本通过特定的会计科目进行核算。

2. 其他业务收入。与企业主要经营活动相关,但属于次要交易的收入,通常在企业总收入中占比较小。这类收入可能包括销售非主要材料、出租包装物或固定资产、转让无形资产使用权、进行投资活动等。企业的其他业务收入及相关成本同样通过特定的会计科目进行核算,而通过投资活动取得的收益则通过"投资收益"科目核算。

第二节 收入的确认

一、收入确认原则

企业应当在履行了合同中的履约义务,即在客户取得相关商品控制权时确认收入。

(一) 取得商品控制权

取得相关商品控制权,是指能够主导该商品的使用并从中获得几乎全部的经济利益。企业已将商品所有权上的主要风险和报酬转移给购货方,构成确认销售商品收入的重要条件。

1. 企业已将商品所有权上的主要风险和报酬转移给购货方,是指与商品所有权有关的主要风险和报酬同时转移。

2. 判断企业是否已将商品所有权上的主要风险和报酬转移给购货方,应当关注交易的实质,并结合所有权凭证的转移进行判断。

(二) 取得商品控制权需同时具备的要素

取得商品控制权同时包括下列三项要素:

1. 能力。
2. 主导该商品的使用。
3. 能够获得几乎全部的经济利益。

收入确认和计量大致分为五步:第一步,识别与客户订立的合同;第二步,识别合同中的单项履约义务;第三步,确定交易价格;第四步,将交易价格分摊至各单项履约义务;第五步,履行各单项履约义务时确认收入。其中,第一步、第二步和第五步主要与收入的确认有关,第三步和第四步主要与收入的计量有关。

二、识别与客户订立的合同

(一) 合同识别

1. 收入确认的前提条件

合同识别也即收入确认的前提条件。按照《企业会计准则第 14 号——收入》(2017)第五条规定,当企业与客户之间的合同同时满足下列条件时,企业应当在客户取得相关商品控制权时确认收入：

（1）合同各方已批准该合同并承诺将履行各自义务；

（2）该合同明确了合同各方与所转让商品或提供劳务(以下简称"转让商品")相关的权利和义务；

（3）该合同有明确的与所转让商品相关的支付条款；

（4）该合同具有商业实质，即履行该合同将改变企业未来现金流量的风险、时间分布或金额；

（5）企业因向客户转让商品而有权取得的对价很可能收回。

2. 合同的持续评估

对于不符合上述五项条件的合同，在合同开始日不符合收入准则规定的合同，企业应当对其进行持续评估，并在其满足准则规定时按照规定进行会计处理。对于不符合准则规定的合同，企业只有在不再负有向客户转让商品的剩余义务，且已向客户收取的对价无需退回时，才能将已收取的对价确认为收入，但是，不应当调整在此之前已经确认的收入；否则，应当将已收取的对价作为负债进行会计处理。

没有商业实质的非货币性资产交换，任何时候都不应确认收入。两个经营业务相同的企业之间，为便于向客户或潜在客户销售商品而进行的非货币性资产交换，如两家食用盐公司之间相互交换食用盐，以便及时满足各自不同地点之间客户的需求，那么按照对价各自移送的食用盐都不应当确认收入。

3. 合同存续期间的确定

合同存续期间是合同各方拥有现时可执行的具有法律约束力的权利和义务的期间。实务中，有些合同可能有固定的期间，有些合同则可能没有(如无固定期间且合同各方可随时要求终止或变更的合同、定期自动续约的合同等)。企业应当确定合同存续期间，并在该期间内按照《收入准则》规定对合同进行会计处理。

(二) 合同合并

企业与同一客户(或该客户的关联方)同时订立或在相近时间内先后订立的两份或多份合同，在满足下列条件之一时，应当合并为一份合同进行会计处理：

1. 该两份或多份合同基于同一商业目的而订立并构成一揽子交易。

2. 该两份或多份合同中的一份合同的对价金额取决于其他合同的定价或履行情况。

3. 该两份或多份合同中所承诺的商品(或每份合同中所承诺的部分商品)构成收入准则第九条规定的单项履约义务。

(三) 合同变更

合同变更，是指经合同各方批准对原合同范围或价格作出的变更。合同变更既可能形成新的具有法律约束力的权利和义务，也可能是变更了合同各方现有的具有法律约束力的权利和义务。与合同初始订立时相同，合同各方可能以书面形式、口头形式或其他形式(如隐含于企业以往的习惯做法中)批准合同变更。

企业应当区分下列三种情形对合同变更分别进行会计处理：

1. 合同变更增加了可明确区分的商品及合同价款，且新增合同价款反映了新增商品单独售价的，应当将该合同变更部分作为一份单独的合同进行会计处理。

2. 合同变更不属于第一种情形，且在合同变更日已转让的商品或已提供的服务(以下简称

"已转让的商品")与未转让的商品或未提供的服务(以下简称"未转让的商品")之间可明确区分的,应当视为原合同终止,同时,将原合同未履约部分与合同变更部分合并为新合同进行会计处理。

3. 合同变更不属于第一种情形,且在合同变更日已转让的商品与未转让的商品之间不可明确区分的,应当将该合同变更部分作为原合同的组成部分进行会计处理,由此产生的对已确认收入的影响,应当在合同变更日调整当期收入。

企业应当区分下列三种情形对合同变更分别进行会计处理:
(1) 合同变更部分作为单独合同。
(2) 合同变更作为原合同终止及新合同订立。
(3) 合同变更部分作为原合同的组成部分。

三、识别合同中的单项履约义务

合同开始日,企业应当对合同进行评估,识别该合同所包含的各单项履约义务,并确定各单项履约义务是在某一时段内履行,还是在某一时点履行,然后,在履行了各单项履约义务时分别确认收入。企业向客户承诺的商品同时满足下列条件的,应当作为可明确区分商品:(1)客户能够从该商品本身或从该商品与其他易于获得资源一起使用中受益;(2)企业向客户转让该商品的承诺与合同中其他承诺可单独区分。下列情形通常表明企业向客户转让该商品的承诺与合同中其他承诺不可单独区分:企业需提供重大的服务以将该商品与合同中承诺的其他商品整合成合同约定的组合产出转让给客户。该商品将对合同中承诺的其他商品予以重大修改或定制。该商品与合同中承诺的其他商品具有高度关联性。

(一) 履约义务

履约义务,是指合同中企业向客户转让可明确区分商品的承诺。履约义务既包括合同中明确的承诺,也包括由于企业已公开宣布的政策、特定声明或以往的习惯做法等导致合同订立时客户合理预期企业将履行的承诺。企业为履行合同而应开展的初始活动,通常不构成履约义务,除非该活动向客户转让了承诺的商品。

(二) 企业向客户转让一系列实质相同且转让模式相同的、可明确区分商品的承诺,也应当作为单项履约义务

转让模式相同,是指每一项可明确区分商品均满足收入准则规定的、在某一时段内履行履约义务的条件,且采用相同方法确定其履约进度。

1. 可明确区分的商品

实务中,企业向客户承诺的商品可能包括企业为销售而生产的产品、为转售而购进的商品或使用某商品的权利(如机票等)、向客户提供的各种服务、随时准备向客户提供商品或提供随时可供客户使用的服务(如随时准备为客户提供软件更新服务等)、安排他人向客户提供商品、授权使用许可、可购买额外商品的选择权等。

企业向客户承诺的商品同时满足下列两项条件的,应当作为可明确区分的商品:

(1) 客户能够从该商品本身或从该商品与其他易于获得资源一起使用中受益,即该商品本身能够明确区分。

(2) 企业向客户转让该商品的承诺与合同中其他承诺可单独区分,即转让该商品的承诺在合同中是可明确区分的。

① 企业需提供重大的服务以将该商品与合同中承诺的其他商品进行整合,形成合同约定的某个或某些组合产出转让给客户。

② 该商品将对合同中承诺的其他商品予以重大修改或定制。如果某项商品将对合同中的其他商品作出重大修改或定制,实质上每一项商品将被整合在一起(即作为投入)以生产合同约定的组合产出。

③ 该商品与合同中承诺的其他商品具有高度关联性。也就是说,合同中承诺的每一单项商品均受到合同中其他商品的重大影响。合同中包含多项商品时,如果企业无法通过单独交付其中的某一单项商品而履行其合同承诺,可能表明合同中的这些商品会受到彼此的重大影响。

2. 一系列实质相同且转让模式相同的、可明确区分的商品

当企业向客户连续转让某项承诺的商品时,如每天提供类似劳务的长期劳务合同等,如果这些商品属于实质相同且转让模式相同的一系列商品,企业应当将这一系列商品作为单项履约义务。其中,转让模式相同,是指每一项可明确区分的商品均满足收入准则第十一条规定的在某一时段内履行履约义务的条件,且采用相同方法确定其履约进度。

企业在判断所转让的一系列商品是否实质相同时,应当考虑合同中承诺的性质,当企业承诺的是提供确定数量的商品时,需要考虑这些商品本身是否"实质相同"。例如,企业与客户签订2年的合同,每月向客户提供工资核算服务,共计24次,由于企业提供服务的次数是确定的,在判断每月的服务是否实质相同时,应当考虑每次提供的具体服务是否相同,由于同一家企业的员工结构、工资构成以及核算流程等相对稳定,企业每月提供的该项服务很可能符合"实质相同"的条件。当企业承诺的是在某一期间内随时向客户提供某项服务时,需要考虑企业在该期间内的各个时间段(如每天或每小时)的承诺是否相同,而并非具体的服务行为本身。例如,企业向客户提供2年的酒店管理服务,具体包括保洁、维修、安保等,但没有具体的服务次数或时间的要求,尽管企业每天提供的具体服务不一定相同,但是企业每天对于客户的承诺都是相同的,即按照约定的酒店管理标准,随时准备根据需要为其提供相关服务,因此,企业每天提供的该酒店管理服务符合"实质相同"的条件。

四、履行每一单项履约义务时确认收入

企业应当在履行了合同中的履约义务,即客户取得相关商品控制权时确认收入。企业将商品的控制权转移给客户,该转移可能在某一时段内(即履行履约义务的过程中)发生,也可能在某一时点(即履约义务完成时)发生。企业应当根据实际情况,首先应当按照《收入准则》第十一条判断履约义务是否满足在某一时段内履行的条件,如不满足,则该履约义务属于在某一时点履行的履约义务。对于在某一时段内履行的履约义务,企业应当选取恰当的方法来确定履约进度;对于在某一时点履行的履约义务,企业应当综合分析控制权转移的迹象,判断其转移时点。

(一)在某一时段内履行的履约义务

1. 在某一时段内履行履约义务履行的判断标准

满足下列条件之一的,属于在某一时段内履行履约义务,相关收入应当在该履约义务履行的期间内确认;否则,属于在某一时点履行履约义务:①客户在企业履约的同时即取得并消耗企业履约所带来的经济利益。②客户能够控制企业履约过程中在建的商品。③企业履约过程中所产出的商品具有不可替代用途,且该企业在整个合同期间内有权就累计至今已完成的履约部分收

取款项。具有不可替代用途,是指因合同限制或实际可行性限制,企业不能轻易地将商品用于其他用途。有权就累计至今已完成的履约部分收取款项,是指在由于客户或其他方原因终止合同的情况下,企业有权就累计至今已完成的履约部分收取能够补偿其已发生成本和合理利润的款项,并且该权利具有法律约束力。

(1) 客户在企业履约的同时即取得并消耗企业履约所带来的经济利益。企业在履约过程中是持续地向客户转移企业履约所带来的经济利益的,该履约义务属于在某一时段内履行的履约义务,企业应当在履行履约义务的期间确认收入。对于例如保洁服务的一些服务类的合同而言,可以通过直观的判断获知,企业在履行履约义务(即提供保洁服务)的同时,客户即取得并消耗了企业履约所带来的经济利益。对于难以通过直观判断获知结论的情形,企业在进行判断时,可以假定在企业履约的过程中更换为其他企业继续履行剩余履约义务,当该继续履行合同的企业实质上无需重新执行企业累计至今已经完成的工作时,表明客户在企业履约的同时即取得并消耗了企业履约所带来的经济利益。

(2) 客户能够控制企业履约过程中在建的商品。企业在履约过程中在建的商品包括在产品、在建工程、尚未完成的研发项目、正在进行的服务等,由于客户控制了在建的商品,客户在企业提供商品的过程中获得其利益,因此,该履约义务属于在某一时段内履行的履约义务,应当在该履约义务履行的期间内确认收入。

(3) 企业履约过程中所产出的商品具有不可替代用途,且该企业在整个合同期间内有权就累计至今已完成的履约部分收取款项。

2. 在某一时段内履行的履约义务的收入确认

对于在某一时段内履行的履约义务,企业应当在该段时间内按照履约进度确认收入,但是,履约进度不能合理确定的除外。企业应当考虑商品的性质,采用产出法或投入法确定恰当的履约进度。其中,产出法是根据已转移给客户的商品对于客户的价值确定履约进度;投入法是根据企业为履行履约义务的投入确定履约进度。对于类似情况下的类似履约义务,企业应当采用相同的方法确定履约进度。当履约进度不能合理确定时,企业已经发生的成本预计能够得到补偿的,应当按照已经发生的成本金额确认收入,直到履约进度能够合理确定为止。

对于在某一时段内履行的履约义务,只有当其履约进度能够合理确定时,才应当按照履约进度确认收入。企业如果无法获得确定履约进度所需的可靠信息,则无法合理地确定其履行履约义务的进度。当履约进度不能合理确定时,企业已经发生的成本预计能够得到补偿的,应当按照已经发生的成本金额确认收入,直到履约进度能够合理确定为止。

(二) 在某一时点履行的履约义务

对于不属于在某一时段内履行的履约义务,应当属于在某一时点履行的履约义务,企业应当在客户取得相关商品控制权时点确认收入。

对于在某一时点履行的履约义务,企业应当在客户取得相关商品控制权时点确认收入。在判断客户是否已取得商品控制权时,企业应当考虑下列迹象:

1. 企业就该商品享有现时收款权利,即客户就该商品负有现时付款义务。当企业就该商品享有现时收款权利时,可能表明客户已经有能力主导该商品的使用并从中获得几乎全部的经济利益。

2. 企业已将该商品的法定所有权转移给客户,即客户已拥有该商品的法定所有权。

3. 企业已将该商品实物转移给客户,即客户已实物占有该商品。

(1) 委托代销安排。这一安排是指委托方和受托方签订代销合同或协议,委托受托方向终端客户销售商品。通常应当在受托方售出商品时确认销售商品收入;受托方应当在商品销售后,按合同或协议约定的方法计算确定的手续费确认收入。

(2) 售后代管商品安排。售后代管商品是指根据企业与客户签订的合同,已经就销售的商品向客户收款或取得了收款权利,但是直到在未来某一时点将该商品交付给客户之前,仍然继续持有该商品实物的安排。

4. 企业已将该商品所有权上的主要风险和报酬转移给客户,即客户已取得该商品所有权上的主要风险和报酬。企业向客户转移了商品所有权上的主要风险和报酬,可能表明客户已经取得了主导该商品的使用并从中获得其几乎全部经济利益的能力。但是,在评估商品所有权上的主要风险和报酬是否转移时,不应考虑导致企业在除所转让商品之外产生其他单项履约义务的风险。

5. 客户已接受该商品。如果客户已经接受了企业提供的商品,例如,企业销售给客户的商品通过了客户的验收,可能表明客户已经取得了该商品的控制权。当在客户验收之前确认收入时,企业还应当考虑是否还存在剩余的履约义务,例如设备安装等,并且评估是否应当对其单独进行会计处理。

需要强调的是,在上述五个迹象中,并没有哪一个或哪几个迹象是决定性的,企业应当根据合同条款和交易实质进行分析,综合判断其是否将商品的控制权转移给客户以及何时转移的,从而确定收入确认的时点。此外,企业应当从客户的角度进行评估,而不应当仅考虑企业自身的看法。

第三节　收入的计量

企业应当首先确定合同的交易价格,再按照分摊至各单项履约义务的交易价格计量收入。

一、确定合同的交易价格

企业应当按照分摊至各单项履约义务的交易价格计量收入。交易价格,是指企业因向客户转让商品而预期有权收取的对价金额。企业代第三方收取的款项(例如增值税)以及企业预期将退还给客户的款项,应当作为负债进行会计处理,不计入交易价格。

（一）可变对价

企业与客户的合同中约定的对价金额可能是固定的,也可能会因折扣、价格折让、返利、退款、奖励积分、激励措施、业绩奖金、索赔等因素而变化。

（二）合同中存在重大融资成分

合同中存在重大融资成分的,企业应当按照假定客户在取得商品控制权时即以现金支付的应付金额确定交易价格。

（三）非现金对价

客户支付非现金对价的,企业应当按照非现金对价的公允价值确定交易价格。非现金对价的公允价值不能合理估计的,企业应当参照其承诺向客户转让商品的单独售价间接确定交易价格。非现金对价的公允价值因对价形式以外的原因而发生变动的,应当作为可变对价,按照《收入准则》第十六条规定进行会计处理。单独售价,是指企业向客户单独销售商品的价格。

(四)应付客户对价

企业应付客户(或向客户购买本企业商品的第三方)对价的,应当将该应付对价冲减交易价格,并在确认相关收入与支付(或承诺支付)客户对价二者孰晚的时点冲减当期收入,但应付客户对价是为了向客户取得其他可明确区分商品的除外。

二、将交易价格分摊至各单项履约义务

合同中包含两项或多项履约义务的,企业应当在合同开始日,按照各单项履约义务所承诺商品的单独售价的相对比例,将交易价格分摊至各单项履约义务(或可明确区分的商品),以使企业分摊至各单项履约义务(或可明确区分的商品)的交易价格能够反映其因向客户转让已承诺的相关商品而预期有权收取的对价金额。企业不得因合同开始日之后单独售价的变动而重新分摊交易价格。

(一)分摊的一般原则

合同中包含两项或多项履约义务的,企业应当在合同开始日,按照各单项履约义务所承诺商品的单独售价的相对比例,将交易价格分摊至各单项履约义务。单独售价,是指企业向客户单独销售商品的价格。企业在商品近期售价波动幅度巨大,或者因未定价且未曾单独销售而使售价无法可靠确定时,可采用余值法估计其单独售价。

1. 市场调整法,是指企业根据某商品或类似商品的市场售价考虑本企业的成本和毛利等进行适当调整后,确定其单独售价的方法。

2. 成本加成法,是指企业根据某商品的预计成本加上其合理毛利后的价格,确定其单独售价的方法。

3. 余值法,是指企业根据合同交易价格减去合同中其他商品可观察的单独售价后的余值,确定某商品单独售价的方法。

(二)分摊合同折扣

合同折扣,是指合同中各单项履约义务所承诺商品的单独售价之和高于合同交易价格的金额。

对于合同折扣,企业应当在各单项履约义务之间按比例分摊。

(三)分摊可变对价

对于可变对价及可变对价的后续变动额,企业应当按照收入准则规定,将其分摊至与之相关的一项或多项履约义务,或者分摊至构成单项履约义务的一系列可明确区分商品中的一项或多项商品。对于已履行的履约义务,其分摊的可变对价后续变动额应当调整变动当期的收入。

(四)交易价格的后续变动

合同开始日之后,由于相关不确定性的消除或环境的其他变化等原因,交易价格可能会发生变化,从而导致企业因向客户转让商品而预期有权收取的对价金额发生变化。交易价格发生后续变动的,企业应当按照在合同开始日所采用的基础将该后续变动金额分摊至合同中的履约义务。企业不得因合同开始日之后单独售价的变动而重新分摊交易价格。

第四节 合同成本

一、合同履约成本

企业为履行合同可能会发生各种成本,企业应当对这些成本进行分析,属于其他企业会计准则规范范围的,应当按照相关企业会计准则进行会计处理;不属于其他企业会计准则规范范围且同时满足下列条件的,应当作为合同履约成本确认为一项资产。

企业为履行合同发生的成本,不属于其他企业会计准则规范范围且同时满足下列条件的,应当作为合同履约成本确认为一项资产:(1)该成本与一份当前或预期取得的合同直接相关,包括直接人工、直接材料、制造费用(或类似费用)、明确由客户承担的成本以及仅因该合同而发生的其他成本;(2)该成本增加了企业未来用于履行履约义务的资源;(3)该成本预期能够收回。

企业应当在下列支出发生时,将其计入当期损益:(1)管理费用,除非这些费用明确由客户承担。(2)非正常消耗的直接材料、直接人工和制造费用(或类似费用),这些支出为履行合同发生,但未反映在合同价格中。(3)与履约义务中已履行(包括已全部履行或部分履行)部分相关的支出,即该支出与企业过去的履约活动相关。(4)无法在尚未履行的与已履行(或已部分履行)的履约义务之间区分的相关支出。

满足上述条件确认为资产的合同履约成本,初始确认时摊销期限不超过一年或一个正常营业周期的,在资产负债表中列示为存货;初始确认时摊销期限在一年或一个正常营业周期以上的,在资产负债表中列示为其他非流动资产。

二、合同取得成本

企业为取得合同发生的增量成本预期能够收回的,应当作为合同取得成本确认为一项资产;但是,该资产摊销期限不超过一年的,可以在发生时计入当期损益。

增量成本,是指企业不取得合同就不会发生的成本(如销售佣金等)。

企业为取得合同发生的、除预期能够收回的增量成本之外的其他支出(如无论是否取得合同均会发生的差旅费等),应当在发生时计入当期损益,但是,明确由客户承担的除外。

三、摊销和减值

(一) 摊销

按照收入准则规定确认的资产(以下简称"与合同成本有关的资产"),应当采用与该资产相关的商品收入确认相同的基础进行摊销,计入当期损益。

(二) 减值损失

与合同成本有关的资产,其账面价值高于下列两项的差额的,超出部分应当计提减值准备,并确认为资产减值损失:(1)企业因转让与该资产相关的商品预期能够取得的剩余对价;(2)为转让该相关商品估计将要发生的成本。以前期间减值的因素之后发生变化,使得(1)减(2)的差额高于该资产账面价值的,应当转回原已计提的资产减值准备,并计入当期损益,但转回后的资产账面价值不应超过假定不计提减值准备情况下该资产在转回日的账面价值。

四、与合同有关的信息列报

企业应当根据本企业履行履约义务与客户付款之间的关系在资产负债表中列示合同资产或合同负债。企业拥有的、无条件(即,仅取决于时间流逝)向客户收取对价的权利应当作为应收款项单独列示。合同资产,是指企业已向客户转让商品而有权收取对价的权利,且该权利取决于时间流逝之外的其他因素。如企业向客户销售两项可明确区分的商品,企业因已交付其中一项商品而有权收取款项,但收取该款项还取决于企业交付另一项商品的,企业应当将该收款权利作为合同资产。合同负债,是指企业已收或应收客户对价而应向客户转让商品的义务。如企业在转让承诺的商品之前已收取的款项。按照收入准则确认的合同资产的减值的计量和列报应当按照《企业会计准则第 22 号——金融工具确认和计量》和《企业会计准则第 37 号——金融工具列报》的规定进行会计处理。

企业应当在附注中披露与收入有关的下列信息:

1. 收入确认和计量所采用的会计政策、对于确定收入确认的时点和金额具有重大影响的判断以及这些判断的变更,包括确定履约进度的方法及采用该方法的原因、评估客户取得所转让商品控制权时点的相关判断,在确定交易价格、估计计入交易价格的可变对价、分摊交易价格以及计量预期将退还给客户的款项等类似义务时所采用的方法、输入值和假设等。

2. 与合同相关的下列信息:

(1) 与本期确认收入相关的信息,包括与客户之间的合同产生的收入、该收入按主要类别(如商品类型、经营地区、市场或客户类型、合同类型、商品转让的时间、合同期限、销售渠道等)分解的信息以及该分解信息与每一报告分部的收入之间的关系等。

(2) 与应收款项、合同资产和合同负债的账面价值相关的信息,包括与客户之间的合同产生的应收款项、合同资产和合同负债的期初和期末账面价值、对上述应收款项和合同资产确认的减值损失、在本期确认的包括在合同负债期初账面价值中的收入、前期已经履行(或部分履行)的履约义务在本期调整的收入、履行履约义务的时间与通常的付款时间之间的关系以及此类因素对合同资产和合同负债账面价值的影响的定量或定性信息、合同资产和合同负债的账面价值在本期内发生的重大变动情况等。

(3) 与履约义务相关的信息,包括履约义务通常的履行时间、重要的支付条款、企业承诺转让的商品的性质(包括说明企业是否作为代理人)、企业承担的预期将退还给客户的款项等类似义务、质量保证的类型及相关义务等。

(4) 与分摊至剩余履约义务的交易价格相关的信息,包括分摊至本期末尚未履行(或部分未履行)履约义务的交易价格总额、上述金额确认为收入的预计时间的定量或定性信息、未包括在交易价格的对价金额(如可变对价)等。

3. 与合同成本有关的资产相关的信息,包括确定该资产金额所做的判断、该资产的摊销方法、按该资产主要类别(如为取得合同发生的成本、为履行合同开展的初始活动发生的成本等)披露的期末账面价值以及本期确认的摊销及减值损失金额等。

4. 企业根据收入准则规定因预计客户取得商品控制权与客户支付价款间隔未超过一年而未考虑合同中存在的重大融资成分,或者根据《收入准则》第二十八条规定因合同取得成本的摊销期限未超过一年而将其在发生时计入当期损益的,应当披露该事实。

【例 18-1】 2018 年 3 月 1 日,甲公司与客户签订合同,向其销售 A、B 两项商品,合同价款为

2 000元。合同约定,A商品于合同开始日交付,B商品在一个月之后交付,只有当A、B两项商品全部交付之后,甲公司才有权收取2 000元的合同对价。假定A商品和B商品构成两项履约义务,其控制权在交付时转移给客户,分摊至A商品和B商品的交易价格分别为400元和1 600元。上述价格均不包含增值税,且假定不考虑增值税相关税费影响。

本例中,甲公司将A商品交付给客户之后,与该商品相关的履约义务已经履行,但是需要等到后续交付B商品时,企业才具有无条件收取合同对价的权利,因此,甲公司应当将因交付A商品而有权收取的对价400元确认为合同资产,而不是应收账款,相应的账务处理如下:

(1) 交付A商品时

借:合同资产　　　　　　　　　　　　　　　　　　　　　　　　400
　　贷:主营业务收入　　　　　　　　　　　　　　　　　　　　　　400

(2) 交付B商品时

借:应收账款　　　　　　　　　　　　　　　　　　　　　　　　2 000
　　贷:合同资产　　　　　　　　　　　　　　　　　　　　　　　　400
　　　　主营业务收入　　　　　　　　　　　　　　　　　　　　　1 600

【例18-2】 2018年1月1日,乙公司与客户签订合同,以每件产品150元的价格向其销售产品。如果客户在2018年全年的采购量超过100万件,该产品的销售价格将追溯下调至每件125元。该产品的控制权在交付时转移给客户。在合同开始日,乙公司估计该客户全年的采购量能够超过100万件。2018年1月31日,乙公司交付了第一批产品共10万件。上述价格均不包含增值税,且假定不考虑相关税费影响。

本例中,乙公司将产品交付给客户时取得了无条件的收款权,即乙公司有权按照每件产品150元的价格向客户收取款项,直到客户的采购量达到100万件为止。由于乙公司估计客户的采购量能够达到100万件,因此,根据将可变对价计入交易价格的限制要求,乙公司确定每件产品的交易价格为125元。2018年1月31日,乙公司交付产品时的账务处理为:

借:应收账款　　　　　　　　　　　　　　　　　　　　　　　　15 000 000
　　贷:主营业务收入　　　　　　　　　　　　　　　　　　　　　12 500 000
　　　　预计负债——应付退货款　　　　　　　　　　　　　　　　2 500 000

第五节　收入的相关账户设置

企业应当正确记录和反映与客户之间的合同产生的收入及相关成本费用。本部分仅涉及适用于《企业会计准则第14号——收入》(2017)进行会计处理时需要设置的主要会计科目、相关会计科目的主要核算内容以及通常情况下的账务处理,企业在核算适用于其他企业会计准则的交易和事项时也需要使用本部分涉及的会计科目的,应遵循其他相关企业会计准则的规定。收入的会计处理,一般需要设置下列会计科目。

一、主营业务收入

主营业务收入是指收入准则确认的销售商品、提供劳务等主营业务的收入。

1. 主营业务收入账户

(1) 账户的性质：损益类账户。

(2) 账户的用途：为了核算企业在销售商品、提供劳务等日常活动中所产生的收入，企业应当设置"主营业务收入"科目，"主营业务收入"科目贷方登记企业主营活动产生的收入，借方登记期末转入本年利润账户的主营业务收入以及发生销售退回和折让时应冲减的主营业务收入，期末结转后，该账户无余额。

(3) 明细账的设置：该账户应按照主营业务的种类设置明细账，进行明细核算。

2. 主营业务收入的主要账务处理

(1) 企业在履行了合同中的单项履约义务时，应按照已收或应收的合同价款，加上应收取的增值税额，借记"银行存款"、"应收账款"、"应收票据"、"合同资产"等科目，按应确认的收入金额，贷记"主营业务收入"科目，按应收取的增值税额，贷记"应交税费——应交增值税(销项税额)"、"应交税费——待转销项税额"等科目。

(2) 合同中存在企业为客户提供重大融资利益的，企业应按照应收合同价款，借记"长期应收款"等科目，按照假定客户在取得商品控制权时即以现金支付而需支付的金额(即现销价格)确定的交易价格，贷记"主营业务收入"科目，按其差额贷记"未实现融资收益"科目；合同中存在客户为企业提供重大融资利益的，企业应按照已收合同价款，借记"银行存款"等科目，按照假定客户在取得商品控制权时即以现金支付的应付金额(即现销价格)确定的交易价格，贷记"合同负债"等科目，按其差额借记"未确认融资费用"科目。涉及增值税的，还应进行相应的处理。

(3) 企业收到的对价为非现金资产时，应按该非现金资产在合同开始日的公允价值，借记"存货"、"固定资产"、"无形资产"等有关科目，贷记"主营业务收入"、"应交税费——应交增值税(销项税额)"科目。

期末，应将本科目的余额转入"本年利润"科目，结转后本科目应无余额。

二、其他业务收入

其他业务收入是指收入准则确认的除主营业务以外的其他经营活动实现的收入。

1. 其他业务收入账户

(1) 账户的性质：损益类账户。

(2) 账户的用途：为了核算企业除主营业务活动以外的其他经营活动实现的收入，包括出租固定资产、出租无形资产、出租包装物和商品、销售材料、用材料进行非货币性交换(非货币性资产交换具有商业实质且公允价值能够可靠计量)或债务重组等实现的收入。企业应当设置"其他业务收入"科目。"其他业务收入"科目贷方登记企业其他业务活动产生的收入，借方登记期末转入本年利润账户的其他业务收入以及发生销售退回和折让时应冲减的其他业务收入，期末结转后，该账户无余额。企业(保险)经营受托管理业务收取的管理费收入，也通过"其他业务收入"科目核算。期末结转后，该账户无余额。

(3) 明细账的设置：该账户应按照其他业务的种类设置明细账，进行明细核算。

2. 其他业务收入的主要账务处理

企业确认其他业务收入的主要账务处理参见"主营业务收入"科目。

期末，应将"其他业务收入"科目的余额转入"本年利润"科目，结转后"其他业务收入"科目应无余额。

三、合同履约成本

合同履约成本是指为履行当前或预期取得的合同所发生的、不属于其他企业会计准则规范范围且按照收入准则应当确认为一项资产的成本。企业因履行合同而产生的毛利不在"合同履约成本"科目核算。需要注意的是：根据收入准则规定确认为资产的合同履约成本，初始确认时摊销期限不超过一年或一个正常营业周期的，在资产负债表中计入"存货"项目；初始确认时摊销期限在一年或一个正常营业周期以上的，在资产负债表中计入"其他非流动资产"项目。合同履约成本一般适用于建筑施工和服务型企业。

1. 合同履约成本账户

(1) 账户的性质：资产类账户。

(2) 账户的用途：为了核算与合同直接相关的成本包括直接人工、直接材料、制造费用或类似费用、以及仅因该合同而发生的其他成本企业应当设置"合同履约成本"科目，"合同履约成本"科目借方登记发生的合同履约成本，贷方登记已经摊销的合同履约成本。期末余额在借方，反映企业尚未结转或摊销的合同履约成本。

合同履约成本一般用于在提供劳务的交易中，尚未确认收入的情况下暂时归集的已发生劳务成本。开发成本、生产成本等传统科目都属于存货，且不以符合条件的客户合同的存在为其确认的前提。

(3) 明细账的设置："合同履约成本"科目可按合同，分别"服务成本"、"工程施工"等设置明细账，进行明细核算。

2. 合同履约成本的主要账务处理

企业发生上述合同履约成本时，借记"合同履约成本"科目，贷记"银行存款"、"应付职工薪酬"、"原材料"等科目；对合同履约成本进行摊销时，借记"主营业务成本"、"其他业务成本"等科目，贷记"合同履约成本"科目。涉及增值税的，还应进行相应的处理。

四、合同履约成本减值准备

合同履约成本减值准备是指与合同履约成本有关的资产的减值准备。

1. 合同履约成本减值准备账户

(1) 账户的性质：资产类备抵账户。

(2) 账户的用途：为了核算与合同履约成本有关的资产的减值准备，企业应当设置"合同履约成本减值准备"科目，"合同履约成本减值准备"科目贷方登记企业计提的与合同履约成本有关的资产减值损失准备和转回已计提的减值准备，借方登记核销实际发生的资产减值损失和冲减已计提的减值准备。"合同履约成本减值准备"科目期末贷方余额，反映企业已计提但尚未转销的合同履约成本减值准备。

(3) 明细账的设置："合同履约成本"科目可按合同，分别"服务成本"、"工程施工"等设置明细账，进行明细核算。

2. 合同履约成本减值准备的主要账务处理

与合同履约成本有关的资产发生减值的，按应减记的金额，借记"资产减值损失"科目，贷记"合同履约成本减值准备"科目；转回已计提的资产减值准备时，做相反的会计分录。

五、合同取得成本

合同取得成本是指企业取得合同发生的、预计能够收回的增量成本。

1. 合同取得成本账户

(1) 账户的性质：资产类账户。

(2) 账户的用途：为了核算企业取得合同发生的、预计能够收回的增量成本，企业应当设置"合同取得成本"科目，"合同取得成本"科目借方登记发生的合同取得成本，贷方登记摊销的合同取得成本，"合同取得成本"科目期末借方余额，反映企业尚未结转的合同取得成本。

(3) 明细账的设置："合同取得成本"科目可按合同设置明细账，进行明细核算。

2. 合同取得成本的主要账务处理

企业发生上述合同取得成本时，借记"合同取得成本"科目，贷记"银行存款"、"其他应付款"等科目；对合同取得成本进行摊销时，按照其相关性借记"销售费用"等科目，贷记"合同取得成本"科目。涉及增值税的，还应进行相应的处理。

六、合同取得成本减值准备

合同取得成本减值准备是指与合同取得成本有关的资产的减值准备。

1. 合同取得成本减值准备账户

(1) 账户的性质：资产类备抵账户。

(2) 账户的用途：为了核算与合同取得成本有关的资产的减值准备，企业应当设置"合同取得成本减值准备"科目，"合同取得成本减值准备"科目贷方登记企业计提的与合同取得成本有关的资产减值损失准备和转回已计提的减值准备，借方登记核销实际发生的资产减值损失和冲减已计提的减值准备。"合同取得成本减值准备"科目期末贷方余额，反映企业已计提但尚未转销的合同取得成本减值准备。

(3) 明细账的设置："合同取得成本减值准备"科目可按合同设置明细账，进行明细核算。

2. 合同取得成本减值准备的主要账务处理

与合同取得成本有关的资产发生减值的，按应减记的金额，借记"资产减值损失"科目，贷记"合同取得成本减值准备"科目；转回已计提的资产减值准备时，做相反的会计分录。

七、应收退货成本

应收退货成本是指销售商品时预期将退回商品的账面价值，扣除收回该商品预计发生的成本（包括退回商品的价值减损）后的余额。

1. 应收退货成本账户

(1) 账户的性质：资产类账户。

(2) 账户的用途：为了核算应收退货成本的发生和增减变动情况，企业应当设置"应收退货成本"科目，"应收退货成本"科目借方登记按照预期将退回商品转让时的账面价值，扣除收回该商品预计发生的成本（包括退回商品的价值减损）后的余额（表示资产的确认），贷方登记结转进入营业成本的金额，"应收退货成本"科目期末借方余额，反映企业预期将退回商品转让时的账面价值，扣除收回该商品预计发生的成本（包括退回商品的价值减损）后的余额，在资产负债表中按其流动性计入"其他流动资产"或"其他非流动资产"项目。

(3) 明细账的设置:"应收退货成本"科目可按合同设置明细账,进行明细核算。

2. 应收退货成本的主要账务处理

企业发生附有销售退回条款的销售的,应在客户取得相关商品控制权时,按照已收或应收合同价款,借记"银行存款"、"应收账款"、"应收票据"、"合同资产"等科目,按照因客户转让商品而预期有权收取的对价金额(即,不包含预期因销售退回将退还的金额),贷记"主营业务收入"、"其他业务收入"等科目,按照预期因销售退回将退还的金额,贷记"预计负债——应付退货款"等科目;结转相关成本时,按照预期将退回商品转让时的账面价值,扣除收回该商品预计发生的成本(包括退回商品的价值减损)后的余额,借记"应收退货成本"科目,按照已转让商品转让时的账面价值,贷记"库存商品"等科目,按其差额,借记"主营业务成本"、"其他业务成本"等科目。涉及增值税的,还应进行相应处理。

八、合同资产

《企业会计准则第14号——收入》(2017)第四十一条规定,合同资产,是指企业已向客户转让商品而有权收取对价的权利,且该权利取决于时间流逝之外的其他因素(如履行合同中的其他履约义务)。如企业向客户销售两项可明确区分的商品,企业因已交付其中一项商品而有权收取款项,但收取该款项还取决于企业交付另一项商品的,企业应当将该收款权利作为合同资产。仅取决于时间流逝因素的权利不在"合同资产"科目核算。

1. 合同资产账户

(1) 账户的性质:资产类账户。

(2) 账户的用途:为了核算企业已向客户转让商品而有权收取对价的权利,且该权利取决于时间流逝之外的其他因素(如履行合同中的其他履约义务),企业应当设置"合同资产"科目,"合同资产"科目借方登记转让商品而有权收取的对价金额,贷方登记取得无条件收款权的金额,期末借方余额,反映企业已向客户转让商品而有权收取的对价金额。

(3) 明细账的设置:"合同资产"科目应按合同设置明细账,进行明细核算。

2. 合同资产的主要账务处理。

企业在客户实际支付合同对价或在该对价到期应付之前,已经向客户转让了商品的,应当按因已转让商品而有权收取的对价金额,借记"合同资产"科目或"应收账款"科目,贷记"主营业务收入"、"其他业务收入"等科目;企业取得无条件收款权时,借记"应收账款"等科目,贷记"合同资产"科目。涉及增值税的,还应进行相应的处理。

九、合同资产减值准备

合同资产减值准备是指因合同资产出现减值损失而计提的减值损失准备金。

1. 合同资产减值准备账户

(1) 账户的性质:资产类备抵账户。

(2) 账户的用途:为了核算合同资产的减值准备,企业应当设置"合同资产减值准备"科目,"合同资产减值准备"科目贷方登记企业计提的与合同资产有关的资产减值损失准备和转回已计提的减值准备,借方登记核销实际发生的资产减值损失和冲减已计提的减值准备。"合同资产减值准备"科目期末贷方余额,反映企业已计提但尚未转销的合同资产减值准备。

(3) 明细账的设置:"合同资产减值准备"科目可按合同设置明细账,进行明细核算。

2. 合同资产减值准备的主要账务处理

合同资产发生减值的,按应减记的金额,借记"资产减值损失"科目,贷记"合同资产减值准备"科目;转回已计提的资产减值准备时,做相反的会计分录。

十、合同负债

合同负债,是指企业已收或应收客户对价而应向客户转让商品的义务。如企业在转让承诺的商品之前已收取的款项。企业因转让商品收到的预收款适用收入准则进行会计处理时,不再使用"预收账款"科目及"递延收益"科目。合同负债的确认,是以履约义务为前提的,如果所预收的款项与合同规定的履约义务无关,则不能作为合同负债核算,应作为预收账款计量。

1. 合同负债账户

(1) 账户的性质:负债类账户。

(2) 账户的用途:为了核算企业已收或应收客户对价而应向客户转让商品的义务,企业应设置"合同负债"科目,"合同负债"科目贷方登记企业在向客户转让商品之前,已经搜到或者已经取得无条件收取合同对价权利的金额,借方登记企业向客户商品时冲销的金额,期末贷方余额,反映企业在向客户转让商品之前,已经收到的合同对价或已经取得的无条件收取合同对价权利的金额。

(3) 明细账的设置:"合同负债"科目应按合同进行明细核算。

2. 合同负债的主要账务处理

企业在向客户转让商品之前,客户已经支付了合同对价或企业已经取得了无条件收取合同对价权利的,企业应当在客户实际支付款项与到期应支付款项孰早时点,按照该已收或应收的金额,借记"银行存款"、"应收账款"、"应收票据"等科目,贷记"合同负债"科目;企业向客户转让相关商品时,借记"合同负债"科目,贷记"主营业务收入"、"其他业务收入"等科目。涉及增值税的,还应进行相应的处理。

第六节 收入的主要账务处理

一、在某一时点履行履约义务时确认收入的主要账务处理

销售商品收入的会计处理主要涉及:一般销售商品业务,已经发出商品但不符合收入确认条件的销售业务(委托代销和受托代销业务),具有融资性质的分期收款销售商品的业务,商业折扣、现金折扣、销售折让、销售退回,以及销售原材料等存货等情况。

(一) 一般商品销售业务收入

【例18-3】 2023年5月10日,甲公司(一般纳税人)向乙公司(一般纳税人)销售20台笔记本电脑,开出的增值税专用票上注明的价款(注意,这里是指价款里不含增值税)为150 000元,增值税额为19 500元;乙公司开出一张带息银行承兑汇票交给甲公司,票面金额为169 500元,票面利率为5%,期限为6个月;甲公司已经收到该批电脑,甲公司代垫运费的3 000元以及增值税款270元通过银行存款支付;该批20台笔记本电脑总成本为130 000元。甲公司应做如下账务

处理：

(1) 甲公司确认20台笔记本电脑的销售收入和增值税额19 500元(150 000×13%)

借：应收票据　　　　　　　　　　　　　　　　　　　　　　　169 500
　　贷：主营业务收入　　　　　　　　　　　　　　　　　　　　　150 000
　　　　应交税费——应交增值税(销项税额)　　　　　　　　　　　 19 500

(2) 月末，甲公司结转20台笔记本电脑的成本

借：主营业务成本　　　　　　　　　　　　　　　　　　　　　　130 000
　　贷：库存商品　　　　　　　　　　　　　　　　　　　　　　　130 000

(3) 甲公司代垫运费3 270元

借：应收账款　　　　　　　　　　　　　　　　　　　　　　　　　3 270
　　贷：银行存款　　　　　　　　　　　　　　　　　　　　　　　　3 270

(二) 已经发出商品但不符合收入确认条件的销售业务(委托代销和受托代销业务)

【例18-4】 2023年8月15日，甲公司(食品生产企业，一般纳税人)委托乙公司(大型超市，一般纳税人)销售月饼500盒，月饼已经发送到乙公司，每盒月饼成本为30元。合同约定乙公司应按每盒200元(不含增值税的销售价)加上增值税额向消费者销售，甲公司按不含增值税的销售价格的25%向乙公司支付代销手续费，增值税税率为6%。乙公司对外实际销售500盒，开出的增值税专用发票上注明的销售价格为100 000元，增值税税额为13 000元，款项已经收到，乙公司立即向甲公司开具代销清单并支付货款。甲公司收到乙公司开具的代销清单时，向乙公司开具一张相同金额的增值税专用发票。甲公司发出月饼时纳税义务尚未发生，假定不考虑其他因素。根据上述资料，甲、乙两公司分别做如下账务处理：

1. 甲公司的账务处理如下：

(1) 2023年8月15日，甲公司发出商品

借：发出商品——乙公司　　　　　　　　　　　　　　　　　　　15 000
　　贷：库存商品——月饼　　　　　　　　　　　　　　　　　　　15 000

(2) 甲公司收到代销清单，确认收入的实现，同时确认发生增值税纳税义务

借：应收账款——乙公司　　　　　　　　　　　　　　　　　　　113 000
　　贷：主营业务收入——月饼　　　　　　　　　　　　　　　　　100 000
　　　　应交税费——应交增值税(销项税额)　　　　　　　　　　　 13 000

同时结转销售成本

借：主营业务成本——月饼　　　　　　　　　　　　　　　　　　　15 000
　　贷：发出商品——乙公司　　　　　　　　　　　　　　　　　　　15 000

甲公司结算乙公司的代销费用25 000元(100 000×25%)以及增值税额1 500元(25 000×6%)。

借：销售费用——代销手续费　　　　　　　　　　　　　　　　　　25 000
　　应交税费——应交增值税(进项税额)　　　　　　　　　　　　　 1 500
　　贷：应收账款——乙公司　　　　　　　　　　　　　　　　　　　26 500

(3) 收到乙公司支付的货款 86 500 元(113 000－26 500)

借：银行存款　　　　　　　　　　　　　　　　　　　　　　　　　　　86 500
　　贷：应收账款——乙公司　　　　　　　　　　　　　　　　　　　　　　　　86 500

2. 作为甲公司的客户,乙公司的账务处理如下：
(1) 收到商品

借：受托代销商品——甲公司　　　　　　　　　　　　　　　　　　　　100 000
　　贷：受托代销商品款——甲公司　　　　　　　　　　　　　　　　　　　　100 000

(2) 对外销售,必须确认月饼的销售并交纳增值税 13 000 元(100 000×13%),同时冲销受托代销商品

借：银行存款　　　　　　　　　　　　　　　　　　　　　　　　　　　113 000
　　贷：受托代销商品——甲公司　　　　　　　　　　　　　　　　　　　　100 000
　　　　应交税费——应交增值税(销项税额)　　　　　　　　　　　　　　　　13 000

(3) 收到甲公司开出的增值税专用发票,出现增值税进项税额 13 000 元,两者相抵,该月饼销售乙公司实际上没有交纳增值税

借：受托代销商品款——甲公司　　　　　　　　　　　　　　　　　　　100 000
　　应交税费——应交增值税(进项税额)　　　　　　　　　　　　　　　　　13 000
　　贷：应付账款——甲公司　　　　　　　　　　　　　　　　　　　　　　　113 000

(4) 支付甲公司的货款并计算代销手续费以及相应的增值税税额

借：应付账款——甲公司　　　　　　　　　　　　　　　　　　　　　　113 000
　　贷：银行存款　　　　　　　　　　　　　　　　　　　　　　　　　　　　8 6500
　　　　其他业务收入——代销手续费　　　　　　　　　　　　　　　　　　　25 000
　　　　应交税费——应交增值税(销项税额)　　　　　　　　　　　　　　　　　1 500

(三) 具有融资性质的分期收款销售商品的业务

企业销售商品,有时会采取分期收款的方式,如分期收款发出商品,即商品已经交付,货款分期收回。其实质是企业向购货方提供信贷付,企业应当按照应收的合同或协议价款的公允价值确定收入金额。某些情况下,合同或协议明确规定销售商品需要延期收取价款,如分期收款销售商品,实质上具有融资性质的,应当按照应收的合同或协议价款的现值确定其公允价值。应收的合同或协议价款与其公允价值之间的差额,应当在合同或协议期间内,按照应收款项的摊余成本和实际利率计算确定的摊销金额,冲减财务费用。下例采用收入准则指南的例题。

【例 18-5】 2018 年 1 月 1 日,甲公司与乙公司签订合同,向其销售一批产品。合同约定,该批产品将于 2 年之后交货。合同中包含两种可供选择的付款方式,即乙公司可以在 2 年后交付产品时支付商品款 4 494 400 元,甲公司发出商品时开出增值税专用发票,注明的增值税额为 584 272 元,或者在合同签订时支付商品款 4 000 000 元。乙公司选择在合同签订时支付货款和增值税 584 272 元。该批产品的控制权在交货时转移。甲公司于 2018 年 1 月 1 日收到乙公司支付的货款。

本例中,按照上述两种付款方式采用插值法计算的内含利率为 6%。考虑到乙公司付款时

间和产品交付时间之间的间隔以及现行市场利率水平,甲公司认为该合同包含重大融资成分,在确定交易价格时,应当对合同承诺的对价金额进行调整,以反映重大融资成分的影响,假定该融资费用不符合借款费用资本化的要求。甲公司的账务处理为:

(1) 2018 年 1 月 1 日收到货款

借:银行存款	4 584 272
未确认融资费用	494 400
贷:合同负债	4 494 400
应交税费——应交增值税(销项税额)	584 272

(2) 2018 年 12 月 31 日确认融资成分的影响

借:财务费用	240 000
贷:未确认融资费用	240 000

(3) 2019 年 12 月 31 日交付产品

应确认的财务费用为 254 400 元=(4 000 000+240 000)×6%元

或者 254 400 元=(494 400−240 000)元(因为第二年本身就是最后一年,如果不是最后一年不能直接减)

借:财务费用	254 400
贷:未确认融资费用	254 400

同时,确认收入的实现

借:合同负债	4 494 400
贷:主营业务收入	4 494 400

为简化实务操作,如果在合同开始日,企业预计客户取得商品控制权与客户支付价款间隔不超过一年的,可以不考虑合同中存在的重大融资成分。企业应当对类似情形下的类似合同一致地应用这一简化处理方法。

本例没有考虑增值税的问题,但是现实会计实务中必须假定考虑相关税费,比如增值税的问题。

企业在编制利润表时,应当将合同中存在的重大融资成分的影响(即,利息收入和利息支出)与按照收入准则确认的收入区分开来,分别列示。企业在按照收入准则对与客户的合同进行会计处理时,只有在确认了合同资产(或应收款项)和合同负债时,才应当分别确认相应的利息收入和利息支出。

(四) 商业折扣、现金折扣、销售折让和销售退回的业务

企业销售商品有时也会遇到商业折扣、现金折扣、销售折让等问题,应当分别不同情况进行处理:

1. 商业折扣

商业折扣,是指企业为促进商品销售而在商品标价上给予的价格扣除。企业销售商品涉及商业折扣的,应当按照扣除商业折扣后的金额确定销售商品收入金额。

2. 现金折扣

现金折扣,是指债权人为鼓励债务人在规定的期限内付款而向债务人提供的债务扣除。企业销售商品涉及现金折扣的,应当按照扣除现金折扣前的金额(总价法)确定销售商品收入金额。

现金折扣一般用符号"折扣率/付款期限"表示,例如"3/15,2/25,n/30"表示:如果买方在15天内付款,销售方可按商品售价(或价税合计,理论上来说,按照价税合计计算更为合理,因为购买方欠的债务总额是包括增值税的;从实务上来说也比较简便)给予客户3%的折扣;如果买方在15～25天内付款,销售方可按商品售价(或价税合计)给予客户2%的折扣;如果客户在21天至30天内付款,必须全额付款,将不能享受现金折扣。

现金折扣在实际发生时计入财务费用。

【例18-6】 2023年8月1日,甲公司(一般纳税人),向乙公司(一般纳税人)销售一批钢材,增值税专用发票上注明的不含税销售额为10 000元,增值税额为1 300元,增值税发票已经交给乙公司,钢材已经发出同日到达乙公司,乙公司暂未付款。为及早回笼货款,甲公司和乙公司买卖合同上约定的现金折扣条件为2/10,1/20,n/30。假定计算现金折扣时考虑增值税额,乙公司按照对原材料实际成本核算。在不考虑其他因素的情况下,根据上述资料,甲、乙两公司分别做如下账务处理:

1. 甲公司应做如下账务处理:
(1) 8月1日,按销售总额确认收入

借:应收账款　　　　　　　　　　　　　　　　　　　　　　　　11 300
　　贷:主营业务收入　　　　　　　　　　　　　　　　　　　　　　10 000
　　　　应交税费——应交增值税(销项税额)　　　　　　　　　　　　1 300

(2) 如果乙公司在8月8日(10天之内)付清货款,则按销售总价款(包括增值税)11 300元的2%享受现金折扣额226元(11 300×2%),实际付款金额为11 074元(11 300-226)。

借:银行存款　　　　　　　　　　　　　　　　　　　　　　　　11 074
　　财务费用　　　　　　　　　　　　　　　　　　　　　　　　　　226
　　贷:应收账款　　　　　　　　　　　　　　　　　　　　　　　11 300

(3) 如果乙公司在8月19日(10～20天内)付清货款,则按销售总价款(包括增值税)11 300元的1%享受现金折扣113元(11 300×1%),实际付款金额为11 187元(11 300-113)

借:银行存款　　　　　　　　　　　　　　　　　　　　　　　　11 187
　　财务费用　　　　　　　　　　　　　　　　　　　　　　　　　　113
　　贷:应收账款　　　　　　　　　　　　　　　　　　　　　　　11 300

(4) 如果乙公司在8月底之前(20～30天内)付清总价款,则按全额付款,不能享受现金折扣

借:银行存款　　　　　　　　　　　　　　　　　　　　　　　　11 300
　　贷:应收账款　　　　　　　　　　　　　　　　　　　　　　　11 300

2. 乙公司应做如下账务处理:
(1) 8月1日,乙公司收取钢材并验收入库

借:原材料　　　　　　　　　　　　　　　　　　　　　　　　　10 000
　　应交税费——应交增值税(进项税额)　　　　　　　　　　　　　1 300
　　贷:应付账款——甲公司　　　　　　　　　　　　　　　　　　11 300

(2) 如果乙公司在 8 月 8 日(10 日之内)付清货款

借：应付账款——甲公司　　　　　　　　　　　　　　　　　　　11 300
　　贷：银行存款　　　　　　　　　　　　　　　　　　　　　　　　11 074
　　　　财务费用　　　　　　　　　　　　　　　　　　　　　　　　　 226

(3) 如果乙公司在 8 月 19 日(10 日之内)付清货款

借：应付账款——甲公司　　　　　　　　　　　　　　　　　　　11 300
　　贷：银行存款　　　　　　　　　　　　　　　　　　　　　　　　11 187
　　　　财务费用　　　　　　　　　　　　　　　　　　　　　　　　　 113

(4) 如果乙公司在 8 月底之前(20～30 天内)付清总价款

借：应付账款　　　　　　　　　　　　　　　　　　　　　　　　11 300
　　贷：银行存款　　　　　　　　　　　　　　　　　　　　　　　　11 300

3. 销售折让

销售折让，是指企业因售出商品的质量不合格等原因而在售价上给予的减让。对于销售折让，企业应分别不同情况进行处理：①如果商品已经售出收入已确认的，销售折让通常应当在折让发生时冲减当期商品的销售收入；②已确认收入的销售折让属于资产负债表日后事项的，应当按照有关资产负债表日后事项的相关规定进行处理。

【例 18-7】 2023 年 8 月 1 日，甲公司(一般纳税人)向乙公司(一般纳税人)销售一批 20 台液晶电视机，开出的增值税专用发票上注明的销售价格为 100 000 元，每台 5 000 元(不含增值税)，增值税额为 13 000 元，款项尚未收到；该批商品成本为 80 000 元。乙公司在验收过程中发现 10 台液晶电视机外边框上都有损伤达不到合同约定，但是电视机的产品功能可以正常使用，要求甲公司在总价款(含增值税额)给予 10% 的折让。假定：(1)甲公司已确认销售收入；(2)与销售折让有关的增值税额税务机关允许冲减；(3)销售折让不属于资产负债表日后事项。甲公司应做如下账务处理：

(1) 2023 年 8 月 1 日销售实现时确认收入

借：应收账款　　　　　　　　　　　　　　　　　　　　　　　113 000
　　贷：主营业务收入　　　　　　　　　　　　　　　　　　　　　100 000
　　　　应交税费——应交增值税(销项税额)　　　　　　　　　　　 13 000

借：主营业务成本　　　　　　　　　　　　　　　　　　　　　　80 000
　　贷：库存商品　　　　　　　　　　　　　　　　　　　　　　　　80 000

(2) 发生销售折让时

借：主营业务收入　　　　　　　　　　　　　　　　　　　　　　10 000
　　应交税费——应交增值税(销项税额)　　　　　　　　　　　　　1 300
　　贷：应收账款　　　　　　　　　　　　　　　　　　　　　　　　11 300

(3) 实际收到款项时

借：银行存款　　　　　　　　　　　　　　　　　　　　　　　101 700
　　贷：应收账款　　　　　　　　　　　　　　　　　　　　　　　101 700

4. 销售退回

销售退回是指企业因售出商品在质量、规格等方面不符合销售合同规定条款的要求,客户要求企业予以退货,销售方同意退回商品并退还购买方的货款的一种撤销原商品买卖合同的行为。

企业已经确认收入的售出商品发生销售退回的,按照企业会计制度规定:(1)一般情况下,按规定向购货方开具增值税专用发票(红字)冲减退回当期的销售收入,同时冲减当期退回商品的销售成本;(2)尚未确认销售商品收入的售出商品发生销售退回的,应当冲减"发出商品",同时增加"库存商品";(3)已确认销售商品收入的售出商品发生销售退回的,除属于资产负债表日后事项外,一般应在发生时冲减当期销售商品收入,同时冲减当期销售商品成本,如按规定允许扣减增值税税额的,应同时冲减已确认的应交增值税销项税额;(4)如该项销售退回已发生现金折扣的,应同时调整相关财务费用的金额;(5)年度资产负债表日及以前售出的商品,在资产负债表日至财务会计报告批准报出日之间发生退回的,应当作为资产负债表日后调整事项处理,调整资产负债表日编制的会计报表有关收入、费用、资产、负债、所有者权益等项目的数字。

【例18-8】承【例18-7】假设2023年8月5日,甲公司收到全部货款,8月15日,乙公司经过验货发现,20台液晶电视机全部功能性损伤,不能实现乙公司的购买意图,因此乙公司全部向甲公司退货,经协商甲公司也同意退货,于退货当日支付了退货款,并按规定向购货方开具了增值税专用发票(红字),假定不考虑现金折扣、代垫运费等其他因素,甲公司应做如下账务处理:

(1)2023年8月1日,甲公司销售实现时确认收入

借:应收账款　　　　　　　　　　　　　　　　　　　　　　　113 000
　　贷:主营业务收入　　　　　　　　　　　　　　　　　　　　100 000
　　　　应交税费——应交增值税(销项税额)　　　　　　　　　 13 000

借:主营业务成本　　　　　　　　　　　　　　　　　　　　　 80 000
　　贷:库存商品　　　　　　　　　　　　　　　　　　　　　　 80 000

(2)2023年8月5日,甲公司收到乙公司货款

借:银行存款　　　　　　　　　　　　　　　　　　　　　　　113 000
　　贷:应收账款　　　　　　　　　　　　　　　　　　　　　　113 000

(五)销售材料等存货的处理

企业在日常活动中还可能发生对外销售企业不需用的原材料、随同商品对外销售单独计价的包装物等业务。企业销售原材料、包装物等存货也视同商品销售,其收入的确认和计量原则比照正常的商品销售进行财务处理。企业销售原材料、包装物等存货实现的收入作为其他业务收入处理,结转的相关成本作为其他业务成本处理。

企业销售原材料、包装物等存货实现的收入以及结转的相关成本,通过"其他业务收入"、"其他业务成本"科目核算。

【例18-9】甲公司(一般纳税人)销售给乙公司(一般纳税人)一批原材料,增值税专用发票上注明的售价为10 000元,增值税税额为1 300元,该发票已经经过税务机关认证过,款项已由银行收妥。甲公司的原材料采用实际成本核算,该批原材料的实际成本为8 000元。假定不考虑其他因素,甲公司应做如下账务处理:

(1) 取得原材料销售收入

借：银行存款　　　　　　　　　　　　　　　　　　　　　　　　　　　11 300
　　贷：其他业务收入　　　　　　　　　　　　　　　　　　　　　　　10 000
　　　　应交税费——应交增值税（销项税额）　　　　　　　　　　　　　1 300

(2) 结转已销原材料的实际成本

借：其他业务成本　　　　　　　　　　　　　　　　　　　　　　　　　8 000
　　贷：原材料　　　　　　　　　　　　　　　　　　　　　　　　　　8 000

二、在某一时段履行履约义务时确认收入的主要账务处理

【例18-10】 2022年1月1日，甲建筑公司（一般纳税人）与乙公司（一般纳税人）签订一项大型设备建造工程合同，根据双方合同，该工程的造价为6 000万元，增值税税率为9%（属于建筑劳务），增值税额为540万元，工程期限为1年半，每半年结算一次。甲公司负责工程的施工及全面管理，乙公司按照第三方工程监理公司确认的工程完工量，并根据工程进度付款；预计2023年6月30日竣工；预计可能发生的总成本为4 500万元（假定均为应付职工薪酬）。

1. 2022年6月30日，经第三方工程监理公司确认的工程完工进度为30%，乙公司按照完工进度支付工程款和增值税，工程累计实际发生成本1 350万元。

2. 2022年12月31日，经第三方工程监理公司确认的工程完工进度为75%，乙公司按照完工进度支付工程款和增值税。工程累计实际发生成本3 375万元。

3. 2023年6月30日，工程完工验收合格。乙公司按照完工进度支付剩余的工程款和增值税。

假定该建造工程整体构成单项履约义务，并属于在某一时段履行的履约义务，甲公司采用成本法确定履约进度，不考虑其他相关因素。甲公司的账务处理为：

1. 2022年6月30日

(1) 实际发生劳务成本

借：合同履约成本　　　　　　　　　　　　　　　　　　　　　　　　13 500 000
　　贷：应付职工薪酬　　　　　　　　　　　　　　　　　　　　　　13 500 000

(2) 确认劳务收入并结转实际发生的劳务成本

2022年6月30日确认的劳务收入为6 000 000×30%−0=18 000 000元，增值税额为1 800 000×9%=1 620 000元

借：银行存款　　　　　　　　　　　　　　　　　　　　　　　　　　19 620 000
　　贷：主营业务收入　　　　　　　　　　　　　　　　　　　　　　18 000 000
　　　　应交税费——应交增值税（销项税额）　　　　　　　　　　　　1 620 000

借：主营业务成本　　　　　　　　　　　　　　　　　　　　　　　　13 500 000
　　贷：合同履约成本　　　　　　　　　　　　　　　　　　　　　　13 500 000

2. 2022年12月31日

2022年12月31日确认的劳务成本为33 750 000−13 500 000=20 250 000元

(1) 实际发生劳务成本

借：合同履约成本 20 250 000
　　贷：应付职工薪酬 20 250 000

(2) 确认劳务收入并结转实际发生的劳务成本

2022 年 12 月 31 日确认的劳务收入为 60 000 000×75%－18 000 000＝27 000 000 元,增值税额为 27 000 000×9%＝2 430 000 元。

借：银行存款 29 430 000
　　贷：主营业务收入 27 000 000
　　　　应交税费——应交增值税(销项税额) 2 430 000

借：主营业务成本 20 250 000
　　贷：合同履约成本 20 250 000

3. 2023 年 6 月 30 日

(1) 实际发生劳务成本为 45 000 000－13 500 000－20 250 000＝11 250 000 元

借：合同履约成本 11 250 000
　　贷：应付职工薪酬 11 250 000

(2) 2023 年 6 月 30 日确认的劳务收入为 60 000 000－18 000 000－27 000 000＝15 000 000 元

借：银行存款 16 350 000
　　贷：主营业务收入 15 000 000
　　　　应交税费——应交增值税(销项税额) 1 350 000

借：主营业务成本 11 250 000
　　贷：合同履约成本 11 250 000

第七节　关于特定交易的会计处理

一、附有销售退回条款的销售

对于附有销售退回条款的销售,企业应当在客户取得相关商品控制权时,按照因向客户转让商品而预期有权收取的对价金额(即不包含预期因销售退回将退还的金额)确认收入,按照预期因销售退回将退还的金额确认负债;同时,按照预期将退回商品转让时的账面价值,扣除收回该商品预计发生的成本(包括退回商品的价值减损)后的余额,确认为一项资产,按照所转让商品转让时的账面价值,扣除上述资产成本的净额结转成本。

每一资产负债表日,企业应当重新估计未来销售退回情况,如有变化,应当作为会计估计变更进行会计处理。

【例 18-11】 2023 年 10 月 1 日,甲公司(一般纳税人,移动硬盘销售公司)向乙公司(一般纳税人)销售 5 000 个移动硬盘,单位销售价格为 500 元,单位成本为 400 元,开出的增值税专用发票上注明的销售价格为 250 万元,增值税额为 32.5 万元。移动硬盘已经发出,但款项尚未收到。

根据协议约定,乙公司应于2023年12月1日之前支付货款,在2024年3月31日之前有权退还移动硬盘。发出移动硬盘时,甲公司根据过去的经验,估计该批移动硬盘的退货率约为20%;在2023年12月31日,甲公司对退货率进行了重新评估,认为只有10%的移动硬盘会被退回。移动硬盘发出时纳税义务已经发生,实际发生退回时取得税务机关开具的红字增值税专用发票。假定移动硬盘发出时控制权转移给乙公司。甲公司的账务处理如下:

(1) 2023年10月1日发出移动硬盘。

考虑退货20%时应确认的收入为5 000(1−20%)×500=2 000 000元

应交增值税5 000×500×13%=325 000元,注意,增值税全额计算。

① 由于退货导致"预计负债——应付退货款"增加5 000×500×20%=500 000元,也就是说未来有可能要退还这20%的货款500 000元。

借:应收账款	2 825 000
贷:主营业务收入	2 000 000
预计负债——应付退货款	500 000
应交税费——应交增值税(销项税额)	325 000

② 库存商品=5 000×400=2 000 000元

应收退货成本5 000×20%×400=400 000元

应结转的主营业务成本=5 000(1−20%)×400=1 600 000元

借:主营业务成本	1 600 000
应收退货成本	400 000
贷:库存商品	2 000 000

(2) 2023年12月1日前收到货款2 825 000元。

借:银行存款	2 825 000
贷:应收账款	2 825 000

(3) 2018年12月31日,甲公司对退货率进行重新评估,退货率从20%下降到10%,等于增加了10%的销售额。

① 退货数量下降,实际销售增加数量为5 000×20%−5 000×10%=500个

实际销售增加数量导致减少的"预计负债——应付退货款"应确认为收入金额:5 000×500×10%=250 000元

借:预计负债——应付退货款	250 000
贷:主营业务收入	250 000

② 实际增加的销售数量应结转主营业务成本500×400=200 000元

借:主营业务成本	200 000
贷:应收退货成本	200 000

(4) 2019年3月31日发生销售退回,实际退货量为400个,比预计销售退回少了100个,也即实际增加的销售数量为100个。

① 实际销售增加数量应确认为收入的金额:100×500=50 000元

借:预计负债——应付退货款	50 000	
贷:主营业务收入		50 000

② 实际增加的销售数量应结转主营业务成本 100×400＝40 000 元

借:主营业务成本	200 000	
贷:应收退货成本		200 000

③ 销售退回 400 个移动硬盘,根据《国家税务总局关于红字增值税发票开具有关问题的公告》(2016),购买方取得专用发票已用于申报抵扣的,待取得销售方开具的红字专用发票后,与《信息表》一并作为记账凭证。因此本题中应由甲公司开具红字增值税专用发票,注明的货款为 200 000 元(400×500),增值税额为 26 000 元,甲公司应退款价税合计 226 000 元。

库存商品增加额,即应收退货成本减少额 400×400＝160 000 元

借:库存商品	160 000	
应交税费——应交增值税(销项税额)	26 000	
预计负债——应付退货款	250 000	
贷:应收退货成本		160 000
主营业务收入		50 000
银行存款		226 000

附有销售退回条款的销售,在客户要求退货时,如果企业有权向客户收取一定金额的退货费,则企业在估计预期有权收取的对价金额时,应当将该退货费包括在内。

二、附有质量保证条款的销售

对于附有质量保证条款的销售,企业应当评估该质量保证是否在向客户保证所销售商品符合既定标准之外提供了一项单独的服务。企业提供额外服务的,应当作为单项履约义务,按照收入准则规定进行会计处理;否则,质量保证责任应当按照《企业会计准则第 13 号——或有事项》规定进行会计处理。在评估质量保证是否在向客户保证所销售商品符合既定标准之外提供了一项单独的服务时,企业应当考虑该质量保证是否为法定要求、质量保证期限以及企业承诺履行任务的性质等因素。客户能够选择单独购买质量保证的,该质量保证构成单项履约义务。

三、主要责任人和代理人

企业应当根据其在向客户转让商品前是否拥有对该商品的控制权,来判断其从事交易时的身份是主要责任人还是代理人。企业在向客户转让商品前能够控制该商品的,该企业为主要责任人,应当按照已收或应收对价总额确认收入;否则,该企业为代理人,应当按照预期有权收取的佣金或手续费的金额确认收入,该金额应当按照已收或应收对价总额扣除应支付给其他相关方的价款后的净额,或者按照既定的佣金金额或比例等确定。

四、附有客户额外购买选择权的销售

对于附有客户额外购买选择权的销售,企业应当评估该选择权是否向客户提供了一项重大权利。企业提供重大权利的,应当作为单项履约义务,按照《收入准则》第二十条至第二十四条规定将交易价格分摊至该履约义务,在客户未来行使购买选择权取得相关商品控制权时,或者该选

择权失效时,确认相应的收入。客户额外购买选择权的单独售价无法直接观察的,企业应当综合考虑客户行使和不行使该选择权所能获得的折扣的差异、客户行使该选择权的可能性等全部相关信息后,予以合理估计。

客户虽然有额外购买商品选择权,但客户行使该选择权购买商品时的价格反映了这些商品单独售价的,不应被视为企业向该客户提供了一项重大权利。

五、授予知识产权许可

授予知识产权许可,是指企业授予客户对企业拥有的知识产权享有相应权利。常见的知识产权包括软件和技术、影视和音乐等的版权、特许经营权以及专利权、商标权和其他版权等。

(一)企业向客户授予知识产权许可属于某一时段内履行的履约义务条件

企业向客户授予知识产权许可的,应当按照《收入准则》第九条和第十条规定评估该知识产权许可是否构成单项履约义务,构成单项履约义务的,应当进一步确定其是在某一时段内履行还是在某一时点履行。

(二)按照孰晚的时点确认收入

企业向客户授予知识产权许可,并约定按客户实际销售或使用情况收取特许权使用费的,应当在下列两项孰晚的时点确认收入:

1. 客户后续销售或使用行为实际发生;
2. 企业履行相关履约义务。

六、售后回购

售后回购,是指企业销售商品的同时承诺或有权选择日后再将该商品(包括相同或几乎相同的商品,或以该商品作为组成部分的商品)购回的销售方式。

对于售后回购交易,企业应当区分下列两种情形分别进行会计处理:

1. 企业因存在与客户的远期安排而负有回购义务或企业享有回购权利的,表明客户在销售时点并未取得相关商品控制权,企业应当作为租赁交易或融资交易进行相应的会计处理。其中,回购价格低于原售价的,应当视为租赁交易,按照《企业会计准则第 21 号——租赁》的相关规定进行会计处理;回购价格不低于原售价的,应当视为融资交易,在收到客户款项时确认金融负债,并将该款项和回购价格的差额在回购期间内确认为利息费用等。企业到期未行使回购权利的,应当在该回购权利到期时终止确认金融负债,同时确认收入。

2. 企业负有应客户要求回购商品义务的,应当在合同开始日评估客户是否具有行使该要求权的重大经济动因。客户具有行使该要求权重大经济动因的,企业应当将售后回购作为租赁交易或融资交易,按照第 1 条规定进行会计处理;否则,企业应当将其作为附有销售退回条款的销售交易,按照《收入准则》第三十二条规定进行会计处理。

七、客户未行使的权利

企业向客户预收销售商品款项的,应当首先将该款项确认为负债,待履行了相关履约义务时再转为收入。当企业预收款项无需退回,且客户可能会放弃其全部或部分合同权利时,企业预期将有权获得与客户所放弃的合同权利相关的金额的,应当按照客户行使合同权利的模式按比例将上述金额确认为收入;否则,企业只有在客户要求其履行剩余履约义务的可能性极低时,才能将上述负债的相关余额转为收入。

【例 18-12】 2024 年 2 月 1 日,甲公司(一般纳税人,某品牌超市,股份有限公司)利用春节之商机向客户销售了 100 000 张储值卡,每张卡的面值为 500 元,总额为 50 000 000 元。消费者可在甲公司经营的任何一家超市使用该储值卡进行消费。根据多年历史经验数据分析,甲公司预期消费者购买的储值卡中将有大约相当于储值卡面值金额 2%(即 1 000 000 元)的部分不会被消费。截至 2024 年 2 月 29 日,消费者使用该储值卡消费的金额为 45 000 000 元。根据税法规定,发生应税销售行为,为收讫销售款项或者取得索取销售款项凭据的当天;先开具发票的,为开具发票的当天。甲公司增值税纳税义务发生时间为消费者在甲公司经营的任何一家超市使用该储值卡消费的当天。假定甲公司预期将有权获得与消费者未行使的合同权利相关的金额为 1 000 000 元,但是即使消费者未消费,该金额也应当按照消费者行使合同权利的模式按比例确认为收入。假定甲公司销售的都是属于 13% 税率的产品,不考虑其他因素,甲公司应做如下账务处理:

(1) 2024 年 2 月 1 日,甲公司销售储值卡

应确认的合同负债金额 = 50 000 000 ÷ (1 + 13%) = 44 247 787 元

借:银行存款　　　　　　　　　　　　　　　　　　　　　　50 000 000
　　贷:合同负债　　　　　　　　　　　　　　　　　　　　　44 247 787
　　　　应交税费——待转销项税额　　　　　　　　　　　　　5 752 213

(2) 甲公司预期将有权获得与客户未行使的合同权利相关的金额为 1 000 000 元,该金额应当按照客户行使合同权利的模式按比例确认为收入。

因此,甲公司在 2024 年 2 月销售的储值卡应当确认的收入金额为 40 635 723 元[(45 000 000 + 1 000 000 × 45 000 000 ÷ 49 000 000) ÷ (1 + 13%)],增值税税额为 5 282 644 元,价税合计为 45 918 367 元。

需要确认结转的销项税额为 5 282 644 元

借:合同负债　　　　　　　　　　　　　　　　　　　　　　40 635 723
　　应交税费——待转销项税额　　　　　　　　　　　　　　5 282 644
　　贷:主营业务收入　　　　　　　　　　　　　　　　　　40 635 723
　　　　应交税费——应交增值税(销项税额)　　　　　　　　5 282 644

八、无需退回的初始费

企业在合同开始(或接近合同开始)日向客户收取的无需退回的初始费(如俱乐部的入会费等)应当计入交易价格。企业应当评估该初始费是否与向客户转让已承诺的商品相关。该初始费与向客户转让已承诺的商品相关,并且该商品构成单项履约义务的,企业应当在转让该商品时,按照分摊至该商品的交易价格确认收入;该初始费与向客户转让已承诺的商品相关,但该商品不构成单项履约义务的,企业应当在包含该商品的单项履约义务履行时,按照分摊至该单项履约义务的交易价格确认收入;该初始费与向客户转让已承诺的商品不相关的,该初始费应当作为未来将转让商品的预收款,在未来转让该商品时确认为收入。

企业收取了无需退回的初始费且为履行合同应开展初始活动,但这些活动本身并没有向客户转让已承诺的商品的,该初始费与未来将转让的已承诺商品相关,应当在未来转让该商品时确

认为收入,企业在确定履约进度时不应考虑这些初始活动;企业为该初始活动发生的支出应当按照《收入准则》第二十六条和第二十七条规定确认为一项资产或计入当期损益。

第八节 政府补助

一、政府补助的概念

政府补助,是指企业从政府无偿取得货币性资产或非货币性资产。

政府补助主要形式包括政府对企业的无偿拨款、税收返还、财政贴息,以及无偿给予非货币性资产等。通常情况下,直接减征、免征、增加计税抵扣额、抵免部分税额等不涉及资产直接转移的经济资源,不适用《企业会计准则第16号——政府补助》(2017)。

需要说明的是,增值税出口退税不属于政府补助。根据税法规定,在对出口货物取得的收入免征增值税的同时,退付出口货物前道环节发生的进项税额,增值税出口退税实际上是政府退回企业事先垫付的进项税,不属于政府补助。

二、政府补助的特征

政府补助具有下列特征:

(一)政府补助是来源于政府的经济资源

这里的政府主要是指行政事业单位及类似机构。对于企业收到的来源其他方的补助,有确凿证据表明政府是补助的实际拨付者,其他方只起到代收代付作用的,该项补助也属于来源于政府的经济资源。

(二)政府补助是无偿的

即企业取得来源于政府的经济资源,不需要向政府交付商品或服务等对价。无偿性是政府补助的基本特征,这一特征将政府补助与政府以投资者身份向企业投入资本、政府购买服务等政府与企业之间的互惠性交易区别开来。需要说明的是,政府补助通常附有一定条件,这与政府补助的无偿性并不矛盾,只是政府为了推行其宏观经济政策,对企业使用政府补助的时间、使用范围和方向进行了限制。

【例18-13】 2022年5月,甲公司(电子集团)与所在南京市经济开发区管委会(代表南京市政府)签订了项目合作投资协议,从市区实施技改搬迁。根据协议,甲公司在南京市经济开发区内投资约50亿元建设电视机液晶屏生产基地。生产基地占地面积1 500亩,该宗项目用地按开发区工业用地挂牌出让,符合国有土地出让的相关规定,甲公司按南京市自然资源局挂牌出让价格缴纳土地出让金10 000万元。甲公司同时将其位于城区的原址用地(400亩,按照所在地段工业用地基准地价评估为2亿元)移交给南京市政府收储,开发区管委会将向甲公司支付补偿资金2亿元。由于开发区管委会对甲公司的搬迁补偿是基于甲公司原址用地的公允价值确定的,实质是政府按照相应资产的市场价格向企业购买资产,甲公司从政府取得的经济资源是企业让渡其资产的对价,双方的交易是互惠性交易,不符合政府补助无偿性的特点。因此,甲公司收到的2亿元搬迁补偿资金不作为政府补助处理,而应作为处置非流动资产的收入。

【例18-14】 甲公司是南京市江北新区一家集成电路生产的企业。为推动国家科技创新,假设南京市政府于 2023 年 8 月向甲公司拨付了 5 000 万元人民币,要求甲公司将这笔资金用于集成电路的技术改造项目研究,技术成果得所有权也归甲公司享有。本例中,甲公司的日常经营活动是集成电路生产,也就是生产芯片,其从政府取得了 5 000 万元资金用于研发支出,且研究成果归甲公司享有。因此,这项财政拨款具有无偿性的特征,甲公司收到的 5 000 万元资金应当按照政府补助准则的规定进行会计处理。

对政府补助特征的表述,以便于区分企业从政府取得的经济资源是政府补助、政府资本性投入还是政府购买服务。

三、政府补助的分类

确定了来源于政府的经济资源属于政府补助后,企业还应当对其进行恰当的分类。《政府补助准则》第四条规定,政府补助应当划分为与资产相关的政府补助和与收益相关的政府补助。这两类政府补助给企业带来经济利益或者弥补相关成本或费用的形式不同,从而在具体会计处理上存在差别。

(一) 与资产相关的政府补助

与资产相关的政府补助是指企业取得的、用于购建或以其他方式形成长期资产的政府补助。通常情况下,相关补助文件会要求企业将补助资金用于取得长期资产。长期资产将在较长的期间内给企业带来经济利益,因此相应的政府补助的受益期也较长。

(二) 与收益相关的政府补助

与收益相关的政府补助是指除与资产相关的政府补助之外的政府补助。此类补助主要是用于补偿企业已发生或即将发生的相关成本费用或损失,受益期相对较短,通常在满足补助所附条件时计入当期损益或冲减相关成本。

四、《政府补助准则》适用范围

企业对于符合《政府补助准则》政府补助定义和特征的政府补助,应当按照《政府补助准则》的要求进行会计处理。以下各项不纳入《政府补助准则》的范围,适用其他相关会计准则:

1. 企业从政府取得的经济资源,如果与企业销售商品或提供服务等活动密切相关,且是企业商品或服务的对价或者是对价的组成部分,应当适用《收入准则》等相关会计准则。

政府补助和收入需明确区分。企业从政府取得的经济资源并不一定都是政府补助,还有可能是政府对企业的资本性投入和政府购买服务。新能源汽车价格补贴、家电下乡补贴等 名义上是政府补贴,实际上与企业日常经营活动密切相关且构成了企业商品或服务对价的组成部分,应当作为收入而不是政府补助进行会计处理。

2. 所得税的减免适用《所得税准则》。政府以投资者身份向企业投入资本,享有相应的所有者权益,政府与企业之间是投资者与被投资者的关系,属于互惠性交易,不适用《政府补助准则》。

【例 18-15】 甲公司是一家专业生产和销售台式计算机的企业,得到了国家政策的大力支持。该政策的目的是促进信息技术产品的普及和应用,通过公开招标方式,选定了甲公司等中标企业,确定了中标的台式计算机型号、供货价格以及财政补贴政策。作为中标企业,甲公司负责以中标协议供货价格减去财政补贴后的优惠价格,向终端用户销售台式计算机。此外,甲公司将根据实际销售的台式计算机数量、中标供货价格和补贴标准,向政府申请相应的财政补贴资金。

在2022年，甲公司通过销售台式计算机，成功获得了3 000万元的财政补贴资金。这笔财政补贴资金的流向虽然指向甲公司，但最终的受益者是购买这些计算机的终端用户，包括企业用户和个人消费者。政策的实施策略是，政府不直接参与产品的购销活动，而是通过财政补贴的方式，利用甲公司的市场渠道，实现推广信息技术产品的目标。

对于甲公司而言，销售台式计算机是其核心的经营活动。公司按照中标协议供货价格向用户销售产品，其销售收入由两部分组成：一部分是终端用户支付的购买款项，另一部分是政府提供的财政补贴资金。财政补贴资金是产品销售价格的组成部分，对甲公司的销售收入具有直接影响。

根据《企业会计准则第14号——收入》的相关规定，甲公司收到的3 000万元财政补贴资金应当进行适当的会计处理。这种处理需要反映补贴资金对企业收入的影响，同时确保会计信息的准确性和透明度。

五、政府补助形式

政府补助表现为政府向企业转移资产，通常为货币性资产，也可能为非货币性资产。政府补助主要有以下形式：

（一）财政拨款

财政拨款是政府无偿拨付给企业的资金，通常在拨款时明确规定了资金用途。

（二）财政贴息

财政贴息是政府为支持特定领域或区域发展，根据国家宏观经济形势和政策目标，对承贷企业的银行贷款利息给予的补贴。

财政贴息主要有两种方式：(1)财政将贴息资金直接拨付给受益企业；(2)财政将贴息资金拨付给贷款银行，由贷款银行以政策性优惠利率向企业提供贷款，受益企业按照实际发生的利率计算和确认利息费用。

（三）税收返还

税收返还是政府按照国家有关规定采取先征后返(退)、即征即退等办法向企业返还的税款，属于以税收优惠形式给予的一种政府补助。增值税出口退税不属于政府补助。

除税收返还外，税收优惠还包括直接减征、免征、增加计税抵扣额、抵免部分税额等形式。这类税收优惠并未直接向企业无偿提供资产，不作为政府补助准则规范的政府补助。

（四）无偿划拨非货币性资产

无偿划拨非货币性资产，比如行政划拨土地使用权、天然起源的天然林等。

六、政府补助的相关账户

关于政府补助相关会计科目的使用，从企业经济业务的实质出发，判断政府补助如何计入损益。与企业日常经营活动相关的政府补助，应当计入其他收益，并在利润表中的"营业利润"项目之上单独列报；与企业日常经营活动无关的政府补助，应当计入营业外收入。对财政贴息的会计处理做了更加详细的规定，并提供了两种方法供企业选择，既不违背国际趋同的原则，也允许企业选择简易方法，满足不同企业的现实需求。同时，对财政贴息的账务处理与《基本建设财务规则》(财政部第81号令)的相关规定保持一致。

企业选择总额法对与日常活动相关的政府补助进行会计处理的，应增设"其他收益"科目进行核算。"其他收益"科目核算总额法下与日常活动相关的政府补助以及其他与日常活动相关且应直接计入"其他收益"科目的项目,计入"其他收益"科目的政府补助可以按照类型进行明细核算。

企业对政府补助的会计处理,一般需要设置下列会计科目。

(一)递延收益账户

1. 账户的性质:负债类账户。

2. 账户的用途:为了核算企业根据政府补助准则确认的应在以后期间计入当期损益的政府补助金额,企业应当设置"递延收益"科目,"递延收益"科目贷方登记企业实际收到的政府补助金额,借方登记在资产的使用或服务的提供期间的摊销金额,余额在贷方,反映期末企业尚未结转的递延收益。企业在当期损益中确认的政府补助,在"营业外收入"科目核算,不在"递延收益"科目核算。

3. 明细账的设置:可按政府补助的种类设置明细账,进行明细核算。

(二)其他收益账户

1. 账户的性质:损益类账户。

2. 账户的用途:为了核算核算总额法下与日常活动相关的政府补助以及其他与日常活动相关且应直接计入"其他收益"科目的项目,企业应当设置"其他收益"科目,"其他收益"科目贷方登记企业发生的与日常活动相关的政府补贴增加额以及其他与日常活动相关且应直接计入"其他收益"科目的项目金额增加额,期末,应将本科目余额转入"本年利润"科目,结转后本科目无余额。

3. 明细账的设置:可按政府补助的项目设置明细账,进行明细核算。

七、政府补助的确认和计量

(一)政府补助的确认条件

关于政府补助的确认条件,《政府补助准则》第六条规定,政府补助同时满足下列条件的,才能予以确认:一是企业能够满足政府补助所附条件;二是企业能够收到政府补助。

(二)政府补助的计量

关于政府补助的计量属性,《政府补助准则》规定:

1. 政府补助为货币性资产的,应当按照收到或应收的金额计量。如果企业已经实际收到补助资金,应当按照实际收到的金额计量;如果资产负债表日企业尚未收到补助资金,但企业在符合了相关政策规定后就相应获得了收款权,且与之相关的经济利益很可能流入企业,企业应当在这项补助成为应收款时按照应收的金额计量。

2. 政府补助为非货币性资产的,应当按照公允价值计量;公允价值不能可靠取得的,按照名义金额计量。

3. 政府补助有两种会计处理方法:总额法和净额法。

政府补助在会计处理上可采取两种不同的方法:收益确认法和资本化法。收益确认法指的是将政府补助直接计入当期的收益或作为递延收益进行处理;而资本化法则是将政府补助直接计入所有者权益,反映为股东的资本投入。在收益确认法中,进一步细分为两种具体的核算方式:总额法和净额法。总额法是在确认政府补助时,将其全额一次或分次确认为收益,而不是作为相关资产账面价值或者成本费用等的扣减。净额法是将政府补助确认为对相关资产账面价值或者所补偿成本费用等的扣减。

总额法是在确认政府补助时,将其全额一次或分次确认为收益,而不是作为相关资产账面价值或者成本费用等的扣减。

净额法是将政府补助确认为对相关资产账面价值或者所补偿成本费用等的扣减。

需要说明的是,同一企业不同时期发生的相同或者相似的交易或者事项,应当采用一致的会计政策,不得随意变更;确需变更的,应当在附注中说明。企业应当根据经济业务的实质,判断某一类政府补助业务应当采用总额法还是净额法进行会计处理,通常情况下,对同类或类似政府补助业务只能选用一种方法,同时,企业对该业务应当一贯地运用该方法,不得随意变更。企业对某些补助只能采用一种方法,例如,对一般纳税人增值税即征即退只能采用总额法进行会计处理。

与企业日常活动相关的政府补助,应当按照经济业务实质,计入其他收益或冲减相关成本费用。与企业日常活动无关的政府补助,计入营业外收入或冲减相关损失。通常情况下,若政府补助补偿的成本费用是营业利润之中的项目,或该补助与日常销售等经营行为密切相关(如增值税即征即退等),则认为该政府补助与日常活动相关。

八、政府补助的会计处理方法

(一) 与资产相关的政府补助

企业在取得与资产相关的政府补助时,应当选择采用总额法或净额法进行会计处理。

1. 总额法

总额法下,企业在取得与资产相关的政府补助时应当按照补助资金的金额借记"银行存款"等科目,贷记"递延收益"科目;然后在相关资产使用寿命内按合理、系统的方法分期计入损益。如果企业先取得与资产相关的政府补助,再确认所购建的长期资产,总额法下应当在开始对相关资产计提折旧或进行摊销时按照合理、系统的方法将递延收益分期计入当期收益;如果相关长期资产投入使用后企业再取得与资产相关的政府补助,总额法下应当在相关资产的剩余使用寿命内按照合理、系统的方法将递延收益分期计入当期收益。需要说明的是,采用总额法的,如果对应的长期资产在持有期间发生减值损失,递延收益的摊销仍保持不变,不受减值因素的影响。企业对与资产相关的政府补助选择总额法的,应当将递延收益分期转入其他收益或营业外收入,借记"递延收益"科目,贷记"其他收益"或"营业外收入"科目。相关资产在使用寿命结束时或结束前被处置(出售、报废、转让、发生毁损等),尚未分配的相关递延收益余额应当转入资产处置当期的损益,不再予以递延。对相关资产划分为持有待售类别的,先将尚未分配的递延收益余额冲减相关资产的账面价值,再按照《企业会计准则第42号——持有待售的非流动资产、处置组和终止经营》的要求进行会计处理。

【例18-16】 假定甲公司2019年自财政部门取得以下款项:

1. 元月15日,收到拨来的以前年度已完成重点科研项目的经费补贴600万元;

2. 8月15日,收到国家技改项目资金5 000万元,用于购置固定资产,相关资产于当年12月31日达到竣工验收达到预定可使用状态,预计使用年限为25年,采用双倍余额递减法计提折旧,假定不考虑预计净残值因素;

3. 11月15日,收到战略性新兴产业研究补贴1 800万元,该项目至2019年12月31日已发生研究支出400万元,预计项目结项前仍将发生研究支出1 400万元。假定甲公司采用总额法核

算政府补助,不考虑其他因素,甲公司应做如下账务处理:

事项(3)中的政府补助取得时计入递延收益,期末按实际发生支出占预计总支出比例,将递延收益分摊计入当期损益,所以,该事项计入当期损益的金额为 $1\,800\times400\div(400+1\,400)=400$ 万元。

(1) 元月 15 日,收到以前年度经费补贴 600 万元

借:银行存款 6 000 000
　　贷:其他收益 6 000 000

(2) 8 月 15 日,收到技改资金 5 000 万元

借:银行存款 50 000 000
　　贷:递延收益 50 000 000

(3) 11 月 15 日,收到补贴 1 800 万元

借:银行存款 18 000 000
　　贷:递延收益 18 000 000

按比例结转递延收益金额 $=1\,800\times400\div(400+1\,400)=400$ 万元

借:递延收益 4 000 000
　　贷:其他收益 4 000 000

2. 净额法

净额法下,企业在取得政府补助时应当按照补助资金的金额冲减相关资产的账面价值。如果企业先取得与资产相关的政府补助,再确认所购建的长期资产,净额法下应当将取得的政府补助先确认为递延收益,在相关资产达到预定可使用状态或预定用途时将递延收益冲减资产账面价值;如果相关长期资产投入使用后企业再取得与资产相关的政府补助,净额法下应当在取得补助时冲减相关资产的账面价值,并按照冲减后的账面价值和相关资产的剩余使用寿命计提折旧或进行摊销。

【例 18-17】 2020 年 7 月甲公司因购置节能减排先进设备,向政府申请并获得了 360 万元的补贴。该补贴款项已于 2020 年 8 月收到。甲公司于同年 9 月购入了一台价值 600 万元的节能减排先进设备,预计使用寿命为 10 年,采用年限平均法计提折旧,且折旧费用计入制造费用。假设 2023 年 9 月,这台设备发生毁损,暂不考虑净残值和相关税费的因素影响,根据 2018 年《政府补助准则》,甲公司应用总额法和净额法两种方法做账务处理进行比较:

(1) 总额法
① 2020 年 3 月收到补贴款

借:银行存款 3 600 000
　　贷:递延收益 3 600 000

② 2020 年 4 月 20 日购入节能减排设备

借:固定资产 6 000 000
　　贷:银行存款 6 000 000

③ 自 2020 年 10 月起每个资产负债表日(月末)计提固定资产折旧,同时分摊递延收益

计提折旧时

借：制造费用   50 000
    贷：累计折旧   50 000

分摊递延收益时（假设递延收益在设备使用寿命内平均分摊）

递延收益分摊额＝补贴金额÷设备预计使用年限＝3 600 000 元÷10 年＝360 000 元/年

每月分摊额＝年分摊额÷12 个月＝360 000÷12＝30 000 元/月

借：递延收益   30 000
    贷：其他收益   30 000

④ 2023 年 9 月，设备毁损，同时转销递延收益余额，结转净损失或者净收益

将固定资产结转入固定资产清理：

借：固定资产清理   4 200 000
    累计折旧   1 800 000
    贷：固定资产   6 000 000

将剩余的递延收益结转至固定资产清理不再递延：360 000 元/年×7 年＝2 520 000 元

借：递延收益   2 520 000
    贷：固定资产清理   2 520 000

结转毁损的固定资产净损失：

借：营业外支出   1 680 000
    贷：固定资产清理   1 680 000

注意 如果是出售或者转让就通过"资产处置收益"科目，不通过"营业外支出"科目。

（2）净额法

① 2020 年 3 月收到补贴款

借：银行存款   3 600 000
    贷：递延收益   3 600 000

② 2020 年 4 月 20 日购入节能减排设备

借：固定资产   6 000 000
    贷：银行存款   6 000 000

③ 自 2020 年 10 月起每个资产负债表日（月末）计提固定资产折旧

需要计提折旧的金额为 6 000 000－3 600 000＝2 400 000 元

每年计提折旧的金额为 2 400 000÷10＝240 000 元

每个月计提折旧的金额为 240 000÷12＝20 000 元

借：制造费用   20 000
    贷：累计折旧   20 000

④ 2023 年 9 月，设备毁损，同时结转净损失或者净收益

首先将固定资产结转入固定资产清理：

借：固定资产清理 5 280 000
　　累计折旧 720 000
　　　贷：固定资产 6 000 000

同时，

借：营业外支出 5 280 000
　　　贷：固定资产清理 5 280 000

实务中存在政府无偿给予企业长期非货币性资产的情况，如无偿给予土地使用权、天然起源的天然林等。企业取得的政府补助为非货币性资产的，应当按照公允价值计量；公允价值不能可靠取得的，按照名义金额(1元)计量。企业在收到非货币性资产的政府补助时，应当借记有关资产科目，贷记"递延收益"科目；然后在相关资产使用寿命内按合理、系统的方法分期计入损益，借记"递延收益"科目，贷记"其他收益"或"营业外收入"科目。但是，对以名义金额计量的政府补助，在取得时计入当期损益。

(二) 与收益相关的政府补助

与收益相关的政府补助《政府补助准则》规定，应当分情况按照以下规定进行会计处理用于补偿企业以后期间的相关成本费用或损失的，确认为递延收益，并在确认相关成本费用或损失的期间，计入当期损益或冲减相关成本；用于补偿企业已发生的相关成本费用或损失的，直接计入当期损益或冲减相关成本。对与收益相关的政府补助，企业同样可以选择采用总额法或净额法进行会计处理：选择总额法的，应当计入其他收益或营业外收入；选择净额法的，应当冲减相关成本费用或营业外支出。

1. 与收益相关的政府补助如果用于补偿企业以后期间的相关成本费用或损失，企业在取得时应当先判断企业能否满足政府补助所附条件。

根据《政府补助准则》规定，只有满足政府补助确认条件的才能予以确认，而客观情况通常表明企业能够满足政府补助所附条件，企业应当将其确认为递延收益，并在确认相关成本费用或损失的期间，计入当期损益或冲减相关成本。

2. 用于补偿企业已发生的相关成本费用或损失的，直接计入当期损益或冲减相关成本。

这类补助通常与企业已经发生的行为有关，是对企业已发生的成本费用或损失的补偿，或是对企业过去行为的奖励。

【例18-18】 甲公司销售其自主开发的无形资产。按照国家税务总局有关规定，甲公司的该种产品适用增值税即征即退政策，按13%的税率征收增值税后，对其增值税实际税负超过3%的部分，实行即征即退。甲公司2023年8月在进行纳税申报时，对归属于7月的增值税即征即退提交退税申请，经主管税务机关审核后的退税额为50万元。甲公司应做如下账务处理：

本例中，甲公司即征即退增值税与企业日常销售密切相关，属于与企业的日常活动相关的政府补助。甲公司2023年8月申请退税并确定了增值税退税额。

即征即退税额＝当期应纳税额－当期销售额×3%

应纳税额＝当期销项－当期可抵进项

借：其他应收款 500 000
　　　贷：其他收益 500 000

【例18-19】 丙企业2017年11月遭受重大自然灾害，并于2017年12月20日收到了政府补助资金200万元用于弥补其遭受自然灾害的损失。2017年12月20日,丙企业实际收到补助资金并对此类补助选择按总额法进行会计处理,其账务处理如下:

借:银行存款   2 000 000
  贷:营业外收入   2 000 000

(三)政府补助退回的会计处理

政府补助退回的会计处理《政府补助准则》规定,已确认的政府补助需要退回的,应当在需要退回的当期分情况按照以下规定进行会计处理:

1. 初始确认时冲减相关资产账面价值的,调整资产账面价值;
2. 存在相关递延收益的,冲减相关递延收益账面余额,超出部分计入当期损益;
3. 属于其他情况的,直接计入当期损益。

此外,对于属于前期差错的政府补助退回,应当按照《企业会计准则第28号——会计政策、会计估计变更和差错更正》作为前期差错更正进行追溯调整。

九、关于特定业务的会计处理

(一)综合性项目政府补助的会计处理

对于同时包含与资产相关部分和与收益相关部分的政府补助,企业应当将其进行分解,区分不同部分分别进行会计处理;难以区分的,企业应当将其整体归类为与收益相关的政府补助进行会计处理。

(二)政策性优惠贷款贴息的会计处理

政策性优惠贷款贴息是政府为支持特定领域或区域发展,根据国家宏观经济形势和政策目标,对承贷企业的银行借款利息给予的补贴。企业取得政策性优惠贷款贴息的,应当区分财政将贴息资金拨付给贷款银行和财政将贴息资金直接拨付给企业两种情况,分别进行会计处理。

1. 财政将贴息资金拨付给贷款银行在财政将贴息资金拨付给贷款银行的情况下,由贷款银行以政策性优惠利率向企业提供贷款。这种方式下,受益企业按照优惠利率向贷款银行支付利息,并没有直接从政府取得利息补助,企业可以选择下列方法之一进行会计处理:一是以实际收到的借款金额作为借款的入账价值,按照借款本金和该政策性优惠利率计算相关借款费用。通常情况下,实际收到的金额即为借款本金。二是以借款的公允价值作为借款的入账价值并按照实际利率法计算借款费用,实际收到的金额与借款公允价值之间的差额确认为递延收益。递延收益在借款存续期内采用实际利率法摊销,冲减相关借款费用。企业选择了上述两种方法之一后,应当一致地运用,不得随意变更。

在这种情况下,向企业发放贷款的银行并不是受益主体,其仍然按照市场利率收取利息,只是一部分利息来自企业,另一部分利息来自财政贴息。所以贷款银行发挥的是中介作用,并不需要确认与贷款相关的递延收益。

2. 财政将贴息资金直接拨付给企业财政将贴息资金直接拨付给受益企业,企业先按照同类贷款市场利率向银行支付利息,财政部门定期与企业结算贴息。在这种方式下,由于企业先按照同类贷款市场利率向银行支付利息,所以实际收到的借款金额通常就是借款的公允价值,企业应当将对应的贴息冲减相关借款费用。

十、关于政府补助的列报

1. 政府补助在利润表上的列示企业应当在利润表中的"营业利润"项目之上单独列报"其他收益"项目,计入其他收益的政府补助在该项目中反映。冲减相关成本费用的政府补助,在相关成本费用项目中反映。与企业日常经营活动无关的政府补助,在利润表的营业外收支项目中反映。

2. 政府补助在财务报表附注中的披露因政府补助涉及递延收益、其他收益、营业外收入以及相关成本费用等多个报表项目,为了全面反映政府补助情况,企业应当在附注中单独披露政府补助的相关信息。企业应当在附注中单独披露与政府补助有关的下列信息:政府补助的种类、金额和列报项目;计入当期损益的政府补助金额;本期退回的政府补助金额及原因。其中,列报项目不仅包括总额法下计入其他收益、营业外收入、递延收益等项目,还包括净额法下冲减的资产和成本费用等项目。

第十九章　费　　用

第一节　费用概述

一、费用的概念

费用是指企业在日常活动中发生的、会导致所有者权益减少的、与向所有者分配利润无关的经济利益的总流出。根据费用的概念可以得出费用的特征。

二、费用的特征

（一）费用是企业在日常活动中形成的经济利益的总流出

费用必须是企业在其日常活动中所形成的，收入是指企业在日常活动中形成的、会导致所有者权益增加的、与所有者投入资本无关的经济利益的总流入。因此费用定义中"日常活动"的界定与收入中"日常活动"的界定完全一致。企业制造或销售产品等活动中发生的经济利益的总流出属于费用，因日常活动所产生的费用通常包括营业成本、期间费用（管理费用、财务费用、销售费用）。

损失是指由企业非日常活动所发生的、会导致所有者权益减少的、与向所有者分配利润无关的经济利益的流出。费用的定义与损失的定义相比，就是费用是日常活动所形成，而损失是非日常活动所形成。企业非日常活动所形成的经济利益的流出不能确认为费用，而应计入损失。企业资产的减值损失、处置固定资产、无形资产等出现的净损失，以及对外捐赠等，这些经济交易或事项形成的经济利益的流出都是属于企业的损失而不是费用。

（二）费用会导致企业所有者权益减少

费用在经济利益很可能流出时会导致企业资产减少或者负债增加。

根据会计恒等式"资产＝负债＋所有者权益"，费用一定会导致企业所有者权益的减少，因为费用的发生直接表现为企业资金的支出。

费用既可能表现为资产的减少，比如银行存款的增加；也可能表现为债的增加，比如短期借款、应交税费（应交增值税、消费税，城建税等）的增加。

企业日常活动中的某些支出并不减少企业的所有者权益也就不构成费用。比如，企业以银行存款偿还一项应付账款，只是一项资产和一项负债的等额减少，对所有者权益没有影响，因此，不构成企业的费用。

（三）费用与向所有者分配利润无关

费用的发生会导致经济利益的流出，企业向所有者分配利润也会导致经济利益的流出，区别在于，而向投资者分配现金股利或利润的经济利益流出属于投资者投资的合理回报，是"未分配利润"的直接抵减项目，不应确认为费用。在会计核算上，向所有者分配利润或股利属于企业"利润分配"的内容，因此不构成企业的费用范畴。

三、费用与成本的区别和联系

成本是指企业为生产产品、提供劳务而发生的各种耗费,如生产经营过程中原材料耗费、应付职工薪酬、固定资产折旧费用、无形资产累计摊销等,是按一定种类和数量的产品和劳务对象所归集的费用。

费用、成本是相互联系的两个部分,都是计算和判断企业财务状况、经营成果的主要依据。收入的取得必然会导致成本、费用的发生。成本从本质上也是一种费用,是对象化了的费用。

费用是资产的耗费,它与一定的会计期间相联系,而与生产哪一种产品无关;成本与一定种类和数量的产品或商品相联系,而不论发生在哪一个会计期间。

四、费用的确认和计量

(一)费用的确认条件

费用只有在经济利益很可能流出,从而导致企业资产减少或者负债增加,且经济利益的流出额能够可靠计量时才能予以确认。根据这个可以分析出:

费用的确认除了应当符合定义外,至少应当符合以下条件:

1. 与费用相关的经济利益应当很可能流出企业;
2. 经济利益流出企业的结果会导致资产的减少或者负债的增加;
3. 经济利益的流出额能够可靠计量。

(二)费用的计量

通常的费用计量标准是实际成本。企业在生产经营过程中所发生的其他各项费用,应当以实际发生数计入成本、费用。

1. 企业为生产产品、提供劳务等发生的可归属于产品成本、劳务成本等的费用,应当在确认产品销售收入、劳务收入等时,将已销售产品、已提供劳务的成本等计入当期损益。

2. 企业发生的支出不产生经济利益的,或者即使能够产生经济利益但不符合或者不再符合资产确认条件的,应当在发生时确认为费用,计入当期损益。

3. 企业发生的交易或者事项导致其承担了一项负债而又不确认为一项资产的,应当在发生时确认为费用,计入当期损益。

符合费用定义和费用确认条件的项目,应当列入利润表。

第二节 营业成本

一、营业成本

成本是指企业为生产产品、提供劳务而发生的各种耗费。营业成本是指企业对外销售商品、提供劳务等主营业务活动和销售材料的成本、出租固定资产的折旧额、出租无形资产的摊销额、出租包装物的成本或摊销额等其他经营活动所发生的实际成本。营业成本包括主营业务成本和其他业务成本。

企业应当合理划分期间费用和成本的界限。期间费用应当直接计入当期损益;成本应当计入所生产的产品、提供劳务的成本。企业应将当期已销产品或已提供劳务的成本转入当期的费用;商品流通企业应将当期已销商品的进价转入当期的费用。企业在生产经营过程中所耗用的各项材料,应按实际耗用数量和账面单价计算,计入成本、费用。

企业应支付职工的工资,应当根据规定的工资标准、工时、产量记录等资料,计算职工工资,计入成本、费用。企业按规定给予职工的各种工资性质的补贴,也应计入各工资项目。企业应当根据国家规定,计算提取应付福利费,计入成本、费用。

企业应当根据本企业的生产经营特点和管理要求,确定适合本企业的成本核算对象、成本项目和成本计算方法。成本核算对象、成本项目以及成本计算方法一经确定,不得随意变更,如需变更,应当根据管理权限,经股东大会或董事会,或经理(厂长)会议或类似机构批准,并在会计报表附注中予以说明。企业必须分清本期成本、费用和下期成本、费用的界限,不得任意预提和摊销费用。工业企业必须分清各种产品成本的界限,分清在产品成本和产成品成本的界限,不得任意压低或提高在产品和产成品的成本。本部分内容以工业企业为例考察营业成本。

二、生产成本

(一) 生产成本定义

生产成本是指企业进行工业性生产发生的各项生产费用,包括生产各种产品(包括产成品、自制半成品等)、自制材料、自制工具、自制设备等。

(二) 生产成本的账户

1. 账户的性质:成本类账户。

2. 账户的用途:用来核算企业进行工业性生产发生的各项生产成本包括生产各种产品(产成品、自制半成品等)、自制材料、自制工具、自制设备等。"生产成本"科目借方登记企业生产过程中发生的各项生产成本,即直接材料、直接人工和制造费用,贷方登记生产完成并已验收入库的各种产品(包括产成品、自制半成品等)、自制材料、自制工具、自制设备以及提供加工劳务的实际成本,期末借方余额,反映企业尚未加工完成的各项在产品的成本。

3. 明细账的设置:"生产成本"科目应当按照"基本生产成本"和"辅助生产成本"两个二级科目设置明细账,进行明细核算。

基本生产成本应当分别按照基本生产车间和成本核算对象(如产品的品种、类别、订单、批别、生产阶段等)设置明细账(或成本计算单),并按照规定的成本项目设置专栏。

(三) 生产成本的主要账务处理

1. 企业发生的各项直接生产费用,借记"生产成本(基本生产成本、辅助生产成本)"科目,贷记"原材料"、"现金"、"银行存款"、"应付职工薪酬"等科目。

企业各生产车间应负担的制造费用,借记"生产成本(基本生产成本、辅助生产成本)"科目,贷记"制造费用"科目。

2. 企业辅助生产车间为基本生产车间、企业管理部门和其他部门提供的劳务和产品,月末按照一定的分配标准分配给各受益对象,借记"生产成本(基本生产成本)"科目、"管理费用"、"销售费用"、"其他业务支出"、"在建工程"等科目,贷记"生产成本(辅助生产成本)"科目。

3. 企业已经生产完成并已验收入库的产成品以及入库的自制半成品,应于月末,借记"库存商品"等科目,贷记"生产成本(基本生产成本)"科目。

三、制造费用

（一）制造费用定义

制造费用是指企业生产车间、部门为生产产品和提供劳务而发生的各项间接费用。如车间管理人员的工资及福利费以及各种社会保险费用、车间使用的房屋等建筑物和机器设备的折旧费、机物料消耗、报刊费、办公费、水电费以及停工损失等。企业行政管理部门为组织和管理生产经营活动而发生的管理费用，在"管理费用"科目核算。

企业发生的制造费用，应当按照适合本企业的合理分配标准，按月分配计入生产成本（基本生产成本、辅助生产成本）。企业可以采取的分配标准可以使用实际发生的计划分配率、机器工时、人工工时等。在制造费用的归集过程中，应当按照权责发生制和配比原则的要求，把跨期间的各种费用，合理摊配于应归属的各个会计期间。

（二）制造费用的账户

1. 账户的性质：成本类账户。

2. 账户的用途：用以核算企业生产车间（部门）为生产产品和提供劳务而发生的各项间接费用。"制造费用"科目借方登记实际发生的各项制造费用，贷方登记按照一定标准分配转入"生产成本"账户应计入产品成本的制造费用，除季节性的生产性企业外，"制造费用"账户期末分配结转后一般无余额。

3. 明细账的设置："制造费用"科目可按不同生产车间、部门和费用设置明细分类账。

（三）制造费用的主要账务处理

1. 生产车间发生的机物料消耗，借记"制造费用"科目，贷记"原材料"等科目。

2. 发生的生产车间管理人员的工资等职工薪酬，借记"制造费用"科目，贷记"应付职工薪酬"科目。

3. 生产车间计提的固定资产折旧，借记"制造费用"科目，贷记"累计折旧"科目。

4. 生产车间支付的办公费、修理费、水电费等，借记"制造费用"科目，贷记"银行存款"等科目。

5. 发生季节性的停工损失，借记"制造费用"科目，贷记"原材料"、"应付职工薪酬"、"银行存款"等科目。

6. 将制造费用分配计入有关的成本核算对象，借记"生产成本（基本生产成本、辅助生产成本）"、"劳务成本"科目，贷记"制造费用"科目。

7. 季节性生产企业制造费用全年实际发生数与分配数的差额，除其中属于为下一年开工生产作准备的可留待下一年分配外，其余部分实际发生额大于分配额的差额，借记"生产成本——基本生产成本"科目，贷记"制造费用"科目；实际发生额小于分配额的差额，做相反的会计分录。

【例 19-1】 2023 年 8 月 31 日，甲公司计提本月固定资产折旧 24 000 元，其中基本生产车间和辅助生产车间的固定资产折旧合计为 14 000 元，企业管理部门的固定资产折旧 8 000 元，专设销售机构的固定资产折旧 2 000 元。财务部门根据固定资产折旧计算表，应编制如下会计分录：

```
借：制造费用                            14 000
    管理费用                             8 000
    销售费用                             2 000
  贷：累计折旧                                    24 000
```

【例 19-2】 2023 年 8 月 31 日,甲公司以银行存款支付本月生产车间职工福利费 50 000 元。财务部门根据应付职工薪酬计算表、银行存款付款凭证,应编制如下会计分录:

借:制造费用　　　　　　　　　　　　　　　　　　　　　　　50 000
　　贷:应付职工薪酬　　　　　　　　　　　　　　　　　　　　　50 000

借:应付职工薪酬　　　　　　　　　　　　　　　　　　　　　　50 000
　　贷:银行存款　　　　　　　　　　　　　　　　　　　　　　　50 000

【例 19-3】 2023 年 5 月 31 日,甲公司归集本月发生的制造费用 120 000 元,共。按 A、B 两产品的人工工时进行分配,A 产品人工工时为 1 800 小时,B 产品人工工时为 1 200 小时。财务部门根据制造费用分配表,应做如下账户处理:

制造费用分配率＝120 000÷(2 500＋1 500)＝30 元/时
A 产品应负担的制造费用＝2 500×30＝75 000 元
B 产品应负担的制造费用＝1 500×30＝45 000 元

借:生产成本——A 产品　　　　　　　　　　　　　　　　　　75 000
　　　　　　——B 产品　　　　　　　　　　　　　　　　　　45 000
　　贷:制造费用　　　　　　　　　　　　　　　　　　　　　　120 000

(四) 完工产品生产成本的计算与结转

企业应设置产品生产成本明细账,用来归集应计入各种产品的生产费用。通过对直接材料费用、直接人工费用(应付职工薪酬)和制造费用的归集和分配,企业各月生产产品所发生的生产费用已计入"生产成本"科目中。

生产中的各种耗费在各种产品之间归集和分配后,会有四种情况出现。

1. 当月初、月末都没有在产品,本月发生的所有生产耗费就是本月完工产品的成本,即在产品成本为零,公式为:

本期生产耗费＝本期完工产品成本

2. 当月初有在产品,月末没有在产品,公式为:

期初在产品成本＋本期生产耗费＝本期完工产品成本

3. 当月初没有在产品,月末有在产品,公式为:

本期生产耗费＝本期完工产品成本＋期末在产品成本

4. 当月初、月末都有在产品,本月发生的生产耗费与月初在产品成本相加之和,还应在完工产品和月末在产品之间进行分配,以计算完工产品成本,然后结转到库存商品。公式为:

期初在产品成本＋本期生产耗费＝本期完工产品成本＋期末在产品成本

生产耗费在完工产品与月末在产品之间的分配方法不外乎有两种方法:一种是将期初在产品成本和本期生产耗费之和按一定比例在本期完工产品成本和期末在产品成本之间进行分配,同时算出完工产品和月末在产品的成本,用完工产品总成本除以该种产品的完工总产量即可以计算出该种产品的单位成本;另一种是先确定月末在产品的成本,再计算出完工产品的成本。

具体举例见成本会计的核算部分。

四、主营业务成本

(一) 主营业务成本定义

主营业务成本是指收入准则确认的销售商品、提供劳务等主营业务收入时应结转的成本。

(二) 主营业务成本账户

1. 账户的性质：损益类账户

2. 账户的用途：为了核算企业销售商品、提供劳务等主营业务收入时应结转的成本，企业应当设置"主营业务成本"科目，"主营业务成本"科目借方登记应结转的成本，贷方登记转入"本年利润"科目的主营业务成本。

3. 明细账的设置："主营业务成本"科目可按主营业务的种类设置明细账，进行明细核算。

(三) 主营业务成本的主要账务处理

期末，企业应根据本期销售各种商品、提供各种服务等实际成本，计算应结转的主营业务成本，借记"主营业务成本"科目，贷记"库存商品"、"合同履约成本"等科目。采用计划成本或售价核算库存商品的，平时的营业成本按计划成本或售价结转，月末，还应结转本月销售商品应分摊的产品成本差异或商品进销差价。

期末，应将"主营业务成本"科目的余额转入"本年利润"科目，结转后"主营业务成本"科目无余额。

五、其他业务成本

(一) 其他业务成本定义

其他业务成本是指除主营业务活动以外的其他经营活动所发生的支出。包括销售材料的成本、出租固定资产的折旧额、出租无形资产的摊销额、出租包装物的成本或摊销额等。采用成本模式计量投资性房地产的，其投资性房地产计提的折旧额或摊销额，也通过"其他业务成本"科目核算。除主营业务活动以外的其他经营活动发生的相关税费，在"税金及附加"科目核算。

(二) 其他业务成本账户

1. 账户的性质：损益类账户。

2. 账户的用途：为了核算企业除主营业务活动以外的其他经营活动所发生的支出增减变动情况，企业应当设置"其他业务成本"科目，"其他业务成本"科目借方登记企业发生的应结转的其他业务成本，贷方登记转入"本年利润"科目的其他业务成本。

3. 明细账的设置："其他业务成本"科目可按其他业务成本的种类设置明细账，进行明细核算。

(三) 其他业务成本的主要账务处理

企业发生的其他业务成本，借记"其他业务成本"科目，贷记"原材料"、"周转材料"等科目。

期末，应将"其他业务成本"科目的余额转入"本年利润"科目，结转后"其他业务成本"科目无余额。

第三节 税金及附加

一、税金及附加的定义

税金及附加是指企业经营活动应发生的相关税费,包括消费税、城市维护建设税、资源税、教育费附加及房产税、城镇土地使用税、车船税等相关税费。同时需要注意的是,增值税是价外税,虽然通过"应交税费"科目核算,但不计入税金及附加;耕地占用税、契税、车辆购置税,不需要计提,不通过"应交税费"科目核算;印花税不需要计提,不通过"应交税费"科目核算,但是应当计入"税金及附加"。

根据《财政部关于印发〈增值税会计处理规定〉的通知》(财会〔2016〕22号)规定:全面试行营业税改征增值税后,"营业税金及附加"科目名称调整为"税金及附加"科目,该科目核算企业经营活动发生的消费税、城市维护建设税、资源税、教育费附加及房产税、城镇土地使用税、车船税等相关税费;利润表中的"营业税金及附加"项目调整为"税金及附加"项目。所以与投资性房地产相关的房产税、土地使用税在"税金及附加"科目核算就是理所当然的。

但需注意的是,购买固定资产、无形资产等产权转移书据、融资租赁合同等缴纳的印花税,计入资产成本。外购土地使用权时交纳的契税计入"无形资产"科目,或"开发成本"(房地产企业)科目,其余缴纳的印花税计入"管理费用-印花税"科目。

二、税金及附加账户

1. 账户的性质:损益类账户。
2. 账户的用途:为了核算企业经营活动发生的消费税、城市维护建设税、资源税、教育费附加及房产税、城镇土地使用税、车船税等相关税费的增减变动情况,企业应设置"税金及附加"科目,"税金及附加"科目借方登记企业按照税法规定计算与企业经营活动有关的相关税费,贷方登记期末转入"本年利润"账户的相关税费,期末,应将本科目余额转入"本年利润"科目,结转后本科目应无余额。
3. 明细账的设置:"税金及附加"科目可按相关税费的种类设置明细账,进行明细核算。

三、税金及附加的账户处理

企业按税法规定计算的与经营活动相关的税费,借记"税金及附加"科目,贷记"应交税费"科目。实际交纳税金及附加时,借记"应交税费"科目,贷记"银行存款"科目。

企业收到的返还的消费税等原记入"税金及附加"科目的各种税金,应按实际收到的金额,借记"银行存款"科目,贷记"税金及附加"科目。

【例19-4】 2023年12月,甲公司(房地产开发企业)转让商品房2套,取得房产销售收入总额为1 000万元,应扣除的购买土地、开发成本、开发费用、相关税费、其他扣除金额合计为400万元,甲公司计算销售该房地产应纳土地增值税税额并用银行存款交纳土地增值税。甲公司应做如下财务处理:

(1)首先计算增值额

增值额=1 000-400=600万元

(2) 然后计算增值额与扣除项目金额的比率

增值额与扣除项目金额的比率＝(600÷400)×100％＝150％

根据上述计算方法,增值额超过扣除项目金额100％,未超过200％时,其适用的土地增值税税率为50％,速算扣除数为15％,计算公式为:

土地增值税税额＝增值额×50％－扣除项目金额×15％

(3) 最后计算该房地产开发公司应缴纳的土地增值税

应缴纳土地增值税＝600×50％－400×15％＝240万元

借:税金及附加　　　　　　　　　　　　　　　　　　　2 400 000
　　贷:应交税费——应交土地增值税　　　　　　　　　　　　2 400 000

交纳土地增值税时

借:应交税费——应交土地增值税　　　　　　　　　　　2 400 000
　　贷:银行存款　　　　　　　　　　　　　　　　　　　　　2 400 000

第四节　期间费用

期间费用(也可称为期间成本)是指归属于本期、但不能直接或间接归入某种产品(或劳务)成本而直接计入当期损益的各项费用。企业的期间费用包括销售费用、管理费用和财务费用。企业应当合理划分期间费用和成本的界限。期间费用应当直接计入当期损益,并在利润表中分别项目列示。

一、销售费用

(一) 销售费用定义

销售费用是指企业在销售商品和材料、提供劳务的过程中发生的各种费用,包括企业销售商品过程中发生的运输费、装卸费、包装费、保险费、展览费、广告费、商品维修费、预计产品质量保证损失等以及为销售本企业商品而专设的销售机构(含销售网点,售后服务网点等)的职工薪酬、业务费、折旧费等经营费用。商品流通企业在购买商品过程中所发生的进货费用,也包括在内。

(二) 销售费用账户

1. 账户的性质:损益类账户。

2. 账户的用途:为了核算企业发生的各项销售费用,企业应当设置"销售费用"科目,"销售费用"科目借方登记销售商品或者提供劳务过程中发生的各种费用,贷方登记期末转入"本年利润"账户的销售费用,期末,应将"销售费用"科目余额从贷方转入"本年利润"科目借方。

3. 明细账的设置:"销售费用"科目可按费用项目设置明细分类账,进行明细核算。

(三) 销售费用的主要账务处理

1. 企业在销售商品或者提供劳务过程中发生的包装费、保险费、展览费和广告费、运输费、装卸费等费用,借记"销售费用"科目,贷记"现金"、"银行存款"科目。

2. 企业发生的为销售本企业商品或者提供劳务而专设的销售机构的职工薪酬、业务费等费用,借记"销售费用"科目,贷记"应付职工薪酬"、"银行存款"、"累计折旧"等科目。

3. 期末,应将本科目余额转入"本年利润"科目,借记"本年利润"科目,贷记"销售费用"科目,结转后"销售费用"科目应无余额。

【例19-5】 2023年10月5日,通达公司(一般纳税人)采用汇兑方式委托银行汇款支付乙公司的广告设计费500 000元,已收到乙公司(一般纳税人)开出的增值税专用发票,注明的价款为1 000 000元,增值税税额为60 000元。通达公司财务部门根据汇款的回单、广告设计费增值税专用发票,应做如下账务处理:

借:销售费用　　　　　　　　　　　　　　　　　　　　　　　　500 000
　　贷:银行存款　　　　　　　　　　　　　　　　　　　　　　　　500 000

二、管理费用

(一)管理费用定义

管理费用是指为组织和管理企业生产经营所发生的管理费用,包括企业的董事会和行政管理部门在企业的经营管理中发生的或者应由企业统一负担的公司经费(包括行政管理部门职工薪酬、修理费、物料消耗、低值易耗品摊销、办公费和差旅费等)、工会经费、待业保险费、劳动保险费、董事会费(包括董事会成员津贴、会议费和差旅费等)、聘请中介机构费、咨询费(含顾问费)、诉讼费、业务招待费、技术转让费、矿产资源补偿费、研究费用、无形资产摊销、职工教育经费、研究与开发费、排污费、存货盘亏或盘盈(不包括应计入营业外支出的存货损失)、计提的坏账准备和存货跌价准备等。

(二)管理费用账户

1. 账户的性质:损益类账户。

2. 账户的用途:为了核算企业行政管理部门为组织和管理企业的经济活动而发生的各项管理费用,企业应当设置"管理费用"科目,"管理费用"科目借方登记发生的各种管理费用,贷方登记期末转入"本年利润"账户的管理费用,期末,应将"管理费用"科目余额从贷方转入"本年利润"科目借方。商品流通企业管理管理不多的,可不设置本科目,本科目的核算内容可并入"销售费用"科目核算。

企业与固定资产有关的后续支出,比如固定资产发生的日常修理费,没有满足固定资产准则规定的固定资产确认条件的,也在本科目核算。

3. 明细账的设置:该账户可按费用项目设置明细分类账,进行明细核算。

(三)管理费用的主要账务处理

1. 企业在筹建期间内发生的开办费,包括人员工资、办公费、培训费、差旅费、印刷费、注册登记费以及不计入固定资产价值的借款费用等,借记"管理费用"科目,贷记"银行存款"等科目。

2. 行政管理部门人员的职工薪酬,借记"管理费用"科目,贷记"应付职工薪酬"科目。

3. 行政管理部门计提的固定资产折旧,借记"管理费用"科目,贷记"累计折旧"科目。

4. 发生的办公费、修理费、水电费、业务招待费、聘请中介机构费、咨询费、诉讼费、技术转让费、研究费用时,借记"管理费用"科目,贷记"银行存款"、"研发支出(费用化支出)"等科目。

5. 按规定计算确定的"应交矿产资源补偿费"的金额,借记"管理费用"科目,贷记"应交矿产资源补偿费"。

6. 期末,应将本科目余额转入"本年利润"科目,借记"本年利润"科目,贷记"管理费用"科目,结转后"管理费用"科目应无余额。

【例19-6】 2023年1月10日,通达公司(一般纳税人)开出转账支票向红海律师事务所(一般纳税人)开具增值税专用发票,注明的本年度律师费15 000元,增值税税额为1 350元。财务部门根据支票存根、增值税专用发票,应做如下账务处理:

借:管理费用　　　　　　　　　　　　　　　　　　　　　　　　　　　15 000
　　应交税费——应交增值税(进项税额)　　　　　　　　　　　　　　　1 350
　　贷:银行存款　　　　　　　　　　　　　　　　　　　　　　　　　　　16 350

三、财务费用

(一) 财务费用定义

财务费用是指企业为筹集生产经营所需资金等而发生的筹资费用,包括利息支出(减利息收入)、汇兑损失(减汇兑收益)以及相关的手续费、企业发生的现金折扣或收到的现金折扣等。

(二) 财务费用账户

1. 账户的性质:损益类账户。

2. 账户的用途:为了核算企业为筹集生产经营所需资金等而发生的筹资费用,企业应当设置"财务费用"科目,"财务费用"科目借方登记发生的各种筹资费用,贷方登记期末转入"本年利润"账户的财务费用,期末,应将"财务费用"科目余额从贷方转入"本年利润"科目借方。

3. 明细账的设置:该账户可按费用项目设置明细分类账。

"财务费用"账户已在负债筹资业务的账务处理中介绍。

(三) 财务费用的主要账务处理

1. 企业发生的财务费用,借记"财务费用"科目,贷记"银行存款"、"未确认融资费用"等科目。发生的应冲减财务费用的利息收入、汇兑损益、现金折扣,借记"银行存款"、"应付账款"等科目,贷记"财务费用"科目。

2. 期末,应将"财务费用"科目余额转入"本年利润"科目,借记"本年利润"科目,贷记"财务费用"科目,结转后"财务费用"科目应无余额。

【例19-7】 2023年1月15日,通达公司(一般纳税人)以银行存款支付本月向乙公司2023年1月1日所购包装物的货款价税合计565 000元,乙公司的付款条件为"2/10,1/20,n/30",通达公司财务部门根据银行付款通知,应做如下账务处理:

通达公司获得的现金折扣为5 650元(565 000×1%),也就是可以少付款5 650元。

实际付款为559 350元(565 000−5 650)

借:应付账款　　　　　　　　　　　　　　　　　　　　　　　　　　　565 000
　　贷:银行存款　　　　　　　　　　　　　　　　　　　　　　　　　　　559 350
　　　　财务费用　　　　　　　　　　　　　　　　　　　　　　　　　　　5 650

【例19-8】 2023年1月29日,通达公司(一般纳税人)收到银行通知,本月银行存款利息收入为4 500元。财务部门根据开户银行利息收款通知,通达公司应做如下账务处理:

借:银行存款　　　　　　　　　　　　　　　　　　　　　　　　　　　4 500
　　贷:财务费用　　　　　　　　　　　　　　　　　　　　　　　　　　　4 500

此处财务费用为利息收入,要加以注意根据账簿的设置,比如本单位采用的是借方多栏式还是借贷多栏式来做出适合自己企业的会计分录。

第二十章 利　　润

第一节　利润概述

利润是指企业在一定会计期间的经营成果。利润包括收入减去费用后的净额、直接计入当期利润的利得和损失等。利润金额取决于收入和费用、直接计入当期利润的利得和损失金额的计量。直接计入当期利润的利得和损失，是指应当计入当期损益、会导致所有者权益发生增减变动的、与所有者投入资本或者向所有者分配利润无关的利得或者损失。未计入当期利润的利得和损失扣除所得税影响后的净额计入其他综合收益项目。综合收益总额为净利润与其他综合收益的合计数。利得是指由企业非日常活动所形成的、会导致所有者权益增加的、与所有者投入资本无关的经济利益的流入；损失是指由企业非日常活动所发生的、会导致所有者权益减少的、与向所有者分配利润无关的经济利益的流出。这里不管是利得还是损失都是非日常活动所发生的。利润项目应当列入利润表。

根据财政部于2018年6月15日发布的《关于修订印发2018年度一般企业财务报表格式的通知》（财会〔2018〕15号，以下简称《通知》），一般企业财务报表格式（适用于已执行新金融准则或新收入准则的企业）中利润表列出了与利润相关的计算公式：

一、营业利润（亏损数前以"－"号表示）

营业利润＝营业收入－营业成本－税金及附加－销售费用－管理费用－研发费用－财务费用－资产减值损失－信用减值损失＋其他收益＋投资收益（－投资损失）＋净敞口套期收益（－净敞口套期损失）＋公允价值变动收益（－公允价值变动损失）＋资产处置收益（－资产处置损失）

营业收入是指企业经营业务所确认的收入总额，包括主营业务收入和其他业务收入。
营业成本是指企业经营业务所发生的实际成本总额，包括主营业务成本和其他业务成本。
研发费用是指企业研究与开发过程中发生的费用化支出。
资产减值损失是指企业计提各项资产减值准备所形成的损失。
信用减值损失是指企业计提各项应收款项的减值准备所形成的信用损失。
其他收益是指与企业日常活动相关、除冲减成本费用以外的政府补助。
投资收益（或损失）是指企业以各种方式对外投资所取得的收益（或损失）。
净敞口套期收益是指净敞口套期下被套期项目累计公允价值变动或现金流量套期储备转入当期损益的收益。
公允价值变动收益（或损失）是指企业交易性金融资产等公允价值变动形成的应计入当期损益的利得（或损失）
资产处置收益是指企业出售划分为持有待售的非流动资产（金融工具、长期股权投资和投资性房地产除外)或处置组(子公司和业务除外)时确认的处置利得或损失,以及处置未划分为持有待售的固定资产、在建工程、生产性生物资产及无形资产而产生的处置利得或损失,还包括债务重组因处置非流动资产而产生的利得或损失,以及非货币性资产交换中换出非流动资产而产生的利得或损失。

二、利润总额(亏损总额数前以"-"号表示)

$$利润总额＝营业利润＋营业外收入－营业外支出$$

营业外收入是指企业发生的与其日常活动无直接关系的各项利得。

营业外支出是指企业发生的与其日常活动无直接关系的各项损失。

三、净利润(净亏损以"-"号表示)

$$净利润＝利润总额－所得税费用$$

所得税费用是指企业应从当期利润总额中扣除的所得税费用。

第二节 营业外收支

一、营业外收入

(一) 营业外收入定义

营业外收入是指企业发生的与其日常活动无直接关系的各项利得。营业外收入并不是企业经营资金耗费所产生的,不需要企业付出代价,实际上是经济利益的净流入,不可能也不需要与有关的费用进行配比。营业外收入主要包括非流动资产报废毁损收益、政府补助利得、盘盈利得、捐赠利得、债务重组利得、非货币性资产交换利得、罚没利得、确实无法支付而按规定程序经批准后转作营业外收入的应付款项等。

(二) 营业外收入的账户

1. 账户的性质:损益类账户。
2. 账户的用途:为了核算企业在日常活动中获得的无直接关系的各项利得以及结转情况,企业应当设置"营业外收入"科目,"营业外收入"科目贷方登记非流动资产报废毁损收益、政府补助利得、盘盈利得、捐赠利得、债务重组利得、非货币性资产交换利得、罚没利得、确实无法支付而按规定程序经批准后转作营业外收入的应付款项等,借方登记期末转入本年利润账户的各项利得。
3. 明细账的设置:"营业外收入"科目应当按照营业外收入项目设置明细账,进行明细核算。

(三) 营业外收入的主要账务处理

1. 企业确认处置固定资产(因丧失使用功能或者自然灾害等原因而报废)清理的利得。获得非流动资产利得时,借记"固定资产清理"、"银行存款"、"待处理财产损溢"等科目,贷记"营业外收入"科目。

注意 企业确认处置(出售、转让)固定资产产生的利得或损失计入资产处置收益,不计入营业外收入。

【例20-1】 2023年5月18日,甲公司将因自然灾害而损毁的固定资产报废清理的净收益12 000元转作营业外收入,甲公司应做如下账务处理:

借:固定资产清理　　　　　　　　　　　　　　　　　　　　　　　　12 000
　　贷:营业外收入——非流动资产处置利得　　　　　　　　　　　　　　　12 000

2. 企业确认盘盈利得、捐赠利得计入营业外收入时,借记"库存现金"、"待处理财产损溢"等科目,贷记"营业外收入"科目。

【例20-2】 2023年5月25日,甲公司在对财务部门出纳员张红的不定期现金清查中盘盈500元,按企业管理权限报经批准后转入营业外收入,根据"库存现金盘点报告表",甲公司应做如下账务处理:

(1)发现现金溢余时

借:库存现金　　　　　　　　　　　　　　　　　　　　　　　　　　500
　　贷:待处理财产损溢　　　　　　　　　　　　　　　　　　　　　　　500

(2)经批准转入营业外收入时

借:待处理财产损溢　　　　　　　　　　　　　　　　　　　　　　　500
　　贷:营业外收入　　　　　　　　　　　　　　　　　　　　　　　　　500

3. 确认政府补助利得。该部分内容见"政府补助"。

4. 期末,应将"营业外收入"科目余额转入"本年利润"科目,借记"营业外收入"科目,贷记"本年利润"科目。结转后本科目应无余额。

【例20-3】 承[例20-1][例20-2]2023年5月31日,甲公司将营业外收入转入本年利润,甲公司应做如下账务处理:

借:营业外收入　　　　　　　　　　　　　　　　　　　　　　　　　12 500
　　贷:本年利润　　　　　　　　　　　　　　　　　　　　　　　　　　12 500

二、营业外支出

(一)营业外支出定义

营业外支出是指企业发生的与其日常活动无直接关系的各项损失,主要包括存货盘亏或毁损的净损失、固定资产处置损失、债务重组损失、非常损失、罚款支出、公益性捐赠支出等。

存货盘亏或毁损损失,主要指对于存货清查盘点中盘亏的资产,在查明原因按照管理权限批准处理时按确定的损失计入营业外支出的金额。这里的"存货盘亏或毁损损失"是指属于非常损失的部分,如果是正常损失,计入管理费用(存货盘盈则冲减管理费用)。

固定资产处置损失,不包括出售和转让的净损失,那是属于资产处置收益。这里的"固定资产处置损失"是指企业因丧失使用功能或者自然灾害等原因而报废清理的净损失;顺带要注意的是,如果是固定资产盘盈应当计入"以前年度损益调整"。

债务重组损失是指企业按照债务重组会计处理规定应计入营业外支出的债务重组损失。

非常损失,通常是指指企业对于因客观因素(如自然灾害等)造成的损失,在扣除保险公司赔偿后应计入营业外支出的净损失。

罚款支出,指企业由于违反国家的税收法规或者其他法律法规而支付的各种罚款、滞纳金、赔偿金、以及违反经济合同支付的违约金、赔偿金等。

公益性捐赠支出,指企业对外进行公益性捐赠发生的支出。

(二)营业外支出的账户

1. 账户的性质:损益类账户。

2. 账户的用途:为了核算企业在日常活动中发生的无直接关系的各项损失以及结转情况,企业应当设置"营业外支出"科目,"营业外支出"科目借方登记企业发生的各项营业外支出,包括固定资产处置损失、无形资产报废的损失、存货盘亏或毁损的净损失、罚款支出、公益性捐赠支出、非常损失等,贷方登记企业期末转入本年利润账户的各项营业外支出。期末结转后,该账户应无余额。

3. 明细账的设置:"营业外支出"科目应当按照"营业外支出"的项目设置明细账,进行明细核算。

(三)营业外支出的主要账务处理

1. 企业发生营业外支出时,借记"营业外支出"科目,贷记"固定资产清理"、"待处理财产损溢"、"库存现金"、"银行存款"等科目。

【例20-4】 2023年5月15日,甲公司因财务部门计算税款失误,导致被税务局处罚50 000元税款滞纳金。会计分录如下:

借:营业外支出　　　　　　　　　　　　　　　　　　　　　　　50 000
　　贷:银行存款　　　　　　　　　　　　　　　　　　　　　　　　50 000

2. 期末,应将"营业外支出"科目余额结转入"本年利润"科目,借记"本年利润"科目,贷记"营业外支出"科目。

【例20-5】 2023年5月31日,甲公司本期50 000元营业外支出,结转至本年利润。甲公司应做如下账务处理:

借:本年利润　　　　　　　　　　　　　　　　　　　　　　　　50 000
　　贷:营业外支出　　　　　　　　　　　　　　　　　　　　　　　50 000

第三节　所得税会计的基本原理

一、企业所得税的不同核算方法

所得税,是指企业应计入当期损益的所得税费用。所得税包括企业以应纳税所得额为基础的各种境内和境外税额。所得税准则不涉及政府补助的确认和计量,但因政府补助产生暂时性差异的所得税影响,应当按照所得税准则进行确认和计量。所得税会计是研究处理会计收益和应税收益差异的会计理论和方法。

(一)应付税款法

应付税款法,是指企业不确认时间性差异对所得税的影响金额,按照当期计算的应交所得税确认为当期所得税费用的方法。在这种方法下,当期所得税费用等于当期应交的所得税。

(二)纳税影响会计法

纳税影响会计法,是指企业确认时间性差异对所得税的影响金额,按照当期应交所得税和时间性差异对所得税影响金额的合计,确认为当期所得税费用的方法。在这种方法下,时间性差异对所得税的影响金额,递延和分配到以后各期。

采用纳税影响会计法计算所得税,又分为以利润表为基础和以资产负债表为基础的纳税影响会计法。

所得税准则是在财政部发布的《企业会计制度》(2001)等规定(简称原制度)的基础上修订完成的。原制度规定,企业可以选择采用应付税款法或以利润表为基础的纳税影响会计法核算所得税。

以利润表为基础的纳税影响会计法核算所得税又分为递延法(利润表)和债务法(利润表)两种核算方法。

1. 递延法。

在采用递延法核算时,在税率变动或开征新税时,不需要对原已确认的时间性差异的所得税影响金额进行调整,但是,在转回时间性差异的所得税影响金额时,应当按照原所得税率计算转回。

2. 债务法。

在采用债务法核算时,在税率变动或开征新税时,应当对原已确认的时间性差异的所得税影响金额进行调整,在转回时间性差异的所得税影响金额时,应当按照现行所得税率计算转回。

《企业会计准则第18号——所得税》(2006)采用了以"资产负债表债务法"为基础的纳税影响会计法核算企业所得税。

资产负债表债务法也是纳税影响会计法的一种,以"资产负债表债务法"为基础的纳税影响会计法与以"利润表"为基础的纳税影响会计法两者相比,基于计算的依据都是《企业所得税法》和《企业所得税实施条例》,所以两者对于永久性差异的处理方法完全相同。

区别在于以下几个方面:

(1) 基于"资产负债表债务法"的纳税影响会计方法,其核心在于关注资产负债表中所有资产和负债项目的暂时性差异。这些差异的识别范围较之以利润表为基准的纳税影响会计方法中的时间性差异更为广泛。因此,资产负债表债务法聚焦于暂时性差异的识别与计量,而利润表基础法则专注于时间性差异的分析。

(2) 在"资产负债表债务法"框架下,预期时间性差异的转回期间如果遇到适用所得税税率的变动,必须对已确认的递延所得税负债和递延所得税资产进行相应的调整,以反映税率变动的影响。相比之下,利润表基础的纳税影响会计方法(递延法)规定,在税率变动时,对于之前确认的递延所得税余额无需进行调整。

(3) "资产负债表债务法"要求企业从资产负债表的角度出发,通过对比资产负债表上列示的资产和负债的账面价值与计税基础,识别并计量应纳税暂时性差异和可抵扣暂时性差异,从而确认相应的递延所得税负债和递延所得税资产。本质上,资产负债表债务法涉及两张资产负债表:一张是按照企业会计准则编制,以满足报表使用者需求,资产和负债以账面价值列示;另一张则是按照税法规定编制,以满足国家征税需求,资产和负债以计税基础列示。

二、企业所得税核算应遵循的程序

在应用"资产负债表债务法"进行所得税核算的企业中,通常需要在每个资产负债表日对所得税进行核算。在诸如企业合并等特殊交易或事项发生时,企业在确认因这些交易或事项所获得的资产和负债的同时,也应确认相关的所得税影响。所得税的核算过程通常遵循以下步骤:

1. 根据会计准则的规定,确定资产负债表中除递延所得税资产和递延所得税负债之外的资产和负债项目的账面价值。

账面价值是指企业根据相关会计准则核算后,在资产负债表上显示的金额。对于已经计提减值准备的资产,账面价值是其账面余额减去减值准备后的净额。例如,如果企业持有的存货账面余额为500万元,并且已经计提了20万元的存货跌价准备,那么存货的账面价值则为480万元。

2. 基于税法,计算并确定资产和负债项目的计税基础。

按照会计准则中关于资产和负债计税基础的规定,结合适用的税法,确定资产负债表上资产和负债项目的计税基础。

3. 计算确定递延所得税费用(或收益)。

通过比较资产和负债的账面价值与计税基础,分析两者之间的差异,并根据其性质,除特殊情况外,将差异分类为应纳税暂时性差异或可抵扣暂时性差异。确定资产负债表日递延所得税负债和递延所得税资产的应有金额,并与期初余额相比较,以确定当期应确认或转销的递延所得税资产和递延所得税负债的金额,这些金额将构成利润表中所得税费用的一部分。

4. 计算当期所得税。

根据企业当期发生的交易或事项,按照适用的税法规定,计算确定当期应纳税所得额。将此应纳税所得额乘以适用的所得税税率,得出的结果确认为当期应交所得税,即当期所得税。

5. 计算确定利润表中的所得税费用。

确定利润表中的所得税费用。利润表中的所得税费用由当期所得税(即当期应交所得税)和递延所得税两部分组成。在确定了当期所得税和递延所得税之后,将两者相加(或相减),得出的结果即为利润表中的所得税费用。

第四节 资产、负债的计税基础与暂时性差异

企业在取得资产、负债时,应当确定其计税基础。资产、负债的账面价值与其计税基础存在差异的,应当按照所得税准则规定确认所产生的递延所得税资产或递延所得税负债。

资产的账面价值大于其计税基础或者负债的账面价值小于其计税基础的,产生应纳税暂时性差异;资产的账面价值小于其计税基础或者负债的账面价值大于其计税基础的,产生可抵扣暂时性差异。

暂时性差异,是指资产或负债的账面价值与其计税基础之间的差额;未作为资产和负债确认的项目,按照税法规定可以确定其计税基础的,该计税基础与其账面价值之间的差额也属于暂时性差异。

按照暂时性差异对未来期间应税金额的影响,分为应纳税暂时性差异和可抵扣暂时性差异。

应纳税暂时性差异,是指在确定未来收回资产或清偿负债期间的应纳税所得额时,将导致产生应税金额的暂时性差异。

可抵扣暂时性差异,是指在确定未来收回资产或清偿负债期间的应纳税所得额时,将导致产生可抵扣金额的暂时性差异。

1. 资产账面价值与计税基础的比较。

(1) 资产账面价值大于计税基础,等于现在少交了税款,将于未来期间计入企业的应纳税所

得额,在未来期间会多交企业的应纳税所得额和应交所得税,形成应纳税暂时性差异,也即递延所得税负债。

(2) 资产账面价值小于计税基础,等于现在多交了税款,将于未来期间从企业的应纳税所得额中扣除,在未来期间会减少企业的应纳税所得额和应交所得税,形成可抵扣暂时性差异也即递延所得税资产。

2. 负债的账面价值与其计税基础的比较。

(1) 负债的账面价值小于其计税基础的,等于现在少交了税款,将于未来期间计入企业的应纳税所得额,在未来期间会多交企业的应纳税所得额和应交所得税,产生应纳税暂时性差异,也即递延所得税负债。

(2) 负债的账面价值大于其计税基础的,等于现在多交了税款,将于未来期间从企业的应纳税所得额中扣除,在未来期间会减少企业的应纳税所得额和应交所得税,形成可抵扣暂时性差异,也即递延所得税资产。

一、资产的计税基础

企业的各项资产,包括固定资产、生物资产、无形资产、长期待摊费用、投资资产、存货等,以历史成本为计税基础。所称历史成本,是指企业取得该项资产时实际发生的支出。

企业持有各项资产期间资产增值或者减值,除国务院财政、税务主管部门规定可以确认损益外,不得调整该资产的计税基础。

资产的计税基础,是指企业收回资产账面价值过程中,计算应纳税所得额时按照税法规定可以自应税经济利益中抵扣的金额。

通常情况下,资产在初始确认时,其计税基础一般为取得成本,税法认定的资产取得成本为购入时实际支付的金额,资产在取得时其入账价值与计税基础是相同的。从企业所得税角度考虑,某一单项资产产生的所得是指该项资产产生的未来经济利益流入扣除其取得成本之后的金额。

后续计量过程中,因企业会计准则规定与税法规定不同,可能产生资产的账面价值与其计税基础的差异。可在未来期间税前扣除的金额是指资产的取得成本减去以前期间按照税法规定已经税前扣除的金额后的余额,如固定资产、无形资产等长期资产,在某一资产负债表日的计税基础是指其成本扣除按照税法规定已在以前期间税前扣除的累计折旧额或累计摊销额后的金额。

企业应当按照适用的税收法规规定计算确定资产的计税基础。

资产的计税基础＝未来可税前列支的金额
资产在某一资产负债表日的计税基础＝资产成本－以前期间已税前列支的金额

(一) 固定资产

以各种方式取得的固定资产,在初始确认时其入账价值与计税基础是相同的,也就是说初始确认时固定资产入账价值税法是认可的,资产取得时其账面价值一般等于计税基础。税法规定,除从事矿产资源的企业、生产性生物资产之外,一般固定资产按照以下方法确定计税基础:

1. 外购的固定资产,以购买价款和支付的相关税费以及直接归属于使该资产达到预定用途发生的其他支出为计税基础;

2. 自行建造的固定资产,以竣工结算前发生的支出为计税基础;

3. 通过捐赠、投资、非货币性资产交换、债务重组等方式取得的固定资产,以该资产的公允价值和支付的相关税费为计税基础;

4. 改建的固定资产,除企业所得税法第十三条第(一)项和第(二)项规定的支出外,以改建过程中发生的改建支出增加计税基础。

5. 固定资产按照直线法计算的折旧,准予扣除。

固定资产在持有期间进行后续计量时,会计上的基本计量模式与税收上的基本计量模式两者标准是不同的,前者是"成本—累计折旧—固定资产减值准备",后者是"成本—按照税法规定计算确定的累计折旧"。会计与税收处理的差异由于会计与税法规定关于折旧方法、折旧年限以及固定资产减值准备的提取等处理的不同,就有可能造成固定资产的账面价值与计税基础的差异。

【例 20-6】 2020 年 12 月 20 日,甲公司于以 1800 万元购入一栋建筑物作为办公楼,按照该办公楼的预计使用情况,甲公司估计其使用寿命还有 20 年,按照直线法计提折旧,预计净残值为 0。假定税法规定的折旧年限、折旧方法及净残值与会计规定相同。2023 年 12 月 31 日,甲公司估计该办公楼的可收回金额为 1450 万元。

分析:该办公楼的原来的账面价值=1800-1800÷20×3=1800 270=1530 万元,该账面价值大于其可收回金额 1450 万元,两者之间的差额应计提 80 万元的固定资产减值准备。

2023 年 12 月 31 日,计提减值准备以后该办公楼的账面价值=1800-1800÷20×3-80=1450 万元。

2023 年 12 月 31 日,该办公楼的计税基础=1800-1800÷20×3=1530 万元。

本例中,资产账面价值小于计税基础,在未来期间会减少企业的应纳税所得额和应交所得税,形成可抵扣暂时性差异也即递延所得税资产。

(二) 无形资产

根据《企业会计准则第 6 号——无形资产》(2006)规定,自行开发的无形资产,其成本包括自满足《无形资产准则》第四条和第九条规定后至达到预定用途前所发生的支出总额,但是对于以前期间已经费用化的支出不再调整。第四条规定,无形资产同时满足下列条件的,才能予以确认:(1)与该无形资产有关的经济利益很可能流入企业;(2)该无形资产的成本能够可靠地计量。第九条规定,企业内部研究开发项目开发阶段的支出,同时满足下列条件的,才能确认为无形资产:(1)完成该无形资产以使其能够使用或出售在技术上具有可行性;(2)具有完成该无形资产并使用或出售的意图;(3)无形资产产生经济利益的方式,包括能够证明运用该无形资产生产的产品存在市场或无形资产自身存在市场,无形资产将在内部使用的,应当证明其有用性;(4)有足够的技术、财务资源和其他资源支持,以完成该无形资产的开发,并有能力使用或出售该无形资产;(5)归属于该无形资产开发阶段的支出能够可靠地计量。

所以,除内部研究开发形成的无形资产以外,以其他方式取得的无形资产,比如外购无形资产的成本、投资者投入无形资产的成本,非货币性资产交换、债务重组、政府补助和企业合并取得的无形资产的成本,初始确认时按照相应的会计准则规定确定的入账价值与按照税法规定确定的成本之间一般不存在差异。

无形资产的账面价值与计税基础之间的差异主要产生于内部研究开发形成的无形资产以及使用寿命不确定的无形资产。

1. 内部研究开发形成的无形资产。

对于内部研究开发形成的无形资产,《企业会计准则第6号——无形资产》(2006)第八条规定,企业内部研究开发项目研究阶段的支出,应当于发生时计入当期损益,也就是研究阶段的支出必须费用化。第九条规定,企业内部研究开发项目开发阶段的支出,同时满足五个条件的,才能确认为无形资产,也就是开发阶段的支出,满足无形资产条件的,必须予以资本化作为无形资产的成本。

所以,无形资产准则规定有关内部研究开发活动区分两个阶段,每个阶段的支出分别列为费用或者无形资产的成本。

对于研究开发费用的税前扣除,《企业所得税法实施条例》规定,企业所得税法第三十条第(一)项所称研究开发费用的加计扣除,是指企业为开发新技术、新产品、新工艺发生的研究开发费用,未形成无形资产计入当期损益的,在按照规定据实扣除的基础上,按照研究开发费用的50%加计扣除;形成无形资产的,按照无形资产成本的150%摊销。

如该无形资产的确认不是产生于合并交易、同时在确认时既不影响会计利润也不影响应纳税所得额,则按照所得税准则的规定,不确认有关暂时性差异的所得税影响。

2. 无形资产的摊销与减值。

无形资产在后续计量时,资产的账面价值与计税基础的差异主要产生于对无形资产是否需要摊销及无形资产减值准备的提取。

(1) 使用寿命有限的与不确定的无形资产的摊销规定。

使用寿命有限的无形资产,其应摊销金额应当在使用寿命内系统合理摊销,无形资产的摊销金额一般应当计入当期损益,其他会计准则另有规定的除外。

无形资产准则规定,使用寿命不确定的无形资产不应摊销。但是,第二十一条又规定,企业应当在每个会计期间对使用寿命不确定的无形资产的使用寿命进行复核。如果有证据表明无形资产的使用寿命是有限的,应当估计其使用寿命。《无形资产准则》第二十条规定,无形资产的减值,应当按照《企业会计准则第8号——资产减值》处理,也就是说持有期间每年应进行减值测试。

(2) 税法规定的无形资产计税基础。

《企业所得税法实施条例》第六十六条规定,无形资产按照以下方法确定计税基础:

① 外购的无形资产,以购买价款和支付的相关税费以及直接归属于使该资产达到预定用途发生的其他支出为计税基础;

② 自行开发的无形资产,以开发过程中该资产符合资本化条件后至达到预定用途前发生的支出为计税基础;

③ 通过捐赠、投资、非货币性资产交换、债务重组等方式取得的无形资产,以该资产的公允价值和支付的相关税费为计税基础。

无形资产按照直线法(年限平均法)计算的摊销费用,准予扣除。无形资产的摊销年限不得低于10年。

作为投资或者受让的无形资产,有关法律规定或者合同约定了使用年限的,可以按照规定或者约定的使用年限分期摊销。外购商誉的支出,在企业整体转让或者清算时,准予扣除。

也就是说,税法上规定,企业取得的无形资产成本应在不低于10年的期限内摊销。即税法中并没有特别区分使用寿命不确定的无形资产,而是统一规定,所有的无形资产成本,除外购商誉外,均应在不低于10年的期限内摊销。

3. 无形资产账面价值和计税基础的差异。

从上述《企业会计准则第6号——无形资产》(2006)和《企业所得税法实施条例》规定的差异,我们可以得出:

对于使用寿命不确定的无形资产,财务处理时不予摊销进入当期损益,但计税时其按照税法规定确定的摊销额允许税前扣除,就造成了使用寿命不确定的无形资产的账面价值与计税基础之间出现差异。

企业持有各项资产期间资产增值或者减值,除国务院财政、税务主管部门规定可以确认损益外,不得调整该资产的计税基础。因此,在对无形资产计提减值准备的情况下,因税法对按照会计准则规定计提的无形资产减值准备在形成实质性损失前不允许税前扣除,也就是说无损失不扣除,即无形资产的计税基础不会随减值准备的提取而发生任何价值变化,但无形资产的账面价值会因提取资产减值准备后而出现价值下降,从而造成无形资产的账面价值与计税基础产生差异。

(三) 以公允价值计量且其变动计入当期损益的金融资产

1. 账面价值。

按照《企业会计准则第22号——金融工具确认和计量》(2017)第二十三条规定,企业初始确认金融资产(交易性金融资产、其他债权投资、其他权益工具投资)或金融负债,应当按照公允价值计量。对于以公允价值计量且其变动计入当期损益的金融资产和金融负债,相关交易费用应当直接计入当期损益;对于其他类别的金融资产或金融负债,相关交易费用应当计入初始确认金额。

2. 计税基础。

《企业所得税法实施条例》第七十一条规定,企业所得税法所称投资资产,是指企业对外进行权益性投资和债权性投资形成的资产。企业在转让或者处置投资资产时,投资资产的成本,准予扣除。投资资产按照以下方法确定成本:(1)通过支付现金方式取得的投资资产,以购买价款为成本;(2)通过支付现金以外的方式取得的投资资产,以该资产的公允价值和支付的相关税费为成本。

通过对比可以知道,企业以公允价值计量的金融资产、金融负债以及投资性房地产等,持有期间公允价值的变动不计入应纳税所得额,在实际处置或结算时,处置取得的价款扣除其历史成本后的差额应计入处置或结算期间的应纳税所得额。

换句话说,以公允价值计量的金融资产在持有期间市场价格的波动在计税时不予考虑,有关金融资产在某一会计期末的计税基础为其取得时的历史成本,以致出现公允价值变动时,以公允价值计量的金融资产其账面价值与计税基础之间产生差异。

企业持有的以公允价值计量且其变动计入其他综合收益的金融资产,其计税基础的确定,可以比照与以公允价值计量且其变动计入当期损益的金融资产处理。

(四) 投资性房地产

1. 账面价值。

企业应当在资产负债表日采用成本模式对投资性房地产进行后续计量,但《投资性房地产准则》第十条规定的除外。

采用成本模式计量的建筑物的后续计量,适用《企业会计准则第4号——固定资产》。

采用成本模式计量的土地使用权的后续计量,适用《企业会计准则第6号——无形资产》。

《企业会计准则第3号——投资性房地产》(2006)第十条规定,有确凿证据表明投资性房地产的公允价值能够持续可靠取得的,可以对投资性房地产采用公允价值模式进行后续计量。

《企业会计准则第3号——投资性房地产》(2006)第十一条规定,采用公允价值模式计量的,不对投资性房地产计提折旧或进行摊销,应当以资产负债表日投资性房地产的公允价值为基础调整其账面价值,公允价值与原账面价值之间的差额计入当期损益。

从第十一条规定可以看出,公允价值变动已经在当期损益中扣除。

所以,企业持有的投资性房地产进行后续计量时,会计准则规定可以采用两种模式:

(1) 成本模式。

采用成本模式计量的投资性房地产,其账面价值与计税基础的确定分别与固定资产、无形资产相同。

(2) 公允价值模式。

在符合规定条件的情况下,可以采用公允价值模式对投资性房地产进行后续计量。对于采用公允价值模式进行后续计量的投资性房地产,其账面价值的确定与以公允价值计量的金融资产相类似。

2. 计税基础。

《企业所得税法》和《企业所得税法实施条例》没有专门关于投资性房地产的概念及专门的税收处理规定,但是《企业所得税法实施条例》在第七十一条笼统地规定了企业对外进行权益性投资和债权性投资形成的资产都是属于投资资产,其计税基础的确定与固定资产或无形资产的计税基础相类似。

(五) 长期股权投资

长期股权投资后续计量时,采用成本法核算的长期股权投资应当按照初始投资成本计价。追加或收回投资应当调整长期股权投资的成本。被投资单位宣告分派的现金股利或利润,应当确认为当期投资收益。

长期股权投资的初始投资成本大于投资时应享有被投资单位可辨认净资产公允价值份额的,不调整长期股权投资的初始投资成本;长期股权投资的初始投资成本小于投资时应享有被投资单位可辨认净资产公允价值份额的,其差额应当计入当期损益,同时调整长期股权投资的成本。被投资单位可辨认净资产的公允价值,应当比照《企业会计准则第20号——企业合并》的有关规定确定。

1. 账面价值。

根据《企业会计准则第2号——长期股权投资》(2014)上述规定,成本法下的长期股权投资的账面价值就是初始投资成本,而权益法下长期股权投资的账面价值就是要看初始投资成本与投资时应享有被投资单位可辨认净资产公允价值份额相比的结果而定。若前者大于后者,不需要调整初始投资成本,初始投资成本就是账面价值;若前者小于于后者,需要调整初始投资成本,调整后的投资成本就是账面价值。

2. 计税基础。

税法中对于投资资产的处理,要求按规定确定其成本后,在转让或处置投资资产时,其成本准予扣除。因此,税法中对于长期股权投资并没有权益法的规定。长期股权投资取得后,如果按照会计准则规定采用权益法核算,则一般情况下在持有过程中随着应享有被投资单位净资产份额的变化,其账面价值与计税基础有可能会产生差异,

(六) 其他计提了资产减值准备的各项资产

因会计准则规定与税收法规规定不同,企业持有的其他资产可能造成其账面价值与计税基

础之间存在差异的,如计提了资产减值准备的相关资产等。

二、负债的计税基础

负债的计税基础,是指负债的账面价值减去未来期间计算应纳税所得额时按照税法规定可予抵扣的金额。负债的计税基础,是指负债的账面价值减去未来期间计算应纳税所得额时按照税法规定可予抵扣的金额。用公式表示即:

负债的计税基础＝账面价值－未来期间按照税法规定可予税前扣除
（或未来期间非应税收入的金额）的金额。

(一) 短期借款、应付票据、应付账款

短期借款、应付票据、应付账款等负债的确认和偿还,通常不会对当期损益和应纳税所得额产生影响,也即负债的确认与偿还一般不会影响企业的损益,也不会影响其应纳税所得额,未来期间计算应纳税所得额时按照税法规定可予抵扣的金额为0,其计税基础即为账面价值。

(二) 预计负债

在会计周期内,企业若确认了一项预计负债,该负债将直接影响当期损益,由于其会计处理上被记录于损益表中。然而,依据税法规定,与该预计负债相关的费用仅在实际发生时方可被认定为税前扣除项目。这表明,在税法的框架内,该负债在确认阶段并不影响当期的应纳税所得额,因而其计税基础被认定为零。与此相对照,会计准则要求企业在确认预计负债时,必须在资产负债表上予以体现,从而产生了该负债的账面价值与计税基础之间的差异。这种差异,表现为一种可抵扣的暂时性差异,因为它预示着在未来的某个时期内,当预计负债实际发生并满足税前扣除条件时,将减少企业的应纳税所得额。这种暂时性差异的存在,要求企业在进行所得税的会计处理时,必须对递延所得税资产进行评估和确认。这不仅涉及对会计准则与税法规定的深入理解,还要求企业具备对预计负债未来实现可能性的合理预测,以及对税务影响的前瞻性分析。企业需要在财务报表中准确反映这种暂时性差异,以确保报表使用者能够充分理解企业税务状况的潜在变动。

1. 账面价值。

预计负债应当按照履行相关现时义务所需支出的最佳估计数进行初始计量。

2. 计税基础。

《企业所得税法》第八条规定,企业实际发生的与取得收入有关的、合理的支出,包括成本、费用、税金、损失和其他支出,准予在计算应纳税所得额时扣除。《企业所得税法实施条例》第二十七条规定,企业所得税法第八条所称有关的支出,是指与取得收入直接相关的支出。企业所得税法第八条所称合理的支出,是指符合生产经营活动常规,应当计入当期损益或者有关资产成本的必要和正常的支出。也就是说,与销售产品相关的支出应于实际发生时税前扣除。因该类事项产生的预计负债在期末的计税基础为其账面价值与未来期间可税前扣除的金额之间的差额,如有关的支出实际发生时可全部税前扣除,其计税基础为0。

其他交易或事项中确认的预计负债,应按照《企业所得税法》规定的计税原则确定其计税基础。某些情况下,因有些事项确认的预计负债,税法规定其支出无论是否实际发生均不允许税前扣除,即未来期间按照税法规定可予抵扣的金额为0,账面价值等于计税基础。

【例20-7】 甲公司2021年因销售产品承诺提供5年的免费售后保修服务,在当年度利润表中确认了20万元的销售费用,同时确认为预计负债,当年度未发生任何保修支出。

(1) 账面价值

2021年承诺提供5年的免费售后保修服务费用,在销售发生时,借记"销售费用",贷记"预计负债"。因此,产品售后保修服务产生的预计负债在甲企业2021年12月31日资产负债表中的账面价值为20万元。

(2) 计税基础

按照税法规定,与产品售后保修服务相关的费用在实际发生时允许税前扣除。

未来期间计算应纳税所得额时按照税法规定可予抵扣的金额为20万元。

该项预计负债的计税基础＝账面价值－未来期间计算应纳税所得额时按照税法规定可予抵扣的金额＝20万元－20万元＝0。

该项负债的账面价值20万元与其计税基础为0元金额之间的暂时性差异可以理解为：未来期间企业实际发生20万元的经济利益流出用以履行产品保修义务时,税法规定允许税前扣除,即减少未来实际发生期间的应纳税所得额。

(三) 合同负债

关于收入的确认条件,企业应当在履行了合同中的履约义务,即在客户取得相关商品控制权时确认收入。取得相关商品控制权,是指能够主导该商品的使用并从中获得几乎全部的经济利益。当企业与客户之间的合同同时满足下列条件时,企业应当在客户取得相关商品控制权时确认收入：(1)合同各方已批准该合同并承诺将履行各自义务；(2)该合同明确了合同各方与所转让商品或提供劳务(简称"转让商品")相关的权利和义务；(3)该合同有明确的与所转让商品相关的支付条款；(4)该合同具有商业实质,即履行该合同将改变企业未来现金流量的风险、时间分布或金额；(5)企业因向客户转让商品而有权取得的对价很可能收回。

合同负债,是指企业已收或应收客户对价而应向客户转让商品的义务,如企业在转让承诺的商品之前已收取的款项。对于其已收或应收客户对价而应向客户转让商品的义务,应当按照已收或应收的金额确认。因此,企业应当将预收的款项确认为合同负债(有合同义务的不再作为预收账款),待未来履行了相关履约义务,即向客户转让相关商品时,再将该负债转为收入。

当企业收到客户预付款项时,必须审慎评估这些款项是否满足收入确认的条件。以下是两种可能的情况：

如果预付款项不符合收入确认的条件,根据会计准则,企业应将其确认为一项负债,即合同负债。在这种情况下,会计准则与税法规定保持一致：当会计上未确认收入时,税务上通常也不会将该笔款项计入应纳税所得额。因此,该合同负债的计税基础与账面价值相等,均为零。这意味着在未来的会计期间,该笔款项在税务上将不具备税前扣除的资格。

在某些特定情况下,即使某笔预付款项未能满足收入准则规定的确认条件,因而会计上未确认为收入而是确认为合同负债,税法却可能要求将其计入当期的应纳税所得额中。在这种情况下,该合同负债的计税基础同样为零,因为它在产生时已经被计入了应纳税所得额,并相应地缴纳了所得税。然而,未来期间,当合同履行且收入确认条件得到满足时,企业可以全额将该笔款项作为税前扣除项,从而减少未来的应纳税所得额。

(四) 应付职工薪酬

企业为获得职工提供的服务给予的各种形式的报酬以及其他相关支出应作为企业的成本或者费用,在未支付之前计入"应付职工薪酬"贷方,确认为负债。

企业发生的合理的工资薪金支出,准予扣除。所称工资薪金,是指企业每一纳税年度支付给在本企业任职或者受雇的员工的所有现金形式或者非现金形式的劳动报酬,包括基本工资、奖金、津贴、补贴、年终加薪、加班工资,以及与员工任职或者受雇有关的其他支出。但《企业所得税法》以及《企业所得税法实施条例》或者其他法律法规中如果规定了税前扣除标准的,比如工会经费、职工教育经费、职工福利费以及其他社会保险费用等,比如基本养老保险费、基本医疗保险费、失业保险费、工伤保险费、生育保险费等基本社会保险费和住房公积金。按照会计准则规定已经计入成本费用支出,但是实际支付的金额超过税法规定标准的那部分金额(超支差额),按照税法应进行纳税调整,计算应纳税额。因超支差额在超支发生的当期不允许在税前扣除,在以后的会计期间也同样不允许税前扣除,即超支差额对未来会计期间的计税永远不会产生影响,所产生应付职工薪酬负债的账面价值等于计税基础。这部分超支差额形成了永久性差异。

(五) 其他负债

在计算应纳税所得额时,下列支出不得扣除:(1)向投资者支付的股息、红利等权益性投资收益款项;(2)企业所得税税款;(3)税收滞纳金;(4)罚金、罚款和被没收财物的损失;(5)本法第九条规定以外的捐赠支出;(6)赞助支出;(7)未经核定的准备金支出;(8)与取得收入无关的其他支出。

其他负债如企业应交的罚金、罚款和税收滞纳金等,在尚未支付之前按照会计准则确认为费用(营业外支出),同时作为负债(其他应付款)反映。《企业所得税法》规定,罚款和滞纳金不能税前扣除,即该部分费用无论是在发生当前的会计期间还是在以后的会计期间均不允许税前扣除,其计税基础为账面价值减去未来期间计税时可予税前扣除的金额 0 之间的差额,即计税基础等于账面价值。其他交易或事项产生的负债,其计税基础的确定应当遵从适用税法的相关规定。

企业应于资产负债表日,分析比较资产、负债的账面价值与其计税基础,两者之间存在差异的,确认递延所得税资产、递延所得税负债及相应的递延所得税费用(或收益)。企业合并等特殊交易或事项中取得的资产和负债,应于购买日比较其入账价值与计税基础,按照《企业会计准则第 18 号——所得税》(2006)规定计算确认相关的递延所得税资产或递延所得税负债。

第五节 递延所得税资产及负债的确认和计量

企业在资产、负债的计税基础与暂时性差异中计算确定了应纳税暂时性差异与可抵扣暂时性差异后,应当按照所得税会计准则规定的原则确认相关的递延所得税负债以及递延所得税资产。

企业应当将当期和以前期间应交未交的所得税确认为负债,将已支付的所得税超过应支付的部分确认为资产。存在应纳税暂时性差异或可抵扣暂时性差异的,应当按照《企业会计准则第 18 号——所得税》(2006)规定确认递延所得税负债或递延所得税资产。

一、递延所得税负债的确认

1. 《企业会计准则第 18 号——所得税》(2006)规定,除《所得税准则》第十一条和第十二条规定中明确规定的不可确认递延所得税负债的情况以外,企业应当确认所有应纳税暂时性差异产生的递延所得税负债。这个原则体现了会计上的谨慎性原则,即企业进行会计核算时不应高估资产、不应低估负债。在确认递延所得税负债的同时,应增加利润表中的所得税费用。

2. 不确认递延所得税负债的几种特殊交易。《企业会计准则第 18 号——所得税》(2006)第十一条规定,除下列交易中产生的递延所得税负债以外,企业应当确认所有应纳税暂时性差异产生的递延所得税负债:

(1) 商誉的初始确认。

企业合并中产生的递延所得税,由于企业会计准则规定与税法规定对企业合并的处理不同,可能会造成企业合并中取得资产、负债的入账价值与其计税基础的差异。

非同一控制下的企业合并中,企业合并成本大于合并中取得的被购买方可辨认净资产公允价值份额的差额,按照会计准则规定应确认为商誉。

由于会计准则与税法在某些方面的界定标准存在差异,例如在非同一控制下的企业合并中,会计上将其作为一项交易进行处理,而税法可能将其视为免税合并。在这种情况下,合并产生的商誉在会计上的账面价值与税法上的计税基础之间存在差异,因为税法可能不承认该商誉的计税价值,从而将其计税基础定为零。这种差异导致了应纳税暂时性差异的产生。

(2) 非企业合并同时既不影响会计利润也不影响应纳税所得额的交易。

同时具有下列特征的交易中产生的资产或负债的初始确认:①该项交易不是企业合并;②交易发生时既不影响会计利润也不影响应纳税所得额(或可抵扣亏损)。也就是说,除企业合并以外的其他交易或事项中,如果该项交易或事项发生时既不影响会计利润,也不影响应纳税所得额,则所产生的资产、负债的初始确认金额与其计税基础不同,形成应纳税暂时性差异的,交易或事项发生时不确认相应的递延所得税负债。

如果把不影响会计利润,也不影响应纳税所得的应纳税暂时性差异确认为递延所得税负债,必然导致虚增资产账面价值或降低负债账面价值,这都会违背企业基本准则中历史成本的原则。

(3) 与子公司、联营企业、合营企业投资等相关的应纳税暂时性差异。

与子公司、联营企业及合营企业的投资相关的应纳税暂时性差异产生的递延所得税负债,应当按照《企业会计准则第 18 号——所得税》(2006)第十二条规定确认。《所得税准则》第十二条规定,企业对与子公司、联营企业及合营企业投资相关的应纳税暂时性差异,应当确认相应的递延所得税负债。但是,同时满足下列条件的除外:①投资企业能够控制暂时性差异转回的时间;②该暂时性差异在可预见的未来很可能不会转回。

满足上述准则规定的条件时,投资企业可以并能够通过控制暂时性差异的转回时间,也就是说转回不转回完全由企业自主确定。如果投资企业不希望其转回,则在可预见的未来会计期间,该项暂时性差异当然就不会转回,自然而然对未来会计期间的计税不会产生任何影响,从而也无须确认相应的递延所得税负债。

对于采用权益法核算的长期股权投资,其账面价值与计税基础产生的有关暂时性差异是否应确认相关的所得税影响,应当考虑该项投资长期持有还是拟对外出售的意图。

二、递延所得税资产的确认

1. 确认递延所得税资产的原则。

《企业会计准则第 18 号——所得税》(2006)第十三条规定,企业应当以很可能取得用来抵扣可抵扣暂时性差异的应纳税所得额为限,确认由可抵扣暂时性差异产生的递延所得税资产。资产负债表日,有确凿证据表明未来期间很可能获得足够的应纳税所得额用来抵扣可抵扣暂时性差异的,应当确认以前期间未确认的递延所得税资产。

也即,递延所得税资产来源于可抵扣暂时性差异。确认因可抵扣暂时性差异产生的递延所得税资产应以未来会计期间可能取得的应纳税所得额为限。对此,要注意两个方面:①企业如果无法产生足够的应纳税所得额用来抵扣可抵扣暂时性差异,不应确认递延所得税资产;②企业有明确的证据表明在转回的未来会计期间能够产生足够的应纳税所得额用来抵扣可抵扣暂时性差异,则应以可能取得的应纳税所得额为限,确认相关的递延所得税资产。

2. 与子公司、联营企业及合营企业投资相关的可抵扣暂时性差异。

企业对与子公司、联营企业及合营企业投资相关的可抵扣暂时性差异,同时满足下列条件的,应当确认相应的递延所得税资产:(1)暂时性差异在可预见的未来很可能转回;(2)未来很可能获得用来抵扣可抵扣暂时性差异的应纳税所得额。

对联营企业和合营企业等的投资产生的可抵扣暂时性差异,主要产生于权益法下被投资单位发生亏损时,投资企业按照持股比例确认应予承担的部分相应减少长期股权投资的账面价值,但税法规定长期股权投资的成本在持有期间不发生变化,造成长期股权投资的账面价值小于其计税基础,产生可抵扣暂时性差异。

投资企业对有关投资计提减值准备的情况下,也会产生可抵扣暂时性差异。

3. 可抵扣亏损和税款抵减。

企业对于能够结转以后年度的可抵扣亏损和税款抵减,应当以很可能获得用来抵扣可抵扣亏损和税款抵减的未来应纳税所得额为限,确认相应的递延所得税资产,同时减少确认当期的所得税费用,也就是抵扣所得税费用,实际少交企业所得税。

4. 不予确认递延所得税资产的交易。

同时具有下列特征的交易中因资产或负债的初始确认所产生的递延所得税资产不予确认:(1)该项交易不是企业合并;(2)交易发生时既不影响会计利润也不影响应纳税所得额(或可抵扣亏损)。

某些情况下,企业发生的某项交易或事项不属于企业合并,并且交易发生时既不影响会计利润也不影响应纳税所得额,且该项交易中产生的资产、负债的初始确认金额与其计税基础不同,产生可抵扣暂时性差异的,所得税准则中规定在交易或事项发生时不确认相应的递延所得税资产。

三、递延所得税资产及递延所得税资产负债的计量

资产负债表日,对于当期和以前期间形成的当期所得税负债(或资产),应当按照税法规定计算的预期应交纳(或返还)的所得税金额计量。

1. 适用税率的确定。

资产负债表日,对于递延所得税资产和递延所得税负债,应当根据税法规定,按照预期收回该资产或清偿该负债期间的适用税率计量。适用税率发生变化的,应对已确认的递延所得税资产和递延所得税负债进行重新计量,除直接在所有者权益中确认的交易或者事项产生的递延所得税资产和递延所得税负债以外,应当将其影响数计入变化当期的所得税费用。

企业不应当对递延所得税资产和递延所得税负债进行折现。

2. 递延所得税资产的减值。

资产负债表日,企业应当对递延所得税资产的账面价值进行复核。如果未来期间很可能无法获得足够的应纳税所得额用以抵扣递延所得税资产的利益,应当减记递延所得税资产的账面价值。在很可能获得足够的应纳税所得额时,减记的金额应当转回。

在企业确认递延所得税资产之后，如果由于各种情况的变化，按照新的情况重新评估，预计在可抵扣暂时性差异转回的期间内，企业无法产生足够的应纳税所得额来利用这些可抵扣暂时性差异，导致与递延所得税资产相关的经济利益可能无法完全实现。在这种情况下，对于预计无法实现的部分，企业应当对递延所得税资产的账面价值进行减记。

如果递延所得税资产在原确认时已经计入所有者权益，则减记的金额也应当相应地计入所有者权益。对于其他情况，减记的金额应当增加当期的所得税费用。如果由于无法取得足够的应纳税所得额来利用可抵扣暂时性差异而对递延所得税资产的账面价值进行减记，而在后续期间，根据新的环境和情况评估，预计能够产生足够的应纳税所得额来利用这些可抵扣暂时性差异，从而使递延所得税资产包含的经济利益得以实现，企业应当相应地恢复递延所得税资产的账面价值。

这种处理方式体现了会计准则对递延所得税资产的谨慎性原则，要求企业根据实际情况的变化，合理评估递延所得税资产的可实现性，并据此进行相应的会计处理。这不仅有助于确保财务报表的准确性和可靠性，也有助于报表使用者更好地理解企业的税务状况及其对财务表现的影响。同时，这也要求企业在编制财务报表时，对递延所得税资产的变动进行适当的披露，以提供更全面的信息。

3. 预期收回资产或清偿负债方式的所得税影响。

递延所得税资产和递延所得税负债的计量，应当反映资产负债表日企业预期收回资产或清偿负债方式的所得税影响，即在计量递延所得税资产和递延所得税负债时，应当采用与收回资产或清偿债务的预期方式相一致的税率和计税基础。也即企业在计量因该资产产生的应纳税暂时性差异或可抵扣暂时性差异的所得税影响时，应考虑该资产带来的经济利益预期实现方式的影响。

四、特殊交易或事项中涉及递延所得税的确认和计量

1. 与直接计入所有者权益的交易或事项相关的所得税。

与直接计入所有者权益的交易或者事项相关的当期所得税和递延所得税，应当计入所有者权益。与当期及以前期间直接计入所有者权益的交易或事项相关的当期所得税及递延所得税应当计入所有者权益。直接计入所有者权益的交易或事项主要有：以公允价值计量且其变动计入其他综合收益的金融资产的公允价值变动；包含负债及权益成分的金融工具在初始确认时计入所有者权益；自用房地产转为采用公允价值模式计量的投资性房地产时公允价值大于原账面价值的差额计入其他综合收益；会计政策变更采用追溯调整法或对前期差错更正采用追溯重述法调整期初留存收益等。

2. 企业合并和直接在所有者权益中确认的交易或者事项相关的所得税。

企业当期所得税和递延所得税应当作为所得税费用或收益计入当期损益，但不包括下列情况产生的所得税：(1)企业合并；(2)直接在所有者权益中确认的交易或者事项；(3)按照税法规定允许用以后年度所得弥补的可抵扣亏损以及可结转以后年度的税款抵减，比照可抵扣暂时性差异的原则处理。

企业合并中产生的递延所得税由于企业会计准则规定与税法规定对企业合并的处理不同，可能会造成企业合并中取得资产、负债的入账价值与其计税基础的差异。比如非同一控制下企业合并产生的应纳税暂时性差异或可抵扣暂时性差异，在确认递延所得税负债或递延所得税资产的同时，相关的递延所得税费用(或收益)，通常应调整企业合并中所确认的商誉。

(1) 在企业合并发生后，购买方对于合并前本企业已经存在的可抵扣暂时性差异及未弥补

亏损等，可能因为企业合并后很可能产生足够的应纳税所得额利用可抵扣暂时性差异，按照税法规定可以用于抵减以后年度应纳税所得额，从而确认相关的递延所得税资产。但在购买日不符合递延所得税资产确认条件则不予以确认。

(2) 在企业合并完成后的 12 个月内，如果企业获得了新的信息或进一步的证据，这些信息表明在购买日已经存在的情况，并且现在预期被购买方在购买日产生的可抵扣暂时性差异将带来经济利益，那么企业应当确认相关的递延所得税资产。如果这一确认导致需要对商誉进行调整，首先应对商誉进行冲减；如果商誉的账面价值不足以覆盖这一调整，那么超出的部分应当确认为当期的损益。需要指出的是，递延所得税资产的确认不应被视为企业合并的一部分，也不应影响合并时确认的商誉金额，或者影响因合并成本低于被购买方可辨认净资产公允价值份额而应计入当期损益的金额。

对于购买方在购买日识别的被购买方在前期发生的经营亏损等可抵扣暂时性差异，如果这些差异根据税法规定可以在未来年度抵减应纳税所得额，并且在购买日由于不符合递延所得税资产的确认条件而未被确认，那么在后续期间，如果预计这些差异带来的经济利益能够实现，企业应当确认相关的递延所得税资产。这将减少利润表中的所得税费用，并相应地调整商誉至假设在购买日已经确认了这些递延所得税资产情况下的应有金额。商誉的减记金额应在利润表中作为资产减值损失进行体现。按照这一过程确认的递延所得税资产，原则上不应当增加因企业合并成本低于合并中取得的被购买方可辨认净资产公允价值份额而计入当期利润表的金额。

这种处理方式体现了对递延所得税资产确认的审慎性，要求企业根据最新的信息和证据，合理评估可抵扣暂时性差异的经济利益实现的可能性，并据此进行相应的会计处理。这有助于确保财务报表的准确性和透明度，同时为报表使用者提供关于企业税务状况和财务表现地更清晰的信息。

3. 与股份支付相关的当期及递延所得税。

企业在处理股份支付相关的支出时，必须将其会计处理与税法规定的差异区分开来。具体而言：

若税法明确指出股份支付相关的支出不得在计算应纳税所得额时扣除，则该支出不会形成暂时性差异，因为其税务影响与会计处理一致，不存在差异。

反之，如果税法允许将股份支付相关的支出作为税前扣除项，在企业根据会计准则在损益表中确认这些支出为成本或费用的同时，应当基于会计期末所获得的信息，对预计未来期间内可税前扣除的金额进行估算。基于这一估算，企业应确定其计税基础和由于会计与税法处理差异所产生的暂时性差异。当这些暂时性差异满足确认条件时，企业应确认相应的递延所得税资产或负债。

对于预计在未来期间内可税前扣除的金额，如果这一金额超过了会计准则所规定确认的股份支付相关成本或费用的金额，那么超出部分所产生的所得税效益应被直接计入所有者权益，而非作为当期损益的一部分。

除直接计入所有者权益的交易或事项产生的递延所得税资产及递延所得税负债，相关的调整金额应计入所有者权益以外，其他情况下产生的递延所得税资产及递延所得税负债的调整金额应确认为变化当期的所得税费用（或收益）。

【例 20-8】 假定甲公司持有一项交易性金融资产，成本为 1 000 万元，期末公允价值为

1 500万元,如计税基础仍维持1 000万元不变,该计税基础与其账面价值之间的差额500万元即为应纳税暂时性差异。企业因某事项在当期确认了100万元负债,计入当期损益。假定按照税法规定,与确认该负债相关的费用,在实际发生时准予税前扣除,该负债的计税基础为零,其账面价值与计税基础之间形成可抵扣暂时性差异。

假定甲公司适用的所得税税率为25%,递延所得税资产和递延所得税负债不存在期初余额,对于交易性金融资产产生的500万元应纳税暂时性差异,应确认125万元递延所得税负债;对于负债产生的100万元可抵扣暂时性差异,应确认25万元递延所得税资产。

甲公司当期按照税法规定计算确定的应交所得税为600万元;甲公司预计在未来期间能够产生足够的应纳税所得额用以抵扣可抵扣暂时性差异。

甲公司计算确认的递延所得税负债、递延所得税资产、递延所得税费用以及所得税费用如下:

递延所得税负债=500×33%=125万元

递延所得税资产=100×25%=25万元

递延所得税费用=125-25=100万元

当期所得税费用=600+100=700万元

五、递延所得税资产账户以及账务处理

(一)递延所得税资产账户

1. 账户的性质:资产类账户。

2. 账户的用途:为了核算企业确认的可抵扣暂时性差异产生的递延所得税资产,企业应当设置"递延所得税资产"科目,"递延所得税资产"科目借方登记按照可抵扣暂时性差异和适用税率计算的在未来期间可以抵扣的应纳税款,贷方登记确认为递延所得税费用并应冲减的递延所得税资产,期末借方余额,反映企业确认的递延所得税资产。根据税法规定可用以后年度税前利润弥补的亏损及税款抵减产生的所得税资产,也在本科目核算。

3. 明细账的设置:"递延所得税资产"科目应按可抵扣暂时性差异等项目设置明细账进行明细核算。

(二)递延所得税资产的主要账务处理

1. 资产负债表日,企业确认的递延所得税资产,借记"递延所得税资产"科目,贷记"所得税费用——递延所得税费用"科目。资产负债表日递延所得税资产的应有余额大于其账面余额的,应按其差额确认,借记"递延所得税资产"科目,贷记"所得税费用——递延所得税费用"等科目;资产负债表日递延所得税资产的应有余额小于其账面余额的差额做相反的会计分录。

企业合并中取得资产、负债的入账价值与其计税基础不同形成可抵扣暂时性差异的,应于购买日确认递延所得税资产,借记"递延所得税资产"科目,贷记"商誉"等科目。

与直接计入所有者权益的交易或事项相关的递延所得税资产,借记"递延所得税资产"科目,贷记"资本公积——其他资本公积"科目。

2. 资产负债表日,预计未来期间很可能无法获得足够的应纳税所得额用以抵扣可抵扣暂时性差异的,按原已确认的递延所得税资产中应减记的金额,借记"所得税费用——递延所得税费用"、"资本公积——其他资本公积"等科目,贷记"递延所得税资产"科目。

六、递延所得税负债账户以及账务处理

（一）递延所得税负债账户

1. 账户的性质：负债类账户。
2. 账户的用途：为了核算企业确认的应纳税暂时性差异产生的所得税负债，企业应当设置"递延所得税负债"科目，"递延所得税负债"科目贷方登记按照应纳税暂时性差异和适用税率计算的在未来期间转为应纳税款的金额，借方登记包括暂时性差异的转回、税率的变动、减值或会计估计的变更等原因导致的负债减少金额，期末贷方余额，反映企业已确认的递延所得税负债。
3. 明细账的设置：可按应纳税暂时性差异的项目设置明细账进行明细核算

（二）递延所得税负债的主要账务处理

1. 资产负债表日，企业确认的递延所得税负债，借记"所得税费用——递延所得税费用"科目，贷记"递延所得税负债"科目。资产负债表日递延所得税负债的应有余额大于其账面余额的，应按其差额确认，借记"所得税费用——递延所得税费用"科目，贷记"递延所得税负债"科目；资产负债表日递延所得税负债的应有余额小于其账面余额的做相反的会计分录。与直接计入所有者权益的交易或事项相关的递延所得税负债，借记"资本公积——其他资本公积"科目，贷记"递延所得税负债"科目。

2. 企业合并中取得资产、负债的入账价值与其计税基础不同形成应纳税暂时性差异的，应于购买日确认递延所得税负债，同时调整商誉，借记"商誉"等科目，贷记"递延所得税负债"科目。

一般来说，递延所得税资产期末数减去期初数为正数时，计入递延所得税资产借方，负数时，计入递延所得税资产贷方；递延所得税负债期末数减去期初数为正数时，计入递延所得税负债的贷方，负数时，计入递延所得税负债借方。

第六节　当期所得税

按照纳税影响会计法核算所得税的企业，因时间性差异所产生的应纳税或可抵减时间性差异的所得税影响，单独核算，作为对当期所得税费用的调整。《中华人民共和国企业所得税法》（以下简称《企业所得税法》）(2018修订)第二十一条规定，在计算应纳税所得额时，企业财务、会计处理办法与税收法律、行政法规的规定不一致的，应当依照税收法律、行政法规的规定计算。《中华人民共和国企业所得税暂行条例》（以下简称《企业所得税条例》）(2019修订)第九条规定，企业应纳税所得额的计算，以权责发生制为原则，属于当期的收入和费用，不论款项是否收付，均作为当期的收入和费用；不属于当期的收入和费用，即使款项已经在当期收付，均不作为当期的收入和费用。本条例和国务院财政、税务主管部门另有规定的除外。这就是说，企业当期应交的所得税与当期按会计利润计算的所得税费用之间存在差异。其中部分差异是由于会计准则与税法对企业资产和负债的计量的规定不同引起的，在以后会计期间，随着资产价值的收回和负债的支付，这部分差异会逐期转回，因此，根据权责发生制原则企业应将这部分差异确认为递延所得税资产和递延所得税负债。

一、应纳税所得额

《企业所得税法》(2018)第五条规定，企业每一纳税年度的收入总额，减除不征税收入、免税

收入、各项扣除以及允许弥补的以前年度亏损后的余额,为应纳税所得额。按照此规定,其基本公式为:

应纳税所得额＝收入总额－不征税收入－免税收入－各项扣除－允许弥补的以前年度亏损

也即,应纳税所得额＝会计利润＋按照会计准则规定计入利润表但计税时不允许税前扣除的费用±计入利润表的费用与按照税法规定可予税前抵扣的费用金额之间的差额±计入利润表的收入与按照税法规定应计入应纳税所得额的收入之间的差额－税法规定的不征税收入±其他需要调整的因素。

当期所得税＝当期应交所得税＝应纳税所得额×适用的所得税税率

(一) 收入总额

收入总额是指企业以货币形式和非货币形式从各种来源取得的收入。包括:

1. 销售货物收入,是指企业销售商品、产品、原材料、包装物、低值易耗品以及其他存货取得的收入。

2. 提供劳务收入,是指企业从事建筑安装、修理修配、交通运输、仓储租赁、金融保险、邮电通信、咨询经纪、文化体育、科学研究、技术服务、教育培训、餐饮住宿、中介代理、卫生保健、社区服务、旅游、娱乐、加工以及其他劳务服务活动取得的收入。

3. 转让财产收入,是指企业转让固定资产、生物资产、无形资产、股权、债权等财产取得的收入。

4. 股息、红利等权益性投资收益,是指企业因权益性投资从被投资方取得的收入。股息、红利等权益性投资收益,除国务院财政、税务主管部门另有规定外,按照被投资方作出利润分配决定的日期确认收入的实现。

5. 利息收入,是指企业将资金提供他人使用但不构成权益性投资,或者因他人占用本企业资金取得的收入,包括存款利息、贷款利息、债券利息、欠款利息等收入。利息收入,按照合同约定的债务人应付利息的日期确认收入的实现。

6. 租金收入,是指企业提供固定资产、包装物或者其他有形资产的使用权取得的收入。租金收入,按照合同约定的承租人应付租金的日期确认收入的实现。

7. 特许权使用费收入,是指企业提供专利权、非专利技术、商标权、著作权以及其他特许权的使用权取得的收入。特许权使用费收入,按照合同约定的特许权使用人应付特许权使用费的日期确认收入的实现。

8. 接受捐赠收入,是指企业接受的来自其他企业、组织或者个人无偿给予的货币性资产、非货币性资产。接受捐赠收入,按照实际收到捐赠资产的日期确认收入的实现。

9. 其他收入,是指企业取得的除企业所得税法上述第(1)至(8)项规定的收入外的其他收入,包括企业资产溢余收入、逾期未退包装物押金收入、确实无法偿付的应付款项、已作坏账损失处理后又收回的应收款项、债务重组收入、补贴收入、违约金收入、汇兑收益等。

(二) 不征税收入

收入总额中的下列收入为不征税收入:

1. 财政拨款。

2. 依法收取并纳入财政管理的行政事业性收费、政府性基金。

(1) 行政事业性收费,是指依照法律法规等有关规定,按照国务院规定程序批准,在实施社会公共管理,以及在向公民、法人或者其他组织提供特定公共服务过程中,向特定对象收取并纳入财政管理的费用。

(2) 政府性基金,是指企业依照法律、行政法规等有关规定,代政府收取的具有专项用途的财政资金。根据《我国降低残疾人就业保障金等部分政府性基金征收标准》(2018)规定,包括残疾人就业保障金、国家重大水利工程建设基金。

3. 国务院规定的其他不征税收入,是指企业取得的,由国务院财政、税务主管部门规定专项用途并经国务院批准的财政性资金。

(三) 免税收入

企业的下列收入为免税收入:(1)国债利息收入;(2)符合条件的居民企业之间的股息、红利等权益性投资收益;(3)在中国境内设立机构、场所的非居民企业从居民企业取得与该机构、场所有实际联系的股息、红利等权益性投资收益;(4)符合条件的非营利组织的收入。

(四) 各项扣除

《企业所得税法》)(2018)第八条规定,企业实际发生的与取得收入有关的、合理的支出,包括成本、费用、税金、损失和其他支出,准予在计算应纳税所得额时扣除。

"有关的支出"是指与取得收入直接相关的支出。"合理的支出"是指符合生产经营活动常规,应当计入当期损益或者有关资产成本的必要和正常的支出。

企业发生的支出应当区分收益性支出和资本性支出。收益性支出在发生当期直接扣除;资本性支出应当分期扣除或者计入有关资产成本,不得在发生当期直接扣除。

企业的不征税收入用于支出所形成的费用或者财产,不得扣除或者计算对应的折旧、摊销扣除。除《企业所得税法》和《企业所得税实施条例》另有规定外,企业实际发生的成本、费用、税金、损失和其他支出,不得重复扣除。

成本,是指企业在生产经营活动中发生的销售成本、销货成本、业务支出以及其他耗费。

税金,是指企业发生的除企业所得税和允许抵扣的增值税以外的各项税金及其附加。

损失,是指企业在生产经营活动中发生的固定资产和存货的盘亏、毁损、报废损失,转让财产损失,呆账损失,坏账损失,自然灾害等不可抗力因素造成的损失以及其他损失。企业发生的损失,减除责任人赔偿和保险赔款后的余额,依照国务院财政、税务主管部门的规定扣除。企业已经作为损失处理的资产,在以后纳税年度又全部收回或者部分收回时,应当计入当期收入。

其他支出,是指除成本、费用、税金、损失外,企业在生产经营活动中发生的与生产经营活动有关的、合理的支出。

1. 企业发生的合理的工资薪金支出,准予扣除。
2. 企业在生产经营活动中发生的合理的不需要资本化的借款费用,准予扣除。
3. 企业发生的职工福利费支出,不超过工资薪金总额14%的部分,准予扣除。
4. 企业拨缴的工会经费,不超过工资薪金总额2%的部分,准予扣除。
5. 除国务院财政、税务主管部门另有规定外,企业发生的职工教育经费支出,不超过工资薪金总额2.5%的部分,准予扣除;超过部分,准予在以后纳税年度结转扣除。
6. 企业发生的与生产经营活动有关的业务招待费支出,按照发生额的60%扣除,但最高不得超过当年销售(营业)收入的5‰。
7. 企业发生的符合条件的广告费和业务宣传费支出,除国务院财政、税务主管部门另有规定外,不超过当年销售(营业)收入 15% 的部分,准予扣除;超过部分,准予在以后纳税年度结转扣除。

8. 企业依照法律、行政法规有关规定提取的用于环境保护、生态恢复等方面的专项资金,准予扣除。上述专项资金提取后改变用途的,不得扣除。

9. 企业参加财产保险,按照规定缴纳的保险费,准予扣除。

10. 企业根据生产经营活动的需要租入固定资产支付的租赁费,按照以下方法扣除:(1)以经营租赁方式租入固定资产发生的租赁费支出,按照租赁期限均匀扣除;(2)以融资租赁方式租入固定资产发生的租赁费支出,按照规定构成融资租入固定资产价值的部分应当提取折旧费用,分期扣除。

11. 企业发生的合理的劳动保护支出,准予扣除。

12. 企业之间支付的管理费、企业内营业机构之间支付的租金和特许权使用费,以及非银行企业内营业机构之间支付的利息,不得扣除。

13. 非居民企业在中国境内设立的机构、场所,就其中国境外总机构发生的与该机构、场所生产经营有关的费用,能够提供总机构出具的费用汇集范围、定额、分配依据和方法等证明文件,并合理分摊的,准予扣除。

14. 公益性捐赠支出

公益性捐赠,是指企业通过公益性社会组织或者县级以上人民政府及其部门,用于符合法律规定的慈善活动、公益事业的捐赠。企业发生的公益性捐赠支出,在年度利润总额 12% 以内的部分,准予在计算应纳税所得额时扣除;超过年度利润总额 12% 的部分,准予结转以后三年内在计算应纳税所得额时扣除。年度利润总额,是指企业依照国家统一会计制度的规定计算的年度会计利润。

15. 企业下列支出不得扣除:

(1) 向投资者支付的股息、红利等权益性投资收益款项;(2)企业所得税税款;(3)税收滞纳金;(4)罚金、罚款和被没收财物的损失;(5)超过公益性捐赠支出以外的捐赠支出;(6)赞助支出(是指企业发生的与生产经营活动无关的各种非广告性质支出。);(7)未经核定的准备金支出(是指不符合国务院财政、税务主管部门规定的各项资产减值准备、风险准备等准备金支出。);(8)与取得收入无关的其他支出。

16. 企业按照规定计算的固定资产折旧,准予扣除。

但下列固定资产不得计算折旧扣除:(1)房屋、建筑物以外未投入使用的固定资产;(2)以经营租赁方式租入的固定资产;(3)以融资租赁方式租出的固定资产;(4)已足额提取折旧仍继续使用的固定资产;(5)与经营活动无关的固定资产;(6)单独估价作为固定资产入账的土地;(7)其他不得计算折旧扣除的固定资产。

17. 企业按照规定计算的无形资产摊销费用,准予扣除。

但下列无形资产不得计算摊销费用扣除:(1)自行开发的支出已在计算应纳税所得额时扣除的无形资产;(2)自创商誉;(3)与经营活动无关的无形资产;(4)其他不得计算摊销费用扣除的无形资产。

18. 企业发生的下列支出作为长期待摊费用,按照规定摊销的,准予扣除:

固定资产的改建支出,是指改变房屋或者建筑物结构、延长使用年限等发生的支出。改建的固定资产延长使用年限的,除已足额提取折旧的固定资产的改建支出和租入固定资产的改建支出外,应当适当延长折旧年限。

(1) 已足额提取折旧的固定资产的改建支出,该支出按照固定资产预计尚可使用年限分期摊销。

(2) 租入固定资产的改建支出,该支出按照合同约定的剩余租赁期限分期摊销。

(3) 固定资产的大修理支出,该支出按照固定资产尚可使用年限分期摊销。固定资产的大修理支出,是指同时符合下列条件的支出:修理支出达到取得固定资产时的计税基础50%以上;修理后固定资产的使用年限延长2年以上。

(4) 其他应当作为长期待摊费用的支出。其他应当作为长期待摊费用的支出,自支出发生月份的次月起,分期摊销,摊销年限不得低于3年。

19. 企业对外投资期间,投资资产的成本在计算应纳税所得额时不得扣除。

投资资产,是指企业对外进行权益性投资和债权性投资形成的资产。企业在转让或者处置投资资产时,投资资产的成本,准予扣除。投资资产按照以下方法确定成本:

(1) 通过支付现金方式取得的投资资产,以购买价款为成本;

(2) 通过支付现金以外的方式取得的投资资产,以该资产的公允价值和支付的相关税费为成本。

20. 企业使用或者销售存货,按照规定计算的存货成本,准予在计算应纳税所得额时扣除。所称存货,是指企业持有以备出售的产品或者商品、处在生产过程中的在产品、在生产或者提供劳务过程中耗用的材料和物料等。

21. 企业转让资产,该项资产的净值,准予在计算应纳税所得额时扣除。所称资产的净值和第十九条所称财产净值,是指有关资产、财产的计税基础减除已经按照规定扣除的折旧、折耗、摊销、准备金等后的余额。

22. 除国务院财政、税务主管部门另有规定外,企业在重组过程中,应当在交易发生时确认有关资产的转让所得或者损失,相关资产应当按照交易价格重新确定计税基础。

(五) 亏损

亏损,是指企业依照《企业所得税法》和《企业所得税条例》的规定将每一纳税年度的收入总额减除不征税收入、免税收入和各项扣除后小于零的数额。企业在汇总计算缴纳企业所得税时,其境外营业机构的亏损不得抵减境内营业机构的盈利。企业纳税年度发生的亏损,准予向以后年度结转,用以后年度的所得弥补,但结转年限最长不得超过五年。

二、税率

1. 企业所得税的税率为25%。

2. 非居民企业在中国境内未设立机构、场所的,或者虽设立机构、场所但取得的所得与其所设机构、场所没有实际联系的,应当就其来源于中国境内的所得缴纳企业所得税,其适用税率为20%,同时按照下列方法计算其应纳税所得额:(1)股息、红利等权益性投资收益和利息、租金、特许权使用费所得,以收入全额为应纳税所得额;(2)转让财产所得,以收入全额减除财产净值后的余额为应纳税所得额;(3)其他所得,参照前两项规定的方法计算应纳税所得额。财产净值是指有关资产、财产的计税基础减除已经按照规定扣除的折旧、折耗、摊销、准备金等后的余额。

三、应纳税额

(一) 应纳税额计算公式

企业的应纳税所得额乘以适用税率,减除依照企业所得税法关于税收优惠的规定减免和抵免的税额后的余额,为应纳税额。应纳税额的计算公式为:

$$应纳税额 = 应纳税所得额 \times 适用税率 - 减免税额(税收优惠的减免) - 抵免税额$$

公式中的减免税额和抵免税额,是指依照企业所得税法和国务院的税收优惠规定减征、免征和抵免的应纳税额。

(二) 税收抵免

1. 企业已在境外缴纳所得税税额的税收抵免。

企业取得的下列所得已在境外缴纳的所得税税额,可以从其当期应纳税额中抵免,抵免限额为该项所得依照本法规定计算的应纳税额;超过抵免限额的部分,可以在以后五个年度内,用每年度抵免限额抵免当年应抵税额后的余额进行抵补。

(1) 居民企业来源于中国境外的应税所得;

(2) 非居民企业在中国境内设立机构、场所,取得发生在中国境外但与该机构、场所有实际联系的应税所得。

"已在境外缴纳的所得税税额"是指企业来源于中国境外的所得依照中国境外税收法律以及相关规定应当缴纳并已经实际缴纳的企业所得税性质的税款。

"抵免限额"是指企业来源于中国境外的所得,依照企业所得税法和本条例的规定计算的应纳税额。除国务院财政、税务主管部门另有规定外,该抵免限额应当分国(地区)不分项计算,计算公式如下:

$$抵免限额 = 中国境内、境外所得依照企业所得税法和实施条例的规定计算的应纳税总额 \times 来源于某国(地区)的应纳税所得额 \div 中国境内、境外应纳税所得总额$$

"五个年度"是指从企业取得的来源于中国境外的所得,已经在中国境外缴纳的企业所得税性质的税额超过抵免限额的当年的次年起连续5个纳税年度。

2. 居民企业从其控制的外国企业分得的来源于中国境外的权益性投资收益的税收抵免。

居民企业从其直接或者间接控制的外国企业分得的来源于中国境外的股息、红利等权益性投资收益,外国企业在境外实际缴纳的所得税税额中属于该项所得负担的部分,可以作为该居民企业的可抵免境外所得税税额,在上述规定的抵免限额内抵免。"间接控制",是指居民企业以间接持股方式持有外国企业20%以上股份,具体认定办法由国务院财政、税务主管部门另行制定。

按照上述规定抵免企业所得税税额时,应当提供中国境外税务机关出具的税款所属年度的有关纳税凭证。

四、税收优惠

(一) 重点扶持和鼓励发展的产业、项目

国家对重点扶持和鼓励发展的产业和项目,给予企业所得税优惠。

(二) 免税收入

1. 国债利息收入；
2. 符合条件的居民企业之间的股息、红利等权益性投资收益；
3. 在中国境内设立机构、场所的非居民企业从居民企业取得与该机构、场所有实际联系的股息、红利等权益性投资收益；
4. 符合条件的非营利组织的收入。

(三) 可以免征、减征所得税的所得

1. 从事农、林、牧、渔业项目的所得。
2. 从事国家重点扶持的公共基础设施项目投资经营的所得。
3. 从事符合条件的环境保护、节能节水项目的所得。
4. 符合条件的技术转让所得。

符合条件的技术转让所得是指一个纳税年度内，居民企业技术转让所得不超过500万元的部分，免征企业所得税；超过500万元的部分，减半征收企业所得税。

5. 非居民企业的所得。

非居民企业在中国境内未设立机构、场所的，或者虽设立机构、场所但取得的所得与其所设机构、场所没有实际联系的，但来源于中国境内的所得。

对于非居民企业取得企业所得税法规定的所得，减按10%的税率征收企业所得税。

6. 基础研究资金支出。

企业对非营利性科研机构、高等学校接收企业、个人和其他组织机构基础研究资金收入，免征企业所得税。

(四) 税率优惠

1. 符合条件的小型微利企业，减按20%的税率征收企业所得税。

《企业所得税实施条例》(2019)所称"符合条件的小型微利企业"，是指从事国家非限制和禁止行业，并符合下列条件的企业：

(1) 工业企业，年度应纳税所得额不超过30万元，从业人数不超过100人，资产总额不超过3 000万元；

(2) 其他企业，年度应纳税所得额不超过30万元，从业人数不超过80人，资产总额不超过1 000万元。

2. 国家需要重点扶持的高新技术企业，减按15%的税率征收企业所得税。

国家需要重点扶持的高新技术企业是指拥有核心自主知识产权，并同时符合下列条件的企业：

(1) 产品(服务)属于《国家重点支持的高新技术领域》规定的范围；
(2) 研究开发费用占销售收入的比例不低于规定比例；
(3) 高新技术产品(服务)收入占企业总收入的比例不低于规定比例(近一年高新技术产品(服务)收入占企业同期总收入的比例不低于60%)；
(4) 科技人员占企业职工总数的比例不低于规定比例(国家规定，企业从事研发和相关技术创新活动的科技人员占企业当年职工总数的比例不低于10%)；
(5) 高新技术企业认定管理办法规定的其他条件。

(五) 少数民族地区的减免

民族自治地方的自治机关对本民族自治地方的企业应缴纳的企业所得税中属于地方分享的

部分,可以决定减征或者免征。自治州、自治县决定减征或者免征的,须报省、自治区、直辖市人民政府批准。"民族自治地方",是指依照《中华人民共和国民族区域自治法》的规定,实行民族区域自治的自治区、自治州、自治县。

对民族自治地方内国家限制和禁止行业的企业,不得减征或者免征企业所得税。

(六) 加计扣除

企业的下列支出,可以在计算应纳税所得额时加计扣除:

1. 开发新技术、新产品、新工艺发生的研究开发费用。

税法规定,"研究开发费用的加计扣除",是指企业为开发新技术、新产品、新工艺发生的研究开发费用,未形成无形资产计入当期损益的,在按照规定据实扣除的基础上,按照研究开发费用的50%加计扣除;形成无形资产的,按照无形资产成本的150%摊销。

但是根据《财政部 税务总局关于进一步完善研发费用税前加计扣除政策的公告》(财政部 税务总局公告2023年第号)规定,企业开展研发活动中实际发生的研发费用,未形成无形资产计入当期损益的,在按规定据实扣除的基础上,自2023年1月1日起,再按照实际发生额的100%在税前加计扣除;形成无形资产的,自2023年1月1日起,按照无形资产成本的200%在税前摊销。

要注意的是:该政策自2023年1月1日起执行。

2. 安置残疾人员及国家鼓励安置的其他就业人员所支付的工资。

企业安置国家鼓励安置的其他就业人员所支付的工资的加计扣除办法,由国务院另行规定。

"企业安置残疾人员所支付的工资的加计扣除"是指企业安置残疾人员的,在按照支付给残疾职工工资据实扣除的基础上,按照支付给残疾职工工资的100%加计扣除。残疾人员的范围适用《中华人民共和国残疾人保障法》的有关规定。

3. 企业出资用于基础研究的支出。

根据《关于企业投入基础研究税收优惠政策的公告》(财政部 税务总局公告2022年第32号)规定,对企业出资给非营利性科学技术研究开发机构(科学技术研究开发机构以下简称科研机构)、高等学校和政府性自然科学基金用于基础研究的支出,在计算应纳税所得额时可按实际发生额在税前扣除,并可按100%在税前加计扣除。

非营利性科研机构、高等学校包括国家设立的科研机构和高等学校、民办非营利性科研机构和高等学校,具体按以下条件确定:

(1) 国家设立的科研机构和高等学校是指利用财政性资金设立的、取得《事业单位法人证书》的科研机构和公办高等学校,包括中央和地方所属科研机构和高等学校。

(2) 民办非营利性科研机构和高等学校,是指同时满足以下条件的科研机构和高等学校:①根据《民办非企业单位登记管理暂行条例》在民政部门登记,并取得《民办非企业单位(法人)登记证书》。②对于民办非营利性科研机构,其《民办非企业单位(法人)登记证书》记载的业务范围应属于科学研究与技术开发、成果转让、科技咨询与服务、科技成果评估范围。对业务范围存在争议的,由税务机关转请县级(含)以上科技行政主管部门确认。对于民办非营利性高等学校,应取得教育主管部门颁发的《民办学校办学许可证》,记载学校类型为"高等学校"。③经认定取得企业所得税非营利组织免税资格。

(3) "政府性自然科学基金"是指国家和地方政府设立的自然科学基金委员会管理的自然科学基金。

(4) "基础研究"是指通过对事物的特性、结构和相互关系进行分析,从而阐述和检验各种假设、原理和定律的活动。具体依据以下内容判断：

① 基础研究不预设某一特定的应用或使用目的,主要是为获得关于现象和可观察事实的基本原理的新知识,可针对已知或具有前沿性的科学问题,或者针对人们普遍感兴趣的某些广泛领域,以未来广泛应用为目标。

② 基础研究可细分为两种类型,一是自由探索性基础研究,即为了增进知识,不追求经济或社会效益,也不积极谋求将其应用于实际问题或把成果转移到负责应用的部门。二是目标导向(定向)基础研究,旨在获取某方面知识、期望为探索解决当前已知或未来可能发现的问题奠定基础。

③ 基础研究成果通常表现为新原理、新理论、新规律或新知识,并以论文、著作、研究报告等形式为主。同时,由于基础研究具有较强的探索性、存在失败的风险,论文、著作、研究报告等也可以体现为试错或证伪等成果。

上述基础研究不包括在境外开展的研究,也不包括社会科学、艺术或人文学方面的研究。

(七) 创业投资

创业投资企业从事国家需要重点扶持和鼓励的创业投资,可以按投资额的一定比例抵扣应纳税所得额。

创投企业,是指符合《创业投资企业管理暂行办法》(2005年国家发展改革委等10部门令第39号)或者《私募投资基金监督管理暂行办法》(2014年证监会令第105号)关于创业投资企业(基金)的有关规定,并按照上述规定完成备案且规范运作的合伙制创业投资企业(基金)。

公司制创业投资企业自2018年1月1日起,公司制创业投资企业采取股权投资方式直接投资于种子期、初创期科技型企业(以下简称初创科技型企业)满2年(24个月)的,可以按照投资额的70%在股权持有满2年的当年抵扣该公司制创业投资企业的应纳税所得额;当年不足抵扣的,可以在以后纳税年度结转抵扣。也就是说公司制创投企业投资初创科技型企业按70%的比例抵扣应纳税所得额并且可以结转抵扣。

(八) 加速折旧

企业的固定资产由于技术进步等原因,确需加速折旧的,可以缩短折旧年限或者采取加速折旧的方法。"可以采取缩短折旧年限或者采取加速折旧的方法"的固定资产,包括：

1. 由于技术进步,产品更新换代较快的固定资产；
2. 常年处于强震动、高腐蚀状态的固定资产。

采取缩短折旧年限方法的,最低折旧年限不得低于《企业所得税条例》规定折旧年限的60%;采取加速折旧方法的,可以采取双倍余额递减法或者年数总和法。

(九) 综合利用资源

企业综合利用资源,生产符合国家产业政策规定的产品所取得的收入,可以在计算应纳税所得额时减计收入。"减计收入",是指企业以《资源综合利用企业所得税优惠目录》规定的资源作为主要原材料,生产国家非限制和禁止并符合国家和行业相关标准的产品取得的收入,减按90%计入收入总额。所称原材料占生产产品材料的比例不得低于《资源综合利用企业所得税优惠目录》规定的标准。

(十) 专用设备投资

企业购置用于环境保护、节能节水、安全生产等专用设备的投资额,可以按一定比例实行税额抵免。

税额抵免,是指企业购置并实际使用《环境保护专用设备企业所得税优惠目录》《节能节水专用设备企业所得税优惠目录》和《安全生产专用设备企业所得税优惠目录》规定的环境保护、节能节水、安全生产等专用设备的,该专用设备的投资额的10%可以从企业当年的应纳税额中抵免;当年不足抵免的,可以在以后5个纳税年度结转抵免。

(十一)企业所得税法规定的税收优惠的具体办法,由国务院规定

根据国民经济和社会发展的需要,或者由于突发事件等原因对企业经营活动产生重大影响的,国务院可以制定企业所得税专项优惠政策,报全国人民代表大会常务委员会备案。

第七节 所得税费用的确认和计量

所得税费用的确认与计量旨在确定企业在报告期间内应缴纳的所得税额,以及在利润表上所记录的所得税费用。采用资产负债表债务法对企业所得税进行核算时,利润表上的所得税费用由两部分组成:当期所得税和递延所得税。

递延所得税(或收益)反映了根据所得税会计准则,在当期应确认的递延所得税资产和递延所得税负债的变动额。这包括了递延所得税资产和递延所得税负债在会计期末的应有金额与之前确认金额之间的差异,即递延税项在当期的增减额。值得注意的是,递延所得税的计算不涉及那些直接影响所有者权益的交易或事项所引起的所得税变动。用公式表示即为:

递延所得税=(递延所得税负债的期末余额−递延所得税负债的期初余额)−
(递延所得税资产的期末余额−递延所得税资产的期初余额)

企业因确认递延所得税资产和递延所得税负债产生的递延所得税,一般应当计入所得税费用,但以下两种情况除外:

1. 按照会计准则规定应计入所有者权益的交易或事项(比如以公允价值计量且其变动计入其他综合收益的其他债权投资),由该交易或事项产生的递延所得税资产或递延所得税负债及其变化亦应计入所有者权益,并不构成利润表中的递延所得税费用(或收益)。

2. 企业合并中取得的资产、负债,由于账面价值与计税基础不一致,如应确认递延所得税的,该递延所得税的确认影响合并中产生的商誉或是计入当期损益的金额,也不影响所得税费用,但是,按照会计准则规定在非同一控制下企业合并中确认了商誉,并且按照所得税法规的规定商誉在初始确认时计税基础等于账面价值的,该商誉在后续计量过程中因会计准则与税法规定不同产生暂时性差异的,应当确认相关的所得税影响。

现在可以总结一下相关公式,在计算确定了当期所得税及递延所得税以后,利润表中应予确认的所得税费用为两者之和,即:

所得税费用(或收益)=当期所得税+递延所得税

当期所得税=收入总额−不征税收入−免税收入−各项扣除−允许弥补的以前年度亏损
当期所得税=当期应交所得税=应纳税所得额×适用的所得税税率

递延所得税=递延所得税费用(−递延所得税收益)
=(递延所得税负债的期末余额−递延所得税负债的期初余额)
−(递延所得税资产的期末余额−递延所得税资产的期初余额)

第八节 本年利润

企业一般应按月计算利润,按月计算利润有困难的企业,可以按季或者按年计算利润。

一、本年利润的结账方法

会计期末结转本年利润的方法有表结法和账结法两种。不管采用何种结账方法,年度终了,均应将本年收入和支出相抵后结出的本年实现的净利润,由"本年利润"账户结转进入"利润分配"账户。

(一) 账结法

企业于每月月末填制转账凭证,在账簿上结计出的各损益类账户的余额都需要结转入"本年利润"账户的借方或贷方。结转后"本年利润"科目的本月余额反映当月实现的利润(或亏损),"本年利润"科目的本年余额反映本年累计实现的利润或发生的亏损。账结法是一种常用的会计处理方法,它允许企业在每个会计周期结束时,通过"本年利润"科目来反映当月以及整个会计年度的利润或亏损情况。然而,这种方法虽然在提供信息方面具有及时性和准确性,但同时也增加了会计处理过程中的转账环节,从而相应地增加了会计工作的复杂性和工作量。

(二) 表结法

企业于每月月末不需要编制转账凭证,在账簿上结计出的各损益类账户只需结计出本月发生额和月末累计余额,不需要结转到"本年利润"账户,只有在年末时才将全年各损益类账户累计余额结转入"本年利润"账户。

但是,每月月末必须将损益类账户的本月发生额合计数填入利润表的本月数栏,同时将自年初至本月末累计余额填入利润表的本年累计数栏,通过利润表计算反映各期的利润(或亏损)。表结法下,平时损益类账户无需结转入"本年利润"账户,从而减少了转账环节和财务部门工作量,同时并不影响利润表的编制及有关损益指标的利用。

两者相比较,账结法以账户的形式展示出来,可以在账簿上清晰地看到本单位会计核算的全过程,易于查询、统计和比较。表结法以表格的形式展示出来,可以清晰地看到会计核算的结果,易于理解、操作;因此,在实务中,账结法和表结法都有其各自的优缺点,每个企业应根据自己的实际情况选择采用适合本单位的结账方法。

二、本年利润账户

1. 账户的性质:所有者权益类账户。

2. 账户的用途:为了核算企业当期实现的净利润(或发生的净亏损),企业应当设置"本年利润"科目,"本年利润"科目贷方登记企业会计期末转入的各种收入和收益,借方登记企业期末转入的各种成本、费用、损失等支出,年末应将该账户的余额转入"利润分配——未分配利润"账户。期末贷方余额,反映当期的累计发生的净利润,期末借方余额反映当期累计发生的净亏损。

3. 明细账的设置:"本年利润"账户一般根据收入和支出的项目分栏目,适用借方贷方多栏式明细分类账,进行明细核算。

三、本年利润的账务处理

1. 期末结转利润时,应将"主营业务收入"、"其他业务收入"、"营业外收入"等科目的期末余额分别转入"本年利润"科目,借记"主营业务收入"、"其他业务收入"、"营业外收入"等科目,贷记"本年利润"科目。

2. 将"主营业务成本"、"其他业务成本"、"税金及附加"、"销售费用"、"管理费用"、"研发费用"("管理费用"科目下的"研发费用"明细科目的发生额)、"财务费用"、"勘探费用"、"信用减值损失"、"资产减值损失"、"营业外支出"、"所得税费用"等科目的期末余额分别转入"本年利润"科目,借记"本年利润"科目,贷记"主营业务成本"、"其他业务成本"、"税金及附加"、"销售费用"、"管理费用"、"财务费用"、"勘探费用"、"信用减值损失"、"资产减值损失"、"营业外支出"、"所得税费用"等科目。

3. 将"其他收益"、"公允价值变动损益"、"投资收益"、"资产处置收益"科目的净收益,转入"本年利润"科目,借记"其他收益"、"公允价值变动损益"、"投资收益"、"资产处置收益"科目,贷记"本年利润"科目;如为净损失,做相反的会计分录。

4. 年度终了,应将本年收入和支出相抵后结出的本年实现的净利润,转入"利润分配"科目,借记"本年利润"科目,贷记"利润分配——未分配利润"科目;如为净亏损,做相反的会计分录。结转后"本年利润"科目应无余额。

【例 20-9】 2023 年 12 月 31 日,甲公司有关损益类科目的年末余额如下(假定甲公司采用表结法年末一次结转损益类账户,特别注意的是,所得税税率为 25%,所得税费用为 130 000 元,本题所得税费用都已经给出,所以知道不知道所得税税率没有关系)。

金额:元

账户名称	结账前账户余额	借方或贷方余额
主营业务收入	5 000 000	贷方
其他业务收入	300 000	贷方
营业外收入	10 000	贷方
其他收益	600 000	贷方
公允价值变动损益	200 000	贷方
投资收益	400 000	贷方
资产处置收益	150 000	贷方
主营业务成本	3 800 000	借方
其他业务成本	120 000	借方
税金及附加	220 000	借方
销售费用	250 000	借方
管理费用	450 000	借方
财务费用	60 000	借方
信用减值损失	240 000	借方
资产减值损失	80 000	借方
营业外支出	200 000	借方
所得税费用	130 000	借方

甲公司 2023 年 12 月 31 日结转本年利润的账务处理录如下：

1. 将各损益类科目年末余额结转入"本年利润"科目。

（1）结转各项收入、利得类科目

借：主营业务收入	5 000 000
其他业务收入	300 000
营业外收入	10 000
其他收益	600 000
公允价值变动损益	200 000
投资收益	400 000
资产处置收益	150 000
贷：本年利润	6 660 000

（2）结转各项成本、费用、损失类科目

借：本年利润	5 550 000
贷：主营业务成本	3 800 000
其他业务成本	120 000
税金及附加	220 000
销售费用	250 000
管理费用	450 000
财务费用	60 000
信用减值损失	240 000
资产减值损失	80 000
营业外支出	200 000
所得税费用	130 000

2. 经过上述结转后，"本年利润"科目的贷方发生额合计 6 660 000 元减去借方发生额合计 5 550 000 元，即为净利润 1 110 000 元。

将"本年利润"科目年末余额 1 110 000 元转入"利润分配——未分配利润"账户：

借：本年利润	1 110 000
贷：利润分配——未分配利润	1 110 000

第二十一章 产品成本核算

第一节 成本核算的要求和一般程序

产品成本,是指企业在生产产品过程中所发生的材料费用、职工薪酬等,以及不能直接计入而按一定标准分配计入的各种间接费用。产品成本核算是对生产经营过程中实际发生的成本、费用进行计算,并进行相应的账务处理。成本核算一般是对成本计划执行的结果进行事后的反映。企业通过产品成本核算。一方面,可以审核各项生产费用和经营管理费用的支出,分析和考核产品成本计划的执行情况,促使企业降低成本和费用;另一方面,还可以为计算利润、进行成本和利润预测提供数据,有助于提高企业生产技术和经营管理水平。

成本核算的一般程序,是指对企业在生产经营过程中发生的各项生产费用和期间费用,按照成本核算的要求,逐步进行归集和分配,最后计算出各种产品的生产成本和各项期间费用的过程。成本核算的一般程序如下:

1. 根据生产特点和成本管理的要求,确定成本核算对象。
2. 确定成本项目。企业计算产品生产成本,一般应当设置原材料、燃料和动力、工资及福利费等成本项目。
3. 设置有关成本和费用明细账。如生产成本明细账、制造费用明细账、产成品和自制半成品明细账等。
4. 收集确定各种产品的生产量、入库量、在产品盘存量以及材料、工时、动力消耗等,并对所有已发生费用进行审核。
5. 归集所发生的全部费用,并按照确定的成本计算对象予以分配,按成本项目计算各种产品的在产品成本、产成品成本和单位成本。
6. 结转产品销售成本。为了进行成本核算,企业一般应设置"生产成本"、"制造费用"、"销售费用"、"管理费用"、"财务费用"等科目。如果需要单独核算废品损失和停工损失,还应设置"废品损失"和"停工损失"科目。

第二节 成本核算对象和成本项目

一、成本核算对象

(一) 成本核算对象的概念

成本核算对象,是指确定归集和分配生产费用的具体对象,即生产费用承担的客体。成本核算对象的确定,是设立成本明细分类账户、归集和分配生产费用以及正确计算成本的前提。具体的成本核算对象应当根据企业生产经营特点和管理要求加以确定。

(二) 成本核算对象的确定

由于产品工艺、生产方式、成本管理等要求不同,产品项目不等于成本核算对象。一般情况下,对工业企业而言,大批大量单步骤生产产品或管理上不要求提供有关生产步骤成本信息的,以产品品种为成本核算对象;小批单件生产产品的,以每批或每件产品为成本核算对象;多步骤连续加工产品且管理上要求提供有关生产步骤成本信息的,以每种产品及各生产步骤为成本核算对象;产品规格繁多的,可将产品结构、耗用原材料和工艺过程基本相同的各种产品,适当合并作为成本核算对象。成本核算对象确定后,各种会计、技术资料的归集应当与此一致,一般不应中途变更,以免造成成本核算不实、结算漏账和经济责任不清的弊端。

二、成本项目

(一) 成本项目的概念

为具体反映计入产品生产成本的生产费用的各种经济用途,还应将其进一步划分为若干个项目,即产品生产成本项目,简称产品成本项目或成本项目。企业应当按经济用途和生产要素内容相结合的原则或成本性态等设置成本项目。

设置成本项目可以反映产品成本的构成情况,满足成本管理的目的和要求,有利于了解企业生产费用的经济用途,便于企业分析和考核产品成本计划的执行情况。

(二) 成本项目的设置

成本项目的设置应根据管理上的要求确定,对于工业企业而言,一般可设置"直接材料"、"燃料及动力"、"直接人工"和"制造费用"等项目。

1. 直接材料。直接材料指构成产品实体的原材料以及有助于产品形成的主要材料和辅助材料。包括原材料、辅助材料、备品配件、外购半成品、包装物、低值易耗品等费用。

2. 燃料及动力。燃料及动力是指直接用于产品生产的外购和自制的燃料和动力。

3. 直接人工。直接人工指直接从事产品生产的工人的职工薪酬。上述直接费用根据实际发生数进行核算,并按照成本核算对象进行归集,根据原始凭证或原始凭证汇总表直接计入成本。

4. 制造费用。制造费用指企业为生产产品和提供劳务而发生的各项间接费用,如车间管理人员的工资及提取的福利费、车间房屋建筑物和机器设备的折旧费、租赁费、机物料消耗、水电费、办公费以及停工损失、信息系统维护费等。不能根据原始凭证或原始凭证汇总表直接计入成本的费用,需要按一定标准分配计入成本核算对象。

由于生产的特点、各种费用支出的比重及成本管理和核算的要求不同,各企业可根据具体情况,增设"废品损失"、"直接燃料和动力"等成本项目。

第三节 要素费用的归集和分配

工业企业的费用按照经济内容可划分为以下要素费用,即外购材料、外购燃料、外购动力、职工薪酬、折旧费、利息费用、税金和其他费用。按照要素费用分类核算工业企业的费用,反映了工业企业在一定时期内发生了哪些费用及其金额,可以用于分析各时期费用的构成和各要素费用所占的比重,进而分析考核各时期各种要素费用支出的执行情况。

一、成本核算的科目设置

(一) 生产成本科目

该科目核算企业进行工业性生产发生的各项生产成本,包括生产各种产品(产成品、自制半成品等)、自制材料、自制工具、自制设备等。该科目借方反映所发生的各项生产费用,贷方反映完工转出的产品成本,期末借方余额反映尚未加工完成的各项在产品的成本。该科目应按产品品种等成本核算对象设置基本生产成本和辅助生产成本明细科目。基本生产成本应当分别按照基本生产车间和成本核算对象(产品的品种、类别、订单、批别、生产阶段等)设置明细账(或成本计算单),并按规定的成本项目设置专栏,如表21-1所示。

表 21-1　基本生产成本明细账
(产品成本明细账)

车间:第一车间　　　　　　　　　　　　　　　　　　　　　　　　　　　　　　　　单位:元

月	日	摘要	产品(件)	成本项目			成本合计
				直接材料	直接人工	制造费用	
5	31	在产品费用		28 000	7 000	9 000	44 000
6	30	本月生产费用		71 000	20 000	27 000	118 000
6	30	生产费用累计		99 000	27 000	36 000	162 000
6	30	本月完工产品成本	1 000	88 000	24 000	31 000	143 000
6	30	完工产品单位成本		88	24	31	143
6	30	在产品费用		11 000	3 000	5 000	19 000

辅助生产是为基本生产服务而进行的产品生产和劳务供应。该科目按辅助生产车间和提供的产品、劳务分设辅助生产成本明细账,按辅助生产的成本项目分设专栏。期末,对共同负担的费用按照一定的分配标准分配给各受益对象。

(二)制造费用科目

制造费用是指工业企业为生产产品(或提供劳务)而发生的,应计入产品成本但没有专设成本项目的各项间接费用。本科目核算企业生产车间(部门)为生产产品和提供劳务而发生的各项间接费用,以及虽然直接用于产品生产但管理上不要求或不便于单独核算的费用。企业可按不同的生产车间、部门和费用项目进行明细核算。期末,将共同负担的制造费用按照一定的标准分配计入各成本核算对象,除季节性生产外,本科目期末应无余额。

对小型工业企业而言,也可以将"生产成本"和"制造费用"两个会计科目合并为"生产费用"一个会计科目,下设"基本生产成本"、"辅助生产成本"、"制造费用"三个二级明细科目。单独核算废品损失和停工损失的企业,还可以另外增设相应的明细科目。

二、材料、燃料、动力的归集和分配及账务处理

(一)材料、燃料、动力的归集和分配

无论是外购的,还是自制的,发生材料、燃料和动力等各项要素费用时,对于直接用于产品生产、构成产品实体的原材料,一般分产品领用,应根据领退料凭证直接计入相应产品成本的"直接材料"项目。

对于不能分产品领用的材料,如化工生产中为几种产品共同耗用的材料,需要采用适当的分配方法,分配计入各相关产品成本的"直接材料"成本项目。分配标准的选择可依据材料消耗与产品的关系,对于材料、燃料耗用量与产品重量、体积有关的,按其重量或体积分配,如以生铁为原材料生产各种铁铸件,应以生产的铁铸件的重量比例为分配依据,燃料也可以按照所耗用的原

材料作为分配标准,动力一般按用电(或水)度(或吨)数,也可按产品的生产工时或机器工时进行分配。相应的计算公式为:

$$材料、燃料、动力费用分配率=\frac{材料、燃料、动力消耗总额}{分配标准(如产品重量、耗用的原材料、生产工时)}$$

$$某种产品应负担的材料、燃料、动力费用=该产品的重量、耗用的原材料、生产工时等 \times 材料、燃料、动力费用分配率$$

在消耗定额比较准确的情况下,原材料、燃料也可按照产品的材料定额消耗量比例或材料定额费用比例进行分配。

按材料定额消耗量比例分配材料费用的计算公式如下:

$$某种产品材料定额消耗量=该种产品实际产量 \times 单位产品材料消耗定额$$

$$材料消耗量分配率=\frac{材料实际总消耗量}{各种产品材料定额消耗量之和}$$

某种产品应分配的材料费用=该种产品的材料定额消耗量 × 材料消耗量分配率 × 材料单价

【例 21-1】 甲工厂 2023 年 5 月生产 A、B 两种产品领用某材料 4 900 千克。每千克 4 元。本月投产的 A 产品为 200 件,B 产品为 100 件。A 产品的材料消耗定额为 5 千克,B 产品的材料消耗定额为 15 千克。

A 产品的材料定额消耗量=200×5=1 000 千克

B 产品的材料定额消耗量=100×15=1 500 千克

材料消耗量分配率=4 900÷(1 000+1 500)=1.96

A 产品分配负担的材料费用=1 000×1.96×4=7 840 元

B 产品分配负担的材料费用=1 500×1.96×4=11 760 元

A、B 产品材料费用合计=7 840+11 760=19 600 元

(二)材料、燃料、动力分配的账务处理

材料、燃料、动力费用的分配,一般通过材料、燃料、动力分配表进行,这种分配表应根据领退料凭证和有关资料编制,其中,退料凭证的数额可以从相应的领料凭证的数额中扣除;对外购电力而言,应根据有关的转账凭证或付款凭证等资料编制。

【例 21-2】 承【例 21-1】,编制的材料费用分配表如表 21-2 所示。

表 21-2 材料费用分配表

甲工厂　　　　　　　　　　　2023 年 5 月 31 日　　　　　　　　　　　单位:元

应借科目		成本项目	直接计入	分配计入 (分配率 1.96)	材料费用合计
基本生产成本	A 产品	直接材料	135 160	7 840	143 000
	B 产品	直接材料	115 240	11 760	127 000
	小计		250 400	19 600	270 000
辅助生产成本	机修车间	直接材料	15 000		15 000
	运输车间				
	小计		15 000		15 000

(续表)

应借科目		成本项目	直接计入	分配计入 (分配率 1.96)	材料费用合计
制造费用	基本车间	机物料	8 000		8 000
	机修车间	机物料	4 000		4 000
	运输车间	机物料	1 000		1 000
	小计		13 000		13 000
合计					298 000

根据表 21-2 编制如下会计分录：

借：基本生产成本——A 产品　　　　　　　　　　　　　　　143 000
　　　　　　　　——B 产品　　　　　　　　　　　　　　　127 000
　　辅助生产成本　　　　　　　　　　　　　　　　　　　　15 000
　　制造费用　　　　　　　　　　　　　　　　　　　　　　13 000
　　贷：原材料　　　　　　　　　　　　　　　　　　　　　298 000

三、职工薪酬的归集和分配及账务处理

职工薪酬是企业在生产产品或提供劳务活动过程中所发生的各种直接和间接人工费用的总和。对于职工薪酬的分配，实务中通常有两种处理方法：一是按本月应付金额分配本月工资费用，该方法适用于月份之间工资差别较大的情况；二是按本月支付工资金额分配本月工资费用，该方法适用于月份之间工资差别不大的情况。

职工薪酬的归集和分配，必须有一定的原始记录作为依据：计时工资，以考勤记录中的工作时间记录为依据；计件工资，以产量记录中的产品数量和质量记录为依据；计时工资和计件工资以外的各种奖金、津贴、补贴等，按照国家和企业的有关规定计算。

工资结算和支付的凭证为工资结算单或工资单，为便于成本核算和管理，一般按车间、部门分别填制，是职工薪酬分配的依据。直接进行产品生产的生产工人的职工薪酬，直接计入产品成本的"直接人工"成本项目；不能直接计入产品成本的职工薪酬，按工时、产品产量、产值比例等方式进行合理分配，计入各有关产品成本的"直接人工"项目。相应的计算公式为：

生产工资费用分配率＝各种产品生产工资总额÷各种产品生产工时之和
某种产品应分配的生产工资＝该种产品生产工时×生产工资费用分配率

如果取得各种产品的实际生产工时数据比较困难，而各种产品的单件工时定额比较准确，也可按产品的定额工时比例分配职工薪酬，相应的计算公式如下：

某种产品耗用的定额工时＝该种产品投产量×单位产品工时定额
生产工资费用分配率＝各种产品生产工资总额÷各种产品定额工时之和
某种产品应分配的生产工资＝该种产品定额工时×生产工资费用分配率

四、辅助生产费用的归集和分配及账务处理

（一）辅助生产费用的归集

辅助生产费用的归集是通过辅助生产成本总账及明细账进行。一般按车间及产品和劳务设

立明细账。当辅助生产发生各项费用时记入"辅助生产成本"科目及其明细科目。一般情况下,辅助生产的制造费用,与基本生产的制造费用一样,先通过"制造费用"科目进行单独归集,然后再转入"辅助生产成本"科目。对于辅助生产车间规模很小、制造费用很少且辅助生产不对外提供产品和劳务的,为简化核算工作,辅助生产的制造费用也可以不通过"制造费用"科目,而直接记入"辅助生产成本"科目。

(二) 辅助生产费用的分配及账务处理

辅助生产的分配应通过辅助生产费用分配表进行。辅助生产费用的分配方法很多,通常采用直接分配法、交互分配法、计划成本分配法、顺序分配法和代数分配法等。

1. 直接分配法。

直接分配法的特点是不考虑各辅助生产车间之间相互提供劳务或产品的情况,而是将各种辅助生产费用直接分配给辅助生产以外的各受益单位。采用此方法,各辅助生产费用只进行对外分配,分配一次,计算简单,但分配结果不够准确。此方法适用于辅助生产内部相互提供产品和劳务不多、不进行费用的交互分配、对辅助生产成本和企业产品成本影响不大的情况。

2. 交互分配法。

交互分配法的特点是辅助生产费用通过两次分配完成,首先将辅助生产明细账上的合计数根据各辅助生产车间、部门相互提供的劳务数量计算分配率,在辅助生产车间进行交互分配;然后将各辅助生产车间交互分配后的实际费用(即交互前的费用加上交互分配转入的费用,减去交互分配转出的费用),再按提供的劳务量在辅助生产车间以外的各受益单位之间进行分配。这种分配方法的优点是提高了分配的正确性,但同时加大了分配的工作量。

3. 计划成本分配法。

计划成本分配法的特点是辅助生产为各受益单位提供的劳务,都按劳务的计划单位成本进行分配,辅助生产车间实际发生的费用与按计划单位成本分配转出的费用之间的差额采用简化计算方法全部计入管理费用。这种方法便于考核和分析各受益单位的成本,有利于分清各单位的经济责任。但成本分配不够准确。这种分配方法适用于辅助生产劳务计划单位成本比较准确的企业。

4. 顺序分配法。

顺序分配法,也称梯形分配法,其特点是按照辅助生产车间受益多少的顺序分配费用,受益少的先分配,受益多的后分配,先分配的辅助生产车间不负担后分配的辅助生产车间的费用。此种分配方法适用于各辅助生产车间之间相互受益程度有明显顺序的企业。

5. 代数分配法。

代数分配法的特点是先根据解联立方程的原理,计算辅助生产劳务或产品的单位成本,然后根据各受益单位耗用的数量和单位成本分配辅助生产费用。此方法有关费用的分配结果最正确,但在辅助生产车间较多的情况下,未知数也较多,计算工作比较复杂,因此,本方法适用于已经实现电算化的企业。

在实际工作中,企业应根据其具体情况选择辅助生产费用的分配方法,一经选定不能轻易变更,以保证各项成本费用的可比性。

五、制造费用的归集和分配及账务处理

(一) 制造费用的归集

"制造费用"科目应当根据有关付款凭证、转账凭证和前述各种成本分配表登记;此外,还应

按不同的车间设立明细账,账内按照成本项目设立专栏,分别反映各车间各项制造费用的发生情况和分配转出情况。基本生产车间和辅助生产车间发生的直接用于生产、但没有专设成本项目的各种材料成本以及用于组织和管理生产活动的各种材料成本,一般应借记"制造费用"及其明细科目(基本生产车间或辅助生产车间)的相关成本项目,贷记"原材料"等科目;基本生产车间和辅助生产车间管理人员的工资、福利费等职工薪酬,应记入"制造费用"科目和所属明细科目的借方,同时,贷记"应付职工薪酬"科目。月末,应按照一定的方法将通过"制造费用"科目归集的制造费用从贷方分配转入有关成本计算对象。

(二)制造费用的分配

制造费用,一般应先分配辅助生产的制造费用,将其计入辅助生产成本,然后再分配辅助生产费用,将其中应由基本生产负担的制造费用计入基本生产的制造费用,最后再分配基本生产的制造费用。制造费用应当按照车间分别进行,不应将各车间的制造费用汇总,在企业范围内统一分配。

企业应当根据制造费用的性质,合理选择分配方法。也就是说,企业所选择的制造费用分配方法,必须与制造费用的发生具有比较密切的相关性,并且使分配到每种产品上的制造费用金额基本合理,同时还应适当考虑计算手续的简便。制造费用分配方法很多,通常采用生产工人工时比例法(或生产工时比例法)、生产工人工资比例法(或生产工资比例法)、机器工时比例法和按年度计划分配率分配法等。企业具体选用哪种分配方法,由企业自行决定。分配方法一经确定,不得随意变更。如需变更,应当在附注中予以说明。

制造费用常用计算公式概括如下:

制造费用分配率=制造费用总额÷各产品分配标准之和(如,产品生产工时总数或生产工人定额工时总数、生产工人工资总和、机器工时总数、产品计划产量的定额工时总数)

某种产品应分配的制造费用=该种产品分配标准×制造费用分配率

其中,由于生产工时是分配间接费用的常用标准之一,因此,生产工人工时比例法较为常用;生产工人工资比例分配法适用于各种产品生产机械化程度相差不多的企业,如果生产工人工资是按生产工时比例分配,该方法实际上等同于生产工人工时比例法;机器工时比例法是按照各产品生产所用机器设备运转时间的比例分配制造费用的方法,适用于产品生产的机械化程度较高的车间;按年度计划分配率分配法是按照年度开始前确定的全年度适用的计划分配率分配费用的方法,分配率计算公式的分母按定额工时计算,年度内如果发生全年的制造费用实际数与计划数差别较大,应及时调整计划分配率,该方法特别适用于季节性生产企业。

(三)制造费用的账务处理

制造费用的分配方法一经确定,不应任意变更。无论采用哪种分配方法,都应根据分配计算结果编制制造费用分配表,根据制造费用分配表进行制造费用分配的总分类核算和明细核算。

然后再将归集在辅助生产成本的费用按照辅助生产费用的方法进行分配,其中,分配给基本生产的制造费用在归集了全部基本生产车间的制造费用后,转入"基本生产成本"科目。

六、废品损失和停工损失的核算

(一)废品损失的核算

废品损失是指在生产过程中发生的和入库后发现的不可修复废品的生产成本,以及可修复废品的修复费用,扣除回收的废品残料价值和应收赔款以后的损失。经质量检验部门鉴定不需要返修、可以降价出售的不合格品,以及产品入库后由于保管不善等原因而损坏变质的产品和实行"三包"企业在产品出售后发现的废品均不包括在废品损失内。

为单独核算废品损失,应增设"废品损失"科目,在成本项目中增设"废品损失"项目。废品损失也可不单独核算,相应费用等体现在"基本生产成本"、"原材料"等科目中。辅助生产一般不单独核算废品损失。

1. 不可修复废品损失。

不可修复废品损失的生产成本,可按废品所耗实际费用计算,也可按废品所耗定额费用计算。废品损失采用按废品所耗实际费用计算时,要将废品报废前与合格品在一起计算的各项费用,采用适当的分配方法(见在产品和产成品之间成本的分配)在合格品与废品之间进行分配,计算出废品的实际成本,从"基本生产成本"科目贷方转入"废品损失"科目借方。如果废品是在完工以后发现的,单位废品负担的各项生产费用应与单位合格产品完全相同,可按合格品产量和废品的数量比例分配各项生产费用,计算废品的实际成本。

废品损失采用按废品所耗定额费用计算不可修复废品成本时,废品的生产成本是按废品数量和各项费用定额计算的,不需要考虑废品实际发生的生产费用。

2. 可修复废品损失。

可修复废品返修以前发生的生产费用,不是废品损失,不需要计算其生产成本,而应留在"基本生产成本"科目和所属有关产品成本明细账中,不需要转出。返修发生的各种费用,应根据各种费用分配表,记入"废品损失"科目的借方。其回收的残料价值和应收的赔款,应从"废品损失"科目贷方分别转入"原材料"和"其他应收款"科目的借方。结转后"废品损失"的借方反映的是归集的可修复损失成本,应转入"基本生产成本"科目的借方。

(二) 停工损失的核算

停工损失是指生产车间或车间内某个班组在停工期间发生的各项费用,包括停工期间发生的原材料费用、人工费用和制造费用等。应由过失单位或保险公司负担的赔款,应从停工损失中扣除。不满1个工作日的停工,一般不计算停工损失。季节性停工、修理期间的正常停工费用在产品成本核算范围内,应计入产品成本。非正常停工费用应计入企业当期损益。

单独核算停工损失的企业,应增设"停工损失"科目,在成本项目中增设"停工损失"项目,根据停工报告单和各种费用分配表、分配汇总表等有关凭证,将停工期内发生、应列作停工损失的费用记入"停工损失"科目的借方进行归集;应由过失单位及过失人员或保险公司负担的赔款,应从该科目的贷方转入"其他应收款"等科目的借方。期末,将停工净损失从该科目贷方转出,属于自然灾害部分转入"营业外支出"科目的借方;应由本月产品成本负担的部分,则转入"基本生产成本"科目的借方,在停工的车间生产多种产品时,还要采用合理的分配标准,分配计入该车间各产品成本明细账停工损失成本项目。"停工损失"科目月末无余额。

不单独核算停工损失的企业,不设立"停工损失"科目,直接反映在"制造费用"。

第四节 生产费用在完工产品和在产品之间的归集和分配

一、在产品数量的核算

在产品数量是核算在产品成本的基础,在产品成本与完工产品成本之和就是产品的生产费用总额。月末,产品成本明细账按照成本项目归集了相应的生产费用后,为确定完工产品总成本和单位成本,还应当将已经归集的产品成本在完工产品和月末在产品之间进行分配。为此,需要取得完工产品和在产品收发结存的数量资料。

在产品是指没有完成全部生产过程、不能作为商品销售的产品,包括正在车间加工中的在产品(包括正在返修的废品)和已经完成一个或几个生产步骤但还需要继续加工的半成品(包括未经验收入库的产品和等待返修的废品)两部分。不包括对外销售的自制半成品。对某个车间或生产步骤而言,在产品只包括该车间或该生产步骤正在加工中的那部分在产品。

二、完工产品和在产品之间费用的分配

每月月末,当月生产成本明细账中按照成本项目归集了本月生产成本以后,这些成本就是本月发生的生产成本,并不是本月完工产品的成本。计算本月完工产品成本,还需要将本月发生的生产成本,加上月初在产品成本,然后再将其在本月完工产品和月末在产品之间进行分配,以求得本月完工产品成本。

完工产品、在产品成本之间的关系如下:

本月完工产品成本＝本月发生成本＋月初在产品成本－月末在产品成本

根据这一关系,结合生产特点,企业应当根据在产品数量的多少、各月在产品数量变化的大小、各项成本比重的大小,以及定额管理基础的好坏等具体条件,采用适当的分配方法将生产成本在完工产品和在产品之间进行分配。常用的分配方法有:不计算在产品成本法、在产品按固定成本计价法、在产品按所耗直接材料成本计价法、约当产量比例法、在产品按定额成本计价法、定额比例法等。

三、联产品和副产品的成本分配

(一) 联产品成本的分配

联产品,是指使用同种原料,经过同一生产过程同时生产出来的两种或两种以上的主要产品。联产品的生产特点是:在生产开始时,各产品尚未分离,同一加工过程中对联产品的联合加工。当生产过程进行到一定生产步骤,产品才会分离。在分离点以前发生的生产成本,称为联合成本。"分离点",是指在联产品生产中,投入相同原料,经过同一生产过程,分离为各种联产品的时点。分离后的联产品,有的可以直接销售,有的还需进一步加工才可供销售。

联产品成本的计算,通常分为两个阶段进行:一是联产品分离前发生的生产成本即联合成本,可按一个成本核算对象设置一个成本明细账进行归集,然后将其总额按一定分配方法,如售价法、实物数量法等,在各联产品之间进行分配;二是分离后按各种产品分别设置明细账,归集其分离后所发生的加工成本。

(二) 副产品成本的分配

副产品,是指在同一生产过程中,使用同种原料,在生产主产品的同时附带生产出来的非主要产品。它的产量取决于主产品的产量,随主产品产量的变动而变动,如甘油是生产肥皂这个主产品的副产品。

在分配主产品和副产品的生产成本时,通常先确定副产品的生产成本,然后确定主产品的生产成本。

四、完工产品成本的结转

企业完工产品经产成品仓库验收入库后,其成本应从"生产成本——基本生产成本"科目及所属产品成本明细账的贷方转出,转入"库存商品"科目的借方,"生产成本——基本生产成本"科目的月末余额,就是基本生产在产品的成本,也就是在基本生产过程中占用的生产资金,应与所属各种产品成本明细账中月末在产品成本之和核对相符。

第二十二章 会计账簿

第一节 会计账簿概述

一、会计账簿的概念和作用

会计账簿是指由一定格式账页组成的,以经过审核的会计凭证为依据,全面、系统、连续地记录各项经济业务事项的簿籍。设置和登记账簿,是编制会计报表的基础,是连续会计凭证与会计报表的中间环节,在会计核算中具有重要作用。

(一) 记载和储存会计信息

将会计凭证所记录的经济业务记入有关账簿,可以全面反映会计主体在一定时期内所发生的各项资金运动,储存所需要的各项会计信息。

(二) 分类和汇总会计信息

账簿由不同的相互关联的账户所构成,通过账簿记录,一方面可以分门别类地反映各项会计信息,提供一定时期内经济活动的详细情况,另一方面可以通过发生额、余额计算,提供各方面所需要的总括会计信息,反映财务状况、经营成果和现金流量的综合价值指标。

(三) 检查和校正会计信息

账簿记录是会计凭证信息的进一步整理,也是会计分析、会计检查的重要依据。如在永续盘存制下,通过有关盘存账户余额与实际盘点或核查结果的核对,可以确认财产的盘盈或盘亏,并根据实际结存数调整账簿记录,做到账实相符,提供如实、可靠的会计信息。

(四) 编报和输出会计信息

为了及时反映企业的财务状况、经营成果和现金流量,应定期进行结账工作,进行有关账簿之间的核对,计算出本期发生额和余额,据以编制财务报表,向有关各方面提供所需要的会计信息。

二、会计账簿的基本内容

1. 封面

封面主要用来标明账簿的名称,如总分类账、各种明细分类账、现金日记账、银行存款日记账等。

2. 扉页

扉页主要用来列明会计账簿的使用信息,如科目索引、账簿启用和经管人员一览表,具体包括:账簿启用的日期和截止日期、页数、册次;经管账簿人员一览表及其签章;会计主管人员姓名和签章;账户目录等。

3. 账页

账页是用来记录经济业务的主要载体,包括账户名称(总账科目、二级或明细科目)、日期栏、凭证种类和号数栏、摘要栏、金额栏及总页次和分户页次等基本内容。

三、会计账簿与账户的关系

账户是根据会计科目设置的,账户存在于账簿之中,账簿中的每一账页就是账户的存在形式和载体,没有账簿,账户就无法存在;因此,账簿只是一个外在形式,账户才是它的真实内容,账簿与账户的关系是形式和内容的关系。

四、会计账簿的种类

会计账簿的种类很多,不同类别的会计账簿可以提供不同的信息,满足不同的需要。在实际工作中,通常使用以下方法进行分类。

(一) 按用途分类

账簿按其用途的不同,可以分为序时账簿、分类账簿和备查账簿三类。

1. 序时账簿

序时账簿又称日记账,是按照经济业务发生或完成时间的先后顺序逐日逐笔进行登记的账簿,序时账簿按其记录的内容,可分为普通日记账和特种日记账。

普通日记账是指对全部经济业务按其发生时间的先后顺序逐日、逐笔登记的账簿。

特种日记账是指对某一特定种类频繁发生的经济业务按其发生时间的先后顺序逐日、逐笔登记的账簿,应用较广的特种日记账是现金日记账和银行存款日记账。

2. 分类账簿

分类账簿是对全部经济业务事项,按照会计要素的具体类别而设置的分类账户进行登记的账簿。账簿按其反映经济业务的详略程度,分为总分类账簿和明细分类账簿。

总分类账簿又称总账,是根据总分类账户开设的,能够全面反映企业经济业务的账簿。明细分类账簿又称明细账,是根据明细分类账户开设的,用来提供明细核算资料的账簿。总账对所属明细账起统驭作用,明细账对总账进行补充和说明。

分类账簿提供的核算信息是编制会计报表的主要依据。

3. 备查账簿

备查账簿又称辅助登记簿或补充登记簿,是对某些在序时账簿和分类账簿等主要账簿中未能记载或记载不全的经济业务进行补充登记的账簿。备查账簿只是对其他账簿记录的一种补充,与其他账簿之间不存在严密的依存和钩稽关系。备查账簿根据企业的实际需要设置,没有固定的格式要求,不记录金额,也不需要凭证,该种账簿可以提供某些有用的参考资料或信息。例如,租入固定资产登记簿,应收、应付票据登记簿。

(二) 按账页格式分类

按账页格式不同,账簿可分为两栏式账簿、三栏式账簿、多栏式账簿、数量金额式账簿和横线登记式账簿。

1. 两栏式账簿

两栏式账簿是只有借方和贷方两个基本金额栏目的账簿。

2. 三栏式账簿

三栏式账簿是设有借方、贷方和余额三个基本栏目的账簿。各种日记账、总账以及资本、债权债务明细账都可采用三栏式账簿。

三栏式账簿又分为设对方科目和不设对方科目两种,区别是在摘要栏和借方科目栏之间是否有一栏"对方科目"。有"对方科目"栏的,称为设对方科目的三栏式账簿;不设"对方科目"栏的,称为不设对方科目的三栏式账簿。三栏式账簿样式见表22-1所示。

表22-1 账户名称

年		凭证		摘要	借方	贷方	借或贷	余额
月	日	种类	号数					

3. 多栏式账簿

多栏式账簿是在账簿的两个基本栏目借方和贷方按需要分设若干专栏的账簿。这种账簿可以按"借方"和"贷方"分别设专栏,利润明细账一般采用这种格式的账簿,也可以只设"借方"或"贷方"专栏,另一方的内容在相应的专栏内用红字登记,表示冲减。

收入、成本、费用和利润明细账一般均采用这种格式的账簿。多栏式账簿样式见表22-2、表22-3、表22-4所示。

表22-2 借方多栏式明细账

年		凭证		摘要	借方					余额
月	日	种类	号数						合计	

表22-3 贷方多栏式明细账

年		凭证		摘要	贷方					余额
月	日	种类	号数						合计	

表22-4 借方贷方多栏式明细账

年		凭证		摘要	借方		贷方		借或贷	余额
月	日	种类	号数			合计		合计		

4. 数量金额式账簿

数量金额式账簿是指在账簿的借方、贷方和余额三个栏目内,每个栏目再分设数量、单价和金额三小栏,借以反映财产物资的实物数量和价值量的账簿。如原材料、库存商品存货类等明细账一般都采用数量金额式账簿。数量金额式账簿样式见表22-5所示。

表22-5 数量金额式明细账

类别:　　　　　　品名和规格:
编号:　　　　　　计量单位:　　　　　　　　　　　　　存放地点:

年		凭证		摘要	收入			发出			结存		
月	日	种类	号数		数量	单价	金额	数量	单价	金额	数量	单价	金额

5. 横线登记式账簿

横线登记式账簿,又称平行式账簿,是指将前后密切相关的经济业务登记在同一张账页的同一行上,以便检查每笔业务的发生和完成情况的账簿。横线登记式账簿主要用在往来账中。材料采购、在途物资、应收票据和一次性备用金等明细账一般采用横线登记式账簿。

(三) 按外型特征分类

账簿按其外型特征的不同,可分为订本式账簿、活页式账簿和卡片式账簿三种。

1. 订本式账簿

订本式账簿简称订本账,是在启用前将编有顺序页码的一定数量账页装订成册的账簿。这种账簿一般适用于重要的和具有统驭性的总分类账、现金日记账和银行存款日记账。

这种账簿的优点是可以防止账页的散失和被非法抽换;缺点是不便于记账人员分工记账,也不便于需要增减账页,会影响账簿记录的连续性或造成账页浪费。

2. 活页账

活页式账簿,简称活页账,是将一定数量的账页置于活页夹内,可根据记账内容的变化而随时增减部分账页的账簿。这种账簿登记完毕之前并不固定装订在一起,而是装在活页账夹中。当账簿登记完毕之后(通常是一个会计年度结束之后),才将账页予以装订,加具封面,并给各账页连续编号。活页账一般适用于明细分类账。这种账簿的优点是便于分工记账,可根据需要随时增减账页,对账户进行重新排列,缺点是账页容易散失和被抽换。

3. 卡片账

卡片式账簿,简称卡片账,是将一定数量的卡片式账页存放于专设的卡片箱中,根据需要随时增添账页的账簿。卡片账也是一种活页账,只不过它不是装在活页账夹中,而是装在卡片箱内。在我国,企业一般只对固定资产的核算采用卡片账形式,也有少数企业在材料核算中使用材料卡片。

第二节 会计账簿的启用与登记要求

一、会计账簿的启用

启用会计账簿时,应当在账簿封面上写明单位名称和账簿名称,并在账簿扉页上附启用表。启用订本式账簿应当从第一页到最后一页顺序编定页数,不得跳页、缺号。使用活页式账页应当按账户顺序编号,并须定期装订成册,装订后再按实际使用的账页顺序编定页码,另加目录以便于记明每个账户的名称和页次。

二、会计账簿的登记要求

1. 准确完整

登记会计账簿时,应将会计凭证的日期、编号、业务内容摘要、金额和其他有关资料逐项记入账内,做到数字准确、摘要清楚、登记及时、字迹工整。

2. 注明记账符号

账簿登记完毕,应在记账凭证上签名或盖章,并在记账凭证的"过账"栏内注明账簿页数或画对勾或画"√"符号表示记账完毕,避免重记、漏记。

3. 书写留空

账簿中书写的文字和数字应紧靠底线书写，上面要留有适当的空格，不要写满格，一般应占格距的1/2。

4. 正常记账使用蓝黑墨水

为了保持账簿记录的持久性，防止涂改，登记账簿必须使用蓝黑墨水或碳素墨水书写，不得使用圆珠笔(银行的复写账簿除外)或者铅笔书写。

5. 特殊记账使用红墨水

可以用红色墨水记账的情况包括：

(1) 按照红字冲账的记账凭证，冲销错误记录；
(2) 在不设借贷等栏的多栏式账页中，登记减少数；
(3) 在三栏式账户的余额栏前，如未印明余额方向的，在余额栏内登记负数余额；
(4) 根据国家统一的会计制度的规定可以用红字登记的其他会计记录。

提示：除上述情况外，不得使用红色墨水登记账簿。

6. 顺序连续登记

会计账簿应当按照连续编号的页码顺序登记。记账时发生错误或者隔页、缺号、跳行的，应将空页、空行处用红色墨水划对角线注销，或者注明"此页空白"或"此行空白"字样，并由记账人员和会计机构负责人(会计主管人员)在更正处签章。对订本式账簿，不得任意撕毁账页，对活页式账簿也不得任意抽换账页。

7. 结出余额

凡需要结出余额的账户，结出余额后，应当在"借或贷"栏目内注明"借"或"贷"字样，以示余额的方向；对于没有余额的账户，应在"借或贷"栏内写"平"字，并在"余额"栏内"元"位处用"0"表示。现金日记账和银行存款日记账必须逐日结出余额。

8. 过次承前

每一账页登记完毕时，应当结出本页发生额合计数及余额，在账页最末一行"摘要"栏内注明"转次页"或"过次页"，并将这一金额记入下一页第一行有关金额栏内，在该行"摘要"栏注明"承前页"，以保持账簿记录的连续性，便于对账和结账。

对需要结计本月发生额的账户，结计"过次页"的本页合计数应当为自本月初起至本页末止的发生额合计数，如现金日记账和银行存款日记账；对需要结计本年累计发生额的账户，结计"过次页"的本页合计数应当为自年初起至本页末止的累计数，如主营业务收入等；对既不需要结计本月发生额，也不需要结计本年累计发生额的账户，可以只将每页末的余额结转次页。

9. 不得涂改、刮擦、挖补

如发生账簿记录错误，不得刮擦、挖补或用褪色药水更改字迹，而应采用规定的方法更正。

第三节 会计账簿的格式和登记方法

一、日记账的格式和登记方法

日记账是按照经济业务发生或完成的时间先后顺序逐日逐笔进行登记的账簿。设置日记账的目的是使经济业务的时间顺序清晰地反映在账簿记录中。日记账按其所核算和监督经济业务的范围,可分为特种日记账和普通日记账。在我国,大多数企业一般只设现金日记账和银行存款日记账。

(一) 现金日记账的格式和登记方法

现金日记账是用来核算和监督库存现金日常收、支和结存情况的序时账簿,现金日记账的格式主要有三栏式和多栏式两种,现金日记账必须使用订本账。

1. 三栏式现金日记账

三栏式现金日记账设借方、贷方和余额三个基本的金额栏目,一般将其分别称为收入、支出和结余三个基本栏目,用来登记库存现金的增减变动及其结果。

三栏式现金日记账是由出纳人员根据库存现金收款凭证、库存现金付款凭证以及银行存款的付款凭证,按照库存现金收、付款业务和银行存款付款业务发生时间的先后顺序逐日逐笔登记。

三栏式现金日记账的具体登记方法如下:

(1) 日期栏,根据记账凭证的日期填列,应与库存现金实际收付日期一致。

(2) 凭证栏,根据登记入账的收、付款凭证的种类和编号填列,其中"字"指记账凭证的种类,如现金付款凭证可简写为"现付",银行存款付款凭证可简写为"银付"等;"号"指记账凭证的编号,记账时应按编号登记,以便检查和核对。

(3) 摘要栏,根据记账凭证中的经济业务内容摘要填列,应以简练的文字清楚地说明问题。一般是与收付款记账凭证上的内容相同。

(4) 对方科目栏,登记现金收入或支出对应的会计科目,可以根据收、付款凭证中的对方科目进行登记,其作用在于了解经济业务的来龙去脉。

(5) 收入栏,根据库存现金收款凭证和银行存款付款凭证中的金额填列。

(6) 支出栏,根据库存现金付款凭证所列金额填列。

每日终了,应分别结计库存现金收入和库存现金支出的合计数,结出余额,同时将余额和出纳的库存现金核对,即通常所说的"日清"。如账实不符应查明原因,并记录备案。月终同样要结计库存现金收、付和结存的合计数,通常称"月结"。

2. 多栏式现金日记账

多栏式现金日记账是在三栏式现金日记账基础上发展起来的。这种日记账的借方(收入)和贷方(支出)金额栏都按对方科目设专栏,也就是按收入的来源和支出的用途设专栏。这种格式在月末结账时,可以结出各收入来源专栏和支出用途专栏的合计数,便于对现金收支的合理性、合法性进行审核分析,便于检查财务收支计划的执行情况,其全月发生额还可以作为登记总账的依据。

(二) 银行存款日记账的格式和登记方法

银行存款日记账是用来核算和监督银行存款每日的收入、支出和结余情况的账簿。银行存款日记账应按企业在银行开立的账户和币种分别设置,每个银行账户设置一本日记账。

三栏式银行存款日记账的格式和登记方法与三栏式库存现金日记账相同。由出纳人员根据与银行存款收付业务有关的记账凭证,按时间先后顺序逐笔进行登记。

银行存款日记账(三栏式日记账)的具体登记方法如下:

(1) 日期栏,填写与银行存款实际收、付日期一致的记账凭证的日期。

(2) 凭证栏,填写所入账的收、付款凭证的"字"和"号"。

(3) 摘要栏,根据记账凭证的摘要登记,简要说明经济业务的内容,一般是与收付款记账凭证上的内容相同。

(4) 对方科目栏,根据记账凭证的对应科目登记,其作用在于了解经济业务的来龙去脉。

(5) 凭证栏,根据每一笔银行存款收付业务的结算凭证种类与号数登记,以便与开户银行对账。

(6) 收入栏,根据银行存款收款凭证登记,对于将现金存入银行的业务,由于只填制现金付款凭证,不填制银行存款收款凭证,因此,这种业务的银行存款收入数应根据有关现金收付款凭证登记。

(7) 支出栏,应根据银行存款付款凭证登记。

每日终了,应分别计算银行存款的收入和支出的合计数,结出余额,做到日清;月终应计算出银行存款的全月收入、支出和结存的合计数,做到月结。

二、总分类账的格式和登记方法

(一) 总分类账的格式

总分类账是指按照总分类账户分类登记以提供总括会计信息的账簿。总分类账采用订本式账簿,最常用的格式为三栏式,设置借方、贷方和余额三个基本金额栏目。

(二) 总分类账的登记方法

总分类账的登记方法因登记的依据不同而有所不同。经济业务少的小型单位的总分类账可以根据记账凭证逐笔登记;经济业务多的大中型单位的总分类账可以根据记账凭证汇总表(又称科目汇总表)或汇总记账凭证等定期汇总并登记。

三、明细分类账的格式和登记方法

明细分类账是根据有关明细账户设置并登记的账簿,它能提供交易或事项比较详细、具体的核算资料,以补充总账所提供核算资料的不足。因此,各企业单位在设置总账的同时,还应设置必要的明细账。明细分类账一般采用活页式账簿、卡片式账簿。明细分类账一般根据记账凭证和相应的原始凭证来登记。根据各种明细分类账所记录经济业务的特点,明细分类账的常用格式主要有三栏式、多栏式、数量金额式和横线登记式四种。

(一) 三栏式

三栏式明细分类账适用于只进行金额核算的账户,如"应收账款"、"应付账款"等不需要进行数量核算的债权债务结算账户。

(二) 多栏式

多栏式明细分类账适用于收入、成本、费用类账户的明细核算,如主营业务收入、生产成本、制造费用、管理费用、财务费用和销售费用等账户的明细分类核算。对于只设有贷方的多栏式明细账,平时在贷方登记"主营业务收入"、"其他业务收入"等账户的发生额,借方登记月末将贷方发生额一次转出的数额,所以平时如果发生借方发生额,应用红字在多栏式账页的贷方栏中登记表示冲减;对于只设有借方的多栏式明细分类账,平时在借方登记"制造费用"、"管理费用"、"主营业务成本"等账户的发生额,贷方登记月末将借方发生额一次转出的数额,所以平时如果发生贷方发生额,应用红字在多栏式账页的借方栏中登记表示冲减。

第一种:借方多栏式(成本费用类明细账)。

第二种：贷方多栏式(收入类明细账)。

第三种：借方贷方多栏式。"应交税费——应交增值税"等明细账一般采用此格式。

(三) 数量金额式

数量金额式账页适用于既要进行金额核算又要进行数量核算的账户。如原材料、库存商品等存货账户。

(四) 横线登记式

横线登记式账页,是采用横线登记,即将每一相关的业务登记在一行,从而可依据每一行各个栏目的登记是否齐全来判断该项业务的进展情况。这种格式适用于登记材料采购业务、在途物资、应收票据和一次性备用金业务。

第四节　对账与结账

一、对账

(一) 对账的概念

对账就是核对账目,是对账簿记录所进行的核对工作。通过对账可以及时发现记账过程中的错误,以保证账簿记录的真实、完整和正确,为期末编制会计报表提供可靠的依据。

(二) 对账的内容

对账一般可以分为账证核对、账账核对和账实核对。

1. 账证核对

账簿是根据经过审核之后的会计凭证登记的,但实际工作中仍然可能发生账证不符的情况。因此,记完账后,要将账簿记录与会计凭证进行核对,核对账簿记录与原始凭证、记账凭证的时间、凭证字号、内容、金额是否一致,记账方向是否相符,做到账证相符。这种核对一般是在日常编制凭证和记账过程中进行,以检查所记账目是否正确。

会计期末,如果发现账证不符,应当重新进行账证核对,但这时的账证核对是通过试算平衡发现错误之后再按一定的线索进行的。

2. 账账核对

账账核对是指核对不同会计账簿之间的账簿记录是否相符。内容主要包括：

(1) 总分类账簿之间的核对,即核对所有总分类账户借方余额发生额合计与贷方发生额合计是否相符,所有总分类账户借方余额合计与贷方余额合计是否符合；

(2) 总分类账簿与所属明细账分类账簿核对,即核对总分类账账户余额合计与其所属明细分类账账户余额合计是否相符；

(3) 总分类账簿与序时账簿核对,即核对现金日记账和银行存款日记账的余额与其总分类账；

(4) 明细分类账簿之间的核对,即会计部门核对有关财产物资明细分类账余额与财产物资保管部门、使用部门的有关明细账余额是否相符。

3. 账实核对

账实核对是指各项财产物资、债权债务等账面余额与实有数额之间的核对。账实核对的内容主要有：

(1) 现金日记账账面余额与库存现金数额是否相符；
(2) 银行存款日记账账面余额与银行对账单的余额是否相符；
(3) 各项财产物资明细账账面余额与财产物资的实有数额是否相符；
(4) 有关债权债务明细账账面余额与对方单位的账面记录是否相符等。

造成账实不符的原因较多，如财产物资保管过程中发生的自然损耗；财产收发过程中由于计量或检验不准，造成多收或少收的差错；由于管理不善、制度不严造成的财产损失、丢失和被盗等；在账簿记录中发生的重记、漏记和错记等；由于有关凭证未到，形成未达账项，造成结算双方账实不符；发生意外灾害等。因此，需要通过定期的财产清查来弥补漏洞，保证会计信息的真实可靠，提高企业管理水平。

注意 同一公司内部账目之间的核对，即账账核对；不同公司账目之间的核对，即账实核对。

二、结账

（一）结账的概念

结账是一项将账簿记录定期结算清楚的财务工作，就是把一定时期内全部经济业务登记入账之后，结算出各个账户的本期发生额及期末余额，并将期末余额转入下期或下年新账。在一定时期结束时（如月末、季末或年末），为了编制财务报表，需要进行结账，具体包括月结、季结和年结。结账的内容通常包括两个方面：一是结清各种损益类账户，并据以计算确定本期利润；二是结清各资产、负债和所有者权益账户，分别结出本期发生额合计和余额。

（二）结账的程序

1. 结账前，将本期发生的经济业务全部登记入账，并保证其正确性。对于发现的错误，应采用适当的方法进行更正。

2. 在本期经济业务全面入账的基础上，根据权责发生制的要求，调整有关账项，合理确定本期应计的收入和应计的费用。

（1）应计收入和应计费用的调整。应计收入是指那些已在本期实现、因款项未收而未登记入账的收入。企业发生的应计收入主要是本期已经发生且符合收入确认标准，但尚未收到相应款项的商品或劳务。对于这类调整事项，应确认为本期收入，借记"应收账款"等账户，贷记"主营业务收入"等账户。应计费用是指那些已在本期发生，因款项未付而未登记入账的费用。企业发生的应计费用，本期已经受益，如应付未付的借款利息等。由于这些费用已经发生，应当在本期确认为费用，借记"管理费用"、"财务费用"等账户，贷记"银行存款"、"应付利息"等账户，待以后支付款项时，借记"应付利息"等账户，贷记"银行存款"、"库存现金"等账户。

（2）收入分摊和成本分摊的调整。收入分摊是指企业已经收取有关款项，但未完成或未全部完成销售商品或提供劳务，需在期末按本期已完成的比例，分摊确认本期已实现收入的金额，并调整以前预收款项时形成的负债。如企业销售商品预收定金、提供劳务预收佣金，在收到预收款项时，应借记"银行存款"等账户，贷记"预收账款"等账户；在以后根据销售商品或提供劳务确认当期收入时，进行期末账项调整，借记"预收账款"等账户，贷记"主营业务收入"等账户。

成本分摊是指企业的支出已经发生、能使若干个会计期间受益，为正确计算各个会计期间的盈亏，将这些支出在其受益的会计期间进行分配，如企业已经支出，但应由本期和以后各期负担的预付账款，应借记"预付账款"等账户，贷记"银行存款"等账户；在会计期末进行账项调整时，借记"制造费用"，贷记"预付账款"等账户。

3. 将各损益类账户余额全部转入"本年利润"账户,结平所有损益类账户。

4. 结算出资产、负债和所有者权益账户的本期发生额和余额,并结转下期。

完成上述工作后,就可以根据总分类账和明细分类账的本期发生额和期末余额的记录,分别进行试算平衡。

(三)结账的方法

结账方法的要点主要包括:

1. 对不需要按月结计本期发生额的账户,如各项应收应付款明细账和各项财产物资明细账等,每次记账以后,都要随时结出余额,每月最后一笔余额是月末余额,即月末余额就是本月最后一笔经济业务记录的同一行内的余额。月末结账时,只需要在最后一笔经济业务记录之下通栏划单红线,不需要再次结计余额。

2. 库存现金、银行存款日记账和需要按月结计发生额的收入、费用等明细账,每月结账时,要在最后一笔经济业务记录下面通栏划单红线,结出本月发生额和余额,在摘要栏内注明"本月合计"字样,并在下面划通栏单红线。

3. 需结计"本年累计"发生额某些明细账户,每月结账时,应在"本月合计"行下结出自年初起至本月末止的累计发生额,登记在月份发生额下面,在摘要栏注明"本年累计"字样并在下面划通栏单红线。12月末的"本年累计"就是全年累计发生额,全年累计发生额下划通栏双红线。

4. 总账账户平时只需结出月末余额。年终结账时,将所有总账账户结出全年发生额和年末余额,在摘要内注明"本年合计"字样,在下面划通栏双红线。

5. 年度终了结账时,有余额的账户,要将其余额结转下年,并在摘要栏注明"结转下年"字样;在下一会计年度新建有关会计账户的第一行余额栏内填写上年结转的余额,在摘要栏内填写"上年结转"字样。

结账的方法总结:

月末结账时,只需要在最后一笔经济业务记录下通栏划单红线,不需要再结计一次余额。

12月末的"本年累计"就是全年累计发生额,全年累计发生额下通栏划双红线。

第五节 错账查找与更正的方法

一、错账查找方法

在记账过程中,可能发生各种各样的差错。产生差错的原因可能是重记、漏记、数字颠倒、数字错位、数字记错、科目记错、借贷方向记反,从而影响会计信息的正确性,应及时找出差错,并予以更正。查找错账的方法主要有:

1. 差数法

差数法是根据错账差额查找漏记或重记账目的方法。即查找账簿中的全部金额有无与错账的差额相同的数字,检查其是否漏记或重记。

2. 尾数法

尾数法用于查找属于角、分小数差错发生的错误。检查时只查找角、分部分。

3. 差额除2法

差额除2法是用正确与错误金额之差除以2后得出的商数来判明、查找错账的一种方法。

它用来查找记错方向而产生的记账错误。

4. 除 9 法

它是指以差异数除以 9 来查找错账的方法,主要适用以下三种情况:

(1) 将数字写小。如将 300 元误记为 30 元,错误数字小于正确数字 9 倍。查找的方法是:以差数除以 9 后得出的商即为写错的数字,商乘以 10 即为正确的数字。上例差数为 270 元(300－30),将差异数除以 9,商 30 元,这 30 元为错数,扩大 10 倍后即可得出正确的数字 300 元。

(2) 将数字写大。如将 40 写成 400,错误数字大于正确数字 9 倍。查找方法是:以差数除以 9 后得出的商即为写错的数字,商乘以 10 即为正确的数字。上例差数为 360 元(400－40),将差异数除以 9,商 40 元,这 40 元为正确的数字,扩大 10 倍后即可得出错数 400 元。

(3) 数字颠倒。如将 8 714 元误记为 8 174 元,其差异数 540 元(8 714－8 174),将差异数除以 9,得 60 元,根据商数的首位是 6,则可判断颠倒的两个数字差异是 6,这样在账簿记录中就可查找百位数与十位数之间的下列数字:1 与 7、2 与 8、3 与 9 等。即查找 17、28、39 中哪一个数字颠倒了,当查到 17 这个数字时,就可结合该项业务的会计凭证,核对其是否将 8 714 误记成 8 174。

二、错账更正方法

如果账簿记录发生错误,必须按照规定的方法予以更正,不得涂改、挖补、刮擦或者用药水消除字迹,不得重新抄写。错账的更正方法一般有:划线更正法、红字更正法、补充登记法三种。

(一) 划线更正法

划线更正法又称红线更正法,在结账前发现的账簿记录有文字或数字错误,而记账凭证无误,应当采用划线更正法。

更正方法是:在错误的文字或数字上划一条红线,在红线上方填写正确的文字或数字,并由记账人员及会计机构负责人(会计主管人员)在更正处盖章,以明确责任。

但应注意,划线时:(1)对于错误的数字,应全部划红线更正,不能只更改其中的错误数字。(2)对于文字错误,可只划去错误的部分。如张玲在记账过程中将"650"误写成"560",发现后更改时应将"560"用单红线全部划去,再在红线上用蓝笔书写"650"字样,并在旁边加盖私章,不能只划去"56"两字。

(二) 红字更正法

红字更正法是用红字冲销或冲减错误,适用于以下两种情况:

1. 记账后发现记账凭证所记的应借、应贷会计科目错误,从而引起记账错误,应当采用红字更正法。

【例 22-1】 生产车间生产产品直接耗用材料一批,价值 2 000 元。会计分录误编为:

借:制造费用　　　　　　　　　　　　　　　　　　　　　　　　　　2 000
　　贷:原材料　　　　　　　　　　　　　　　　　　　　　　　　　　　　2 000

更正时用红字填制一张与原记账凭证完全相同的记账凭证,以示注销原记账凭证:

借:制造费用　　　　　　　　　　　　　　　　　　　　　　　　　　|2 000|
　　贷:原材料　　　　　　　　　　　　　　　　　　　　　　　　　　　　|2 000|

然后用蓝字填制一张正确的记账凭证记账,分录为:

借:生产成本　　　　　　　　　　　　　　　　　　　　　　　　　　　　2 000
　　贷:原材料　　　　　　　　　　　　　　　　　　　　　　　　　　　　　　2 000

2. 记账凭证会计科目无误而所记金额大于应记金额时,按多记的金额用红字填制一张与原记账凭证应借、应贷科目完全相同的记账凭证,以冲销多记的金额,并据以记账。

如上例中的金额误记为20 000元,所用会计科目正确,则更正的会计分录为:

借:生产成本　　　　　　　　　　　　　　　　　　　　　　　　　　　　18 000
　　贷:原材料　　　　　　　　　　　　　　　　　　　　　　　　　　　　　　18 000

(三) 补充登记法

记账后发现记账凭证填写的会计科目无误,只是所记金额小于应记金额,应当采用补充登记法。更正的方法是:按少记的金额用蓝字填制一张与原记账凭证应借、应贷科目完全相同的记账凭证,以补充少记的金额,并据以记账。

如上例中的金额误记为200元,所用会计科目正确,则更正的会计分录为:

借:生产成本　　　　　　　　　　　　　　　　　　　　　　　　　　　　1 800
　　贷:原材料　　　　　　　　　　　　　　　　　　　　　　　　　　　　　　1 800

第二十三章 账务处理程序

第一节 账务处理程序概述

一、账务处理程序的概念与意义

账务处理程序,又称会计核算组织程序或会计核算形式,是指会计凭证、会计账簿、会计报表相结合的方式,即由填制和审核原始凭证到填制记账凭证,登记日记账、明细分类账和总分类账,编制财务报表的工作程序和方法等。具体地说,就是通过凭证、账簿、报表组织体系,按一定的步骤或程序将三者有机结合起来,最终产生并提供有用的会计信息。

账务处理程序主要包括两部分内容:第一,建立凭证、账簿和报表组织体系。其中凭证组织是指会计凭证的种类、格式及各种凭证之间的关系;账簿组织是指账簿的种类、格式及各种账簿之间的关系;报表组织是指报表的种类、格式及各种报表之间的关系。上述三种组织构成了一个完整的体系,其核心是账簿组织。第二,记账步骤(程序)是指从会计凭证的取得、填制到账簿的登记,再到会计报表的编制这一整个过程的具体步骤。填制和审核会计凭证、登记会计账簿和编制会计报表之前增加一些环节,如进行账项调整和进行试算平衡等。

科学、合理地选择账务处理程序有重要意义,良好的账务处理程序有利于会计工作程序的规范化,提高会计信息质量;有利于保证会计记录的完整性、正确性,增强会计信息的可靠性;有利于减少不必要的会计核算环节,提高会计工作效率,保证会计信息的及时性。

二、账务处理程序的种类

在会计实践中,不同的账簿组织、记账程序、记账方法及其不同的结合方式,形成了不同种类的账务处理程序。账务处理程序可以分为记账凭证账务处理程序、汇总记账凭证账务处理程序、科目汇总表账务处理程序、多栏式日记账账务处理程序和日记总账账务处理程序。在我国,企业常用的账务处理程序主要有记账凭证账务处理程序、汇总记账凭证账务处理程序和科目汇总表账务处理程序。以上账务处理程序有很多相同点,不同之处主要表现在登记总分类账的依据和方法不同。

(一) 记账凭证账务处理程序

记账凭证账务处理程序是指对发生的经济业务事项,先根据原始凭证或汇总原始凭证填制记账凭证,再直接根据记账凭证逐笔登记总分类账的一种财务处理程序。它是基本的财务处理程序,其他各种账务处理程序是在这种财务处理程序的基础上发展而形成的。

(二) 汇总记账凭证账务处理程序

汇总记账凭证账务处理程序是指先根据原始凭证或汇总原始凭证填制记账凭证,定期根据记账凭证分类填制汇总收款凭证、汇总付款凭证和汇总转账凭证,再根据汇总记账凭证登记总分类账的一种账务处理程序。

汇总记账凭证财务处理程序，与前面的记账凭证账务处理程序的区别主要在总分类账的登记上。它的特点是定期(5天、10天或15天)将全部记账凭证按收、付款凭证和转账凭证分别归类填制成汇总记账凭证，然后再根据汇总记账凭证登记总分类账。

(三) 科目汇总表账务处理程序

科目汇总表账务处理程序，又称记账凭证汇总表账务处理程序，是指根据记账凭证定期编制科目汇总表，再根据科目表登记总分类账的一种账务处理程序。科目汇总表账务处理程序的特点是定期地将所有的记账凭证编制成科目汇总表，然后再根据科目汇总表登记总分类账。

(四) 多栏式日记账账务处理程序

多栏式日记账账务处理程序是指先根据收款凭证、付款凭证登记多栏式现金日记账和多栏式银行存款日记账；根据转账凭证填制转账凭证科目汇总表；然后根据多栏式现金日记账和多栏式银行存款日记账和转账凭证科目汇总表登记总分类账的一种账务处理程序。

(五) 日记总账账务处理程序

日记总账账务处理程序是指在财务处理程序中设置一本兼具日记账和总账性质的日记总账，对一切经济业务既进行序时登记，又进行总分类登记的一种账务处理程序。其账务处理程序的特点是根据业务发生的时间顺序登记，且将所有科目的总分类核算都集中在一张日记账总账账页上。

第二节　记账凭证账务处理程序

在记账凭证账务处理下，记账凭证可以采用一种通用的格式，即通用记账凭证；也可以采用收款凭证、付款凭证和转账凭证三种格式，即专用记账凭证。账簿组织，一般应设置库存现金日记账、银行存款日记账、总分类账和明细分类账。库存现金日记账和银行存款日记账可采用三栏式；总分类账应按总账科目设置，可采用三栏式；明细分类账可根据管理的需要设置，采用三栏式、数量金额式或多栏式。

一、一般步骤

1. 根据原始凭证填制汇总原始凭证；
2. 根据原始凭证或汇总原始凭证，填制收款凭证、付款凭证和转账凭证，也可填制通用记账凭证；
3. 根据收款凭证、付款凭证逐笔登记库存现金日记账和银行存款日记账；
4. 根据原始凭证、汇总原始凭证和记账凭证，登记各种明细分类账；
5. 根据记账凭证逐笔登记总分类账；
6. 期末，现金日记账、银行存款日记账和明细分类账的余额同有关总分类账的余额核对相符；
7. 期末，根据总分类账和明细分类账的记录，编制会计报表。

记账凭证账务处理程序的步骤可用图 23-1 表示。

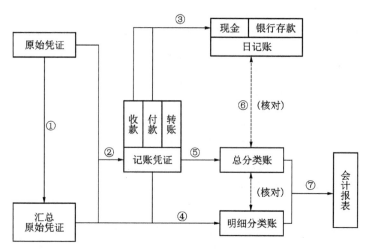

图 23-1 记账凭证账务处理程序

二、记账凭证账务处理程序的特点、优缺点和适用范围

(一) 特点
记账凭证账务处理程序的主要特点是直接根据记账凭证对总分类账进行逐笔登记。

(二) 优缺点
记账凭证账务处理程序的优点是：
1. 简单明了，易于理解；
2. 总分类账可以较详细地反映经济业务的发生情况。
其缺点是登记总分类账的工作量较大。

(三) 适用范围
记账凭证账务处理程序适用于规模小、经济业务量较少的单位。

第三节 汇总记账凭证账务处理程序

在汇总记账凭证账务处理程序下，记账凭证可采用通用的统一格式，也可分别按收、付款及转账业务分别设置收款凭证、付款凭证和转账凭证三种专用记账凭证。同时，还须设置汇总记账凭证。如果记账凭证是通用的统一格式，设置的汇总记账凭证也应采用通用的统一格式。如果记账凭证是收、付、转三种专用格式，则应分别设置汇总记账凭证、汇总付款凭证和汇总转账凭证。对于转账业务不多的企业，也可以设置汇总收款凭证和汇总付款凭证，分别汇总收款凭证和付款凭证，而转账凭证则不需汇总。该程序下的账簿组织与记账凭证账务处理程序下的账簿组织基本相同。

一、汇总记账凭证的填制方法

汇总记账凭证分为汇总收款凭证、汇总付款凭证和汇总转账凭证，分别根据收款凭证、付款凭证和转账凭证定期汇总填制而成。具体填制方法如下：

（一）汇总收款凭证的填制

汇总收款凭证是指按"库存现金"和"银行存款"科目的借方分别设置的一种汇总记账凭证，它汇总了一定时期内现金和银行存款的收款业务。

汇总收款凭证的填制方法：汇总收款凭证根据"库存现金"和"银行存款"科目的借方进行填制，按其对应的贷方科目进行归类后，进行汇总填制。总分类账根据各汇总收款凭证的合计数进行登记，分别记入"库存现金"和"银行存款"总分类账户的借方，并将汇总收款凭证上各账户贷方的合计数分别记入有关总分类账账户的贷方。一般可5天、10天或15天汇总一次，月终计算出合计数，据以登记总分类账。

（二）汇总付款凭证的填制

汇总付款凭证是指按"库存现金"和"银行存款"科目的贷方分别设置的一种汇总记账凭证，它汇总了一定时期内现金和银行存款的付款业务。

汇总付款凭证的填制方法：汇总付款凭证根据"库存现金"和"银行存款"科目的贷方进行填制。按其对应的借方科目进行归类后，进行汇总填制。总分类账根据各汇总付款凭证的合计数进行登记，分别记入"库存现金"、"银行存款"总分类账户的贷方，并将汇总付款凭证上各账户借方的合计数分别记入有关总分类账户的借方。一般可5天、10天或15天汇总一次，月终计算出合计数，据以登记总分类账。

（三）汇总转账凭证的填制

汇总转账凭证是按每一贷方科目分别设置的，用来汇总一定时期转账业务的一种汇总记账凭证。

汇总转账凭证的填制方法：根据所设置账户的贷方进行填制，按其对应的借方科目进行归类后，进行汇总填制。总分类账根据各汇总转账凭证的合计数进行登记，分别记入对应账户的总分类账户的贷方。并将汇总转账凭证上各账户借方的合计数分别记入有关总分类账的借方。一般可5天、10天或15天汇总一次，月终计算出合计数，据以登记总分类账。值得注意的是，在填制的过程中贷方账户必须是唯一，借方账户可一个或多个，即转账凭证必须是"一借一贷"或"多借一贷"，避免"一借多贷"或"多借多贷"。如果在一个月内某一贷方账户的转账凭证不多，可不填制汇总转账凭证，直接根据单个的转账凭证登记总分类。

填制完汇总记账凭证，据以登记总分类账。总分类账的登记在月终进行。根据汇总收款凭证的合计数，记入总分类账"库存现金"和"银行存款"账户的借方，以及有关账户的贷方；根据汇总付款凭证的合计数，记入总分类账"库存现金"或"银行存款"账户的贷方，以及有关账户的借方；根据汇总转账凭证的合计数，记入总分类账户设置科目的贷方，即以有关账户的借方。

二、一般步骤

1. 根据原始凭证填制汇总原始凭证。
2. 根据原始凭证或汇总原始凭证，填制收款凭证、付款凭证和转账凭证，也可采用通用的记账凭证。
3. 根据收款凭证和付款凭证逐笔登记库存现金日记账和银行存款日记账。
4. 根据原始凭证、汇总原始凭证和记账凭证登记各种明细分类账。
5. 根据各种记账凭证填制有关汇总记账凭证，包括汇总收款凭证、汇总付款凭证和汇总转账凭证。

6. 根据各种汇总记账凭证登记总分类账。

7. 期末,将库存现金日记账、银行存款日记账和明细分类账的余额同有关总分类账的余额核对相符。

8. 期末,根据总分类账和明细分类账记录,编制会计报表。

汇总记账凭证账务处理程序的步骤可用图 23-2 表示。

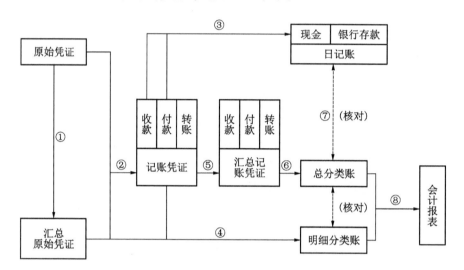

图 23-2 汇总记账凭证账务处理程序

三、汇总记账凭证账务处理程序的特点、优缺点和适用范围

(一) 特点

汇总记账凭证账务处理程序的特点:先根据记账凭证填制汇总记账凭证(汇总收款凭证、汇总付款凭证、汇总转账凭证),再根据汇总记账凭证登记总分类账。

(二) 优缺点

汇总记账凭证账务处理程序的优点:

1. 减轻了登记总分类账的工作量。因为总分类账根据汇总记账凭证,于月终一次登记入账。同时,由于汇总记账凭证是根据一定时期内的全部记账凭证,按照科目对应关系进行归类、汇总填制的。

2. 便于了解账户之间的对应关系,了解经济业务的来龙去脉,便于查对账目。

汇总记账凭证账务处理程序的缺点:

1. 填制汇总转账凭证的工作量可能较大;

2. 按每一贷方账户填制汇总转账凭证,不利于会计核算的日常分工。

(三) 适用范围

汇总记账凭证账务处理程序主要适合于规模较大、经济业务较多的单位。

第四节 科目汇总表账务处理程序

一、科目汇总表的编制方法

科目汇总表,又称记账凭证汇总表,是企业通常定期对全部记账凭证进行汇总后,按照不同的会计科目分别列示各账户借方发生额和贷方发生额的一种汇总凭证。科目汇总表可每月编制一张,按旬汇总,业务量大的单位也可按旬汇总编制一张科目汇总表。

科目汇总表的编制方法:根据一定时期内的全部收款凭证、付款凭证和转账凭证(或通用记账凭证),按照会计科目进行归类,定期汇总出每一账户的借方本期发生额和贷方本期发生额,填写在科目汇总表的相关栏内。全部科目的借方发生额合计数应与贷方发生额合计数相等。

为便于科目汇总表的编制,使得在分别汇总计算其借方和贷方金额时不易发生差错,平时填制记账凭证时,应尽可能使账户之间的对应关系保持"一借一贷",避免"一借多贷"、"多借一贷"和"多借多贷"。任何格式的科目汇总表,都只反映各个账户的借方本期发生额和贷方本期净额,不反映各个账户的对应关系。

二、一般步骤

科目汇总表账务处理程序下,会计凭证可采用通用格式,也可采用设置收款凭证、付款凭证和转账凭证专用格式。同时应设置记账凭证汇总表即科目汇总表。

1. 根据原始凭证填制汇总原始凭证;
2. 根据原始凭证或汇总原始凭证,填制收款凭证、付款凭证和转账凭证,也可采用通用的记账凭证;
3. 根据收款凭证、付款凭证逐笔登记现金日记账和银行存款日记账;
4. 根据原始凭证、汇总原始凭证和记账凭证登记各种明细分类账;
5. 根据各种记账凭证编制科目汇总表;
6. 根据科目汇总表登记总分类账;
7. 期末,将现金日记账、银行存款日记账和明细分类账的余额同有关总分类账的余额核对相符;
8. 期末,根据总分类账和明细分类账的记录,编制会计报表。

科目汇总表账务处理程序的步骤可用图 23-3 表示。

三、科目汇总表账务处理程序的特点、优缺点和适用范围

(一)特点

科目汇总表账务处理程序的主要特点:先将所有记账凭证汇总编制成科目汇总表,然后以科目汇总表为依据登记总分类账。

(二)优缺点

科目汇总表账务处理程序的优点:减轻了登记总分类账的工作量,易于理解,方便学习;可以起到试算平衡的作用。

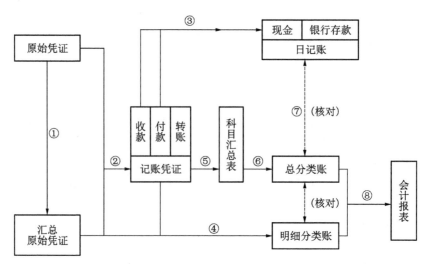

图 23-3 科目总表账务处理程序

缺点：科目汇总表不能反映各个账户之间的对应关系，不利于对账目进行检查。

(三) 适用范围

科目汇总表账务处理程序通常适用于经济业务较多的单位。

第二十四章 财务会计报告

第一节 财务会计报告概述

一、财务会计报告的概念与种类

(一) 财务会计报告的概念

财务会计报告,又称财务报告,是会计主体对外提供的反映某一特定日期财务状况和某一会计期间经营成果、现金流量等会计信息的文件。

财务报告至少包括以下几层含义:

1. 财务会计报告应当是对外报告,其服务对象主要是投资者、债权人等外部使用者,专门为了内部管理需要的报告不属于财务报告的范畴。

2. 财务会计报告应当综合反映企业的生产经营状况,包括某一时点的财务状况和某一时期的经营成果与现金流量等信息,以勾画出企业经营情况的整体和全貌。

3. 财务会计报告必须形成一个系统的文件,不应是零星的或者不完整的信息。

财务会计报告是企业财务会计确认与计量的最终结果体现,投资者等使用者主要是通过财务会计报告来了解企业当前的财务状况、经营成果和现金流量等情况,从而预测未来的发展趋势。因此,财务会计报告是向投资者等财务会计报告使用者提供决策有用信息的媒介和渠道,是沟通投资者、债权人等使用者与企业管理层信息的桥梁和纽带。我国《企业财务会计报告条例》规定:企业不得编制和对外提供虚假的或隐瞒重要事实的财务会计报告;企业负责人对本企业财务会计报告的真实性、完整性负责。

(二) 财务会计报告的种类

按照财务报表编报期间的不同,企业的财务报告分为年度、半年度、季度和月度财务报告。月度、季度财务报告是月度和季度终了提供的财务报告;半年度财务报告是指在每个会计年度的前6个月结束后对外提供的财务报告;年度财务报告是指年度终了对外提供的财务报告。其中将半年度、季度和月度财务报告统称为中期财务报告。

1. 年度财务会计报告

年度财务会计报告,是指以一个完整的会计年度(自公历1月1日起至12月31日止)为基础编制的财务会计报告。年度财务会计报告一般包括资产负债表、利润表、现金流量表、所有者权益变动表和附注等内容。

2. 中期财务会计报告

中期财务报告,指以中期为基础编制的财务报告。中期,指短于一个完整的会计年度的报告期间。它可以是一个月、一个季度或者半年,也可以是其他短于一个会计年度的期间。中期财务报告包括月度财务报告、季度财务报告、半年度财务报告,也包括年初至本中期末的财务报告。中期财务会计报告至少应当包括资产负债表、利润表、现金流量表和会计报表附注。

中期资产负债表、利润表、现金流量表的格式和内容应当与年度财务会计报表相一致,不因报告期不足一个完整会计年度而不同,但相关的附注披露可相对简略。

二、财务会计报告的构成

财务会计报告包括会计报表及其附注和其他应当在财务会计报告中披露的相关信息和资料。企业对外提供的财务报告的内容、会计报表种类和格式、会计报表附注的主要内容等,由会计准则规定;企业内部管理需要的会计报表由企业自行规定。

(一) 财务报表

财务报表亦称为对外会计报表,是会计主体对外提供的反映其财务状况、经营成果和现金流量的会计报表。财务报表是财务会计报告的主要部分,包括资产负债表、利润表、现金流量表和所有者权益变动表及其附注。其中,财务报表由报表本身及其附注两部分构成,附注是财务报表的有机组成部分。

1. 资产负债表

资产负债表是反映企业在某一特定日期的财务状况的财务报表。

企业编制资产负债表的目的是通过如实反映企业的资产、负债和所有者权益金额及其结构情况,从而有助于使用者评价企业资产的质量以及短期偿债能力、长期偿债能力、利润分配能力等。

2. 利润表

利润是反映企业在一定会计期间的经营成果的财务报表。

企业编制利润表的目的是如实反映企业实现的收入、发生的费用以及应当计入当期利润的利得和损失等金额及其结构情况,从而有助于使用者分析评价企业的盈利能力及其构成与质量。

3. 现金流量表

现金流量表是反映企业在一定会计期间的现金和现金等价物流入和流出的财务报表。

企业编制现金流量表的目的是如实反映企业各项活动的现金流入和现金流出,从而有助于使用者评价企业生产经营过程特别是经营活动中所形成的现金流量和资金周转情况。

4. 所有者权益变动表

所有者权益变动表是反映构成所有者的各组成部分当期的增减变动情况的报表。

企业编制所有者权益变动表的主要目的是反映会计期间构成所有者权益各个项目的变动规模与结构、报告全面收益信息、分析企业保值增值情况、揭示所有者权益增减变动的原因、反映财务政策对所有者权益的影响。

5. 附注

企业编制所有者权益变动表的主要目的是反映会计期间构成所有者权益各个项目的变动规模与结构、报告全面收益信息、分析企业保值增值情况、揭示所有者权益增减变动的原因、反映财务政策对所有者权益的影响。

附注是对在财务报表中列示项目所作的进一步说明,以及对未能在这些报表中列示项目的说明等。附注由若干附表和对有关项目的文字性说明组成。编制附注的目的是通过对财务报表本身作补充说明,以更加全面、系统地反映企业财务状况、经营成果和现金流量的全貌,向使用者提供更为有用的决策信息,帮助其作出更加科学合理的决策。

考虑到小企业规模较小,外部信息需求相对较低,因此,小企业编制的报表可以不包括现金流量表。

(二) 其他相关的信息和资料

其他相关的信息和资料是指除财务报表及其附注信息之外,其他有助于信息使用者对企业的财务状况、经营业绩和现金流量等情况进行了解和分析的信息和资料。

财务报表是财务报告的核心内容,但是除了财务报表之外,财务报告还应当包括其他相关信息,具体可以根据有关法律法规的规定和外部使用者的信息需求而定。如企业可以在财务报告中披露其承担的社会责任、对社区的贡献、可持续发展能力等信息,这些信息对于使用者的决策也是相关的,尽管属于非财务信息,无法包括在财务报表中,但是如果有规定或者使用者有需求,企业应当在财务报告中予以披露。

三、财务会计报告的编制要求

为了使财务会计报告能够最大限度地满足不同会计信息使用的需要,编制财务会计报告时应当遵循以下基本要求:

(一) 真实可靠

会计核算应当以实际发生的交易或完成的事项为依据,如实反映企业的财务状况、经营成果和现金流量。财务会计报告应当根据经过审核的会计账簿记录和有关资料编制,向不同的会计信息使用者提供的财务会计报告,其编制依据应当一致。

(二) 相关可比

财务报表各项目的数据应当口径一致、相互可比。财务报表之间、财务报表各项目之间,凡有对应关系的数字,应当相互一致。年度、半年度会计报表至少应当反映两个年度或者相关两个期间的比较数据,不得随意改变财务会计报告的编制基础、编制依据、编制原则和方法,以便报告使用者在不同企业之间以及同一企业前后各期之间进行比较。

(三) 全面完整

企业财务会计报告应当全面披露企业的财务状况、经营成果和现金流量情况,完整反映企业财务活动的过程和结果,以满足有关各方对会计信息资料的需要。为了保证财务会计报告的全面完整,企业在编制会计报表时,应当按照国家统一的会计制度规定的会计报表格式和内容进行编制。对于某些重要事项,应当按照要求在财务报表附注中进行说明,不得漏编、漏报或者任意取舍。单位负责人应当保证财务会计报告真实、完整。

(四) 编报及时

企业财务会计报告所提供的会计信息,具有很强的时效性。只有及时编制和报送财务会计报告,才能成为使用者提供决策所需的信息资料。否则,信息可能失去其应有的价值,成为相关性较低甚至不相关的信息。随着信息技术的迅速发展,财务会计报告的及时性要求变得更为重要。

(五) 便于理解

可理解性要求企业提供的会计信息应当清晰明了,便于财务会计报告使用者理解和使用。企业对外提供的财务会计报告是向广大使用者提供企业过去、现在和未来的有关资料,为企业目前或潜在的投资者和债权人提供决策所需要的会计信息,因此,编制财务会计报告应当清晰明了,便于理解和使用。

四、财务会计报告编制前的准备工作

在编制财务报表前,需要完成下列工作:

1. 严格审核会计账簿的记录和有关资料；
2. 进行全面财产清查、核实债务，并按规定程序报批，进行相应的会计处理；
3. 按规定的结账日进行结账；
4. 检查相关的会计核算是否按照国家统一的会计制度的规定进行；
5. 检查是否存在因会计差错、会计政策变更等原因需要调整前期或本期相关项目的情况等。

第二节 资产负债表

一、资产负债表的概念和作用

资产负债表是指反映企业在某一特定日期(如月末、季末、年末等)的财务状况的财务报表。它是根据"资产＝负债＋所有者权益"这一会计等式，按照一定的分类标准和顺序，将企业在一定日期的全部资产、负债和所有者权益项目进行适当分类、汇总、排列后编制而成的。由于报表中的数据体现的是特定时刻的状况，因此，资产负债表属于静态报表。

资产负债表的作用主要有：
1. 可以提供某一日期资产的总额及其结构，表明企业拥有或控制的资源及其分布情况；
2. 可以提供某一日期的负债总额及其结构，表明企业未来需要用多少资产或劳务清偿债务以及清偿时间；
3. 可以反映所有者所拥有的权益，据以判断资本保值、增值的情况以及对负债的保障程度。

二、资产负债表的列报格式

资产负债表正表的列报格式一般有两种，即报告式资产负债表和账户式资产负债表。报告式资产负债表是上下结构，上半部列示资产，下半部列示负债和所有者权益。具体排列形式又有两种：一是按"资产＝负债＋所有者权益"的原理排列；二是按"资产－负债＝所有者权益"的原理排列。账户式资产负债表是左右结构，左边列示资产，右边列示负债和所有者权益。

根据规定，在我国，资产负债表采用账户式的格式，即左侧列报资产，一般按资产的流动性大小排列；右侧列报负债和所有者权益，一般按要求清偿时间的先后顺序排列。账户式资产负债表中的资产各项目的合计等于负债和所有者权益各项目的合计，即资产负债表左方和右方平衡。因此，通过账户式资产负债表，可以反映资产、负债、所有者权益之间的内在关系，即"资产＝负债＋所有者权益"。

三、我国企业资产负债表的一般格式

资产负债表由表头和表体两部分组成。表头部分应列明报表名称、编表单位名称、编制日期和金额计量单位；表体部分反映资产、负债和所有者权益的内容。其中，表体部分是资产负债表的主体和核心，各项资产、负债和所有者权益按流动性排列。我国企业资产负债表的一般格式如表 24-1 所示。

表 24-1　资产负债表

会企 01 表

编制单位：　　　　　　　　　　　　　　年　　月　　日　　　　　　　　　　　　　　单位：元

资　产	期末余额	上年年末余额	负债和所有者权益（或股东权益）	期末余额	上年年末余额
流动资产：			流动负债：		
货币资金			短期借款		
交易性金融资产			交易性金融负债		
衍生金融资产			衍生金融负债		
应收票据			应付票据		
应收账款			应付账款		
应收款项融资			预收款项		
预付款项			合同负债		
其他应收款			应付职工薪酬		
存货			应交税费		
合同资产			其他应付款		
持有待售资产			持有待售负债		
一年内到期的非流动资产			一年内到期的非流动负债		
其他流动资产			其他流动负债		
流动资产合计			流动负债合计		
非流动资产：			非流动负债：		
债权投资			长期借款		
其他债权投资			应付债券		
长期应收款			其中：优先股		
长期股权投资			永续债		
其他权益工具投资			租赁负债		
其他非流动金融资产			长期应付款		
投资性房地产			预计负债		
固定资产			递延收益		
在建工程			递延所得税负债		
生产性生物资产			其他非流动负债		
油气资产			非流动负债合计		
使用权资产			负债合计		
无形资产			所有者权益（或股东权益）：		
开发支出			实收资本（或股本）		
商誉			其他权益工具		

(续表)

资　产	期末余额	上年年末余额	负债和所有者权益(或股东权益)	期末余额	上年年末余额
长期待摊费用			其中：优先股		
递延所得税资产			永续债		
其他非流动资产			资本公积		
非流动资产合计			减：库存股		
			其他综合收益		
			专项储备		
			盈余公积		
			未分配利润		
			所有者权益(或股东权益)合计		
资产总计			负债和所有者权益(或股东权益)总计		

四、资产负债表的编制方法

(一) 资产负债表中的"上年年末余额"和"期末余额"

企业会计准则规定，会计报表至少应当反映相关两个期间的比较数据。也就是说，企业需要提供比较资产负债表，所以资产负债表各项目需要分为"上年年末余额"和"期末余额"两栏分别填列。

1. "上年年末余额"栏的填列方法

资产负债表中"上年年末余额"栏内各项目数字，应根据上年年末资产负债表"期末余额"栏内所列数字填列。如果本年度资产负债表规定的各个项目的名称和内容同上年度不相一致，应对上年年末资产负债表各项目的名称和数字按照本年度的规定进行调整，按调整后的数字填入本年度资产负债表"上年年末余额"栏内。

2. "期末余额"栏的填列方法

资产负债表中"期末余额"是指某一会计期末的数字，即月末、季末、半年末或年末的数字。资产负债表各项目"期末余额"栏内的数字，一般可通过以下几种方法填列：

(1) 根据总账余额直接填列。如"交易性金融资产"、"递延所得税资产"、"短期借款"、"交易性金融负债"、"应付票据"、"应付职工薪酬"、"应交税费"、"实收资本(或股本)"、"资本公积"、"库存股"、"盈余公积"等项目应根据有关总账科目的余额填列。

一般情况下，资产类项目直接根据其总账科目的借方余额填列，负债类项目直接根据其总账科目的贷方余额填列。

需要注意的是，某些项目，如"应交税费"、"应付职工薪酬"等项目，是根据其总账账户的贷方期末余额直接填列的，但如果这些账户期末余额在借方，则以"－"号填列。

(2) 根据总账余额计算填列。如"货币资金"项目，应根据"库存现金"、"银行存款"、"其他货币资金"三个总账科目余额的合计数填列。"其他流动负债"项目，应根据有关科目的期末余额分析填列。

(3) 根据明细账余额计算填列。如"应付账款"项目,需要根据"应付账款"、"预付账款"总账所属相关明细账的期末贷方余额计算填列。"一年内到期的非流动资产"、"一年内到期的非流动负债"项目,应根据有关非流动资产或负债项目的明细科目余额分析填列;"开发支出"项目,应根据"研发支出"科目中所属的"资本化支出"明细科目期末余额填列。年报(年度终了)中"未分配利润"项目中所属的"未分配利润"明细科目期末余额填列。

需要注意:如果预收款项不多的企业,可以不设"预收账款"科目,而将预收的款项直接通过"应收账款"科目核算;同样预付款项不多的企业,可以不设"预付账款"科目,而将预付的款项直接通过"应付账款"科目核算。在这种情况下,报表中的四个项目在填列时要适当调整。

(4) 根据总账和明细账余额分析计算填列。如"长期借款"项目,需要根据"长期借款"总账期末余额,扣除"长期借款"总账所属明细账中反映的、将于一年内到期且企业不能自主地将清偿义务展期的长期借款部分,分析计算填列。"长期待摊费用"项目,应根据"长期待摊费用"科目的期末余额减去将于一年内(含一年)摊销的数额后的金额填列;"长期待摊费用"总账科目所属的明细科目中反映的将于一年内(含一年)到期(或收回)的计入"一年内到期的非流动资产"项目;"其他非流动负债"项目,应根据有关科目的期末余额减去将于一年内(含一年)到期偿还数后的金额填列。

(5) 根据有关账户余额减去其备抵账户余额后的净额填列。"固定资产"、"无形资产"、"投资性房地产"、"生产性生物资产"、"油气资产"项目,应根据相关科目的期末余额扣减相关的累计折旧(或摊销、折耗)填列,已计提减值准备的,还应扣减相应的减值准备,采用公允价值计量的上述资产,应根据相关科目的期末余额填列;"长期应收款"项目,应根据"长期应收款"科目的期末余额,减去相应的"未实现融资收益"科目和"坏账准备"科目所属相关明细科目余额后的金额填列;"长期应付款"项目,应根据"长期应付款"科目的期末余额,减去相应的"未确认融资费用"科目期末余额后的金额填列。

(6) 综合运用上述填列方法分析填列。如"应收账款"项目,应根据"应收账款"和"预收账款"账户所属各明细账户的期末借方余额合计数,减去"坏账准备"账户中有关的坏账准备期末余额后的金额填列。

(二) 资产负债表中各主要项目的具体填列方法

1. "货币资金"项目。该项目反映企业库存现金、银行存款、外埠存款、银行汇票存款、银行本票存款、信用证保证金存款等的合计数,应根据"库存现金"、"银行存款"、"其他货币资金"账户的期末余额合计数填列。

2. "交易性金融资产"项目。该项目反映资产负债表日企业分类为以公允价值计量且其变动计入当期损益的金融资产,以及企业持有的直接指定为以公允价值计量且其变动计入当期损益的金融资产的期末账面价值,应根据"交易性金融资产"账户的相关明细账期末余额分析填列。自资产负债表日起超过一年到期且预期持有超过一年的以公允价值计量且其变动计入当期损益的非流动金融资产的期末账面价值,在"其他非流动金融资产"项目反映。

3. "应收票据"项目。该项目反映资产负债表日以摊余成本计量的,企业因销售商品、提供服务等收到的商业汇票,包括银行承兑汇票和商业承兑汇票,应根据"应收票据"账户的期末余额,减去"坏账准备"账户中相关坏账准备期末余额后的金额分析填列。已向银行贴现和已背书转让的应收票据不包括在该项目内。

4. "应收账款"项目。该项目反映资产负债表日以摊余成本计量的,企业因销售商品、提供服务等经营活动应收取的款项,应根据"应收账款"账户和"预收账款"账户所属各明细账的期末借方余额合计数,减去"坏账准备"账户中有关的坏账准备期末余额后的金额填列。如"应收账款"账户所属明细账期末有贷方余额,应在资产负债表"预收款项"项目内填列。

5. "预付款项"项目。该项目反映企业预付给供应单位的款项,应根据"预付账款"账户和"应付账款"账户所属各明细账的期末借方余额合计数,减去"坏账准备"账户中相关坏账准备期末余额后的金额填列。如"预付账款"账户所属有关明细账期末有贷方余额的,应在资产负债表"应付账款"项目内填列。

6. "其他应收款"项目。该项目反映企业除应收票据、应收账款、预付账款以外的应收和暂付其他单位和个人的款项,应根据"应收利息"、"应收股利"、"其他应收款"账户的期末余额合计数,减去"坏账准备"账户中相关坏账准备期末余额后的金额填列。其中的"应收利息"反映企业因债权投资而应收取的利息,应根据"应收利息"账户的期末余额确定;"应收股利"反映企业因股权投资而应收取的现金股利以及企业应收其他单位的利润,应根据"应收股利"账户的期末余额确定。

7. "存货"项目。该项目反映企业期末库存、在途和加工中的各项存货的价值,包括各种材料、商品、在产品、半成品、包装物、低值易耗品等,应根据"在途物资"、"原材料"、"库存商品"、"周转材料"、"委托加工物资"、"生产成本"等账户的期末余额合计数,减去"存货跌价准备"账户期末余额后的金额填列。原材料采用计划成本法核算的企业,还应根据"材料采购"和"材料成本差异"账户所属明细账户的期末余额分析填列。

8. "合同资产"项目。该项目反映企业已向客户转让商品而获得有条件收取对价的权利,应根据"合同资产"账户的相关明细账户期末余额,减去"合同资产减值准备"账户中相关的期末余额后的金额填列。

9. "持有待售资产"项目。该项目反映资产负债表日划分为持有待售类别的非流动资产及划分为持有待售类别的处置组中流动资产和非流动资产的期末账面价值,应根据"持有待售资产"账户的期末余额,减去"持有待售资产减值准备"账户的期末余额后的金额填列。

10. "其他流动资产"项目。该项目反映企业除以上流动资产项目外的其他流动资产,应根据有关账户的期末余额填列。如其他流动资产价值较大,应在会计报表附注中披露其内容和金额。

11. "债权投资"项目。该项目反映资产负债表日企业以摊余成本计量的长期债权投资的期末账面价值,应根据"债权投资"账户的相关明细账户期末余额,减去"债权投资减值准备"账户中相关减值准备的期末余额后的金额分析填列。自资产负债表日起一年内到期的长期债权投资的期末账面价值,在"一年内到期的非流动资产"项目反映。企业购入的以摊余成本计量的一年内到期的债权投资的期末账面价值,在"其他流动资产"项目反映。

12. "其他债权投资"项目。该项目反映资产负债表日企业分类为以公允价值计量且其变动计入其他综合收益的长期债权投资的期末账面价值,应根据"其他债权投资"账户的相关明细账户期末余额分析填列。自资产负债表日起一年内到期的长期债权投资的期末账面价值,在"一年内到期的非流动资产"项目反映。企业购入的以公允价值计量且其变动计入其他综合收益的一年内到期的债权投资的期末账面价值,在"其他流动资产"项目反映。

13. "长期应收款"项目。该项目反映企业应收期限在一年以上的款项,应根据"长期应收款"账户的期末余额减去相应的"未实现融资收益"账户期末余额和"坏账准备"账户相关期末余额,再减去所属相关明细账中将于一年内到期的部分后的金额填列。

14．"长期股权投资"项目。该项目反映企业不准备在一年内(含一年)变现的各种股权性质投资的可收回金额,应根据"长期股权投资"账户的期末余额,减去"长期股权投资减值准备"账户期末余额后的金额填列。

15．"其他权益工具投资"项目。该项目反映资产负债表日企业指定为以公允价值计量且其变动计入其他综合收益的非交易性权益工具投资的期末账面价值,应根据"其他权益工具投资"账户的期末余额填列。

16．"投资性房地产"项目。该项目反映企业拥有的用于出租的建筑物和土地使用权的金额,应根据"投资性房地产"账户的期末余额填列。

17．"固定资产"项目。该项目反映资产负债表日企业固定资产的期末账面价值和企业尚未清理完毕的固定资产清理净损益,应根据"固定资产"账户的期末余额,减去"累计折旧"和"固定资产减值准备"账户的期末余额后的金额,以及"固定资产清理"账户的期末余额填列。其中的"固定资产清理"项目,反映企业因出售、毁损、报废等原因转入清理但尚未清理完毕的固定资产的账面价值,与固定资产清理过程中所发生的清理费用和变价收入等各项金额的差额,应根据"固定资产清理"账户期末余额填列。

18．"在建工程"项目。该项目反映资产负债表日企业尚未达到预定可使用状态的在建工程的期末账面价值和企业为在建工程准备的各种物资的期末账面价值,应根据"在建工程"账户的期末余额,减去"在建工程减值准备"账户的期末余额后的金额,以及"工程物资"账户的期末余额,减去"工程物资减值准备"账户的期末余额后的金额填列。

19．"无形资产"项目。该项目反映企业各项无形资产的期末可收回金额,应根据"无形资产"账户的期末余额,减去"累计摊销"和"无形资产减值准备"账户期末余额后的金额填列。

20．"开发支出"项目。该项目反映企业自行研究开发无形资产在期末尚未完成开发阶段的无形资产的价值,应根据"开发支出"账户的期末余额填列。

21．"长期待摊费用"项目。该项目反映企业尚未摊销的摊销期限在一年以上(不含一年)的各种费用,如租入固定资产改良支出、摊销期限在一年以上(不含一年)的其他待摊费用,应根据"长期待摊费用"账户的期末余额填列。

22．"其他非流动资产"项目。该项目反映企业除以上资产以外的其他长期资产,应根据有关账户的期末余额填列。如其他非流动资产价值较大,应在会计报表附注中披露其内容和金额。

23．"短期借款"项目。该项目反映企业借入尚未归还的一年期以下(含一年)的借款,应根据"短期借款"账户的期末余额填列。

24．"交易性金融负债"项目。该项目反映资产负债表日企业承担的交易性金融负债,以及企业持有的直接指定为以公允价值计量且其变动计入当期损益的金融负债的期末账面价值,应根据"交易性金融负债"账户的相关明细账户期末余额填列。

25．"应付票据"项目。该项目反映资产负债表日以摊余成本计量的,企业因购买材料、商品和接受服务等开出、承兑的商业汇票,包括银行承兑汇票和商业承兑汇票,应根据"应付票据"账户的期末余额填列。

26．"应付账款"项目。该项目反映资产负债表日以摊余成本计量的,企业因购买材料、商品和接受服务等经营活动应支付的款项,应根据"应付账款"账户和"预付账款"账户所属各有关明细账的期末贷方余额合计数填列。如"应付账款"账户所属各明细账期末有借方余额,应在资产负债表"预付款项"项目内填列。

27. "预收款项"项目。该项目反映企业预收购买单位的账款,应根据"预收账款"和"应收账款"账户所属各有关明细账户的期末贷方余额合计填列。如"预收账款"账户所属有关明细账户有借方余额的,应在资产负债表"应收账款"项目内填列。

28. "合同负债"项目。该项目反映企业已收或应收客户对价而应履行向客户转让商品的义务,应根据"合同负债"账户的相关明细账户期末余额分析填列。

29. "应付职工薪酬"项目。该项目反映企业应付未付的职工薪酬。应付职工薪酬包括应付职工的工资、奖金、津贴和补贴、职工福利费和医疗保险费、养老保险费等各种保险费以及住房公积金等。本项目应根据"应付职工薪酬"账户期末贷方余额填列。如"应付职工薪酬"账户期末有借方余额,以"一"号填列。

30. "应交税费"项目。该项目反映企业期末未交、多交或未抵扣的各种税金和其他费用,应根据"应交税费"账户的期末贷方余额填列。如"应交税费"账户期末为借方余额,该项目以"一"号填列。

31. "其他应付款"项目。该项目反映企业除应付票据、应付账款、应付职工薪酬、应交税费等以外的应付和暂收其他单位和个人的款项,应根据"应付利息"、"应付股利"和"其他应付款"账户的期末余额合计数填列。

32. "持有待售负债"项目。该项目反映资产负债表日处置组中与划分为持有待售类别的资产直接相关的负债的期末账面价值,应根据"持有待售负债"账户的期末余额填列。

33. "其他流动负债"项目。该项目反映企业除以上流动负债以外的其他流动负债,应根据有关账户的期末余额填列。如其他流动负债价值较大,应在会计报表附注中披露其内容及金额。

34. "长期借款"项目。该项目反映企业借入尚未归还的一年期以上(不含一年)的借款本息,应根据"长期借款"账户的期末余额填列。

35. "应付债券"项目。该项目反映企业发行的尚未偿还的各种长期债券的本息,应根据"应付债券"账户的期末余额填列。

36. "长期应付款"项目。该项目反映资产负债表日企业除长期借款和应付债券以外的其他各种长期应付款项的期末账面价值,应根据"长期应付款"账户的期末余额,减去相关的"未确认融资费用"账户的期末余额,再减去所属相关明细账中将于一年内到期的部分后的金额,以及"专项应付款"账户的期末余额填列。其中的"专项应付款",是指企业取得的政府作为企业所有者投入的具有专项或特定用途的款项。

37. "预计负债"项目。该项目反映企业确认的对外提供担保、未决诉讼、产品质量保证等事项的预计负债的期末余额,应根据"预计负债"账户的期末余额填列。

38. "其他非流动负债"项目。该项目反映企业除以上非流动负债项目以外的其他非流动负债,应根据有关账户的期末余额填列。如其他非流动负债价值较大的,应在会计报表附注中披露其内容和金额。

上述非流动负债各项目中将于一年内(含一年)到期的负债,应在"一年内到期的非流动负债"项目内单独反映。上述非流动负债各项目均应根据有关账户期末余额减去将于一年内(含一年)到期的非流动负债后的金额填列。

39. "实收资本(或股本)"项目。该项目反映企业各投资者实际投入的资本(或股本)总额,应根据"实收资本(或股本)"账户的期末余额填列。

40."资本公积"项目。该项目反映企业资本公积的期末余额,应根据"资本公积"账户的期末余额填列。

41."盈余公积"项目。该项目反映企业盈余公积的期末余额,应根据"盈余公积"账户的期末余额填列。

42."未分配利润"项目。该项目反映企业尚未分配的利润,应根据"本年利润"账户和"利润分配"账户的余额计算填列。未弥补的亏损,在该项目内以"－"号填列。

第三节 利 润 表

一、利润表的概念和作用

利润表是反映企业在一定会计期间的经营成果的财务报表。例如,反映企业某年1月1日至12月31日经营成果的利润表,它反映的就是该期间的情况。

企业编制利润表的目的是通过如实反映企业实现的收入、发生的费用以及应当计入当期利润的利得和损失等金额及其结构情况,从而有利于使用者分析评价企业的盈利能力及其构成与质量。利润表包括的项目有营业收入、营业成本、营业利润、利润总额、净利润、每股收益、其他综合收益和综合收益总额等。

利润表的作用主要有:

(1) 反映企业一定会计期间收入的实现情况;

(2) 反映一定会计期间的费用耗费情况;

(3) 反映企业经济活动成果的实现情况,据以判断资本保值增值等情况。

利润表的列报必须充分反映企业经营业绩的主要来源和构成,有助于使用者判断净利润的质量及其风险,有助于使用者预测净利润的持续性,从而做出正确的决策。通过利润表,可以反映企业一定会计期间收入的实现情况,如实现的营业收入有多少、实现的投资收益有多少、实现的营业外收入有多少等等;可以反映一定会计期间的费用耗费情况,如耗费的营业成本有多少、营业税金及附加有多少及销售费用、管理费用、财务费用各有多少、营业外支出有多少等等;可以反映企业生产经营活动的成果,即利润的实现情况,据以判断资本保值、增值等情况。将利润表中的信息与资产负债表中的信息相结合,还可以提供进行财务分析的基本资料如将赊销收入净额与应收账款平均余额进行比较,计算出应收账款周转率;将销货成本与存货平均余额进行比较,计算出存货周转率;将净利润与资产总额进行比较,计算出资产收益率等,可以反映企业资金周转情况及企业的盈利能力和水平,便于报表使用者判断企业未来的发展趋势,做出经济决策。

二、利润表的列报格式

利润表正表的格式一般有两种:单步式利润表和多步式利润表。单步式利润表是将当期所有的收入列在一起,然后将所有的费用列在一起,两者相减得出当期净损益。多步式利润表是通过对当期的收入、费用、支出项目按性质加以归类,按利润形成的主要环节列示一些中间性利润指标,分步计算当期净损益。

根据财务报表列报准则的规定,在我国,企业应当采用多步式列报利润表,将不同性质的收入和费用类别进行对比,以便得出一些中间性的利润数据,帮助使用者理解企业经营成果的不同来源。

企业可以分如下三个步骤编制利润表:

第一步,以营业收入为基础,减去营业成本、营业税金及附加、销售费用、管理费用、财务费用、资产减值损失,加上公允价值变动收益(减去公允价值变动损失)和投资收益(减去投资损失),计算出营业利润;营业利润以营业收入为基础,计算公式为:

营业利润＝营业收入－营业成本－营业税金及附加－销售费用－管理费用－财务费用－资产减值损失＋公允价值变动收益(－公允价值变动损失)＋投资收益(－投资损失)

第二步:以营业利润为基础,加上营业外收入,减去营业外支出,计算出利润总额;利润总额以营业利润为基础,计算公式为:

利润总额＝营业利润＋营业外收入－营业外支出

第三步,以利润总额为基础,减去所得税费用,计算出净利润(或净亏损)。净利润以利润总额为基础,计算公式为:

净利润＝利润总额－所得税费用

普通股或潜在普通股已公开交易的企业,以及正处于公开发行普通股或潜在普通股过程中的企业,还应当在利润表中列示每股收益信息。

三、我国企业利润表的一般格式

利润表通常包括表头和表体两部分。表头应列明报表名称、编表单位名称、编制日期和金额计量单位等内容;利润表的表体,反映形成经营成果的各个项目和计算过程。我国企业利润表的格式如表24-2所示。

表 24-2　利润表　　　　　　　　　　　　会企 02 表

编制单位:　　　　　　　　　　年　月　　　　　　　　　　　　单位:元

项　目	本期金额	上期金额
一、营业收入		
减:营业成本		
税金及附加		
销售费用		
管理费用		
研发费用		
财务费用		
其中:利息费用		
利息收入		
加:其他收益		

(续表)

项　　目	本期金额	上期金额
投资收益（损失以"－"号填列）		
其中：对联营企业和合营企业的投资收益		
以摊余成本计量的金融资产终止确认收益（损失以"－"号填列）		
净敞口套期收益（损失以"－"号填列）		
公允价值变动收益（损失以"－"号填列）		
信用减值损失（损失以"－"号填列）		
资产减值损失（损失以"－"号填列）		
资产处置收益（损失以"－"号填列）		
二、营业利润（亏损以"－"号填列）		
加：营业外收入		
减：营业外支出		
三、利润总额（亏损总额以"－"号填列）		
减：所得税费用		
四、净利润（净亏损以"－"号填列）		
（一）持续经营净利润（净亏损以"－"号填列）		
（二）终止经营净利润（净亏损以"－"号填列）		
五、其他综合收益的税后净额		
（一）不能重分类进损益的其他综合收益		
1. 重新计量设定受益计划变动额		
2. 权益法下不能转损益的其他综合收益		
3. 其他权益工具投资公允价值变动		
4. 企业自身信用风险公允价值变动		
……		
（二）将重分类进损益的其他综合收益		
1. 权益法下可转损益的其他综合收益		
2. 其他债权投资公允价值变动		
3. 金融资产重分类计入其他综合收益的金额		
4. 其他债权投资信用减值准备		
5. 现金流量套期储备		
6. 外币财务报表折算差额		
……		
六、综合收益总额		

(续表)

项　　目	本期金额	上期金额
七、每股收益		
（一）基本每股收益		
（二）稀释每股收益		

四、利润表的编制方法

（一）利润表中的"本期金额"与"上期金额"

企业会计准则规定：会计报表至少应当反映相关两个期间的比较数据。也就是说，企业需要提供比较利润表，所以，利润表各项目需要分为"本期金额"和"上期金额"两栏分别填列。

利润表中"本期金额"反映各项目的本期实际发生数。利润表中"上期金额"反映各项目上年同期实际发生数，在编报某月、某季度、某半年利润表时，该栏填列上年同期实际发生数；在编报年度利润表时，该栏填列上年全年实际发生数。如果上年度利润表与本年度利润表的项目名称和内容不相一致，应对上年度利润表项目的名称和数字按本年度的规定进行调整，填入利润表"上期金额"栏。

1. 上期金额栏的填列方法

利润表"上期金额"栏内各项目数字，应根据上年度该期利润表"本期金额"栏内所列数字填列。如果上年度该期利润表规定的各个项目的名称和内容同本年度不相一致，应对上年度该期利润表各项目的名称和数字按照本年度的规定进行调整，填入利润表"上期金额"栏内。

2. "本期金额"栏的填列方法

"本期金额"栏应根据利润中相关项目计算填列。具体填列方法归纳起来有以下几种：

（1）收入类项目的填列。收入类项目大多是根据收入类账户期末结转前贷方发生额减去借方发生额后的差额填列，若差额为负数，以"－"号填列。如"公允价值变动收益"、"投资收益"、"营业外收入"等项目。

（2）费用类项目的填列。费用类项目大多是根据费用类账户期末结转产借方发生额减去贷方发生额后的差额填列，若差额为负数，以"－"号填列。如"税金及附加"、"销售费用"、"管理费用"、"财务费用"、"资产减值损失"、"营业外支出"、"所得税费用"等项目。

（3）自然计算项目的填列

利润表中有些项目，应通过表中有关项目自然计算后的金额填列。如"营业利润"、"利润总额"、"净利润"等项目。

（4）特殊项目的填列

利润表中的"基本每股收益"项目，仅仅考虑当期实际发生在外的普通股股份，应按照归属于普通股股东的当期净利润除以当期实际发行在外的普通股的加权平均数计算确定；"稀释每股收益"项目，在存在稀释性潜在普通股时，应根据其影响分别调整归属于普通股股东的当期净利润以及发行在外普通股的加权平均数计算。上述两个指标是向资本市场广大投资者反映上市公司（公众公司）每一股普通股所创造的收益水平。对资本市场广大投资者（股民）而言，是反映投资价值的重要指标，是投资决策最直观最重要的参考依据，是广大投资者关注的重点。鉴于此，将这两项指标作为利润表的表内项目列示，同时要求在附注中详细披露计算过程，以供投资者投资决策参考。

关于"其他综合收益"和"综合收益总额"项目,综合收益,是指企业在某一期间与所有者之外的其他方面进行交易或发生其他事项所引起的净资产变动。综合收益的构成包括两部分:净利润和其他综合收益。其中,前者是企业已实现并已确认的收益,后者是企业未实现但根据会计准则的规定已确认的收益。利润表中的"其他综合收益"反映企业根据企业会计准则规定未在损益中确认的各项利得和损失扣除所得税影响后的净额,主要包括出售其他债权投资产生的利得(或损失)、按照权益法核算的在被投资单位其他综合收益中所享有的份额、现金流量套期工具产生的利得(或损失)、外币财务报表折算差额等;"综合收益余额"项目反映企业净利润与其他综合收益的合计金额。

(二) 利润表中各主要项目的具体填列方法

利润表中各项目的金额,一般是根据有关账户的本期发生额来填列的。"本期金额"栏内各项数字,根据以下方法填列:

1. "营业收入"项目。该项目反映企业经营主要业务和其他业务所取得的收入总额,应根据"主营业务收入"账户和"其他业务收入"账户的发生额合计分析填列。

2. "营业成本"项目。该项目反映企业经营主要业务和其他业务发生的实际成本总额,应根据"主营业务成本"账户和"其他业务成本"账户的发生额合计分析填列。

3. "税金及附加"项目。该项目反映企业经营业务应负担的消费税、城市维护建设税、资源税、教育费附加、房产税、城镇土地使用税、车船税、印花税等,应根据"税金及附加"账户的发生额分析填列。

4. "销售费用"项目。该项目反映企业在销售商品过程中发生的包装费、广告费等费用,以及为销售本企业商品而专设的销售机构的职工薪酬、业务费等经营费用,应根据"销售费用"账户的发生额分析填列。

5. "管理费用"项目。该项目反映企业为组织和管理生产经营发生的管理费用,应根据"管理费用"账户的发生额扣除"研发费用"明细账户的发生额分析填列。

6. "研发费用"项目。该项目反映企业进行研究与开发过程中发生的费用化支出,以及计入管理费用的自行开发无形资产的摊销,应根据"管理费用"账户下的"研发费用"明细账户的发生额,以及"管理费用"账户下的"无形资产摊销"明细账户的发生额分析填列。

7. "财务费用"项目。该项目反映企业为筹集生产经营所需资金而发生的利息支出等,应根据"财务费用"账户的发生额分析填列。其中的"利息费用"项目,反映企业为筹集生产经营所需资金等而发生的应予费用化的利息支出,应根据"财务费用"账户的相关明细账户的发生额分析填列;"利息收入"项目,反映企业确认的利息收入,应根据"财务费用"账户的相关明细账户的发生额分析填列。

8. "其他收益"项目。该项目反映计入其他收益的政府补助,以及其他与日常活动相关且计入其他收益的项目,应根据"其他收益"账户的发生额分析填列。

9. "投资收益"项目。该项目反映企业以各种方式对外投资所取得的净收益,应根据"投资收益"账户的发生额分析填列。如为投资净损失,该项目以"-"号填列。

10. "净敞口套期收益"项目。该项目反映净敞口套期下被套期项目累计公允价值变动转入当期损益的金额或现金流量套期储备转入当期损益的金额,应根据"净敞口套期损益"账户的发生额分析填列。如为套期损失,该项目以"-"号填列。

11. "公允价值变动收益"项目。该项目反映企业资产因公允价值变动而发生的损益,应根据"公允价值变动损益"账户的发生额分析填列。如为净损失,该项目以"－"号填列。

12. "资产减值损失"项目。该项目反映企业因资产减值而发生的损失,应根据"资产减值损失"账户的发生额分析填列。如在影响利润增加的因素中列示,该项目以"－"号填列。

13. "信用减值损失"项目。该项目反映企业计提的各项金融工具减值准备所形成的预期信用损失,应根据"信用减值损失"账户的发生额分析填列。如在影响利润增加的因素中列示,该项目以"－"号填列。

14. "资产处置收益"项目。该项目反映企业出售划分为持有待售的非流动资产(金融工具、长期股权投资和投资性房地产除外)或处置组(子公司和业务除外)时确认的处置利得或损失,以及处置未划分为持有待售的固定资产、在建工程、生产性生物资产及无形资产而产生的处置利得或损失。债务重组中因处置非流动资产(金融工具、长期股权投资和投资性房地产除外)产生的利得或损失和非货币性资产交换中换出非流动资产(金融工具、长期股权投资和投资性房地产除外)产生的利得或损失也包括在本项目内。本项目应根据"资产处置收益"账户的发生额分析填列。如为处置损失,该项目以"－"号填列。

15. "营业利润"项目。该项目反映企业实现的营业利润,应根据上述项目计算填列。如为亏损,该项目以"－"号填列。

16. "营业外收入"项目。该项目反映企业发生的营业利润以外的收益,主要包括与企业日常活动无关的政府补助、盘盈利得、捐赠利得(企业接受股东或股东的子公司直接或间接的捐赠,经济实质属于股东对企业的资本性投入的除外)等。本项目应根据"营业外收入"账户的发生额分析填列。

17. "营业外支出"项目。该项目反映企业发生的营业利润以外的支出,主要包括公益性捐赠支出、非常损失、盘亏损失、非流动资产毁损报废损失等,应根据"营业外支出"账户的发生额分析填列。

18. "利润总额"项目。该项目反映企业实现的利润总额,应根据"营业利润"、"营业外收入"和"营业外支出"项目计算填列。如为亏损,该项目以"－"号填列。

19. "所得税费用"项目。该项目反映企业按规定从本期利润总额中减去的所得税,应根据"所得税费用"账户的发生额分析填列。

20. "净利润"项目。该项目反映企业实现的净利润,应根据"利润总额"和"所得税费用"项目计算填列。如为净亏损,该项目以"－"号填列。

主要参考法规

（本书中根据需要有时使用全称，有时使用简称）

［1］企业会计准则——基本准则，财政部，2014-7-23；

［2］中华人民共和国会计法，全国人民代表大会常务委员会，2017-11-4；

［3］会计人员管理办法，财政部，2019-1-1；

［4］关于规范电子会计凭证报销入账归档的通知，财政部、国家档案局，2020-3-23；

［5］会计基础工作规范，财政部，2022-4-19；

［6］关于进一步加强财会监督工作的意见，中共中央办公厅、国务院办公厅，2023-2-15；

［7］会计人员职业道德规范，财政部，2023-1-12；

［8］会计信息化工作规范，财政部，2024-7-26；

［9］会计档案管理办法，财政部、国家档案局，2016-1-1；

［10］关于修改《代理记账管理办法》等两部部门规章的决定，财政部，2019-3-14；

［11］现金管理暂行条例，中华人民共和国国务院，2011-1-8；

［12］人民币银行结算账户管理办法，中国人民银行，2003-9-1；

［13］人民币银行结算账户管理办法实施细则，中国人民银行，2005-1-31；

［14］支付结算办法，中国人民银行，1997-12-1；

［15］中国人民银行关于修改《支付结算办法》的决定，中国人民银行，2024-2-2；

［16］预算法实施条例，中华人民共和国国务院，2020-8-3；

［17］票据法，全国人民代表大会常务委员会，2004-8-28；

［18］票据管理实施办法，中华人民共和国国务院，1997-10-1；

［19］国内信用证结算办法，中国人民银行，1997-8-1；

［20］企业财务通则，财政部，2007-1-1；

［21］证券登记结算管理办法，中国证券监督管理委员会，2022-05-20；

［22］外汇管理条例，中华人民共和国国务院，中华人民共和国国务院令第532号，2008-8-1；

［23］外商投资法实施条例，中华人民共和国国务院，2020-1-1；

［24］企业会计准则第19号——外币折算，财政部，2007-1-1；

［25］银行卡业务管理办法，中国人民银行，1999-3-1；

［26］关于进一步完善银行间即期外汇市场的公告，中国人民银行，2006-1-4；

［27］企业会计准则第22号——金融工具确认和计量(2017)，财政部，2018-1-1；

［28］企业会计准则第37号——金融工具列报(2017)，财政部，2018-1-1；

［29］企业会计准则第1号——存货(2006)，财政部，2014-7-1；

［30］企业会计准则第4号——固定资产(2006)，财政部，2007-1-1；

［31］关于加大支持科技创新税前扣除力度的公告，财政部、税务总局、科技部，2022-10-1；

［32］关于设备器具扣除有关企业所得税政策执行问题的公告，国家税务总局，2018-1-1；

［33］企业会计准则第6号——无形资产(2006)，财政部，2006-3-1；

［34］专利法，全国人民代表大会常务委员会，2020-10-17；

［35］专利法实施细则，中华人民共和国国务院，2024-1-20；

[36] 商标法,全国人民代表大会常务委员会,2019-4-23;
[37] 著作权法,全国人民代表大会常务委员会,2020-11-11;
[38] 城镇国有土地使用权出让和转让暂行条例,中华人民共和国国务院,2020-11-29;
[39] 企业会计准则第3号——投资性房地产(2006),财政部,2007-1-1;
[40] 企业会计准则第2号——长期股权投资(2014),财政部,2014-7-1;
[41] 关于加强数据资产管理的指导意见,财政部,2023-12-31;
[42] 资产评估专家指引第9号——数据资产评估,中国资产评估协会,2019-12-31;
[43] 数据资产评估指导意见,中国资产评估协会,2023-10-1;
[44] 关于加强数据资产管理的指导意见,财政部,2023-12-31;
[45] 企业数据资源相关会计处理暂行规定,财政部,2024-1-1;
[46] 企业会计准则第8号——资产减值(2006),财政部,2007-1-1;
[47] 企业会计准则第17号——借款费用(2006),财政部,2007-1-1;
[48] 企业会计准则第9号——职工薪酬(2014),财政部,2014-7-1;
[49] 企业会计准则第13号——或有事项(2006),财政部,2007-1-1;
[50] 关于建立城镇职工基本医疗保险制度的决定,中华人民共和国国务院,1998-12-14;
[51] 工伤保险条例,中华人民共和国国务院,2011-1-1;
[52] 关于调整工伤保险费率政策的通知,人力资源社会保障部、财政部,2015-10-1;
[53] 社会保险法,全国人民代表大会常务委员会,2018-12-29;
[54] 企业职工生育保险试行办法,劳动部(现人力资源社会保障部),1995-1-1;
[55] 失业保险条例,中华人民共和国国务院,1999-1-22;
[56] 住房公积金管理条例,中华人民共和国国务院,2019-3-24;
[57] 工会法,全国人民代表大会常务委员会,2022-1-1;
[58] 关于大力推进职业教育改革与发展的决定,中华人民共和国国务院,2002-8-24;
[59] 关于全面推开营业税改征增值税试点的通知,财政部、税务总局,2016-5-1;
[60] 中华人民共和国增值税法,全国人民代表大会常务委员会,,2024-12-25;
[61] 增值税一般纳税人登记管理办法,国家税务总局,2018-2-1;
[62] 关于统一增值税小规模纳税人标准的通知,财政部、税务总局,2018-5-1;
[63] 关于增值税小规模纳税人减免增值税政策的公告,财政部、税务总局,2023-8-1;
[64] 关于增值税税控系统专用设备和技术维护费用抵减增值税税额有关政策的通知,财政部、国家税务总局,2011-12-1;
[65] 关于进一步加大增值税期末留抵退税政策实施力度的公告,财政部、税务总局,2022-03-21;
[66] 消费税暂行条例,中华人民共和国国务院,2009-1-1;
[67] 关于对电子烟征收消费税的公告,财政部、海关总署、税务总局,2022-11-1;
[68] 城市维护建设税法,全国人民代表大会常务委员会,2021-9-1;
[69] 关于进一步支持小微企业和个体工商户发展有关税费政策的公告,财政部、税务总局,2023-1-1;
[70] 征收教育费附加的暂行规定,中华人民共和国国务院,2011-1-8;
[71] 证券法,全国人民代表大会常务委员会,2020-3-1;
[72] 个人独资企业法,全国人民代表大会常务委员会,2000-1-1;
[73] 合伙企业法,全国人民代表大会常务委员会,2007-6-1;
[74] 公司法,全国人民代表大会常务委员会,2024-7-1;
[75] 外商投资法,全国人民代表大会常务委员会,2020-1-1;

[76] 促进个体工商户发展条例,中华人民共和国国务院,2022年11月1日;
[77] 中华人民共和国民法典,全国人民代表大会,2021-1-1;
[78] 中华人民共和国企业法人登记管理条例,中华人民共和国国务院,2019-3-2;
[79] 金融负债与权益工具的区分及相关会计处理规定,(财会〔2014〕13号);
[80] 企业会计准则第34号——每股收益(2006),财政部,2007-1-1;
[81] 企业会计准则第11号——股份支付(2006),财政部,2007-1-1;
[82] 企业会计准则第24号——套期会计(2017),财政部,2018-1-1;
[83] 企业会计准则第14号——收入(2017),财政部,2018-1-1;
[84] 企业会计准则第16号——政府补助(2017),财政部,2017-6-12;
[85] 企业会计准则第18号——所得税(2006),财政部,2007-1-1;
[86] 企业会计准则——应用指南,财政部,2007-1-1;
[87] 企业产品成本核算制度(试行),财政部,2014-1-1;
[88] 关于修订印发一般企业财务报表格式的通知,财政部,2018-01-12;
[89] 关于严格执行企业会计准则、切实做好企业2023年年报工作的通知,财政部、国务院国资委、金融监管总局、中国证监会,2023-12-7。

编 者 后 记

本书是在南京邮电大学以及经济学院两级党政领导的大力支持下完成的。本书的编写组成员在承担繁重的教学任务的同时编写本书,牺牲了很多休息和陪伴家人的时间,但通过4个月的努力,做出了令人鼓舞的成绩,在此对南京邮电大学各级领导、编写组成员及其家庭成员一并表示衷心的感谢,如果没有大家的努力,本书是不可能完稿的。我也要感谢所有参与本书审校的编辑老师,没有他们的支持和帮助,这本书不可能如此顺利出版。最后,特别感谢我的家人、同事和朋友,他们的理解和支持是我完成这项工作的最大动力。

《会计学原理与实务》从会计学的原理出发,按照会计循环的先后顺序,主要包括设置会计科目和账户、复式记账、填制和审核会计凭证、资产、负债、所有者权益、收入、费用、利润、登记会计账簿、成本计算(主要为工业企业),以编制财务会计报告为终点。本书主要阐述会计的基本理论、基本知识和基本程序与方法,并通过实务的账务处理操作,培养学生的会计操作技能,使他们能够熟练运用会计准则。本书可以供经济管理类本科生、研究生以及报考会计硕士、审计硕士、税务硕士的人员使用,也可以供报考初级会计资格的学生使用。

在设计这本书的大纲之初,我希望读者能够通过本书的学习就达到中级会计的要求,但是囿于篇幅限制,与我的最初设想还是有一定距离,比如租赁(2018)、生物资产(2006)、非货币性资产交换(2019)、企业年金基金(2006)、债务重组(2019)、建造合同(2006)、企业合并(2006)、金融资产转移(2006)、会计政策、会计估计变更和差错更正(2006)、资产负债表日后事项(2006)、合并财务报表(2014)、关联方披露(2006)、合营安排(2014)、持有待售的非流动资产、处置组和终止经营(2017)、在其他主体中权益的披露(2014)这一系列内容都难以在这本书中体现,只能留待后续。

本书作者承担的编写任务如下:

顾金龙,南京邮电大学经济学院,承担第十章、第十一章、第十二章、第十五章、第十六章的写作并负责全书的审稿、修改和校对。

王琴,南京邮电大学经济学院,承担第十九章的写作并参与全书的校对。

黄璧,南京邮电大学经济学院,承担第八章的写作并参与全书的校对。

顾羽宁,南京审计大学金审学院,承担第六章、第九章、第十四章、第十七章、第十八章、第二十章的写作并负责全书的审稿、修改和校对。

胡爱平,南京审计大学金审学院,承担第一章、第二十四章的写作。

陈文山,南京邮电大学经济学院,承担第七章的写作并参与全书的校对。

陆珺,靖江开放大学,承担第二十一章的写作并参与全书的校对。

马妍妍,南京邮电大学经济学院,承担第十三章的写作并参与全书的校对。

张春艳,南京审计大学金审学院,承担第二章、第三章的写作。

王璐,南京审计大学金审学院,承担第四章、第五章的写作。

杜家晶,南京审计大学金审学院,承担第二十二、第二十三章的写作。

最后,我衷心希望这本书能够成为读者在会计学课程学习道路上的良师益友。本书在编写过程中一定会存在错误,希望读者发现错误的时候及时联系我们(联系邮箱为380651110@qq.com),并不吝赐教,以便在再版的时候修订。如果您在阅读过程中有任何疑问或建议,欢迎随时与我联系。

顾金龙于南京邮电大学仙林校区文科楼

2024年8月11日